अवध संस्कृति विश्वकोश-2

अवध संस्कृति विश्वकोश

(साहित्य-साधना, कला-साधना एवं धर्म-दर्शन)

(खण्ड-दो)

प्रो. सूर्यप्रसाद दीक्षित

वाणी प्रकाशन

वाणी प्रकाशन

4695, 21-ए, दरियागंज, नयी दिल्ली 110 002

शाखा

अशोक राजपथ, पटना 800 004

फ़ोन : +91 11 23273167 फ़ैक्स : +91 11 23275710

www.vaniprakashan.in
vaniprakashan@gmail.com
sales@vaniprakashan.in

In Association with

Ayodhya Shodh Sansthan

presents

AWADH SANSKRITI VISHWAKOSH-2
by Pro. Suryaprasad Dixit

ISBN : 978-93-5229-582-1
Encyclopedia

प्रथम संस्करण

मूल्य : ₹ 795

सिटी प्रेस, दिल्ली-110 095 में मुद्रित

वाणी प्रकाशन का लोगो मक़बूल फ़िदा हुसेन की कूची से

अवध संस्कृति विश्वकोश-2

अनुक्रम

साहित्य-साधना

अवधांचल की साहित्य सम्पदा

हिन्दी भाषा और साहित्य के इतिहास में अवध का महत्त्वपूर्ण स्थान है। विद्वानों ने इसे 'मध्य देश' कहा है। लन्दन विश्वविद्यालय के हिन्दी विभागाध्यक्ष डॉ. रुपर्ट स्नेल ने किसी प्रसंग में ठीक ही कहा था कि काशी विद्या की नगरी है, किन्तु वहाँ लिखी-बोली जा रही खड़ीबोली हिन्दी पर जनपदीय बोलियों का बड़ा प्रभाव है। दिल्ली केन्द्रीय महानगर है, परन्तु वहाँ की हिन्दी पंजाबीपन से प्रेरित है। मानक हिन्दी का रूप तो गंगा-यमुना के मैदान अर्थात् अन्तर्वेद में प्राप्त होता है। यही कारण है कि हिन्दी के मानकीकरण का आन्दोलन आचार्य महावीर प्रसाद द्विवेदी के माध्यम से यहीं से शुरू हुआ। यह उल्लेखनीय है कि द्विवेदी जी बैसवारा के निवासी थे और 'सरस्वती' पत्रिका इलाहाबाद से प्रकाशित होती थी।

इस क्षेत्र के साहित्यकारों ने रचनात्मक क्षेत्र में सदैव अपनी अग्रणी भूमिका निभायी है। मुल्ला दाऊद ने 'चन्दायन' महाकाव्य लिखकर सूफी काव्य धारा का प्रवर्तन किया। उसे जायसी ने पद्मावत द्वारा शिखर पर पहुँचा दिया। तात्पर्य यह कि सूफी काव्य और महाकाव्य इसी क्षेत्र के प्रयोग हैं। सरहपाद के 'दूहाकोश', गोरखनाथ की 'सबदी' और विद्यापति की अवहट्ट भाषा में अवधी का गहरा पुट है, जिससे यह सिद्ध होता है कि हिन्दी जगत की सबसे पुरानी काव्य भाषा है अवधी। गोस्वामी जी ने 'रामचरितमानस' जैसा महाकाव्य रचकर इसे विश्व स्तर पर प्रतिष्ठित कर दिया। 'मानस' की परम्परा में यहाँ दर्जनों रामकाव्य रचे गये हैं, जो हिन्दी की अमूल्य निधि हैं।

इस क्षेत्र में सन्त साहित्य विपुल मात्रा में रचा गया है। कबीर, रैदास, मलूकदास, जगजीवनदास जैसे अनेक सन्त कवि अवध से जुड़े रहे हैं। कृष्णकाव्य भी यहाँ बहुत लिखे गये हैं, जिनमें प्रायः ब्रजावधी का प्रयोग हुआ है। मध्ययुग में भी यह अंचल पर्याप्त सक्रिय रहा है। यहाँ चिन्तामणि, भूषण, मतिराम, भिखारीदास, कालीदास, कवीन्द्र, दूलह, तोष निधि, बेनी भट्ट, बेनी प्रवीन जैसे दर्जनों कवि आचार्य हुए हैं। हिन्दी साहित्य के आरम्भिक इतिहासकार शिव सिंह सेंगर एवं मिश्रबन्धु यहीं की देन रहे हैं। 'उदंत मार्तण्ड' नामक प्रथम समाचार-पत्र के सम्पादक युगल किशोर शुक्ल कानपुर के निवासी थे। अवध से प्रकाशित सरस्वती, सुधा, माधुरी, चाँद, प्रभा, प्रताप जैसे पत्र हिन्दी के गौरव स्तम्भ हैं। इलाहाबाद और लखनऊ विश्वविद्यालय ने हिन्दी शोध, समीक्षा तथा पाठ्यक्रम निर्धारण में और नवल किशोर प्रेस ने प्रकाशन क्षेत्र में जो ऐतिहासिक भूमिका निभायी, वह सुविदित है। हिन्दी साहित्य सम्मेलन, हिन्दुस्तानी अकादेमी, उ.प्र. हिन्दी संस्थान जैसी संस्थाओं का योगदान भी चिरस्मरणीय है।

साहित्यिक विधाओं के प्रवर्तन में इंशा अल्ला खाँ रचित 'रानी केतकी की कहानी', रतननाथ सरसार और रुसवा रचित 'आजाद कथा' तथा 'उमरावजान अदा' एवं अमानत के 'इन्दरसभा' जैसे

नाटक द्वारा हिन्दी कहानी, उपन्यास और नाटक का जन्म हुआ है। यहीं से आचार्य महावीर प्रसाद द्विवेदी ने 'द्विवेदी युग' का प्रवर्तन करते हुए लोक जागरण का सूत्रपात किया है। सनेही, अनूप, हितैषी जैसे कवियों ने कवि सम्मेलनों के द्वारा कविता को जन-जन से जोड़ा है। यहाँ निराला, पन्त, महादेवी वर्मा, रामकुमार वर्मा ने छायावाद का, बच्चन, भगवतीचरण वर्मा ने मधु काव्य का, अली सरदार जाफरी, अंचल, त्रिलोचन, केदारनाथ अग्रवाल, सर्वेश्वर, सुमन आदि ने प्रगतिवाद का और धर्मवीर भारती, जगदीश गुप्त, कुँवर नारायण, विजय देव नारायण साही आदि ने प्रयोगवाद एवं नयी कविता का जिस प्रकार पोषण किया है, वह सराहनीय है। आचार्य रामचन्द्र शुक्ल, आचार्य नन्द दुलारे वाजपेयी, डॉ. रामविलास शर्मा जैसे समीक्षक, यशपाल, इलाचन्द्र जोशी, भगवतीचरण वर्मा, अमृतलाल नागर, उपेन्द्रनाथ 'अश्क' जैसे कथाकार, नवीन, गणेशशंकर विद्यार्थी, सनेही, अम्बिका प्रसाद वाजपेयी जैसे पत्रकार इसी अंचल की उपज हैं।

निष्कर्ष यह है कि हिन्दी, उर्दू मिश्रित एक जीवन्त भाषा की रूप रचना और बहुविधि साहित्य की सम्वर्द्धना में इस क्षेत्र का महत् प्रदेय रहा है, जो यहाँ के रचनाकारों के माध्यम से अकारादि क्रम में द्रष्टव्य है।

प्रमुख साहित्यकार

अवधांचल में जनमे अथवा यहाँ सृजनरत हिन्दी, उर्दू, संस्कृत, फारसी, अंग्रेजी आदि भाषाओं के रचनाकारों की सुदीर्घ परम्परा विद्यमान है। यहाँ क्रमशः तथा अकारादि क्रम से प्रतिनिधि साहित्यकारों का संक्षिप्त परिचय प्राप्य है।

हिन्दी-उर्दू के विशिष्ट साहित्यसेवी

अंजनी नंदन शरण : ये करुणा-निधान कुंज, ऋण-मोचन घाट, अयोध्या के निवासी थे। इन्होंने 'मानस पीयूष' नामक भाष्य के लेखन में महत्त्वपूर्ण भूमिका निभाई थी। इसके अतिरिक्त महात्मा जी ने 'विनय-पीयूष' नामक महाभाष्य की रचना छह हिलोरों में की थी। उसे अपने संसाधनों से प्रकाशित भी किया था। भाष्यकार रूप में इनका महत्त्व सर्वाधिक है।

अम्बिका प्रसाद बाजपेयी : जन्म 30 दिसम्बर 1900 ई., कानपुर। सम्पादकाचार्य बाजपेयी जी की शिक्षा-दीक्षा कानपुर में हुई थी। इन्हें संस्कृत, उर्दू, अंग्रेजी एवं फारसी भाषाओं पर जबरदस्त अधिकार प्राप्त था। काफी समय तक ये कलकत्ता में रहे। वहाँ से प्रकाशित 'हिन्दी बंगवासी' तथा 'भारत' जैसी पत्रिकाओं का कुशल सम्पादन किया। दस वर्षों तक इन्होंने कलकत्ता से ही निकलने वाले पत्र 'स्वतन्त्र' का सम्पादन किया। व्याकरण पर रचित इनकी पुस्तक महत्त्वपूर्ण है। इनकी विद्वत्ता से प्रभावित होकर 'हिन्दी साहित्य सम्मेलन ने अपने बीसवें अखिल भारतीय अधिवेशन में इन्हें सभापति बनाया था। उत्तर प्रदेश विधान परिषद् में इन्हें सदस्य मनोनीत किया गया था।

अकबर इलाहाबादी : जन्म 16 नवम्बर 1846, इलाहाबाद। निधन 9 सितम्बर 1929। इन्होंने अरबी, फारसी, अंग्रेजी की शिक्षा प्राप्त की। कानून की परीक्षा उत्तीर्ण करने पर ये क्रमशः तहसीलदार, वकील और जिला सेशन जज नियुक्त हुए। ये बड़े प्रतिभाशाली, विनोदी तथा हाजिर जवाब थे। आरम्भ में इन्होंने ग़ज़लें लिखीं, फिर 'कुल्लयाते अकबर' (4 खण्ड) में हास्य-व्यंग्य तथा यथार्थ बोध को स्वर दिया। इनके काव्य का प्रमुख प्रदेय है परम्परा से हटकर व्यक्त किया गया राजनीतिक, सामाजिक यथार्थ। ये कहीं पुरातनपन्थी दिखते हैं, कहीं नवीनतावादी।

अजित कुमार : जन्म 9 जून 1933, लखनऊ। ये सुमित्राकुमारी सिन्हा के सुपुत्र हैं। इनकी उच्च शिक्षा प्रयाग विश्वविद्यालय में हुई। हिन्दी साहित्य की साठोत्तरी कविता के प्रतिनिधि कवियों में ये गण्यमान हैं। इन्होंने कथा, कविता, आलोचना, संस्मरण, यात्रा वृन्तांत आदि क्षेत्रों में महत्त्वपूर्ण लेखन किया है।

अदम गोण्डवी : जन्म 22 अक्टूबर 1947 ई., परसपुर, गोण्डा। आरम्भ से ही ये प्रगतिशील विचारधारा के कवि रहे। अदम की ग़ज़लों के दो संग्रह प्रकाशित हुए हैं : (1) धरती की सतह पर (2) समय से मुठभेड़। इनकी ग़ज़लों में बगावत का स्वर मुखर हुआ है। विगत दशक में इनका निधन हो गया।

अनूप शर्मा : जन्म 1900 ई., नबीनगर, सीतापुर। ये मुख्यतः ब्रजभाषा के कवि रहे हैं, जिसकी झलक इनकी खड़ी बोली-काव्य-रचना में भी मिलती है। इनके द्वारा रचित 'सिद्धार्थ' एवं 'वर्द्धमान' खड़ी बोली के महाकाव्य हैं। इनका ब्रज भाषा महाकाव्य है 'फेरि मिलिबो'। सुनाल इनका खण्डकाव्य है एवं समुनांजलि, शर्वाणी मुक्तक काव्य हैं। 'फेरिमिलिबो' में अनूप शर्मा ने कृष्ण काव्य में रुक्मिणी, राधा तथा नारद को चित्रित करते हुए कई नये प्रयोग किये हैं। अनूप जी एक अच्छे घनाक्षरीकार थे। इन्होंने वीर रस की अच्छी कविताएँ की हैं। 'सुमनांजलि' में इन्होंने ज्ञान-विज्ञान एवं धर्म-दर्शन के नये आयाम प्रस्तुत किये हैं। 1960 ई. में इनका देहान्त हो गया। इन्हें कई पुरस्कार सम्मान प्राप्त हुए। लखनऊ रेडियो के पंचायत घर कार्यक्रम में इनकी स्मरणीय भूमिका रही है।

अब्दुल बिस्मिल्लाह : जन्म 5 जुलाई 1949, इलाहाबाद। ये जामिया मिल्लिया इस्लामिया दिल्ली में हिन्दी प्रोफेसर रहे हैं। इन्होंने कथा लेखन, कविता, समीक्षा और अनुवाद के क्षेत्र में कई कृतियाँ प्रकाशित की हैं, जिनमें उल्लेखनीय हैं : झीनी-झीनी बीनी चदरिया, मुखड़ा क्या देखें, शहर शेष है, जहरवाद, मुझे बोलने दो, मध्यकालीन हिन्दी काव्य में सांस्कृतिक समन्वय, मिर्ज़ा ग़ालिब, फ़ैज़ अहमद फ़ैज़ आदि।

अमरकान्त : जन्म 19 जुलाई 1925, बलिया। प्रमुख कर्मक्षेत्र इलाहाबाद। निधन 2013। इन्होंने कई पत्र-पत्रिकाओं में कार्य किया और उपन्यास, कहानी, अनुवाद तथा बाल साहित्य के क्षेत्र में काफी लेखन किया। इनकी प्रसिद्ध कृतियाँ हैं—सूखा पत्ता, आकाश पक्षी, काले उजले दिन, ग्राम सेविका, कँटीली राह के फूल, सुन्नर पाँडे की पतोहू, इन्हीं हथियारों से, कुछ यादें, कुछ बातें, बीच की दीवार, सुखजीवी, कुहासो, तूफान, मौत का नगर आदि। इसके अतिरिक्त सैनिक, अमृत पत्रिका, कहानी, मनोरमा आदि के सम्पादन में इनकी विशेष भूमिका रही है। अमरकान्त जी को सोवियत लैण्ड नेहरू पुरस्कार, साहित्य अकादेमी पुरस्कार, महात्मा गाँधी पुरस्कार, व्यास सम्मान, ज्ञानपीठ पुरस्कार आदि समय-समय पर प्राप्त होते रहे हैं।

अमर बहादुर सिंह 'अमरेश' : जन्म 1 मार्च 1929 ई. (रायबरेली), निधन 1928। इन्होंने 'बैसवारे का इतिहास' लिखा, साथ ही राना बेनी माधव, राजकलश, सोनगिरि, क्रान्ति के कंगन, कछार के काँटे, हिना के हाथ, (उपन्यास), एक और जलियाँवाला एवं देवता मेरे देश का आदि कृतियों की रचना की। अमरेश जी आंचलिक उपन्यासकार एवं ऐतिहासिक उपन्यासकार होने के साथ-साथ एक उच्चकोटि के गीतकार भी थे।

अमृतराय : जन्म 1921, इलाहाबाद। निधन 1996। ये प्रेमचन्द जी के आत्मज थे। इनके प्रमुख उपन्यास हैं—बीज, नागफनी का देश (1953), हाथी के दाँत (1956), सुख-दुख, भटियाली जंगल (1969), गीली मिट्टी, कस्बे का एक दिन, धुआँ (1977) आदि। इनके कहानी-संकलन हैं—कटघरे,

भोर से पहले, इतिहास, पति-पत्नी, विद्रोह, नूतन आलोक, चित्र फलक, चतुरंग, सरगम आदि। प्रेमचन्द की जीवनी 'कलम का सिपाही' इनकी विशिष्ट देन है।

अमृतलाल नागर : जन्म 17 अगस्त 1916, गोकुलपुरा (आगरा), निधन 23 फरवरी 1990। इनका कर्मक्षेत्र लखनऊ रहा। नागर जी ने कई देशी-विदेशी उपन्यासों के अनुवाद किये। डेढ़ दर्जन पुरस्कारों से तथा पद्मभूषण से अलंकृत नागर जी चलचित्र एवं रंगमंच से भी सम्बन्धित रहे हैं। बूँद और समुद्र, अमृत और विष, मानस का हंस, खंजन नयन, एकदा नैमिषारण्ये जैसे उपन्यासों के कारण ये सदैव स्मरणीय रहेंगे। इनके पुत्र शरद नागर ने 'अमृतलाल नागर रचनावली' का सम्पादन किया है। नागर जी मूलतः गुजराती ब्राह्मण थे, साथ ही ठेठ लखनऊवा थे। इन्होंने अनेकानेक ग्रन्थों में लखनऊ को चित्रित किया है। इनकी लोकप्रियता का कारण इनका संवेदनशील मनुष्य होना भी है। नागर जी के उपन्यासों में भारतीय संस्कृति की विशदता एवं भव्यता के दर्शन होते हैं। 'बूँद और समुद्र' इनका सर्वश्रेष्ठ उपन्यास है। कथा साहित्य में नागर जी का 'तस्लीम लखनवी' रूप विशिष्ट है। इन्होंने 'चकल्लस' जैसी हास्य विनोदपरक पत्रिका का वर्षों तक सम्पादन किया, कई पटकथाएँ लिखीं, रेडियो नाटकों में कई प्रयोग किये। पुरातात्विक खोजें भी नागर जी ने बहुत कीं। बाल साहित्य लेखन, अनुवाद आदि क्षेत्रों में भी इनका प्रदेय महत्त्वपूर्ण है। नागर जी को अनेक पुरस्कार, सम्मान देश-विदेश से प्राप्त हुए हैं। इनकी कृतियों के अनुवाद कई भाषाओं में हुए हैं। वस्तुतः ये बहुमुखी प्रतिभा के रचनाकार रहे हैं।

अयोध्या प्रसाद बाजपेयी 'औध' : जन्म 1803 ई., सातन पुरवा (रायबरेली), निधन 1942 वि.। 'औध' जी ने ज्योतिष, व्याकरण और काव्यशास्त्र का ज्ञान प्राप्त किया, साथ ही काव्य रचना का भी। इनका अधिकांश समय राजदरबारों में बीता। इनके आश्रयदाताओं के नाम हैं—दिग्विजय सिंह (बलरामपुर), सुदर्शन सिंह (चन्दापुर, बहराइच), मुनीश्वर बख्श सिंह (मल्लापुर, सीतापुर), पण्डित कृष्णदत्तराम (गोंडा), हरदत्त सिंह (बहराइच) आदि। कहा जाता है कि राजा हरदत्त सिंह ने बाजपेयी पुरवा नामक गाँव इन्हें भेंट स्वरूप प्रदान किया था। इनके द्वारा रचित—अवध शिकार, रागरत्नावली, साहित्य सुधा-सागर, राम कवितावली, छन्दानन्द, शंकर शतक, ब्रज-ब्रज्या, चित्रकाव्य और रस सर्वस्व आदि ग्रन्थ उपलब्ध हैं। रीतिकालीन परम्परा की समस्त रूढ़ियाँ इनके ग्रन्थों में परिलक्षित हैं।

अली सरदार जाफरी : जन्म 1914, बलरामपुर। प्रगतिशील उर्दू काव्य धारा के पुरोधा जाफरी जी की उच्चशिक्षा इंग्लैण्ड में हुई थी। इनके नेतृत्व में लखनऊ में 'प्रगतिशील लेखक संघ' का प्रथम अधिवेशन सम्पन्न हुआ था। उर्दू कविता में इनका विशिष्ट योगदान है।

असगर वजाहत : जन्म 1946, फतेहपुर। सम्प्रति वे जामिया मिल्लिया इस्लामिया, दिल्ली में प्रोफेसर हैं। इनकी प्रमुख कृतियाँ हैं—कैसी आगी लगायी, जिन लाहौर नहीं देख्या, हिन्दी-उर्दू की प्रगतिशील कविता आदि।

आद्या प्रसाद मिश्र 'उन्मत्त' : जन्म 1935 ई., मल्हूपुर (प्रतापगढ़), निधन 2006 ई.। ये अवधी के श्रेष्ठ कवि थे। मुख्यतः किसानों के कवि थे। इनकी कविताओं में अवध-क्षेत्र का गाँव-गिराँव, गोबर-पानी, खेती-किसानी, मेहनत-मजदूरी, जाड़ा-पाला, सर्दी-गर्मी, सब कुछ दृष्टिगत होता है। इनकी अवधी रचनाओं का संग्रह 'माटी और महतारी' प्रकाशित है। 'प्रहरी सावधान' एवं 'नेहरू महान' इनकी खड़ी बोली कविताओं के संग्रह हैं।

आद्या प्रसाद सिंह 'प्रदीप' : ये रानेपुर पलिया, तहसील कादीपुर सुलतानपुर के निवासी हैं। पिछले 5 दशकों से ये अवधी की सेवा में रत हैं। 'चिनगारी' बाल साहित्य की उत्कृष्ट कृति है। 'सावित्री'

और 'दमयन्ती' पर इन्होंने खण्डकाव्य लिखे हैं। 17 सर्गों और 1060 छन्दों में रचित इनका 'ज्वाला' नामक प्रबन्ध काव्य मानवीय दृष्टिकोण से संयुक्त है। 'कलिका', 'शिविका' तथा 'अल्पिका' इनके गीत संग्रह हैं। अवधी रचनाओं के लिए इनका बहुशः सम्मान हुआ है।

आनन्द कुमार त्रिपाठी : पं. रामनरेश त्रिपाठी के सुपुत्र आनन्द जी का जन्म सुल्तानपुर में हुआ था। काव्य-प्रतिभा इन्हें विरासत में मिली थी। ये स्वाभिमानी व्यक्ति रहे हैं। 'खटोला' और 'बात-चीत' इनकी हास्य-रस पूर्ण रचनाएँ हैं। 'पुण्यबाल' और 'सारिका' इनके काव्य संकलन हैं। 'अंगराज' महाकाव्य इनकी अनुपम कृति है। यह एक वीर-काव्य है। इस ग्रन्थ पर इन्हें उत्तर प्रदेश शासन ने सम्मानित किया था।

आलम : ये जौनपुर निवासी सनाढ्य ब्राह्मण थे। बाद में शेख रंगरेजिन के कारण मुसलमान हो गये थे। आलम का काव्य काल सं. 1640 से सं. 1680 के मध्य का है। इनकी प्रामाणिक रचना है— आलमकेलि। इसके अतिरिक्त 'माधवानल काम कंदला' नामक रचना का निर्माण परिष्कृत अवधी में प्रबन्ध रूप में किया गया है। यह एक प्रेम परक काव्य है।

इंशा अल्ला खाँ : खड़ी बोली गद्य के उन्नायकों में इनका विशिष्ट स्थान है। इनके पिता का नाम मीरमाशा अल्ला खाँ था, जो कश्मीर से आकर दिल्ली में बस गये थे और वहाँ शाही हकीम के रूप में कार्य करने लगे थे, लेकिन वहाँ अधिक समय तक नहीं रह सके और मुर्शिदाबाद के नवाब के यहाँ चले गये। यहीं पर इंशा का जन्म हुआ। बंगाल की स्थिति ठीक न होने के कारण इंशा अल्ला को दिल्ली में शाह आलम द्वितीय के दरबार में आना पड़ा, लेकिन इनको वहाँ भी सन्तुष्टि न मिल सकी। फलतः ये लखनऊ आ गये और शाहजादा मिर्जा सुलेमान की सेवा में नियुक्त हो गये। अपनी हाजिर जवाबी, खुशमिजाजी तथा प्रतिभा के कारण ये नवाब सआदत अली खाँ के दरबार में पहुँच गये। वहाँ कुछ समय तक तो खूब पटी, पर इनके किसी अभद्र मजाक से रुष्ट होकर नवाब ने इन्हें दरबार से निकाल दिया, जिसके कारण इनका अन्तिम जीवन बहुत कठिनाई से गुजरा। सन् 1816 ई. में इनकी मृत्यु हो गयी। उर्दू और फारसी पर इनका जबरदस्त अधिकार था। ये बहुत बड़े शायर थे। इनकी रचनाएँ हैं 'उर्दू ग़ज़लों का दीवान'-'दीवाने रेख्ती', 'कसायद उर्दू फारसी', 'फारसी मसनबी' आदि। अनेक कृतियाँ उर्दू-फारसी दोनों में लिखी गयी हैं। खड़ी बोली गद्य में रचित इनकी सर्वप्रसिद्ध कहानी 'रानी केतकी की कहानी' या 'उदयभान चरित' (1802) है। यह कहानी भाषा, शैली आदि सभी दृष्टियों से महत्त्वपूर्ण है। इन्होंने स्वयं कहा है कि इसमें हिन्दवी की छुट और किसी बोली का पुट नहीं है। इन्होंने मुअल्लापन के साथ-साथ तत्सम शब्दों को भी अलग करने की कोशिश की है। हिन्दी खड़ी बोली के प्रवर्तक इंशा अवध क्षेत्र के गौरव हैं।

इलाचन्द्र जोशी : जन्म 1903, उत्तराखण्ड। कर्म भूमि इलाहाबाद। प्रसिद्ध मनोवैज्ञानिक उपन्यासकार, कवि, सम्पादक एवं मीडियाकर्मी जोशी जी का हिन्दी जगत में अत्यन्त महत्त्वपूर्ण स्थान है। जहाज का पंछी, जिप्सी, विजनवती आदि इनकी श्रेष्ठ रचनाएँ हैं।

(डॉ.) उदयनारायण तिवारी : जन्म जुलाई 1903 ई.। निधन विगत दशक में। इन्होंने भाषा विज्ञान में पीएच.डी. तथा डी.लिट्. उपाधियाँ प्राप्त कीं और 1945 से 1948 तक इलाहाबाद विश्वविद्यालय में अध्यापन किया। तिवारी जी ने इंग्लैण्ड, रूस, फ्रांस आदि देशों की शोध यात्राएँ कीं। जबलपुर विश्वविद्यालय में ये 12 वर्षों तक हिन्दी विभागाध्यक्ष रहे। भोजपुरी भाषा और साहित्य, हिन्दी भाषा का उद्‌गम और विकास, भाषाशास्त्र की रूपरेखा आदि इनके प्रमुख ग्रन्थ हैं।

उमादत्त सारस्वत : जन्म 1962 वि. बिसवां, सीतापुर। मन्दोदरी (खण्ड काव्य), मस्तराम का

चिट्ठा, मस्तराम का सोंटा, भैया केंचुलबदल, लट्ठराम की जय, जुगल जोड़ी इत्यादि व्यंग्य कृतियों के सफल रचयिता एवं आदर्शवादी कहानीकार दत्त जी सनेही मण्डल के कवि थे। इनके अन्य काव्य संग्रह हैं–'किसलय', 'कोयल', 'प्रवासी पति', मस्तराम की कुण्डलियाँ आदि। दत्त जी की कुण्डलियों में सामाजिक कुरीतियों के प्रति व्यंग्यपूर्ण आक्रोश प्रकट हुआ है।

उमाप्रसाद बाजपेयी 'सुजान' : जन्म 1902 ई., सीतापुर। निधन 1988। सुजान जी को अवधी और खड़ी बोली का अच्छा ज्ञान था। इन्होंने अर्से तक सीतापुर में अध्यापन किया। इनके प्रमुख ग्रन्थ हैं–चूकनाथ, कृष्ण कीर्तन, नैमिषारण्य, दुर्गावती चरित्र, कुसुमांजलि आदि। 'दहाड़' सुजान जी की अवधी रचनाओं का संकलन है। 'परमार्थ प्रवेश' इनकी एक आध्यात्मिक कृति है।

उमाशंकर शुक्ल : जन्म 1909। शुक्ल जी ने कई वर्षों तक इलाहाबाद विश्वविद्यालय में अध्यापन किया। इन्होंने सूरसागर के पाठ निर्धारण, नन्ददास-ग्रन्थावली तथा सेनापति के 'कवित्त रत्नाकर' के सम्पादन में जो कार्य किया, वह पाठालोचन की आधारशिला है।

उपेन्द्रनाथ 'अश्क' : जन्म 1910 ई., पंजाब। कवि-कथाकार, नाटककार और कई विधाओं से जुड़े अश्क जी की कर्मभूमि रही है इलाहाबाद। इन्होंने सितारों के खेल, गिरती दीवारें, गर्म राख, शहर में घूमता आइना आदि कई उपन्यास तथा चाँदनी रात और अजगर, अंजो दीदी जैसे कई काव्य रचे हैं। कहानियों की संख्या 200 के आस-पास है। जीवनियाँ और संस्मरण भी बहुत लिखे हैं।

(डॉ.) उर्मिल कुमार थपलियाल : जन्म 2 जून 1943। कार्यक्षेत्र लखनऊ। थपलियाल जी की नौटंकी शैली में रचित प्रसिद्ध नाट्य कृति है–'हरिचन्नर की लड़ाई'। इन्होंने नौटंकी शैली में अखबारी स्तम्भ लेखन बहुत किया है। थपलियाल जी ने गढ़वाल के लीलानाट्य पर शोध कार्य किया है। इनका हास्य-व्यंग्य, गद्य-पद्य दोनों नाट्यरूपों के माध्यम से प्रकट हुआ है। इनका रंग निर्देशन भी महत्त्वपूर्ण है।

उषा प्रियंवदा : जन्म 24 दिसम्बर 1931, कानपुर। इनके द्वारा प्रकाशित प्रमुख कथा साहित्य है–पचपन खम्भे लाल दीवारें (1961), रुकोगी नहीं राधिका (1968), शेष यात्रा (1984), जिन्दगी और गुलाब (1961), फिर बसंत आया (1961), एक कोई दूसरा (1966)। कितना बड़ा झूठ (1973) इधर विदेशी प्रवास का अनुभव भी इनकी कृतियों में व्यक्त हुआ है।

(डॉ.) कंचनलता सब्बरवाल : जन्म 28 अगस्त 1918, लखनऊ। निधन विगत दशक। ये महिला महाविद्यालय लखनऊ में प्राचार्य के रूप में वर्षों तक कार्यरत रहीं। इन्होंने शिष्टाचार, नागरिक शास्त्र, समाजशास्त्र, आचारशास्त्र तथा छात्रोपयोगी ग्रन्थों का प्रणयन किया है। मूक प्रश्न, भोली भूल, संकल्प, मूक तपस्वी, स्वतन्त्रता की ओर, भटकती-आत्मा, त्रिवेणी, पुनरुद्धार इत्यादि इनके प्रसिद्ध उपन्यास हैं। 'लक्ष्मीबाई' इनका ऐतिहासिक नाटक है। 'चयनिका' कहानी संग्रह है। पत्रकारिता, संगीत एवं चित्रकला में भी इनकी रुचि रही। इनका जीवन पर्यन्त अभियान रहा, नारी विमर्श एवं समाज कल्याण।

कुँवर नारायण : जन्म 19 सितम्बर 1987, फैजाबाद। कर्मक्षेत्र लखनऊ, दिल्ली। प्रयोगवादी एवं नयी कविता धारा के ये चर्चित कवि हैं। इन्होंने एम.ए. (अंग्रेजी) तक की शिक्षा प्राप्त की। कई वर्षों तक लखनऊ से प्रकाशित 'युग चेतना' का तथा 'नया प्रतीक' एवं 'छायानट' का सम्पादन किया और चक्रव्यूह, आत्मजयी, परिवेश : हम तुम, आकारों के आसपास, बाजश्रवा के बहाने, आज और आज से पहले, अपने सामने, कोई दूसरा नहीं आदि कृतियों की रचना की। ये अपेक्षाकृत वाद निरपेक्ष कवि रहे हैं। इन्हें 'तीसरा सप्तक' के कवि रूप में मान्यता मिली। कुँवर नारायण जी को देश-विदेश के कई पुरस्कार प्राप्त हुए हैं। कई भाषाओं में इनके अनुवाद भी हुए हैं। 'आत्मजयी' इनकी विशिष्ट कृति है।

कन्हैया लाल नन्दन : जन्म 1 जुलाई 1933, फतेहपुर। निधन 2013। इन्होंने दिनमान, धर्मयुग, पराग, सारिका, नन्दन, समाचार मेल, गगनांचल आदि के सम्पादन में वर्षों तक कार्य किया और काव्य, कथा साहित्य, बाल साहित्य तथा समीक्षा क्षेत्र में अनेक कृतियाँ प्रकाशित कीं, जिनमें उल्लेखनीय हैं—घाट-घाट का पानी, समय की दहलीज, एक टुकड़ा बसन्त, पद्मावत का आलोचनात्मक अध्ययन आदि। रंगमंच, पेंटिंग एवं संगीत में भी इनकी रुचि थी। ये अनेक संस्थाओं से जीवन पर्यन्त जुड़े रहे। देश-विदेश के अनेक समारोहों में समय-समय पर इन्होंने भागीदारी की। दिल्ली इनका कार्य क्षेत्र था।

कामता नाथ : जन्म 22 सितम्बर 1935, लखनऊ। निधन 2013। इन्होंने अर्से तक बैंक में नौकरी की, साथ ही कथा लेखन के क्षेत्र में कार्य किया। इनकी चर्चित कृतियाँ हैं—काल कथा, समुद्र तट पर खुलने वाली खिड़की आदि। इनकी नाट्य कृतियाँ लगभग एक दर्जन हैं। 'कथान्तर' का इन्होंने काफी दिनों तक सम्पादन किया। विगत दशक में इनका निधन हो गया। कामतानाथ जी आजीवन प्रगतिवादी धारा से जुड़े रहे। कई पत्रों का सम्पादन भी इन्होंने किया है।

कालिदास त्रिवेदी : रीतिकाल के आचार्य कवि कालिदास त्रिवेदी के जन्म-स्थान के विषय में मतभेद है। कुछ विद्वान उन्हें बक्सर-ऊचगाँव का तथा कुछ उन्हें बनपुरा अन्तर्वेद का निवासी बताते हैं। इन्हें औरगंजेब के दरबार से भी सम्बन्धित माना गया है। इनका 'वधू विनोद' नामक ग्रन्थ प्रकाश में आया है, जो जम्बू नगर के शासक जोगाजीत सिंह के लिए लिखा गया था। इनके जन्म-मरण की तिथियाँ सुनिश्चित नहीं हैं, किन्तु सन् 1692 में इनका विद्यमान होना बताया गया है। कालिदास जी का महत्त्वपूर्ण संग्रह ग्रन्थ है—कालिदास हजारा। इसमें 1423 से 1718 तक के दो सौ बारह कवियों की रचनाएँ संकलित हैं। मुख्यतः इसी के आधार पर शिवसिंह सेंगर ने 'शिवसिंह सरोज' की रचना की थी। 'वधू विनोद' नायिका भेद का लक्षण ग्रन्थ है। एक अन्य ग्रन्थ है—जंजीराबन्द जो वेंकटेश्वर प्रेस बम्बई से प्रकाशित हुआ है। स्पष्ट है कि कालिदास त्रिवेदी चूँकि अमेठी और कन्नौज से सम्बन्धित थे, इसलिए वे अवध के गौरवशाली कवियों में गण्यमान हैं।

कालीदीन 'काली' : रीतिकाल के सिद्धहस्त छन्दकार काली जी का जन्म सन् 1646 ई. में बीघापुर (उन्नाव) में हुआ था। अपनी कला के अनुकूल सम्मान न प्राप्त होने से एक राजदरबार को छोड़कर काली जी दूसरे किसी अन्य राजदरबार में चले जाते थे। 'काली' का मुख्य तथा सर्वप्रिय छन्द था घनाक्षरी। काली के छन्दों की मुख्य विशेषता है अलंकारों (विशेषतः अनुप्रास) का प्रयोग। इन्होंने वीर रस प्रधान कई रचनाएँ की हैं, यथा—हनुमत पताका, हनुमत तरंगिणी आदि।

(आचार्य) किशोरी दास वाजपेयी : जन्म 1898 ई., रामनगर, कानपुर। निधन 1985। इन्होंने जीवन यापन हरिद्वार में किया। साहित्य मीमांसा, व्याकरण आदि के ये प्रकाण्ड विद्वान थे। इन्हें 'हिन्दी पाणिनि' कहा जाता है। ये ब्रजभाषा और खड़ी बोली के कवि भी थे। समीक्षा, नाटक आदि विधाओं में भी इन्होंने लेखन किया है।

कुतुबन : मुल्ला दाऊद के बाद द्वितीय वरिष्ठतम सूफी कवि हैं कुतुबन। इन्होंने 1503 ई. में 'मृगावती' नामक प्रेमाख्यान की अवधी में रचना की थीं। इनके सम्बन्ध में कुछ परोक्ष तथ्य प्राप्त हुए हैं, उनसे यह सूचित होता है कि ये जौनपुर के निवासी थे और शेख बुरहान के शिष्य थे। ये जौनपुर के शासक हुसैन शाह के शासन काल (1500 ई.) में विद्यमान बताये जाते हैं। मृगावती का जितना अंश प्राप्त हुआ है, उसके अनुसार वह दोहा, चौपाई और मसनवी शैली में रचा गया एक उच्चकोटि का महाकाव्य है। निःसन्देह उनके द्वारा अवध और अवधी की गौरव वृद्धि हुई है।

कुमुद नागर : जन्म-6 जून 1935, लखनऊ। निधन विगत दशक में। दीर्घकाल तक ये

आकाशवाणी और दूरदर्शन में रंगकर्मी रहे। इन्होंने कई पटकथाएँ लिखी हैं। कुमुद जी ने 63 रंगमंचीय नाटकों, 1000 रेडियो नाटकों और लगभग 165 दूरदर्शन की प्रस्तुतियों द्वारा अपने मीडिया लेखन तथा निर्देशन कौशल का परिचय दिया है। अर्से तक ये ड्रामा प्रोड्यूसर तथा सहायक निदेशक रहे हैं।

केदारनाथ त्रिवेदी 'नवीन' : जन्म-1895 ई. कोरैया, सीतापुर। राजकीय सेवा से मुक्त होने के पश्चात् ये लखीमपुर के निवासी हो गये। इनकी प्रकाशित रचनाएँ हैं—कुलीन, किसानी, नवीन रामायण और बौछार। अप्रकाशित रचनाओं में काली कमली वाला, उत्तर का अंगद पैज, नैमिषारण्य आदि प्रमुख हैं। इनकी रचनाओं में सामाजिक, धार्मिक एवं शृंगार मूलक भावों की अभिव्यक्ति हुई है।

के.पी. सक्सेना : हास्य व्यंग्यकार रूप में सक्सेना जी बहुत लोकप्रिय रहे हैं। बहुत अर्से तक ये प्राणिशास्त्र के शिक्षक रहे। मीडिया और फिल्मी पटकथा लेखन में भी इन्हें पर्याप्त प्रतिष्ठा मिली। इन्होंने कवि सम्मेलनों में अपने व्यंग्यों का वाचन करके उन्हें एक नया आयाम दिया। सक्सेना जी ने हास्य व्यंग्य से सम्बन्धित हजारों पृष्ठ लिखे। कई दैनिक पत्रों के नियमित स्तम्भ लेखक रहे। इनकी प्रमुख कृतियाँ हैं—नया गिरगिट, बाजूबन्द खुल-खुल जाय, लखनवी ढंग से, रमैया की दुलहिन, सिन्दबाद की यात्रा, कोई पत्थर से। 'बीवी नातियों वाली' नामक इनका टी.वी. धारावाहिक बहुत लोकप्रिय हुआ।

केशरीनाथ त्रिपाठी : जन्म 10 नवम्बर 1941, इलाहाबाद। भारतीय जनता पार्टी में अग्रगण्य त्रिपाठी जी उत्तर प्रदेश विधान सभा अध्यक्ष रूप में अपने प्रखर निर्णयों के लिए प्रसिद्ध रहे हैं। इन्होंने वकालत में भारी नाम कमाया। त्रिपाठी जी एक सहृदय कवि भी हैं। इनकी कविताओं के संग्रह हैं मनोनुकृति, चिरन्तन, आयुपंख आदि। सम्प्रति त्रिपाठी जी पश्चिम बंगाल के राज्यपाल हैं।

केशव चन्द्र वर्मा : जन्म-दिसम्बर 1926, फैजाबाद। निधन विगत दशक में। कालक्रम में ये इलाहाबाद में आकाशवाणी की सेवा में आये और वहीं बस गये। हिन्दी नवलेखन में इन्होंने सक्रिय भागीदारी निभाई। इन्होंने 'तुंग शृंग' तथा 'छायानट' का सम्पादन भी किया।

कैलाश गौतम : जन्म 8 फरवरी 1944, निधन विगत दशक। इनकी प्रमुख रचनाएँ हैं—'सीली माचिस की तीलियाँ', 'दो जोड़ा लाल'। 'तीन चौथाई आँचर' इनका भोजपुरी-अवधी काव्य है। 'सिर पर आग', 'राग रंग' आदि नवगीत संकलन हैं। गौतम जी हिन्दुस्तानी अकादमी (इलाहाबाद) से मृत्युपर्यन्त जुड़े रहे।

(डॉ.) कैलाश बाजपेयी : जन्म 11 नवम्बर 1936, उन्नाव। निधन 2015। कार्य क्षेत्र दिल्ली। बाजपेयी जी ने लखनऊ विश्वविद्यालय से एम.ए., पीएच.डी. की उपाधियाँ प्राप्त कीं और दिल्ली विश्वविद्यालय में अध्यापन किया। कुछ समय विदेश सेवा में रहे। इन्होंने कई काव्य, नाटक, समीक्षा ग्रन्थ, निबन्ध आदि प्रकाशित किये हैं। कई सम्पादन भी किये हैं। नई कविता, अकविता आन्दोलन और अध्यात्म दर्शन से बाजपेयी जी का जुड़ाव उल्लेखनीय है। इनकी प्रमुख काव्य कृतियाँ हैं—संक्रान्त, देहान्त से हटकर, तीसरा अँधेरा, महास्वप्न का मध्यान्तर, सूफीनामा, हवा में हस्ताक्षर, पृथ्वी का कृष्णपक्ष आदि।

(सन्त) कृपाराम : ये रामानुजाचार्य जी की परम्परा के सन्त थे और गोण्डा जनपद के नायनपुर ग्राम के रहने वाले थे। कृपाराम जी सं. 1835 के लगभग वर्तमान थे। इनकी मुख्य रचनाएँ हैं—अष्टादास-रहस्य, चित्रकूट माहात्म्य, भागवत दशम स्कन्ध तथा भाष्य प्रकाश। इनकी अधिकतर रचनाएँ अवधी में हैं और उनमें दोहा, चौपाई आदि छन्दों का प्रयोग हुआ है। पं. महेशदत्त शुक्ल ने 'भाषा काव्य-संग्रह' में इन्हें विशिष्ट स्थान दिया है।

कृष्ण बिहारी मिश्र : आलोचक सम्राट आचार्य कृष्ण बिहारी मिश्र जी का जन्म गन्धौली (सीतापुर) में 1890 ई. में हुआ था। इन्होंने लखनऊ के कैनिंग कालेज से 1913 ई. में बी.ए. परीक्षा उत्तीर्ण की और इसके बाद इलाहाबाद से एल.एल.बी. करके वर्षों तक वकालत की। इन्होंने 'माधुरी' पत्रिका का सम्पादन किया और उसके बाद लखनऊ से 'साहित्य समालोचना' पत्रिका निकाली। इन्होंने कई मौलिक ग्रन्थों का प्रणयन किया है, जैसे—चीन का इतिहास, देव और बिहारी। इनके सम्पादित ग्रन्थ हैं—गंगाभरण, नवरस तरंग, मतिराम ग्रन्थावली, नटनागर विनोद आदि। इनका सबसे प्रसिद्ध ग्रन्थ 'देव और बिहारी' तुलनात्मक आलोचना का मानक ग्रन्थ है। ये रसवादी आलोचक थे।

कृष्ण शंकर शुक्ल : जन्म 10 अक्टूबर 1904, गढ़ी, निकट अगू (उन्नाव)। ये आचार्य रामचन्द्र शुक्ल के अनुयायी थे तथा रसवादी आलोचक थे। आधुनिक हिन्दी-साहित्य का इतिहास (1934 ई.) केशव की काव्य कला (1933 ई.) तथा कविवर रत्नाकर आदि प्रसिद्ध ग्रन्थों की रचना इन्होंने की। जीवन के अन्तिम दिनों में इन्होंने भारतीय-दर्शन पर लिखा। 1985 ई. में इनका निधन हो गया।

खगनिया : उन्नाव के साहित्य जगत में 'प्रथम कवयित्री' का गौरव प्राप्त करने वाली खगनिया का जन्म रनजीतपुरवा में हुआ था। कहा जाता है कि ये बासू तेली की पुत्री थीं। ये अमीर खुसरो की भाँति मुकरियाँ और पहेलियाँ कहने में सिद्ध हस्त थीं। इनका कोई लिपिबद्ध साहित्य उपलब्ध नहीं है, किन्तु लोक जीवन में इनकी अनेक पहेलियाँ प्रचलित हैं।

गंगादास : ये बलरामपुर के महाराजा अर्जुन सिंह के दरबारी कवि थे। मिश्रबन्धुओं ने अपनी खोज द्वारा बताया है कि गंगादास द्वारा लिखित 'सुमन-धन' प्रसिद्ध फारसी कवि शेखसादी की रचना 'गुलिस्ताँ' का भाषा अनुवाद है, जिसे उन्होंने संवत् 1979 में तैयार किया था।

गंगारत्न पाण्डेय : इनका जन्म 26 अप्रैल 1918 को पड़रीकलाँ (उन्नाव) में हुआ था, निधन 2015 में हुआ। पाण्डेय जी लब्धप्रतिष्ठ कवि-कथाकार थे। इन्होंने काव्य, उपन्यास, कहानी, नाटक, निबन्ध आदि विधाओं में लगभग 2 दर्जन ग्रन्थों की रचना की है। इनका 'नचिकेता' महाकाव्य एक श्रेष्ठ कृति है।

गजराज : ये राजा दत्त सिंह के समगोत्री बन्धु थे, जो एक वीर योद्धा होने के साथ-साथ काव्य प्रेमी भी थे। कवि भानु एवं गजराज उनके आश्रय में थे। डॉ. भगवती प्रसाद सिंह ने 'दत्त दिग्विजय' को गजराज जी की रचना माना है, जबकि गजराज जी ने लिखा है कि किसी दूसरे की लिखी हुई या कही हुई तथा कुछ अपनी लिखी हुई कविताएँ इस काव्य में लिपिबद्ध हैं।

गजाधर शुक्ल 'द्विजशुक्ल' : इनका जन्म पाताबोझ (सीतापुर) में हुआ था। शुक्ल जी ने लगभग बीस ग्रन्थों की रचना की। इनमें से सबसे बड़ा ग्रन्थ है—'रघुवंश तिलक'। इस ग्रन्थ में महाकवि कालिदास के 'रघुवंश' महाकाव्य के आधार पर रघुकुल के उनतीस राजाओं के चरित्रों का दोहा, चौपाई छन्दों में वर्णन है।

गजेन्द्र नाथ चतुर्वेदी : जन्म 28 अगस्त 1922 ई., मेरठ। निधन 8 जून 2000 ई.। कार्यक्षेत्र लखनऊ। ये कई वर्षों तक उच्च पदों पर सेवारत रहते हुए आजीवन काव्यमय रहे। उद्धव शतक, ब्रज माधुरी, हनुमत विजय, ब्रज बल्लरी, बजरंग बावनी, सवैया शतक, ब्रज मंजरी, सँदेसो ब्रज को, सुदामा चरित्र, सीता वनवास आदि इनकी प्रमुख कृतियाँ हैं। ये श्रेष्ठ चित्रकार भी थे। आधुनिक ब्रज भाषा काव्य सृजन में ये अग्र पंक्ति में रहे हैं।

(डॉ.) गणेश दत्त सारस्वत : जन्म 10 सितम्बर 1936, सीतापुर। निधन 2010। उमादत्त सारस्वत इनके पिता थे। सारस्वत जी आर.एम.पी. स्नातकोत्तर महाविद्यालय, सीतापुर में हिन्दी विभागाध्यक्ष

रहे। हिन्दी सभा सीतापुर के अध्यक्ष रहते हुए इन्होंने उसके विकास में भरसक योगदान किया। इन्होंने खड़ी बोली के साथ-साथ अवधी में भी रचनाएँ की हैं। इनके दर्जनों ग्रन्थ प्रकाशित हैं। बाल-साहित्य, गीत, कविता और ग़ज़लें भी इन्होंने लिखी हैं।

गणेशशंकर विद्यार्थी : अमर शहीद एवं वरेण्य पत्रकार विद्यार्थी जी का जन्म 25 अक्टूबर 1890 ई. में अपने ननिहाल प्रयाग में हुआ था। विद्यार्थी जी की शिक्षा-दीक्षा इन्ट्रेन्स तक मुगावली, ग्वालियर में हुई। आर्थिक स्थिति ठीक न होने के कारण ये अधिक न पढ़ सके, किन्तु स्वतन्त्र अध्ययन निरन्तर चलता रहा। कानपुर में इन्हें करेन्सी में नौकरी मिली, पर अंग्रेज अधिकारी से न पटने के कारण इनको नौकरी छोड़नी पड़ी। फिर ये अध्यापक हो गये। कालान्तर में आचार्य महावीर प्रसाद द्विवेदी ने इनकी योग्यता को परखते हुए इन्हें 'सरस्वती' में बुला लिया। इनकी रुचि चूँकि राजनीति में अधिक थी, इसलिए कुछ समय बाद ये 'अभ्युदय' पत्र से जुड़ गये। इस तरह इन्होंने अनेक पत्र-पत्रिकाओं का सम्पादन किया। ये आजीवन पत्र-पत्रिकाओं के माध्यम से किसानों की आवाज बुलन्द करते रहे, और अत्याचारों का निर्भीकतापूर्वक विरोध करते रहे। पत्रकार होने के साथ-साथ ये निबन्धकार भी थे। 1913 में विद्यार्थी जी ने 'प्रताप' नामक हिन्दी साप्ताहिक पत्र की शुरुआत की। कुछ वर्षों बाद वह दैनिक समाचार-पत्र बन गया। विद्यार्थी जी सिद्धान्ततः गाँधीवादी थे, किन्तु क्रान्तिकारियों के साथ मन वचन कर्म से जुडे हुए थे। फीलखाना, कानपुर में स्थित प्रताप कार्यालय उन दिनों क्रान्तिकारियों का अड्डा बना हुआ था। वहाँ चन्द्रशेखर आजाद, बिस्मिल, रोशन सिंह आदि की बड़ी आवाजाही थी। भगत सिंह को 'प्रताप' से विशेष प्रेरणा प्राप्त होती थी। प्रताप के अंक पंजाब के नगरों में जब कम पड़ जाते थे, तो रातोंरात वे इसके रिप्रिंट बनवाकर वितरित करते थे। उत्तर भारत के गाँव-गाँव में यह अखबार सामूहिक वाचन द्वारा पढ़ा जाता था। अपने प्रथमांक में विद्यार्थी जी ने लिखा था—किसी की प्रसन्नता या अप्रसन्नता, किसी की घुड़की या धमकी, हमें अपने सुमार्ग से विचलित न कर सकेगी। उन्होंने मुंशी गंज (रायबरेली) के गोलीकाण्ड को लेकर 13 जनवरी 1921 को एक सम्पादकीय लिखा था—डायर शाही और ओडायर शाही। इसमें यह सिद्ध किया था कि यह दूसरा जलियाँवालाबाग कांड है। इस लेख के कारण उन्हें एक हजार रुपये का जुर्माना और छह माह की कैद हुई थी। प्रताप को इसके अतिरिक्त भी कई बार जुर्माने भरने पड़े थे। 23 मार्च 1931 को जब भगत सिंह को फाँसी दी गयी तो कानपुर में हिन्दू-मुस्लिम दंगा छिड़ गया। विद्यार्थी जी भीड़ को शान्त कराते हुए उसमें शहीद हो गये। उनकी मृत्यु पर गाँधी जी ने 'यंग इंडिया' में लिखा था—'उन्होंने वीरता का काम किया है। ऐसी मृत्यु पर हम सबको स्पर्धा है। वे मरे नहीं हैं, बल्कि कहीं अधिक सच्चे रूप में जीवित हैं।'

गया प्रसाद शुक्ल 'सनेही' : कवि चक्रवर्ती सनेही जी का जन्म सन् 1883 ई. में तथा निधन 1972 में हुआ था। मूलतः ये उन्नाव जिले के हड़हा ग्राम के निवासी थे। बाद में कानपुर में बस गये थे। ये पहले मिडिल स्कूल में अध्यापक थे। हिन्दी के प्राचीन साहित्य, उर्दू और फारसी का इन्होंने काफी अध्ययन किया था। इनकी रचनाएँ 'सरस्वती', 'कवीन्द्र' आदि में नियमित रूप से प्रकाशित होती रहीं। कुछ समय बाद इन्होंने सन् 1928 में 'सुकवि' नामक पत्रिका निकाली। इसका उन्होंने अर्से तक सम्पादन किया। प्रारम्भ में ये 'सनेही' उपनाम से कविताएँ लिखते थे, पर कुछ समस्याओं से बचने के कारण वीररस एवं राष्ट्रीयता से युक्त कविताएँ 'त्रिशूल' उपनाम से लिखनी शुरू कर दीं। सनेही जी खड़ी बोली, हिन्दी और उर्दू का समन्वय करके जनता के लिए सरल काव्य भाषा बनाना चाहते थे। इन्होंने लगभग बीस हजार छन्दों का प्रणयन किया, जो अब तक पूर्णतः संगृहीत नहीं हो

सके हैं। सनेही जी ने प्रेम पचीसी, कृषक क्रंदन, श्रवण शोक, विद्युत विलाप, बुझा हुआ दीपक, हा द्विवेदी जी, राष्ट्रीय मन्त्र, राष्ट्रीय वीणा, त्रिशूल तरंग, कलामें त्रिशूल, करुणा कादम्बिनी, संजीवनी नामक छोटी-बड़ी कई पुस्तकों का सृजन किया है। सनेही जी ने एक ओर अपनी कविताओं में प्राचीन आदर्श चरित्रों तथा पौराणिक आख्यानकों को समेटा तो दूसरी और दलितों, शोषितों की वेदना का मार्मिक चित्रण करके जनजन का आह्वान किया। सनेही जी मूलतः करुणा के कवि थे। यमक के प्रयोग में इन्हें अपूर्व सफलता मिली है। मंचीय कविता के तो वे चक्रवर्ती सम्राट थे।

गिरिजा दयाल 'गिरीश' : ये लखनऊ के निवासी थे। इन्होंने अपनी रचनाओं में किसानों के जीवन का सुन्दर वर्णन किया है। इन्हें पिगंल का अच्छा ज्ञान था और इन्होंने ब्रजभाषा काव्य का अच्छा अभ्यास कर रखा था।

गिरिधारी लाल : इनका जन्म 1786 ई., में सातनपुखा (रायबरेली) में हुआ था। ये ब्रजभाषा के कवि थे। इन्होंने सुदामा चरित एवं कृष्ण चरित की रचना की। इनके कई अन्य ग्रन्थ हैं, जैसे—गोपी विरह, गिरिधारी सतसई, राधा-उपालम्भ, रस मशाल, श्याम चरित एवं सरस-सूक्तियाँ आदि। प्रो. सूर्यप्रसाद दीक्षित ने इन्हें सम्पादित कर दिया है। कला की दृष्टि से 'सुदामा चरित' उच्चकोटि की रचना है।

गिरिराज किशोर : कथाकार के रूप में ख्याति अर्जित करने वाले किशोर जी का जन्म 8 जुलाई 1937 को मुजफ्फरनगर में हुआ था। इन्होंने एम.एस.डब्ल्यू. की उपाधि अर्जित की, फिर आई.आई. टी. कानपुर में कार्यरत होकर वहीं के निवासी हो गये। इनकी प्रकाशित कृतियाँ हैं—लोग (1966), चिड़ियाघर (1968), यात्राएँ (1971), जुगलबन्दी (1973), जो (1974), इन्द्र सुनें (1978), दावेदार (1978), तीसरी सत्ता (1982), यथा प्रस्तावित (1982), परिशिष्ट (1984), असलाह (1987), ढाईघर (1991) आदि। इनका एक प्रसिद्ध उपन्यास है पहला गिरमिटिया। इनके कहानी संकलन हैं—**नीम के** फूल (1964), चार मोती बेआब (1964), पेपर वेट (1967), रिश्ता और अन्य कहानियाँ (1968), शहर दर शहर (1946), हम प्यार कर लें (1980), जगतारिन और अन्य कहानियाँ (1981), लहू पुकारेगा (सम्पादित) (1981), गिरिराज जी के नाटक हैं—नरमेध, प्रजा ही रहने दो, घास और घोड़ा, चेहरे-चेहरे किसके चेहर (1983), केवल मेरा नाम लो (1984), काठ की तोप। इनकी आलोचना कृतियाँ हैं—विचार-संवाद सेतु (1983), लिखने का तर्क (1991), कथ अकथ (1991) सरोकार आदि।

गुरुदत्त सिंह 'भूपति' : 'भूपति' जी का जन्म अमेठी राजघराने में हुआ था। इनके पिता थे अमेठी के राजा हिम्मत सिंह जी। पिता की भाँति भूपति जी भी उच्चकोटि के विद्वान तथा सुकवि थे। ये कई कवियों के आश्रयदाता भी थे। सतसई, रस-रत्नावली, भागवत-भाषा, कण्ठाभरण, रसदीप तथा रस-रत्नाकर इनकी प्रसिद्ध रचनाएँ हैं। रस-रत्नावली संस्कृत भाषा में रचित वैद्यक का एक लघु ग्रन्थ है। 'भूपति सतसई' इनकी महत्त्वपूर्ण कृति है। इसकी रचना संवत् 1791 में हुई थी। इसके कई दोहे बड़े मधुर एवं सरस हैं। बिहारी की तरह 'भूपति' ने भी गागर में सागर भरा है। अनुप्रास यमक आदि अलंकारों का अच्छा प्रयोग किया है। शृंगार रस सतसई का प्रधान रस है। इसमें 701 दोहे हैं, जिनसे कवि की बहुश्रुतता का परिचय मिलता है। सतसई की भाषा ब्रज है। भूपति जी ने दोहा के अतिरिक्त अनेक स्फुट छन्दों की रचना की है। ये एक प्रसिद्ध योद्धा भी थे। राम जन्म भूमि की रक्षा में इन्होंने अवध के नवाब सआदत अली खाँ से युद्ध करके उसे पराजित किया था। सतसई परम्परा में इनकी सतसई का महत्त्वपूर्ण स्थान है।

गुरुदत्त सुकुल : ये मकरन्दपुर, जिला कानपुर के रहने वाले थे और सन् 1807 ई. में उत्पन्न हुए थे। देवकी नन्दन और शिवनाथ इनके भाई थे। इनका बनाया ग्रन्थ 'पक्षीविलास' काफी प्रसिद्ध है।

गुरुप्रसाद सिंह 'मृगेश' : जन्म 2 जनवरी 1910 ई., निधन 10 अप्रैल 1984। बुढ़वल (बाराबंकी) के निवासी। सेबरी शतक, मृगेश महाभारत, पारिजात, चहलारी नरेश, सुगीत, चयन, गाँव के गीत इत्यादि मृगेश जी की बहुचर्चित कृतियाँ हैं। इन्होंने ब्रजभाषा में भी काव्य-सृजन किया है तथा खड़ी बोली में 'परशुराम-कर्ण' प्रकरण पर 'दया-दण्ड' शीर्षक खण्ड काव्य की रचना की है। यों, अवधी के एक यशस्वी कवि के रूप में 'मृगेश' जी का नाम जाना जाता है।

गुलाब खंडेलवाल : जन्म 21 फरवरी 1924, नवलगढ़, राजस्थान। कर्मक्षेत्र एवं स्थायी निवास प्रतापगढ़। इन्होंने 'राजेश्वर अशोक', 'पँखुरिया गुलाब की', 'सौ गुलाब खिले', 'कस्तूरी कुण्डल बसै' इत्यादि अनेक कृतियों की रचना की। श्री नारायण चतुर्वेदी ने 'गुलाब ग्रन्थावली' का सम्पादन किया है। इनसे सम्बन्धित कुछ शोधकार्य भी हुए हैं। इन्होंने प्रकृतिपरक सुन्दर रचनाएँ की हैं। कालान्तर में गुलाब जी अमेरिका में बस गये। अन्तरराष्ट्रीय हिन्दी समिति के संचालन में इनकी विशिष्ट भूमिका है।

गोकुल प्रसाद 'ब्रज' : जन्म 1820 ई. (चैत्र कृष्ण 9 सं 1866) बुलहा, बलरामपुर। इनके पिता बहुभाषाविद् थे। अस्तु, इन्होंने घर पर ही फारसी, संस्कृत आदि की शिक्षा अर्जित की। नेपाली, द्रविड़ तथा पंजाबी भाषा का भी इन्होंने पर्याप्त अध्ययन किया। प्रारम्भ में बलरामपुर के राजा दिग्विजय सिंह के दरबार में इनका आना-जाना था। इन्होंने काशी में परमहंस दीनदयाल गिरि से रीतिशास्त्र का अध्ययन किया। ये कई राजाओं के आश्रय में रहे। काव्यशास्त्र, शास्त्रार्थ और समस्या पूर्ति में इनकी विशेष रुचि थी। इन्होंने अचल प्रकाश, महावीर प्रकाश, अष्टयाम प्रकाश, दूती दर्पण, दिग्विजय भूषण, वामाविनोद, कृष्णदत्त भूषण आदि रचनाओं का प्रणयन किया है। इनके अतिरिक्त भी अनेक विषयों पर इन्होंने ग्रन्थ लिखे हैं।

गोपाल चतुर्वेदी : जन्म 15 अगस्त, 1942। इन्होंने अनेक प्रशासनिक पदों पर कार्य किया। काव्य और व्यंग्य क्षेत्र में अनेक कृतियाँ प्रकाशित कीं, जिनमें महत्त्वपूर्ण है धाँधलेश्वर, गंगा से गटर तक, आदमी और गिद्ध, कुर्सीपुर के कबीर आदि। कई वर्षों तक ये उ.प्र. भाषा संस्थान के कार्यकारी अध्यक्ष रहे हैं। सम्प्रति चतुर्वेदी जी लखनऊ के निवासी हैं और कुछ दैनिक पत्रों के स्तम्भ लेखन से जुड़े हैं।

(डॉ.) गोविन्द चन्द्र पाण्डेय : जन्म जुलाई 1923, इलाहाबाद। निधन 2000 ई.। इन्होंने वर्षों तक इतिहास का शिक्षण किया, फिर राजस्थान विश्वविद्यालय का कुलपति पद सँभाला। कई संस्थाओं का नेतृत्व भी किया। पाण्डेय जी की प्रमुख कृतियाँ हैं—बौद्धधर्म के विकास का इतिहास, धर्म कीर्ति का न्यायबिन्दु (1973), मूल्य मीमांसा (1971), भारतीय संस्कृति के मूल स्वर (1981), इतिहास : स्वरूप और प्रक्रिया, अग्नि बीज (1962), क्षण और लक्षण (1966), हंसिका (1995), भारतीय समाज (1993) आदि।

गौरा पन्त 'शिवानी' : प्रसिद्ध उपन्यासकार शिवानी जी का जन्म 26 अक्टूबर 1923 ई. में राजकोट में हुआ था, किन्तु उनका कर्मक्षेत्र प्रायः लखनऊ ही रहा। कृष्ण कली, चौदह फेरे, कस्तूरी-मृग, चल खुसरो घर आपने, स्वयं सिद्धा, पाथेय, तिलपात्रा, कैंजा इत्यादि कई उपन्यासों की रचना शिवानी ने की है। इन्होंने कई कहानियाँ भी लिखी हैं, जैसे—हवेली, मेरा भाई इत्यादि। जालक, आमोदर, शान्ति निकेतन जैसे संस्मरण ग्रन्थ एवं 'यात्रिक' शीर्षक यात्रावृत्तान्त आदि भी इन्होंने लिखे हैं। शिवानी ने ग्रामीण तथा नगर, सभी वर्गों की गृहिणी नारियों को अपने साहित्य का पात्र बनाया है। इनका लेखन बहुत लोकप्रिय है।

ज्ञानचन्द्र जैन : जन्म 8 फरवरी 1918। इन्होंने दैनिक भारत (इलाहाबाद), नवजीवन, स्वतन्त्र भारत (लखनऊ) आदि पत्रों में लगभग 55 वर्षों तक कार्य किया। इनके द्वारा सम्पादित और अनूदित

ग्रन्थों की संख्या है बीस। इनके महत्त्वपूर्ण ग्रन्थ हिन्दी उपन्यास का इतिहास, भारतेन्दु अमृतलाल नागर, भगवतीचरण वर्मा आदि के संस्मरणों एवं विश्लेषणों से सम्बन्धित हैं।

घनश्याम शुक्ल : इनका जन्म असनी ग्राम, जिला-फतेहपुर के कान्यकुब्ज परिवार में 1680 ई. हुआ था। ये दीर्घकाल तक बाधवगढ़ (रीवाँ) के बघेल राजा, काशिराज आदि राजाओं के आश्रय में रहे। इनका कोई स्वतन्त्र ग्रन्थ अब तक नहीं मिला। शिवसिंह सेंगर जी ने माना है कि 'कालिदास हजारा' में इनके छन्दों का संकलन था। एक ग्रन्थ 'सुरसुन्दरी प्रबन्ध' बताया गया है। इनके साहित्य में अलंकारों का चमत्कार परिलक्षित होता था। प्राप्त प्रमाणों के अनुसार इनकी मृत्यु 1668 ई. में हुई थी।

घूरू किसान : इनका जन्म 1931 ई. में कुसुम्भी (उन्नाव) में हुआ था। ये एक ग्रामीण कवि थे। इनकी कविता कवि हृदय से निकलकर सीधे श्रोताओं के हृदय तक जाती थी। 'धरती के बोल' के आधार पर इनको 'उन्नाव के कबीर' के रूप में समादृत किया गया है। ग्राम्य प्रकृति एवं ग्राम्य परिवेश को घूरू ने ग्राम्य भाषा-शैली में प्रस्तुत किया है। इनका शब्द चयन प्रशंसनीय है। ये माटी से जुड़े कवि रहे हैं। उनकी 'बचपन', 'गाँव' इत्यादि कविताएँ अत्यन्त लोकप्रिय हैं। इनकी कविताओं में बैसवारी संस्कृति मुखरित हुई है।

चकबस्त (पं. ब्रज नारायण) : इनका जन्म 1882 ई. में फैजाबाद में हुआ था। बाद में ये लखनऊ आकर बस गये। चकबस्त जी ने बी.ए., एल.एल.बी. तक की शिक्षा प्राप्त की। 12 फरवरी 1926 में फालिज़ लगने के कारण 43 वर्ष की अवस्था में इनका निधन हो गया। इन्होंने उर्दू को इश्क़ मिजाजी से बचाया था। इनकी ग़ज़लों में राष्ट्रीयता, यथार्थ, राजनैतिक विडम्बना, सामाजिकता आदि के तत्त्व दिखाई देते हैं। इनकी युगबोध परक रचनाएँ महत्त्वपूर्ण हैं।

चतुर्भुज : ये रीतिकालीन परम्परा के कवि थे। इनका उपस्थिति काल 1803 ई. है। कहा जाता है कि ये अयोध्या प्रसाद बाजपेयी 'औध' के भाई थे। इनका जन्म सातन पुरवा नामक गाँव में हुआ था, जो रायबरेली जिले के अन्तर्गत है।

चतुर्भुज शर्मा : अवधी भाषा के हास्य व्यंग्य कवियों में ये चिरस्मरणीय हैं। इन्होंने अवधी में ग्रामीण प्रकृति का सूक्ष्म चित्रण किया है। इनकी एक कविता 'कुत्ता भेड़हा की लड़ाई' बड़ी लोकप्रिय हुई है। चतुर्भुज जी का जन्म 7 जनवरी 1910 को राजापुर, सीतापुर में हुआ था। इन्हें ग्राम्य जीवन का गहरा ज्ञान प्राप्त था। अवध की प्रकृति और संस्कृति को इन्होंने सूक्ष्मतापूर्वक देखा-परखा और अपनी कविताओं में बड़ी बारीकी के साथ उन्हें वर्णित किया। हास्य और विनोद में इनकी रुचि अपेक्षाकृत अधिक रही है। चतुर्भुज जी ने खड़ी बोली और ब्रज भाषा में भी कई रचनाएँ की हैं, जैसे—नादिरा, परशुराम, सीताशोध, श्रीकृष्ण जन्म आदि। उनकी अवधी कविताएँ किसान के अरदास नामक संग्रह में संकलित हैं। इन रचनाओं में समकालीन परिस्थितियों का विशद विश्लेषण किया गया है। शर्मा जी ने अवध की प्रकृति का जीवन्त वर्णन किया है।

(डॉ.) चन्द्र प्रकाश सिंह : कुँवर जी का जन्म सन् 1910 में ग्राम पयसिया, जनपद सीतापुर में हुआ था। युवराज दत्त कॉलेज, लखीमपुर में हिन्दी के प्राध्यापक पद पर कार्य करते हुए इन्हें कवि पढ़ीस का सान्निध्य मिला। इन्होंने साहित्य की कई विधाओं का प्रयोग किया। लगभग एक दर्जन काव्य-ग्रन्थ लिखे, जिनमें संकट मोचन, रामदूत आदि प्रमुख हैं। इनके लिखे नाटक सराहे गये हैं और समीक्षा ग्रन्थ भी। बड़ौदा, जोधपुर तथा मगध विश्वविद्यालय में हिन्दी विभागाध्यक्ष पद पर वर्षों हिन्दी सेवा करते रहने के लिए कुँवर जी को 'भारत भारती' सम्मान मिला। 1997 में ये परलोकवासी हो गये। उन दिनों ये संयुक्त राष्ट्र अमेरिका में स्थापित अन्तरराष्ट्रीय हिन्दी समिति में सक्रिय थे।

चन्द्र भूषण त्रिवेदी 'रमई काका' : इनका जन्म 2 फरवरी 1915 को ग्राम रावतपुर टिकौली, जनपद उन्नाव में हुआ था। रमई काका के पिता स्व. वृन्दावन त्रिवेदी अंग्रेजी सेना में सिपाही थे। प्रथम विश्वयुद्ध में बसरा की लड़ाई में उन्हें वीर गति प्राप्त हुई थी। इनकी माता जी एक सैनिक की पत्नी ही नहीं, पुत्री भी थीं। वे शिक्षा का महत्त्व समझती थीं। उन्हें पाँच रुपये मासिक पेंशन और काका को आठ रुपये मासिक छात्रवृत्ति मिलती थी। रमई काका ने 'पिंगला के राम' नामक खण्डकाव्य एवं 'जय महाशक्ति' काव्य आरम्भ में रचे। 1942 ई. से कई दशकों तक काका ने आकाशवाणी लखनऊ के 'पंचायत घर' कार्यक्रम के विशेष कलाकार तथा यथा समय संचालक के रूपों में कार्य किया। नाटक, प्रहसन, गीत, कविता, वार्ता इत्यादि विधाओं से सम्बन्धित इनके संकलन हैं—भिनसार, बौछार, फुहार, नेताजी, हर पाती तरवार, गुलछर्रा, माटी के बोल तथा हास्य की छींटें। धरती हमारि हमार, गाँव इत्यादि कविताओं द्वारा इन्हें असाधारण सफलता प्राप्त हुई। 'बौछार' इनका अत्यन्त लोक-प्रिय काव्य है। गाँव के प्रति काका के मोह को समझे बिना उनकी काव्य दृष्टि को नहीं समझा जा सकता। रमई काका का काव्य अवध के गाँवों से बहुत गहराई से जुड़ा है। उन्होंने गरीबी को न केवल देखा था, बल्कि उसे भोगा भी था। दीन-दुखियों के प्रति संवेदना उनकी रचनाओं में दृष्टिगत होती है। वस्तुतः वे आधुनिक अवधी के सर्वाधिक लोकप्रिय कवि हैं।

चन्द्रमुखी ओझा 'सुधा' : इनका जन्म 23 अप्रैल 1924 को प्रयाग में हुआ था। 'वन्दना' एवं 'पराग' की प्रसिद्ध कवयित्री रही हैं ये। इन्हें कोकिल कंठी कवयित्री और साधिका कहा गया है। इनका 'पति बन जाओ' बहुत ही प्रसिद्ध गीत है। इन्हें अर्से तक निराला जी का सान्निध्य प्राप्त हुआ था।

चन्द्रशेखर पाण्डेय 'चन्द्रमणि' : इनका जन्म 1909 ई. बन्नावाँ (रायबरेली) में हुआ था। इनके पितामह स्वामी बदरी प्रपन्न जी प्रख्यात सन्त साधक थे। चन्द्रमणि जी सनेही मण्डल, चातुर मण्डल, सिरस् समाज आदि संस्थाओं से जुड़े हुए थे। अच्छी समस्या पूर्तियाँ करते थे। ये अपने समय के प्रसिद्ध रामायणी, कथावाचक एवं उपदेशक थे। चन्द्रमणि जी ने पौराणिक प्रसंगों पर कई नाटक लिखे हैं, जिनमें राजर्षि परीक्षित, अजामिल, करालचक्र आदि अच्छे मंचीय नाटक हैं। 'रायबरेली के कवि' नामक इनकी कृति महत्त्वपूर्ण है।

चन्द्रशेखर बाजपेयी : इनका जन्म पौष शुक्ल 10 सं. 1855 (1698 ई.) को फतेहपुर के अन्तर्गत मोजबाबाद में हुआ था। इनके पिता का नाम मनीराम था, जो एक अच्छे कवि थे। ये 'करनेस' कवि के शिष्य थे। 22 वर्ष की अवस्था में ये दरभंगा गये। वहाँ सात वर्ष तक राजाओं के आश्रय में रहकर फिर राजा मानसिंह के दरबार में 6 वर्षों तक रहे। इसके बाद महाराजा रणजीत सिंह जैसे राजाओं द्वारा सम्मानित हुए। ये श्रेष्ठ आचार्य कवि थे। इन्होंने विवेक विलास, हरिभक्ति विलास, नख-शिख, शिवदान विनोद, वृन्दावन शतक, हम्मीर हठ आदि अनेक ग्रन्थों का सृजन किया। शृंगार और वीर दोनों रसों का इन्होंने सफल प्रयोग किया है। यों वीररस का प्रयोग अधिक किया है। रीतिकालीन कवियों में इनका प्रमुख स्थान है।

(आचार्य) चिन्तामणि : इनका जन्म 1609 ई. में माना गया है। इतिहासकारों ने भूषण, मतिराम और नीलकंठ (जटाशंकर) को इनका भाई माना है तथा त्रिविक्रमपुर (तिकवां, कानपुर) का निवासी भी। ये शाहजहाँ, रुद्रसिंह सोलंकी, जैनदी अहमद, मकरन्द शाह (भोसला) के दरबारों से सम्बद्ध कहे जाते हैं। इनके विरचित ग्रन्थ हैं—काव्य विवेक, कविकुल कल्पतरु, काव्य प्रकाश, रामायण, छन्द विचार पिंगल, शृंगार मंजरी आदि। इनके कई ग्रन्थ काव्यशास्त्रीय लक्षण ग्रन्थ हैं और काव्यकला की दृष्टि से महत्त्वपूर्ण हैं। चिन्तामणि ग्रन्थावली का सम्पादन प्रो. सूर्यप्रसाद दीक्षित ने किया है।

चूड़ामणि मिश्र : इनका जन्म तिवारीपुर (उन्नाव) में हुआ था। ये सगुण भक्ति शाखा के कवि थे। भगवान श्रीकृष्ण के जीवन वृत्त को लेकर इन्होंने अनेक घनाक्षरी छन्दों का प्रणयन किया है। कुछ लोगों का मत है कि उन्नाव जनपद का साहित्येतिहास चूड़ामणि से प्रारम्भ होता है। ये गोस्वामी तुलसीदास के समकालीन कवि थे। इनकी एक कृति है, नाग लीला, जो अभी अप्राप्य है। क्षेत्रीय साहित्यकारों द्वारा इनके छन्द सुनने को मिलते हैं।

जगजीवन दास साहब : ये सतनामी सम्प्रदाय के प्रवर्तक थे। इनका जन्म 1671 ई. तथा निर्वाण 1760 ई. में हुआ था। ये कोटवा (बाराबंकी) के निवासी थे। इनके द्वारा रचित ग्रन्थ हैं—ज्ञान प्रकाश, दोहावली, मनपूर्णा, महाप्रलय आदि। देवीदास, गोसाई दास, ख्यामदास आदि इनके प्रमुख शिष्य थे। इनकी वाणी में निर्गुण की प्रधानता है, किन्तु इन्होंने सगुण की अवहेलना नहीं की है। संतकाव्य की रूढ़ियों का पालन भी इन्होंने किया है, जैसे—कर्मकाण्ड निन्दा, अंतस्साधना, हठयोगप्रवण-रहस्यवाद आदि। इनकी रचनाओं में कहीं ब्रज भाषा है तो कहीं अवधी भाषा।

जगत सिंह : ये दिग्विजय सिंह के पुत्र थे और बिसेन वंश, भिनगा (बहराइच) के राजा थे। इनके वंश का परिचय 'भारती कर्णाभरण' में मिलता है। इनका रचनाकाल 1800-1820 ई. तक माना जा सकता है। इन्होंने मुख्य रूप से शास्त्रीय ग्रन्थों का प्रणयन किया है और संस्कृत आचार्यों जैसे—मम्मट, विश्वनाथ, जयदेव आदि के सिद्धान्तों की आलोचनात्मक व्याख्या की है। इन्होंने केशवदास से प्रभावित होकर 'कविप्रिया', 'रसिकप्रिया' की टीकाएँ लिखीं। इनका प्रसिद्ध ग्रन्थ है 'साहित्य सुधानिधि'। इसके साथ-साथ 'चित्र-मीमांसा, 'रसमृगांक' आदि भी उल्लेखनीय हैं।

जगदम्बा प्रसाद 'हितैषी' : सं. 1952 वि. में उन्नाव जनपद के गंज मुरादाबाद में जनमे कविवर 'हितैषी' हिन्दी की खड़ी बोली कविता के आन्दोलन के सशक्त हस्ताक्षर थे। इन्हें खड़ी बोली का सवैया-सम्राट कहा जाता है। वे आजीवन राष्ट्रीय आन्दोलन के साथ जुड़े रहे। अनेक बार जेल गये तथा उग्रवादी गरम दल के सक्रिय कार्यकर्ता होने के कारण कठोर कारावास की यातनाएँ सहीं। 'हितैषी' जी हिन्दू महासभा के क्रियाकलाप में बड़ी तन्मयता से भाग लेते थे। ये बड़े प्रखर वक्ता थे। राजनीति के साथ साहित्य-साधना भी इनका व्यसन था। ये 'सनेही' जी के सुयोग्य शिष्य थे। जिस प्रकार 'सनेही' जी त्रिशूल, अलमस्त तथा सनेही—इन तीन उपनामों से काव्य-रचना करते थे, उसी प्रकार 'हितैषी' जी अलबेला तथा गँवार उपनामों से कविताएँ लिखते थे। इनकी क्रान्तिकारी रचनाएँ 'अलबेला' उपनाम से, व्यंग्य विनोद परक कविताएँ 'गँवार' उपनाम से तथा साहित्यिक एवं दार्शनिक रचनाएँ 'हितैषी' उपनाम से हैं। 'हितैषी' जी ने 'सनेही' जी के साथ बहुत दिनों तक 'सुकवि' का सम्पादन भी किया। इनकी प्रकाशित कृतियाँ हैं—नवोदिता, मातृगीता, कल्लोलिनी, वैकाली तथा दर्शना। फाल्गुन शुक्ल एकादशी सोमवार सं. 2013 वि. को 'हितैषी' जी का निधन हो गया।

(डॉ.) जगदीश गुप्त : इनका जन्म 5 जुलाई 1924 को शाहाबाद (हरदोई) में हुआ था। शैशवावस्था में ही गुप्त जी अपने पिता श्री शिव प्रसाद गुप्त की स्नेहिल छाया से वंचित हो गये। माता रामादेवी ने इनका पालन-पोषण किया। इन्होंने इलाहाबाद विश्वविद्यालय से एम.ए., डी.फिल. की उपाधि प्राप्त की। वहीं वर्षों शिक्षण कार्य किया। गुप्त जी को इनकी ब्रजभाषा कृति 'छन्दशती' पर बहुशः सम्मानित किया गया। सन् 1998 में इन्हें 'भारत-भारती' सम्मान दिया गया। गुप्त जी ने अनेक काव्य संग्रहों, समीक्षात्मक पुस्तकों एवं 'नयी कविता' पत्रिका का सम्पादन किया। सन् 1995 में उनका प्रथम काव्य संग्रह 'नाँव के पाँव' प्रकाशित हुआ। इसी क्रम में शब्द दंश, आदिम एकान्त, युग्म, शम्बूक, गोपा-गौतम, जयन्त, बोधिवृक्ष, शान्ता, आक्रोश के पंजे, माँ के लिए आदि कृतियों की

रचना की। ब्रजभाषा तथा नई कविता पर इनका समान अधिकार था। गुप्त जी का निधन 26 मई 2001 को इलाहाबाद में हुआ।

(आशुकवि) जगमोहननाथ अवस्थी 'मोहन' : सिद्ध आशुकवि माने जाने वाले 'मोहन' जी का जन्म 1905 ई. में लालीपुर (फतेहपुर) में हुआ था। कालान्तर में इन्होंने अपना निवास स्थान लखनऊ में बनवाया। ये प्रसिद्ध गीतकार रमानाथ अवस्थी के पिता थे। स्मृति, कदम्ब, भवितव्य, जीवनकण, प्राणदान, चौराहे से, दिविता, अहिंसावध, किसान पच्चीसी, गाँधी जयन्ती, जय स्वतन्त्रता, अमर बापू, फाँसी के स्वर, रक्त रेखायें, सीमा संग्राम, अन्तर्ध्वनि, पाती इत्यादि काव्य कृतियों के रचयिता के रूप में 'मोहन' जी को जाना जाता है। ये किसी भी विषय पर तत्काल कविता रचने वालों में थे।

जयशंकर त्रिपाठी : जन्म 31 दिसम्बर 1929, बदौली, इलाहाबाद। इनकी प्रकाशित कृतियाँ हैं– धरती के गीत, आंजनेय, मातृभूमि, गाता हुआ पहाड़, कुरुक्षेत्र का सबेरा, अकेले अमृत नहीं पिऊँगा, आठवाँ दंडी एवं संस्कृत काव्यशास्त्र का इतिहास-दर्शन, कवि का रचना व्यापार, साहित्य शास्त्र आदि।

जानकीराम त्रिपाठी : इनका रचनाकाल 1800 ई. के आस-पास माना जाता है। ये कुदौली (कानपुर) के रहने वाले थे। इन्होंने 'बारहमासा-वर्णन' के साथ-साथ अनेक स्फुट छन्दों की रचना की है। ब्रजभाषा में सुन्दर प्रकृति चित्रण किया है।

जीवन : इनका स्थिति काल 1837 से 1842 के बीच कहा गया है। ये शाहजहाँपुर के पुआयाँ स्टेट के कवि थे। बाद में 1837-1842 के बीच में लखनऊ के नवाब मुहम्मद अली के दरबार में सम्मिलित हो गये थे। बहुत दिनों तक ये सीतापुर के एक रईस बरिबंड सिंह के यहाँ रहे। वहीं इन्होंने 'बरिबंड विनोद' की रचना की थी।

जीवनाथ भट्‌ट : इनका जन्म नवलगंज (उन्नाव) में हुआ था। ये राजा बालकृष्ण के दरबार में थे। बालकृष्ण अवध के नवाब आसफउद्‌दौला के दीवान थे। सेंगर जी के अनुसार इनका 'बसंत पचीसी' नामक ग्रन्थ प्राप्त है।

जुमई खाँ आजाद : जन्म 5 अगस्त 1931, गोबरी प्रतापगढ़। आर्यभारत, त्याग और बलिदान, उपहार, जीवन-सरगम, तूफान, मालिक और मजदूर, गागर में सागर, भारत की सुरक्षा, इन्कलाब, धरती के गीत, नवविहार, पहरुआ, केवट, गंगावतरण आदि कृतियों के माध्यम से आजाद जी ने अवधी साहित्य को उच्च्व शिखर पर पहुँचाया है।

जोश मलिहाबादी : जन्म 1894, निधन 1982 ई., मलीहाबाद, लखनऊ। उर्दू कविता में जोश मलिहाबादी का विशिष्ट स्थान है। इन्होंने लगभग पन्द्रह काव्य कृतियाँ रची हैं, जिनमें शोला औ शबनम, नक्शो निगार, फिक्रो निशात, राहें अदब, सरोदोखरोश आदि बहुत महत्त्वपूर्ण हैं। इनकी आत्मकथा यादों की बारात (1972) बहुत सराही गयी है। इनका रचना काल 1920 से 1960 तक फैला हुआ है। जोश ने अनेक क्रान्तिकारी रचनाएँ की हैं। स्वातन्त्र्य समर में ये सक्रिय रहे हैं। 1955 में ये पाकिस्तान चले गये थे। फिर उस पर प्रायश्चित्त भी किया था।

ठाकुर : ये असनी (फतेहपुर) के निवासी ब्रह्मभट्‌ट थे। पूर्वज गोरखपुरवासी थे। 1736 के आस-पास इनका स्थिति काल रामनरेश त्रिपाठी ने माना है। इन्हें ऋषिनाथ का पुत्र कहा जाता है। इनके पौत्र सेवक ने लिखा है कि किसी विवाहोत्सव में कविता सुनाने के कारण ये जाति च्युत कर दिये गये थे। बाद में कवि नरहरि महापात्र की पुत्री से विवाह करके ये ब्रह्मभट्‌ट हो गये थे। इनके आश्रय दाता थे देवकीनन्दन, जिनके नाम पर इन्होंने सतसई बरननार्थ (टीका) बनायी थी। 'ठाकुर शतक' इनके छन्दों का श्रेष्ठ संग्रह है।

तीर्थराज : कविता में ज्ञान और गणित की चिन्तन-प्रक्रिया को नूतन अर्थ-विस्तार देने में तीर्थराज का महत्त्वपूर्ण योगदान रहा है। ये डौंडियाखेरा के राव मर्दन सिंह के पुत्र अचल सिंह के दरबारी कवि थे। इनका महत्त्वपूर्ण ग्रन्थ 'समर विलास' अक्षर शास्त्र पर आधारित मुहूर्त-निर्णय का उपयोगी ग्रन्थ है। सम्पूर्ण ग्रन्थ सात प्रकाशों में विभक्त है। दोहा, सोरठा, घनाक्षरी, छप्पय, दण्डक और त्रिभंगी आदि छन्दों को लिखने में सिद्धहस्त तीर्थराज की भाषा भावानुगामिनी है।

तुलसीदास (गोस्वामी) : हिन्दी साहित्य के महानतम कवि गोस्वामी तुलसीदास का जन्म 'सावन शुक्ला सप्तमी' संवत् 1554 में अयोध्या के निकट सूकर खेत में हुआ था। इनके माता-पिता गुरु आदि के जो विवरण प्राप्त हुए हैं, वे विवादास्पद हैं। गोस्वामी जी के आत्मकथ्यों से यह ज्ञात होता है कि उनका बचपन अनाथावस्था में बीता। बाल्यकाल में इन्होंने कई वर्षों तक गुरु के निकट (नरहरि आश्रम में) राम कथा सुनी। 'ब्याह बरेखी' उनकी हुई नहीं। ये अयोध्या, काशी, राजापुर, चित्रकूट आदि स्थानों में निवास करते हुए रामभक्ति एवं रामकाव्य के प्रणयन में व्यस्त रहे। कुछ समय के लिए इन्होंने गोस्वामी पद का दायित्व वहन किया। जीवन के अन्तिम चरण में इन्हें बाल तोड़ रोग का कष्ट झेलना पड़ा। संवत् 1680 में इन्होंने काशी में निर्वाण प्राप्त किया। इनके द्वारा रचित ग्रन्थ हैं—रामचरितमानस, पार्वती मंगल, जानकी मंगल, हनुमान चालीसा, बरबै रामायण, रामलला नहछू, विनयपत्रिका, गीतावली, कवितावली, श्रीकृष्ण गीतावली, वैराग्य संदीपनी आदि।

तोरन देवी शुक्ल 'लली' : इनका जन्म तो 1897 में जबलपुर में हुआ था, किन्तु विवाहोपरान्त 1915 से 1960 तक लखनऊ में ही रहीं। इनकी काव्य-कृति 'जागृति' बहुचर्चित रही है। 1947 में रचित 'साधना' नामक संग्रह में संकलित इनके साठ गीत तथा रेडियो रूपक महत्त्वपूर्ण हैं। इन रचनाओं के कारण लली जी को कई पुरस्कार प्राप्त हुए थे। लली जी पर्दा प्रथा को तोड़ती हुई आज से दशकों पूर्व मंचों पर उतरी थीं।

तोष : जन्म 16वीं शती का आरम्भ, सिगरौर (शृंगवेरपुर) प्रयाग। इनका जीवनवृत्त विवादास्पद है। कुछ इतिहास ग्रन्थों में तोषमणि तथा तोषनिधि को एक माना गया है। इनके 'सुधानिधि' नामक लक्षण ग्रन्थ का रचनाकाल 1635 ई. माना जाता है। कवितोष उक्ति चमत्कार, भाषा प्रवाह तथा आलंकारिक सौन्दर्य के लिए उल्लेखनीय हैं। उनकी दो कृतियाँ और बतायी गयी हैं—1. विनयशतक 2. नखशिख।

त्रिलोचन शास्त्री (वासुदेव सिंह) : इनका जन्म 20 अगस्त 1926 को कटवरापट्टी (सुलतानपुर) में हुआ था। इन्होंने प्रभाकर, हंस, कहानी, आज, समाज, चित्ररेखा, भाषा आदि कई पत्र-पत्रिकाओं का तथा कई कोशों का सम्पादन किया। काशी हिन्दू विश्वविद्यालय, अलीगढ़ मुस्लिम यूनिवर्सिटी, मुक्तिबोध सृजन पीठ (सागर) आदि संस्थाओं में शास्त्री जी ने कई वर्षों तक भाषा-शिक्षण भी किया। त्रिलोचन जी प्रगतिवादी काव्यधारा के प्रतिनिधि कवि थे। ये गाँव की धरती से आजीवन जुड़े रहे। इन्होंने काव्य, कहानी, निबन्ध, समीक्षा आदि विधाओं में लगभग 20 कृतियाँ प्रकाशित की हैं। काव्य शिल्प के कई प्रयोग (जैसे सानेट) इनकी विशिष्ट देन है। इनका अवधी काव्य 'अमोला' भी उल्लेखनीय है।

थान कवि (थानराय) : इनका जन्म डौंडियाखेरा (उन्नाव) में हुआ था। इनके पिता का नाम निहाल राय था। ये चन्दन बन्दीजन के भानजे थे। थान कवि ने बैसवाड़ा के जमींदार दलेल सिंह के नाम पर 'दलेल प्रकाश' की रचना 1691 ई. में की थी। यह काव्यशास्त्रीय ग्रन्थ है। राग-रागनियों के लक्षण भी इसमें दिये गये हैं।

दत्त : ये माढ़ी, कानपुर के निवासी थे। 1734 ई. में इन्होंने 'लालित्य-लता' में अलंकारों का सुन्दर निरूपण किया है। दत्त ने अपनी जन्म भूमि (जाजमऊ) के विषय में यह उल्लेख किया है कि वह ययाति की प्राचीन राजधानी थी। यहाँ गंगा तट पर इनका एक शिव मन्दिर है, जहाँ प्रतिवर्ष मेला लगता है।

दिल्लराय : ये दिल्ली के बादशाह अकबर के दरबारी कवि होने के साथ-साथ एक वीर योद्धा भी थे। इन्हें अकबर से एक जागीर प्राप्त थी। इनके वंशज आज भी गोण्डा के दक्षिणी भाग में नवाबगंज के पास भटपुरवा नामक गाँव में रहते हैं। यह स्थान अयोध्या से उत्तर-पश्चिमी कोने पर लगभग 10 मील की दूरी पर स्थित है। दिल्लराय जी एक प्रतिभाशाली व्यक्ति थे।

(डॉ.) दीनदयालु गुप्त : जन्म 4 अक्टूबर 1903, अलीगढ़। निधन 1969, लखनऊ में। लखनऊ विश्वविद्यालय के संस्थापक हिन्दी विभागाध्यक्ष गुप्त जी ने पठन-पाठन और समीक्षात्मक लेखन के साथ शोध कार्य का एक मानदण्ड स्थापित किया था। 'अष्टछाप और बल्लभ सम्प्रदाय' इनकी मानक कृति है। सूरदास, नन्ददास के साथ कई हिन्दी-उर्दू कवियों पर इन्होंने उपयोगी ग्रन्थ लिखे हैं। कई वर्षों तक ये उत्तर प्रदेश हिन्दी समिति के अध्यक्ष भी रहे।

दुलारेलाल भार्गव : जन्म 1895 ई. लखनऊ। इन्होंने माधुरी-सुधा का सम्पादन और गंगा पुस्तकमाला का संचालन किया। हिन्दी साहित्य में इनका सबसे बड़ा योगदान है—पत्रिका विशेषांक की शुरुआत। इनका काव्य है—'दुलारेलाल दोहावली', जिसमें 208 दोहे हैं। 1935 में इसे प्रथम देव पुरस्कार प्राप्त हुआ था।

दूधनाथ सिंह : जन्म 1936। अर्से तक ये इलाहाबाद विश्वविद्यालय में हिन्दी शिक्षक रहे। इनकी कृतियाँ हैं—सपाट चेहरे वाला आदमीं (1967), भाई का शोक गीत (1992), सुखान्त (1971), पहला कदम (1976), नमो अधकारम्, आखिरी कलाम, यमगाथा, (1990) अपनी शताब्दी के नाम, सुरंग से लौटते हुए, एक और भी आदमी आदि। इन्हें 2014 में उत्तर प्रदेश हिन्दी संस्थान का 'भारत भारती' सम्मान प्राप्त हुआ है।

दूलन दास : ये सतनामी सम्प्रदाय के संत थे। ऐसा कहा जाता है कि सतनामियों और औरंगजेब की फौजों के साथ लम्बे अरसे तक कई घनघोर युद्ध हुए थे। इन युद्धों में हजारों सतनामी मारे गये थे। इन साधकों ने सैनिक रूप धारण कर लिया था। अयोध्या के राम जन्म भूमि मन्दिर की रक्षा में वे बराबर तत्पर रहते थे। संघर्ष करते करते इनका सम्प्रदाय एक बार अस्तव्यस्त हो गया था। बाबा जगजीवन साहब ने लगभग 1750 में इस सम्प्रदाय का पुनद्धार किया। उनके शिष्य दूलनदास रायबरेली के निवासी थे। वे आजीवन इस सम्प्रदाय के नव निर्माण में सक्रिय रहे। इनके जन्म समय के सम्बन्ध में विवाद है। कई विद्वान इनका जन्म 1660 ई. मानते हैं और मृत्यु 1778 ई. में। इन्होंने लालित्य पूर्ण भाषा में अंतस्साधना, कर्मकांड खंडन, रहस्य दर्शन इत्यादि से सम्बन्धित विचारों को अभिव्यक्ति प्रदान की है।

दूलह : रचनाकाल 1743-1768, बनपुरा दोआव, अन्तर्वेद। रीतिपरम्परा के प्रतिनिधि कवि दूलह उदयनाथ 'कविन्द' के पुत्र और कालिदास त्रिवेदी के पौत्र थे। इनके लिए कहा गया है—"और बराती सकल कवि दूलह दूलहराय। ये कई दरबारों से सम्बद्ध रहे हैं। इनके पूर्वज अमेठी दरबार के गौरव थे। दूलह का लक्षण ग्रन्थ है—कवि कुल कंठाभरण"। यह अलंकार विषयक लक्षण ग्रन्थ है।

(डॉ.) देवकीनन्दन श्रीवास्तव : जन्म 1 फरवरी 1928, लोहानीपुर, रायबरेली। खड़ी बोली एवं अवधी के ये महत्त्वपूर्ण रचनाकार हैं। कविता के क्षेत्र में 'नन्दन' उपनाम से विख्यात हैं। श्रीवास्तव

जी ने बरबै-सतसई, साकेत से वृन्दावन, तुलसीदास की भाषा, काव्यशास्त्र आदि उच्चकोटि के ग्रन्थ लिखे हैं। लखनऊ विश्वविद्यालय, शान्ति निकेतन और वल्लभ विद्यापीठ में वर्षों अध्यापन करके सम्प्रति दिल्ली में रह रहे हैं। अरविंद दर्शन का श्रीवास्तव जी पर गहरा प्रभाव पड़ा है।

देवदत्त (देव) : आचार्यत्व और कवित्व दोनों में समान अधिकार प्राप्त कवि प्रवर देवदत्त डौंडियाखेरा, उन्नाव के राव मर्दन सिंह के सुपुत्र उद्योत सिंह के दरबार में रहे और यहीं पर 'प्रेम चन्द्रिका' का रचना की। इनका जन्म इटावा में सन् 1663 ई. के आस-पास हुआ था। देव के ग्रन्थों की संख्या 62 बतायी जाती है, जिनमें भावविलास, अष्टयाम, भवानी विलास, प्रेम तरंग, सुजान विनोद, काव्य रसायन, देवशतक और देवमाया प्रपंच विशेष उल्लेखनीय हैं।

देवीदत्त शुक्ल : जन्म 13 अप्रैल 1887, बक्सर, उन्नाव। निधन 20 मई 1962। शुक्ल जी ने महावीर प्रसाद द्विवेदी के उपरान्त 'सरस्वती' पत्रिका का दीर्घकाल तक सम्पादन किया। इनकी 'कुछ खरी-खरी' पुस्तक साहित्यिक दृष्टि से महत्त्वपूर्ण है। ये अर्से तक 'चण्डी' पत्रिका के सम्पादक रहे। इन्होंने कई जीवनियाँ एवं आत्मकथा लिखी हैं। 'खद्योत प्रकाश' कविता संग्रह, 'विक्रम' उपन्यास, 'एकादशी' (कहानी संग्रह) हास-परिहास आदि महत्त्वपूर्ण हैं।

देवी रत्न अवस्थी 'करील' : इनका जन्म 1909 में बरदर (रायबरेली) में हुआ था। इन्होंने ब्रज, अवधी, खड़ी बोली से सम्बन्धित कई काव्य रचे हैं। प्रमुख रचनाएँ हैं—देवार्चन, सर्वोदय, लोकरीति, मधुपर्क और रघुवंश का काव्यानुवाद।

(डॉ.) देवराज (नन्द किशोर) : जन्म 1917 ई.। ये लखनऊ विश्वविद्यालय तथा काशी हिन्दू विश्वविद्यालय में दर्शन के आचार्य थे। इनकी काव्य रचनाओं में हैं—प्रणयगीत, जीवन रश्मि, धरती और स्वर्ग, उर्वशी ने कहा था, इतिहास पुरुष, इला और अमिताभ, सुबह के बाद, आहत आत्माएँ इत्यादि। उपन्यासों में उल्लेखनीय हैं—पथ की खोज, बाहर भीतर, भीतर के घाव, रोड़े और पत्थर, अजय की डायरी, मैं वे और आप, दूसरा सत्र इत्यादि। साहित्य चिन्ता, आधुनिक समीक्षा, प्रतिक्रियाएँ, छायावाद : उत्थान-पतन, पुनर्मूल्यांकन, साहित्य समीक्षा और सांस्कृतिक बोध आलोचना क्षेत्र में विख्यात हैं। देवराज जी एक ओर बुद्धिवाद का प्रतिपादन करते रहे, दूसरी ओर नियतिवाद का।

(डॉ.) द्वारका प्रसाद मिश्र : इनका जन्म 1901 ई. में पड़री (उन्नाव) में हुआ था। बी.ए., एल.एल.बी. करने के बाद ये मध्यप्रदेश चले गये, जहाँ एम.एल.ए., मन्त्री, सागर विश्वविद्यालय के कुलपति तथा मुख्यमन्त्री पदों की शोभा बढ़ाई। मिश्र जी ने 'सारथी' तथा 'श्री शारदा' का वर्षों तक सम्पादन किया। अवधी भाषा में रचित 'कृष्णायन' इनकी सर्वोत्तम रचना है। 'हिन्दुओं का स्वातन्त्र्य प्रेम' तथा आत्मकथा भी इन्होंने लिखी है। मिश्र जी एक मानवतावादी कवि के रूप में विख्यात हैं। इन्होंने कई बार जेल यात्राएँ कीं। 1988 ई. में इनका देहावसान हो गया।

द्वारका प्रसाद यादव 'यदुचन्द' : इनका जन्म लखनऊ जिले के सिसेंडी नामक ग्राम में 1 फरवरी 1906 ई. को हुआ था। इनकी कुछ कविताएँ माधुरी के मुखपृष्ठों पर छपी थीं। यदुचन्द जी अवधी के अच्छे कवि थे। 'बिरवा' (त्रैमासिक) 1 जनवरी 89 के अंक में 'बतकही' शीर्षक के अन्तर्गत डॉ. निशंक द्वारा संकलित इनके 53 छन्द प्रकाशित हुए हैं।

द्विजदेव (मानसिंह) : ये अयोध्या के महाराजा थे। इनका जन्म 1823 ई. में और निधन 1873 ई. में हुआ था। इनकी कविता शुद्ध ब्रजभाषा से ओतप्रोत है। इन्होंने 'शृंगार लतिका' एवं 'शृंगार बत्तीसी' जैसी काव्य कृतियाँ हिन्दी साहित्य को प्रदान कीं। द्विजदेव ने प्रकृति सौन्दर्य, नारी सौन्दर्य

एवं प्रेम का उत्कृष्ट वर्णन किया है। ये स्वयं तो कवि थे ही, लछिराम, प्रवीन, बलदेव इत्यादि कवियों के आश्रयदाता भी थे।

(डॉ.) धर्मवीर भारती : इनका जन्म 15 दिसम्बर 1926 ई. में इलाहाबाद में हुआ था। भारती जी के लिखे 'गुनाहों का देवता' एवं 'सूरज का सातवाँ घोड़ा' उपन्यास अत्यन्त लोकप्रिय हैं। इन्हें उल्लेखनीय सफलता 'कनुप्रिया' (खण्ड काव्य) एवं 'अन्धा युग' (गीत नाट्य) में मिली है। मंचन की दृष्टि से भी यह अत्यन्त सफल है। भारती जी ने सिद्ध साहित्य पर शोध कार्य तथा वर्षों तक प्रयाग विश्वविद्यालय में शिक्षण किया। 'परिमल' संस्था के माध्यम से इन्होंने बहुत सारे कवियों एवं लेखकों को प्रभावित किया। इनकी प्रसिद्धि का एक कारण था 'धर्म युग' का सम्पादक होना। धर्मवीर भारती ने कहानियाँ, निबन्ध, समीक्षा, रिपोर्ताज, अनुवाद आदि विधाओं में भी योगदान किया है।

(डॉ.) धीरेन्द्र वर्मा : जन्म 16 मई 1896, बरेली। कार्य क्षेत्र इलाहाबाद। निधन 23 अप्रैल 1963। ये इलाहाबाद विश्वविद्यालय के प्रथम हिन्दी शिक्षक, 1946 में नियुक्त होने वाले हिन्दी विश्व के प्रथम प्रोफेसर और 1934 में पेरिस यूनिवर्सिटी से ब्रजभाषा पर डाक्ट्रेट प्राप्त करने वाले प्रथम डी.लिट्. थे। 1959 में वर्मा जी ने अवकाश ग्रहण किया। कुछ वर्षों तक वे जबलपुर के देवी दुर्गावती विश्वविद्यालय के कुलपति रहे। नागरी प्रचारिणी सभा द्वारा प्रकाशित विश्व हिन्दी कोश के सम्पादन में इनकी महती भूमिका रही है। भारतीय हिन्दी परिषद् तथा 'हिन्दी अनुशीलन' की स्थापना, 'मध्यदेश' की अवधारणा, हिन्दी पाठ्यक्रम तथा शोध कार्य की प्रथम परिकल्पना के लिए वर्मा जी चिरस्मरणीय रहेंगे। भाषा विज्ञान, अष्टछाप, हिन्दी भाषा का इतिहास, सूरसागर सार आदि इनके महत्त्वपूर्ण ग्रन्थ हैं।

(आचार्य) नन्ददुलारे बाजपेयी : आचार्य बाजपेयी का जन्म 1906 ई. की भाद्रपद अमावस्या को ग्राम मगरैल, जिला उन्नाव के कान्यकुब्ज परिवार में हुआ था। उच्च शिक्षा काशी हिन्दू विश्वविद्यालय से प्राप्त हुई। श्यामसुन्दर दास जी की प्रेरणा से ये शिक्षण तथा अनुसन्धान कार्य में लगे। 1932 ई. में बाजपेयी जी ने 'दैनिक भारत' का सम्पादन तथा अनेक समीक्षात्मक निबन्धों का सृजन किया, पर कुछ समय बाद व्यवस्थापकों से सैद्धान्तिक मतभेद होने के कारण प्रयाग छोड़कर ये काशी आ गये और 'सूरसागर' के सम्पादन में लग गये, जो नागरी प्रचारिणी सभा से प्रकाशित हुआ। इसे पूरा करने के बाद ये 'रामचरितमानस' का सम्पादन करने के लिए गीताप्रेस गोरखपुर चले गये, पर उनकी नीति से असन्तुष्ट होकर पुनः प्रयाग आ गये। सन् 1941 ई. में काशी हिन्दू विश्वविद्यालय के हिन्दी विभाग में प्राध्यापक नियुक्त हुए। कालक्रम में सागर विश्वविद्यालय में हिन्दी विभाग के अध्यक्ष तथा उज्जैन में कुलपति नियुक्त हुए। इन्होंने 'हिन्दी साहित्य बीसवीं शताब्दी', 'जयशंकर प्रसाद', 'कवि निराला', 'प्रेमचन्द', 'आधुनिक साहित्य', 'नया साहित्य : नये प्रश्न' आदि का प्रणयन कर हिन्दी समीक्षा को नयी दृष्टि दी। बाजपेयी जी ने काव्यशास्त्र, भाषा तथा इतिहास दर्शन पर गम्भीर चिन्तन किया है।

नन्दराम : स्थितिकाल 1850 से 1900 ई., सालेहनगर (माल) लखनऊ। ये आचार्य कवि थे। अपने काव्य 'शृंगार दर्पण' में जो वंशवृत्त दिया है, उसके अनुसार ये कश्यपवंशीय तिवारी थे। कृषि कर्म तथा पौरोहित्य से जुड़े हुए नंदराम जी का नैकट्य तिलोई के राजा से था। शृंगार दर्पण 1929 में प्रकाशित हुआ था।

(डॉ.) नमिता सिंह : जन्म 4 अक्टूबर 1944, लखनऊ। इन्होंने अलीगढ़ डिग्री कालेज में रसायन शास्त्र का अध्ययन किया। डॉ. कुँवर पाल सिंह इनके जीवन साथी थे। इनके प्रमुख कहानी संग्रह हैं—खुले आकाश के नीचे, राजा का चौक, नीलगाय की आँखें, जंगल गाथा, अपनी सलीबें, लेडीज

क्लब आदि। इन्होंने कई कृतियों का अनुवाद और सम्पादन भी किया है। इन्हें कई सम्मान प्राप्त हुए हैं। सम्प्रति ये अलीगढ़ की निवासी हैं।

नरहरि महापात्र : ये अकबरी दरबार के नवरत्नों में थे। इनका निधन काल 1610 ई. के आस-पास माना जाता है। इनके जन्म काल के सम्बन्ध में ठीक-ठीक निर्णय कर पाना कठिन है। अनुमानित काल 1562-1610 ई. है। ये नरहर पुर पखरौली तहसील डलमऊ, जिला रायबरेली के निवासी थे। अकबर ने नरहरि को 'महापात्र' की पदवी दी थी। रुक्मिणी मंगल, छप्पय नीति तथा कवित्त संग्रह इनके उच्च कोटि के ग्रन्थ हैं। जनश्रुति यह है कि इनका एक छप्पय सुनकर अकबर ने गो हत्या पर प्रतिबन्ध लगा दिया था।

आचार्य नरेन्द्र देव : इनका जन्म 31 अक्टूबर 1889 ई. को सीतापुर में हुआ था। सन् 1920 में जब गाँधी जी ने असहयोग आन्दोलन चलाया तो ये वकालत छोड़कर उस आन्दोलन में कूद पड़े। लोकमान्य तिलक के सम्पर्क में आने के बाद ये राजनीतिक कार्यकलाप में सक्रिय हो गये। 1929 में शिव प्रसाद गुप्त द्वारा स्थापित काशी विद्यापीठ में इन्होंने अध्यापन कार्य किया। इतिहास और राजनीतिशास्त्र के ये प्रकाण्ड विद्वान थे। समाजवादी विचारों को लेकर इन्होंने 'संघर्ष' नामक साप्ताहिक पत्र निकाला। नरेन्द्र देव जी एक बहुत बड़े शिक्षाशास्त्री थे। लखनऊ और काशी हिन्दू विश्वविद्यालयों के उपकुलपति पद पर भी आचार्य जी कार्यरत रहे। इसी बीच इनका ध्यान बौद्ध मत की ओर गया, अतः जीवन के अन्तिम वर्ष 'बौद्ध धर्म दर्शन' लिखने में बिताये। इस कृति पर इन्हें साहित्य अकादमी का पुरस्कार मिला। इनकी मृत्यु 19 फरवरी 1956 को लखनऊ में हुई।

(डॉ.) नरेश मिश्र : जन्म 1 जनवरी 1915, सुलतानपुर। इन्होंने दीर्घकाल तक प्रोफेसर एवं विभागाध्यक्ष रूप में महर्षि दयानन्द विश्वविद्यालय रोहतक की तथा केन्द्रीय विश्वविद्यालय महेन्द्रगढ़ की सेवा की। इनकी प्रमुख कृतियाँ हैं—अनुप्रयुक्त हिन्दी भाषा चिन्तन, भाषा विज्ञान और मानक हिन्दी, प्रयोजन मूलक हिन्दी और काव्यांग, अलंकार दर्पण आदि। मिश्र जी को कई पुरस्कार प्राप्त हुए हैं।

नरेश मेहता : इनका जन्म 15 फरवरी 1922 को राजपुरा (मालवा) में हुआ, किन्तु इनकी कर्म भूमि रही इलाहाबाद। इन्होंने 1942 के आन्दोलन में सक्रिय भाग लिया। 15 वर्षों तक ये कम्युनिस्ट पार्टी से सम्बद्ध रहे। कई पत्रों का सम्पादन किया। 6 वर्षों तक आकाशवाणी में कार्यक्रम अधिकारी रहे, फिर स्वतन्त्र लेखन करते रहे। नरेश जी वैदिक संस्कृति और उपनिषदीय प्रज्ञा के कवि रूप में प्रतिष्ठित हुए। इन्होंने वनपांखी सुनो, बोलने दो चीड़ को, मेरा समर्पित एकान्त, उत्सवा, संशय की एक रात, प्रवादपर्व, शबरी, अरण्या आदि काव्यों की एवं यह पथ बन्धु था, धूमकेतु एकश्रुति, दो एकान्त, उत्तर कथा आदि उपन्यासों की तथा कई नाटकों, कहानियों और समीक्षा ग्रन्थों की रचना की है। नरेश जी 'नकेन के प्रपद्यवाद' से भी जुड़े रहे हैं। प्रयोगवादी काव्यान्दोलन में भी ये गण्यमान रहे हैं।

नरेश सक्सेना : जन्म 26 जनवरी 1939, ग्वालियर। स्थायी आवास लखनऊ। समकालीन कविता के चर्चित कवि, सम्पादक, फिल्म निर्देशक, लेखक और वृत्ति से सिविल इंजीनियर नरेश जी रंगमंच, दूरदर्शन आदि में सक्रिय हैं। इन्होंने आरम्भ, छायानट, कथाक्रम आदि पत्रिकाओं का सम्पादन किया है, कई लघु फिल्में बनायी हैं, निराला, धूमिल, कुँवर नारायण आदि की कुछ कविताओं की सांगीतिक प्रस्तुति की है और अनेक नाट्य रूपान्तरण किये हैं। इनका कविता संग्रह—'समुद्र पर हो रही है बारिश' काफी चर्चित है।

नरोत्तमदास : इन्होंने हिन्दी के अति प्रसिद्ध खण्ड काव्य 'सुदामा चरित' की रचना की। इनका पूर्ण जीवन वृत्त तो उपलब्ध नहीं है, किन्तु यह माना जाता है कि 1545 ई. में ये विद्यमान थे।

नरोत्तम जी सीतापुर जिले के बाड़ी नामक कस्बे के निवासी थे। इधर नरोत्तम दास का 'ध्रुवचरित' नामक एक खण्ड काव्य और मिला है, जिसके 28 छन्द प्राप्त हो चुके हैं। यह ग्रन्थ ब्रजभाषा में रचित है। इसमें दोहा, सवैया, कवित्त आदि छन्दों का प्रयोग किया गया है।

(मुंशी) नवल किशोर : ये हिन्दी के प्रथम प्रकाशक माने जाते हैं। अपनी प्रतिभा और अध्यवसाय से ये बहुत बड़े धनी और राजा के रूप में प्रतिष्ठित हुए। इन्होंने लखनऊ में 1858 ई. में एक छापाखाना खोला। मुंशी नवल किशोर का छापाखाना उन दिनों सारे भारत में सबसे बड़ा पब्लिशिंग हाउस था। इससे हिन्दी, उर्दू, फारसी और संस्कृत के सब मिलाकर चार हजार से अधिक ग्रन्थ प्रकाशित हुए थे। इनके बाद प्रयाग नारायण भार्गव नये ग्रन्थ प्रकाशित करते रहे। जिस समय इस प्रेस की स्थापना हुई थी, उस बीच अवध क्षेत्र जन विद्रोह के कारण अशान्त था। मुंशी जी ने इस दिशा में काफी प्रयास किये। अतः प्रेस की उत्तरोत्तर उन्नति होती गयी। जिस समय यह प्रेस खोला गया था, उस समय रेलवे का पूरा प्रसार नहीं हो पाया था, तथापि मुंशी जी ने कर्मचारियों की सहायता से भारी-भारी कलें, टाइप आदि लखनऊ तक मँगवा लिए थे। सन् 1859 ई. में इस छापेखाने से एक अँग्रेजी पत्र निकाला गया। तदुपरान्त इसका स्थान उर्दू के पत्र 'अवध अखबार' ने ले लिया। सरकार ने मुंशी जी की देश सेवा को देखकर के.सी.आई.ई. की उपाधि से विभूषित किया। मुंशी जी ने हिन्दी के प्रायः सभी प्राचीन कवियों के संकलन प्रकाशित किये और अपनी एक पेपर मिल स्थापित की। पुस्तक प्रकाशन उद्योग में मुंशी जी सर्वोपरि थे।

(डॉ.) नवल बिहारी मिश्र : इनका जन्म 25 दिसम्बर 1901 ई. को सिधौली (सीतापुर) में हुआ था। प्रारंभिक शिक्षा सीतापुर से प्राप्त करके इन्होंने लखनऊ विश्वविद्यालय से बी.एससी. तथा एम.बी.बी.एस. की उपाधि अर्जित की। ये कृष्ण बिहारी मिश्र जी के अनुज थे। मिश्र जी ने वैज्ञानिक कहानियाँ लिखकर हिन्दी जगत में अपना विशिष्ट स्थान बना लिया। इनकी प्रमुख कहानियाँ हैं—चन्द्रलोक की यात्रा, आकाश का राक्षस, 'अदृश्य शत्रु', पाताल लोक की यात्रा इत्यादि। मिश्र जी ने हिन्दी सभा, सीतापुर के संस्थापक महामन्त्री, तथा अध्यक्ष रूप में सन् 1940 से 1960 ई. तक सेवा की। 1978 ई. में मिश्र जी का देहावसान हो गया।

नाभादास : ये अग्रदास के शिष्य कहे जाते हैं। इनका स्थिति काल 1657 वि. के आस-पास रहा है। इन्होंने 'भक्तमाल' नामक ग्रन्थ की रचना अवधी भाषा में की थी। दोहा, चौपाई के अतिरिक्त नाभादास ने अवधी के बरबै छन्द का भी उपयोग किया है। नाभादास अवर्ण होते हुए भी अपने युग में सर्वपूज्य रहे हैं।

नासिरा शर्मा : जन्म 1984, इलाहाबाद। समकालीन कथा लेखन में नासिरा जी का महत्त्वपूर्ण स्थान है। इनके कहानी संकलन हैं—पत्थर गली (1986), संगसार (1993), इब्नेमरियम (1994), शामी कागज (1998), बुतखाना (2002), दूसरा ताजमहल (2002), इन्सानी नस्ल (2003), गूँजा आसमान। इनके प्रकाशित उपन्यास हैं—सात नदियाँ एक समन्दर (1985), शाल्मली (1987), ठीकरे की मँगनी (1989), जिन्दा मुहावरे (1994), कुइयाँ जान, पारिजात, अक्षयवट (2003) आदि। इन्होंने अंग्रेजी की कई जासूसी कथा कृतियों के अनुवाद किये हैं। इनकी कई कहानियों पर टेलीफिल्म्स और धारावाहिकों का निर्माण हुआ है। ये ईरानी समाज, भारतीय संस्कृति तथा देश-देशान्तर की कला परम्पराओं से अर्से से सम्बद्ध हैं। इन्होंने नाटक, पत्रकारिता, विचारपरक लेखन आदि के क्षेत्र में महत्त्वपूर्ण जगह बनाई है।

नूर मोहम्मद : ये जौनपुर जिले के रहने वाले थे। इनका रचनाकाल 1744 ई. के आस-पास का

है। सूफी कथा काव्य 'इन्द्रावती' एवं सूफी प्रतीक काव्य 'अनुराग बाँसुरी' के प्रणेता नूर मोहम्मद एक श्रेष्ठ कवि थे। ये परवर्ती मुगल-बादशाह मोहम्मदशाह 'रंगीला' के समकालीन थे। इन्हें संस्कृत एवं फारसी का भी ज्ञान था। सूफी कवियों में नूर मोहम्मद का श्रेष्ठ स्थान है।

पतितदास : ये गोण्डा जिले के दुर्जन पुर ग्राम के निवासी थे। गृहस्थ-जीवन में कुछ दिनों रहने के बाद इन्होंने संन्यास ले लिया था। इनकी तीन रचनाएँ 'मुनिगीता', 'पतित-पदावली', तथा 'भजन संग्रह' हैं। इनके ग्रन्थों की रचना अवधी भाषा में हुई है। इनमें दोहा, चौपाई तथा सोरठा छन्दों का प्रयोग किया गया है।

पद्मकांत मालवीय : इनका जन्म इलाहाबाद में सन् 1908 ई. में महामना मालवीय जी के परिवार में हुआ था। सुचारु रूप से अपनी शिक्षा पूरी करने के बाद इन्होंने राजनीति और पत्रकारिता में सक्रिय भाग लिया। 'अभ्युदय' नामक पत्र का भी इन्होंने काफी समय तक सम्पादन किया। एक कवि के रूप में इन्होंने काफी ख्याति अर्जित की। छायावादोत्तर गीत काव्य में ये अग्रणी रहे हैं। इनके द्वारा प्रणीत ग्रन्थ हैं—'त्रिवेणी', 'प्याला', 'प्रेमपत्र', 'आत्म वेदना', 'आत्म-विस्मृति', 'हार' आदि।

पलटू साहब : गुलाल पंथी संत पलटू का जन्म अठारहवीं सदी के उत्तरार्द्ध में नागपुर-जलालपुर, जनपद फैजाबाद में हुआ था। इनकी एक पुस्तक का नाम मिश्रबन्धु ने 'कुंडलिया पलटू साहब' दिया है। इन्होंने हठयोग परक रचनाएँ भी की हैं। पलटू ने अपनी अनगढ़ बानी के द्वारा मानव-महिमा एवं मानव एकता की प्रतिष्ठा में यथेष्ट योगदान किया है। संत-कवियों में इन्हें उच्च स्थान प्राप्त है।

पाण्डेय बेचन शर्मा 'उग्र' : इनका जन्म जलालपुर (मिर्जापुर) में हुआ था। उग्र जी ने अपनी 'खबर' नामक पुस्तक में अपनी जीवन-गाथा का मार्मिक चित्रण किया है। गरीबी के कारण वे चुनार छोड़ कर काशी और अयोध्या की रामलीला मण्डलियों से जुड़ गये थे। इनकी पहली कृति है—ध्रुव चरित्र खण्ड काव्य, जो प्रिय प्रवास से प्रेरित है। दूसरी महत्त्वपूर्ण कृति है—महात्मा ईसा। कालान्तर में उग्र जी कलकत्ता चले गये। बम्बई फिल्म इण्डस्ट्री में भी इन्होंने काम किया। 'फागुन के दिन चार' में इन्होंने फिल्मी जीवन का दर्द भरा विवरण प्रस्तुत किया है। उग्र जी कवि, नाटककार, निबन्धकार, कहानीकार, उपन्यासकार और सम्पादक रूप में चर्चित हैं। उनकी प्रमुख कृतियाँ हैं—दिल्ली का दलाल, सरकार तुम्हारी आँखों में, बुधवा की बेटी, चन्द हसीनों के खतूत, चुम्बन, आदि। अपनी साफगोई, स्फूर्तिमयी भाषा शैली और प्रयोगशीलता के कारण हिन्दी साहित्य के शिखर पुरुषों में आज उग्र जी गण्यमान हैं।

पारसनाथ मिश्र 'भ्रमर' : मिश्र जी का जन्म ब्रह्मपुरी (बहराइच) में सन् 1934 में और निधन 2003 ई. में हुआ था। ये आधुनिक अवधी के प्रतिनिधि रचनाकार थे। इनकी 'गौरैया', 'सैकत शैया', 'रेत की दीवाल' जैसी कई कहानियाँ समय-समय पर पत्र-पत्रिकाओं में प्रकाशित हुईं। अवधी में गीत, लोकगीत, ग़ज़ल आदि का प्रकाशन कराया। खड़ी बोली हिन्दी में लगभग छह पुस्तकें और अवधी में 'सुरसमयी', 'जगपति चालीसा', 'अष्टक', 'संत-सत्तइसा' आदि चर्चित हैं। प्रकृति चित्रण करते हुए इन्होंने कजली, होली, फगुआ, चैती, झूमर, कहरवा, दादरा आदि अनेक शैलियों में अवधी गीतों की रचना की है। सामाजिक जीवन की गहरी अनुभूति इनकी कविताओं में विद्यमान है। अपने परवर्ती जीवन में इन्होंने, 'नादान्ताद्वैतधन' रूप में अवधी पदों की रचना की।

(डॉ.) पीताम्बर दत्त बड़थ्वाल : इनका जन्म सन् 1902 में उत्तराखण्ड में हुआ था। इन्होंने काशी हिन्दू विश्वविद्यालय तथा लखनऊ विश्वविद्यालय में अध्यापन किया। बड़थ्वाल जी ने एक दर्जन ग्रन्थ लिखे हैं और कई ग्रन्थावलियाँ सम्पादित की हैं। हिन्दी शोध के उन्नयन में इनका विशिष्ट योगदान

रहा है। इन्होंने 'हिन्दी कविता में निर्गुण सम्प्रदाय' विषय पर पहली बार डी. लिट्. उपाधि 1933 में प्राप्त की थी। काशी नागरी प्रचारिणी सभा के खोज विभाग से जुड़कर बड़थ्वाल जी ने हस्तलिखित ग्रन्थों की खोज में बहुत सहयोग किया। नाथ सम्प्रदाय एवं निर्गुण सम्प्रदाय के संत कवियों, मुख्यतः गोरखनाथ, कबीर आदि की गूढ़ गहन व्याख्या करने का प्रथम श्रेय इन्हीं को है। इनका दूसरा महत्त्वपूर्ण योगदान है–समीक्षक के रूप में। डॉ. बड़थ्वाल ने अपने समकालीन कई रचनाकारों का वस्तुनिष्ठ आकलन किया है। इन्होंने 'मनोरंजनी' पत्रिका से लेकर 'हिलमैन' जैसे कई पत्रों का सम्पादन किया। मात्र 43 वर्ष की आयु में पाठालोचन, सम्पादन, समीक्षा, काव्यशास्त्र, भाषा शास्त्र और लोक साहित्य पर बहुत लिखा। हिन्दी की शोध विधा का स्तरीय मंगलारम्भ इन्होंने किया है।

पुरुषोत्तम दास : इनका जन्म सुल्तानपुर की मुसाफ़िर खाना तहसील के अन्तर्गत दार ग्राम में हुआ था। इन्होंने संवत् 1620 में 'लवकुश उपाख्यान' की रचना की। इनकी रचनाओं में पर्याप्त लोक शील दिखलाई पड़ता है। पुरुषोत्तम दास तुलसी पूर्व के अवधी कवि हैं।

(राजर्षि) पुरुषोत्तम दास टण्डन : जन्म 11 अगस्त 1882। निधन 1 जुलाई 1962 ई.। हिन्दी साहित्य सम्मेलन इलाहाबाद के प्राण राजर्षि टण्डन जी का हिन्दी भाषा साहित्य के विकास में भी महत्त्वपूर्ण योगदान रहा है। इन्होंने 'अभ्युदय' एवं 'राष्ट्रभाषा सन्देश' का सम्पादन किया। इसके साथ-साथ हिन्दी विद्यापीठ की स्थापना, राष्ट्रभाषा हिन्दी तथा देवनागरी की पद-प्रतिष्ठा, हिन्दी प्रकाशन, पाण्डुलिपि संग्रह, साहित्यिक पत्रकारिता, राष्ट्रभाषा के देशव्यापी अधिवेशन, हिन्दी परीक्षा संचालन, पुस्तकालय-व्यवस्था आदि क्षेत्रों में इनका अपूर्व योगदान रहा है। टण्डन जी ने विभिन्न विषयों पर काव्य सृजन एवं वैचारिक लेखन भी किया है। इस हिन्दी सेवा के लिए इन्हें 'भारतरत्न' से अलंकृत किया गया है। विधानसभाध्यक्ष, कांग्रेस अध्यक्ष आदि पदों पर कार्य करते हुए इन्होंने उच्चादर्श स्थापित किये हैं।

प्रकाश चन्द्र गुप्त : जन्म 16 मार्च, 1908। इन्होंने इलाहाबाद विश्वविद्यालय से अंग्रेजी में एम. ए. की उपाधि प्राप्त की। तदुपरान्त सेंट जांस कॉलेज, आगरा तथा इलाहाबाद विश्वविद्यालय के अंग्रेजी विभाग में अध्यापन कार्य किया। 10 नवम्बर 1970 को इनका देहान्त हो गया। इनकी प्रमुख रचनाएँ हैं–'कुमायूँ के आँचल में', स्केच, पुरानी स्मृतियाँ, नये स्केच, रेखा चित्र। हिन्दी प्रगतिवाद के आरम्भिक व्याख्याताओं में गुप्त जी स्मरणीय हैं।

प्रतापनारायण मिश्र : उन्नाव जिले के बैजेगाँव में सन् 1853 ई. में मिश्र जी का जन्म हुआ था। कुछ ही दिनों बाद इनके ज्योतिषी पिता पण्डित संकटा प्रसाद जी कानपुर में बस गये। इनकी शिक्षा-दीक्षा कानपुर में ही हुई। इनके पिता इनको 'ज्योतिष' में लगाना चाहते थे, पर ये मनमौजी स्वभाव के थे। फिर इनके पिता ने अंग्रेजी स्कूल में दाखिला कराया, पर अधिक अनुशासन पूर्ण ढंग से शिक्षा लेना इनको रुचिकर नहीं लगा। संस्कृत, उर्दू, फारसी, बँगला, अंग्रेजी पर इनकी अच्छी पकड़ थी। बालमुकुन्द गुप्त ने सन् 1906 ई. में प्रतापनारायण मिश्र का चरित्र 'भारतमित्र' में प्रकाशित करते हुए लिखा था कि उपर्युक्त भाषाएँ ये धारा प्रवाह बोल लेते थे। उस समय कानपुर लावनी के लिए प्रसिद्ध था। मिश्र जी भी लावनी के शौकीन थे। अतः इन्होंने लावनियाँ, ख्याल लिखना शुरू किया। यहीं से इनके कवि जीवन का प्रारम्भ हुआ। ये आजीवन हिन्दी सेवी बने रहे। कई सामाजिक, राजनीतिक संस्थाओं से भी जुड़े। कानपुर में 'नाटक सभा' नामक एक संस्था की नींव डाली। उसके माध्यम से पारसी थियेटर का विरोध करते हुए हिन्दी जगत का एक अपना रंगमंच खड़ा कर दिया। स्वयं अभिनय करने में कुशल थे। भारतेन्दु जी के व्यक्तित्व से अत्यधिक प्रभावित थे। उन्हें अपना

गुरु और आदर्श मानते थे। स्वभाव से हँसमुख थे। वाग्वैदग्ध्य के धनी थे। इनके द्वारा सम्पादित मासिक पत्रिका 'ब्राह्मण' बहुत लोकप्रिय थी। गणेशशंकर विद्यार्थी द्वारा सम्पादित 'प्रताप' नामक दैनिक समाचार-पत्र का नामकरण मिश्र जी की स्मृति में ही किया गया था। इनकी पुस्तकों की संख्या 50 के आस-पास है। मौलिक रचनाएँ हैं प्रेम पुष्पावली, मन की लहर, दंगल खण्ड, लोकोक्तिशतक, शृंगार विलास, मानसविनोद, कलि कौतुक, भारत दुर्दशा, कलि प्रभाव, हठी हमीर, गो संकट, जुआरी खुआरी, संगीत शकुन्तला आदि। इन्होंने बंगला से कई अनुवाद किये। जैसे—चरिताष्टक, पंचामृत, रीतिरत्नमाला। ब्रजभाषा में समस्या पूर्तियाँ इन्होंने शुरू कीं। आल्हखण्ड का वर्तमान रूप इन्हीं की देन है। इनका निधन 1895 ई. में हुआ।

प्रतापनारायण श्रीवास्तव : जन्म 1904 ई., कानपुर। इन्होंने निकुंज, विदा, विजय, विकास, बयालीस, विसर्जन, बेकसी की मजार, वेदना एवं विश्वास की वेदी आदि उपन्यासों का सृजन किया है। ये अत्यन्त मिलनसार एवं स्पष्ट वक्ता व्यक्ति थे। ये प्रेमचन्द की आदर्शवादी परम्परा के पक्षधर थे।

प्रयाग नारायण त्रिपाठी : जन्म 25 अगस्त 1919 ई., रालपुर, रायबरेली। त्रिपाठी जी 'तीसरा सप्तक' के प्रथम कवि थे। इनके काव्य में नव रहस्यवादी दार्शनिकता और अरविंद का अन्तःचेतनावाद विद्यमान है। कविता संग्रह 'स्वर-सेतु', 'यात्रा-चिन्तन' दर्शन की श्रेष्ठ रचनाएँ हैं। इनका निधन 2 नवम्बर 2005 में कोलकाता में हुआ।

(मुंशी) प्रयाग नारायण : ये लखनऊ के प्रसिद्ध प्रेस नवल किशोर-मुद्रण यन्त्रालय के स्वामी थे। इनका जन्म 1872 ई. में प्रयाग में हुआ था। शिक्षा दीक्षा लखनऊ एवं आगरा में हुई थी। शिक्षा पूरी करने और नवल किशोर जी के स्वर्गवासी होने पर इन्होंने मुंशी जी के कार्य को अत्यन्त कुशलता के साथ उन्नति के शिखर पर पहुँचाया। इनके प्रयास से नवल किशोर प्रेस की कई शाखाएँ देश-विदेश में स्थापित हुईं, जिनसे अनेक पुस्तकों का प्रकाशन किया गया। भारत सरकार ने इन्हें रायबहादुर की उपाधि प्रदान की। इन्होंने कई संस्थाओं को मुक्त हस्त दान दिया। भार्गव जी ने 'अवध अखबार' और पेपर मिल का संचालन किया। ये लखनऊ के मजिस्ट्रेट और 1916 में व्यवस्थापक सभा के सदस्य बनाये गये। इनके प्रयास से सम्पादित 'माधुरी' नामक पत्रिका ने हिन्दी साहित्य की संवृद्धि की।

प्रेम जनमेजय : जन्म 18 मार्च 1949, इलाहाबाद। इन्होंने कालेज ऑफ नेशनल स्टडीज में अध्यापन कार्य किया और व्यंग्य क्षेत्र में सुनियोजित रूप में लेखन-प्रकाशन किया। इनकी चर्चित कृतियाँ हैं—मैं नहीं माखन खायो, आत्मा महा रानी, कौन कुटिल खलकामी, राजधानी में गँवार पुलिस आदि। इन्हें समय-समय पर कई पुरस्कार मिले हैं। सम्प्रति नयी दिल्ली के निवासी हैं और 'व्यंग्य यात्रा' पत्रिका के सम्पादक भी।

(डॉ.) प्रेमशंकर : जन्म 2 फरवरी 1960, नैमिष, सीतापुर। कर्मक्षेत्र सागर। इन्होंने सागर विश्वविद्यालय में वर्षों तक अध्यापन कार्य किया। इनकी कविताओं का एक संग्रह 'पहाड़ी पर बच्चा' नाम से प्रकाशित हुआ है। यों मुख्यतः ये समीक्षक रहे हैं। इनके प्रमुख ग्रन्थ हैं—प्रसाद का काव्य, हिन्दी स्वच्छन्दतावादी काव्य, भक्तिकाव्य की भूमिका, नयी कविता की भूमिका आदि।

फ्रेडेरिक पिन्कॉट : इनका जन्म तो 1836 ई. में ब्रिटेन में हुआ था, किन्तु ये भारत आकर लखनऊ में बस गये थे और लखनऊ में ही 7 फरवरी 1896 में इनकी मृत्यु हुई थी। इन्होंने बालदीपक एवं विक्टोरिया चरित की रचना की। ये गद्यकार एवं ब्रजभाषा कवि के अतिरिक्त हिन्दी के अनन्य प्रेमी थे। इनकी हिन्दी सेवा प्रशंसनीय है।

(डॉ.) बच्चन सिंह : जन्म 3 जुलाई 1929, जौनपुर। इन्होंने काशी हिन्दू विश्वविद्यालय तथा

हिमाचल विश्वविद्यालय में अध्यापन किया तथा महत्त्वपूर्ण शोध कार्य किया कराया। कुछ उपन्यासों तथा कहानियों की रचना की और अत्यन्त महत्त्वपूर्ण समीक्षा ग्रन्थ लिखे, जैसे—क्रान्तिकारी कवि निराला, समकालीन साहित्य, आलोचक और आलोचना, रीतिकालीन कवियों की प्रेमव्यंजना, आलोचना के बीज शब्द, हिन्दी का दूसरा इतिहास आदि।

बदरीनाथ भट्ट : इनका जन्म 1886 में तथा निधन 1933 में हुआ था। भट्ट जी लखनऊ विश्वविद्यालय के हिन्दी विभाग के आदि शिक्षक रहे हैं। लखनऊ के साहित्यिक वातावरण से इनका बड़ा पुराना सम्बन्ध रहा है। इन्होंने 1925 में 'हिन्दी' नामक इतिहास ग्रन्थ लिखा था। प्राइमरी व्याकरण की रचना भी की थी। इनके प्रसिद्ध नाटक हैं—कुरुवन दहन, वेन चरित्र, चन्द्रगुप्त, तुलसीदास, दुर्गावती आदि। पारसी रंगमंच का इन्होंने अच्छा अध्ययन किया था। हास्य-व्यंग्य में भट्ट जी को बड़ी ख्याति मिली थी मुख्यतः लबड़ धों धों, मिस अमेरिकिन और विवाह विज्ञापन के माध्यम से। 'बालसखा' और 'सुधारक' नामक पत्रों का सम्पादन भी इन्होंने किया था। हिन्दी पठन-पाठन के क्षेत्र में इनका ऐतिहासिक प्रदेय है।

बदरीनारायण चौधरी 'प्रेमघन' : ये सरयूपारीण ब्राह्मण थे। मिर्जापुर के रहने वाले थे। इनके पितामह पण्डित शीतला प्रसाद उपाध्याय एक प्रतिष्ठित रईस, महाजन और ज़मींदार थे। चौधरी जी का जन्म सं. 1692 भाद्रकृष्ण षष्ठी (1855 ई.) को ग्राम दतापुर में हुआ था। इन्होंने हिन्दी की विधिवत् शिक्षा प्राप्त की। अनवरत अंग्रेजी, फारसी आदि की शिक्षा ग्रहण करते रहे। 1924 में ये फैजाबाद पढ़ने आये। मिर्जापुर में इन्होंने संस्कृत की शिक्षा प्राप्त की। इन्होंने ब्रजभाषा की कई पत्र-पत्रिकाएँ निकाली। तभी कई रचनाएँ प्रकाशित हुईं। जैसे—आत्मोल्लास, हर्षादर्श, भारत बधाई, वृद्ध विलाप, शोकाश्रुबिन्दु, कान्ति कामिनी आदि। इनकी कई रचनाएँ अप्रकाशित रहीं, क्योंकि ये केवल मनोविनोद के लिए रचनाएँ करते थे। 'कंसबध' नाम इनका महाकाव्य अधूरा रह गया। कविता, नाटक, उपन्यास, समीक्षा, पत्रकारिता सर्वत्र प्रेमघन जी ने अलंकृत गद्य का प्रयोग किया है। प्रेमघन जी व्यापारी थे। शौकीन तबीयत के थे और साहित्यिक आयोजनों के केन्द्र थे। शुक्ल जी से इनकी घनिष्ठता थी। प्रेमघन जी ने 'कजली समाज' का गठन किया। भारतेन्दु मण्डल के साहित्यकारों को कजली लिखना सिखाया। इन्होंने नागरी निकुंज में कई नाटकों का मंचन कराया तथा नृत्य संगीत के कई मेले आयोजित किये। 1881 ई. में प्रेमघन ने 'आनंद कादम्बिनी' का सम्पादन किया। 1891 में 'नागरी नीरद' नामक साहित्यिक पत्र निकाला। इसके शीर्षक वर्षा के रूपकों से जुड़े हुए थे। जैसे—सम्मति समीर, पिककलरव, हास्य हरितांकुर, वृत्तान्त बकुलावलि, काव्यामृत वर्षा, विज्ञापन वीर बहूटियाँ, 'नियम निर्घोष' आदि। प्रेमघन के नाटक हैं—भारत सौभाग्य, माधवी माधव, प्रयाग रामागमन, पाठशाला कुतूहल, वारांगना रहस्य (महानाटक)। इनकी शैली बड़ी विलक्षण थी। प्रायः डेढ़ कालम के लम्बे-लम्बे वाक्य। इनकी रचनाएँ प्रेमघन सर्वस्व के दो खण्डों में संकलित हैं। ब्रजभाषा के स्थान पर खड़ी बोली को प्रतिष्ठा प्रदान करने वाले लेखकों में प्रेमघन जी का महत्त्वपूर्ण स्थान है।

बनादास : महात्मा बनादास का जन्म 1821 ई. में अशोकपुर, गोण्डा में हुआ था। ये एक साधारण खेतिहर थे। आरम्भिक शिक्षा न के बरबार थी। कई वर्षों तक ये भिनगा (बहाराइच) की सेना में सिपाही रहे। इन्हें एक बार पुत्र शोक हुआ। उसी क्रम में ये अयोध्या चले गये। वहाँ गुरु के निर्देशानुसार मानसपाठ, शिवोपासना, और योगाभ्यास में लग गये। इन्होंने काशी, प्रयाग, चित्रकूट, नैमिष आदि की यात्राएँ कीं। रामघाट अयोध्या में इन्होंने एक गुफा में 14 वर्षों तक अजगरी वृत्तिवाली साधना की। कालान्तर में इन्होंने काव्य रचना शुरू की। वहीं अपनी साधना स्थली बनवा ली।

बनादास ने कोई शिष्य परम्परा नहीं चलायी। ये केवल राम नाम जप का उपदेश देते रहे। अपने तप और लेखन के कारण बनादास बहु विख्यात हो गये। 71 वर्ष की आयु (1892 ई.) में वहीं भवहरण कुंज में इन्होंने शरीर त्याग दिया। बनादास जी ने 64 ग्रन्थों की रचना की है, जिनमें एक वृहत् काव्य है उभय प्रबोधक रामायण। यह कृति 1892 में नवल किशोर प्रेस लखनऊ से छपी थी। इनकी नौ कृतियों का संग्रह 'बनादास वचनामृत' भी प्रकाशित है। इन पर कई शोध प्रबन्ध लिखे गये हैं। बनादास जी की रामभक्ति में संत काव्य, सूफी काव्य और रसिकोपासना का मिलाजुला प्रभाव है। उसमें निर्गुण सगुण का समन्वय हुआ है। बनादास पर कबीर और तुलसी दोनों का प्रभाव है। तुलसी को ये अपना स्वप्न गुरु मानते थे। इनके ही शब्दों में काव्य बनादास को गोसाईं की प्रसादी है।

बनारसी दास जैन : इनका जन्म 1586 ई. में जौनपुर में हुआ था। ये एक अच्छे जौहरी थे और श्रेष्ठ रचनाकार थे। ये 'बनारसी विलास' नाममाला (कोश) एवं 'अर्द्धकथानक' के प्रणेता प्राचीन जैनाचार्य कुंदकुदाचार्य के दर्शन ग्रन्थ 'समयसार' को इन्होंने प्राकृत से हिन्दी में प्रस्तुत किया, जो दिगम्बर श्वेताम्बर दोनों जैन वर्गों से सम्बन्धित है। इसमें सवैया, कवित्त आदि छन्दों का प्रयोग हुआ है। हिन्दी के प्रथम आत्मकथाकार के रूप में इन्हें जाना जाता है। इनके निधन के कुछ समय पश्चात् जगजीवन ने 'बनारसी विलास' (1644 ई.) में इनकी सारी छोटी-बड़ी 75 कृतियाँ संगृहीत की थीं।

बलदेव अवस्थी : आशुकवि बलदेव जी का जन्म 1840 ई. में सीतापुर जिले के दासापुर नामक गाँव में हुआ था। इनका प्रताप-विनोद नामक एक ग्रन्थ प्राप्त हुआ है, जो 1869 ई. में काव्य शास्त्रीय ढंग से रचा गया था। इसके अतिरिक्त इनके कुछ ग्रन्थ और हैं, जैसे—मुक्तमाल, ब्रजराज विहार, शृंगार सरोज तथा शृंगार सुधाकर। ये सभी रचनाएँ रीतिपरम्परा के अन्तर्गत आती हैं। सीतापुर, लखनऊ आदि जनपदों के विभिन्न आश्रय दाताओं से इन्हें पर्याप्त भूमि, धन, गज इत्यादि की प्राप्ति हुई थी। इनके एक पुत्र गंगाधर 'द्विज गंग' भी श्रेष्ठ कवि थे, जिन्होंने अपने पैंतीस वर्षों के जीवन में शृंगार चन्द्रिका, महेश्वर भूषण एवं प्रमदा पारिजात नामक तीन ग्रन्थ लिखे। इस वंश में द्विज दूम द्विज शंख भी सिद्ध आशुकवि हुए हैं। बलदेव जी भारतेन्दु मण्डल से भी जुड़े थे। इनकी आशु समस्या पूर्तियों की उस युग में बड़ी ख्याति थी। इनकी गर्वोक्ति थी—'दीजिए समस्या तापें तुरत बनाऊँ छंद, कलम रुकै तो कर कलम कराइये'। वस्तुतः ये उद्भट कवि थे।

बलभद्र प्रसाद दीक्षित 'पढ़ीस' : इनका जन्म सीतापुर के अम्बरपुर ग्राम में 1898 ई. को हुआ था। पढ़ीस जी ने 1920 ई. में हाईस्कूल की परीक्षा उत्तीर्ण की। आगे पढ़ने के लिए ये काल्विन कालेज लखनऊ में भर्ती किये गये, किन्तु 6 महीने बाद ही पढ़ाई छूट गयी। पढ़ीस जी आधुनिक अवधी के प्रवर्तक कवि थे। ये मूलतः किसान थे। इनकी कविता के मुख्य विषय थे किसान, खेत, खलिहान इत्यादि। विलायत पलट, भारतीय युवक एवं पाखण्डी कान्य कुब्ज इनकी दृष्टि से बच नहीं पाये। इन्होंने समाज में व्याप्त कुरीतियों को बहुत निकट से देखा था। इसीलिए इन्होंने बहु विवाह, बृद्धविवाह, जातीय मिथ्यादम्भ, भ्रष्टाचार एवं पाखण्डवाद का डटकर विरोध किया। पढ़ीस का काव्य 'चकल्लस' (1933 ई.) अत्यन्त प्रसिद्ध है। 'चरवाहा', 'घसियारिनि' जैसी कविताएँ दीन-दलितों के प्रति गहन संवेदना की प्रतीक हैं। 'छीछालूयादरि दयाखव तो कविता' में इनका व्यंग्य व्यक्त हुआ है। 'लॉ मजहब' में संकलित इनकी कहानियाँ भी महत्त्वपूर्ण हैं। पढ़ीस जी ने रूढ़ियों को तोड़ने के लिए स्वयं हल चलाया। 27 जून 1942 ई. को हल की नुकीनी फाल पढ़ीस जी के पैर में चुभ गयी, जिससे 'टिटनस' हो गया और 14 जुलाई 1942 ई. को इनका देहावसान हो गया।

बादेराय : ये डलमऊ, रायबरेली के निवासी बन्दीजन थे और गाजिउद्दीन हैदर के अर्थ मन्त्री तथा

राजा दयाकृष्ण के आश्रित कवि थे। इनका जन्म सन् 1925 बताया जाता है। डॉ. किशोरी लाल गुप्त ने इनके द्वारा रचित एक ग्रन्थ 'रामायण' का उल्लेख सरोज सर्वेक्षण में किया है। उसका रचनाकाल है 1914 वि.। भ्रमवश उन्होंने इन्हें तिलोई का निवासी कायस्थ कहा है, जबकि बादेराय भट्ट थे।

(डॉ.) बाबूराम सक्सेना : जन्म 1896 ई., लखीमपुर। इनकी शिक्षा प्रयाग तथा काशी हिन्दू विश्वविद्यालय में हुई। लन्दन के स्कूल ऑफ ओरियन्टल स्टडीज से इन्होंने डी.लिट्. प्राप्त की। इनका शोध-प्रबन्ध 'अवधी का विकास' हिन्दी से सम्बन्धित पहला शोध प्रबन्ध माना गया है। कई वर्षों तक इन्होंने प्रयाग विश्वविद्यालय के संस्कृत विभाग के अध्यक्ष पद पर कार्य किया। इसके बाद सागर विश्वविद्यालय में भाषा विज्ञान के विभागाध्यक्ष रहे। कुलपति रूप में इन्हें काफी सफलता मिली। हिन्दी भाषा वैज्ञानिकों में डॉ. सक्सेना का नाम अग्रगण्य है। इनकी प्रेरणा से देश में भाषा विज्ञान सम्बन्धी अनेक कार्य हुए हैं। ये हिन्दी साहित्य सम्मेलन, लिंग्विस्टिक सोसाइटी ऑफ इण्डिया, भारतीय हिन्दी परिषद् जैसी अनेक संस्थाओं में निरन्तर जुड़े रहे। इनके ही प्रयास से 'अवधी का विकास' में प्रयोगात्मक ध्वनि विज्ञान के निष्कर्षों का प्रथम बार प्रयोग हुआ। भाषा विज्ञान के अनेक सैद्धान्तिक पक्षों पर इन्होंने विचार किया है। इनके द्वारा प्रणीत कृतियाँ हैं–'अर्थ विज्ञान', 'सामान्य भाषा विज्ञान', 'दक्खिनी हिन्दी' आदि।

बालकृष्ण भट्ट : जन्म इलाहाबाद में 3 जून 1844 ई.। निधन 1914 ई.। इनके पिता व्यापारी थे। माता जी एक सुसंस्कृत महिला थीं। भट्ट जी पर माँ का प्रभाव अधिक पड़ा। इन्होंने प्रारम्भ में संस्कृत पढ़ी, फिर मिशनरी स्कूल से एण्ट्रेन्स की परीक्षा उत्तीर्ण की। तत्पश्चात् ये वहीं अध्यापक हो गये, पर वहाँ का ईसाई वातावरण इन्हें पसन्द नहीं आया, अतः शीघ्र ही उससे अलग हो गये। पिता जी अपने पुत्र को 'पैतृक व्यापार' में लगाना चाहते थे, पर इनका मन व्यापार में रमने वाला नहीं था। इससे घर में अशान्ति का माहौल रहने लगा। फलतः घर छोड़कर अपना अलग जीवन व्यतीत करने लगे। आर्थिक संघर्षों को झेलते हुए कर्मठतापूर्वक भट्ट जी ने अपना सम्पूर्ण जीवन साहित्य को समर्पित कर दिया। इन्होंने अनेक संस्थाओं में अध्यापन कार्य किया। अन्ततः नौकरी छोड़कर लेखन तथा पत्रकारिता के माध्यम से ही जीवन निर्वाह करना पड़ा। भारतेन्दु मण्डल के लेखकों में इनका प्रमुख स्थान है। आधुनिक हिन्दी के विकास में भट्ट जी का महत्त्वपूर्ण योगदान रहा है। भट्ट जी ने नाटक, उपन्यास, कहानी तथा अन्य अनेक विधाओं में लेखन किया है। निबन्ध एवं पत्रकारिता के क्षेत्र में इनका अद्वितीय योगदान है। इन्होंने भारतेन्दु जी से प्रेरित होकर 1 सितम्बर 1866 ई. को 'हिन्दी प्रदीप' नामक मासिक पत्र निकाला और अनेक बाधाओं का मुकाबला करते हुए निरन्तर 33 वर्षों तक उसका सम्पादन किया। अप्रैल 1909 ई. के अंक के बाद 'हिन्दी प्रदीप' बन्द हो गया। इन्होंने लगभग एक हजार निबन्धों का सृजन किया। 'रहस्यकथा', 'नूतन ब्रह्मचारी', 'सौ अजान एक सुजान' जैसे उपन्यासों का सृजन भी इन्होंने किया। 'पद्मावती', 'चन्द्रसेन', 'वेणी संहार', 'शिशुपालवध' आदि नाटकों की रचना इन्होंने की। पौराणिक और सामाजिक, दोनों विषयों पर रचित इनके नाटक उच्चकोटि के हैं।

बालकृष्ण शर्मा 'नवीन' : इनका जन्म 8 दिसम्बर 1897 ई. में ग्वालियर राज्य में हुआ था, किन्तु इनका अधिकांश जीवन कानपुर में व्यतीत हुआ। ये स्वतन्त्रता सेनानी, जुझारू पत्रकार, श्रेष्ठ सांसद एवं उच्चकोटि के वक्ता थे। इनकी कविताएँ, कवि कुछ ऐसी तान सुनाओ, मेरे जननायक की वाणी, आज खड्ग की धार कुंठिता है, आदि इन्हें एक समर्थ कवि के रूप में प्रतिष्ठित करती हैं। इनकी कृतियों–रश्मि रेखा, कुंकुम, अपलक एवं 'क्वासि' में उदात्त जीवन दर्शन है। 'उर्मिला' प्रबन्ध काव्य

नवीन जी की सर्वोत्कृष्ट कृति है। नवीन का 'भारत वर्ष हमारा है' गीत जनमानस के मस्तिष्क पटल पर सदैव के लिए अंकित हो गया है। 29 अप्रैल 1960 ई. को इनका देहान्त हुआ। उसके ठीक तीन दिन पूर्व 26 अप्रैल 1960 को इन्हें 'पद्‌मभूषण' से अलंकृत किया गया था।

(डॉ.) बालकृष्ण राव : स्थितिकाल 1913 ई. से 1975 ई.। ये मूलतः केरल के थे, किन्तु इनकी रचना भूमि थी इलाहाबाद। राव जी ने कई उच्च पदों पर कार्य किया और काव्य रचना, अनुवाद तथा सम्पादन के कार्य में अपनी विशिष्ट छाप छोड़ी। इनकी कृतियाँ हैं—अर्द्ध शती, कौमुदी, आभास, कवि और छवि, रात बीती, हमारी बात आदि।

बीरबल : इनका जन्म 1528 ई. में कानपुर जिले में यमुना तट पर स्थित तिकवाँपुर (त्रिविक्रम पुर) में हुआ था। तिकवाँपुर के पास इनका बसाया बीरबल-अकबरपुर गाँव अभी विद्यमान है। इनके पिता का नाम गंगादास था, जो एक साधारण कान्य कुब्ज ब्राह्मण थे। बीरबल को उनके पुरुषार्थ ने एक महान व्यक्ति बना दिया। फतेहपुर सीकरी में उनका शानदार महल आज भी सुरक्षित है। यह महल शाही महल के करीब है। कुछ षड्यन्त्रकारी तत्वों ने 1585 ई. में इन्हें यूसुफजई पठानों के विरुद्ध युद्ध में भेज दिया, जहाँ इनकी मृत्यु हो गयी। अकबर की इच्छा कदापि न थी कि ये युद्ध में जायें। इनकी मृत्यु के उपरान्त अकबर ने दो दिन, दो रात निर्जल निराहार बिताये। जन जीवन में व्याप्त बीरबल के चुटकुले उनकी त्वरित बुद्धि के प्रमाण हैं। इन्होंने स्फुट रूप से अनेक ब्रजभाषा छन्दों का निर्माण किया है।

बेकल उत्साही : इनका जन्म 1 जून 1924 ई. को गौर रमवापुर (गोण्डा) के लोदी वंशीय पठान परिवार में हुआ था। बेकल जी ने शुरू से ही लोकगीत लिखना आरम्भ कर दिया था। इनका पूरा नाम शफी खाँ लोदी है। पं. जवाहरलाल नेहरू जी ने इनके उत्साह को देखते हुए इनका नाम 'बेकल उत्साही' रख दिया था। इनकी प्रमुख प्रकाशित रचनाएँ हैं—नगमों-तरन्नुम, विगुल-विजय, कोमल मुखड़े, बेकल गीत आदि। बेकल जी लोक धुन पर अवधी लोक-गीत रचने में सिद्ध-हस्त, रस-सिद्ध हैं। इन्होंने फिलिस्तीन के क्रान्तिकारी कवि महमूद दरवेश की रचनाओं के साथ नेपाल के शाह महेन्द्र के गीत-संग्रह 'बसई को लोग' का अनुवाद भी किया है। साहित्य अकादमी और राज्य सभा में बेकल जी का योगदान स्मरणीय है।

बेनी प्रवीन : ये 18 वीं शताब्दी के कवि थे और लखनऊ दरबार से सम्बन्धित थे। मिश्रबन्धुओं ने इन्हें अपने 'नव रत्नों' में स्थान दिया है। इनके तीन ग्रन्थ हैं—जिनमें 'नाना राव प्रकाश' और 'शृंगार-भूषण' उपलब्ध नहीं हैं। मात्र 'नव रस तरंग' ही प्राप्त है। उससे यह सिद्ध होता है कि ये प्राचीन आचार्य कवि थे तथा संस्कृत के विद्वान थे। इन्होंने अलंकार शास्त्र का गहन विवेचन किया है। छन्दशास्त्र में भी इनकी अच्छी गति थी। क्लिष्ट कवि होने के साथ-साथ ये रससिद्ध कवि भी थे। ये निस्सन्तान थे। कहते हैं, इनके रुग्ण जीवन का समापन तीर्थाटन करते हुए बदरीनाथ के आस-पास हुआ था। 'नव रस तरंग' में वर्णित इनका नायिका भेद उत्कृष्ट कोटि का है। इनकी ग्रन्थावली प्रो. सूर्यप्रसाद दीक्षित ने सम्पादित/प्रकाशित की है।

बेनी भट्ट (बन्दीजन) : इनका जन्म असनी (रायबरेली) में हुआ था। लेकिन निवास बहुत अर्से तक लखनऊ में रहा। इतिहासकारों से इन्हें 1840-50 के आस-पास विद्यमान माना है। लखनऊ के नवाब आसफउद्‌दौला के अर्थ मन्त्री राजा टिकैत राय के दरबारी कवि बेनी इस नगर के गौरव रहे हैं। बेनी का प्रसिद्ध ग्रन्थ है—'रस-विलास', जिसमें नायिका भेद के साथ शृंगार रस का विवेचन किया गया है। इनका दूसरा संकलन है—टिकैत राय प्रकाश, जिसे रस और अलंकार का लक्षण

ग्रन्थ माना जाता है। तीसरी कृति है—भंडौवा-संग्रह। इन भंडौवों में विभिन्न सामाजिक विसंगतियों पर व्यंग्य-प्रहार किया गया है। लखनऊ के कई दृश्य उनमें चित्रित हैं। जैसे—"मीच तो कबूल पै न कीच लखनऊ की"। बेनी की भाषा बड़ी सुगठित रही है। वस्तुतः ये उच्चकोटि के कवि थे। इनकी ग्रन्थावली का सम्पादन, प्रकाशन प्रो. सूर्यप्रसाद दीक्षित ने किया है।

बेनी माधवदास : इन्हें तुलसीदास जी का समकालीन शिष्य/सखा और पसका ग्राम जिला गोण्डा का निवासी माना जाता है। शिवसिंह सेंगर के अनुसार ये गोस्वामी जी के शिष्य सखा थे और इन्होंने 'गोसाईं चरित' नाम का जीवनी ग्रन्थ लिखा था। सम्प्रति यह ग्रन्थ प्राप्य नहीं हैं। उसके स्थान पर मूल 'गोसाईं चरित' नामक कृति निर्मित की गयी है, जो प्रक्षिप्त प्रतीत होती है। डॉ. ग्रियर्सन ने भी बेनी माधव को पसका निवासी घोषित किया है। उनके अनुसार इनका निधन 1642 ई. में हुआ था।

बेनीराम (द्विजबेनी) : इनका जन्म सन् 1838 में लखनऊ में हुआ था। बेनीराम वाजिद अली शाह के आश्रित कवि थे। स्वतन्त्रता संग्राम में इनके 6 भाई शहीद हो गये थे, जिससे विरक्त होकर ये काशी चले गये और प्रसाद जी के पितामह सुघनी साहु के मुनीम हो गये। बेनीराम जी फारसी के भी विद्वान थे। ये समस्यापूर्तियों में बड़े प्रवीण थे। ये तोष के शिष्य थे। काशी कवि मण्डल से इनका घनिष्ठ सम्बन्ध था। इनके भाषा ज्ञान से प्रभावित होकर डॉ. श्यामसुन्दर दास ने हिन्दी शब्द सागर के सम्पादन से इन्हें जोड़ लिया था। वहीं 1914 ई. में इन्होंने काशी वास किया। इनका कोई स्वतन्त्र ग्रन्थ प्राप्त नहीं है। इनके कुछ स्फुट छन्द छन्नूलाल पाठक ने संकलित किये हैं।

बचनेश मिश्र : जन्म 1875। ये सुकवि मण्डल के पिंगलाचार्य थे। इनका ब्रज भाषा काव्य 'शबरी' चर्चित रहा है। अन्य कृतियों में विनोद, शान्त समीर, मनोरंजनी, बचनेश शतक आदि उल्लेखनीय हैं।

(बाबा) बैजनाथ : इनका जन्म सन् 1833 में मानपुर डेहवा, बाराबंकी में हुआ था। ये राम भक्ति परम्परा के सिद्ध साधक थे। कुछ श्रद्धालु इन्हें तुलसी का अवतार मानते हैं। इनके गुरु सन्त फकीरे राम थे। बैजनाथ जी अपने गुरु द्वारा प्रदत्त नाम सियवल्लभ शरण के नाम से भी जाने जाते थे। बाबा बैजनाथ जी उच्चकोटि के टीकाकार, रस सिद्ध कवि, कुशल नाटककार तथा प्रामाणिक लक्षण ग्रन्थकार तो थे ही, साथ ही ज्योतिष, वास्तु आदि शास्त्रों में भी निष्णात थे। इन्होंने लगभग 24 ग्रन्थों की रचना की, जिनमें टीका ग्रन्थों के अतिरिक्त श्री सीताराम पावस विलास, षट्ऋतु वर्णन, नख शिख वर्णन, काव्य कल्प, लीला प्रबन्ध आदि मौलिक कृतियाँ हैं।

ब्रजकिशोर पाण्डेय 'ब्रजनन्दन' : जन्म 1892 ई.। इनका निवास लालगंज (रायबरेली) में था। आधुनिक ब्रजभाषा के ये उल्लेखनीय कवि रहे हैं। ब्रजनन्दन जी का देहावसान 1984 ई. में बाराबंकी में हुआ था। इन्होंने भक्ति, देश-प्रेम, स्वातन्त्र्य चेतना आदि विषयों से सम्बन्धित ब्रजभाषा में रचनाएँ की हैं। कुछ रचनाएँ आत्म परक भी हैं। इनके द्वारा विरचित वैवाहिक विनय, दुखिया कृषक, महिपाल वैचित्र्य, ब्रिटिश असहयोग, प्रदोष-पूजा, सौति-स्नेह, ऊधौ उपचार, वृन्दावन विरहिणी आदि रचनाओं में अधिकांश कृतियाँ प्रकाशित नहीं हो पायी हैं। ये अत्यन्त प्रभावपूर्ण ढंग से कविता सुनाते थे। इनके कवित्त, सवैया छन्दों में प्रकृति चित्रण के दिव्य दर्शन होते हैं।

ब्रजराज : इनका जन्म 1861 ई. में गँधौली जनपद सीतापुर में हुआ था। पिता जी का नाम लेखराज था। ये लाल बिहारी मिश्र द्विजराज के अनुज थे। इन्होंने बहुत लिखा, किन्तु इनका कोई भी ग्रन्थ पूर्ण नहीं हो सका। समस्यापूर्तिजन्य स्फुट कविताओं की रचना इन्होंने बहुत की। शुकदेव बिहारी मिश्र इनके सुयोग्य शिष्य थे। इन्होंने ब्रजभाषा में कविताओं की रचना की। 1917 ई. में इनका स्वर्गवास हो गया।

(डॉ.) ब्रजेन्द्र अवस्थी : इनका जन्म 1931 में लखीमपुर में तथा देहान्त 2007 में हुआ। ये बदायूँ के निवासी थे। वहाँ कालेज में अर्से तक शिक्षक रहे। वीर रस के लोकप्रिय कवि, मंचों के आशुकवि और राष्ट्रीय सांस्कृतिक चेतना के संवाहक अवस्थी जी ने शिवाजी, शंकराचार्य और हनुमान जी पर तीन महाकाव्यों की रचना की, साथ ही ब्रज, अवधी एवं खड़ी बोली में विविध विषयों पर कवित्त, सवैया, गीत, ग़ज़ल आदि छन्दों में लगभग दो दर्जन काव्य-कृतियाँ प्रस्तुत कीं।

(डॉ.) ब्रजेश्वर वर्मा : जन्म 29 सितम्बर 1913, मैनपुरी। कर्मक्षेत्र इलाहाबाद। वर्मा जी ने इलाहाबाद विश्वविद्यालय से सूरदास पर डी.फिल. की उपाधि प्राप्त की। इन्होंने वहीं विश्वविद्यालय में कई वर्षों तक अध्यापन किया। कालान्तर में केन्द्रीय हिन्दी संस्थान आगरा से जुड़ गये। इन्होंने हिन्दी अनुशीलन, गवेषणा, आलोचना जैसी महत्त्वपूर्ण पत्रिकाओं का सम्पादन किया। सूरसागर के पाठ सम्पादन में इनकी महती भूमिका रही है। वर्मा जी के समीक्षा ग्रन्थों में मुख्य हैं—महाकवि सूरः एक पुनश्चिन्तन, भारतीय साहित्य का तुलनात्मक अध्ययन आदि।

भगवंतराय खीची : इस कवि का जन्म असोथर (फतेहपुर) में हुआ था। भगवंत राय खींची को अवध के प्रथम नवाब-वजीर सआदत खाँ के साथ 1735 ई. में वीरगति प्राप्त हुई थी। अनेक कवियों के आश्रय दाता के रूप में भी इनको जाना जाता है। इन्हें लघुभोज कहा जाता है। इन्होंने रामायण, हनुमत-पचासा एवं हनुमत पचीसी की रचना की थी।

भगवती चरण वर्मा : इनका जन्म 1903 ई. में शफीपुर, जनपद उन्नाव में हुआ था। प्रयाग विश्वविद्यालय से इन्होंने बी.ए., एल.एल.बी. तक की शिक्षा प्राप्त की। कुछ समय तक वकालत की। फिर काव्य एवं कथा लेखन की ओर मुड़े। 'चित्रलेखा' के उपन्यासकार के रूप में ये हिन्दी जगत में विख्यात हो गये। ये मधुकाव्य और मानवतावाद से प्रभावित रहे। 'भैंसा-गाड़ी' इनकी एक अत्यन्त महत्त्वपूर्ण रचना है। 'दो बाँके', 'इन्स्टालमेंट' (हास्य-प्रधान कहानी संग्रह), 'सबसे बड़ा आदमी' (हास्य एकांकी) तथा अनेक विचारात्मक निबन्ध इनके द्वारा लिखे गये हैं। 'सबहिं नचावत राम गोसाई', 'सीधी सच्ची बातें', 'टेढ़े-मेढ़े रास्ते', 'सामर्थ्य और सीमा' आदि इनके श्रेष्ठ उपन्यास हैं। इन्होंने पत्रकारिता भी जमकर की। आकाशवाणी से भी जुड़े रहे। वर्षों तक ये राज्य सभा के सदस्य रहे। 1981 ई. में वर्मा जी दिवंगत हुए। इन्होंने चलचित्र-जगत में भी कार्य किया था। इनकी 'चित्रलेखा' पर कई फिल्में बनी हैं।

भगवती प्रसाद बाजपेयी : प्रसिद्ध उपन्यासकार बाजपेयी जी का जन्म कानपुर जनपद के मंगलपुर ग्राम में सन् 1899 ई. को हुआ था। इनका लेखन कार्य 1920 के आस-पास प्रारम्भ हुआ। इन्होंने 27 उपन्यासों, 11 कहानी संग्रहों, तथा दो नाटकों की रचना की। प्रमुख उपन्यास हैं—प्रेमपथ, मीठी चुटकी, अनाथ पत्नी, त्यागमयी, लालिमा, दो बहनें (1940), चलते चलते (1951 ई.), पतवार (1942), मनुष्य और देवता, धरती की साँस, भूदान (1954), विश्वास का बल (1955 ई.), सूनी राह (1956) आदि। कहानी संग्रह हैं—मधुपर्क, हिलोर, पुष्करिणी, दीपमालिका, मेरे सपने, उपहार, उतार-चढ़ाव आदि। नाटकों में छलना और राय पिथौरा महत्त्वपूर्ण हैं। इन्होंने ऊर्मि, आरती आदि पत्रिकाओं का सम्पादन किया। इनकी बालोपयोगी 8 पुस्तकें भी प्रकाशित हुई हैं। बाजपेयी जी ने हिन्दी कथा साहित्य को आगे बढ़ाया है।

(डॉ.) भगवती प्रसाद सिंह : जन्म फाल्गुन शुक्ल 5 सं. 1975, अनभुला, गोण्डा। भक्ति काव्य, विशेषतः राम काव्य-कृष्णकाव्य के अधिकारी विद्वान प्रो. सिंह ने गोरखपुर विश्वविद्यालय में विभागाध्यक्ष रूप में वर्षों तक कार्य किया। इन्होंने रामकाव्य में रसिक सम्प्रदाय, संत बनादास, राधाकृष्ण भक्त

कोश आदि विषयों पर महत्त्वपूर्ण शोध कार्य किया। प्राचीन हस्तलेखों के सम्पादन में ये प्रवीण थे। पद्मावत और दिग्विजय भूषण इनकी विशिष्ट देन हैं।

(लाला) भगवान दीन 'दीन' : हिन्दी मल्लिनाथ रूप में विख्यात दीन जी का जन्म 1866 ई. में ग्राम बरबट, जनपद फतेहपुर के एक कायस्थ परिवार में हुआ था। हिन्दी टीका साहित्य में इन्हें उल्लेखनीय स्थान प्राप्त है। ये उर्दू-फारसी के अच्छे विद्वान थे। रामचन्द्रिका (केशवकौमुदी) कवि प्रिया, रसिक प्रिया तथा बिहारी बोधिनी नामक टीकाएँ लिखकर इन्होंने अध्येताओं के लिए सर्व सुलभ कर दिया था। 'सूर पंचरत्न' इनका उत्कृष्ट ग्रन्थ है। काशी हिन्दू विश्वविद्यालय में दीन जी ने प्रथम प्राध्यापक के रूप में कार्य किया। फिर विभाग की स्थापना में जुटे और उसमें सफल भी हुए। हिन्दी शब्द सागर से भी जुड़े रहे और साहित्य विद्यालय से भी। नवीन वीन, नदीमें दीन, वीर पंचरत्न इनके मुख्य काव्य ग्रन्थ हैं। दीन जी टीकाकार थे, 'लक्ष्मी' के सम्पादक थे, प्रख्यात आलोचक थे और तुलनात्मक समीक्षा के पुरस्कर्ता थे। इनकी कुछ कविताएँ पुरानी शैली की थीं और कुछ लावनी शैली की, जो बहुत लोकप्रिय थीं। 1930 ई. में इनका देहावसान हो गया। बिहारी तथा देव की तुलना, हिन्दी अलंकार शास्त्र और केशव, बिहारी जैसे कवियों के गूढ़ार्थ उद्‌घाटन के सन्दर्भ में दीन जी का योगदान चिरस्मरणीय रहेगा।

(डॉ.) भगीरथ मिश्र : जन्म 20 जुलाई 1915, सैंठा घाटमपुर, कानपुर। निधन 1998 (सागर)। लखनऊ विश्वविद्यालय के हिन्दी विभाग में दीर्घकाल तक अध्ययन-अध्यापन करते हुए मिश्र जी ने शोधक-समीक्षक रूप में विशिष्ट ख्याति अर्जित की। इन्होंने प्रथम बार हिन्दी काव्यशास्त्र का इतिहास लिखा। इनके अन्य प्रसिद्ध ग्रन्थ हैं—हिन्दी रीति साहित्य, निरंजनी सम्प्रदाय, काव्य मनीषा, मध्यकालीन हिन्दी साहित्य और तुलसीदास आदि। सम्पादन क्षेत्र में भी इनकी महत्त्वपूर्ण भूमिका रही है। मिश्र जी ने ब्रजभाषा में श्रेष्ठ छन्दों की रचना भी की है। लखनऊ में इन्होंने 'शतदल' और 'अवध साहित्य' परिषद् के माध्यम से साहित्यिकता की सम्वृद्धि की। हिन्दी को इन्होंने पुणे विद्यापीठ तथा सागर विश्वविद्यालय तक विस्तारित किया। इनका अन्तिम निवास रहा सागर, मध्यप्रदेश।

(डॉ.) भवदेव पाण्डेय : जन्म 7 जुलाई 1924, निधन, मिर्जापुर। इन्होंने के.बी. महाविद्यालय मिर्जापुर में वर्षों तक अध्यापन कार्य किया और समीक्षात्मक लेखन भी। इनकी प्रमुख कृतियाँ हैं, भारतेन्दु हरिश्चन्द्र : नये परिदृश्य, बंग महिला, पाण्डेय बेचन शर्मा उग्र, रामचन्द्र शुक्ल : आलोचना के नये मानदण्ड आदि। इन्होंने 'मर्द' नामक साप्ताहिक का अर्से तक सम्पादन किया। इन्हें समय-समय पर अनेक पुरस्कार मिले। सेवा निवृत्ति के बाद मिर्जापुर के निवासी रहे।

भवानी प्रकाश पाठक (भावन) : ये मौरावाँ, जिला उन्नाव के एक रस सिद्ध कवि थे। शिवसिंह सेंगर ने इन्हें संवत् 1861 में उपस्थित माना है। इनके लिखे हुए दो ग्रन्थों का उल्लेख इतिहास ग्रन्थों में हुआ है। प्रथम भावन विलास जो एक शृंगार परक रचना है। इसके कुछ छन्दों में कान्यकुब्जों के आडम्बरों पर व्यंग्य किया गया है। दूसरा काव्य कल्प अथवा काव्य शिरोमणि जिसका हस्त लेख हिन्दी साहित्य पुस्तकालय, मौरावाँ में हैं। प्रथम पृष्ठ पर संवत् 1914 कार्तिक बदी दो तिथि पड़ी है। इन्होंने इनके अतिरिक्त 'कूबरी विनोद' और 'गंगाष्टक' की रचना भी की। इन कृतियों का रचनाकाल संवत् 1850 के आस-पास का है।

भवानी भीख त्रिपाठी 'दिव्य' : इनका जन्म सन् 1896 में गानेपुर, फैजाबाद में हुआ था। इन्होंने अनेक विषयों पर अवधी में छन्द तथा पद लिखे हैं। अवधी के साथ-साथ ब्रजभाषा और खड़ी बोली में भी इन्होंने रचनाएँ की हैं। 'पानी का पैसा' तथा 'हँसता हुआ फूल' इनकी बालोपयोगी रचनाएँ हैं। 'त्रिधारा' काव्य-संग्रह अप्रकाशित है।

भानु कवि : ये गोण्डा के राजा दत्त सिंह के दरबारी कवि थे। पूरा नाम था भानुदत्त। राजा दत्त सिंह अपने पिता रामसिंह के मरने के बाद गोण्डा की गद्दी पर संवत् 1756 में बैठे थे। इनकी एक रचना 'दत्त दिग्विजय' मानी जाती है। इनकी काव्य भाषा ब्रज मिश्रित अवधी है। 'दत्त दिग्विजय' में दत्तसिंह की धीरता, वीरता, साहस एवं राज्य-विस्तार का वर्णन किया है। 'दत्त दिग्विजय' में एक अन्य कवि गजराज की भी रचनाएँ संकलित हैं। इसका कारण यह है कि गजराज और भानु दोनों ही गोण्डा के आश्रित कवि थे।

भिखारी दास : इनका जन्म टेउंगा, प्रतापगढ़ में हुआ था। निधन भभुआ (बिहार) में बताया जाता है। यहाँ पर इनके नाम का मन्दिर बना हुआ है। बैसाख शुक्ल त्रयोदशी को उसमें मेला लगता है, जहाँ इनकी कविताएँ पढ़ी जाती हैं। इन्होंने 1746 ई. में 'काव्य निर्णय' तथा 1750 ई. में श्रृंगार-निर्णय की रचना की थी। रीतिकाल के प्रमुख आचार्यों में इनकी गणना की जाती है। श्रृंगार ही इनका मुख्य वर्ण्य विषय रहा, परन्तु इन्होंने मर्यादा का सदैव ध्यान रखा। इनके आश्रयदाता थे सोम बंशी राजा पृथ्वी सिंह के भाई बाबू हिन्दू पति सिंह। भिखारी दास ने 'रस सारांश', छन्दार्णव, शृंगार निर्णय, काव्य निर्णय, नामप्रकाश, छन्द प्रकाश, अमर प्रकाश, विष्णु पुराण और शंतरज शतिका की रचना की। रस सारांश में नायक-नायिका भेद है। नाम प्रकाश में पर्यायवाची शब्द दिये गये हैं। निःसन्देह ये बहुत बड़े आचार्य कवि थे।

भूपति : इनका पूरा नाम था गुरुदत्त सिंह। ये अमेठी के राजा थे। इन पर सरस्वती तथा लक्ष्मी दोनों की कृपा थी। भूपति जी स्वयं कवि होते हुए कई कवियों के आश्रयदाता भी रहे। इनका रचना काल सन् 1735 ई. माना गया है। श्रृंगार से सम्बन्धित दोहों की 'सतसई' के अलावा कंठाभूषण, रसरत्नाकर नामक दो रीतिग्रन्थों का भी प्रणयन इन्होंने किया है।

भूषण : रीतिकाल की वीरकाव्य परम्परा के अन्यतम कवि भूषण त्रिविक्रमपुर (तिकंवा) कानपुर के मूल निवासी थे। इनका स्थितिकाल 1613-1715 ई. माना गया है। इनका वास्तविक नाम पतिराम या मनीराम बताया जाता है। 'कवि भूषण' रुद्र सोलंकी (चित्रकूट) द्वारा प्रदत्त उपाधि थी। भूषण ने क्षत्रपति शिवाजी के राजकवि रूप में शिवराज भूषण एवं शिवावाबनी की और छत्रसाल बुन्देला के लिए 'छत्रसाल दशक' की रचना की। इनके द्वारा रचित तीन अन्य ग्रन्थ बताये गये हैं—भूषण हजारा, भूषण उल्लास तथा दूषण उल्लास वस्तुतः कवि भूषण हिन्दी जगत के गौरव हैं।

(मुंशी) मंगल दास : मुंशी जी का जन्म सं. 1885 वि. में हुआ था। इनके पिता श्री बख्शीराम मूलतः शाहजहाँपुर के निवासी थे। ये पैंतैपर में मुख्य अध्यापक होकर आये और यहीं अध्यापन कार्य करते हुए छोटे-बड़े अड़तालीस ग्रन्थों की रचना की, जिनमें 'कृष्ण प्रिया' तथा 'मंगल कोश' ही उपलब्ध हैं। मुंशी जी का देहान्त सं. 1964 वि. में हो गया था। 'कृष्णप्रिया' श्रीमद्भागवत् के दशम स्कन्ध का भाषानुवाद है। इस ग्रन्थ में कृष्ण की विविध लीलाओं का 90 अध्यायों में वर्णन है।

मंझन : सूफी कवि मंझन अवधी के महत्त्वपूर्ण कवि हैं। इनका प्रसिद्ध काव्य है मधुमालती। इसमें दिये गये आत्म कथ्यों के अनुसार इनका जन्म 1952 हिजरी में हुआ था। कवि ने अनूप गढ़ में जुनाधी नामक नगर का वर्णन किया है, जिसे कुछ विद्वानों ने उनका जन्म स्थान माना है। इन्होंने 1545 ई. में 'मधुमालती' महाकाव्य की रचना की। इस कथा को कवि ने द्वापर युग में प्रचलित माना है। मधुमालती की कथा काफी जटिल है। परम्परा के अनुसार इसमें एक बारहमासा भी दिया गया है। यह कथा अन्य सूफी काव्यों की तरह दुःखान्त नहीं है। कहानी का अन्त करते हुए कवि ने नायक-नायिका का मिलन करा दिया है। निःसन्देह यह एक गौरव ग्रन्थ है।

मतिराम : मिश्रबन्धुओं ने इनकी गणना नवरत्नों में की है। ये त्रिविक्रमपुर (तिकवा) कानपुर के निवासी थे। इनका प्रामाणिक जीवन वृत्त प्राप्य नहीं हैं। हिन्दी नवरत्न में और कृष्ण बिहारी मिश्र सम्पादित 'मतिराम ग्रन्थावली' में इनका जन्मकाल 1606 ई. दिया गया है। कुछ विद्वानों के अनुसार हिन्दी में दो मतिराम हुए हैं, पर रसराज, सतसई, ललितललाम आदि के रचयिता मतिराम ही रीतिकालीन कवियों में अग्रगण्य हैं।

(महामना) मदनमोहन मालवीय : इनका जन्म 25 दिसम्बर 1869 को इलाहाबाद नगर में हुआ था। सन् 1884 ई. तक अपनी उच्च शिक्षा समाप्त कर ये अध्यापन के क्षेत्र में आये। सन् 1886 ई. में कांग्रेस के दूसरे अधिवेशन के दौरान कालाकाँकर के राजा रामपाल सिंह ने प्रभावित होकर इन्हें हिन्दुस्थान का सम्पादकत्व सौंपा। यहीं से मालवीय जी के यशस्वी जीवन का शुभारम्भ हुआ। सन् 1905 ई. में मालवीय जी ने हिन्दू विश्वविद्यालय की रूपरेखा बनायी। इसके प्रचार-प्रसार के लिए 1906 ई. में 'अभ्युदय' नामक पत्र का दो वर्षों तक सम्पादन किया। प्रारम्भ में यह पत्र साप्ताहिक था। बाद में वह दैनिक के रूप में बदल गया। लीडर और हिन्दुस्थान टाइम्स की स्थापना का श्रेय भी मालवीय जी को ही जाता है। लीडर के एक वर्ष बाद मालवीय जी ने 'मर्यादा' नामक पत्र निकालने का प्रबन्ध किया। इस पत्र में राजनीतिक समस्याओं से जुड़े निबन्ध प्रकाशित होते थे। 20 जुलाई 1933 ई. को मालवीय जी ने 'सनातन धर्म' नामक पत्र निकाला। इन्हीं पत्रों के माध्यम से जनता के बीच वे भारतीय संस्कृति का प्रचार करते रहे। साथ-साथ विभिन्न सम्मेलनों, सभाओं में भी भाग लेते रहे। ये अनेक साहित्यिक, धार्मिक संस्थाओं से आजीवन जुड़े रहे। मालवीय जी प्राचीन संस्कृति के जबरदस्त समर्थक थे। इन्होंने 'भारत धर्म महामण्डल' और अखिल भारतीय सनातन धर्म सभा की नींव डाली। मालवीय जी कुशल पत्रकार थे। ये निरन्तर हिन्दी की सेवा में लगे रहते थे। इनकी माँग पर सरकार ने उत्तर प्रदेश की अदालतों में देवनागरी हिन्दी को व्यवहार योग्य भाषा लिपि के रूप में स्वीकार किया था। सन् 1893 ई. में मालवीय जी ने काशी नागरी प्रचारिणी सभा की स्थापना में योगदान दिया और प्रयाग में अखिल भारतीय हिन्दी साहित्य सम्मेलन की स्थापना कर हिन्दी साहित्य की अभिवृद्धि की। इनकी कई कविताएँ स्फुट रूप से प्रकाशित हुई हैं।

मधुसूदन दास : इनके ग्रन्थ 'रामाश्वमेध' की रचना 1782 ई. में हुई थी। कवि ने यह कथा पद्मपुराण से ली है। राम के अश्वमेध को लेकर लवकुश के साथ जो युद्ध किये गये, उनका कवि ने सुन्दर वर्णन किया है। इस कृति में रामचरितमानस की शैली अपनायी गयी है।

मनसाराम शुक्ल : आचार्य सुवंश शुक्ल के वंशज मनसाराम जी का रचनाकाल सन् 1843 ई. के आस-पास अनुमानित है। ये टेढ़ा जिला उन्नाव के निवासी थे। नागरी प्रचारिणी सभा की खोज रिपोर्ट में मनसाराम नामक चार कवियों का विवरण मिलता है। इनका कोई सम्पूर्ण ग्रन्थ अभी तक खोज में नहीं मिला है। ये रीति परम्परा के अच्छे कवि थे।

मनीराम द्विवेदी 'नवीन' : इनका जन्म 1905 ई. में नैकामऊ, जनपद उन्नाव में हुआ था। इन्होंने समाज, राष्ट्र एवं भक्ति परक विषयों पर लगभग 15 काव्यों का सृजन किया है। ये 'नवीन बीन', नवीन चिनगारी, भक्ति सरोवर आदि के प्रणेता है। नवीन जी जनकवि होने के साथ ही समाज सुधारक भी थे। राष्ट्रवादी एवं भक्ति परक रचनाओं के कारण ये पूरे क्षेत्र में चर्चित रहे हैं। 1984 ई. में नवीन जी गोलोकवासी हो गये।

मनु शर्मा : जन्म 10 अक्टूबर 1929, अकबरपुर, फैजाबाद। इनकी प्रकाशित कृतियाँ हैं राणा साँगा, एक लिंग का दीवान, बप्पा रावल, द्रौपदी की आत्मकथा, द्रोण की आत्मकथा, कर्ण की

आत्मकथा, कृष्ण की आत्मकथा (आठ भागों में), अभिशप्त कथा, मरीचिका (उपन्यास), पोस्टर उखड़ गया, मुंशी नवनीत लाल (कहानी संकलन), संकट मोचन (व्यंग्य कविता) आदि। पिछले दशक में इनका निधन वाराणसी में हुआ।

(डॉ.) महीप सिंह : जन्म 15 अगस्त 1930, उन्नाव। निधन 2016। कर्मक्षेत्र दिल्ली। महीप जी ने दिल्ली विश्वविद्यालय से उच्चशिक्षा प्राप्त की और वहीं खालसा कालेज में अध्यापन किया। कुछ दिनों जापान में रहकर शोध कार्य किया। 'संचेतना' इनकी सम्पादित पत्रिका रही है। सचेतन कहानी, विचार कविता और नये साहित्य की दिशा में ये निरन्तर सक्रिय थे। व्यंग्य, समीक्षा तथा वैचारिक लेखन में इनकी महत्त्वपूर्ण भूमिका है।

ममता कालिया : जन्म-2 नवम्बर 1940, मथुरा। कर्मक्षेत्र इलाहाबाद। ममता जी ने मुम्बई, दिल्ली और इलाहाबाद में शिक्षण कार्य किया। भारतीय भाषा परिषद् कोलकाता में निदेशक रहीं। हिन्दी विश्वविद्यालय वर्धा में सम्पादन कार्य किया। ये रचनाधर्मी हैं, साथ ही शिक्षाविद् भी हैं। कहानी इनकी प्रिय विधा है। इनके एक दर्जन संकलन प्रकाशित हो चुके हैं। बेघर, एक पत्नी के नोट्स, नरक दर नरक आदि इनके उपन्यास काफी चर्चित हुए हैं। नाटक, एकांकी एवं रूपान्तर भी इन्होंने प्रस्तुत किये हैं। महिला कथा लेखन में ममता जी की विशिष्ट पहचान है।

मलिक मोहम्मद जायसी : महाकवि जायसी का जन्म वृत्त यद्यपि विवादग्रस्त है, किन्तु बहुमत के सहारे यह माना जा रहा है कि वे जायस नगर में 1595 ई. के आस-पास जनमे थे। 1540 ई. में पदमावत रचा गया था। अस्तु, अनुमान है कि पन्द्रहवीं शती के उत्तरार्द्ध तक ये जीवित थे। प्रेम की पीर के अमर गायक महाकवि जायसी हिन्दी सूफी काव्यधारा के सर्वश्रेष्ठ कवि हैं। इनका काव्य प्रेम-पद्धति-निरूपण, सौन्दर्य वर्णन, अध्यात्म, दर्शन, लोक संस्कृति, रचना विधान तथा वस्तु विन्यास आदि सभी दृष्टियों से उत्कृष्ट कोटि का है। जायसी की चौबीस रचनाएँ बताई जाती हैं, किन्तु अभी तक 'पद्मावत', अखरावट, आखिरी कलाम, कहरानामा (महरी बाईसी), चित्ररेखा, मसलानामा तथा 'कान्हावत' ही प्रकाश में आ सके हैं। 'पद्मावत' में विप्रलम्भ शृंगार का प्राधान्य है। संयोग-वर्णन के लिए जायसी ने षट्ऋतु का सहारा लिया है और वियोग-वर्णन के लिए बारहमासे का। जायसी के इस विरह-वर्णन की सबसे बड़ी विशेषता यह है कि उसमें मानव हृदय की सहज संवेदना व्यक्त हुई है। जायसी रहस्यवादी कवि थे। इन्होंने ब्रह्म और जीव के पारस्परिक सम्बन्ध की रूपकात्मक व्यंजना दाम्पत्य रूप में की। सूफी विचारधारा के अतिरिक्त इसमें हठयोगियों, सहजयानी सिद्धों तथा नाथयोगियों की साधना का भी समावेश है। इस काव्य में शृंगार रस के अतिरिक्त वीर, वीभत्स, भयानक, करुण तथा शान्त रसों की भी व्याप्ति है। 'पद्मावत' का अलंकार-विधान काव्य के उत्कर्श में सहायक हुआ है। वस्तुतः रहस्य, दर्शन, लोक संस्कृति और काव्य संवेदना की दृष्टि से मूर्धन्य कवि हैं जायसी।

महादेव प्रसाद सेठ : इनका जन्म मिर्जापुर में हुआ था। वहाँ के ये प्रसिद्ध व्यापारी थे। साहित्यिक अभिरुचि के कारण इन्होंने कलकत्ता से 'मतवाला' नामक हास्य व्यंग्य परक पाक्षिक पत्र प्रकाशित किया, जो बहुत लोकप्रिय हुआ। सेठ जी एक सफल कवि और श्रेष्ठ निबन्धकार भी थे। 'मतवाला' में निराला, उग्र, शिव पूजन सहाय, मुंशी नवजादिक लाल उनके सहयोगी थे। सेठ जी की रचनाएँ समय-समय पर सरस्वती जैसी कई पत्रिकाओं में प्रकाशित होती रही।

महादेवी वर्मा : इनका जन्म 1907 में फर्रुखाबाद जनपद में तथा निधन 1987 में प्रयाग में हुआ था। शिक्षार्जन के बाद ये इलाहाबाद में बस गयीं। इन्होंने 'साहित्यकार संसद' की स्थापना

की। प्रयाग महिला विद्यापठि की ये आजीवन कुलपति रहीं। इन्हें अनेक पुरस्कार समय-समय पर प्राप्त हुए। इन्होंने कविता, संस्मरण और रेखाचित्र के क्षेत्र में अनेक कीर्तिमान स्थापित किये। मुख्य कृतियाँ हैं–'स्मृति की रेखाएँ', 'अतीत के चलचित्र', 'पथ के साथी', और 'मेरा परिवार'। महादेवी जी के विवेचनात्मक गद्य के प्रतिनिधि लगभग 60 लेख 'क्षणदा' (1957), शृंखला की कड़ियाँ (1940), साहित्यकार की आस्था तथा अन्य निबन्ध 'संकल्पिता' (1968) आदि में संकलित हैं। निबन्ध क्षेत्र में महादेवी जी का प्रदेय चिरस्मरणीय है, क्योंकि महिला कल्याण के लिए ये कृत संकल्प थीं। इनके काव्य ग्रन्थ हैं नीहार, रश्मि, नीरजा, सांध्यगीत, दीपशिखा, अग्निरेखा। रहस्य एवं करुणा इनका मुख्य विषय रहा है। बिम्बविधान इनकी विशिष्ट देन है। महादेवी जी के काव्य में उनका अन्तर्मन व्यक्त हुआ है। इन्होंने जो गीत लिखे हैं, उनमें उदात्त जीवन दर्शन का मौन-मुखर स्वर गुंजित हुआ है।

(आचार्य) महावीर प्रसाद द्विवेदी : इनका जन्म 15 मई 1865 ई. में रायबरेली जिले के दौलतपुर नामक गाँव में हुआ था। इनकी प्रारम्भिक शिक्षा गाँव की पाठशाला में हुई। तेरह वर्ष की अवस्था में अंग्रेजी पढ़ने के लिए रायबरेली जिला स्कूल में दाखिला लिया। कुछ दिनों उन्नाव जिले के रणजीत पुरवा वाले स्कूल में और फतेहपुर के स्कूल में पढ़कर ये अन्ततोगत्वा बम्बई चले गये, अपने पिता के पास। वहाँ पर संस्कृत, गुजराती, मराठी, अंग्रेजी का पर्याप्त अभ्यास किया। जीविका के लिए रेलवे की नौकरी की। कुछ समय तक नागपुर और अजमेर में काम किया। रेलवे के अनेक पदों पर कार्यरत रहने के बाद द्विवेदी जी झाँसी के डिस्ट्रिक्ट ट्रैफिक सुपरिण्टेण्डेण्ट के आफिस में चीफ क्लर्क हो गये। पाँच वर्षों बाद एक अधिकारी से पटरी न बैठ पाने के कारण इस्तीफा देकर कानपुर आकर स्वतन्त्र रूप से साहित्य सेवा में लग गये। सन् 1903 ई. में इन्होंने 'सरस्वती' सम्पादन का कार्य भार स्वीकार कर लिया और 1920 ई. तक यह गुरुतर दायित्व निष्ठापूर्वक निभाया। जीवन के अन्तिम 18 वर्षों तक इन्होंने सरपंच रूप में गाँव की सेवा की। 29 दिसम्बर सन् 1938 ई. को रायबरेली में ही ये गोलोकवासी हो गये। द्विवेदी जी ने मौलिक और अनूदित, गद्य और पद्य दोनों क्षेत्रों में ही महत्त्वपूर्ण भूमिका का निर्वाह किया है। गद्य में इनकी 14 अनूदित और 50 मौलिक कृतियाँ हैं। पद्य ग्रन्थ हैं–लगभग 1 दर्जन, जिनमें महत्त्वपूर्ण हैं–काव्य मंजूषा, द्विवेदी काव्य माला, कविता कलाप आदि। प्रमुख गद्य कृतियाँ हैं–हिन्दी कालिदास की समालोचना, वैज्ञानिक कोश, नाट्यशास्त्र, हिन्दी भाषा की उत्पत्ति, कालिदास की निरंकुशता आदि। द्विवदी जी ने इतिहास, अर्थशास्त्र, विज्ञान, पुरातत्व, चिकित्सा, राजनीति आदि पर बहुत लिखा। खड़ी बोली हिन्दी का मानकीकरण करने में ये आजीवन लगे रहे। स्वातन्त्र्य संग्राम के दौर में जो लोकजागरण हिन्दी पट्टी में आया, उसका बहुत श्रेय द्विवेदी जी को है।

(डॉ.) माता प्रसाद गुप्त : इनका जन्म 1909 ई. में बादशाह पुर (जौनपुर) में हुआ था। प्रयाग विश्वविद्यालय में प्राध्यापक, जयपुर विश्वविद्यालय में प्रोफेसर तथा विभागाध्यक्ष एवं के.एम. मुंशी हिन्दी विद्यापीठ आगरा में निदेशक के रूप में इन्होंने हिन्दी शोध कार्य को उन्नत रूप प्रदान किया। पृथ्वी राज रासउ, बीसल देव रास, छिताई वार्ता, रामचरितमानस, जायसी ग्रन्थावली, चांदायन आदि ग्रन्थों के विद्वत्तापूर्ण सम्पादन को सभी विद्वानों ने स्वीकार किया है। पाठालोचन के विद्वानों में गुप्त जी अग्रणी रहे हैं।

मजाज : स्थिति काल 1913 ई. से 1955 ई.। कार्यक्षेत्र लखनऊ। उर्दू कवि मजाज ने रोमानी और प्रगतिशील कविता में अपनी विशिष्ट छवि बनायी है। इनकी काव्य कृतियाँ हैं–अहंग, अबेताब। आवारा' फिल्म का यह गीत तो अविस्मरणीय है–'ऐ गमे दिल क्या करूँ।

माधव शुक्ल : राष्ट्रीय काव्य के पुरस्कर्ता मिश्र जी प्रयाग निवासी मालवीय ब्राह्मण थे। इनका

जन्म 10 श्रावण कृष्ण 1838 में और निधन 1943 में हुआ था। लखनऊ से इनका घनिष्ठ सम्बन्ध रहा है। इन्होंने लखनऊ में एक 'नाटक मण्डली' तथा कलकत्ता में हिन्दी नाट्य परिषद् की स्थापना की थी। इन्होंने रामलीला मण्डली द्वारा पारसीक मंच के मुकाबले हिन्दी जन नाट्य को लोकप्रिय बनाया। शुक्ल जी ने कई पौराणिक नाटक लिखे, जैसे—सीय स्वयंवर, महाभारत, भामाशाह की राजभक्ति आदि। भारत गीतांजलि और 'राष्ट्रीयगान' नामक इनके काव्य भी काफी लोकप्रिय हुए। ये कई बार राष्ट्रीय आन्दोलनों में जेल भी गये।

मान सिंह 'छितिपाल' : इनका जन्म 29 नवम्बर 1823 ई. को सुलतानपुर जनपद में हुआ था। इन्होंने 1842 से 1891 ई. तक अमेठी राज्य का शासन सँभाला। ये अच्छे कवि थे। साहित्य के साथ संगीत एवं स्थापत्य कला को भी इन्होंने प्रश्रय दिया। 'मनोज लतिका', 'देवी चरित्र सरोज', 'श्री रघुनाथ चरित्र', लव कुश चरित्र प्रकाश, भक्ति रत्नाकर, भगवती-विजय, विज्ञान-विलास, सीता-स्वयंवर, वैराग्य प्रकाश, सज्जन-विलास अनुराग-चन्द्रिका, दोहा शतक, सोरठा शतक, कुंडलिया शतक, षट्पदावली, पंचाष्टक, सुरस-रसदीप, रागप्रकाश, भाषा प्रदीप, मोक्ष चिन्तामणि, मोक्ष दिवाकर एवं ब्रह्मज्ञान निरूपण इनकी रचनाएँ हैं। ये हिन्दी, संस्कृत, उर्दू-फारसी आदि के विशेषज्ञ एवं सहृदय कवि थे। छन्द एवं संगीत शास्त्र का भी इन्हें ज्ञान था। इनकी अधिकांश रचनाएँ भक्तिपरक हैं।

मार्कण्डेय : जन्म 2 मई 1930 बरई, जौनपुर। इनको एम.ए. हिन्दी तक की शिक्षा मिली। इनकी प्रकाशित कृतियाँ हैं—सपने तुम्हारे (कविता) सेमल के फूल, अग्निबीज (उपन्यास), पानफूल, महुए का पेड़, हंसा जाई अकेला, सहज और शुभ, बीच के लोग (कहानी), कहानी की बात (आलोचना) आदि। इलाहाबाद में माया, कथा आदि पत्रिकाओं का इन्होंने कई वर्षों तक सम्पादन किया। वहीं इनका निधन विगत दशक में हुआ।

मिर्जा मोहम्मद रफी सौदा : इनका जन्म तो 1713 ई. में दिल्ली में हुआ था, किन्तु कालान्तर में ये लखनऊ आकर बस गये। 1718 ई. में इनका निधन हो गया। मिर्जा 'सौदा' उर्दू के अच्छे शायर थे। ये उर्दू के फकीराना शायर हातिम के शिष्य और शाह आलम 'आफताब' के गुरु थे। सौदा प्रायः दूसरे शायरों पर व्यंग्य किया करते थे। हिन्दी में भी इन्होंने कुछ कविताएँ लिखी हैं। इनके लिए लखनऊ के नवाब द्वारा छह हजार रुपये की वार्षिक वृत्ति निश्चित की गयी थी। इन्होंने कई कसीदे, 24 मसनवियाँ, कहानियाँ और लतीफे लिखे हैं। रेख्ता के दीवानों में संगृहीत इनकी ग़ज़लें, रुबाइयाँ, पहेलियाँ, व्यंग्य आदि मर्मस्पर्शी हैं। उर्दू कविता के सुदृढ़ स्तम्भ थे सौदा।

मिश्रबन्धु : इस नाम से विख्यात तीन सगे भाई थे, जिनमें दो विशिष्ट हैं—1. श्याम बिहारी मिश्र और 2. शुकदेव बिहारी मिश्र। इनका जन्म क्रमशः 1863 ई. एवं 1868 ई. में लखनऊ जिले के इटौंजा नामक गाँव में हुआ था। इन भाइयों ने लेखन के क्षेत्र में महत्त्वपूर्ण योगदान किया। इनकी शिक्षा-दीक्षा कैनिंग कालेज, लखनऊ से हुई। बाद में श्याम बिहारी मिश्र ने इलाहाबाद विश्वविद्यालय से अंग्रेजी विषय से एम.ए. करके डी.लिट्. की मानद उपाधि प्राप्त की। 1896 ई. में इन्होंने डिप्टी कलेक्टर का पद प्राप्त किया। ये अनेक ऊँचे सरकारी पदों पर आसीन हुए। सरकार ने इन्हें रायबहादुर बनाया। ओरछा दरबार ने रावराजा की उपाधि प्रदान की। सन् 1924 ई. से 1928 ई. तक ये काउंसिल ऑफ स्टेट के सम्मानित सदस्य रहे। मिश्रबन्धु अनेक विश्वविद्यालयों से सम्बन्धित रहे। इन्होंने पहले शौकियन साहित्य लिखना प्रारम्भ किया। बाद में उनके जीवन का यही उद्देश्य हो गया। इन बन्धुओं की मृत्यु क्रमशः 19 फरवरी 1946 ई. तथा 19 मई 1951 ई. को हुई। मिश्रबन्धुओं के अध्ययन का मुख्य विषय था हिन्दी साहित्य का इतिहास। समीक्षक के

रूप में भी इन्होंने काफी ख्याति अर्जित की। इन्होंने पहली बार इतिहास के विवादास्पद तथ्यों को प्रामाणिकता के साथ प्रस्तुत किया। इन्होंने उस समय की कचहरियों के वातावरण पर प्रकाश डालते हुए नेत्रोन्मीलन नामक नाटक का सृजन किया। 1910-11 ई. में प्रकाशित 'हिन्दी नवरत्न' इनका प्रथम आलोचना ग्रन्थ है। इसमें हिन्दी के श्रेष्ठ 9 कवियों को चुनकर उनकी विस्तृत समीक्षा की गयी है। सन् 1913 ई. में से 1934 के बीच मिश्रबन्धुओं का बहुत बड़ा कविवृत्त संग्रह 'मिश्र बन्धु विनोद' के नाम से चार खण्डों में प्रकाशित हुआ। इनमें हिन्दी के लगभग 5000 कवियों के जीवन वृत्त दिये गये हैं। वस्तुतः हिन्दी के साहित्यिक इतिहास लेखन में मिश्रबन्धुओं का नाम अग्रगण्य है। उनकी कविताएँ, नाट्य कृतियाँ, उपन्यास आदि अपेक्षाकृत उपेक्षित रह गये हैं, किन्तु इतिहास ग्रन्थों और सम्पादित सटीक संकलनों का महत्त्व निर्विवाद है।

मीतादास : जन्म 1690, निधन 1768 ई., फतुहाबाद या खजुहा फतेहपुर। ये 1728 ई. से पुरवा (उन्नाव) में रहने लगे। मीतादास ने रहस्यवादी कविताएँ लिखी हैं। ये अपनी विशिष्ट विचारधारा के लिए चर्चित थे।

(डॉ.) मुंशीराम शर्मा 'सोम' : इनका जन्म 1901 ई. में आगरा के भट्ट परिवार में हुआ था, किन्तु इन्होंने कानपुर को अपना निवास स्थान बनाया और यहाँ अपार यश प्राप्त किया। 'सूर-सौरभ, भारतीय साधना और सूर-साहित्य', भक्ति का विकास इत्यादि इनके मुख्य ग्रन्थ हैं। 'विरहिणी' इनका महाकाव्य है। 'सारस्वत' निबन्ध संग्रह है। 'सोम' जी राष्ट्रवादी भी थे। इन्होंने चन्द्रशेखर आजाद एवं भगत सिंह जैसे क्रान्तिकारियों को अपने यहाँ अर्से तक छिपा रखा था। ये डी.ए.वी. कालेज कानपुर में दीर्घ काल तक हिन्दी विभागाध्यक्ष रहे। सोम जी वैदिक साहित्य के प्रकाण्ड विद्वान थे। 1990 ई. में इनका देहावसान हो गया।

मुद्राराक्षस : इनका जन्म 21 जून 1933 में हुआ था। कवि, कथाकार, नाटककार, मीडियाकर्मी, अर्थात् विभिन्न शिल्पविधियों तथा विचारधाराओं से सम्बद्ध मुद्रा जी ने कई महत्त्वपूर्ण उपन्यास एवं नाटक लिखे हैं, जैसे—भगौड़ा, शोक संवाद, मेरा नाम तेरा नाम, शांति भंग, प्रपंचतन्त्र, दण्ड विधान, तिलचट्टा, योर्स फेथफुली, मरजीवा, तेंदुआ, प्रथम प्रस्तुति, आला अफसर, गुफाएँ, 'सन्तोला' आदि। इनके नाटकों में शिल्पगत कई प्रयोग दिखाई देते हैं।

मुल्ला दाऊद : ये रायबरेली जिले के डलमऊ नामक तीर्थ के निवासी थे। दाऊद ने 779 हिजरी में चन्दायन नामक ग्रन्थ का प्रणयन किया था। डॉ. माता प्रसाद गुप्त के अनुसार दाऊद की जन्म तिथि 1400 विक्रमी तथा मृत्यु तिथि 1475 वि. के आस-पास है। चन्दायन की रचना दोहा-चौपाई में की गयी है। बैसवारा की लोक-संस्कृति इस रचना में दृष्टिगत होती है। चन्दायन महाकाव्य छत्तीसगढ़ में प्रचलित प्रेमकथा लोरिक चन्दा या चनैनी पर आधारित है।

मोहन लाल मिश्र : आचार्य मिश्र का जन्म उन्नाव जनपद के तिवारीपुर नामक ग्राम में हुआ था। कवित्व इनको अपने पिता से विरासत में मिला था। उन्नाव जनपद के रीति ग्रन्थों को प्रस्तुत करने वाले आचार्यों में इनका स्थान प्रमुख है। सन् 1559 ई. में इनका ग्रन्थ 'शृंगार सागर' प्रकाशित हुआ, जो एक महत्त्वपूर्ण देन है।

मोहम्मद मीर : ये नवाब आसफउद्दौला के दरबारी थे। लखनऊ में ये 1825 ई. तक रहे। इन्होंने ग़ज़लों के छह दीवान लिखे हैं। शेरों का आविष्कार इन्होंने ही किया था। कई कसीदे, रुबाइयाँ, मसनवियाँ आदि इन्होंने लिखी हैं। इनकी काव्य भाषा, आलंकारिक शैली और उद्भावना शक्ति विशिष्ट है। स्वभाव से ये तुनकमिजाज, स्वाभिमानी और संवेदनशील थे। इन्हें अपनी फकीरी और फाकों पर

नाज था। 'मीर' उपनाम से लखनऊ में कई शायर हुए हैं, जैसे मीर दर्द, मीरहसन, मीर सौज आदि।

यशपाल : हिन्दी के अग्रणी उपन्यासकार यशपाल जी का जन्म 1903 ई. में फिरोजपुर में हुआ था। कर्मक्षेत्र लखनऊ रहा है। इनका निधन 1976 में लखनऊ में हुआ। यशपाल जी को हिन्दी के प्रतिनिधि उपन्यासकारों एवं कहानीकारों में स्थान प्राप्त है। 'दादा कामरेड', 'पार्टी कामरेड' इत्यादि इनके उपन्यास वर्ग संघर्ष एवं साम्यवादी विचारधारा के क्षेत्र में उल्लेखनीय हैं। इन्होंने 'दिव्या' और 'अमिता' जैसे ऐतिहासिक उपन्यास भी लिखे हैं। सबसे अधिक ख्याति इन्हें 'झूठा-सच' से मिली है। मेरी तेरी उसकी बात, खूब बचे आदि कृतियों में अश्लीलता तथा जटिल राजनीतिक चिन्तन के कारण इन्हें पूरा जन समर्थन नहीं मिल पाया। ज्ञान-दान, परदा एवं मूर्ख-क्रोध जैसी कहानियाँ भी इन्होंने लिखी हैं। 'लोहे की दीवार के दोनों ओर', 'सिंहावलोकन' तथा 'गाँधीवाद की शवपरीक्षा' में इनका अति साहसिक विवेचक रूप दिखाई पड़ता है। यशपाल जी ने 'विप्लव' नामक पत्रिका के माध्यम से पत्रकारिता क्षेत्र में काफी योगदान किया। नाटक, संस्मरण, निबन्ध, बाल साहित्य आदि विधाओं में भी इनकी देन स्मरणीय है। प्रतिबद्ध लेखन के बावजूद यशपाल की कथा संवेदना सर्वथा सराहनीय है।

यशोदा नन्दन : इनका कोई प्रामाणिक वृत्त उपलब्ध नहीं है। कतिपय विद्वानों और जनश्रुतियों के अनुसार ये उन्नाव जनपद के बेहार नामक गाँव के निवासी थे। वर्तमान पीढ़ी को इनके विषय में पूरी जानकारी नहीं हैं। शिवसिंह सेंगर, मिश्रबन्धु और रामचन्द्र शुक्ल ने इनका रचनाकाल सम्वत् 1815 से 1828 के बीच माना है। इनका एक ग्रन्थ प्राप्त होता है, 'बरवै नायिका भेद'। इसमें 8 बरवै संस्कृत में और 53 ठेठ अवधी भाषा में हैं। भाषा, भाव और शिल्प की दृष्टि से यह श्रेष्ठ रचना है। शुक्ल जी ने इसे रहीम कृत बरवै के समकक्ष माना है।

युगल किशोर शुक्ल : 30 मई 1826 ई. को कलकत्ता से हिन्दी का प्रथम साप्ताहिक समाचार-पत्र 'उदन्त मार्तण्ड' को निकालने का श्रेय कानपुर के इन्हीं शुक्ल जी को है। ये वहाँ कचहरी के कर्मचारी थे। लेखन में रुचि थी। इनकी भाषा में संस्कृत, फारसी तथा अंग्रेजी के साथ ब्रजभाषा अवधी की काफी शब्दावली मिलती है। इन्होंने अपने पत्र के कुल 79 अंक निकालकर हिन्दी पत्रकारिता को जन्म दिया।

युगलानन्य शरण : ये लक्ष्मण किलाधीश थे। इनका अवतरण इस्लामपुर (पटना) में कार्तिक शुक्ल 7 सं. 1878 में हुआ था। किशोर काल में ही इन्होंने युगल प्रिया जी का सान्निध्य प्राप्त किया। कुछ दिन काशी में रहकर अयोध्या को तपोभूमि बनाया। कालक्रम में ये महन्त हुए। इन्होंने अवधी और ब्रजभाषा में लगभग 100 कृतियों की रचना की। इनकी चार कृतियों का एक संग्रह 'श्रीमत्संग्रह पदावली' के नाम से डॉ. सूर्यप्रसाद दीक्षित ने सम्पादित प्रकाशित किया है।

(डॉ.) योगेन्द्र प्रताप सिंह : इलाहाबाद विश्वविद्यालय के पूर्व हिन्दी विभागाध्यक्ष प्रो. सिंह का जन्म 26 जनवरी 1939 को कोटवा (इलाहाबाद) में हुआ। शिक्षा एम.ए., डी.फिल., डी.लिट्. तक है। ये भारतीय हिन्दी परिषद् के अध्यक्ष रहे हैं। इनकी प्रमुख प्रकाशित कृतियाँ हैं—मानस के रचना शिल्प का विश्लेषण, भारतीय काव्यशास्त्र, शिक्षा की समस्याएँ, अलंकार-रचना तथा काव्यभाषा की समस्याएँ, तुलसी के रचना सामर्थ्य का विवेचन, लीला और भक्तिरस आदि।

(डॉ.) योगेश प्रवीन : जन्म 28 अक्टूबर 1938, लखनऊ। अवध की संस्कृति और लखनऊ के इतिहास के विशेषज्ञ योगेश जी ने विद्यान्त कालेज में शिक्षण किया। आकाशवाणी, दूरदर्शन, फिल्मी पटकथा, रंगमंच, गीत रचना आदि से सम्बद्ध योगेश जी का लेखन बहुआयामी है। इनकी प्रमुख कृतियाँ हैं—दास्ताने अवध, लखनऊ नामा, डूबता अवध, गुलिस्ताने अवध, अपराजिता (महाकाव्य) आदि।

रंगपाल : इनका जन्म 1865 ई. में हरिहरपुर, जनपद बस्ती में हुआ था। इनके फाग आज तक लोकप्रिय हैं। ये कवि, संगीतज्ञ होने के साथ-साथ वैद्य भी थे। रसिकानन्द, रंग-उमंग, सज्जनानन्द एवं शांतरसार्णव इनकी प्रमुख रचनाएँ हैं। रंगपाल साफ-सुथरी ब्रजभाषा के, राग-रागिनियों के और नाना प्रकार के छन्दों के कुशल कवि थे। इनकी तुलना प्रतापनारायण मिश्र से की जाती है। 1921 वि. में इनका निधन हो गया।

रघुनन्दन शर्मा : रायबरेली निवासी आचार्य शर्मा अक्षर विज्ञान के पुरस्कर्ता रहे हैं। शर्मा जी ने वेद विज्ञान पर प्रथम बार मौलिक चिन्तन किया। ये प्राचीन साहित्य और संस्कृति के आधिकारिक विद्वान थे। अक्षर विज्ञान का अध्ययन इनका सर्वाधिक महत्त्वपूर्ण प्रदेय है।

रघुनाथ दास 'रामसनेही' : इनका जन्म वैशाख शुक्ल 1874 ई. में ग्राम पैतेपुर (बाराबंकी) में हुआ था। ये रामानुज सम्प्रदाय के महन्त थे और अयोध्या में रहते थे। ये विश्राम सागर (1854), दोहा कवित्त संग्रह, हरिनाम सुमिरनी, कृष्णगायन, रामायण आदि ग्रन्थों के रचनाकार हैं। इन्होंने रामकाव्य, कृष्ण काव्य एवं कई पुराण काव्यों की रचना की है। विश्राम सागर में कई पौराणिक आख्यानों, देवी-देवताओं, महापुरुषों, नीतिज्ञों इत्यादि का वर्णन है। इनकी संस्कृतनिष्ठ अवधी भाषा में ब्रज भाषा का भी स्पर्श है। ये राम कृष्णमय भक्त थे।

रघुपति सहाय 'फिराक गोरखपुरी' : जन्म 28 अगस्त 1869 ई., गोरखपुर। कार्यक्षेत्र इलाहाबाद। इन्होंने आई.सी.एस. परीक्षा उत्तीर्ण की, किन्तु सरकारी नौकरी नहीं की। इलाहाबाद विश्वविद्यालय में 1930 से 1958 तक अंग्रेजी का अध्यापन किया। कांग्रेस पार्टी तथा स्वतन्त्रता आन्दोलन से ये अर्से तक जुड़े रहे। 3 मार्च 1982 में इनका निधन हुआ। फिराक की प्रमुख रचनाएँ हैं—रूहेकायनात, गजलिस्तान, रूप, गुले नग्मा आदि। इश्क और हुश्न इनकी शायरी के केन्द्र हैं। तरक्की पसन्द शायरी भी इन्होंने की है। हिन्दी-उर्दू के सम्मिश्रण में फिराक की महती भूमिका रही है।

रघुनाथ सिंह चौहान : इनका जन्म आषाढ़, कृष्ण एकादशी, शनिवार, 1967 वि. में ग्राम-भवानीपुर, लखनऊ में हुआ था। इनके पिता का नाम था भगवान दीन चौहान। इन्होंने अपनी रचनाओं के माध्यम से हिन्दी को समृद्ध किया। इनकी दो दर्जन से अधिक रचनाएँ हैं।

(डॉ.) रघुवंश : इनका जन्म 30 जून 1921 को गोपामऊ, हरदोई में हुआ था। दोनों हाथों से अपंग होने के बावजूद इन्होंने एम.ए., डी.फिल. तक शिक्षा प्राप्त की। दीर्घकाल तक प्रयाग विश्वविद्यालय में शिक्षण कार्य किया। इनकी प्रकाशित कृतियाँ हैं—तंतुजाल, छायातप, छायाजाल, मानवपुत्र ईसा, प्रकृति और काव्य, साहित्य का नया परिप्रेक्ष्य, हरी घाटी आदि। रघुवंश जी लोहिया पंथी विचारक थे। वर्ष 2013 में इनका निधन हो गया।

रघुवीर सहाय : दूसरा सप्तक के कवियों में समाविष्ट रघुवीर सहाय का जन्म 9 दिसम्बर 1929 ई. में लखनऊ में हुआ था। ये लोहियावादी कवि लेखक थे। 'बसन्त', 'पहला पानी', 'प्रभाती' आदि कविताओं में इनका प्रकृति प्रेम दृष्टिगोचर होता है। 'भला', 'याचना', 'अनिश्चय', 'समझौता' इत्यादि कविताएँ इन्हें एक सफल कवि सिद्ध करती हैं। 'आत्म-हत्या के विरुद्ध', 'सीढ़ियों पर धूप में' एवं 'हँसो-हँसो, जल्दी हँसों' रघुवीर सहाय के स्मरणीय काव्य-संग्रह हैं। इन्होंने कहानियाँ, निबन्ध एवं आलोचनाएँ भी लिखी हैं। 1990 ई. में इनका निधन हो गया। रघुवीर सहाय की कविता में जो सामयिक चिन्तन है, भाषा में जो सादगी, शिल्प में जो सपाट बयानी और व्यंग्यों में जो बेधकता है, वह वस्तुतः बिरल है।

(राजा) रणंजय सिंह : इनका जन्म अमेठी राज परिवार में 29 अप्रैल 1901 को और निधन 5

अगस्त 1988 को हुआ था। इन्होंने विश्वविद्यालय से शिक्षा प्राप्त की। आर्य समाज के ये सक्रिय कार्यकर्ता रहे। रणंजय सिंह जी पर अग्रज रणवीर सिंह का गहरा प्रभाव पड़ा था। 13 वर्ष की अवस्था में इन्होंने बलि प्रथा के विरुद्ध आन्दोलन चलाया था। इन्होंने शिक्षा प्रसार को अपना मूल मन्त्र माना। राजासाहब ने अपनी काफी चल-अचल सम्पत्ति का दान देकर अमेठी में एक महाविद्यालय की स्थापना की। इन्होंने समाज सुधार के अनेक कार्य किये। 1920 में इन्होंने विदेशी वस्त्रों की होली जलाई और चरखे का प्रचार करते हुए खद्दर व्रत लिया। 1952-57 तक ये विधान सभा सदस्य, 1958 से 1962 तक विधान परिषद् के सदस्य, 1962 से 1967 तक लोकसभा के सदस्य, 1969 से 1977 तक पुनः विधानसभा के सदस्य रहे। रणंजय सिंह जी प्रतिभाशाली कवि थे। 1935 में इन्होंने 'मनस्वी' नामक पत्रिका का सम्पादन किया। इनके कार्यों से प्रभावित होकर जनता जनार्दन ने इन्हें 'राजर्षि' की उपाधि प्रदान की।

रमाकान्त शर्मा 'उद्भ्रान्त' : इनका जन्म 4 सितम्बर 1948 को कानपुर में हुआ था। इन्होंने दीर्घ काल तक रेडियो तथा दूरदर्शन केन्द्रों में कार्य किया। अवकाश ग्रहण के बाद नोएडा में रह रहे हैं। इनकी मौलिक कृतियाँ हैं—त्रेता (महाकाव्य), रुद्रावतार, अनाद्य सूक्त, स्वयं प्रभा, वक्र तुण्ड, शब्द कमल खिला है आदि। इन्होंने 'प्रज्ञा वेणु' के नाम से गीता का मुक्त छन्द में रूपान्तरण किया है। कई कृतियों का सम्पादन किया है। उद्भ्रान्त जी प्रसिद्ध गीतकार हैं। इनके प्रमुख संकलन हैं—प्राण फिर बीन में, देह चाँदनी, आग बोलती है, पाँखुरी-पाँखुरी गन्ध नहीं है, इस शहर में आ गये आदि। इस बीच इन्होंने कई आत्म-संस्मरण, पत्र-संकलन और समीक्षात्मक लेखों के संग्रह प्रकाशित किये हैं। विचारों से साम्यवादी होकर भी उद्भ्रान्त जी ने भारतीय जीवन-दर्शन को बड़ी मार्मिकता एवं मौलिकता के साथ उजागर किया है।

रमानाथ अवस्थी : जन्म 8 नवम्बर 1924, फतेहपुर। छायावादोत्तर गीतकारों में अग्रगण्य रमानाथ जी आशुकवि जगमोहननाथ अवस्थी के सुपुत्र थे। इन्होंने इलाहाबाद के दैनिक भारत और 'संगम' का सम्पादन किया, फिर आकाशवाणी दिल्ली से जुड़ गये और वहाँ विविध भारती, युववाणी के रूपक प्रस्तुतकर्ता तथा चीफ प्रोड्यूसर रूप में 35 वर्षों तक कार्य किया। अवस्थी जी ने शताधिक रूपकों की रचना की है। इनके तीन गीत संग्रह बहुचर्चित रहे हैं—आग और पराग, रात और शहनाई तथा बन्द न करना द्वार। दिल्ली में ही इनका निधन हुआ।

(डॉ.) रमेश कुन्तल मेघ : प्रो. मेघ का जन्म 1 जून 1931 को कानपुर में हुआ। काशी हिन्दू विश्वविद्यालय से इन्होंने आचार्य हजारी प्रसाद द्विवेदी के निर्देशन में शोध कार्य किया और आरा, चण्डीगढ़ के पंजाब विश्वविद्यालय तथा गुरुनानकदेव यूनिवर्सिटी अमृतसर में अध्यापन किया। कुछ वर्ष तक लखनऊ विश्वविद्यालय तथा आर्कसाज यूनिवर्सिटी (अमेरिका) में अतिथि प्रोफेसर रहे। इन्होंने समाजशास्त्र, मिथक, सौन्दर्यशास्त्र, देहभाषा आदि पर कई ग्रन्थ लिखे, जैसे—विश्वमिथकसरित्सागर, मिथक और स्वप्न, आधुनिकताबोध और आधुनिकीकरण, मध्य युगीन रस दर्शन, कलाशास्त्र और मध्ययुगीन भाषिक क्रान्तियाँ, अथातो सौन्दर्य जिज्ञासा, क्योंकि समय एक शब्द है, साक्षी है सौन्दर्य प्राश्निक, मन खंजन किनके आदि। समाजवादी मूल्य और वैज्ञानिक दृष्टि से प्रेरित कई शोध इन्होंने कराये। डॉ. मेघ को कई सम्मान समय-समय पर प्राप्त हुए हैं। सम्प्रति पंचकुला (हरियाणा) के निवासी हैं।

रवीन्द्र कालिया : इनका जन्म 11 नवम्बर 1938 को जालन्धर में हुआ था। निधन 2016 में। कर्मभूमि है प्रयाग। दिल्ली स्थित भारतीय ज्ञानपीठ के ये निदेशक भी रहे। इनकी प्रकाशित कृतियाँ

हैं—नौ साल छोटी पत्नी, काला रजिस्टर, गरीबी हटाओ, चकैर नीम, सताईस साल की उमर तक, बाँके लाल, गली-कूचे, स्मृतियों की जन्मपत्री, राग मिलावट, मालकौंस, खुदा सही सलामत है, ग़ालिब छुटी शराब आदि। कालिया जी का प्रमुख योगदान कथा साहित्य में है। इन्होंने इसके साथ-साथ सम्पादन, संस्था संचालन में भी काफी योगदान किया है।

(डॉ.) रवीन्द्र 'भ्रमर' : जन्म जून 1931, जौनपुर। अलीगढ़ मुस्लिम यूनिवर्सिटी के पूर्व, हिन्दी प्रोफेसर अध्यक्ष भ्रमर जी प्रसिद्ध गीतकार रहे हैं। इनकी प्रमुख काव्य कृतियाँ हैं—कविता सविता, सोन मछरी मन बसी, धूप दिखाए आरसी, गीत रामायण आदि। समीक्षा, संस्मरण, निबन्ध आदि विधाओं में इन्होंने काफी लिखा है। 'भक्ति साहित्य में' लोकतत्व शीर्षक इनका शोध ग्रन्थ महत्त्वपूर्ण है। इनका निधन अलीगढ़ में हुआ।

राजेन्द्र बाला घोष (बंग महिला) : इनका जन्म सन् 1882 में हुआ था। इनकी मातृभाषा बंगला थी। बचपन बंगाली संस्कृति में बीता था। इन्होंने नारी शिक्षा और नारी स्वातन्त्र्य की दिशा में उस युग में पहल की थी। 11 वर्ष की अवस्था में इनका विवाह हो गया था। शायद इसीलिए बाल विवाह के विरुद्ध इन्होंने आवाज उठायी। मिर्जापुर में पं. रामचन्द्र शुक्ल के सहयोग से बंग महिला को लेखन की प्रेरणा मिली। इनकी मौलिक कहानियों में दुलाई वाली, भाई-बहन, कुंभ में छोटी बहू, चन्द्रदेव से मेरी बातें काफी चर्चित हुईं। इन्होंने कई लेख लिखे, जो 'कुसुम' संग्रह में संकलित हैं। 1949 में इनका निधन हो गया।

(डॉ.) राजेन्द्र मिश्र अभिराज : जन्म 26 दिसम्बर 1942, द्रोणीपुर, जौनपुर। डॉ. मिश्र संस्कृत के शिक्षक और हिन्दी के कवि हैं। कई वर्षों तक इलाहाबाद विश्वविद्यालय में अध्यापन करके ये हिमाचल विश्वविद्यालय शिमला गये। कालक्रम में वहाँ संस्कृत विश्वविद्यालय के कुलपति हुए। मिश्र जी ने दो दर्जन से अधिक काव्यकृतियाँ तथा बालकोचित कृतियाँ प्रकाशित की हैं। सुवर्ण द्वीपीय एवं यवद्वीपीय रामकथा पर इन्होंने गम्भीर खोज की है। मिश्र जी सफल मंचीय कवि हैं।

राजेन्द्र राव : जन्म 9 जुलाई 1944, कोटा। कर्मक्षेत्र कानपुर। इन्होंने मैकेनिकल इंजीनियरिंग की शिक्षा प्राप्त की तथा हिन्दुस्तान ऐरोनाटिक्स में प्रशिक्षण प्रबन्धन सँभाला, साथ ही साहित्य सेवा की। 'सूली ऊपर सेज पिया की', 'कोयला भई न राख', 'खाला का घर नाहि' आदि इनकी श्रेष्ठ कृतियाँ हैं।

राजेश्वर बली : इस ब्रजभाषा कवि का जन्म 20 जुलाई, 1889 ई. में दरियाबाद, जनपद बाराबंकी में हुआ था। ये हिन्दुस्तानी एकेडमी इलाहाबाद, आर्ट स्कूल एवं संगीत महाविद्यालय लखनऊ के संस्थापक तथा आगरा विश्वविद्यालय के प्रतिष्ठापक थे। ये प्रसिद्ध भक्त एवं ललित कवि थे। एक नरेश के रूप में इनके चमत्कारों की कई कथाएँ प्रचलित हैं। साइमन कमीशन के सन्दर्भ में शिक्षामन्त्री का पद त्यागने तथा नेशनलिस्ट पार्टी के एक नेता के रूप में इनका स्वातन्त्र्य प्रेम सराहनीय रहा है। इनके 'पैंगे' और 'फाग' संग्रहों में भक्ति एवं जनोल्लास दिखलाई पड़ता है। इनके द्वारा रचित 'श्री बाँके बिहारी अष्टक' वृन्दावन के मन्दिरों में गाया जाता है। इनके कुछ पदों को महान संगीतज्ञ भातखंडे ने स्वरबद्ध किया था। इनके द्वारा रचित 'श्रीकृष्ण जन्म' एवं 'रुक्मिणी-मंगल' शीर्षक दो नाटक हैं। इनका मत था कि 'राय' शब्द 'रयि' (धन) से सम्बद्ध है। यह एक वैदिक शब्द है, जो धनिकों, राजाओं के लिए प्रयुक्त होता है। राय राजेश्वर बली की रचनाओं में ब्रजभाषा का लालित्य विद्यमान है। शब्द शिल्प की दृष्टि से इनका काव्य सर्वथा प्रशंसनीय है। 25 नवम्बर 1944 ई. को इनका देहान्त हो गया। इस प्रदेश में इन्होंने शिक्षा मन्त्री होते जो कार्य किये, वे सदैव स्मरणीय रहेंगे।

(डॉ.) रामकुमार वर्मा : हिन्दी एकांकी के जनक, प्रसिद्ध कवि, नाटककार एवं समीक्षक पद्मभूषण

डॉ. वर्मा का जन्म 15 सितम्बर 1905 को सागर जनपद के गोपाल गंज ग्राम में हुआ था। इन्होंने 1929 में प्रयाग विश्वविद्यालय से एम.ए. हिन्दी परीक्षा उत्तीर्ण की। यहीं इनकी नियुक्ति शिक्षक रूप में हो गयी। बीच-बीच में ये रूस, श्रीलंका और नेपाल में हिन्दी प्रोफेसर रूप में गये। 1966 में इन्होंने हिन्दी विभागाध्यक्ष पद से अवकाश ग्रहण किया। वर्मा जी के लगभग 75 ग्रन्थ प्रकाशित हैं, जिनमें एकलव्य, उत्तरायण और 'ओ अहल्या' महाकाव्य हैं। चित्रलेखा, ये गजरे तारों वाले, चन्द्रकिरण, आकाश गंगा, कृत्तिका आदि गीति काव्य हैं और अनेक एकांकी संग्रह हैं। इन्होंने भारत के इतिहास से सम्बन्धित अनेक महापुरुषों पर नाटक लिखे हैं। इन्हें विभिन्न संस्थाओं द्वारा अनेक पुरस्कार तथा सम्मान प्राप्त हुए हैं। छायावादी कवि रूप में इनका विशिष्ट योगदान रहा है। वर्मा जी के प्रमुख नाटकों में उल्लेखनीय हैं—रेशमी टाई, शरजा शिवाजी, बहादुर बेटा, औरंगजेब की आखरी रात, कौमुदी महोत्सव, तैमूर की हार, पृथ्वीराज की आँखें, पृथ्वी का स्वर्ग आदि। हिन्दी साहित्य का इतिहास, काव्यशास्त्र आदि क्षेत्रों में वर्मा जी ने महत्त्वपूर्ण स्थापनाएँ की हैं। विगत दशक में इनका निधन हो गया।

रामगुलाम द्विवेदी : इनका जन्म सन् 1773 की बसन्त पंचमी को दुद्धी तहसील, जिला मीरजापुर के असनी ग्राम में हुआ था। निधन वर्ष 1851 बताया जाता है। द्विवेदी जी आरम्भ में कथावाचक थे। बड़े लोकप्रिय थे। इन्होंने तुलसी साहित्य का गम्भीर अध्ययन किया था। इनके द्वारा 12 ग्रन्थ रचे गये हैं—कवित्तरामायण, रामगीतावली, विनय पंचक, राम तैतीसा, हनुमाननाटक, तुलसी शब्दार्थ प्रकाश, रामकृष्ण सप्तक, श्रीकृष्ण पंचरत्न, पंचक, रामाष्टक, राम विनय पंचक, रामस्तव राज, बरवा आदि।

(आचार्य) रामचन्द्र शुक्ल : आलोचक सम्राट एवं महान निबन्धकार शुक्ल जी का जन्म 1884 ई. में अगोना, बस्ती जनपद में हुआ था। इन्होंने मिर्जापुर तथा काशी हिन्दू विश्वविद्यालय में अर्से तक शिक्षण कार्य किया। नागरी प्रचारिणी सभा द्वारा सम्पादित शब्द सागर में इनकी विशिष्ट भूमिका रही। 1941 ई. में वाराणसी में इनका निधन हो गया। इनके नाम पर कई मार्ग, आवक्ष प्रतिमाएँ, शोध संस्थान, सभागार आदि स्थापित हैं। इन्होंने कई गद्य-पद्यात्मक अनुवाद किये, जिनमें बुद्धचरित सर्वश्रेष्ठ है। पत्र-पत्रिकाओं में इन्होंने अनेक लेख लिखे, जो चिन्तामणि में संकलित हैं। तुलसी, जायसी ग्रन्थावली और सूर (भ्रमरगीतसार) का सम्पादन इन्होंने किया। शुक्ल जी के द्वारा लिखित 'हिन्दी-साहित्य का इतिहास' एक श्रेष्ठ ग्रन्थ है। इन्होंने भावपरक, व्यक्तिपरक तथा सैद्धान्तिक निबन्धों की रचना कर असाधारण ख्याति प्राप्त की है। आचार्य शुक्ल के निबन्धों में उच्चकोटि की विचार शक्ति, संवेदनशीलता एवं आदर्श प्रवणता के दर्शन होते हैं। इनके प्रमुख निबन्धों में उल्लेखनीय हैं—उत्साह, श्रद्धा-भक्ति, करुणा, लोभ और प्रीति, रसात्मक बोध के विविध रूप, काव्य में लोक मंगल की साधनावस्था, साधारणीकरण और व्यक्ति वैचित्र्यवाद, मानस की धर्म भूमि इत्यादि। रसमीमांसा में शुक्ल जी का काव्यशास्त्रीय चिन्तन व्यक्त हुआ है।

रामदास गौड़ : इनका जन्म 1881 ई. में जौनपुर में हुआ था। गौड़ जी हिन्दुत्व एवं 'वैज्ञानिक अद्वैतवाद' के प्रणेता हैं। ये रसिक एवं रघुपति उपनामों से कविता लिखते थे। प्रयाग की विज्ञान परिषद् के ये संस्थापक थे। उसके मुखपत्र 'विज्ञान' के सुयोग्य सम्पादक भी थे। प्रयाग की पत्रिका गृहलक्ष्मी में नारी उपयोगी विषयों पर भी निरन्तर लिखते रहते थे। गौड़ जी अर्से तक रसायनशास्त्र के प्राध्यापक रहे। इनकी हिन्दी सेवा सर्वथा प्रशंसनीय है। 1937 ई. में वाराणसी में इनका निधन हो गया।

रामनरेश त्रिपाठी : इनका जन्म संवत् 1946 में फाल्गुन त्रयोदशी को ग्राम कोइरीपुर, सुलतानपुर में तथा निधन 16 जनवरी 1962 में हुआ था। ये तेरह वर्ष की अवस्था से कविता करने लगे थे।

त्रिपाठी जी कुरीतियों एवं अन्धविश्वासों से सदैव लड़ते रहे। इन्होंने राष्ट्रीय आन्दोलन में भाग लिया, फलतः इन्हें कारावास का दण्ड भी भोगना पड़ा। इन्होंने प्रयाग में 'हिन्दी-मन्दिर' की स्थापना की। वहाँ ये हिन्दी साहित्य सम्मेलन प्रयाग के मन्त्री चुने गये। इन्होंने 'उद्योग', 'कविकौमुदी', 'वानर' एवं 'सम्मेलन' जैसी कई पत्रिकाओं का सम्पादन किया। 'पथिक', 'स्वप्न' एवं मिलन इनके प्रसिद्ध खण्डकाव्य हैं और 'मानसी' कविता संग्रह। इनका आलोचना साहित्य, कोश, ग्राम साहित्य, जीवनी-साहित्य, पिंगल, यात्रा-साहित्य, भाषा का इतिहास, अनूदित-साहित्य, धर्म, संगीत एवं शिक्षा परक विविध साहित्य पर्याप्त महत्त्वपूर्ण है। ये स्वच्छन्दतावाद के उन्नायक थे।

रामनाथ 'जोतिसी' : आधुनिक ब्रज भाषा कवियों में रामनाथ 'जोतिसी' का महत्त्वपूर्ण स्थान है। इनका जन्म 1874 ई. में रायबरेली जनपद के ग्राम भैरमपुर में हुआ था। इन्होंने श्रीरामचन्द्रोदय महाकाव्य की रचना अयोध्या में रहकर की। जोतिसी जी ने विज्ञान, व्याकरण, न्याय, काव्यशास्त्र, ज्योतिष आदि का गहन अध्ययन किया था। 1906 में ये अयोध्या के राजकीय पुस्तकालय के अध्यक्ष नियुक्त किये गये। 'धर्मभूषण' पत्र के सम्पादक के रूप में इन्हें काफी ख्याति मिली। भारत धर्म महामण्डल (काशी) ने इन्हें विद्या भूषण एवं साहित्यालंकार तथा संस्कृत कार्यालय अयोध्या ने 'साहित्यार्णव' उपाधि से अलंकृत किया। 1937 में श्रीरामचन्द्रोदय महाकाव्य का प्रकाशन हुआ। उस पर इन्हें देव-पुरस्कार प्राप्त हुआ। बाद में ये फैजाबाद में ही रहने लगे। वहीं 12 जून 1953 को वे दिवंगत हो गये। जोतिशी जी की सात कृतियाँ अब तब प्राप्त हुई हैं। इनमें सबसे प्रसिद्ध है, श्रीराम चन्द्रोदय। अन्य कृतियाँ हैं—वीर नारी, विधवा बत्तीसी, ज्योतिषी सतसई, गाँधी दूत (खण्ड काव्य) महाभारत महाकाव्य आदि।

रामप्रिया शरण 'प्रेमकली' : ये मिथिला के मूल निवासी थे, किन्तु अयोध्या में रहते थे। इन्होंने रसिक सम्प्रदाय में दीक्षा प्राप्त की थी। इनके द्वारा रचित 'सीतायन' नामक एक विशाल ग्रन्थ प्राप्त हुआ है। उसके प्रथम काण्ड में बालकाण्ड की घटनाएँ हैं, फिर मधुर बालकाण्ड, जयमालकाण्ड, रसमालकाण्ड, सुखमालकाण्ड, रसालकाण्ड और चन्द्रिकाकाण्ड रखे गये हैं। कवि ने इसका रचनाकाल 1760 वि. बताया है। इसकी भाषा अवध क्षेत्र की शुद्ध अवधी भाषा है।

(डॉ.) राम मनोहर त्रिपाठी : जन्म 25 जनवरी 1932 भिसिरखेरा (रायबरेली), कार्यक्षेत्र मुम्बई। त्रिपाठी जी का बाल्यकाल विलासपुर में बीता। इन्होंने आगरा से स्नातक, पुणे से स्नातकोत्तर और मुम्बई विद्यापीठ से पीएच.डी. उपाधि प्राप्त की। इन्होंने दैनिक विश्वमित्र, धर्मयुग, नवभारत टाइम्स, गेट वे, दोपहर आदि पत्रों में सम्पादन कार्य किया। सामाजिक कार्यकर्ता तथा लोकनेता रूप में कार्य करते हुए इन्होंने महाराष्ट्र सरकार में राज्यमन्त्री पद को विभूषित किया। गीतकार रूप में त्रिपाठी जी बहुत सफल हुए। इनकी कृतियाँ हैं—वीर बैसवारा, अपरिचय के विंध्याचल, संवेदना और दृष्टि, गीत के ये हंस, भीड़ का सत्य, साँप हँसे, वंश वृक्ष की टहनियाँ आदि। इनका निधन मुम्बई में हुआ।

(डॉ.) राममनोहर लोहिया : इनका जन्म 23 मार्च 1910 को अकबरपुर जनपद फैजाबाद में हुआ था। ये हिन्दी के प्रबल समर्थक थे। लोहिया जी भारत में केवल हिन्दी में ही भाषण देते थे। नास्तिक होते हुए भी लोहिया जी ने चित्रकूट में रामायण-मेला की शुरुआत की। रामचरितमानस के ये अनन्य प्रेमी थे। 'तुलसी का सात्विक रस', 'सूर का मधुर रस' एवं 'कबीर का क्रोध रस' आदि इनकी रचनाएँ गम्भीर दृष्टि की परिचायक हैं। 1942 ई. की अगस्त क्रान्ति के महानायक लोहिया जी का गोआ के स्वातन्त्र्य संग्राम में भी अविस्मरणीय योगदान रहा। इन्होंने नेपाल के जन-आन्दोलन को भी भरपूर समर्थन दिया। नेहरू जी के निजी जीवन यापन, उनके प्रशासन, उनके समाजवाद, उनकी

हिन्दी नीति आदि पर लोहिया जी बराबर प्रहार करते रहे। लोहिया जी को जर्मनी के विश्वविद्यालय से डी.एस.सी. (अर्थशास्त्र) उपाधि प्राप्त हुई थी। ये असाधारण मनीषी थे। अंग्रेजी, जर्मन, हिन्दी, संस्कृत इत्यादि के ये अच्छे ज्ञाता थे। लोहिया जी उच्चकोटि के हिन्दी लेखक थे। इनके ग्रन्थ इतिहास चक्र, समाजवादी चिन्तन, नया समाज, नया मन, भारत विभाजन के अपराधी, हिन्दू और मुसलमान, जाति-प्रथा, धर्म पर एक दृष्टि इत्यादि आज तक प्रसिद्ध हैं। 12 अक्टूबर 1967 में दिल्ली में इनका देहान्त हो गया।

(डॉ.) रामविलास शर्मा : इनका जन्म 10 अक्टूबर 1912 को तथा निधन 2000 में हुआ था। हिन्दी के मार्क्सवादी समीक्षकों में डॉ. रामविलास शर्मा अग्रगण्य हैं। इन्होंने अनेक समीक्षात्मक ग्रन्थ लिखे हैं। जैसे आस्था और सौन्दर्य, संस्कृति और साहित्य, भाषा, साहित्य और संस्कृति, प्रगतिशील साहित्य की समस्याएँ, विराम चिह्न। इन्होंने अनेक कविताएँ, आत्मसंस्मरण और जीवनी-ग्रन्थ प्रकाशित किये हैं। 'निराला की साहित्य साधना' (प्रथम खण्ड) जीवनीपरक समीक्षा का उत्कृष्ट उदाहरण है। इसके अतिरिक्त बड़े भइया, अपनी धरती-अपने लोग आदि उनकी श्रेष्ठ संस्मरणात्मक कृतियाँ हैं। निराला जी पर इन्होंने दो समीक्षा ग्रन्थ लिखे—निराला (1946) 'निराला की साहित्य साधना'। शर्मा जी के चिन्तन का एक महत्त्वपूर्ण बिन्दु रहा है वैदिक साहित्य। इन्होंने मार्क्स और पिछड़ा हुआ समाज, ऋग्वेद, पाश्चात्य दर्शन और सामाजिक अन्तर्विरोध आदि कृतियों में यह स्थापित किया है कि मार्क्सवाद मूलतः मानवतावाद है। तुलसीदास, भारतेन्दु, मुंशी प्रेमचन्द, महावीर प्रसाद द्विवेदी, रामचन्द्र शुक्ल आदि पर शर्मा जी के गौरव ग्रन्थ प्रकाशित हैं। उनकी ये कृतियाँ ऐतिहासिक समीक्षा की धरोहर हैं। निष्कर्षतः यह कहा जा सकता है कि ये एक गम्भीर अध्येता और मौलिक चिन्तक रहे हैं। भाषाशास्त्र, इतिहास बोध, मार्क्सवादी दर्शन और हिन्दी के प्रगतिवादी साहित्य समीक्षक के रूप में शर्मा जी चिरस्मरणीय हैं।

(डॉ.) रामशंकर शुक्ल 'रसाल' : इनका जन्म 1899 में हुआ था। रसाल जी रीतिकालीन आचार्य परम्परा के कवि, प्रसिद्ध अलंकार शास्त्री और आधुनिक ब्रजभाषा के अग्रगण्य कवि थे। इनका एक प्रबन्ध काव्य है—'काव्य पुरुष', जिसमें काव्य का मानवीकरण करते हुए लोक जीवन में उसके अवतरण की कथा कही गयी है। रत्नाकर के उद्धव शतक की स्पर्धा में इन्होंने जो दूसरा 'उद्धव शतक' रचा है, वह अपेक्षाकृत ज्यादा पाण्डित्यपूर्ण है। उनकी अन्य कृतियाँ है—भोजराज, पार्वती तपस्या, मनुशतक, वारिधि शतक, अजसमोचन, गुरु दक्षिणा आदि। इन्होंने इलाहाबाद विश्वविद्यालय, सागर, गोरखपुर तथा जोधपुर विश्वविद्यालय में शिक्षण किया। मूलतः ये प्रयाग निवासी थे। वहीं इनका निधन हुआ।

(डॉ.) रामस्वरूप चतुर्वेदी : इनका जन्म 1931 में कछपुरा (आगरा) में और निधन इलाहाबाद में हुआ था। इन्होंने मथुरा जिले की बोलियों पर शोध कार्य किया और 1954 से 1991 तक इलाहाबाद विश्वविद्यालय के हिन्दी विभाग में विभिन्न पदों पर कार्य किया। चतुर्वेदी जी ने नवलेखन, इतिहास दर्शन, भाषा संवेदना, व्यावहारिक समीक्षा आदि विषयों पर लगभग डेढ़ दर्जन समीक्षा ग्रन्थ लिखे, जिनमें हिन्दी साहित्य और संवेदना का विकास, मध्यकालीन हिन्दी काव्यभाषा, भाषा और संवेदना आदि महत्त्वपूर्ण हैं।

रामस्वरूप मिश्र 'विशारद' : विशारद जी का जन्म 1942 में सेमरौता (रायबरेली) में हुआ था। इन्होंने कृष्णायन काव्य की रचना 1956 में की। ये स्वातन्त्र्य सेनानी थे। एम.एल.ए. भी रहे। जन भाषा (बोलचाल की अवधी) में विरचित इनके काव्य में सात काण्ड हैं। कवि ने भक्ति, ज्ञान, कर्म, वर्णाश्रम व्यवस्था, सर्वोदय आदि का सन्देश श्रीकृष्ण के माध्यम से प्रस्तुत किया है। इसमें कथात्मक

प्रवाह है और सहज सम्प्रेषण भी। यहाँ सर्वोदय के समक्ष साम्यवाद की भर्त्सना की गयी है, साथ ही पौराणिकता-आधुनिकता का सामंजस्य भी। कवित्व यहाँ अपेक्षाकृत न्यून है, पर कहीं-कहीं भाषा का माधुर्य स्वतः उद्भूत हो उठा है। वस्तुतः मानस-शैली और दोहा चौपाई-छन्दों में रचित यह अवधी कृष्ण काव्य जन सामान्य के लिए सुग्राह्य है।

रामाज्ञा द्विवेदी 'समीर' : ये सीतापुर के निवासी थे। इनका जन्म 21 नवम्बर 1902 ई. में अम्लिया, जिला फैजाबाद में हुआ था। इनका सबसे बड़ा प्रदेय है—पहली बार अवधी शब्दकोश का निर्माण। यह कोश 1955 ई. में हिन्दुस्तानी अकादमी इलाहाबाद से प्रकाशित हुआ था। इसमें लगभग 5000 शब्द हैं। इस कोश के अलावा समीर जी के अनेक भाषा शास्त्रीय निबन्ध पत्र-पत्रिकाओं में प्रकाशित हुए हैं।

(स्वामी) रामानंद : राम भक्तिधारा के प्रवर्तक स्वामी रामानंद का जन्म 14वीं सदी के उत्तरार्द्ध में हुआ था। अगस्त संहिता के अनुसार कुछ विद्वानों ने इनका जन्म 1299 ई. माना है। इनके जन्म स्थान को लेकर काफी विवाद है। कुछ विद्वान इन्हें दाक्षिणात्य मानते हैं। यों, इनके कर्म क्षेत्र थे काशी और अयोध्या। इनका पूर्वनाम रामदत्त या राम भारती बताया जाता है। राघवानंद जी इनके गुरु थे। इन्होंने कालान्तर में अपनी उदार विचारधारा के सहारे एक स्वतन्त्र सम्प्रदाय स्थापित किया। इस सम्प्रदाय का केन्द्र था काशी का पंच गंगा घाट। इन्होंने रामावत् सम्प्रदाय और श्री सम्प्रदाय चलाये। एक में लक्ष्मीनारायण की उपासना और दूसरे में सीताराम की उपासना। रामानंद के प्रमुख शिष्य थे अनंतानंद, कबीर, रैदास, धन्ना, सेन आदि। इनका निधन 1410 ई. में बताया जाता है। रामानंद जी की कृतियाँ हैं—श्री वैष्णव मताब्ज भास्कर, श्री रामार्चन पद्धति, गीता भाष्य, उपनिषद भाष्य, रामरक्षा स्तोत्र, आत्मबोध, अध्यात्म रामायण। ये विशिष्टाद्वैतवाद के प्रवर्तक थे। इन्होंने छुआ छूत और लिंग भेद का विरोध करके "हरि का भजै सो हरि का होय" जैसा क्रान्तिकारी नारा दिया था। हिन्दी में रामानंद जी के नाम से चार पद मिलते हैं। नागरी प्रचारिणी सभा काशी से 'रामानंद की हिन्दी रचनाएँ' पुस्तक प्रकाशित हुई हैं। इसमें 'हनुमान जी की आरती' है और कई निर्गुण भी। भजन रत्नावली में इनकी कुछ हिन्दी रचनाएँ संकलित हैं। वस्तुतः रामानंद जी के प्रभाव से ही हिन्दी रामकाव्य परम्परा की शुरुआत हुई। इन्होंने भक्ति का द्वार सबके लिए खोल दिया। इनके समर्थकों में हिन्दू-मुसलमान सवर्ण-अवर्ण सब हैं। वस्तुतः ये आदर्श संत और समाज सुधारक थे।

राजेन्द्र अवस्थी : इनका जन्म उन्नाव बैसवारा क्षेत्र में हुआ था। कर्मक्षेत्र दिल्ली रहा। अवस्थी जी का साहित्यिक पत्रकारिता में महत्त्वपूर्ण स्थान रहा है। इनके सम्पादन में 'कादम्बिनी' शिखर पर पहुँची। भारत, सारिका, नन्दन और साप्ताहिक हिन्दुस्तान में भी इनका योगदान रहा है। इन्होंने लगभग 50 पुस्तकें लिखीं, जिनमें 'जंगल के फूल' नामक उपन्यास बहुत प्रसिद्ध हुआ। जीवन पर्यन्त अवस्थी जी हिन्दी के विकास में लगे रहे।

रामप्रसाद 'बिस्मिल' : ये काकोरी काण्ड से सम्बन्धित क्रान्तिकारी थे। इन्हें 29 दि. 1926 को अंग्रेज सरकार द्वारा फाँसी दी गयी थी। बिस्मिल जी ने क्रांति से सम्बन्धित कई ग़ज़लें एवं गीत लिखे हैं। 'सरफरोशी की तमन्ना....' अत्यन्त लोकप्रिय है। जेल जीवन में बिस्मिल जी ने अपनी आत्मकथा लिखी थी और कुछ स्फुट कविताएँ भी। इनकी रचनाओं के कुछ संकलन स्वतन्त्र रूप से प्रकाशित हुए हैं। बिस्मिल आर्य समाज से प्रभावित अत्यन्त धर्मनिष्ठ किन्तु सुधारवादी रचनाकार थे। शहीदों में वे अग्रगण्य हैं।

रामेश्वर शुक्ल 'अंचल' : इनका जन्म 1 मई 1915 ई. के किशनपुर (फतेहपुर) में हुआ था। लखनऊ भी इनका कार्य क्षेत्र रहा है। मधूलिका, अपराजिता, करील, लाल चूनर एवं वर्षान्त के बादल

के सृजन कर्ता के रूप में अंचल जी का महत्त्वपूर्ण स्थान है। अपने लगभग 40 ग्रन्थों का प्रकाशन करके इन्होंने कई क्षेत्रों में प्रतिनिधित्व किया है। इन्होंने कहानी, उपन्यास, संस्मरण, निबन्ध एवं आलोचनाएँ भी लिखी हैं, किन्तु महत्त्व इन्हें एक कवि के रूप में अपेक्षाकृत ज्यादा मिला है। अंचल जी अर्से तक जबलपुर के महाविद्यालयों में प्राचार्य रहे हैं। कालान्तर में वहीं इनका निधन हुआ।

रामेश्वरी देवी शुक्ल 'चकोरी' : इनका जन्म 1913 में तथा निधन 1935 में हुआ था। लखनऊ की कवयित्रियों में चकोरी जी का अपना स्थान रहा है। इन्होंने महिला महाविद्यालय लखनऊ से शिक्षा प्राप्त की और निराला जी के सान्निध्य में काव्य-रचना की प्रेरणा भी। कवि सम्मेलनों में इन्हें अनेक पुरस्कार मिले। इनके गीतों के विषय रहे हैं—रहस्य, वेदना, प्रेम, सौन्दर्य, प्रकृति चित्रण और युग बोध। इनके प्रकाशित काव्य हैं—किंजल्क, मकरन्द, उषा गीत, धूप छाँह नामक कहानी संग्रह और स्फुट गद्य काव्य भी काफी चर्चित रहा है।

राय देवी प्रसाद 'पूर्ण' : इनका जन्म 1868 ई. में जबलपुर में हुआ था, किन्तु इनका निवास स्थान कानपुर रहा। ये ब्रजभाषा एवं खड़ी बोली में काव्य रचना करने वाले एक सफल कवि थे। पूर्ण जी नरम दल के कांग्रेस नेता एवं कुशल वकील भी थे। इनकी प्रमुख रचनाओं में हैं—धाराधर धावन, मृत्युंजय, प्रदर्शनी-स्वागत, स्वदेशी कुंडल, राज-दर्शन, राम-रावण विरोध (चम्पूकाव्य), वसन्त-वियोग, रम्भाशुक संवाद आदि। वसन्त-वियोग इनकी सर्वोत्तम कृति है। कानपुर में पूर्ण जी ने रसिक समाज की स्थापना की थी। इनकी यह पंक्ति हिन्दी साहित्य में अमर है 'अन्धकार है वहाँ जहाँ आदित्य नहीं है, मुर्दा है वह देश जहाँ साहित्य नहीं है।' 1915 ई. में इन्होंने इस संसार से सदैव के लिए विदा ले ली।

(राजा) रुद्र प्रताप सिंह : ये माण्डा, जिला प्रतापगढ़ के राजा थे। इनके द्वारा लगभग 3800 बड़े आकार के पृष्ठों में प्रकाशित दोहा, चौपाई, सोरठा, छप्पय, रोला, श्लोक आदि छन्दों में लिखित रामचरितमानस की शैली में निर्मित तथा महामहोपाध्याय सुधाकर द्विवेदी द्वारा संशोधित 'सुसिद्धान्तोत्तम रामखण्ड' नामक अवधी महाकाव्य पिछले दशक में प्राप्त हुआ है। प्रकाशित होने के बावजूद किस कारण वह प्रतिबन्धित कर दिया गया, यह स्पष्ट नहीं है। इस महाकाव्य में रामकथा का नये ढंग से प्रस्तुतीकरण किया गया है। कथा के साथ-साथ कवि ने काफी तत्त्व चिन्तन किया है। स्पष्ट है कि राजा रुद्र प्रताप सिंह अवधी के महत्त्वपूर्ण कवि थे।

रूपनारायण पाण्डेय : अनेक बँगला ग्रन्थों के अनुवादक और माधुरी, सुधा जैसी प्रतिष्ठित पत्रिकाओं के सम्पादक पाण्डेय जी 'कमलाकर' नाम से कविताएँ लिखते थे, जो पराग में संकलित हैं। इनका जन्म 19 अक्टूबर 1884 को लखनऊ के रानी कटरा मोहल्ले में हुआ था। इनके पूर्वज रायबरेली के गेगांसो ग्राम के निवासी थे। 17 वर्ष की अवस्था में इन्होंने 'शुकोक्ति सुधासागर' नाम से श्रीमद्भागवत् का हिन्दी अनुवाद किया। शिव महिम्न स्तोत्र कृतिवास रामायण के बालकाण्ड तथा लंकाकाण्ड का भी पाण्डेय जी ने गद्यानुवाद किया। फिर पाण्डेय जी बँगला के अनुवादों में लगे। इन्होंने चौबे का चिट्ठा (बंकिमचन्द्र), आँख की किरकिरी (रवीन्द्रनाथ) आदि के अच्छे अनुवाद किये। इनके द्वारा रचित पुस्तकों की संख्या 100 के आस-पास है। इन्होंने महाभारत के 12 पर्वों का अनुवाद किया जो काफी लोकप्रिय हुआ। सम्पादन के क्षेत्र में पाण्डेय जी की भूमिका अविस्मरणीय है। सबसे पहले ये लखनऊ की 'नागरी प्रचारक' नामक पत्रिका से जुड़े, फिर निगमागम चन्द्रिका से। 'इन्दु' और 'काव्यकुब्ज' में भी इन्होंने काम किया। इन्होंने कई नाटकों, उपन्यासों और संस्मरणों की रचना की है। इनका निधन 1959 ई. में हुआ।

लक्ष्मीकान्त वर्मा : जन्म 15 फरवरी 1922, बस्ती। इन्होंने समय-समय पर अनेक विधाओं, जैसे कहानी, उपन्यास, नाटक, समीक्षा आदि पर काम किया। वर्मा जी ने बाल साहित्य पर भी लेखनी चलायी है। भाजी खरीदी, कठपुतली बोली, मानसरोवर के हंस, मि. पोशाक, कौआ मामा की डायरी, अनोखी दुनिया आदि इनके मुख्य ग्रन्थ हैं। इनकी अन्य प्रकाशित कृतियाँ हैं—खाली कुर्सी की आत्मा (उपन्यास), नयी कविता के प्रतिमान (समीक्षा), धुएँ की लकीरें, एक कटा हुआ कागज, एक कटी हुई जिन्दगी, आदमी का जहर (नाटक), सफेद चेहरे, टेराकोटा, तीसरा प्रसंग, नीम के फूल आदि। वर्मा जी कुछ वर्षों तक उत्तरप्रदेश हिन्दी संस्थान के अध्यक्ष रहे। परिमल संस्था से इनका विशेष जुड़ाव रहा है। लघुमानववाद इनका विशिष्ट मतवाद है। वर्मा जी का निधन इलाहाबाद में हुआ।

(डॉ.) लक्ष्मीनारायण लाल : 1927 ई. में जलालपुर (बस्ती) में इनका जन्म हुआ था। 'यक्ष-प्रश्न', 'मिस्टर अभिमन्यु', 'मादा कैक्टस', 'कर्फ्यू' इत्यादि के सफल नाट्यकार एवं 'मन वृन्दावन', 'गली अनारकली' इत्यादि के कुशल उपन्यासकार रहे हैं लक्ष्मी नारायण लाल। 'जयप्रकाश की डायरी' लिखकर इन्होंने अच्छा नाम कमाया। 'मेरी जेल डायरी' भी इन्होंने लिखी। ये नाटक को एक नया रूप देने के लिए सदैव प्रयत्नशील रहे। एकांकीकार के रूप में भी लक्ष्मीनारायण लाल ने अलग पहचान बनाई। ये भारत और भारतीय संस्कृति के प्रति सदैव सजग रहे। 1987 ई. में इनका देहावसान हो गया।

(डॉ.) लक्ष्मीशंकर मिश्र 'निशंक' : इनका जन्म कार्तिक कृष्ण चतुर्थी, संवत् 1975 ई. (22 अक्टूबर 1918 ई.) में भगवन्त नगर, जिला हरदोई में हुआ था। निधन दिसम्बर 2011 में हुआ। सन् 1938 में ये लखनऊ आ गये। सन् 1951 से 1979 तक कान्यकुब्ज कॉलेज, लखनऊ के इण्टर एवं डिग्री कालेज में सेवारत रहे। निशंक जी ने 'हिन्दी में सवैया छन्द' विषय पर सन् 1964 में लखनऊ विश्वविद्यालय की पी.एचडी. उपाधि प्राप्त की। उत्तर प्रदेश हिन्दी संस्थान ने इन्हें 'भारत भारती' द्वारा सम्मानित किया। इनके प्रकाशित साहित्य में महत्त्वपूर्ण हैं—शतदल, कर्मवीर भरत, सुमित्रा (महाकाव्य), जयभरत, क्रान्तिदूत आदि। निशंक जी ने अगस्त 1973 से कई वर्षों तक 'सुकवि विनोद' का सम्पादन किया।

लक्ष्मण प्रसाद 'मित्र' : इनका जन्म सन् 1906 में 'हिंडौरा' (सीतापुर) में हुआ था। मित्र जी ने अवधी में आल्हा, बारहमासा, भजन माला, बुडभस, सोमवारी, प्रेमलीला, सराध की श्रद्धांजलि, सिलहारिनी, बहू की सीख, घूस का जन्म, मड़ए की धूम, तशरीफ, दो खेतों की कहानी, वाणशय्या इत्यादि की रचना की।

(डॉ.) लक्ष्मीसागर वार्ष्णेय : जन्म 1914, अलीगढ़। कार्यक्षेत्र इलाहाबाद। इन्होंने इलाहाबाद विश्वविद्यालय में विभिन्न पदों पर कार्य किया। शोध और समीक्षा क्षेत्र में इनकी महत्त्वपूर्ण भूमिका रही है। इनकी प्रमुख कृतियाँ हैं—आधुनिक हिन्दी साहित्य, फोर्ट विलियम कालेज, भारतेन्दु की विचारधारा आदि। इनका निधन इलाहाबाद में हुआ।

लछिराम : इनका जन्म 1841 ई. में अमाढ़ा (बस्ती) में और निधन 1904 ई. में अयोध्या में हुआ। इन्होंने रामचन्द्र भूषण, राग रत्नाकर, रघुवीर विलास, सरयू लहरी, हनुमतशतक आदि ग्रन्थों की रचना की। इन्होंने अपने आश्रयदाताओं के लिए अनेक प्रशस्ति परक ग्रन्थ लिखे हैं। लछिराम जी ब्रह्मभट्ट थे। इनके आश्रयदाता राजाओं में अयोध्या नरेश मानसिंह 'द्विजदेव', प्रताप नारायण सिंह तथा बस्ती-नरेश शीतलाबख्श सिंह आदि प्रमुख थे। लछिराम जी नायिका भेद, अलंकार निरूपण और कवि शिक्षा परम्परा से जुड़े हुए एक प्रसिद्ध आचार्य कवि थे।

ललक दास : रामानन्दी सम्प्रदाय के गद्दीधारी वैष्णव सन्त ललक दास डलमऊ (रायबरेली)

तथा लखनऊ के निवासी थे। इनका जन्म 1980 वि. के आस-पास और स्थिति काल 17वीं शताब्दी बताया जाता है। इनके दो ग्रन्थ हैं—(1) सत्योपाख्यान (1768 ई.) (2) भाषा कोशल खण्ड (1793)। 'सत्योपाख्यान' अवधी भाषा और दोहा चौपाई छन्दों में रचित प्रबन्धात्मक रामकाव्य है। यह पुराण शैली में संवादों के रूप में लिखा गया है। कुछ विद्वानों ने इन ग्रन्थों को संस्कृत का पद्यबद्ध अनुवाद कहा है। इनका विषय है—माधुर्य भक्तिपूर्ण राम की विलास-क्रीड़ा का वर्णन। बेनी कवि के अनुसार ये बड़े रसिया थे और शिष्य मण्डली के साथ प्रायः पर्यटन किया करते थे। काव्यशास्त्र के ये अच्छे जानकार थे। प्राचीन कवि के रूप में ललक दास जी का ऐतिहासिक महत्त्व है।

ललित किशोरी : लखनऊ के प्रसिद्ध साह कुन्दनलाल का कवि नाम ललित किशोरी था। इनके अनुज फुंदन लाल का नाम 'ललित माधुरी' था। ललित किशोरी एवं ललित माधुरी कृष्णोपासक थे। प्रसिद्ध साहजी का मन्दिर वृन्दावन में 1868 ई. में इन्होंने ही बनवाया था। इन्होंने ब्रजभाषा के पदों के अतिरिक्त खड़ी बोली की कुछ ग़ज़लों की भी रचना की थी।

ललित माधुरी : इन्होंने ब्रजभाषा में उत्प्रेक्षादि अलंकारों का प्रयोग करते हुए कई रचनाएँ की हैं। इन्होंने वृन्दावन में रसिकोपासना अपना ली थी और स्त्री वेश के साथ-साथ स्त्री नाम भी धारण कर लिया था। राधा कृष्ण के प्रति सख्य भाव व्यक्त करते हुए इन्होंने अनेक छन्द रचे हैं, जो काव्य कला और दर्शन की दृष्टि से उच्च कोटि के हैं।

लालदास : भक्ति काल और रीति काल की संधि वेला में रामकाव्य धारा के प्रसिद्ध कवि लालदास ने 'अवध विलास' नामक महाकाव्य की रचना की थी। ये मूलतः बरेली के रहने वाले थे। बहुत दिनों तक अस्वस्थ रहने के कारण ये अयोध्या आ गये। अयोध्या में रहते हुए लालदास जी ने 'भरत की बारामासी' और 'अवध विलास' (1700) की रचना की। इस काव्य में रस, छन्द, अलंकार, नायिका भेद आदि का विस्तृत विधान है। यह महाकाव्य बीस सर्गों में विभक्त है। कवि ने पुत्रेष्टि यज्ञ, राम जन्म, सीता जन्म, सबकी शिक्षा-दीक्षा, विश्वामित्र आगमन, अहल्योद्धार, सीताराम का पूर्वराग, धनुर्भंग, वरयात्रा, वन गमन, चित्रकूट वास, सीताहरण, सेतुबंध, रावण वध आदि घटनाएँ प्रस्तुत की हैं। अनेक प्रासंगिक कथाएँ भी दी हैं। बीच-बीच में धर्म, नीति, सत्संग, संत, खल आदि की चर्चा भी की है। कथा का प्रमुख प्रयोजन है, अयोध्या में राम की लीला का वर्णन। इसमें बोलचाल की अवधी का प्रयोग है। महाकाव्य के लक्षणों से ओत-प्रोत यह एक सफल कृति है।

लाल बिहारी मिश्र 'द्विजराज' : इनका जन्म 1858 ई. में गँधौली (सीतापुर) में हुआ था। इनके पिता लेखराज जी थे। युगल मिश्र 'ब्रजराज' के ये भ्राता थे। द्विजराज जी ने श्रीरामचन्द्र नखशिख, वासुदेव पंचक, प्यारी जू को शिखनख, दुर्गास्तुति, भव्यार्णवलहरी, विजय मंजरी लतिका, विजयानन्द चन्द्रिका जैसे काव्यों की रचना की। द्विजराज की रचनाएँ ललित ब्रजभाषा में हैं। इनकी कविता का प्रधान रस श्रृंगार है। 1905 ई. में इनका निधन हो गया।

लीलाधर शर्मा 'पर्वतीय' : इनका जन्म 1 जनवरी 1918 को अल्मोड़ा में हुआ था। इनकी कृतियाँ हैं—हमारी खाद्य समस्या, संयुक्त राष्ट्रसंघ, स्वतन्त्रता की पूर्व संध्या, कांग्रेस के सौ वर्ष और उ.प्र. की भूमिका, छोटे कद का बड़ा आदमी, हमारा स्वतन्त्रता-संग्राम, पर्वत पुत्र पन्त जी, भारत के प्रमुख तीर्थस्थल, बाबा साहेब अम्बेडकर, भारतीय संस्कृति कोश आदि। लखनऊ पर्वतीय जी का कार्यक्षेत्र रहा है।

लेखराज : इनका पूरा नाम था नन्द किशोर मिश्र 'लेखराज'। इनका जन्म 1831 ई. में लखनऊ में हुआ था। ये गंधौली (सीतापुर) के जमींदार थे। लेखराज जी रसरत्नाकर, राधा नखशिख, गंगाभूषण

एवं लघुभूषण के कवि थे। इनके पुत्र लालबिहारी (द्विजराज), जुगल किशोर (ब्रजराज) एवं रसिक बिहारी कवि थे तथा पौत्र थे प्रसिद्ध समालोचक कृष्ण बिहारी मिश्र। इन्होंने 1892 ई. में काशी के मणिकर्णिका घाट पर महाशिवरात्रि पर्व पर शरीर त्याग दिया।

वंशीधर शुक्ल : आधुनिक अवधी के महान कवि वंशीधर जी का जन्म बसंत पंचमी 1905 ई. में मन्यौरा (लखीमपुर) में हुआ था। ये गणेश शंकर विद्यार्थी से प्रेरणा प्राप्त करके 1921 से राजनीतिक क्षेत्र में सक्रिय हो गये। एक बार विधायक भी चुने गये। शुक्ल जी अवधी किसान की प्रतिमूर्ति थे। इन्होंने सर्वप्रथम 50 छन्दों में 'आल्हा-सुमिरिनी' कृति का सृजन किया। उसके पश्चात् कृषक-विलाप, 'बेटी-बेचन', 'युगल चण्डालिका', 'मेला घुमनी', राष्ट्रीयगान आदि कृतियों की रचना की। उनकी प्रमुख काव्य कृतियाँ हैं—पंत पुराण, नेहरू सावधान, कमला-आख्यान, कांग्रेस की कुकडूं कूँ, कांग्रेस सरकार स्वाहा, नसबन्दी बन्द करो आदि। इनकी ग्रन्थावली उत्तर प्रदेश हिन्दी संस्थान द्वारा प्रकाशित है।

वाजिद अली शाह : ये अवध के नवाब थे। इन्होंने कला के क्षेत्र में कई कीर्तिमान स्थापित किये थे। ये एक कुशल गायक, वादक, नर्तक, निर्देशक और प्रायः सभी कलाओं के संरक्षक थे। ये 13 फरवरी 1847 में अवध दरबार में गद्‌दी नशीन हुए थे। इन्होंने कथक के एकल नृत्य में नाट्य तत्वों का समावेश करके उसे नृत्य नाटिका का रूप दिया। इनका पहला-पहला प्रयोग था 'इन्दर सभा' का मंचन। वाजिद अली शाह ने उसे मंचित करते हुए कथक नृत्य में गत, ग़ज़ल, ठुमरी एवं दादरा को विशेष स्थान दिलाया। इनके द्वारा लिखी गयी पुस्तकें सौतउल मुबारक तथा गुंच ऐरंग में कथक नृत्य में की जाने वाली 21 गतों का विवरण है। वाजिद अली शाह 1857 के गदर में परास्त होने के बाद गिरफ्तार कर लिए गये थे। जीवनपर्यन्त ये बंगाल में रहे। वहीं इनका निधन हुआ।

(डॉ.) विजयदेव नारायण साही : जन्म 6 अक्टूबर 1924, काशी। कार्य क्षेत्र इलाहाबाद। साहीजी ने अंग्रेजी में एम.ए. करके 3 वर्षों तक काशी विद्यापीठ में अध्यापन किया और फिर 1951 से इलाहाबाद विश्वविद्यालय से जुड़े। 1942 से ये समाजवादी आन्दोलन में सक्रिय रहे। तीन बार जेल गये। इन्होंने 'परिमल' संस्था में सोत्साह भाग लिया। इनका काव्य संकलन 'मछलीघर' काफी चर्चित हुआ है। तीसरा सप्तक के ये प्रतिष्ठित कवि रहे हैं। सूफी दर्शन और जायसी विषयक इनकी समीक्षा कृति भी सराहनीय है।

(डॉ.) विजय बहादुर सिंह : जन्म 16 फरवरी 1940, जयमलपुर, फैजाबाद, अम्बेडकर नगर। कार्यक्षेत्र मध्यप्रदेश। डॉ. सिंह ने मध्यप्रदेश के कई महाविद्यालयों में अध्यापन किया। सम्प्रति भोपाल में रह रहे हैं। इन्होंने कविता, समीक्षा और सम्पादन के क्षेत्र में उल्लेखनीय कार्य किया है। इनके प्रमुख समीक्षा ग्रन्थ हैं—नागार्जुन का रचना संसार, आज के हिन्दी कवि भवानी प्रसाद मिश्र, जनकवि केदारनाथ अग्रवाल, शमशेर, मुक्तिबोध आदि।

विद्यावती मिश्र : इनका जन्म 15 अगस्त 1918 में पुखरायाँ (कानपुर) में हुआ था। 4 अप्रैल 1963 में लखनऊ में इनका निधन हो गया। इन्होंने श्रद्धा, ज्योति, प्रतीक्षा, कविता संग्रह एवं 'मुक्ति' शीर्षक नीतिनाटक की रचना की। एक गीतकार के रूप में इन्होंने पर्याप्त ख्याति अर्जित की।

(डॉ.) विद्या बिन्दु सिंह : इनका जन्म 2 जुलाई 1945 को जैतपुर सेनावाँ, फैजाबाद में हुआ था। इन्होंने अनेक विधाओं जैसे—कहानी, कविता, गीत, नाटक, उपन्यास आदि में लेखन किया है। इनकी प्रकाशित कृतियाँ लगभग आठ दर्जन हैं। अवधी लोक साहित्य का इन्होंने काफी संग्रह किया है। विद्या जी अर्से तक उ.प्र. हिन्दी संस्थान में सहायक निदेशक रहीं। सम्प्रति लखनऊ में रह रही हैं और कई संस्थाओं में सक्रिय हैं।

विनोद चन्द्र पाण्डेय 'विनोद' : जन्म 16 नवम्बर 1940, अमेठी, सुल्तानपुर। इनकी प्रकाशित कृतियाँ दो दर्जन के आस-पास हैं। बाल साहित्य पर इन्होंने काफी काम किया है। विनोद जी आई.ए.एस. अधिकारी रहे हैं। इन्होंने प्रदेश के कई विभागों में काम किया है। उत्तर प्रदेश हिन्दी संस्थान के ये निदेशक रह चुके हैं।

विश्वनाथ पाठक : पाठक जी का जन्म पठखौली (फैजाबाद) में 24 जुलाई 1931 को हुआ था। निधन नवम्बर 2014 में हुआ। इन्होंने पालि, प्राकृत भाषा के अध्यापक रूप में काशी हिन्दू विश्वविद्यालय की सेवा की। पाठक जी ने अवधी में दो महाकाव्यों की रचना की (1) सर्वमंगला महाकाव्य (2) घर कै कथा। इन्होंने 'गाथा सप्तशती' और 'वज्जालग्ग' का रूपान्तर भी किया है। 'सर्वमंगला' शक्ति काव्य परम्परा का महत्त्वपूर्ण प्रबन्ध काव्य है। 'घर कै कथा' आत्मकथात्मक कृति है। इसमें ग्रामीण प्रकृति परिवेश में प्राप्त मानवीय संवेदना, पारम्परिक रागचेतना और प्राकृतिक सुषमा को बड़े मनोयोग के साथ सँवारा गया है। नवम्बर 2014 में इनका निधन हो गया है।

(डॉ.) विश्वनाथ त्रिपाठी : जन्म 1931, बिस्कोहर (बस्ती), कर्मक्षेत्र दिल्ली। त्रिपाठी जी दिल्ली विश्वविद्यालय में शिक्षक रहे हैं। इन्होंने कविता, समीक्षा और जीवनी साहित्य में महत्त्वपूर्ण कार्य किया है। इनके मुख्य ग्रन्थ हैं—प्राचीन अवधी काव्य, लोकवादी तुलसीदास, व्योमकेश दरवेश आदि।

विश्वनाथ सिंह 'विकल गोंडवी' : इनका जन्म 8 फरवरी 1924 ई. को मोतीगंज (गोण्डा) में हुआ था। सन् 1943 से 1946 ई. तक दिल्ली तथा गोरखपुर के इलाहाबाद बैंक में ये कार्यरत रहे। फिर रेलवे की सेवा में आये। सन् 1969 से ये लखनऊ आकर बस गये। विकल जी ने अवधी में ग़ज़ल, गीत, मुक्तक, सवैया, कवित्त, लोकगीत आदि की रचना की है। 'रतना-तुलसी' इनकी प्रकाशित कृति है। इन्होंने हास्य-व्यंग्य, प्रेम एवं भक्ति परक रचनाएँ भी की हैं। इनका निधन लखनऊ में हुआ।

विश्वम्भर नाथ 'कौशिक' : नारी संवेदना के मार्मिक रचनाकार कौशिक जी का जन्म 1891 में हुआ था। ये कानपुर में रहते थे और वहीं वकालत करते थे। ये हिन्दी के उल्लेखनीय कहानीकार, उपन्यासकार एवं स्मरणीय व्यंग्यकार के रूप में जाने जाते हैं। आ. महावीर प्रसाद द्विवेदी की प्रेरणा से ये हिन्दी में आये तथा 1913 ई. में 'रक्षाबन्धन' के प्रकाशन के साथ ही प्रसिद्ध हो गये। हास्य-व्यंग्य में भी इनकी रुचि थी। 'माँ' एवं 'भिखारिणी' उपन्यास इनके द्वारा लिखे गये हैं। इनकी प्रसिद्ध कहानी 'ताई' नारी के त्याग एवं वात्सल्य की प्रतीक कथा है। इस साहित्य-सेवी का देहावसान 1945 ई. में हुआ।

(डॉ.) शिवकुमार मिश्र : जन्म 2 फरवरी 1931, कानपुर। कार्यक्षेत्र सागर, बल्लभ विद्यानगर। मिश्र जी ने कई वर्षों तक अध्यापन कार्य किया। प्रगतिवादी समीक्षा के क्षेत्र में इनका विशिष्ट योगदान है। नया हिन्दी काव्य, मार्क्सवादी साहित्य चिन्तन, इतिहास तथा सिद्धान्त, यथार्थवाद, भक्तिकाव्य और लोकजीवन आदि लगभग 1 दर्जन ग्रन्थ इस दृष्टि से उल्लेखनीय हैं। मिश्र जी का निधन विगत दशक में हुआ।

शंकर सुल्तानपुरी (शंकरदयाल श्रीवास्तव) : इनका जन्म 1 दिसम्बर 1940 को वरउपुर, सुल्तानपुर में हुआ था। लखनऊ विश्वविद्यालय से इन्होंने एम.ए. की उपाधि प्राप्त की। बाल साहित्य के लेखन में इनकी विशेष अभिरुचि है। इन्होंने उपन्यास, कहानी, काव्य, नाटक, जीवनी से सम्बन्धित काफी साहित्य लिखा है। सम्प्रति ये लखनऊ के निवासी है।

शंभुनाथ त्रिपाठी : रीति कवियों में ये उल्लेखनीय हैं। कविता के साथ-साथ ज्योतिश में भी ये निपुण थे। इन्होंने अपने आश्रयदाता डौंडियाखेरा के राव मर्दन सिंह के तृतीय पुत्र अचल सिंह के

लिए 'मुहूर्त चिन्तामणि' और 'जातक चन्द्रिका' की रचना की थी। इन्होंने 'बैताल पचीसी', 'प्रेमसुमन माला' और 'कृष्ण विलास' जैसे ग्रन्थ भी लिखे।

शंभुनाथ मिश्र : आचार्य कवि शंभुनाथ मिश्र का जन्म सन् 1600 ई. के आस-पास हुआ था। आ. शुक्ल के अनुसार शंभुनाथ मिश्र सर्वप्रथम डौंड़ियाखेरा के राव मर्दन सिंह के दरबार में थे। इन्होंने सं. 1665 वि. के आस-पास 'बैस वंशावली' की रचना की थी। बाद में ये असोथर चले गये। वहाँ 5 ग्रन्थों की रचना की 'भगवन्त राय यश वर्णन', 'रस कल्लोल', 'रस तरंगिणी', 'अलंकार दीपक', 'अलंकार दीपिका' आदि। मिश्र जी आचार्य सुखदेव के शिष्य और शिवकवि आदि के काव्य गुरु थे। रीतिकालीन कवियों में ये अग्रगण्य हैं।

(श्रीमती) शकुन्तला सिरोठिया : इनका जन्म 15 दिसम्बर 1915 में कोटा में हुआ था, किन्तु कार्य क्षेत्र रहा इलाहाबाद। ये बाल साहित्य की प्रतिष्ठित लेखिका हैं। इस विधा में इन्होंने लगभग 2 दर्जन कृतियाँ लिखी हैं। कई वर्षों तक इन्होंने 'नव ज्योति' तथा 'हिन्दू विश्व' का सम्पादन किया। कुछ रचनाएँ वयस्कों के लिए भी की हैं।

शारदा प्रसाद वर्मा 'भुशुंडि' : ये हास्य-रस के जाने-माने कवि थे। इनका जन्म बैसाख-सुदी सप्तमी, संवत् 1968 में कैम्बे (इलाहाबाद) में हुआ था। 1937 में ये लखनऊ आ गये। हास्य-रस के दोहों और कुण्डलियों के लिए इन्हें अच्छी ख्याति मिली। इन्होंने लगभग 800 दोहे और 500 कुण्डलियों की रचना की। इन्होंने खड़ी बोली ब्रज एवं अवधी में एक दर्जन से अधिक पुस्तकें लिखी हैं।

शाहनाज अली 'सलोनी' : ये सलोन जिला रायबरेली के निवासी थे। इनका स्थिति काल वि. सं 1890 के लगभग माना जाता है। इनके आश्रयदाता रीवाँ नरेश महाराज विश्वनाथ सिंह थे। 'सलोनी' जी सूफी प्रेमाख्यानक कवि थे। 'प्रेम चिनगारी' एवं 'अखरावटी' इनके संग्रह हैं। 'प्रेम चिनगारी' (1261) की रचना मसनवी पद्धति पर की गयी है। इसकी भाषा अवधी है। 'सलोनी' जी के विषय में कहा जाता है कि ये प्रज्ञाचक्षु थे।

शिवदुलारे त्रिपाठी 'नूतन' : सनेही-मंडल के कवि नूतन जी का जन्म 1889 में मौरावाँ, जिला उन्नाव में हुआ था। 'नूतन' जी के प्रमुख विषय हैं—वीर रस, भक्ति, प्रकृति एवं व्यंग्य। हिटलर बावनी, वाणी वन्दना, राना बेनीमाधव, शिवाजी, झाँसी की रानी, विक्रमादित्य, भक्ति अष्टक, ब्रजमाधुरी, रईस-रहस्य आदि इनकी प्रमुख कृतियाँ हैं। ये ओज के कवि थे। 20 अक्टूबर 1973 में ये गोलोकवासी हो गये।

शिवनाथ : ये कुर्सी (बाराबंकी) के रहने वाले थे। इन्होंने 'रस वृष्टि' की रचना 1771 ई. में की थी। इन्होंने ब्रजभाषा में उच्चकोटि की रचना की है।

(डॉ.) शिव बहादुर सिंह भदौरिया : इनका जन्म 1926 में रायबरेली में हुआ था। डॉ. भदौरिया दीर्घ काल तक हिन्दी शिक्षक और एक महाविद्यालय के प्राचार्य रहे। काव्य क्षेत्र में ये गीत, नवगीत से जुड़े रहे। इनकी काव्य कृतियाँ 'पुरवैया जो डोल गयी, नदी का बहना' आदि उत्कृष्ट कोटि की हैं। गत वर्ष इनका निधन हो गया है।

(डॉ.) शिव मंगल सिंह 'सुमन' : हिन्दी के प्रसिद्ध प्रगतिशील कवि सुमन जी की जन्म स्थली होने का श्रेय जिला उन्नाव के एक ग्राम झगरपुर को प्राप्त है। 1915 में जनमे सुमन जी का आरम्भिक जीवन यहीं बीता। कालान्तर में ये मध्य प्रदेश चले गये। बहुत अर्से तक विक्रम विश्वविद्यालय उज्जैन के कुलपति रहे और वहीं स्थायी रूप से बस गये। सुमन जी की प्रसिद्ध काव्य कृतियाँ हैं—हिल्लोल, जीवन के गान, प्रलय सृजन, विश्वास बढ़ता ही गया, पर आँखें नहीं भरीं, विंध्य हिमालय, मिट्टी

की बारात, कटे अँगूठे की वन्दनवारें आदि। इनका निधन विगत दशक में हुआ।

शिवमूर्ति : समकालीन कहानीकारों में शिवमूर्ति जी का विशेष स्थान है। इन्होंने अवध के ग्रामीण अंचल से जुड़ी कई कथा कृतियाँ प्रकाशित की हैं। 'कसाई बाड़ा' इनकी एक प्रतिनिधि रचना है। शिवमूर्ति जी के लेखन में अवध की संस्कृति और अवधी भाषा का गम्भीर पुट है।

शिवरत्न शुक्ल 'सिरस' : इनका जन्म 1869 ई. बछरावाँ, रायबरेली में हुआ था। ब्रजभाषा, अवधी तथा खड़ी बोली में इनकी मुख्य कृतियाँ हैं 'श्री रामावतार', 'प्रभुचरित्र', 'परिहास प्रमोद', 'भरत भक्ति' (महाकाव्य), 'श्री रामतिलकोत्सव' आदि।

शिवराम मिश्र 'मस्तराम' : इनका जन्म नकफुलहा (रायबरेली) में सन् 1903 में हुआ था। 'मस्तराम' जी की अधिकांश रचनाएँ अवधी हास्य-व्यंग्य से ओत प्रोत हैं। इन्होंने कुछ भक्ति परक रचनाएँ भी की हैं।

शिवलाल दुबे : ये डौड़ियाखेरा (उन्नाव) के निवासी थे। कतिपय साक्ष्यों के अनुसार इनका कविता काल सं. 1840 के आस-पास था। सेंगर जी ने इनके द्वारा रचित नखशिख, षट्ऋतु वर्णन, नीति और हास्य रस सम्बन्धी काव्यों का उल्लेख किया है।

शिव सिंह 'सरोज' : इनका जन्म विजयादशमी 1917 ई. में बाराबंकी में हुआ था। इन्होंने कई काव्यों, उपन्यासों और नाटकों की रचना की जो प्रायः वीर रस और राष्ट्रीयता से ओतप्रोत हैं। इनकी कृतियाँ हैं–ब्रिगेडियर उस्मान, रसवन्ती, रिहन्द, लवकुश, क्रान्ति दुर्गा, रोको रुद्र गगन गंगा को, आनंद भवन, सौमित्र की साधना, लक्ष्मण महाकाव्य, विश्वामित्र सनातन आदि। सरोज जी ने समाचार सम्पादक के रूप में 'स्वतन्त्र भारत' दैनिक में दीर्घकाल तक सेवा की। 23 मार्च 1993 में इनका निधन हो गया। वे लखनऊ के प्रतिनिधि कवियों में गण्यमान थे।

शिव सिंह सेंगर : 'शिवसिंह सरोज' के लेखक सेंगर जी हिन्दी के प्रथम साहित्येतिहासकार हैं। इनका जन्म 1833 ई. में काँथा (उन्नाव) में हुआ था। ये एक धनी-मानी ज़मींदार और पेशे से थानेदार थे। सेंगर जी हिन्दी, संस्कृत एवं फारसी के विद्वान थे। इन्होंने अपने संचित ग्रन्थों का एक विशाल पुस्तकालय बनाया था। इन्होंने ब्रह्मोत्तरखण्ड शिवपुराण का गद्यानुवाद किया था। इनका देहावसान 1878 ई. में हुआ था। इनकी रचनावली का सम्पादन प्रो. सूर्यप्रसाद दीक्षित ने किया है।

शेख निसार (गुलाम अशरफ) : इनका सूफी प्रेमख्यान है 'यूसुफ जुलेखा', जिसका रचनाकाल 1846 ई. बताया गया है। अनुमानतः इसके दो-तीन दशक पूर्व इनका जन्म हुआ होगा। शेख की अपनी काव्योक्ति के अनुसार बाराबंकी-फैजाबाद के मध्य शेखपुर ग्राम में इनका जन्म हुआ था। इनकी 8 रचनाएँ कही जाती हैं। यूसुफ जुलेखा की प्रेमकथा कुरान शरीफ से सन्दर्भित है। इसमें नखशिख वर्णन, ऋतुवर्णन (बारहमासा) और विरहानुभूति का वर्णन सूफी दर्शन के अनुसार हुआ है। यह उच्चकोटि का अवधी काव्य है।

शैलेश मटियानी : जन्म 14 अक्टूबर 1931, अल्मोड़ा। कर्मक्षेत्र इलाहाबाद। मटियानी जी ने आँचलिक कथा साहित्य क्षेत्र में अविस्मरणीय कार्य किया है। इन्होंने सामाजिक समस्याओं से युक्त दर्जनों उपन्यासों और कहानियों की रचना की है, जिनमें बोरीवली से बोरी बन्दर तक, हौलदार, चिट्ठीरसैन, नाच मयूरे नाच आदि अति प्रसिद्ध हैं। कई संस्मरण भी लिखे हैं। जनता और साहित्य, लेखक और संवेदना जैसी इनकी कृतियाँ भी महत्त्वपूर्ण हैं।

श्याम लाल पार्षद : जन्म 16 सितम्बर 1893 ग्राम नर्वल, कानपुर। ये आरम्भ से ही राष्ट्रीय विचारधारा से परिपोषित थे इन्होंने विजयी विश्व तिरंगा प्यारा' गीत लिखा था। उसे कुछ संक्षिप्त

करके राष्ट्रनायकों ने स्वीकार कर लिया था। यह गीत 23 अप्रैल 1924 से गाया जा रहा है।

श्रीनाथ सिंह : इनका जन्म 2 अक्टूबर 1901 में मानपुर (इलाहाबाद) में हुआ था। मालवीय जी और मोतीलाल नेहरू जी के निकट सम्पर्क में रहकर इन्होंने स्वातन्त्र्य आन्दोलन में जेल यात्रा की और समय-समय पर देशबन्धु, दीदी, दैनिक साप्ता अभ्युदय, बाल सखा, सरस्वती, देशदूत, हल आदि पत्र सम्पादित किये। कुछ दिनों सम्पूर्ण गाँधी वाङ्मय के सम्पादक भी रहे। ठाकुर श्रीनाथ सिंह की लगभग 50 कृतियाँ हैं।

श्रीनारायण चतुर्वेदी : जन्म 28 सितम्बर 1893, इटावा। निधन 18 अक्टूबर 1990। कर्मक्षेत्र लखनऊ, इलाहाबाद। इनका कवि नाम था श्रीवर और लोक प्रचलित नाम था भैया साहब। इन्होंने इतिहास और शिक्षाशास्त्र में देश-विदेश से उच्च शिक्षा प्राप्त की और शिक्षा विभाग के कई उच्च पदों पर कार्य किया। श्रीवर जी ने ब्रजभाषा तथा खड़ीबोली में कई रचनाएँ की हैं, जो रत्नदीप तथा 'जीवनकण' में संगृहीत हैं। 'हिन्दी विश्वभारती' तथा 'सरस्वती' के सम्पादन का श्रेय इनको है। इनके द्वारा अंग्रेजी की कई कृतियों के अनुवाद किये गये हैं। संस्मरण तथा हास्य व्यंग्य लेखन के क्षेत्र में भी इनका योगदान रहा है। हिन्दी भाषा के प्रचार-प्रसार में चतुर्वेदी जी आजीवन सक्रिय रहे।

(डॉ.) श्रीपाल सिंह 'क्षेम' : इनका जन्म 2 सितम्बर 1922 को हुआ था। इन्होंने तिलकधारी पी.जी. कालेज जौनपुर में कई वर्षों तक शिक्षण कार्य किया। इनकी लगभग 1 दर्जन काव्य कृतियाँ प्रकाशित हैं। छायावाद विषयक इनका समीक्षा ग्रन्थ महत्त्वपूर्ण है। इन्होंने कहानी, रेखाचित्र, निबन्ध आदि विधाओं में भी लिखा है। ये मंचीय कवि रूप में विशेषतः समादृत रहे हैं।

श्रीलाल शुक्ल : इनका जन्म 31 दिसम्बर 1925 को अतरौली, लखनऊ में हुआ था। ये प्रशासनिक अधिकारी थे। 'राग-दरबारी', 'मकान', 'सूनी घाटी का सूरज', 'आदमी का जहर', 'पहला पड़ाव', 'सीमाएँ टूटती हैं', 'अंगद के पाँव' 'विश्रामपुर का संत', 'राग विराग' आदि इनकी मुख्य कृतियाँ हैं। इनका निधन विगत दशक में लखनऊ में हुआ।

श्रीधर पाठक : इनका स्थितिकाल था 1859 ई. से 1925 ई.। कर्म भूमि इलाहाबाद एवं लखनऊ। ये आधुनिक स्वछन्दतावादी काव्य के प्रवर्तक माने गये हैं। इन्होंने ब्रजभाषा और खड़ी बोली में कई काव्यों की रचना की है, जिनमें कश्मीर सुषमा बहुत प्रसिद्ध है। इनके द्वारा किये गये तीन अनुवाद चर्चित रहे हैं—(1) एकांत वासी योगी, (2) ऊजड़ ग्राम, (3) श्रान्त पथिक।

(डॉ.) सत्यप्रकाश मिश्र : इनका जन्म 25 जून 1945 को दोस्तपुर (सुल्तानपुर) में हुआ था। इन्होंने इलाहाबाद विश्वविद्यालय से उच्चशिक्षा प्राप्त कर वहीं शिक्षक तथा विभागाध्यक्ष के रूप में कार्य किया। आजीवन ये कई संस्थाओं में सक्रिय रहे। कुछ समय तक जर्मनी एवं जापान में भी शिक्षण कार्य किया। इनके सम्पादित तथा मौलिक समीक्षा ग्रन्थों, विशेषांकों, ग्रन्थावलियों और संकलनों की संख्या दो दर्जन के आस-पास है।

सरजूराम पण्डित : इनका स्थितिकाल सत्रहवीं शताब्दी का पूर्वार्ध माना जा सकता है, इसलिए कि इन्होंने अपने काव्य जैमिनिपुराण की रचना 1748 ई. में की थी। यह ग्रन्थ 36 अध्यायों में व्याप्त है। इसमें सीता निर्वासन, लवकुश युद्ध सहित संक्षिप्त रामकथा है, साथ ही अनेक पौराणिक कथाएँ संकलित हैं। यह ग्रन्थ अवधी भाषा तथा दोहा, चौपाई छन्दों में रचा गया है।

सर्वेश्वर दयाल सक्सेना : 'तीसरा सप्तक' के कवि, नाटककार, सम्पादक तथा प्रगतिशील चिन्तक सर्वेश्वर दयाल सक्सेना का जन्म 15 सितम्बर 1927 ई. में महसों (बस्ती) में और निधन 24 सितम्बर 1983 में दिल्ली में हुआ था। इनकी प्रमुख कृतियाँ हैं—काठ की घँटियाँ, बास का पुल, एक सूनी

नाव, खूँटियों पर टँगे लोग, कोई मेरे साथ चले, बकरी आदि।

सहज राम वैश्य : सहज राम जी का प्रामाणिक जीवन वृत्त अप्राप्त है। इनके काव्य 'रघुवंशदीपक' का रचनाकाल 1732 ई. माना गया है। प्राप्त तथ्यों के अनुसार ये हरदोई के निवासी थे। इन्होंने रामचरितमानस से प्रभावित होकर दोहा-चौपाई छन्दों में मानस के मार्मिक स्थलों का विस्तृत वर्णन करते हुए इस कृति की रचना की है। इस काव्य में प्रकृति चित्रण का बाहुल्य है।

सागर बाजपेयी : ये आसफउदौला के दीवान राजा टिकैतराय के आश्रित कवि थे। इनके सम्बन्ध में डॉ. ग्रियर्सन ने कुछ संक्षिप्त सूचनाएँ दी हैं। शिवसिंह सरोज में इनका उपस्थिति काल सन् 1786 ई. लिखा गया है। सागर बाजपेयी के द्वारा रचित एक काव्य का उल्लेख हुआ है, वह है वामा मनोरंजन नामक शृंगारी काव्य, जिसमें नारी के अंगों-प्रत्यंगों का सम्मोहक वर्णन किया गया है।

(लाला) सीताराम : अवधवासी लाला सीताराम बी.ए. 'भूय उपनाम' का जन्म 20 जनवरी सन् 1858 में अयोध्या में हुआ था। इनके पूर्वज जौनपुर के निवासी थे। अयोध्या के प्रसिद्ध संत बाबा रघुनाथ दास के शिष्य होकर ये अयोध्या में जा बसे थे। 1879 में सीताराम जी ने बी.ए. परीक्षा उत्तीर्ण करके वकालत की डिग्री प्राप्त की। कुछ काल तक ये 'अवध अखबार' के सम्पादक रहे। कालान्तर के क्वीन्स कालेज में अध्यापक हो गये। फिर सीतापुर में प्रधानाध्यापक हुए। कालक्रम में ये असिस्टेन्ट इन्सपेक्टर तथा डिप्टी कलेक्टर बना दिये गये। सीताराम जी वैदिक साहित्य में पारंगत थे। इन्होंने कालिदास, भवभूति, शूद्रक, हर्ष आदि के कई नाटकों के गद्य-पद्यात्मक हिन्दी अनुवाद किये। रघुवंश, कुमार सम्भव, ऋतु संहार, मालती माधव, उत्तर रामचरित (1897), मालविकाग्नि मित्र, मृच्छकटिक, महावीर चरित, नागानंद आदि के अनुवाद भी बहुत सफल सिद्ध हुए। इन्होंने दोहा-चौपाई में अवधी भाषा का, घनाक्षरी सवैया में ब्रज भाषा का और गद्य में खड़ी बोली का प्रयोग किया। लाला सीताराम ने अंग्रेजी विशेषतः शेक्सपियर की कई पुस्तकों का अनुवाद किया है। इनका एक ग्रन्थ 'अयोध्या का इतिहास' बहुचर्चित है। इनकी कुछ कविताएँ बहुत प्रसिद्ध हुई हैं, जैसे बैरगिया नाला। 3 जनवरी 1947 में प्रयाग में सीताराम जी का निधन हो गया।

सुखदेव मिश्र : ये 17वीं शताब्दी के आचार्य कवि थे। इनका जन्म दौलतपुर (रायबरेली) में हुआ था। मिश्र जी ने लक्षण ग्रन्थों की रचना की है, साथ ही 'अध्यात्म प्रकाश' जैसे धार्मिक ग्रन्थ की भी। पिंगल पर इन्होंने मौलिक चिन्तन किया है।

सुभद्रा कुमारी चौहान : जन्म 1904, इलाहाबाद। कार्यक्षेत्र जबलपुर। निधन 1948। वीररस और राष्ट्रीय चेतना की प्रसिद्ध कवयित्री सुभद्रा जी ने स्वातंत्र्य आन्दोलन में सक्रिय भूमिका निभाई। इनकी कविता 'खूब लड़ी मर्दानी वह तो झाँसी वाली रानी थी' बहुत लोकप्रिय हुई है। इनके काव्य संकलन हैं—त्रिधारा और मुकुल। बिखरे मोती और उन्मादिनी इनके कहानी संकलन हैं। इन्होंने कई निबन्ध, संस्मरण आदि भी लिखे हैं।

सुमित्रा कुमारी सिन्हा : इनका जन्म विजय दशमी 1913 ई. को हुआ था। अर्से तक ये आकाशवाणी लखनऊ केन्द्र से जुड़ी रहीं। उन्नाव में निराला जी से इनके निकट सम्बन्ध रहे। इनके पुत्र अजित कुमार, पुत्री कीर्ति चौधरी तथा पुत्रवधू स्नेहमयी चौधरी भी श्रेष्ठ कवयित्री हैं। सुमित्रा जी ने कई बाल कहानियाँ तथा गीतिनाटक लिखे हैं। मूलतः ये कवयित्री थीं। इनके प्रमुख कविता संग्रह हैं—विहाग, आशापर्व, पंथिनी, आँगन के फूल, बोलों के देवता इत्यादि।

सुमित्रानन्दन पन्त : जन्म 20 मई 1900, कौसानी (उत्तराखण्ड), कर्मक्षेत्र इलाहाबाद, निधन 28 दिसम्बर 1966। इन्होंने वाराणसी और इलाहाबाद में शिक्षा प्राप्त की। 6 वर्ष की अवस्था से काव्य

रचना आरम्भ की। काव्य, नाटक, कहानी, उपन्यास, संस्मरण, समीक्षा जैसी कई विधाओं में पंत जी ने योगदान किया। ये छायावाद की बृहत्त्रयी में गण्यमान हैं। इन्होंने 'रूपाभ' का सम्पादन किया, आकाशवाणी में योगदान किया और देश-विदेश की प्रतिनिधि विचारधाराओं से हिन्दी साहित्य को सम्पोषित किया। अरविन्द दर्शन का पंत जी पर गहरा प्रभाव रहा है। इन्होंने कई श्रेष्ठ काव्यानुवाद एवं काव्य नाटक (रूपक) भी प्रकाशित किये हैं। इनकी काव्य कृतियाँ दो दर्जन के आस-पास हैं। आधुनिक हिन्दी कविता के विकास में पंत जी की भूमिका अत्यन्त महत्त्वपूर्ण है।

सूरदास लखनवी : सूरदास जी अवधी के बड़े पुराने कवि हैं। जन्म से नेत्रहीन थे। इनके पूर्वज कलानौर गुरुदासपुर (पंजाब) के रहने वाले थे। फिर ये लखनऊ आ बसे। सूरदास लखनऊ में जनमे थे। इन्होंने 1657 ई. में 'नलदमन' नाम का एक महाकाव्य लिखा था जो हिन्दू प्रेमाख्यान परम्परा का महत्त्वपूर्ण ग्रन्थ है। इसमें वेदान्त और सूफी मत का उपयोग हुआ है। यह काव्य दोहा, चौपाई, छन्दों में रचा गया है।

सूर्यकांत त्रिपाठी 'निराला' : महाप्राण निराला का जन्म महिषादल, मेदनीपुर (प. बंगाल) में हुआ था, पर उनके पितृ-पितामह की भूमि थी गढाकोला, उन्नाव। लखनऊ तथा इलाहाबाद इनकी कर्म भूमि थी। इनका जन्म 21 फरवरी 1896 को और निधन 15 अक्टूबर 1961 को हुआ था। आरम्भ में इन्होंने समन्वय कार्यालय और मतवाला कार्यालय में सम्पादन कार्य किया, फिर ये गंगा पुस्तकमाला लखनऊ से जुड़ गये। इन्होंने विषम परिस्थितियों से जूझते हुए साहित्य साधना की। ये छायावाद के उन्नायकों में से एक हैं। इनका परवर्ती काव्य प्रगति और प्रयोग परम्परा से युक्त है। निराला जी ने अनामिका, परिमल, तुलसीदास, गीतिका, कुकुरमुत्ता, अणिमा, बेला, नये पत्ते, अर्चना, गीतगुंज तथा सांध्यकाकली नामक काव्य कृतियों की रचना की। इनके द्वारा लिखित उपन्यास हैं–अप्सरा, अलका, निरुपमा, प्रभावती, काले कारनामे, चोटी की पकड़, कुल्ली भाट तथा चमेली। कहानी संकलन हैं–लिली, चतुरीचमार, सुकुल की बीवी तथा देवी। निबन्ध संग्रह हैं–प्रबन्ध प्रतिमा, प्रबन्धपद्म, चाबुक, चयन एवं संग्रह। जीवनी, अनुवाद तथा स्फुट लेखन भी समय-समय पर किया। मुक्त छन्द, वैदान्तिक विचारधारा, नयी काव्य भाषा, नये-नये शिल्प और क्रान्तिकारी चिन्तन में इनका अतुलनीय योगदान है। अवध का जनजीवन इनके साहित्य में बखूबी चित्रित हुआ है। तुलसीदास के पश्चात् ये अवध के सर्वश्रेष्ठ रचनाकार कहे जा सकते हैं।

(डॉ.) सूर्यप्रसाद दीक्षित : इनका जन्म 6 जुलाई 1938 को बन्नावाँ, रायबरेली (उत्तर प्रदेश) में हुआ। दीक्षित जी ने 'छायावादी गद्य' पर पीएच.डी. एवं व्यावहारिक सौन्दर्यशास्त्र पर डी.लिट. की उपाधि ग्रहण की। ये लखनऊ विश्वविद्यालय में प्रोफेसर तथा हिन्दी विभागाध्यक्ष रहे हैं। दीक्षित जी के 56 शोध-समीक्षा ग्रन्थ, 40 सम्पादित ग्रन्थ एवं लगभग 950 लेख प्रकाशित हो चुके हैं। इन्होंने उत्कर्ष, उद्भव, अवधी, ज्ञानशिखा, शोध, कुल संदेश, साहित्य भारती, संचार श्री, चाणक्य, प्रभास, खोज आदि पत्रिकाओं का सम्पादन किया है। ये 'उत्तर प्रदेश हिन्दी संस्थान' से 'साहित्य भूषण' सम्मान तथा 'दीन दयाल उपाध्याय सम्मान' से सम्मानित किये गये हैं। इन्हें 'इण्टरनेशनल सेण्टर' कैम्ब्रिज से 'इण्टरनेशनल मैन आफ दी इयर' तथा 'अमेरिकन इन्स्टीट्यूट' से 'डिस्टिंगिस्ड परसनालिटी आफ दि वर्ल्ड' का सम्मान मिला है। ये विभिन्न संस्थाओं से सम्बन्धित हैं। सम्प्रति 'हिन्दी साहित्य सम्मेलन' प्रयाग के सभापति और साहित्य अकादेमी के हिन्दी संयोजक हैं। इनके निर्देशन में 108 शोधार्थियों को डाक्ट्रेट प्राप्त हुई है।

सैयद मुबारक : इतिहासकारों ने इनका पूरा नाम सैयद मुबारक अली बिलग्रामी बताया है।

इनका जन्म बिलग्राम (हरदोई) में सन् 1883 ई. में हुआ था। इनकी दो कृतियाँ बहुविख्यात हैं– 1. अलक शतक 2. तिलशतक। मुबारक ने अपने दोहों में कई तरह की चमत्कार पूर्ण कल्पनाएँ की हैं। नायिका के मुख पर जो तिल दिखाई देता है, उस पर उन्होंने 100 दोहे लिखे हैं। अलक शतक के 100 दोहे उसके केशों से सम्बन्धित हैं।

सोहन लाल द्विवेदी : इनका जन्म 5 मार्च 1906 ई. में बिन्दकी (फतेहपुर) में हुआ था। भैरवी, वासवदत्ता, पूजागीत, विषपान इत्यादि इनकी 1 दर्जन काव्य कृतियाँ प्रसिद्ध हैं। इनका कुणाल नामक खण्डकाव्य काफी लोकप्रिय हुआ है। ये गाँधी जी के निकट सम्पर्क में रहे। 'चल पड़े जिधर दो डग मग में', गान्ध्ययन, जय गाँधी इत्यादि के लेखन एवं 'गाँधी अभिनन्दन ग्रन्थ' के सम्पादन के द्वारा इन्होंने बापू के प्रति विशेष आस्था व्यक्त की है। इन्होंने 'अधिकार' दैनिक और 'बाल सखा' मासिक का सम्पादन भी किया। 1969 में ये 'पद्मश्री' से अलंकृत हुए। 1 मार्च 1988 ई. में इनका निधन हो गया।

हरदयालु सिंह : इनका जन्म महमूदाबाद (सीतापुर) में 1893 ई. में हुआ था। इन्होंने अनेक टीकाएँ लिखी हैं, जैसे 'रघुवंश', 'कुमारसम्भव', 'दूतकाव्य' आदि। हरदयालु सिंह ने कई दैत्यों को अपने काव्यों का चरितनायक बनाया है। आधुनिक काल में ब्रजभाषा महाकाव्य परम्परा को जीवित तथा विकसित करने का श्रेय इन्हें है। रावण वध तथा दैत्यवंश ब्रजभाषा के अनूठे प्रबन्ध काव्य हैं।

(डॉ.) हरदेव बाहरी : जन्म 9 जनवरी 1916 अटक। स्थायी निवास-इलाहाबाद। हिन्दी में लगभग डेढ़ दर्जन शब्दकोश प्रकाशित करने वाले डॉ. बाहरी ने इलाहाबाद विश्वविद्यालय में दीर्घकाल तक अध्यापन किया। इनके द्वारा हिन्दी भाषा विज्ञान, व्याकरण, नाट्य साहित्य, काव्य शैलियों और हिन्दी बोलियों से सम्बन्धित कई पुस्तकें लिखी गयी हैं। कोशकारिता के क्षेत्र में ये आजीवन संलग्न रहे।

हरिबख्श सिंह 'पँवार' : पँवार जी का जन्म 1 मई 1943 ई. को अटोडर (बहराइच) में हुआ था। ये ठेठ अवधी एवं खड़ी बोली के सुपरिचित गीतकार एवं मंच के कवि रहे हैं।

(डॉ.) हरिवंशराय 'बच्चन' : हालावादी कवि बच्चन का जन्म 27 नवम्बर 1907 ई. को प्रयाग में और निधन 18 जनवरी 2003 को मुम्बई में हुआ था। बच्चन जी प्रणय विरह को सहज अभिव्यक्ति प्रदान करने वाले लोकप्रिय कवि रहे हैं। उमर खैयाम से प्रेरित होकर इन्होंने मधुशाला, मधुबाला, मधुकलश आदि रचनाओं के द्वारा लोकप्रियता प्राप्त की। निशा निमन्त्रण, प्रणय पत्रिका, आकुल अन्तर, व्याकुल विश्व, एकांत संगीत आदि रचनाओं में इनके काव्य शिल्पगत वैशिष्ट्य के दर्शन होते हैं। बच्चन जी ने अपनी काव्य भाषा को जनता से जोड़ा। इन्होंने कई काव्यानुवाद किये हैं और चार खण्डों में अपनी आत्मकथा लिखी है, जो अपनी विधा में विशिष्ट है।

(राजा) हिम्मत सिंह 'महीपति' : इनका जन्म सुल्तानपुर में हुआ था। ये अमेठी के राजा पहाड़ सिंह के पुत्र थे। ये 'महीपति' उपनाम से कविता करते थे। 'कवि कुल तिलक प्रकाश' इनका प्रसिद्ध लक्षण ग्रन्थ है, जो बाईस आलोकों में लिखा गया है। इसमें लक्षण प्रायः दोहों में तथा उदाहरण सवैया छन्दों में लिखे गये हैं। एक अन्य ग्रन्थ है–'सर्वांग निरूपक'। इस ग्रन्थ में रस, छन्द, अलंकार, वृत्ति एवं नायक-नायिका भेद आदि वर्णित हैं।

विशेष : इन रचनाकारों के अलावा अनेक रचनाकार अवध क्षेत्र में हैं और रहे हैं, जिनकी नामावली अकारादि क्रम से प्रस्तुत की जा रही है।

अन्यान्य कवि लेखक

अखिलेश सिंह, अनंतराम मिश्र, अच्युतानंद मिश्र, अनुजप्रताप सिंह, अखिलेश मिश्र, अनूप श्रीवास्तव, अरुण त्रिवेदी, अरुण प्रकाश अवस्थी, अमिता दुबे, अवध प्रसाद बाजपेयी, अविनाश श्रीवास्तव, अशोक पाण्डेय, अशोक बाजपेयी, आतमदीन, आनंद कुमार त्रिपाठी, आपा साहब, आशाराम त्रिपाठी, डॉ. उपेन्द्र, उमाशंकर, उमेश, उषा सिंह, उषा सक्सेना, उमाशंकर शुक्ल, उषा चौधरी, ओम निश्चल, ओमप्रकाश सिंह, किशोरी शरण शर्मा, कंटक, करुणाशंकर उपाध्याय, काशीनाथ खत्री, कैलाश देवी सिंह, कालिका प्रसाद दीक्षित, कीर्ति, कौशलेन्द्र पाण्डेय, कृष्णमुरारी विकल, कुमुदेश, कैलाश निगम, गोपाल चतुर्वेदी, गोपाल उपाध्याय, गुदड़ी के लाल, गिरिजाशंकर त्रिवेदी, गिरीशपाण्डेय, गया प्रसाद तिवारी 'मानस', गणेशंकर शुक्ल 'बन्धु', गणेशनारायण शुक्ल, गौरीशंकर पाण्डेय अरविन्द , गुलावरत्न वाजपेयी, घनश्याम रंजन, चन्द्रिका प्रसाद दीक्षित, चक्रपाणि पाण्डेय, चक्रधर नलिन, चन्द्रिकाप्रसाद शर्मा, जगदीश पीयूष, जगमोहन नाथ कपूर, जीवन शुक्ल, त्रिभुवन नाथ शुक्ल, त्रिलोकी नारायण दीक्षित, डंडा लखनवी, त्रिभुवन नाथ शर्मा, तुकाराम वर्मा, दयानंद पाण्डेय, दिनेश सिंह, दयानंद जड़िया, देवकीनंदन पाण्डेय, दिवाकर, देवीशंकर अवस्थी, दाऊजी गुप्त, दिनेश अवस्थी, धर्मपाल अवस्थी, नरेश कात्यायन, नरेश चन्द्र चतुर्वेदी, देवीशंकर द्विवेदी, नंदकुमार मनोचा, निशा गहलोत, नीलाभ, नीलम, नेत्रपाल सिंह, परमानन्द जड़िया, पुत्तूलाल शुक्ल, पुष्पा भारती, प्रमिला भारती, पृथ्वीनाथ पाण्डेय, प्रेमशंकर त्रिपाठी, प्रकाश द्विवेदी, प्रताप नारायण टण्डन, प्रतीक मिश्र, परमानंद बाजपेयी, प्रेमनारायण टण्डन, बलराम, ब्रजकिशोर मिश्र, बालकृष्ण मिश्र, बैजनाथ शुक्ल, ब्रजलाल वर्मा, भगवती प्रसाद सिंह, बलदेव प्रसाद मिश्र, भारतेन्दु मिश्र, भूपेन्द्र शुक्ल, भैरव प्रसाद गुप्त, भोलानाथ अधीर, भानुदत्त मधुरेश, मन्नूलाल शील, महेश चन्द्र द्विवेदी, महेश प्रताप नारायण अवस्थी, मुबारक, माधवी लता शुक्ल, मुंशीराम शर्मा सोम, मृणाल पाण्डेय, महेशचन्द्र विधु, मिर्जाहसन नासिर, मोहन अवस्थी, मजरूह सुल्तानपुरी, योगेश दयाल, रजनी गुप्त, रमाशंकर तिवारी, रमेश मंगल बाजपेयी, रमा सिंह, राधावल्लभ पाण्डे बन्धु, रमलीन, राजकृष्ण मिश्र, राजेन्द्र मिश्र, राधिका प्रसाद त्रिपाठी, राम प्रसाद मिश्र, रामकिशोर शर्मा, राम बहादुर मिश्र, रमाकांत श्रीवास्तव, रामशंकर त्रिपाठी, रंगनाथ मिश्र, रामस्वरूप सिन्दूर, रमेश रंजक, रामप्रकाश त्रिपाठी, राष्ट्रबन्धु, राजेश्वर दयालु, राजेश्वर शांडिल्य, रोहिताश्व अस्थाना, रामेश्वर दयाल दुबे, राजेन्द्र अवस्थी, रामाश्रय सविता, राजेन्द्र वर्मा, ललित शुक्ल, लाखनसिंह भदौरिया, लालता प्रसाद सक्सेना, वशिष्ठ नारायण, त्रिपाठी, ब्रह्ममिश्र, वासुदेव सिंह, वाहिद अली, विष्णुकुमार त्रिपाठी राकेश, विनोद दास, विपिन कुमार, वीरेन्द्र यादव, विपिन बिहारी त्रिवेदी, वीरेन्द्र आस्तिक, विनय वाजपेयी, वेदव्रत वाजपेयी, वीरेन्द्र निर्झर, शंभुनाथ, शंभुरत्न हिमांशु, शलभ श्रीराम सिंह, शान्ति मेहरोत्रा, शान्ति देववाला, शिव बालक द्विवेदी, शिव भजन कमलेश, शिवसागर मिश्र, शीला मिश्र, शुकदेव प्रसाद, शैलनाथ चतुर्वेदी, शिवगोपाल मिश्र, शिव स्वरूप तिवारी, शैलेन्द्र श्रीवास्तव, शैलेश जैदी, शोभनाथ यादव, श्याम नारायण पाण्डेय, सदासुखलाल नियाज, सत्यदेव मिश्र, सेवक वात्स्यायन, सुशील सिद्धार्थ, सुरेश चन्द्र शुक्ल, संजीव, सभापति मिश्र, सरला शुक्ल, सुरेश सलिल, सरयू प्रसाद मिश्र, सुमन राजे, सावित्री शर्मा, सीताराम, जायसवाल, सुधाकर अदीव, सीतेश आलोक, डॉ. सुरेश, सुरेन्द्र विक्रम, सुरेश चन्द्र शुक्ल, सूर्य कुमार पाण्डेय, सुशील अवस्थी, सूर्य प्रसाद शुक्ल, सुरेश उजाला, स्नेह लता, स्वरूप कुमारी बक्शी, सूर्य प्रसाद द्विवेदी, 'काका बैसवारी', हरिकृष्ण अवस्थी, हरिशंकर मिश्र, हरिश्चन्द्र निश्चल, हसरत मोहानी आदि।

अवध क्षेत्र की हिन्दीतर भाषाएँ और बोलियाँ

अवध की मूल भाषा है अवधी। इधर खड़ी बोली शहरों की व्यवहार भाषा हो गयी है। इसके अतिरिक्त यहाँ संस्कृत, फारसी, अंग्रेजी आदि कई भाषाओं का न्यूनाधिक प्रयोग होता है। इन भाषाओं-विभाषाओं का संक्षिप्त परिचय अकारादि क्रम से द्रष्टव्य है–

अंग्रेजी भाषा साहित्य : यह संसार की अतिसमृद्ध भाषाओं में से एक है। भारत में इसका प्रवेश ईस्ट इण्डिया कम्पनी के आगमन के साथ हुआ। लगभग दो शताब्दियों तक यह शासकों की भाषा रही। इसमें चूँकि आधुनिक ज्ञान-विज्ञान से सम्बन्धित प्रचुर साहित्य है, इसलिए अवध क्षेत्र में बहुत दिनों तक यह राजभाषा, माध्यम भाषा, संचार भाषा और साहित्यिक भाषा के रूप में हावी रही। इलाहाबाद और लखनऊ विश्वविद्यालय में पिछले कई दशकों तक उच्चतर शिक्षण और अन्वेषण अंग्रेजी में ही होता रहा है। यहाँ आज भी विज्ञान-तकनीकी क्षेत्र में इसका वर्चस्व विद्यमान है। अवध के अनेक रचनाकार इससे जुड़े रहे हैं जैसे–बच्चन, फिराक गोरखपुरी, राम अवध द्विवेदी, प्रकाशचन्द्र गुप्त, कुँवर नारायण, डॉ. रामविलास शर्मा, रघुवीर सहाय आदि। यहाँ के अंग्रेजी विद्वानों में प्रो. देव (इलाहाबाद), प्रो. सिद्धान्त (लखनऊ) आज भी चर्चित हैं। सम्प्रति कान्वेंट शिक्षा में इसकी बड़ी व्याप्ति है।

अरबी-फारसी : अवध में दीर्घकाल तक अरबी-फारसी का आधिपत्य रहा है। यहाँ एक कहावत प्रचलित है–'पढ़े-लिखे को फारसी क्या' अर्थात् फारसी का पढ़ना बोलना विद्वत्ता का प्रमाण माना जाता रहा है। इस फारसी को मुगल काल में, विशेषतः अकबर के शासनकाल में राजभाषा का दर्जा प्राप्त था। कालान्तर में इसका स्थान उर्दू ने ले लिया, फिर भी कचहरी में और राजकाज में अरबी लिपि और फारसी भाषा छायी रही। देवनागरी को यह मान्यता तो अभी पिछली शती में प्राप्त हुई है। पहले हिन्दी साहित्य की अधिकतर काव्य कृतियाँ अरबी लिपि में ही छपती थीं। आज अरबी-फारसी केवल एक सम्प्रदाय विशेष तक सीमित रह गयी है। उसका कामकाजी चरित्र विकसित नहीं हो पाया। उससे प्रभावित होकर दिल्ली-आगरा के बीच की ब्रज भाषा से प्रेरित होकर उर्दू का जन्म हुआ, जो पहले मात्र लश्कर (बाजार) की भाषा थी, किन्तु कालान्तर में अपने अन्दाजे बयाँ के कारण वह लोकप्रिय होती चली गयी और राजभाषा बन गयी। इसके बावजूद फारसीदाँ कवि लेखकों का वर्चस्व अवध क्षेत्र में वर्षों तक कायम रहा। आज भी लखनऊ उर्दू-फारसी का जाना-माना केन्द्र है। यहाँ के अधिकतर शायर जैसे–मीर, सौदा, अनीस, दबीर, मजाज, इंशा अल्ला खाँ आदि बराबर फारसी में लिखते रहे हैं। छठे दशक तक इस क्षेत्र में फारसी उर्दू का बहुत चलन था। धीरे-धीरे यह केवल मौलवियों की भाषा बनकर रह गयी। फिर भी इसमें काफी कुछ साहित्य यत्र-तत्र दिख जाता है। विशेष रूप से बिलग्राम (हरदोई), जायस (रायबरेली), देवा (बाराबंकी) आदि के सूफी कवियों में।

लखनऊ उर्दू शायरी का केन्द्र है। दिल्ली से लखनऊ आने वाले महान शायरों में फुगाँ, मीर तकीमीर, सौदा और मीर हसन का उल्लेख किया गया है। इनके बाद मुसहफी, इंशा और जुरअत यहाँ आये। लखनऊ शैली के दो प्रमुख शायर थे। ग़ज़ल के अतिरिक्त उर्दू शायरी के अन्य कई रूपों का मीर हसन, नवाब मिर्जा 'शौक' तथा अहमद अली शौक किदवई ने सुन्दर उदाहरण प्रस्तुत किया है। प्रमुख रचनाओं के नाम हैं–'सहरुलबयान', 'गुलज़ारे नसीम', 'ज़हरे इश्क़' और 'आलमेख़्याल'। आरजू लखनवी, जाफर अली खाँ असर और सिरोज लखनवी का नाम भी यादगार है। इस कोटि में सबसे सफल कवि थे जरीफ अली। बाद में गद्य लिखने वालों में रशीद अहमद सिद्दकी, शौकत

थानवी, अहमद जमाल पाशा, वजाहत अली सन्दीलवी आदि ने काफी नाम कमाया। गद्य में लखनऊ के मिर्जा अली बेग 'सुरूर' का नाम पहले आता है। उन्होंने अवध के शासक नसीरुद्दीन हैदर के शासनकाल में 'फसान-ए-अजायब' लिखा। सैयद जालिब का सुविख्यात अखबार 'हमदम' लखनऊ से प्रकाशित होता था। प्रगतिशील लेखक संघ की प्रथम कॉन्फ्रेंस 1936 में लखनऊ में आयोजित हुई थी, जिसकी अध्यक्षता सुविख्यात उर्दू-हिन्दी कहानीकार मुंशी प्रेमचन्द ने की थी। उर्दू भाषा को निखारने, सँवारने और सुन्दर बनाने में लखनऊ का जो योगदान रहा है, वह अविस्मरणीय है। उर्दू-साहित्य की समृद्धि में उत्तर प्रदेश अपनी भूमिका आज भी निभा रहा है।

अरबी-फारसी और उर्दू का लखनऊ स्कूल से घनिष्ठ सम्बन्ध है। इसका प्रभाव दो रूपों में दिखाई देता है—1. सूफी काव्य के रूप में और दूसरे रेख्ता अथवा हिन्दवी के रूप में। खड़ी बोली के विकास में अरबी-फारसी ने बड़ी सहायता की है। इसकी शुरुआत अमीर खुसरो से दिखाई देती है। तभी से उर्दू एक शैली के रूप में प्रतिष्ठित हुई। हिन्दी-उर्दू के इस पारस्परिक सम्बन्ध को समझने के लिए आवश्यक है कि अवध क्षेत्र में जो सूफी काव्य रचा गया, विशेष रूप से बिलग्राम में सूफियों की जो परम्परा रही है, उस पर दृष्टिपात किया जाये। बिलग्राम के सूफी कवियों की संख्या सौ के ऊपर बतायी जाती है। अवध के मुख्य फारसी उर्दू रचनाकार रहे हैं—बाबा फरीदी शकरगंज (1173 से 1265 ई.), ख्वाजा बन्दानबाज (1346 से 1423 ई.), कुतुबन (संवत् 1550 विक्रमी), मंझन (संवत् 1602 विक्रमी)। इन कवियों ने लोक कथाओं को आधार बनाकर अवधी में रचनाएँ की थीं। 17वीं तथा 18वीं शताब्दी में अवध के अनेक मुसलमान कवियों का उल्लेख मिलता है। उनमें 21 के रचनाकाल का ही पता चलता है—

1. शेख इनायत उल्लाह (1688 ई.)
2. सैयद हुसैन (1720 ई.)
3. मीर अब्दुल्लाह (1721 ई.)
4. मीर अब्दुल वाहिद 'जौकी' (1721 ई.)
5. अजीब (1727 ई.)
6. मीर अजमत उल्लाह 'बेखबर' (1729 ई.)
7. मीर लुत्फुल्लाह (1734 ई.)
8. मीर सैयद मुहम्मद 'शायर' (1743 ई.)
9. रसनायक (1746 ई.)
10. नवाज (रचनाकाल 1773 ई.)
11. मीर अहमद (1770 ई.)
12. मीर आजाद (1785 ई.)
13. पंछी (18वीं शताब्दी ई.)
14. मीर (18वीं शताब्दी ई.)
15. सैयद मुबारक (रचनाकाल 1583 से 1687 ई.)
16. सैयद निजामुद्दीन 'महानायक' (1591 से 1687 ई.)
17. सैयद रहमत उल्लाह 'रहमत' (1650 से 1705 ई.)
18. मीर अब्दुल जलील (1660 से 1725 ई.)
19. सैयद बरकत उल्लाह 'प्रेमी' (1660 से 1729 ई.)

20. मीर गुलाम नवी 'रसलीन' (1699 से 1750 ई.)

21. सैयद मुहम्मद आरिफ 'जान' (1710 से 1875 ई.)

22. आबिद हुसन रिजनी आदि।

इस क्षेत्र के अन्य साहित्यकारों में जो अरबी, फारसी, उर्दू तीनों में माहिर रहे हैं, यहाँ उनके नाम अकारादिक्रम से प्रस्तुत किये जा रहे हैं—अब्दुल हलीम शरर, आतिश (ख्वाजा हैदर अली, इमाम बख्श) अली सरदार जाफरी, आसिफा जमानी, आनन्द नारायण मुल्ला, अनीस, अजीज, आरजू (हुसैन साहब), आईशा सिद्दीकी, आरिफ हसन, अबुलकलाम आजाद, नसरीन, आजाद, अनवर जलालपुरी, शहीद, अम्बर बहराइचवी, इकबाल मजीद, इंशाअल्ला खाँ, इरफान सिद्दीकी, एहतिशाम हुसैन, एतराम इस्लाम, ऐजाज लखनवी, उफुक, कृष्ण बिहारी नूर, कर्तुल हैदर, काजी अब्दुल सत्तार, कैफी आजमी, ख्वाजा वजीर, चन्द्रभान ख्याल, चकबस्त, जोश मलिहाबादी, जमाल नुसरत जरीफ, तसलीम फारूकी, दबीर, दयाशंकर नसीम, दुर्गा सहाय शुरूर, नासिरा शर्मा, नासिख, नैयर मासूर, नजीर, प्रेमचन्द, फजल इमाम, मिर्जा मोहम्मद हादी, रुसवा (1859), मजाजू, मलिक जादा मंजूर, मुर्तजा साहिल, तसलीमी, मेंहदी, जाफर मिर्जा, कमलवास, मौलाना हाली, मीर लखनवी, मोहम्मद हुसैन आजाद (1831), मीर हसन, मीर तकी मीर, मीर खलीक, रतननाथ सरसार, रिजवान अजमद, रामकृष्ण पाण्डेय 'आमिल', रईस अंसारी, वाजिद अली, वारिस अलवी, वाकर मेंहदी, वकुफ शेख गुलाम महसफी, शौकत, शरर, शम्सुर्रहमान फारूकी, शकील शम्सी, शमीम हैदर 'रुदौलवी', शीमा मुस्तफा जैदी, शरूर, सलाहुद्दीन परवेज, सौदा, सैयद अली सफी, सैयद अनवर, हनुमान प्रसाद, हसरत मोहानी आदि।

इन रचनाकारों ने ग़ज़ल, मसनवी, कौवाली, नज्म, रुबाई आदि का उत्तम उदाहरण प्रस्तुत किया है। नज्म फारसी का एक विशिष्ट काव्य रूप है, जिसमें किसी एक विशेष विषय पर विस्तार से विचार किया जाता है। यह वर्णनात्मक शैली में प्रस्तुत की जाती है। अवध क्षेत्र के कवियों—चकबस्त, जोश मलिहाबादी, मजाज,शुरूर आदि ने बहुत अच्छी नज्में लिखी हैं। यहाँ की रुबाइयत भी मशहूर रही हैं। रुबाई में चार चरण होते हैं। यह कसीदा अथवा ग़ज़ल के आरम्भ में रखी जाती है। इनमें काफिया और रदीफ का बड़ा ध्यान रखा जाता है। रुबाई का समतुकान्त होना आवश्यक है। यह मुक्तक हैं तथा अपने में पूर्ण भी। रुबाई मूलतः फारसी की विधा है। उसमें यह 'तराना' नाम से प्रसिद्ध है। उर्दू के कवियों में जोश मलिहाबादी, अनीस, दबीर आदि मुख्य अवधवासी रुबाईकार हैं। इन पर उमर खैयाम की रुबाइयों का गहरा प्रभाव पड़ा है। इसके अतिरिक्त यहाँ की कौवाली चर्चित रही हैं। कौवाली एक सामूहिक गान है। फारसी शब्द कौल का अर्थ है—प्रशंसा करना। यह एक विशेष धुन है और यह कौवालों का पेशा है। इसका आविष्कार ईरान में हुआ था। सूफी साधकों के कारण इसे लोकप्रियता मिली है। उनके गायन में जो भावोन्माद दिखाई देता है, वह सम्मोहित करता है। भारत में इसका प्रचलन ख्वाजा चिश्ती के समय से हुआ है। अवध में इन दिनों कौवाली का बहुत प्रचार है।

अवधी : यह अवधांचल की प्रमुख भाषा-विभाषा है। पहले अवध क्षेत्र को 'महाकोसल' कहा जाता था, इसीलिए अवधी का एक पुराना नाम है—'कोसली'। इस भाषा का प्रयोग अवध के बाहर मध्यप्रदेश, छत्तीसगढ़, बिहार (मुजफ्फरपुर-दरभंगा) और कुछ भारतवंशी देशों (जैसे—फिजी सूरिनाम) में भी पाया जाता है। तात्पर्य यह है कि अवधी एक बहुत बड़े भू-भाग की भाषा है। साहित्य क्षेत्र में अवधी का प्रयोग प्रथम बार मुल्ला दाऊद के महाकाव्य 'चन्दायन' (11वीं शती) में हुआ, किन्तु स्फुट रूप में अवधी शब्दावली सरहपाद के 'दोहा कोश', गोरखनाथ की 'सबदी', छिताई चरित, प्रबन्ध

चिन्तामणि, शब्दानुशासन, उक्ति व्यक्ति प्रकरण तथा विद्यापति की अवहट्ट भाषा में भी प्राप्य है। इससे सिद्ध होता है कि अवधी का उद्‌भव आठवीं शती के लगभग हुआ था। इसलिए यह हिन्दी की सबसे पुरानी जीवित भाषा कही जा सकती है। इस भाषा में बहुत बड़ा शब्द भांडार है और बहुत समृद्ध साहित्य है। इसमें कथात्मकता की प्रवृत्ति सर्वाधिक है, इसलिए इसमें दर्जनों महाकाव्य लिखे गये हैं। 'रामचरितमानस' इसकी बहुमूल्य निधि है। अवधी में सूफी काव्य, रामकाव्य, सन्तकाव्य, नीतिकाव्य और वीरकाव्य अपेक्षाकृत ज्यादा रचे गये हैं। यह भी उल्लेखनीय है कि मध्यकाल के अनेक कवियों में ब्रज तथा अवधी को मिलाकर 'ब्रजावधी' को काव्य भाषा रूप में अपनाया था। प्राचीन अवधी काव्य धर्म, इतिहास, ग्रामीण जीवन और प्रकृति-परिवेश में ही केन्द्रित रहा। उसमें दरबारी परम्परा (नखशिख, नायिका भेद) को स्थान नहीं मिला, इसलिए सत्रहवीं-अठारहवीं शती में यह भाषा कुछ उपेक्षित सी रही, पर उन्नीसवीं शती के नवजागरण के साथ यह पुनः लोकप्रिय हो गयी। आज तो उसमें एक से एक कवि, कथाकार, नाटककार, कोशकार, पत्रकार आदि हैं। सम्प्रति इसके तीन रूप हैं—1. पूर्वी 2. पश्चिमी 3. बैसवारी। पूर्वी अवधी बहुत कुछ मागधी, भोजपुरी, काशिका, अंगिका, बज्जिका आदि से मिलती-जुलती प्रतीत होती है। यह फैजाबाद, गोंडा, बस्ती, बहराइच, सुलतानपुर, प्रतापगढ़ आदि जिलों में ज्यादा बोली जाती है। इसमें त्रिलोचन, मृगेश, क्षेम, उन्मत्त, विश्वनाथ पाठक जैसे श्रेष्ठ कवि हुए हैं। पश्चिमी अवधी कानपुर, बाराबंकी, हरदोई, सीतापुर, लखीमपुर, बलरामपुर, बहराइच आदि जिलों में बहुप्रयुक्त है। इसमें पढ़ीस, वंशीधर शुक्ल, उमादत्त, चतुर्भुज शर्मा, पारस 'भ्रमर' जैसे श्रेष्ठ कवि हुए हैं। बैसवाड़ी अवधी उन्नाव, रायबरेली और गौणतः लखनऊ, फतेहपुर में बोली जाती है। इस बोली में रमई काका, रामनाथ 'जोतिषी', काका बैसवारी, सिरस आदि कई कवि हुए हैं। कई विद्वानों का मत है कि 'रामचरितमानस' की भाषा बैसवारी के सर्वाधिक निकट है, इसलिए इसमें केन्द्रीय मानक भाषा की अनेक सम्भावनाएँ हैं। इस प्रकार स्पष्ट है कि अवधी 'पुरानी हिन्दी' से उपजी है तथा वह वर्तमान हिन्दी भाषा की 'बीज भाषा' है।

अवध क्षेत्र में अवधी के कई रूप दिखाई देते हैं, जैसे—पूर्वी, बैसवारी और मध्यवर्ती (जो लखनवी बोली बानी के सन्निकट है) पूर्वी अवधी की बा, बाटे क्रियाएँ भोजपुरी के निकट हैं। पश्चिमी अवधी ब्रज तथा बुन्देली के निकट है। मध्यवर्ती लखनवी अवधी में उर्दू का पुट है। बैसवारी का बघेली, छत्तीसगढ़ी से काफी साम्य है। गाँजरी बोली नेपाली, थारू से काफी मिलती-जुलती है। तात्पर्य यह है कि अवधी में कई उपबोलियाँ हैं, किन्तु ये सब अवधी के बृहत्तर परिवार से जुड़ी हुई हैं।

वस्तुतः पूर्वी हिन्दी की सबसे महत्त्वपूर्ण बोली अवधी है। इसके नाम से ऐसा प्रतीत होता है कि केवल अवध की बोली है, जबकि यह एक ओर हरदोई, खीरी तथा फैजाबाद के कुछ भाग में नहीं बोली जाती, दूसरी ओर यह अवध के सीमान्त में फतेहपुर, इलाहाबाद (केराकत तहसील को छोड़कर) जौनपुर तथा मिर्जापुर के पश्चिमी भाग में भी बोली जाती है। इसके अन्य नाम हैं, पूर्वी तथा कोसली। पूर्वी का तात्पर्य वास्तव में पूरब की बोली से है। कभी-कभी अवधी तथा भोजपुरी, दोनों का प्रयोग पूर्वी हिन्दी के लिए होता है। कोसली से कोसल-राज्य की भाषा से तात्पर्य है। यदि इसके प्राचीन रूप को स्वीकार कर लिया जाये तो बघेली छत्तीसगढ़ी भाषाएँ भी इसके अन्तर्गत आ जायेंगी। इधर तुलसी-कृत 'रामचरितमानस' के कारण 'अवध' शब्द इतना प्रचलित हो गया है कि अब इस प्रदेश की बोली के लिए अवधी नाम ही सर्वथा उपयुक्त लगता है। अवधी के स्थान पर कभी-कभी बैसवाड़ी शब्द भी व्यवहृत होता रहा है। (देखें, लिंग्विस्टिक सर्वे, भाग 6, पृ. 9), किन्तु बैसवाड़ी तो अवधी के अन्तर्गत एक सीमित क्षेत्र की बोली है। यदि एक सीधी रेखा गोला गोकर्णनाथ

से सीतापुर जिले के नेरी स्थान तक खींची जाये तो यह कनौजी और अवधी की सीमा होगी। नेरी से गोमती नदी अवधी की दक्षिणी-पश्चिमी सीमा बनाती हुई, उस स्थान तक चली जाती है, जहाँ वह हरदोई जिले को लखनऊ से पृथक् करती है। यहाँ से दक्षिण-पश्चिम की ओर लखनऊ, हरदोई तथा उन्नाव जिलों की सीमा से होती हुई एक रेखा वहाँ तक खींची जा सकती है, जहाँ उन्नाव की सीमा समाप्त हो जाती है। कानपुर का कुछ हिस्सा पश्चिमी हिन्दी के क्षेत्र में है। उन्नाव, फतेहपुर तथा इलाहाबाद जिले अवधी के अन्तर्गत आते हैं।

खड़ीबोली : इसे प्रारम्भ में जनपदीय हिन्दुस्तानी और 'वर्नाक्यूलर' कहा गया था, क्योंकि यह दिल्ली मेरठ के बीच गाँवों में प्रचलित एक बोली थी। इसमें उर्दू तथा ब्रज भाषा का मेल था। बाद में यह स्टैण्डर्ड बोली बन गयी। लल्लू जी लाल ने इसका नामकरण किया था। इसका एक अर्थ है खरी अर्थात् शुद्ध भाषा। कुछ लोगों का मत है कि इसके शब्द घुलनशील नहीं होते, इसलिए इसे खड़ी बोली कहा गया। बाद में यह ब्रज तथा रेख्ता (उर्दू) से अलग हो गयी। कालक्रम में यह मानक या परिनिष्ठित भाषा हो गयी। इसके प्रारम्भिक प्रयोग गोरखबानी और खुसरो की रचनाओं में देखे जाते हैं। गद्य के विकास के साथ-साथ खड़ी बोली विकसित होती चली गयी। आज यह हिन्दी की पर्याय हो गयी है और साहित्यिक भाषा, राजभाषा, संचार भाषा, शिक्षा की माध्यम भाषा तथा बोल-चाल की भाषा के रूप में सर्वाधिक प्रयुक्त होती है। अवध के शिक्षित वर्ग में यही भाषा मुख्य कामकाजी भाषा है।

संस्कृत : इस क्षेत्र में संस्कृत भाषा साहित्य से जुड़े एक से एक महान रचनाकार और आचार्य हुए हैं, जिनमें स्मरणीय हैं—मनुस्मृति के रचयिता मनु, मुनिवर अगस्त्य, अश्वघोष, काक भुशुण्डि, गार्ग्य ऋषि, गौतम, पतंजलि, पराशर, मण्डन मिश्र, याज्ञवल्क्य, रामानन्द, व्यास, शौनक, आचार्य सोमाहुति, नारद, वशिष्ठ, वाल्मीकि, शुकदेव आदि। इनका परिचय इतिहास खण्ड में प्राप्य है। कुछ परवर्ती संस्कृतज्ञ हैं—प्रो. के.ए.एस. अय्यर, प्रो. कांतिचन्द्र पाण्डेय, पं. आद्याप्रसाद, पं. आनन्द झा, रुद्रप्रसाद अवस्थी, जगद्गुरु, रामभद्राचार्य, डॉ. मातृदत्त त्रिवेदी, डॉ. नवजीवन रस्तोगी, डॉ. आद्याप्रसाद, डॉ. ओमप्रकाश पाण्डेय, डॉ. वीर भद्र मिश्र, प्रभात शास्त्री आदि।

पत्रकारिता एवं जनसंचार

पत्रकारिता के क्षेत्र में अवध का बहुत बड़ा प्रदेय है। इस क्षेत्र से हिन्दी, अंग्रेजी, उर्दू, संस्कृत आदि कई भाषाओं की पत्र-पत्रिकाएँ निकलती हैं/रही हैं। इनमें कुछ सरकारी पत्रिकाएँ हैं, जो अलग-अलग विभागों से निकलती हैं। कुछ राजभाषा अनुभाग की पत्रिकाएँ हैं और कुछ बेब पत्रिकाएँ हैं। लखनऊ आकाशवाणी और दूरदर्शन से भी कुछ संचार पत्रिकाओं का प्रसारण होता है। इस सन्दर्भ में प्रमुख साहित्यिक पत्र-पत्रिकाओं का उल्लेख अपेक्षित है। यह स्मरणीय है कि हिन्दी का पहला साप्ताहिक समाचार-पत्र 'उदन्त मार्तण्ड' (जो 30 मई 1826 ई. को कलकत्ता से प्रकाशित हुआ था) के जनक थे—कानपुर निवासी युगल किशोर शुक्ल। इसी क्रम में समय-समय पर अनेक पत्र-पत्रिकाएँ यहाँ से प्रकाशित हुईं, जिनका विवरण कालक्रमानुसार इस प्रकार है—

1. हिन्दी प्रदीप : इस मासिक पत्रिका के सम्पादक थे बालकृष्ण भट्ट। यह पत्रिका हिन्दी वर्द्धिनी सभा इलाहाबाद से 9 सितम्बर 1877 से 1909 तक प्रकाशित होती रही। हिन्दी गद्य के विकास और नवजागरण आन्दोलन में इस पत्रिका का बहुत बड़ा योगदान रहा है। इसमें उच्चकोटि का साहित्य प्रकाशित होता रहा है।

2. आनन्द कादम्बिनी : यह साहित्यिक मासिक पत्रिका थी, जिसके सम्पादक एवं प्रकाशक थे, मिर्जापुर निवासी बदरीनाथ चौधरी 'प्रेमघन'। यह पत्रिका 1881 ई. से 1941 ई. तक निकलती रही। इसमें साहित्य, समाज, राजनीति, धर्म जैसे विविध विषयों से सम्बन्धित सामग्री प्रकाशित हुई। इसने 'संयोगिता स्वयंवर' की समीक्षा तथा अन्य 26 ग्रन्थों की समीक्षाएँ छाप करके पुस्तक समीक्षा विधा का प्रवर्तन किया था।

3. ब्राह्मण : यह पत्रिका 1903 ई. में प्रताप नारायण मिश्र के सम्पादकत्व में कानपुर से निकली थी। बीच-बीच में इसने अनेक आन्दोलनों को स्वर दिया। 'हिन्दी, हिन्दू, हिन्दुस्तान' जैसा नारा इसी की देन है। यह बड़ी जीवन्त और लोकप्रिय पत्रिका रही है।

4. हिन्दोस्थान : यह हिन्दी क्षेत्र का प्रथम दैनिक समाचार-पत्र है। बीच-बीच में यह साप्ताहिक और त्रैमासिक भी हुआ। इसमें हिन्दी, उर्दू, संस्कृत तीनों भाषाओं का प्रयोग होता था। पहले यह लन्दन से प्रकाशित हुआ था, फिर यह कालाकाँकर राज्य (प्रतापगढ़) से छपने लगा। इसके सम्पादक थे मदनमोहन मालवीय और संचालक थे राजा रामपाल सिंह। यह अखबार लगभग पचास हजार रुपये का घाटा उठाकर 22 वर्षों तक चला। 1909 में यह 'सम्राट' नामक पाक्षिक पत्र में रूपान्तरित हो गया।

5. नागरी नीरद : यह एक साहित्यिक साप्ताहिक पत्र था, जिसे मिर्जापुर के बदरीनाथ चौधरी 'प्रेमघन' ने 1993 में निकाला था।

6. सरस्वती : इस पत्रिका ने 25 वर्षों तक लगभग 10 करोड़ हिन्दी जनता का साहित्यिक नेतृत्व किया। इसका आरम्भ हुआ था नागरी प्रचारिणी सभा काशी से। सन् 1903 से यह पत्रिका आचार्य महावीर प्रसाद द्विवेदी के सम्पादकत्व में इंडियन प्रेस इलाहाबाद से निकलने लगी। इसके संचालक थे बाबू चिन्तामणि घोष। समय-समय पर कई सम्पादक इससे जुड़े, जैसे—कामता प्रसाद गुरु, पदुमलाल पुन्नालाल बख्शी, देवीदत्त शुक्ल, हरिभाऊ उपाध्याय, गणेशशंकर विद्यार्थी, श्रीनारायण चतुर्वेदी आदि। द्विवेदी जी ने इसमें तरह-तरह के स्तम्भ शुरू किये। इसमें ज्ञान-विज्ञान और साहित्य विषयक श्रेष्ठ रचनाएँ छपीं। उन्होंने इसके माध्यम से भाषा परिष्कार का अभियान चलाया तथा नये युग का प्रवर्तन किया। यह पत्रिका 1976 ई. तक चली।

7. अभ्युदय : इसे मदन मोहन मालवीय जी ने 1909 ई. में इलाहाबाद से प्रकाशित किया था। यह साप्ताहिक समाचार-पत्र था, जो 1931 ई. तक प्रकाशित होता रहा। समय-समय पर इससे पुरुषोत्तमदास टण्डन, बनारसीदास आदि सम्पादक जुड़े। अपने निर्भीक विचार और समाज सुधार से परिपूर्ण यह पत्र 1931 ई. तक चलता रहा।

8. कर्मयोगी : यह साप्ताहिक समाचार-पत्र था, जो प्रयाग से पंडित सुन्दरलाल के सम्पादन में 1909 ई. में प्रकाशित हुआ था। क्रान्तिकारी राष्ट्रीय दल के इस पत्र को सरकार ने राष्ट्रद्रोह का अभियोग लगाकर बन्द कर दिया था।

9. प्रताप : हिन्दी पत्रकारिता के इतिहास में इसका गौरव पूर्ण स्थान है। 1913 ई. में यह साप्ताहिक समाचार-पत्र के रूप में निकला। 13 नवम्बर 1920 से यह दैनिक हो गया। इसके यशस्वी सम्पादक थे गणेशशंकर विद्यार्थी, बालकृष्ण शर्मा नवीन, माखनलाल चतुर्वेदी, अमृतलाल चक्रवर्ती, कृष्णदत्त पालीवाल आदि। विद्यार्थी जी इसके पीछे शहीद हो गये थे। उनके कार्यकाल में प्रताप प्रेस, कानपुर क्रान्तिकारियों का अड्डा बन गया था। जनता ने इसके लिए प्रताप सहायता कोष स्थापित किया था। इसने कई बार राजदण्ड भोगा और 1956 ई. तक अपने को जीवित रखा।

10. प्रभा : यह साहित्यिक मासिक पत्रिका कानपुर से बालकृष्ण शर्मा 'नवीन' के सम्पादकत्व में 1913 से 1925 ई. तक निकलती रही। अपनी निर्भीकता और साहित्यिकता के कारण इसने बड़ी ख्याति प्राप्त की।

11. सम्मेलन पत्रिका : हिन्दी साहित्य सम्मेलन इलाहाबाद से प्रकाशित इस पत्रिका के प्रथम सम्पादक थे रामनरेश त्रिपाठी। यह त्रैमासिक पत्र के रूप में आज भी शोध समीक्षा के क्षेत्र में सक्रिय है।

12. वर्तमान : यह एक दैनिक समाचार-पत्र था, जो 1920 में कानपुर से शुरू हुआ था। अनूप शर्मा, बालमुकुन्द गुप्त, विश्वम्भर नाथ कौशिक, रमाशंकर अवस्थी आदि इसके सम्पादन से जुड़े हुए थे।

13. माधुरी : यह साहित्यिक मासिक पत्रिका नवल किशोर प्रेस लखनऊ से 1922 ई. में प्रकाशित हुई थी। इसके सम्पादकों में रहे हैं–प्रेमचन्द, शिवपूजन, कृष्ण बिहारी मिश्र, रूपनारायण पाण्डेय, रामेश्वर शुक्ल अंचल, भगवती प्रसाद वाजपेयी, दुलारे लाल भार्गव आदि। इसमें उच्चकोटि की सचित्र साहित्य सामग्री प्रकाशित होती रही, जिससे अपने युग का यह प्रतिनिधि पत्र बन गया।

14. चाँद : यह इलाहाबाद की प्रसिद्ध पत्रिका थी जो 1922 ई. में शुरू हुई थी। इसके सम्पादन से जुड़े हुए श्रेष्ठ साहित्यकार थे प्रेमचन्द, बनारसीदास चतुर्वेदी, चण्डीप्रसाद हृदेयश, विश्वम्भर नाथ कौशिक, चतुरसेन शास्त्री, महादेवी वर्मा आदि। इसने कई महत्त्वपूर्ण विशेषांक प्रकाशित किये, जैसे–प्रवासी अंक, विधवांक, शती अंक, कनौजिया अंक, मारवाड़ी अंक, वेश्या अंक, फाँसी अंक आदि।

15. सुधा : यह साहित्यिक मासिक पत्रिका लखनऊ से दुलारे लाल भार्गव के गंगा ग्रन्थागार से 1927 ई. में प्रकाशित हुई थी। समय-समय पर निराला जी और रूप नारायण पाण्डेय इससे जुड़े। यह पत्रिका अपने सचित्र विशेषांकों और राजसंस्करणों के कारण चर्चित रही। इसने कई कवि लेखकों को उजागर किया।

16. सुकवि : यह साहित्यिक मासिक पत्र कानपुर से 1927 ई. में शुरू हुआ था। 1951 ई. तक यह छन्दोबद्ध समस्यापूर्ति काव्य का प्रतिनिधि पत्र बना रहा। इसके कई अंक सुरक्षणीय हैं। सन् 1973 ई. में सनेही की स्मृति में निशंक जी ने 'सुकवि विनोद' नाम से इसका पुनरारम्भ किया था।

17. विप्लव : यशपाल जी ने साथी प्रेस, लखनऊ से इस क्रान्तिकारी प्रगतिशील पत्र का प्रकाशन 1939 ई. में किया था।

18. ज्ञान शिखा : आचार्य नरेन्द्रदेव (कुलपति लखनऊ विश्वविद्यालय) द्वारा प्रकाशित यह शोध पत्र 1949 ई. में निकाला था। इसका पुनरारम्भ 1987-1999 ई. के मध्य डॉ. सूर्यप्रसाद दीक्षित ने किया। इसके सभी तीस विशेषांक बड़े उपयोगी हैं।

19. स्वतन्त्र भारत : यह दैनिक समाचार-पत्र पायोनियर प्रेस लखनऊ से 15 अगस्त 1947 को अशोक जी के सम्पादन में निकला था। यह आठवें दशक तक उत्तर भारत का प्रतिनिधि पत्र बना रहा। इसके इतवारी संस्करण बहुत लोकप्रिय थे।

20. त्रिपथगा : यह पत्रिका उत्तर प्रदेश के सूचना विभाग से 1954 ई. में निकली थी। इसमें उच्चकोटि की सामग्री प्रकाशित होती थी।

21. रसवन्ती : डॉ. प्रेम नारायण टण्डन ने लखनऊ से यह छात्रोपयोगी मासिक पत्रिका 1957 ई. से 1974 ई. तक प्रकाशित की। इसके कई महत्त्वपूर्ण विशेषांक प्रकाशित हुए हैं।

22. उत्तर प्रदेश : सूचना विभाग, लखनऊ से 1972 ई. में प्रकाशित यह मासिक पत्रिका सातवें दशक तक बड़ी उपयोगी और स्तरीय रही।

23. युग साक्षी : डॉ. देवराज ने इस मासिक पत्रिका की शुरुआत लखनऊ में 1936 ई. में की थी। इसके कुछ विशेषांक महत्त्वपूर्ण बन पड़े हैं।

24. अतएव, साहित्य भारती : ये दोनों पत्रिकाएँ उत्तर प्रदेश हिन्दी संस्थान की हैं।

इनके अतिरिक्त इन दिनों लगभग तीन दर्जन समाचार-पत्र केवल लखनऊ से प्रकाशित हो रहे हैं, जैसे—स्वतन्त्र भारत, राष्ट्रीय सहारा, अमर उजाला, पायोनियर, नवभारत टाइम्स, आज, जनसत्ता, हिन्दुस्तान टाइम्स, रोजनामा, कौमी खबरें, दैनिक भास्कर, नव जीवन, अमृत प्रभात, दैनिक जागरण, सप्तरंग, निष्पक्ष प्रतिदिन दैनिक, लखनऊ मेल, प्रतिनिधि, अवधप्रान्त, तरुणमित्र, यूनाइटेड भारत, इन्क्लाबी नजर, चेतना, विचारधारा, जनसन्देश टाइम्स, कल्पतरु एक्सप्रेस, दैनिक प्रभात, द पायोनियर (हिन्दी, अंग्रेजी), अवधनामा, स्वतन्त्र चेतना, राष्ट्रीय स्वरूप, कैनविज टाइम्स, स्पष्ट आवाज, राहत टाइम्स, जनकदम, स्वदेशचेतना, डेली न्यूज आदि। इनके अतिरिक्त अलग-अलग नगरों से प्रकाशित ये पत्र भी द्रष्टव्य हैं—

अवधवासी, अपरिहार्य, अट्टहास (लखनऊ), अवध अर्चना, अवध केसरी, अवधी (फैजाबाद), अंशु (उन्नाव), अवध अखबार, अवध (कालाकाँकर), अग्रगामी (सीतापुर), आचार्यपथ (रायबरेली), आधार (इलाहाबाद), आर्यादर्श (बस्ती), आदर्श (लखीमपुर), इमेज टुडे (लखनऊ), इन्दुप्रभा (बाराबंकी) उद्भव, उत्कर्ष, कथाक्रम, कलाकुंज भारती, कान्यकुब्ज (लखनऊ), कोमा (कानपुर), काव्य सरिता (सुलतानपुर), काव्य कलाधर (सीतापुर), किसान (उन्नाव), कर्मयोगी (प्रयाग), कथा (प्रयाग), कला कैशल (प्रयाग), किसान (फतेहपुर), कृषि सेतु (सुलतानपुर), चाणक्य विचार, चन्द्रिका (लखनऊ), चातक (प्रतापगढ़), चर्चिका (हरदोई), छायानट (लखनऊ), जागरण, जनभारती (इलाहाबाद), जोधइयाँ (बाराबंकी), जीवन (कानपुर), जैन समाचार (लखनऊ), जन (फैजाबाद), तद्भव, दृष्टि-सृष्टि दिनकर प्रकाश (लखनऊ), धर्म पत्रिका (प्रयाग), भाषा भारती, भक्ति सुधा, भारत दीपिका (लखनऊ), मानस माधुरी, मानस वसुन्धरा, मानस चन्दन (सीतापुर), मनोरमा, माया (प्रयाग), युग गरिमा, रंग भारती, राष्ट्र धर्म, राजभाषा दर्पण, राजभाषा पत्रिका, राजभाषा सुरभि (लखनऊ), रसिक रहस्य (जौनपुर), रसिक पंच, रसिक लहरी (कानपुर), लोकायन (रायबरेली), वातायन, विविधा, विवेक, विविध भारती, विष विज्ञान, विज्ञान आलोक (लखनऊ), विज्ञान कथा (फैजाबाद), व्यापारी (कानपुर), विद्यार्थी (प्रयाग), वन्दे मातरम् (फतेहपुर), शब्दिता (लखनऊ), शोध सृजन (बस्ती) शिक्षासाहित्य, शब्द शिखर, शिक्षा संवाद (फैजाबाद), शुभ चिन्तक (कानपुर), संचार श्री, सर्व-सृजन, सृजन-संवाद साहित्यकार (लखनऊ), साक्षी (फैजाबाद), समानुभूति (चित्रकूट), समकालीन सरोकार, साहित्यधर्मिता (जौनपुर), सहित (अयोध्या), सानुबन्ध (उन्नाव), सम्पादक की वाणी (इलाहाबाद), स्त्री दर्पण (प्रयाग), सिपाही (कानपुर), सुदर्शन समाचार (प्रयाग), हिन्दुस्तानी, हिन्दी अनुशीलन (इलाहाबाद), हिन्दू प्रकाश (कानपुर), हलचल (गोंडा), हमदर्द (कानपुर), ज्ञान वीथिका, ज्ञान विज्ञान (लखनऊ) आदि।

उपर्युक्त विवरण से स्पष्ट है कि पत्रकारिता और जनसंचार क्षेत्र में अवध सदैव अग्रणी रहा है।

लखनऊ में 2 अप्रैल 1938 ई. में रेडियो केन्द्र खुला, जिसमें समय-समय पर बेगम अख्तर, गुलाम अली, मल्लिका, शौकत थानवी, मजाज, फिराक, खुमार, रमई काका, पढ़ीस, नागर, सुमित्रा कुमारी सिन्हा आदि ने भाँति-भाँति के कार्यक्रम प्रस्तुत किये। इसके बाद इलाहाबाद, कानपुर, फैजाबाद तक इसका विस्तार हुआ। आकाशवाणी केन्द्र इलाहाबाद ने हिन्दी, उर्दू के कार्यक्रमों को शिखर पर पहुँचा दिया।

2 अक्टूबर 1963 से यहाँ 'विविध भारती' की शुरुआत हुई। क्रमशः यहाँ कई स्टूडियो बने।

सन् 2000 से यहाँ एफ.एम. आरम्भ हुआ। यह केन्द्र नित्य 18 घंटे तक प्रसारण करता है। विभिन्न कार्यक्रमों के साथ समय-समय पर यहाँ से रेडियो नाटक, मुशायरे, कवि सम्मेलन, संगीत समारोह, व्याख्यान आदि प्रसारित होते हैं। निष्कर्ष यह कि इस केन्द्र से अनेक कवि, कलाकार, रंगकर्मी आदि सम्बद्ध हैं और रहे हैं।

इन दिनों यहाँ सिटी रेडियो, कम्युनिटी रेडियो, विजुअल रेडियो भी सक्रिय हैं।

यहाँ दूरदर्शन पहले सूचना एवं जनसंचार मन्त्रालय में आकाशवाणी के साथ जुड़ा हुआ था। कालान्तर में प्रसार भारती का गठन हुआ और दोनों 1975 ई. में स्वतन्त्र हो गये। लखनऊ तथा इलाहाबाद में दूरदर्शन केन्द्र अपने कार्यक्रम प्रसारित कर रहे हैं। इनके द्वारा निर्मित कई टेलीड्रामा, वृत्तचित्र आदि काफी सराहे गये हैं।

इस जनसंचार के अतिरिक्त इस अंचल में सोशल मीडिया भी काफी सक्रिय है। प्रसारण तकनीक से सम्बन्धित अनेक संचार कर्मी इस क्षेत्र में सुलभ हैं। यहाँ के दर्जनों चैनेल्स काफी लोकप्रिय हैं।

प्रमुख पत्रकार : अमृतलाल नागर (चकल्लस), अच्युतानंद मिश्र (अमर उजाला), अम्बिका प्रसाद बाजपेयी (स्वतन्त्र), अशोक जी (स्वतन्त्र भारत), अमृतलाल चक्रवर्ती (हिन्दोस्थान), इलाचन्द्र जोशी (संगम), एस.एन. घोष (पायोनियर), कृष्णबिहारी मिश्र (माधुरी, समालोचक), क्षितीन्द्र मोहन मिश्र (मनोरमा), गणेशशंकर विद्यार्थी (प्रभा प्रताप), ज्ञानचन्द्र जैन (नवजीवन), गया प्रसाद शुक्ल 'सनेही' (सुकवि), चेलापति राव (नेशनल हेराल्ड), ज्योति प्रसाद निर्मल (सम्मेलन पत्रिका), जवाहरलाल नेहरू (नेशनल हेराल्ड), तुषारकांति घोष (अमृत प्रभात), दयानारायण निगम (जमाना), देवराज (युगसाक्षी), दुलारे लाल भार्गव (सुधा), देवीदत्त शुक्ल (सरस्वती, चण्डी), धर्मवीर भारती (धर्मयुग), धीरेन्द्र वर्मा (हिन्दी अनुशीलन), नरेन्द्रमोहन (दै. जागरण), नरेन्द्रदेव (संघर्ष), नवलकिशोर (अवध अखबार), पाण्डेय बेचन शर्मा 'उग्र' (मतवाला), पुरुषोत्तम दास टण्डन (सम्मेलन पत्रिका), प्रतापनारायण मिश्र (ब्राह्मण), प्रेमचन्द (माधुरी), प्रेमघन (आनन्द कादम्बिनी), प्रेमनारायण टण्डन (रसवंती), बालकृष्ण भट्ट (हिन्दी प्रदीप), बालकृष्ण शर्मा 'नवीन' (प्रभा), बालकृष्णराव (माध्यम), भगवतीचरण वर्मा (विचार), मदनमोहन मालवीय (अभ्युदय, हिन्दोस्थान), महावीर प्रसाद द्विवेदी (सरस्वती), महादेवी (चाँद), युगल किशोर शुक्ल (उदंत मार्तण्ड), योगेन्द्र पति त्रिपाठी (स्वतन्त्र भारत), यशपाल (विप्लव), राजेन्द्र अवस्थी (कादम्बिनी), रूपनारायण पाण्डेय (माधुरी), राजनाथ सिंह (स्वतन्त्र भारत), रमाशंकर अवस्थी (वर्तमान), राजेन्द्र माथुर (नवभारत टाइम्स), रघुवीर सहाय (दिनमान), बचनेश त्रिपाठी (राष्ट्रधर्म), विनोद मेहता (आउट लुक), श्रीनाथ सिंह (सम्मेलन पत्रिका), सुमित्रानन्दन पन्त (रूपाभ), सूर्यकान्त त्रिपाठी निराला (सुधा, मतवाला), सोहनलाल द्विवेदी (अधिकार), सी.वाई. चिन्तामणि (लीडर), शीतलाप्रसाद (जनमोर्चा), श्रीनारायण चतुर्वेदी (सरस्वती), सुन्दरलाल (कर्मयोगी), सुब्रतराय (राष्ट्रीय सहारा)।

प्रमुख साहित्यिक संस्थाएँ

अवध क्षेत्र में सरकारी तथा गैर सरकारी संस्थाओं की संख्या शताधिक है। यहाँ शासकीय स्तर पर चल रही संस्थाओं का संक्षिप्त परिचय प्रस्तुत है। कुछ अशासकीय किन्तु महत्त्वपूर्ण संस्थाओं का उल्लेख भी कर दिया गया है। इनमें कुछ संस्थाएँ निष्क्रिय हो गयी हैं। कई नयी संस्थाएँ बन गयी हैं। वस्तुस्थिति यह है कि प्रत्येक बड़े साहित्यकार की अपनी कोई न कोई संस्था और निजी पत्रिका होती है, जो उसी के साथ बनती मिटती रहती है। इससे भिन्न सार्वजनिक स्तर पर संचालित संस्थाएँ स्मरणीय होती हैं। उन्हीं का परिचय अकारादिक्रम से प्राप्य है—

1. अयोध्या शोध संस्थान : उत्तर प्रदेश शासन के संस्कृति विभाग द्वारा स्थापित यह संस्थान तुलसी स्मारक भवन अयोध्या में स्थित है। अवध की सांस्कृतिक बिरासत के संरक्षण और संवर्धन के उद्देश्य से उसने अनेक प्रकार के कार्यक्रम चला रखे हैं। जैसे–

अनवरत रामलीला यह संस्थान मई 2014 से प्रतिदिन अपने संस्थान के सभागार में विभिन्न रामलीला मण्डलियों द्वारा किसी न किसी प्रकरण का मंचन कराता है। अब तक यहाँ दर्जनों मण्डलियों ने अपनी-अपनी कला का प्रदर्शन किया है।

2. तुलसी स्मारक भवन : इस भव्य भवन में एक विशाल प्रेक्षागृह, पुस्तकालय, रामकथा संग्रहालय और शोध केन्द्र का संचालन होता है। समय-समय पर प्रदर्शनी, सांस्कृतिक कार्यक्रम और जयन्तियों का आयोजन भी होता है।

3. पाण्डुलिपियों की खोज और प्रकाशन : संस्थान ने अवध संस्कृति से जुड़ी हुई अनेक पाण्डुलिपियों का सर्वेक्षण और प्रकाशन किया है। यहाँ से एक 'साक्षी' नामक त्रैमासिक पत्रिका प्रकाशित होती है। इस संस्थान ने रामलीला के कई एलबम जारी किये हैं।

4. अयोध्या में मन्दिरों का सर्वेक्षण : अवधपुरी में 100 से अधिक मन्दिर हैं। संस्थान ने उनके सर्वेक्षण की योजना बनायी है, ताकि मन्दिरों की भित्तिचित्रकला, उपासना पद्धति आदि का प्रामाणिक विवेचन किया जा सके।

5. व्यास परम्परा : अवध क्षेत्र में कथावाचक व्यासों की बड़ी समृद्ध परम्परा है। संस्थान ने रामकथा पार्क के साथ-साथ व्यासों के पंजीयन, प्रशिक्षण एवं परिवर्धन की एक योजना शुरू की है।

6. कोरिया की भगिनी नगरी : ऐतिहासिक अभिलेखों के सहारे यह सिद्ध हो गया है कि कुषाणकालीन अयोध्या की राजकुमारी हो का विवाह दक्षिण कोरिया के राजा से हुआ था। इसकी पुष्टि हेतु कोरिया दल ने अयोध्या का भ्रमण किया। इस सन्दर्भ में एक अन्तरराष्ट्रीय महासम्मेलन सम्भावित है।

7. राम वन गमन मार्ग : श्रीराम के वनवास का सम्बन्ध भारत के 11 राज्यों से रहा है। उनकी यात्रा का प्रामाणिक भूगोल मानचित्र संस्थान द्वारा निर्माणाधीन है।

उत्तर प्रदेश भाषा-संस्थान (लखनऊ) : इसके अन्तर्गत अब तक कुछ विषयों एवं विधाओं की पाण्डुलिपियों के प्रकाशन के लिए अनुदान स्वीकृत किया गया है, कुछ गोष्ठियाँ हुई हैं, सार्वजनिक पुस्तकालयों को निःशुल्क पुस्तकें वितरित की गयी हैं, पत्रिका का प्रकाशन हुआ है और पुस्तकालय चलाया गया है।

उत्तर प्रदेश हिन्दी ग्रन्थ अकादमी (लखनऊ) : इसकी स्थापना 1969 में हुई थी। यह प्रदेश सरकार द्वारा अनुदानित संस्था थी। इसका मुख्य उद्देश्य था विश्वविद्यालय स्तर की श्रेष्ठ हिन्दी पाठ्य पुस्तकों का प्रकाशन। 1976 में इसका विलयन उत्तरप्रदेश हिन्दी संस्थान में कर दिया गया।

उत्तर प्रदेश हिन्दी संस्थान (लखनऊ) : इसकी स्थापना 30 सितम्बर 1976 को इन दो इकाइयों–उत्तर प्रदेश हिन्दी समिति और उत्तर प्रदेश हिन्दी ग्रन्थ अकादमी का विलयन करके की गयी। संस्थान का भवन राजर्षि पुरुषोत्तम दास टण्डन के नाम के साथ जुड़ा हुआ है। इसके सभागार तथा पुस्तकालय महाप्राण निराला, प्रेमचन्द, यशपाल तथा आचार्य रामचन्द्र शुक्ल के नाम पर रखे गये हैं। संस्थान ने अनेक उच्च स्तरीय प्रकाशन किये हैं। कई पत्रिकाएँ निकाली हैं, जैसे–साहित्य भारती, अतएव, बाल भारती, संस्थान समाचार आदि। यहाँ क्षेत्रीय बोलियों के कई कोश तैयार किये गये हैं। कुछ साहित्यकारों की मूर्तियाँ स्थापित की गयी हैं। कई स्मृति ग्रन्थ निकले हैं। यह संस्थान प्रतिवर्ष

साहित्यकारों को पुरकार, सम्मान प्रदान करता है, जिनमें उल्लेखनीय हैं—भारत भारती, लोहिया सम्मान, दीनदयालु उपाध्याय सम्मान, महात्मा गाँधी सम्मान, हिन्दी गौरव, अवन्ती बाई सम्मान, मधुलिमये स्मृति पुरस्कार, हिन्दी विदेश प्रसार सम्मान, प्रवासी भारतीय हिन्दी भूषण सम्मान, बाल साहित्य भारती सम्मान, विश्वविद्यालय स्तरीय सम्मान, पं. बद्री प्रसाद स्मृति सम्मान, कृष्ण बिहारी मिश्र सम्मान, साहित्य भूषण, कला भूषण, लोक भूषण, विद्याभूषण, विज्ञान भूषण, पत्रकारिता भूषण, सौहार्द सम्मान आदि। संस्थान के मुख्य उद्देश्य रहे हैं—उत्कृष्ट हिन्दी पुस्तकों, विश्वविद्यालय स्तरीय पाठ्य पुस्तकों और वैज्ञानिक तकनीकी पुस्तकों का अंग्रेजी से हिन्दी में अनुवाद, सन्दर्भ ग्रन्थों का प्रकाशन, विज्ञान लेखन साहित्यकारों को आर्थिक सहायता, प्रकाशन अनुदान, हिन्दी पत्रकारिता का संवर्धन आदि।

उर्दू अकादमी (लखनऊ) : उत्तर प्रदेश में उर्दू अकादमी की स्थापना वर्ष 1972 में हुई थी। इसका उद्देश्य उर्दू भाषा का विकास, प्रचार एवं प्रसार करना है।

पंजाबी अकादमी (लखनऊ) : पंजाबी भाषाभाषियों की माँग पर राज्य सरकार द्वारा उ.प्र. पंजाबी अकादमी का भी गठन किया गया है। इसका रजिस्ट्रेशन 1960 के अन्तर्गत हुआ है।

परिमल (इलाहाबाद) : इस संस्था की स्थापना प्रयाग में प्रयोगवादी नयी कविताओं के सम्पोषण हेतु सन् 1944 में की गयी थी। इसमें विभिन्न विषयों पर उच्चस्तरीय गोष्ठियाँ सम्पन्न हुई हैं। इस संस्था से सक्रिय रूप में जुड़े हुए थे—डॉ. जगदीश गुप्त, डॉ. रामस्वरूप चतुर्वेदी, डॉ. रघुवंश, डॉ. विजय देव नारायण साही, डॉ. धर्मवीर भारती, लक्ष्मीकान्त वर्मा आदि। यह संस्था लगभग ढाई दशकों तक क्रियाशील रही। नयी कविता को इसने आन्दोलन का रूप दिया। कुछ लोग इसे प्रगतिशील लेखक संघ की विरोधी संस्था मानते रहे, जबकि यह राजनीतिक प्रचार से भिन्न शुद्ध साहित्य का मंच था। इस पर डॉ. लोहिया का प्रभाव अपेक्षाकृत ज्यादा था। इस संस्था के माध्यम से लघु मानव, सहजानुभूति, अर्थ की लय जैसी कई अवधारणाएँ विकसित हुईं।

फखरुद्दीन अली अहमद मेमोरियल कमेटी (लखनऊ) : देश भर के उर्दू लेखकों की उत्कृष्ट कृतियों के प्रकाशनार्थ आर्थिक सहायता देने हेतु शासन द्वारा इसका गठन किया गया था।

भारती परिषद् (उन्नाव) : यह संस्था 1952 से निरन्तर गतिशील है। इसके तत्वावधान में राष्ट्रीय स्तर के कई कवि सम्मेलन समय-समय पर हुए हैं। निराला जन्म शती का आयोजन इसने सफलतापूर्वक किया था।

भोजपुरी अकादमी (लखनऊ) : इसका गठन 2014 में किया गया है। मूल उद्देश्य है—भोजपुरी भाषा विभाषा का विकास।

भारतीय हिन्दी परिषद् (प्रयाग) : इसकी स्थापना डॉ. धीरेन्द्र वर्मा के प्रयास से 3 अप्रैल 1942 को इलाहाबाद विश्वविद्यालय में की गयी थी। इसका उद्देश्य है भारतीय विश्वविद्यालयों के हिन्दी शिक्षकों को संगठित करके हिन्दी पाठ्यक्रम तथा शोध समीक्षा की स्तर वृद्धि, मानक ग्रन्थों का प्रकाशन और उच्चस्तरीय साहित्य शिक्षा को राष्ट्रीय स्तर पर प्रतिष्ठित करना। इसका संचालन सदस्यों द्वारा चुनी गयी समिति करती है। यह संस्थान 'हिन्दी अनुशीलन' नामक एक त्रैमासिक शोध पत्रिका का प्रकाशन 1950 से कर रहा है। देश के विभिन्न विश्वविद्यालयों में आयोजित इसके अधिवेशन महत्त्वपूर्ण एवं दिशा दर्शक सिद्ध हुए हैं। यहाँ से कई ग्रन्थ प्रकाशित हुए हैं।

भाषा निधि (लखनऊ) : हिन्दी भाषा एवं साहित्य के संवर्द्धन के उद्देश्य से वर्ष 1982-83 में 10 करोड़ रुपये से भाषा निधि की योजना बनाई गयी थी। इस धनराशि का उपयोग हिन्दी विषयक योजनाओं में किया जाना अपेक्षित है।

रसिक मण्डल (इलाहाबाद) : इसकी स्थापना प्रयाग में सन् 1927 में हुई थी। इसके स्थायी सभापति थे डॉ. रामप्रसाद त्रिपाठी और उप सभापति थे रसाल जी। इस संस्था से रत्नाकर, हरिऔध, सनेही, लाला भगवानदीन, कृष्ण बिहारी मिश्र, देवी दत्त शुक्ल आदि अनेक रचनाकार जुड़े हुए थे। उद्धव शतक (जगन्नाथदास रत्नाकर), ब्रजसतसई (रामचरित उपाध्याय) आदि कृतियों का प्रकाशन यहीं से हुआ था। इसमें समय-समय पर ब्रज भाषा की काव्य गोष्ठियाँ आयोजित होती रही हैं।

साहित्यकार संसद (इलाहाबाद) : इसकी स्थापना प्रयाग में महादेवी वर्मा और गंगा प्रसाद पाण्डेय के प्रयास से सन् 1942 में की गयी थी। इसके माध्यम से कई विपन्न साहित्यकारों को समय-समय पर आर्थिक सहायता दी गयी। इसने कई पुस्तकों और पत्रिकाओं का प्रकाशन किया और अनेक कवि सम्मेलनों तथा गोष्ठियों का आयोजन भी। इसका एक भवन रसूलाबाद में गंगा के तट पर स्थित है। 1955 में साहित्यकार संसद के मुख पत्र 'साहित्यकार' का प्रकाशन हुआ, जिसका सम्पादन महादेवी वर्मा और इलाचन्द्र जोशी ने किया था। यहीं से निराला के काव्य संग्रह 'अपरा' का प्रकाशन हुआ था।

सिंधी अकादमी (लखनऊ) : सिंधी समाज की माँग एवं सिंधी भाषा साहित्य के प्रचार-प्रसार हेतु वर्ष 1997 में सिंधी अकादमी का गठन किया गया। इसके कार्यकलाप के संचालन हेतु प्रति वर्ष लगभग 10 लाख की व्यवस्था की जाती है।

हिन्दी सभा (सीतापुर) : इसकी स्थापना 1940 ई. में प्रसिद्ध आलोचक कृष्ण बिहारी मिश्र, डॉ. नवल बिहारी मिश्र आदि के सहयोग से और राजर्षि टण्डन की प्रेरणा से की गयी थी। इसका अपना सभा भवन है, स्तरीय पुस्तकालय है और एक संचालन समिति है। इसमें नियमित रूप से वार्षिक अधिवेशन होते हैं। जिनमें समय-समय पर अनेक वरिष्ठ विद्वानों ने सहभागिता की है। अवधी भाषा के विकास, संस्कृति के प्रचार-प्रसार और भारतीय भाषायी सौहार्द की दृष्टि से यह सभा महत्त्वपूर्ण कार्यक्रमों का आयोजन करती है। इस सभा ने कई महत्त्वपूर्ण प्रकाशन किये हैं।

हिन्दी साहित्य सम्मेलन (प्रयाग) : इस संस्था की स्थापना 1910 में काशी नागरी प्रचारिणी सभा के पदाधिकारी गोविन्द नारायण मिश्र एवं डॉ. श्यामसुन्दर दास के प्रयास से और महामना मदनमोहन मालवीय की प्रेरणा से प्रयाग में की गयी थी। इससे देश के प्रायः सभी वरिष्ठ साहित्यकार जुड़े हुए हैं। कभी कोई पद न स्वीकार करने वाले महात्मा गाँधी भी इसके दो बार सभापति रह चुके हैं। राजर्षि पुरुषोत्तमदास टण्डन इससे आजीवन जुड़े रहे। सम्मेलन द्वारा संचालित प्रथमा, मध्यमा और साहित्यरत्न (उत्तमा) परीक्षाएँ देश-विदेश में व्याप्त हैं। संग्रहालय में हजारों हस्तलिखित ग्रन्थ, लाखों पुस्तकें तथा पत्र-पत्रिकाएँ संगृहीत हैं, इसलिए यह शोधार्थियों का महत्त्वपूर्ण केन्द्र है। सम्मेलन का अपना मुद्रणालय और अपना प्रकाशन है। यहाँ से 'सम्मेलन पत्रिका', 'माध्यम' और 'राष्ट्र भाषा संदेश' नामक पत्र-पत्रिकाएँ प्रकाशित होती हैं। इसके वार्षिक अधिवेशन प्रतिवर्ष आयोजित होते हैं। नागरी प्रचारिणी सभा काशी के बाद यह हिन्दी जगत की दूसरी सबसे प्राचीन संस्था है। इसे पहले हिन्दी विश्वविद्यालय होने का गौरव प्राप्त रहा है। सम्मेलन के संचालन का दायित्व स्थायी समिति तथा कार्य समिति पर है। इनका गठन चुनाव द्वारा पाँच-पाँच वर्षों के लिए किया जाता है।

हिन्दुस्तानी एकेडमी (इलाहाबाद) : इसकी स्थापना 20 जनवरी 1927 को हिन्दी-उर्दू के विकास के लिए डॉ. राजेश्वर बली ने की थी। इसने अनेक श्रेष्ठ पुस्तकों का प्रकाशन किया। अनुवाद का अभियान चलाया। यह संस्था 'हिन्दुस्तानी' नामक त्रैमासिक शोध पत्रिका का प्रकाशन 1931 से कर रही है। इसके प्रथम सम्पादक डॉ. धीरेन्द्र वर्मा थे। इसके कई विशेषांक उच्चकोटि के सिद्ध हुए हैं। एकेडमी का अपना भवन है। यह उत्तर प्रदेश शासन द्वारा वित्तपोषित संस्था है। इसके मुख्य चार उद्देश्य हैं—

1. विद्वानों के भाषण आयोजित करना।
2. मौलिक रचनाओं पर पुरस्कार देना।
3. पुस्तकालय का संचालन करना।
4. हिन्दी उर्दू की महत्त्वपूर्ण पुस्तकों का प्रकाशन करना।

इसके पदाधिकारियों में डॉ. तेज बहादुर सप्रू, डॉ. बालकृष्ण राव, डॉ. रामकुमार वर्मा, डॉ. धीरेन्द्र वर्मा आदि स्मरणीय हैं।

अन्य संस्थाएँ : मधूलिका, नवोदित साहित्य परिषद्, चेतना साहित्य परिषद्, अविरल मंथन, अगीत परिषद्, साहित्यिकी, शिव सिंह सरोज स्मृति संस्थान, साहित्यकार सुस्मृति संस्थान, शतूदल, माध्यम, शब्द-सरिता, प्रतिष्ठा, निखिल साहित्य परिषद्, प्राची प्रतिष्ठान, नव परिमल, भव्य-भारती, त्रिवेणी संस्थान, राज्य कर्मचारी साहित्य संस्थान, कमूना ग्रुप, उत्तरप्रदेश हिन्दी साहित्य सम्मेलन लखनऊ, आचार्य द्विवेदी स्मारक समिति (रायबरेली), बैसवारा साहित्य शोध संस्थान (लालगंज), सानुबंध (उन्नाव), सामंजस्य, प्रतिबिम्ब (हरदोई), हिन्दी प्रचारिणी समिति (कानपुर), आखिल भारतीय संस्कृत प्रचारिणी समिति (कानपुर), तुलसीपीठ (सीतापुर), अमेठी शिक्षा संस्थान (सुल्तानपुर), तुलसी जन्म भूमि सूकरखेत विकास समिति (गोंडा), सरिता लोकभारती संस्थान (सुल्तानपुर), सिरस समाज (बछरावाँ), चातुर भण्डल (रायबरेली), कवि कुल (बछरावाँ, रायबरेली), अखिल भारतीय कवि परिषद् (लखनऊ), विश्व अवधी संस्थान (सुल्तानपुर), मनीराम द्विवेदी साहित्य परिषद् (उन्नाव), डॉ. जगदीश गुप्त संस्थान (लखनऊ), पं. गजेन्द्र नाथ चतुर्वेदी स्मृति संस्थान (लखनऊ), साहित्यकार संसद (लखनऊ), साहित्यसाधना (लखनऊ), श्री रामलीला समिति (लखनऊ), निराला स्मृति संस्थान (डलमऊ), चिन्तन संस्थान (लखनऊ), भारतीय जन नाट्य संस्थान (रायबरेली), अवधी विकास संस्थान (लखनऊ), ग्रामांचल सेवा संस्थान (बाराबंकी), पं. राम किशोर त्रिपाठी संस्थान (सुलतानपुर), पं. ब्रजभूषण मिश्र संस्थान (लखनऊ), अवध भारती संस्थान (बाराबंकी), मानस संगम (कानपुर), संस्कृत संस्थानम (लखनऊ), संस्कृत परिषद् (लखनऊ) आदि।

लोक साहित्य

लोक साहित्य में यह क्षेत्र अग्रगण्य है। यहाँ कजली, चैती, बिरहा और बिदेसिया की धुनें बराबर छायी रहती हैं। ब्रज के रसिया, ख्याल, नौटंकी आदि की भी यहाँ धूम रहती है। बुन्देली के ईसुरी की फागें और महोबे का आल्हा भी निरन्तर गूँजता रहता है। अवध में रामलीला, उर्स, मरसिया, कौव्वाली, कीर्तन, निर्गुन, जोगीड़ा, कहरवा, भगत, सरिया-सोहर आदि की बहार छायी रहती है। लोक साहित्य, संगीत, नृत्य, नाट्य आदि के कई केन्द्र यहाँ संस्थित हैं। अयोध्या की रामलीला, इलाहाबाद (पथर चट्टी) का दशहरा, कानपुर की नौटंकी, लखनऊ की मरसियाख़्वानी, तथा उर्स पर आयोजित कौव्वाली देखने सुनने योग्य है। लोक नाटक-रंगमंच के क्षेत्र में अवध ने ऐतिहासिक भूमिका निभायी है। इतिहास साक्षी है कि लखनऊ के नवाब वाजिद अली शाह प्रायः बारहदरी में आयोजित नाट्य प्रदर्शन में स्वयं अभिनय करते थे। लखनऊ के अमानत रचित 'इन्दर सभा' को हिन्दी रंगमंच का प्रस्थान माना गया है। इसी क्रम में पारसी थियेटर की नौटंकी शैली यहाँ प्रचलित हुई। यहाँ की लोककथा शैली विशिष्ट है। लोकगीतों और लोकगाथाओं के कई रूप यहाँ प्राप्त हैं। इन सबका अकारादिक्रम से संक्षिप्त विवरण यहाँ प्राप्य है—

आल्हा : इस गाथा का सम्बन्ध आदिकाल से है। इसके रचयिता जगनिक हैं, परन्तु यहाँ उनके

नाम का उल्लेख कहीं नहीं मिलता। लोगों का विश्वास है कि पहले इस लोकगाथा में 18 युद्धों का वर्णन था, परन्तु बाद में इनकी संख्या कई गुना हो गयी। इसके नायक आल्हा तथा ऊदल हैं, जिनका सम्बन्ध महोबा के राजा परमर्दिदेव से है। महोबा का पक्ष लेकर उन्होंने अनेक युद्ध किये तथा उस युग के अन्यतम वीर पृथ्वीराज चौहान को परास्त किया। यह गाथा प्रायः ढोल और नगाड़े के साथ गाई जाती है। इसमें वीर रस की प्रधानता है। यह काव्य अतिशयोक्ति प्रधान है। इसके गायक 'अल्हैत' कहलाते हैं।

चनैनी : यह नायिका प्रधान लोकगाथा है जो अवधी में लोरिकी-चनैनी, भोजपुरी में लोरिक-चन्दा और बंगला में लोरिकी-चन्द्रावली के नाम से पहचानी जाती है। अवधी का प्रथम प्रेमाख्यान मुल्ला दाऊद कृत 'चन्दायन' इसी कथा से प्रभावित है। इसका इतिहास काफी पुराना है। अपभ्रंश साहित्य में 'लोरकहा' का उल्लेख मिलता है। 'पृथ्वीराजरासो' एवं 'वर्ण रत्नाकर' में भी लोरिक की चर्चा है। डॉ. अर्जुनदास केसरी ने इसे 'लोरिकायन' रूप में संयोजित किया है। यह मुख्यतः आभीरों की वीरगाथा है, जिसके 14 खंड हैं। शत्रु संहार और शान्ति स्थापना इसका मूलोद्देश्य है।

ख्याल : अवधी लोक नाट्य की एक महत्त्वपूर्ण विधा है—ख्याल। यह आमतौर पर गीत की एक विशिष्ट शैली है। लावनी और ख्याल को प्रायः लोग एक ही मान लेते हैं। जिस तरह लावनी छन्द अखाड़ों में प्रचलित रहा है, उसी तरह ख्याल के भी दंगल चलते रहे हैं। पिछले 200 वर्षों से यह ख्याल लोक नाट्य मंच पर प्रचलित है। यह नौटंकी, तुर्रा कलगी, आदि से मिलती-जुलती कला है। इसमें प्रथम और दूसरे मिसरे (या कड़ी) को टेक कहते हैं। गजल वाले इसको मतला कहते हैं। इसके चार मिसरों को चौक कहते हैं। पाँचवाँ मिसरा 'उड़ान' कहलाता है। इस तरह से इन मिसरों को परस्पर मिलाकर लोग इन्हें वाचिक अभिनय पूर्वक गाते हैं। अब ख्याल की परम्परा उतनी लोकप्रिय नहीं है।

खुनखुनियाँ : यह आभीरों की वीरगाथा है। ऐसा लोक विश्वास है कि इसका आरम्भ द्वापर युग में हुआ था। ये गायक स्वयं को यदुवंश के गुरु गर्ग का शिष्य मानते हैं। खुनखुनिया गायक मुख्यतः रायबरेली, उन्नाव, लखनऊ, सीतापुर, कानपुर आदि जिलों में पाये जाते हैं। इनके वाद्य यन्त्र को 'बंश' कहा जाता है। ऐसी जनश्रुति है कि श्रीकृष्ण की वंशी से उसका निर्माण हुआ है। ये हाथ की उँगुलियों में रस्सी बाँधकर उसमें घुँघरू फँसाकर बंश की डोरी को खुनखुन की लय में प्रतिध्वनित करते हैं, इसीलिए इनको खुनखुनिया कहा जाता है। खुनखुनिया लोग अपनी गाथाओं का एकल गान करते हैं। मुख्यतः पगड़ी, अँगरखा यानी पारम्परिक परिधानपूर्वक। पहले ये अपने सजातीय यजमानों के यहाँ घोड़ों पर सवार होकर खरीफ और रबी के कटने के बाद पहुँचते थे और संध्या काल ये लोक गाथाएँ गाते थे। इनकी प्रमुख तीन कथाएँ प्राप्त होती हैं—

1. हरिया ऊभन 2. वीर पाल्हना 3. सेल्हा सहजिया

इन गीतों में शौर्य पराक्रम सम्बन्धी गाथाएँ हैं। हरिया ऊभन में आत्म सम्मान, सत्साहस, शौर्य, पतिव्रत और पवित्र प्रतिशोध की घटना है। वीर पाल्हना का जन्म एक विशिष्ट वरदान के तहत होता है। वह अपने पितृ-पितामहों का बदला लेने के लिए वचनबद्ध है। सेल्हा सहजिया में प्रतिशोध और आत्मसम्मान का भाव मुखरित हुआ है।

गोपीचन्द : यह कथा 'भरथरी' की भाँति नाथ-सम्प्रदाय से प्रभावित है। नाथ-सम्प्रदाय के सिद्धान्तों से परिपूर्ण इस गाथा का रस परिपाक हृदय को उद्वेलित कर देने वाला है। माता का ममत्व, बहिन का स्नेह, प्रेम की पीर के साथ शारीरिक नश्वरता का संकेत करते हुए योग-मार्ग की प्रेरणा देना प्रस्तुत लोकगाथा का प्रमुख प्रदेय है।

भरथरी : यह लोकगाथा वैसे तो समस्त उत्तर भारत में प्रचलित है, किन्तु अवधांचल में इसका ज्यादा महत्त्व है। अवध क्षेत्र में इस गाथा को गोरखपंथी साधु सारंगी अथवा चिकारे पर गाते हैं। इन्हें जोगी कहा जाता है। यह गाथा-नाथ सम्प्रदाय के गुरु गोरखनाथ तथा मत्स्येन्द्रनाथ के सिद्धान्तों से सम्बद्ध है। भरथरी को नौवाँ नाथ माना जाता है। इस गाथा में रानी सामदेवी तथा राजा भर्तृहरि के वैराग्य धारण की घटनाएँ वर्णित हुई हैं।

चाचर : इस लोकगीत का पुराना रूप है चर्चरी। 12वीं शताब्दी के जैन कवियों ने इस गीत को अपनाया था। यह श्रृंगार प्रधान लोकगीत है, जिसमें प्रायः हर्ष, उल्लास प्रकट किया जाता है। इसलिए अवधी में आज चाचर का अर्थ हो गया है शोरगुल। जायसी के 'पद्मावत' में यहाँ चाचर गाने का उल्लेख हुआ है, किन्तु अब यह लोकगीत विलुप्तप्राय है।

चैता/चैती : यह चैत के महीने में गाया जाता है, इसलिए इसे चैता या चैती कहते हैं। उसी तरह जैसे फागुन में गाये जाने वाले गीत को फागु या फगुवा कहते हैं। यह एकल भी होता है और सामूहिक भी। इसमें 'राम', 'हो रामा' की टेक लगायी जाती है। यह श्रृंगारपरक गीत है। इसके प्रचलन का श्रेय बुलाकीदास को दिया जाता है।

ढोला : यह एक लोक कथा काव्य है, जो चिकारा, ढोल तथा मंजीरे के साथ प्रायः वर्षा ऋतु में गाया जाता है। इस शैली में गायी जाने वाली एक कथा राजस्थान की 'ढोला मारू' गाथा पर आधारित है। दूसरी कथा अवध क्षेत्र में 'नल दमयन्ती' से जुड़ी हुई है। यह सूफी प्रेमाख्यान से मिलती-जुलती प्रतीत होती है। छत्तीसगढ़ में प्रचलित ढोला का भी अवध क्षेत्र में पर्याप्त प्रचलन है। इसमें ढोला नामक कुँवर अपनी प्रेमिका को प्राप्त करने के लिए या अपने राजा की आज्ञा पूर्ति के लिए असाधारण साहस तथा शौर्य का परिचय देता है।

नौटंकी : यह अवध का सर्वप्रिय लोक नाट्य है। इसकी व्युत्पत्ति के सम्बन्ध में कई मत हैं, जैसे 1. यह नाटक या नौटंकी का अपभ्रंश है। 2. इसकी फीस आरम्भ में 9 टका (रुपया) थी, इसलिए यह नौटंकी कहलायी। 3. संगीत तथा रूपक तत्त्व के बाहुल्यवश इसे 'सांगीत' कहा गया। 4. भर्तृहरि नामक लोक प्रिय कथा के कारण कहीं-कहीं 'भरथरी' को नौटंकी लोकनाट्य का पर्याय मान लिया गया। 5. कहीं-कहीं इसे 'भगत' नाम दिया गया है। तात्पर्य यह कि विषयवस्तु के अनुसार इस लोक नाट्य के नाम रखे जाते रहे हैं। कुछ विद्वानों ने इसके लिए नकल, ख्याल, स्वाँग, मंच, तमाशा आदि शब्दों का भी व्यवहार किया है। कवि बच्चू जाहिल ने 'स्वाँग' को इसका पर्याय माना है। किन्तु यह नौटंकी से भिन्न नाट्य विधा है। नौटंकी एक तरह गीति-नाट्य, म्यूजिकल आपेरा, बैले आदि से मिलती-जुलती हुई कला है। इसका प्रवर्तन या प्रचलन पारसी थियेटर के पूर्व 12वीं शती के आसपास माना जाता है। सम्भव है कि अरबी यायावरों के साथ यह कला भारत में प्रविष्ट हुई हो और यहाँ की तत्कालीन कलाओं के संसर्ग-योग से इस रूप में परिणत हो गयी हो। नौटंकी में भारतीयता और अरब संस्कृति का अद्भुत समन्वय है। इसके कथानक, पात्र, शब्द भाण्डार, छन्द और शिल्प, सबमें यही परस्परता देखी जा सकती है। प्रदर्शन कला (शोमैनशिप) इसकी सर्वोपरि विशेषता है। दर्शक हजारों-हजारों की भीड़ में इसे देखते हैं। अवध के कई पुराने प्रकाशकों ने नौटंकी की शताधिक पुस्तकें प्रकाशित की थीं। इनमें सर्वोपरि थे—श्रीकृष्ण (खत्री) पहलवान (कानपुर) जिनका 'श्रीकृष्ण पुस्तकालय' एवं 'श्रीकृष्ण सांगीत कम्पनी' जैसी संस्थाएँ अत्यन्त लोकप्रचलित रही हैं। कवि निदेशक श्रीकृष्ण लगभग 300 सांगीत रूपकों के रचयिता कहे जाते हैं। इनमें लैला मजनू, अमरसिंह राठौड, गुलबदन आदि कृतियाँ बहु प्रचलित रही हैं।

नौटंकी का लोकमंच उसके लोक-नाट्य की अपेक्षा विलक्षण है। इसका अभिनय प्रायः व्यावसायिक कम्पनियों द्वारा किया जाता है, जिसमें श्रीकृष्ण सांगीत कम्पनी (संस्थापित 1927), नत्थाराम की कम्पनी, तिरमोहन की कम्पनी, लालमणि की कम्पनी, मुन्नू नम्बरदार की कम्पनी, मौजीराम नौटंकी वाला (आगरा) की कम्पनी, उस्ताद राधेश्याम की कम्पनी आदि सुविख्यात हैं। इन कम्पनियों के पास 100-150 के लगभग कलाकारों, फोल्डिंग स्टेज, तम्बू आदि की व्यवस्था होती है। साजो-सामान अपेक्षाकृत कम होता है। इनका मंच कुछ पर्दों की सहायता से बन जाता है। सीन प्रायः दोहे कहकर बदल दिये जाते हैं। मंचन प्रायः रात भर चलता है। मंच के एक किनारे वाद्यकार बैठते हैं, विशेषतः हारमोनियम मास्टर, नगाड़ची, ढोलकिया, सारंगीवादक आदि। इसमें पार्श्ववाचन की आवश्यकता नहीं होती। सर्वप्रथम 'रंगा' या 'रंगचर' (जो संस्कृत नाट्य शास्त्र के 'रंगाचार्य' का प्रतिरूप है) उपस्थित होता है। वह पात्र, परिवेश एवं प्रयोजन पर प्रकाश डालता है और फिर सम्बद्ध पात्र क्रमशः अपनी-अपनी भूमिकाएँ प्रस्तुत करते हैं। ये संवाद प्रायः स्वरबद्ध और पद्यात्मक होते हैं। कथा में विशेष नाटकीयता और तीव्रता होती है। संवादों में कहीं-कहीं गद्य भी प्रयुक्त होता है। दृश्यान्तर में कॉमिक, गीत तथा नृत्य का आयोजन किया जाता है। इसके दर्शक प्रायः निम्न वित्त वर्ग के होते हैं। अभिनय के बीच में वे गायकी को दोहराने की फरमाइशें करते हैं, इनाम देते हैं और अनौपचारिक 'सहृदयता' प्रकट करते हैं। अभिनेताओं को जोर से बोलने का अभ्यास होता है, अतः नौटंकी में ध्वनि यन्त्रों का प्रयोग प्रायः नहीं किया जाता। नगाड़े की बुलन्द आवाज तो बड़ी ही सम्मोहक (रोमांचक) होती है। नौटंकी में प्रायः पुरुष पात्र होते हैं। कुछ कम्पनियों में गायिका और नर्तकी भी रहती हैं। इनका प्रसाधन बड़ा चटकीला-भड़कीला होता है। धार्मिक नौटंकियों के अतिरिक्त सभी नौटंकियाँ प्रायः अश्लील होती हैं, अतः ये भद्र समाज के लिए वर्जित मानी जाती रही हैं, किन्तु लोक जीवन के सर्वसाधारण व्यक्ति इसके मंचन और दर्शन में विशेष रुचि लेते हैं। अवध में आज भी तिरमोहन का नगाड़ा, रोशन का नक्कारा, मास्टर बब्बन की हारमोनियम, अख्तर जमाल की विदूषकी, आशिक हुसैन, शिवप्रसाद, गिर्राजप्रसाद, मलका बेगम और गुलाब बाई का अभिनय विख्यात रहा है। कभी-कभी ग्रामवासी स्वयं इसे खेलने का उपक्रम करते हैं। निश्चय ही यह अवधी लोकजीवन की एक जीवन्त लोककला है।

पँवाड़ा : अवधी की लोकप्रिय गाथा शैली है पँवाड़ा, जो एक विशिष्ट आख्यानक गीत है। इसमें किसी एक घटना का विस्तृत विवरण प्रस्तुत किया जाता है। श्रवण कुमार, भरथरी, चन्द्रावली, कुसुमा आदि के पवाँड़े अवधी में बहुत प्रसिद्ध हैं।

बंजारा लोक गीत : अवध क्षेत्र में ऐसी कुछ घुमन्तू जातियाँ हैं, जिनको यहाँ अनुसूचित जन जाति के अन्तर्गत रखा गया है, जैसे–

1. थारू : इस जन जीवन में अनेक प्रकार के लोक गीत प्रचलित हैं। अवध के उत्तरी क्षेत्र में (जो नेपाल के तराई से जुड़ा हुआ है) थारू जनजाति का बाहुल्य है। थारू अब यायावर तो नहीं रहे, लेकिन उनकी जीवन शैली कुछ भिन्न अवश्य है।

2. नट करनट : इस नाम की एक ऐसी जनजाति पायी जाती है, जिसमें स्त्रियाँ नृत्य और गान का व्यवसाय करती हैं और पुरुष कुश्ती और सर्कस आदि का। इन गायिकाओं को नटिनिया, भटियारिन, बेडिन आदि भी कहा जाता है।

3. लोहर बढ़इया : ये अवध के ग्रामीण क्षेत्र में अस्थाई शिविर बनाकर रहते हैं। प्रायः वन्य जीवन जीते हैं। इनमें कुछ जरायम पेशा हैं। ये बंजारे जन्म, विवाह तथा मृत्यु के अवसर पर तरह-तरह के

लोक-गीत गाते हैं और अपनी पारम्परिक वेशभूषा में सामूहिक नृत्य गान करते हैं। इनके पर्वोत्सव कई लोक देवी-देवताओं से जुड़े हुए हैं। अवध क्षेत्र में जनजातियाँ अपेक्षाकृत बहुत कम हैं, किन्तु जो जितनी हैं, उनका लोक संगीत, उनकी लोक कथाएँ, लोक कलाएँ, लोकनाट्य आदि उल्लेखनीय अवश्य हैं। इनके अतिरिक्त यहाँ ब्रजवासिनी नाम की कुछ गायिकायें भी भिक्षार्जन करती हुई नृत्य गीत प्रस्तुत करती हैं। दिनोंदिन इनकी संख्या कम होती दिख रही है।

4. पथरकटा : यह प्रजाति पत्थर के सिलबट्टे, चक्की, जाँत आदि बनाने और उन्हें छीनने का कार्य करती है। बस्ती के निकट ये अपने तम्बू लगाकर यह कार्य करते हैं। इनके भी अपने कुछ विशिष्ट लोकगीत हैं।

बुझौवल : इसे पहेली, मिलानी आदि नाम भी दिये गये हैं। इसमें कुछ गूढ़ संकेत होते हैं। यह प्रायः वार्तालाप शैली में प्रस्तुत किया जाता है। अवध में 'बूझो तो जानें' शैली में प्रचलित बुझौवल जनसाधारण के बीच बुद्धि परीक्षण के माध्यम हैं।

बिहुला : इस लोक गाथा का दूसरा नाम है—बालालखन्दर। यह पतिधर्म की एक अमर गाथा है। मृत पति को जीवित करने के लिए बिहुला को सदेह स्वर्ग जाना पड़ता है। पूर्वी बिहार में नागपंचमी के दिन बिहुला सती की पूजा होती है। बिहुला आज पुराणों की देवी बन चुकी है, अतः इसका काल-निर्णय कर पाना कठिन है। इसके सम्बन्ध में यह लोक विश्वास है कि जब यह गाथा गाई जाती है, तो समीप ही सर्प भी आकर इसे सुनते हैं।

भाँड़ : यह अवध के लोक नाट्य का एक प्राचीन रूप है, जो प्रायः सामाजिक कुरीतियों का पर्दाफाश करते, उन पर व्यंग्य करते प्रहसन रूप में प्रस्तुत किया जाता है। लोगों का मनोरंजन करते हुए उनके बारे में जीवंत हास्य प्रस्तुत करना ही भाड़ों का मूल उद्‌देश्य रहा है। संस्कृत में भाण नामक रूपक प्राचीन काल से ही प्रसिद्ध रहे हैं। इनमें शृंगार से सम्बन्धित दृश्यों का बाहुल्य होता है। यह कला लखनऊ के नवाब वाजिद अली शाह के जमाने में बहुत मशहूर थी। उनके भाँड़ नाचने-गाने में बहुत प्रवीण होते थे। कभी वे स्त्री का रूप धारण करते थे और कभी पुरुष का। भाँड़ किसी की भी नकल कर सकते हैं। प्रायः वे उच्च श्रेणी का मजाक उड़ाते हैं। हाजिरजवाब तो गजब के होते हैं।

रसोलिया : लोरिक और चन्दा से सम्बद्ध लोककथायें देश के विभिन्न अंचलों में, यथा उत्तरप्रदेश के अवध क्षेत्र, मिर्जापुर, भोजपुर, भागलपुर, छत्तीसगढ़, संथाल परगना आदि में प्रचलित हैं। इनके रूपों में विविधता भी पाई जाती है। अवध के पासियों की प्रसिद्ध लोकगाथा हैं, रसोलिया, जिसका पात्रों के नाम-परिवर्तन के सिवा मुल्ला दाऊद कृत 'चन्दायन' से पर्याप्त साम्य है। यह कथा पँवारे के रूप में पिछड़ी जातियों में गाई जाती है।

रामलीला : यह अवध क्षेत्र का सर्वाधिक लोकप्रिय नाट्य है। इसका प्रवर्तन मेधा भगत के साथ तुलसीदास ने किया था। यह मंचन प्रायः दशहरा-दीवाली के बीच होता है। इसमें रामकथा के कई प्रसंग प्रस्तुत किये जाते हैं, जैसे—सीता स्वयंवर, राम वन गमन, सीताहरण, लंका दहन, राम रावण युद्ध, रामराज्य आदि। इसमें वेशभूषा, मुखौटा, पर्दा, स्टेज, ध्वनि, प्रकाश, नृत्य, गायन, प्रहसन आदि का उपयोग किया जाता है। संवाद रामचरितमानस की चौपाइयों और गद्य वार्तिक के अनुसार चलते हैं। बीच-बीच में कई छन्द भी रख दिये जाते हैं। इसके कई लिखित रूप भी हैं। प्रस्तुतीकरण की कई शैलियाँ है। यहाँ अनेक रामलीला मंडलियाँ हैं। अयोध्या शोध संस्थान द्वारा कई वर्षों से आयोजित अनवरत रामलीला प्रदर्शन से इसकी पुष्टि होती है। इस कला का विस्तृत विश्लेषण 'कला संचेतना' नामक अध्याय में विशेष रूप से द्रष्टव्य है।

रासलीला : अवध में रासलीला की परम्परा 15वीं शती से चल रही है। जनश्रुति है कि वल्लभाचार्य जी ने इसका आरम्भ किया था। स्वामी विट्ठलनाथ ने 84 कोस की परिक्रमा वाली ब्रजभूमि के स्थलों की खोज करके करहला (मथुरा) के स्वामी घमण्डदेव के साथ भागवतकथा के सहारे रासलीला की विशिष्ट रूपरचना की थी। यह कृष्णलीला का सर्वाधिक महत्त्वपूर्ण पक्ष है। अवध में रासधारी प्रायः इस कला की प्रस्तुति करते रहते हैं। हरियाली तीज से शरद पूनों तक यह अनेक मन्दिरों, आश्रमों तथा उपवनों में देखी जा सकती हैं। श्रावण और फाल्गुन माह में 'रास' की अधिक धूम रहती है। रासलीला ब्रजभाषा में होती है, किन्तु देश भर के अहिन्दीभाषी भक्त-दर्शक भी इसका आनन्द उठाते हैं।

लावनी/तुर्रा कलगी : आचार्य रामचन्द्र शुक्ल ने तुकनगिरि और देवी सिंह के बारे में लिखा है कि मीरजापुर के तुकनगिरि गोसाई ने सधुक्कड़ी भाषा में ज्ञानोपदेश के लिए लावनी की प्रथा चलायी थी। तुकनगिरि के दो शिष्यों, रिसालगिरि और देवी सिंह के आगे चलकर दो परस्पर प्रतिद्वन्द्वी अखाड़े हो गये। रिसालगिरि का ढंग 'तुर्रा' कहलाया। उसने भगवा बाना बनाया। तुर्रा में अधिकतर ब्रह्मज्ञान रहता था। देवी सिंह का बाना 'सखी का बाना' और उसका ढंग 'कलगी' का तराना कहलाया, क्योंकि वह भक्ति और प्रेम को लेकर चला था। अवध में इनको पृथक्, मंचों पर अभिनीत होने वाली कला के रूप में विकसित किया गया, जिस पर 'बेतबाजी' का भी काफी प्रभाव पड़ा।

तुर्रा कलगी गायन की एक विशिष्ट कला है, जो कभी लगभग सम्पूर्ण उत्तरी भारत में लोकप्रिय रही है। वस्तुतः यह प्रसिद्ध गायकी है। कलगी और तुर्रा दो अलग-अलग लोक शैलियाँ हैं। दोनों के दल अलग-अलग मंचों पर आमने-सामने प्रस्तुत होते हैं। सवाल-जवाब आशुकविता में होता है। तुकबन्दी का जवाब तुकबन्दी से, लेकिन बिल्कुल सटीक। इसे कविता का नाटकीय दंगल भी कहा जाता है। इसमें स्त्री विजेता के सिर पर कलगी और पुरुष विजेता के सिर तुर्रा वाँधा जाता है। स्पष्ट है कि कलगी-तुर्रा गायन की एक प्रतिस्पर्धा प्रधान पद्धति है। इसमें दोनों पक्ष अपने-अपने प्रबल तर्क प्रस्तुत करते हैं तथा प्रतिस्पर्धी को पराजित करने का प्रयास करते हैं। इन दलों की अपनी कुछ धार्मिक दार्शनिक मान्यताएँ हैं। एक में शिव प्रमुख है, दूसरी में पार्वती। वस्तुतः कलगी-तुर्रा ख्याल और लावनी का मिलाजुला रूप है। अवध में कलगी-तुर्रा के कई अखाड़े लोकप्रिय रहे हैं, किन्तु अब इनके अवशिष्ट रूप कठिनाई से ही दृष्टिगत हो सकते हैं।

लोककथा : यह वार्ता शैली में कही सुनी जाती है। इसके कई प्रकार अवध क्षेत्र में प्रचलित हैं, जैसे—पौराणिक कथा, धार्मिक कथा, ऐतिहासिक कथा, मनोरंजन पूर्ण कथा, निजन्धरी कथा, परी कथा, नाग कथा, भूत-प्रेत की कथा आदि। इनमें अधिकतर अलिखित और अप्रकाशित हैं। अवध के गाँवों में दादी-नानी के मुँह से अभी ये कथायें सुनने को मिलती हैं।

लोकगीत : अवध क्षेत्र की जनपदीय भाषाओं में कई बोलियों के लोकगीत सुनाई देते हैं, किन्तु प्रमुखता है अवधी लोकगीतों की। इन्हें इन दस भागों में वर्गीकृत किया जा सकता है—

1. ऋतु गीत, जैसे—बसन्त, चैती, होरी, फाग, झूला, कजरी, बारहमासा, लेज, चहली आदि।
2. संस्कार गीत, जैसे—सोहर, सरिया, बधाई, कठुला, खेलौना, मुंडन, छेदन, जनेऊ, बरुवा, भीखी, साँझ गीत, चाकी-काँडी, तेलमैना, सिलपोहनी, पेरी गीत, गारी, नहछू, सेहरा, सुहागगीत, द्वारचार, भवँरी, लावा, कन्यादान, बातीमेरावन, कोहबर, परछन, उपहटि आदि।
3. पूजा प्रार्थना के गीत, जैसे—पचरा, लहचारी, देवीगीत, कीर्तन, पद-भजन, निरगुन आदि।
4. श्रमगीत, जैसे—सोहनी, रोपनी, जँतसार, कुटौनी, कटौनी आदि।

5. जातीय गीत, जैसे—बिरहा, कुम्हरा, धोबिया, भगत, पसिया, जोगीड़ा, पचरा, कहरवा, तेलिया, पाँवरिया आदि।

6. पंथकगीत 7. आख्यानक गीत 8. बालगीत 9. टोन्हा या लोक मन्त्र 10. स्फुट।

लोक गाथा : इसके कई नाम हैं, जैसे—आख्यानक गीत, वीरगाथा, वीरकाव्य, गाथा काव्य आदि। ये गाथाएँ प्रबन्धात्मक होती हैं। इनका रचयिता होता है—लोक मानस। ये एकल भी होती हैं और सामूहिक भी। प्रायः वाद्य पूर्वक गायी जाती हैं। कुछ गाथाएँ नृत्य के साथ होती हैं। कुछ नृत्य नाट्य के साथ प्रस्तुत की जाती हैं। ये गाथायें धार्मिक, सामाजिक आर्थिक, अर्थात् कई विषयों से जुड़ी होती हैं। अवध में प्रचलित आल्हा, सखन, भरथरी, बनजारा, रसौलिया, खुनखुनिया आदि अनेक लोक गाथाएँ दीर्घकाल से प्रचलित हैं।

सोरठी : यह एक अत्यन्त रोचक गाथा है। पूर्वांचल में लोग इस गाथा को बड़ी पवित्र दृष्टि से देखते हैं। इसमें सोरठी नायिका है। ब्रजाभार नायक है। इन प्रेमियों का मिलन कितना कष्ट साध्य होता है, इस लोकगाथा में यही चित्रित है। साथ ही साथ, खल पात्रों के अनेक अलौकिक तत्वों का भी विशद् चित्रण इस गाथा में हुआ है। इस पर नाथ-सम्प्रदाय की स्पष्ट छाप पड़ी है। इसमें शायद ही कोई देवी-देवता छूट पाये हों।

लोक नृत्य नाट्य : यह नृत्य का आदिम प्राकृतिक रूप है। जनसाधारण विभिन्न ऋतुओं में, विभिन्न अवसरों पर अपना सहज उल्लास प्रकट करने के लिए इन लोक नृत्यों का सहारा लेता है। अवध की पिछड़ी जातियों तथा जन जातियों में इनका प्रचलन ज्यादा है। यहाँ इनकी कई शैलियाँ देखी जा सकती हैं। जैसे—पसिया नाच, धोबिया नाच, चमरा, भगत, कहरवा आदि। इनके पीछे उद्‌देश्य होता है—देवी-देवताओं की पूजा, जन्म, विवाह जैसे अनुष्ठान तथा मनोरंजन।

लोक पंडित : अवध में समय-समय पर ऐसे अनेक दुनियादार और लोक कलाकार प्रकट हुए हैं, जो पढ़े-लिखे तो नहीं थे, किन्तु लोक ज्ञान में प्रवीण यानी 'कढ़े' हुए थे। इन्हें पहले 'घाघ' कहा जाता था। इनकी स्थिति विदूषक या 'क्लावन' (वाइजफूल) जैसी थी। दक्षिण में कृष्ण देवराय के दरबारी तेनालीराम, अकबर के दरबारी राजा बीरबल अथवा शेख चिल्ली की जो विशेषताएँ बतायी जाती हैं, वे ही इन लोक पंडितों में देखी जा सकती हैं। इस क्षेत्र में चार प्रसिद्ध लोक पंडित हुए हैं—1. घाघ भड्‌डरी, जिनका पतोहू के साथ हुआ वाद-विवाद यहाँ बहुत लोकप्रिय है। घाघ ने मौसम विज्ञान, खेती-पाती और लोक-रीति, नीति के बारे में जो सूक्तियाँ रची हैं, वे यहाँ कहावतों के रूप में विख्यात हैं। दूसरे लोक पंडित कहे गये—लाल बुझक्कड़, जो हर प्रश्न का मनचाहा उत्तर निकाल लेते थे। तीसरे प्रसिद्ध लोक पंडित हुए हैं बलईमिसिर, जो अपनी सूझबूझ के लिए चर्चित रहे हैं। चौथी लोक पंडिता मानी गयी हैं 'बासू केर खगनिया'। इन लोक पंडितों की वाणी यहाँ के जन-जन के कंठ में विद्यमान है।

लोकोक्ति : इसे कहावत, कहनूति तथा मसला भी कहा जाता है। इसमें लोक, रीति, नीति, पहेली आदि के तत्त्व होते हैं। ये गद्य-पद्य दोनों में हो सकती हैं। इन्हीं का एक रूप है मुहावरा। इस क्षेत्र की विशेषता है कि बातचीत के दौरान प्रायः प्रत्येक व्यक्ति अपने कथन के समर्थन में कोई न कोई कहावत या मुहावरा अवश्य जोड़ देता है। अवध में ऐसे कई लोक पंडित हुए हैं, जिनकी सूक्तियाँ लोक कण्ठ में विद्यमान हैं, जैसे घाघ भड्‌डरी, बलई मिसिर, बासू केरि खगनिया। शिक्षित वर्ग में रामचरित मानस की उक्तियों ने लोकोक्ति का रूप धारण कर लिया है। अवधी लोकोक्तियों के कई संकलन प्रकाशित हो गये हैं, फिर भी बहुत सारी लोकोक्तियाँ असंकलित पड़ी हुई हैं। इन

लोकोक्तियों के पीछे सन्निहित घटना सन्दर्भ को खोज पाना अब लगभग असम्भव हो गया है।

विदेसिया : यह एक लोक नाट्य है, जिसके मूल रचयिता हैं भिखारी ठाकुर। इसमें परदेश गये प्रिय के प्रति विरहिणी की वियोग व्यथा का वर्णन किया गया है। भोजपुरी में इसका बहुत प्रचार है। अवध क्षेत्र के भोजपुरी भाषी समाज में यह लोकप्रिय है। इसमें सामाजिक बुराइयों, जैसे—बाल विवाह, अनमेल विवाह का बहुशः वर्णन हुआ है।

बिरहा : यह अहीरों का एक जातीय लोक गीत है। वर्षा ऋतु में यह चरवाहा जातियों जैसे—अहीर, गडेरिया आदि द्वारा ज्यादा गाया जाता है। इसमें प्रेम, विरह और नारी जीवन का मार्मिक वर्णन देखा जाता है। यह भोजपुरी अवधी दोनों में प्रचलित है। अब यह आल्हा की तरह एक प्रसिद्ध छन्द बन गया है।

नकटौरा : यह अवधी लोक नाट्य का विलुप्तप्राय प्राचीन रूप है। यह स्वाँग, प्रहसन या भाण, (भाणिका) का एक रूप है। अवध में विवाह के अवसर पर बरात जब प्रस्थान कर जाती है तो घरों में स्त्रियाँ अकेली रह जाती हैं। वे रात्रि भर जागरण करके नृत्य संगीत तथा नकल के सहारे जागती रहती हैं, ताकि मनोरंजन हो, साथ ही घर की देखभाल भी होती रहे। इसमें अश्लीलता का पुट अपेक्षाकृत अधिक होता है। इसको प्रायः पुरुषों से छिपाकर खेला जाता है। स्त्री (अभिनेत्री) कभी पंडित की नकल करती है तो कभी वैद्य की। इस प्रकार वे अनेक रूपों के स्वाँग (नकली वेश) धारण करती है और आपस में एक-दूसरे का परिहास करती हैं। वैसे यह रतजगा का एक विशेष रूप है।

स्वाँग : यह पेशेवर कलाकारों के जीविकोपार्जन का एक साधन है। इसके संवादों में शृंगार और हास्य प्रमुख होते हैं। इस रंगमंच की कोई खास तैयारी नहीं की जाती है। आमतौर पर खुला, सादा रंगमंच होता है। एक लम्बा-चौड़ा तख्त बिछा दिया जाता है। इसमें पर्दे का कोई प्रयोग नहीं होता है, ताकि दर्शक हर दिशा से देख सकें। स्वाँग भरने वाले लोग कोई विशेष उपकरण नहीं रखते हैं। आमतौर पर ढोलक, मंजीरा और काँसे की छोटी थाली। ये ही उनके उपकरण बन जाते हैं। इसमें पुरुष का और स्त्री का स्वाँग बनाकर अनेक प्रकार के हावभाव करती हुई स्त्रियाँ आशुसंवाद करती हैं। स्वाँग प्रायः रात भर चलता है। स्त्रियाँ झूम-झूमकर नाचती गाती रहती हैं। कहीं-कहीं इसमें पुरुष भी सहभागिता करते हैं। वे आवश्यकतानुसार शेर, भेड़िये और चीते का स्वाँग भरते हैं और कौतुकपूर्ण कृत्य करते हैं। यह एक लोक नाट्य है, जो तथाकथित निम्न जातियों के द्वारा समूह नृत्य के रूप में प्रस्तुत किया जाता है। इसमें स्त्री-पुरुष पात्रों के जोड़े खुलकर हँसी-मजाक करते हैं और भाव विभोर होकर ढोलक, मँजीरा, बेला आदि बजाते हैं, तथा शृंगारिक चेष्टाओं का ऐसा प्रदर्शन करते हैं कि किसी प्रकार का निषेध नहीं रह जाता। इसका मुख्य रस है हास्य और फिर शृंगार। इस लोकनाट्य की विशेषता है लय, गीत, नृत्य, संवाद। यह कार्यक्रम खुले मंच (मैदान) में चलता है। ये स्वाँगिये खूब खाते, पीते, नाचते, गाते और बजाते हुए अपना अभिनय प्रस्तुत करते हैं। स्वाँग का आयोजन प्रायः जन्मोत्सव, विवाहोत्सव, तिथि त्योहार और फसल महोत्सव के रूप में होता है। इसे भाँड़ तथा प्रहसन का कुछ परिवर्तित रूप कहा जा सकता है।

स्वाँग-सपेड़ा : लखनऊ के 'इंदर सभा' नाटक के अनुकरण पर 'स्वाँग-सपेड़ा 'नागर-सभा' के नाम से गतशती में काफी प्रसिद्ध हो गया था। सपेड़े के छन्द वही हैं, जो आज नौटंकी में प्रयुक्त हो रहे हैं, किन्तु उनकी धुनों में पर्याप्त भिन्नता है। इसका प्रदर्शन कभी रात-रात भर होता था और दर्शक-वृन्द मन्त्रमुग्ध सा बैठा रहता था। आज इसका मात्र एक आलेख उपलब्ध है। नौटंकी का सपेड़ा पर विशेष प्रभाव रहा है।

सपेड़ा का कथानक इस प्रकार है—कामरूप देश का नागर नामक एक सँपेरा (जो मन्त्र-तन्त्र और जादू-टोना में प्रवीण है) मंतरगढ़ (बंगाल) की एक प्रसिद्ध जादूगरनी मोती के सौन्दर्य की प्रशंसा सुनकर उस पर आसक्त हो जाता है। उसे प्राप्त करने के लिए वह मंतरगढ़ जाने की तैयारी करता है। यह सुनकर उसकी पत्नी सुन्दर दुःखी होती है। वह हर प्रकार से अपने पति को समझाती है, किन्तु पति के दृढ़ निश्चय के आगे उसे झुकना पड़ता है। वह उसकी मंगल कामना करती हुई अन्ततः विवश होकर उसे विदा करती है। नागर अनेक कष्टों को झेलता हुआ मंतरगढ़ पहुँचता है और मोती के समक्ष अपना प्रेम प्रस्ताव रखता है, किन्तु मोती उसके प्रस्ताव को अस्वीकार कर देती है। एक लम्बे प्रश्न-उत्तर के बाद मोती इस बात पर राजी होती है कि यदि वह जादू के युद्ध में उससे परास्त हो गयी तो उसके प्रस्ताव का पालन करेगी। दोनों को अपनी-अपनी जादू-शक्ति पर अपार विश्वास है। जादू का युद्ध प्रारम्भ होता है। मोती अपने नागों को नागर पर छोड़ती है। नागर उन नागों को वश में कर लेता है, किन्तु अन्ततः एक नाग द्वारा डसे जाने के कारण उसकी मृत्यु हो जाती है। मोती उसके शव को बालू में ढक देती है। नागर की पत्नी सुन्दर जब स्वप्न में अपने पति को मृत देखती है तो वह जोगिन के वेश में मंतरगढ़ पहुँचती है और वहाँ मोती को जादू-युद्ध के लिए ललकारती है। दोनों में जब युद्ध होता है तो मोती को वह मार डालती है। तदुपरांत अपने पति को जादू के प्रभाव से जीवित करके घर वापस चलने के लिए आग्रह करती है। परन्तु नागर बिना मोती के घर वापस जाने के लिए तैयार नहीं होता। पतिव्रता सुन्दर अपने जादू के प्रभाव से मोती को भी जीवित कर देती है। मोती अपने वचन का निर्वाह करने के लिए नागर के साथ चलने को प्रस्तुत हो जाती है और तब नागर आमोद-प्रमोद के साथ सुन्दर और मोती को लेकर अपने देश कामरूप पहुँच जाता है।

अब ये कलाकार दुर्लभ से हैं।

समाहार

हिन्दी साहित्य के विकास में अवध क्षेत्र की बहुत बड़ी भूमिका रही है। हिन्दी ही नहीं, विश्व स्तरीय साहित्य के सर्वोच्च शिखर गोस्वामी तुलसीदास की साधना स्थली है अवध। यहीं सूरदास लखनवी, मुल्ला दाऊद, मलिक मोहम्मद जायसी, कुतुबन, मंझन, शेख निसार, सलोनी, महाकवि भूषण, मतिराम, चिन्तामणि, तोषनिधि, पद्माकर (बाँदा), बेनी प्रवीन, बेनी वंदीजन, सुखदेव मिश्र, रसलीन, मुबारक अली, भूपति, द्विजदेव आदि ने अपने अनमोल साहित्य का सृजन किया।

आधुनिक युग के रचनाकार—श्रीधर पाठक, बालकृष्ण भट्ट, प्रतापनारायण मिश्र, महावीर प्रसाद द्विवेदी, निराला, सुमित्रानन्दन पन्त, महादेवी, रामकुमार वर्मा, रामनरेश त्रिपाठी, भगवतीचरण वर्मा, नवीन, सुभद्रा कुमारी चौहान, सुमित्रा, कोकिल, चकोरी, सुधा, सनेही, हितैषी, अनूप शर्मा, पढ़ीस, बंशीधर, रमई काका, मृगेश, द्वारका प्रसाद मिश्र, बच्चन, त्रिलोचन, रामविलास शर्मा, सुमन, नरेश मेहता, कुँवर नारायण, धर्मवीर भारती, सर्वेश्वर, रघुवीर सहाय, साही, लक्ष्मीकान्त वर्मा, जगदीश गुप्त आदि अवध से सम्बद्ध रहे हैं।

समय-समय पर यहाँ से कई साहित्यिक आन्दोलन शुरू हुए हैं। सूफी काव्य मूलतः यहीं उपजा है। सन्त काव्य यहाँ बहुत रचा गया है। हिन्दी रामकाव्य की शुरुआत स्वामी रामानन्द के माध्यम से यहीं हुई। रीतिकाव्य, नीतिकाव्य, वीरकाव्य और व्यंग्य काव्य यहाँ बहुत रचे गये हैं। इस क्षेत्र में अनेक आशुकवि हुए। गूढ़ काव्य तथा लक्षण ग्रन्थ यहाँ बहुत लिखे गये। 1857 की क्रान्ति और काकोरी

काण्ड से जुड़े कई रचनाकार (बिस्मिल, अशफाक, रोशन आदि) यहाँ बहुत सक्रिय रहे। कथालेखन नाट्यालेख तथा मंचन को प्रश्रय देने का श्रेय लखनऊ के उर्दू अदब को है। यहीं प्रगतिशील लेखन का प्रथम जयघोष हुआ। यहीं से हालावाद शुरू हुआ। इलाहाबाद की संस्था 'परिमल' ने कई नये साहित्यिक अभियानों में अपनी सहभागिता निभायी। समीक्षा क्षेत्र में यह अंचल अग्रणी रहा है। आचार्य रामचन्द्र शुक्ल, नन्द दुलारे बाजपेयी, डॉ. रामविलास शर्मा, रामस्वरूप चतुर्वेदी जैसे समीक्षक इस कथन के प्रमाण हैं। इतिहास लेखन में सेंगर जी और मिश्र बन्धुओं की पहल को भुलाया नहीं जा सकता है। कथा साहित्य में यशपाल, नागर, भगवतीचरण वर्मा, अश्क, इलाचन्द्र, गिरिराज किशोर, अमरकान्त, शिवानी, नमिता, कृष्णा, ममता, शिवमूर्ति, रघुवीर, दूधनाथ, मार्कंडेय, शैलेश, मुद्राराक्षस आदि की अमिट रेख है। नाटक क्षेत्र में लक्ष्मीनारायण लाल, सर्वेश्वर, विपिन, रामकुमार वर्मा अवध की बहुत बड़ी देन है। प्रथम हिन्दी पत्र 'उदंतमार्तण्ड' के सम्पादक युगल किशोर शुक्ल यहीं के गौरव थे। पत्रकारिता के क्षेत्र में प्रेमघन, महादेव सेठ, आचार्य द्विवेदी, गणेश शंकर विद्यार्थी, निराला, श्रीनारायण चतुर्वेदी, रूपनारायण पाण्डेय, प्रताप नारायण, बालकृष्ण भट्ट, सनेही, अशोक जी, एस.एन. घोष, सी.वाई. चिन्तामणि, चेलापति राव जैसे पत्रकार और सरस्वती, सुधा, माधुरी, प्रभा, प्रताप, चाँद, हिन्दी प्रदीप, ब्राह्मण, आनंद कादम्बिनी, अभ्युदय, हिन्दोस्थान, मर्यादा, कथा, विज्ञान, बालसखा, संगम, वर्तमान, माया, मतवाला, संघर्ष, विप्लव, भविष्य, चकल्लस, अतएव, तद्भव, कथाक्रम, हिन्दुस्तानी, माध्यम, त्रिपथगा, कौमी आवाज, जमाना, स्वतन्त्र भारत जैसी पत्रपत्रिकाएँ इतिहास में बेजोड़ हैं। इस क्षेत्र में हिन्दी की अनेक संस्थाएँ कार्यरत हैं और रही हैं, जैसे हिन्दी साहित्य सम्मेलन, हिन्दुस्तानी अकादमी, उ.प्र. हिन्दी संस्थान, हिन्दी सभा सीतापुर आदि। हिन्दी गद्य के विकास में अवध के इन आरम्भिक लेखकों की महती भूमिका रही है–

1. इंशा अल्ला खाँ (लखनऊ)–इन्होंने भाषापन और मुअल्लापन से भिन्न एक व्यावहारिक हिन्दी की नींव रानी केतकी की कहानी के माध्यम से डाली।
2. सदासुखलाल नियाज (प्रयाग)–इन्होंने 'सुखसागर' के माध्यम से खड़ी बोली हिन्दी गद्य को लोकप्रिय बनाया। विश्राम सागर भी यहीं की देन है।
3. बालकृष्ण भट्ट (प्रयाग)–इन्होंने अपने निबन्धों, नाटकों तथा उपन्यासों द्वारा हिन्दी का अनुप्रयोग सुनिश्चित किया।
4. प्रतापनारायण मिश्र (कानपुर)–इन्होंने 'ब्राह्मण' पत्रिका के माध्यम से एक रोचक चुलबुली भाषा शैली की रचना करके उसे सुग्राह्य बनाया।
5. आचार्य महावीर प्रसाद द्विवेदी (रायबरेली)–हिन्दी गद्य के परिमार्जन तथा मानकीकरण के क्षेत्र में इनकी भूमिका सर्वोपरि रही। सरस्वती पत्रिका के माध्यम से लगभग दो दशकों तक द्विवेदी जी हिन्दी भाषा का संस्कार करते रहे और साथ ही नवजागरण का सन्देश देते रहे।

हिन्दी गद्य के अन्य संवर्द्धकों में निराला, महादेवी, अमृतलाल नागर, पाण्डेय बेचन शर्मा 'उग्र' आदि का विशेष महत्त्व है।

अवध क्षेत्र में उर्दू के जिन लेखकों ने गद्य का विकास किया, उनमें उल्लेखनीय हैं–

आगाहश्र तथा अमानत, जिन्होंने 'इन्दरसभा' नामक पहला नाटक लिखा। यह उल्लेखनीय है कि अवध के नवाब वाजिद अली शाह 'अख्तर' ने इसी के आधार पर 'राधा कन्हैया का रहस' नामक रंग आलेख लिखकर उसका मंचन किया था। अन्य अनेक लेखकों ने अवध अखबार, हमदम, अवध पंच जैसे पत्रों में निरन्तर लेख लिखे, जिनमें उल्लेखनीय हैं रतन नाथ सरशार। इनकी कृति

'फसान ए आजाद' अवध अखबार में कई किस्तों में छपी थी। उपन्यास क्षेत्र में पहल करने वाले थे मिर्जा हादी 'रुसवा', अब्दुल हलीम शरर। हादी की कथा कृति 'उमराव जान अदा' को काफी ख्याति मिली। इसी सन्दर्भ में अलीवेग सुरूर कृत 'फसान ए अजायब' का योगदान भी स्मरणीय है।

हास्य-व्यंग्य के लेखकों में शौकत थानवी, इस्मत चुग़ताई, जी.पी. श्रीवास्तव श्रीलाल शुक्ल, के.पी. सक्सेना आदि का विशिष्ट स्थान रहा है। यह भी विचारणीय है कि प्रगतिशील साहित्यान्दोलन के विकास में अवध की बड़ी भूमिका रही है। लखनऊ में ही प्रथमबार 1936 में सज्जाद जहीर, अली सरदार जाफरी आदि के संयोजन तथा प्रेमचन्द की अध्यक्षता में 'प्रगतिशील लेखक संघ' का अधिवेशन सम्पन्न हुआ था। फिल्मी पटकथा और सिनेगीत रचना में यहाँ के साहित्यकारों बच्चन, नरेन्द्र शर्मा, नागर, भगवतीचरण वर्मा, कैफी, जावेद, जोश, प्रदीप आदि ने बड़ा काम किया है। हिन्दी-राजभाषा के कार्यान्वयन तथा देवनागरी लिपि के मानकीकरण में इस प्रदेश की महती भूमिका रही है। हिन्दी के प्रयोजनमूलक स्वरूप के प्रशिक्षण की पहल यहाँ लखनऊ विश्वविद्यालय में हुई जिसे यू.जी.सी. ने 'लखनऊ माडल' के रूप में पूरे देश में लागू किया है। समूचे हिन्दी जगत की पत्रकारिता का अधिकांश इस क्षेत्र से सम्बद्ध है। यहाँ के रेडियो दूरदर्शन केन्द्रों द्वारा प्रसारित कार्यक्रम मानक रूप में ग्राह्य हैं। यहाँ की संस्थाओं द्वारा देशभर के साहित्यकारों को सर्वाधिक सम्मान दिया जा रहा है। वस्तुतः यह क्षेत्र प्रान्तीय सीमा में केन्द्रित न रहकर सम्पूर्ण साहित्य जगत के साथ सामंजस्य स्थापित करने का अभिलाषी है। निस्सन्देह इसका आयतन बहुत व्यापक है।

कला-साधना

भारत में युग-युग से 64 कलाएँ प्रचलित रही हैं, जिनमें सर्वाधिक महत्त्वपूर्ण हैं—ललित कलाएँ। इसके मुख्य भेद हैं—1. वास्तु कला अथवा स्थापत्य 2. मूर्तिकला 3. चित्रकला 4. संगीत कला 5. नृत्य 6. नाट्य कला। इन सबके अलग-अलग उपकरण होते हैं, जैसे—कागज, रंग, कूची, छेनी, हथौड़ा, वाद्ययन्त्र आदि। इन कलाओं की अवध शैली का परिचय क्रमशः प्राप्य है—

(1) संगीत कला

ललित कलाओं में संगीत का महत्त्व सर्वोपरि रहा है। इसकी गूँज वैदिक युग से आज तक निरन्तर छायी हुई है। इसे स्थूल रूप से गायन, वादन, नृत्य, इन तीन भागों में विभाजित किया जा सकता है। इसका मुख्य स्रोत है—

(क) मन्दिर संगीत

इस गायन का शुभारम्भ भारत में पूजा-अर्चना (भक्ति) के साथ हुआ था। इसका स्रोत है सामवेद। प्राप्त प्रमाणों के अनुसार ब्राह्मण पुजारी आराधना रूप में ईश स्तुति के पद, भजन, स्रोत आदि संगीत पूर्वक प्रस्तुत करते थे। श्रीकृष्ण की प्रेमा भक्ति से जुड़कर यह संगीत अत्यधिक लोकप्रिय हो उठा और शैव, वैष्णव, शाक्त यानी विभिन्न सम्प्रदायों से जुड़े मन्दिरों में यह धूम-धाम से गाया जाने लगा। उत्तर प्रदेश के विशिष्ट मन्दिरों में आज भी यह संगीत कार्यक्रम देखा-सुना जा सकता है।

मध्ययुगीन भारत में पारम्परिक संगीत में इस्लामी प्रतिबन्ध के बावजूद ईरानी कव्वालों ने अपने कुछ विशिष्ट कला करतब दिखाए। अमीर खुसरो ने भारतीय और ईरानी संगीत को समन्वित करने का भरसक प्रयास किया। उन्होंने वीणा से सितार का और मृदंग से तबले का आविष्कार किया। गज़ल और ठुमरी का प्रवर्तन भी उन्होंने किया और इस प्रकार 'हिन्दुस्तानी संगीत' की नींव डाली। स्वामी हरिदास से प्रेरित होकर सम्राट अकबर ने भी इसे पर्याप्त प्रोत्साहन दिया।

नवाबी शासनकाल में अवध के नवाबों ने देश भर के प्रसिद्ध गायकों को लखनऊ में एकत्र किया। जौनपुर के शर्की बादशाहों के राज्याश्रित कलाकारों, दिल्ली के मशहूर गवइयों और विभिन्न रजवाड़ों के कलाकारों के एकजुट हो जाने से अवध की नृत्य गान मण्डलियाँ पूरे देश में लोकप्रिय हो गयीं। नवाबी शासनकाल के प्रसिद्ध गवैये थे—पंडित दुर्गा प्रसाद, प्यारे खाँ, जाफर खाँ, हैदर खाँ, वासित खाँ, हैदरी, जोहरा, मुस्तरी, शोज, कदर पिया आदि। इन गायिकाओं को कुछ विशेष कमाल हासिल था। कालान्तर में ख्याल और ठुमरी का प्रचलन हो जाने से हिन्दुस्तानी संगीत का रुचि बोध एवं स्तर बदल गया। इसे हवेली संगीत तथा दरबारी संगीत भी कहा गया।

नृत्य के क्षेत्र में भी मन्दिरों की बड़ी भूमिका रही है। धीरे-धीरे ये नृत्य दरबारों से जुड़ गये।

वहाँ मुजरा करने वाली तवायफों का प्रवेश हो गया। दोनों के मेलजोल से एक नयी नृत्य कला का विकास हुआ। पुरुष नर्तकों के तीन रूप विकसित हुए 1. कथक 2. रासधारी 3. भाँड़।

कथक के आदि गुरु थे खुशी महाराज, जो नवाब शुजाउद्दौला के समकालीन थे। बाद में हिलाल जी, प्रकाश जी एवं दयालु जी प्रसिद्ध कथक हुए। प्रकाश जी के पुत्र दुर्गा प्रसाद जी नवाब वाजिद अली शाह के उस्ताद बने। दुर्गा प्रसाद जी की वंश-परम्परा में एक से एक कथक प्रकट हुए, जैसे—कालका, बिन्दादीन, अच्छन, लच्छू बिरजू और शम्भू महाराज। लच्छू महाराज ने इस कला को फिल्मों तक पहुँचा दिया। अच्छन महाराज के पुत्र बिरजू महाराज आज सर्वश्रेष्ठ कथक कलाकार माने जाते हैं। इनकी वंश परम्परा जगदीशपुर, सुल्तानपुर के पूरे राघव पंडित नामक ग्राम में विद्यमान है। कथक-कलाकारों में वाजिद अली शाह ने 'अखतर' उपनाम से काफी शायरी की। राधाकृष्ण को आधार मानकर उन्होंने सैकड़ों नृत्य गीत रचे, जिनका संग्रह बाद में 'नाजो' शीर्षक से किया गया। उन्होंने कथक में ठुमरी, दादरा, ख्याल और ग़ज़लों का पहले पहल प्रयोग किया। उनकी कुल चालीस पुस्तकें पायी गयी हैं, जिनमें 'नाजो', 'बनी', 'चंचल', 'नाजनीन', 'सौतुल', 'मुबारिक', दुलहन' आदि उसी कला से सम्बन्धित हैं। नवाब साहब प्रतिवर्ष 'रहस' का प्रदर्शन करते थे, जिसमें वे स्वयं कृष्ण बनते थे और उनकी बेगमें गोपियाँ बनती थीं। इसमें भाग लेने वाले कलाकार 'परीखाना' में पहले विधिवत कथक का प्रशिक्षण लेते थे। नवाब ने कई नाटिकाएँ भी लिखी थीं, जैसे—किस्सा राधाकृष्ण और जोगिया जश्न। इन्हें 'बनी' नामक पुस्तक में उ.प्र. संगीत नाटक अकादमी द्वारा प्रकाशित किया गया है। 'बनी' में नवाब ने कथक और कहरवा की सोलह और पाँच गतों का जीवंत वर्णन किया है।

इस परम्परा में जिन रचनाकारों का विशिष्ट योगदान रहा है, वे हैं अख्तर पिया, कादर पिया, आलम पिया, नवाब कल्वे अली, ललन पिया आदि। ठुमरी की लोकप्रियता बढ़ाई वाजिद अली शाह ने, उसमें नजाकत नफासत डालकर। उन्होंने नृत्य के साथ कथक में बारीक भाव भरे, एक से एक कठिन 'टुकड़े', 'तोड़े' और 'परन' उसमें डाले। उन्होंने 'कथक' में पखावज की जगह तबले का उपयोग शुरू कराया, साथ ही मुँह के बोलों को पैरों के घुँघरू में उतारने की सफलता प्राप्त की।

महाराज बिन्दादीन नौ वर्ष की अवस्था से कथक में जुड़ गये थे। अगले चार वर्षों तक वे "तिग धा-तिगधी" का ही रियाज करते रहे। उन्होंने अपने घुँघुरुओं से बड़े-बड़े साजिन्दों को परास्त किया। उनके कथक की विशेषता थी लयकारी। वे एक लय की चौंसठ बार आवृत्ति कर सकते थे। इसके बारह 'ठाठ' थे। अपनी प्रस्तुति के अनुसार यह 'जनाना' और 'मर्दाना' नृत्य माना जाता था। कथक के लखनऊ घराने में 'गत' के विकास और भाव के प्रदर्शन को विशेष महत्त्व दिया गया था। आज भी इसमें आँखों से बड़ा काम लिया जाता है।

नवाबी युग में कई राष्ट्र प्रसिद्ध कथक यहाँ आ बसे थे। जैसे—कायम खाँ, पीरखाँ, कलन्दर बक्श, हैदर अली, मोहम्मद हुसैन, विशन गुलाम, अल्वास, लल्लू प्रकाश, मिर्जा वाहिद, गुलवदन, सुखवदन, जान बक्श, चन्द्रा बाई, जत्तोबाई आदि।

कथक कलाकारों में शम्भू महाराज ने विशेष ख्याति प्राप्त की। उन्हें 'अभिनय सम्राट' कहा गया। उनके नृत्य में तांडव और लास्य से सम्बद्ध अंग अलग-अलग दिखते थे। उनके शिष्यों में प्रसिद्ध हुए हैं—बिरजू, उमा शर्मा, कुमकुम धर, पुरु दधीचि आदि।

बिरजू महाराज ने कथक की शिक्षा अपने चाचा शम्भू महाराज से प्राप्त की। कालान्तर में वे लच्छू महाराज के साथ भी रहे। शम्भू और बिरजू का युगल नृत्य बहुत प्रसिद्ध हुआ। बहुत दिनों तक ये भारतीय कला केन्द्र, संगीत भारती, दिल्ली कथक केन्द्र, केन्द्रीय संगीत नाटक अकादमी आदि से

सम्बद्ध रहे। इनके द्वारा प्रस्तुत की गयी नृत्य नाटिकाएँ—कृष्णायन, गीतोपदेश, मालविकाग्नि मित्र, रूपवती बाजबहादुर, होरी धूम मचोरी, कथा रघुनाथ की, गीत गोविन्द, लय परिक्रमा, काग लीला, गोवर्धन लीला, नाटिका नृत्य केलि आदि देश-विदेश में लोकप्रिय हुई हैं।

संगीत नाटक अकादमी ने 1963 से अद्यावधि अपने पूर्व अध्यक्षों—डॉ. राधा कमल मुखर्जी, ठाकुर जयदेव सिंह, बिरजू महाराज आदि के मार्ग दर्शन में इस संगीत नृत्य नाट्य परम्परा को विकसित करने की कई योजनाएँ बनायी हैं।

अवध में ख्याल, ठुमरी, ध्रुपद, गजल आदि की शैलियों का तबला, पखावज जैसी वादन शैलियों का और कथक नृत्य का सर्वाधिक विकास हुआ है। ठुमरी—"गायन तथा तबला वादन को बढ़ाने का श्रेय लखनऊ को है। कथक यहाँ एक ओर अयोध्या के मन्दिरों में बढ़ा और दूसरी ओर लखनऊ में। इधर अकादमी के अन्तर्गत लखनऊ में 1972 में लच्छू महराज के निर्देशन में एक 'कथक केन्द्र' की स्थापना की गयी है, जो इस कला के विकास हेतु तत्पर है। इसके विभिन्न रूपों का विवरण क्रमशः द्रष्टव्य है।"

कीर्तन-भजन : अवध की लोक गायकी में इनकी बड़ी व्याप्ति है। इसके कई रूप दिखाई देते हैं, जैसे—देवी गीत, लचारी, पूर्विया, निरगुन, जवाबी कीर्तन आदि। देवी गीत प्रायः स्त्रियों द्वारा गाये जाते हैं। वे समूह बद्ध होकर ढोलक, मंजीरा, झाँझ, करताल के सहारे विन्ध्याचल की देवी, शारदा देवी, शीतला देवी, चन्द्रिका देवी, काली, गौरा, दुर्गा देवी आदि की पूजा प्रार्थना करती हैं। इसके मुख्य बोल हैं—

- 'महारानी वरदानी धनि-धनि विन्ध्याचल रानी।
- माँग्यो वरदान देवी के मन्दिरवा भीतर।
- राजा दशरथ पूछै बात शारदा कै बहिनी।।'

मांगलिक अवसरों पर देवी जागरण के ये गीत यहाँ निरन्तर गूँजते रहते हैं। लचारी शैली का प्रमुख गीत है—

'माता तोरे अँगन बड़ी भीर,
भवन कैसे लीपा जाये।'

भजन के रूप में प्रसिद्ध हैं—'सतगुरु पिया मोरी रंग दे चुनरिया।' पूर्विया गीतों में कई पुराख्यान प्राप्त होते हैं। निरगुन गीतों में रहस्यवादी प्रतीकपरक करुण सन्देश ज्यादा प्राप्त होते हैं, जैसे—

'सइयाँ छायौ विदेसवा मैं सुधि बिसरी।'
'एक दिन जिया पंछी उड़ि जइहै।।'

इनके अतिरिक्त सोहर, मंगल, पद और सुमिरनी के पूजा गीत भी यहाँ सामूहिक रूप से समय-समय पर गाये जाते हैं।

(ख) महफिली-हवेली संगीत

इसमें प्रमुख है—**ग़ज़ल गोई :** यह फारसी का प्रसिद्ध काव्य रूप है। इसकी इकाई को शेर कहते हैं, जो दो पंक्तियों (मिसरों) से बनता है। ग़ज़ल में प्रायः पाँच से दस शेर होते हैं। पहले शेर को मतला और अन्तिम शेर को मकता कहते हैं। मकता में कवि का उपनाम रहता है। शेर में काफिया (तुक) आवश्यक होता है, साथ ही रदीफ भी, जो काफिये का पूरक होता है। ग़ज़ल अरबी शब्द है, जिसका अर्थ है स्त्रियों से छेड़छाड़। कहते हैं, ग़ज़ल नाम के किसी व्यक्ति ने इश्कबाजी में सारी आयु

बिता दी थी। उसी पर यह नाम चल पड़ा है। बाद में यह इश्क अध्यात्म की ओर मुड़ गया। यह ईश्वरीय मिलन विरह से भर गया। आशिक भक्त हो गया, भगवान माशूक। इसमें विरहाकुलता भर गयी। सूफी ग़ज़लों में ईश्वरीय निष्ठुरता तथा आत्मीयता का मिला-जुला स्वर सुनाई देता है। इसमें एक रफीक (प्रतिद्वन्द्वी) होता है और कभी-कभी एक नासेह (उपदेशक) भी। वस्तुतः इश्क मिजाजी और इश्क हकीकी की मूलाधार है यह ग़ज़ल। मीर, ग़ालिब, भारतेन्दु, निराला, दुष्यन्त कुमार आदि ने ग़ज़ल के क्षेत्र में बड़ा काम किया है। सूफी शायरी ने इसे असाधारण लोकप्रियता प्रदान की।

(ग) शास्त्रीय संगीत

इस क्षेत्र में कई प्रकार की शैलियाँ प्रचलित हैं, जिनमें प्रमुख हैं—

ठुमरी : इस कला में ललन पिया, बेगम अख्तर, कादर पिया आदि बहुत प्रसिद्ध हैं।

गजल : इसके प्रमुख गायक रहे हैं—प्यारे खाँ, हैदर खाँ, वासित, हैदरी, जौहरा, मुश्तरी आदि।

भैरवी : इसमें मुख्य हैं गणपतिराव, बसीर, रहीमन आदि।

खम्माज : इसमें बब्बन, चिन्मय तथा सराफोबाई बहुचर्चित हैं।

झिझोटी : इस गायन में नवाब अली, गुलाम हुसेन तथा धन्नो को विशेष सफलता मिली है।

कहरवा : इसमें हैदर खाँ, दूल्हे खाँ, खुर्शेद सुख्यात रहे हैं।

ख्याल : इसमें महारथी थे सूरज खाँ, चाँद खाँ, चन्द्रा आदि।

दादरा : यह लखनऊ की विशिष्ट देन है। बेगम अख्तर को इसमें बड़ा यश मिला है।

ध्रुपद : इसमें मुराद अली, अमीर अली, खुर्शेद अली तथा जशोबाई शीर्षस्थ थे।

टप्पा : इसके प्रवर्तक थे गुलाम अली।

नृत्यगीत : मेंहदी उस्ताद, रहीमुद्दीन आदि इस कला में काफी प्रसिद्ध हुए हैं। यह कथक रूप में बहुत लोकप्रिय हुआ। अवध क्षेत्र में कथक कलाकारों के अतिरिक्त कश्मीरी भाँड़ और रासधारी भी चर्चित रहे हैं। इस क्षेत्र में हिलाल, खुशी, दयाल, प्रकाश, दुर्गा, ठाकुर प्रसाद, गौहर आदि के साथ-साथ कई डोमिनों तथा मीरासिनों ने अपनी छाप छोड़ी है। नृत्य गीत में नवाब वाजिद अली ने कई नये प्रयोग किये थे। उन्होंने कथक में 16 और कहरवा में 6 गतें बनायी थीं। उनके परीखाने के अतिरिक्त गुलबदन, सुखबदन, अधवन, जानबक्स, जत्तोबाई आदि ने अपूर्व यश अर्जित किया है।

यहाँ के परवर्ती कलाकारों में पुरु दधीचि, उमा शर्मा, काजल, कुमकुम धर, युगान्तर, सिन्दूर आदि ने संगीत कला को समृद्धतर किया है।

इलाहाबाद के संगीतज्ञों में जानकी बाई (छप्पनछुरी) को बड़ी ख्याति प्राप्त थी। इसी प्रकार सरोद में करामत खाँ, तबलावादन में यूसुफ खाँ, सारंगी में नजीर खाँ और हारमोनियम में नीलू बाबू की कला चिर स्मरणीय है। यहाँ के भोला भट्ट को ध्रुपद, होरी, ख्याल, ठुमरी, टप्पा आदि में महारत हासिल था। इन कलाकारों ने हिन्दुस्तानी संगीत को शिखर पर पहुँचा दिया है।

कानपुर नगर अपनी लावनी कला के कारण आज भी बहुचर्चित है। यहाँ एक से एक लावनीबाजी और बेतबाजी वाले कलाकार हुए हैं। यह नगर नौटंकी कला के क्षेत्र में भी अग्रणी रहा है। इसका विवरण यथास्थल प्राप्त है।

शास्त्रीय संगीत की यह परम्परा अयोध्या-फैजाबाद में बहुत विकसित हुई है। वहाँ के प्रमुख कलाकारों में स्मरणीय हैं—सुरसुरानन्द जी, रामपदारथ, धुनषधारी जी, सियारामदास जी आदि। श्री कोदऊ सिंह, बाबा रामकुमारदास, पागलदास आदि को मृदंग और पखावज में असाधारण ख्याति मिली है।

बिलग्राम में शहजन नामक ग्राम के सम्बन्ध में यह प्रसिद्धि है कि यहाँ के कुएँ का पानी यदि कोई चालीस दिनों तक निरन्तर पी ले तो गायन कला में वह प्रवीण हो जाता है। शायद यही कारण है कि वहाँ बड़े-बड़े संगीतज्ञ हुए हैं।

शास्त्रीय संगीत को लखनऊ के जिन कलाकारों ने बढ़ावा दिया उनमें आगाहसन, वाजिद अली शाह, गुलाम हुसेन, बेगम अख्तर, सखाराम भातखण्डे, शम्भू, लच्छू, बिरजू जी की त्रयी, अनूप जलोटा आदि सर्वोपरि हैं। यहाँ 1926 में मैरिस म्यूजिक कालेज की स्थापना हुई थी। बाद में इसे भातखण्डे संगीत महाविद्यालय और फिर म्यूजिक डीम्ड यूनिवर्सिटी का स्तर प्राप्त हो गया। इसके अन्तर्गत संगीत के प्रथमा, मध्यमा, विशारद निपुण आदि पाठ्यक्रम चलते हैं। यहाँ ध्रुपद, धमार, ख्याल, ठुमरी, तराना आदि का विशेष प्रशिक्षण दिया जाता है, इसके अतिरिक्त कथक, मणिपुरी, भरतनाट्यम्, हिन्दुस्तानी संगीत आदि के शिक्षण-अन्वेषण की व्यवस्था है। उस्ताद रहीमुद्दीन खाँ, अहमद जान थिरकवा, बी.जी. जोग, बेगम अख्तर, उस्ताद युसूफ अली आदि ने आर्केस्ट्रा, बैले, कोरल आदि के विकास में महत्त्वपूर्ण योगदान किया है।

(घ) लोकगायकी

इसके यहाँ दो मुख्य रूप हैं। 1. लोकगीत 2. लोकगाथाएँ।

लोकगीतों में प्रमुख हैं—ऋतुगीत, संस्कारगीत, जातीयगीत, धार्मिकगीत, श्रमगीत आदि।

1. ऋतुगीत

अवध में प्रचलित ऋतुपरक लोक गायकी है—

कजली : इसका मुख्य केन्द्र है मिर्जापुर, किन्तु पूरे अवध क्षेत्र में यह ऋतुगीत के रूप में पूरे पावस काल में गायी जाती है। यहाँ कजली गायकों की कई टोलियाँ हैं, कुछ शौकिया, कुछ व्यावसायिक। इसकी टेक में 'रे हारी' का प्रयोग बड़े तरन्नुम के साथ किया जाता है। यह मुख्यतः स्त्रियों का लोकगीत है, किन्तु कजली के दंगल में इसमें सभी कलाकार सहभागिता करते हैं।

बारहमासी : इसमें बारहों महीनों की प्रकृति से जुड़ी विरह भावना भरी हुई दिखती है। सूफी कवियों ने इसी भाव से बारहमासे लिखे थे। प्रवास पर गये हुए प्रिय के प्रति प्रणय निवेदन इनका मुख्य विषय होता है।

फाग बसंत, होरी, चैती : ये सामूहिक रूप से गाये जाने वाले ऋतु गीत हैं, जिनमें शृंगार भाव अपेक्षाकृत अधिक होता है। होली के अवसर पर पुरुषों द्वारा गाये जाने वाले ऋतु गीत हैं—फाग, चहली, लेज आदि। यहाँ फाग की कई शैलियाँ हैं, जैसे—डेढ़ ताल, दो ताल, तीन ताल, चौताल, उलारा आदि। इन गायकों की टोलियाँ गाँवों-गाँवों में विद्यमान हैं। बसन्त पंचमी से लेकर होलिकाष्टक तक इनका गायन होता रहता है। कहीं-कहीं इनकी प्रतियोगिताएँ भी आयोजित की जाती हैं। अवध के ऋतुगीतों में बसंत नामक एक गीत स्वर संगीत पूर्वक गाया जाता है। इसके अतिरिक्त चैती या चैता भी बहुत लोकप्रिय हैं। यहाँ इसके दो रूप मिलते हैं—1. झलकुरिया 2. एकल चैता। पावस ऋतु में यहाँ कई तरह के झूला गीत गाये जाते हैं। इनकी जगह-जगह प्रतियोगिताएँ होती दिखती हैं।

2. संस्कारगीत

इस क्षेत्र में कुछ गीत घरेलू स्तर पर गाये जाते हैं, जैसे—सरिया, कठुला, झुनझुना, मुण्डन, छेदन,

बरुआ, भीखी, नहछू, लावा, पेरी, परछन आदि। कुछ अवसरों पर गायिकाएँ भी बुलायी जाती हैं, जो निम्नलिखित गीतों का गायन अलग-अलग धुनों में करती हैं, जैसे–

1. **सोहर :** यह जन्मोत्सव का गीत है। प्रसिद्ध कहावत है–

घिउ बिनु होम न होय, दूध बिनु जाउरि रे।
धिया बिनु धर्म न होय, पूत बिन सोहर रे।।

2. **बन्ना :** यह एक विवाह गीत है, जिसमें वर के नख शिख, सौन्दर्य शृंगार आदि का वर्णन किया जाता है। वधू से सम्बन्धित गीत को बन्नी कहते हैं।

इनके अतिरिक्त गारी गीत, सुहाग गीत, सेहरा गीत, बधइया और साध-सगुन के गीत भी कलात्मक ढंग से गाये जाते हैं। इस क्षेत्र में पूजा पाठ के साथ कीर्तन, पद, भजन, लचारी, निर्गुन और देवी गीतों का बड़ा प्रचलन है।

3. जातीयगीत

इस श्रेणी में अत्यधिक लोक प्रचलित हैं–

1. **कुम्हरा :** इसे कुम्हारों की टोली झाँझ, मंजीरा और मिट्टी के घड़े बजा-बजाकर गाती है। ये गीत दोहा, पद, एवं पवाँड़ा के रूप में प्रस्तुत किये जाते हैं।

2. **जोगीड़ा भगत एवं निर्गुन** : इसे साधु, सन्त, जोगी, फकीर आदि इकतारा तथा चिमटा बजा-बजाकर गाते हैं।

3. **पचरा :** यह दुसाधों द्वारा गाया.गया भक्ति गीत है, जो मन्दिरों में गाया जाता है। इनमें मनौती पूर्वक देवी की स्तुति की जाती है।

4. **तेलिया :** यह तेली जाति का श्रम गीत है, जो तेल पेरते समय गाया जाता है। इसके बोल हैं–आधी रतिया तेलिनि धानी लगावै।

5. **पँवरिया :** पहले पोरिया मुसलमानों के इस नाच का बड़ा रिवाज था। इसमें राम जन्म की कथा सुनाई जाती है। इसे गाते हुए पँवरिया कलाकार कुर्ता, लहँगा पहनकर नाचते हैं।

6. **पतुरिया नृत्य गीत** : प्राप्त प्रमाणों के अनुसार पतुरिया प्राचीन अभिनेत्री थीं, जो बाद में गाने बजाने का पेशा करने लग गयीं। अवध में ये सोहर, भजन, दादरा आदि किराए पर गाती हैं।

7. **रसिया** : यहाँ ब्रजवासिनियों की टोली चुटकी बजा-बजाकर रसिया गाती और नाचती दिखाई देती हैं।

अन्य जातीय गीतों में भड़भूजे, खटिक, जुलाहे, हिजड़े आदि वर्गों के भी अपने-अपने कई लोक गीत प्रचलित हैं। इनके अतिरिक्त मेलहारी जैसे पंथक गीत और कई आख्यानक गीत भी यहाँ गाए जाते हैं।

4. बिरहा गायकी

अवध की यह गायकी बड़ी महत्त्वपूर्ण है। यह प्रायः अहिरों, लोधों द्वारा गाया जाता है और एकल तथा समूह गान दोनों शैलियों में प्रचलित है। सम्प्रति यह एक छन्द बन गया है।

बिरहा गोचारण काव्य का अवशेष है। लोध, अहीर, गड़रिया इसे ज्यादा गाते हैं। मुसलमान हक्कानी विरहा गाते हैं। यहाँ दो रूप पाये जाते हैं–

1. चार कड़ी वाला बिरहा

2. रामायण महाभारत पर आधारित बिरहा।

इसे लोरिकी से जुड़ा माना जाता है। बिरहा श्रृंगार प्रधान गीत है। यहाँ यदा-कदा बिरहा के दंगल होते हैं। बिरहा गीतों में नीति तथा भक्ति के तत्त्व भी दिखाई देते हैं, जैसे—'लगन तुमही ते लागी बनवारी।' इस क्षेत्र में बालेश्वर के बिरहे बहुत प्रसिद्ध हैं। बिरहा गायक अपनी कमर में घुँघरू बाँधते हैं। इसी का एक अन्य रूप है 'फरी नृत्य-गीत'।

अवध में बिरहा गायकी के प्रमुख घराने हैं—

1. **साधु अखाड़ा :** इसमें खलीफा रामू, खलीफा शनि, परमेश्वर दीन जोशी, नूरमोहम्मद आदि प्रमुख हैं।

2. **घराना देवीदीन :** इसमें मुख्य हैं—बिल्लू भगत, टेक चन्द्र, रोशन, कालीचरन, रामचरन, फकीरे, निसार, ऐजाज, करीम आदि।

3. **घराना मक्का :** इसमें मुख्य हैं—हजारा, नन्दराम, रघुवर, मेंहदी हसन, रमजान मुन्ने आदि।

4. **घराना कल्लू मंगल :** इसमें मुख्य हैं—मंगल, साबिर, इस्माइल, सादिक, हबीब लल्ले पहलवान आदि।

5. **मेंहीलाल घराना :** इसके प्रमुख हैं—रामदत्त खैराती, हुब्बा, जुम्मन, राघव, अशर्फी, चुन्नी विसराम, रामावतार, महाबली, किरन लखनबी आदि।

इस गायकी के कई अखाड़े हैं, जिनमें हिन्दू-मुसलमान सभी भाग लेते हैं। अखाड़े के उस्ताद को खलीफा कहा जाता है। इन बिरहा गीतों में ख्याल, दास्तान, पुराख्यान, कुरान की हदीस और रवायतों का गायन होता है।

इन बिरहा गीतों के कुछ बोल हैं—

गर लड़ने का तेरा विचार।
सब्र की ढाल बना ले यार।
मार बोली गोली की मार।।
सुमिर के गाऊँ बजरंग बाला।
तोड़ा गढ़ लंका का ताला।
मिसरा सुन साँचे में ढाला।।
काबिले तारीफ है वो इंसान।
जिसने वतन पे दे दी जान।

5. आल्हा-गायकी

आल्ह खण्ड अवध की लोकप्रिय वीरगाथा है। इसके वर्तमान रूप का संचयन 1864 में इलियट ने कराया था। इसके प्रकाशित पाठ में पं. प्रतापनारायण मिश्र की भी बड़ी भूमिका रही है। प्राप्त तथ्यों के अनुसार प्रथम विश्व युद्ध में सरकार की ओर से सैनिक छावनियों में आल्हा का गायन करवाया जाता था। इन दिनों आल्हा एक छंद के रूप में प्रचलित है।

चन्देल कालीन युग पुरुष, वीर सामन्त आल्हा-ऊदल की यशोगाथा से मात्र क्षेत्रीय, राष्ट्रीय विद्वान एवं समीक्षक ही मोहित नहीं हुए, अपितु विश्व की अनेक शोध-प्रतिभाओं का रुझान इसकी ओर गया है। अतएव समय-समय पर भारत आकर विभिन्न विदेशी विद्वानों ने आल्हा का अध्ययन किया है। हिन्दी के प्रसिद्ध इतिहास लेखक जार्ज ग्रियर्सन ने विदेशों में आल्हा की लोकप्रियता को देखते हुए इसके कुछ अंशों का अनुवाद अंग्रेजी के बैलेड छन्द में किया था। इसमें 'मारू फ्यूड' अर्थात् 'माड़ो की लड़ाई' तथा 'नाईन लाख चेन' (नौलखा हार) विशेषतः उल्लेखनीय हैं। अमेरिकी

शोधकर्त्री डॉ. केरिन शोमर ने आल्हा की यशोगाथा को यूरोप में प्रचलित होमर के ओजस्वी काव्य इलियड, ओडिसी के समकक्ष स्थान दिया है। 'आल्हा' मुख्यतः बुन्देली की धरोहर है, किन्तु हर क्षेत्र की संस्कृति के अनुरूप जुड़ने वाले नाम, स्थान, रंग, संस्कार आदि के कारण वह हर क्षेत्र के लोक जीवन का अंग बन गया है। इसकी लोकप्रियता अवधी, भोजपुरी, बघेली, कन्नौजी, ब्रजी, कौरवी आदि क्षेत्रों में भी काफी है। आल्हा की कथा ('आल्हा छन्द') को प्रस्तुत करने वाले 'अल्हैत' कहलाते हैं। इन्हें आलिया, सैरवार तथा आल्हा गायक के नाम से भी जाना जाता है। ये अल्हैत मुख्यतः आल्हा गायन की पारम्परिक शैली अपनाते हैं। अवधी लोकगीत–'नौटंकी' में भी आल्हा विषयक कुछ घटनाएँ समाहित हैं। नौटंकी की लावनी परम्परा में पं. नथाराम कृत 'शंकरगढ़ संग्राम', मुरलीधर राय कृत 'चन्द्रावलि का झूला', 'ब्रह्मा का ब्याह', 'आल्हा निकासी' आदि रचनाएँ उल्लेखनीय हैं।

कुछ क्षेत्रों में आल्हा-ऊदल की कथा से सम्बन्धित फागें एवं 'स्वाँग' भी प्रस्तुत किये जाते हैं। इसके अतिरिक्त आल्हा छन्द में विभिन्न धार्मिक घटनाओं, राष्ट्रीय घटनाओं, विज्ञापनी नारों, तथा वक्तव्यों का प्रचार प्रसार भी होता है। अब तो आल्हा की तर्ज पर फिल्मी गाने भी आने लगे हैं। आल्हा गायन की यह विधा परम प्राचीन है। आल्हा गायकों द्वारा प्रयुक्त इस छन्द में पन्द्रह, सोलह की यति से इकतीस मात्रायें तक होती हैं। इन गायकों में 'लोक आशुकवि' का गुण पाया जाता है। इसी कारण वे एक पर एक पंक्ति बिना रुके रचते चले जाते हैं।

ये गायक मुख्यतः वर्षा ऋतु में आल्हा-गायन करते हैं। अवध के लगभग प्रत्येक गाँव में ये पाये जाते हैं। विभिन्न क्षेत्रों की संस्कृति, बोली बानी तथा आचार-विचार का प्रभाव गायक पर पड़ता दिखता है। इसका अनुमान आल्हा के विभिन्न पाठों को देखकर सहज ही लगाया जा सकता है। आल्हा गायन के लिए वर्षा ऋतु सबसे उपयुक्त मानी जाती है। जनसाधारण में प्रचलित धारणा है–

"भरी दुपहरी सरवन गाइय, सोरठ गाइये आधी रात।
आल्हा पँवाड़ा वा दिन गाइय, जा दिन झड़ी लगे बरसात।"

अवध में अल्हैत जब "आल्हा-ऊदल बड़े लड़इया जिनकी मार सही न जाय" गाते हैं तो दीनों दुर्बलों में भी ऊर्जा का संचार हो जाता है। 'आल्हा' को प्रस्तुत करते समय गायक अपने साथियों के साथ ढोलक, मंजीरे का प्रयोग करते हैं। अब हारमोनियम, झींका, कारनेट आदि आधुनिक वाद्य यन्त्रों का भी इसमें प्रयोग होने लगा है।

अवध के अल्हैत कुण्डलिया अथवा साखी से प्रारम्भ करके पहले देवी-देवताओं की 'सुमिरिनी गाते' हैं। तत्पश्चात् साखी अथवा दोहे से ठाठ जमाकर अधिकतर कहरवा की मध्य लय में आल्हा छन्द का गायन करते हैं। धीरे-धीरे वे द्रुत की ओर अग्रसर होते हैं। द्रुत की चरम सीमा पर आल्हा छन्द को साखी से तोड़कर वे एक चक्र पूर्ण करते हैं। कहीं-कहीं कहरवा के स्थान पर दादरा की लय भी प्रयोग में लायी जाती है।

'आल्हा' की कथा के मध्य, जनता को आकर्षित करने के लिए सामयिक सन्दर्भों का उद्धरण देते हुए अल्हैत कहता है–''हियाँ की बातें हियना रह गयीं, अब आगे का सुनो हवाल'', ''मैं तुम्हें हाल देऊँ बतलाय'', ''ज्वानो सुनियो कान लगाय'', ''भैया सुनियो बात हमारि'', आदि। प्रसंग को संक्षिप्त करने के लिए वे कहते हैं–''ज्यादा कौन करै बकवाद''।

अल्हैत प्रायः नीति वाक्यों का प्रयोग करता है। नीतिपरक उपदेश देते हुए वह कहता है–''राम बनइहैं तो बन जइहैं, बिगरी बात बनत बन जाय।'' अतिशय उत्साह की दशा में वह कहता है– ''पाँव पिछारे हम न धरिहैं, चाहें प्राण रहैं की जायें।''

इस प्रकार अपनी विषय वस्तु एवं शिल्प विधि के कारण, वीर एवं श्रृंगार रस की निष्पत्ति से परिपूर्ण, संगीतबद्ध आल्हा लगभग आठ शताब्दियों से इस राष्ट्र के जनमानस को आप्लावित करता आ रहा है। इन शताब्दियों में अवध क्षेत्र में जो महत्त्व आल्हा को मिला है, वह किसी और क्षेत्र में प्रचलित किसी लोकाख्यान को सुलभ नहीं हुआ है।

राजा परमाल एवं उनके सामन्त आल्हा-ऊदल को लेकर लिखे गये इस प्रशस्तिगान 'आल्हा' से जनमानस भरसक प्रेरणा ग्रहण करता रहा है। यह विकसनशील लोक महाकाव्य लगभग आठ सौ वर्षों से लोककंठ में पल्लवित और पुष्पित होता रहा है। यह ऊर्जा काव्य अवधी लोक की अपनी विशिष्ट निधि है।

जनश्रुति के अनुसार 'आल्ह' खण्ड के रचयिता जगनिक थे, जो महोबा नरेश परमाल, दिल्ली नरेश पृथ्वीराज चौहान (तृतीय) एवं कन्नौजाधिपति जयचन्द के समकालीन थे। राजा परमाल के दरबार में रहते हुए जगनिक ने इस प्रबन्ध काव्य का सृजन किया था। पृथ्वीराज चौहान एवं राजा परमाल के मध्य 1182 ई. में हुए युद्ध के उपरान्त कवि ने इसको प्रबन्ध का रूप दे दिया था। इस कथानक की प्रामाणिकता विचारणीय है। भविष्य पुराण, तृतीय एवं चतुर्थ खण्ड में महाकवि जगनिक के जीवनवृत्त एवं आल्हा की कथा का जो विवरण दिया गया है, उससे यह ज्ञात होता है कि पहले संस्कृत के विद्वान भी इस लोक गाथा को महत्त्व प्रदान करते थे।

पृथ्वीराज रासो के रचयिता, कवि चन्दवरदाई जगनिक के सम-सामयिक थे। उसका प्रभाव 'परमाल रासो' नामक काव्य पर परिलक्षित होता है। यह ग्रन्थ 'आल्हा' के कथानक को प्रामाणिकता प्रदान करता है। पृथ्वीराज रासो में 66 सर्ग (समय) हैं। अन्तिम सर्ग 'महोबा समय' में 'आल्हा' से सम्बन्धित कई घटनाओं का उल्लेख है। आल्हा विषयक कुछ छन्द जगतराज-दिग्विजय (1722-23 ई.) के काव्य में मिलते हैं। इसके अतिरिक्त कवि ज्ञानी जू की कृति 'वीर विलास' के पहले भाग में 'आल्हा मनौआ' एवं बेतवा युद्ध का वर्णन है तथा दूसरे में बेला का गौना और उसके सती होने की कथा है, जो 'आल्हखण्ड' तथा 'परमाल रासो' पर आधारित है।

आल्हखण्ड की लोकप्रियता के कारण अल्हैतों की परम्परा का विकास अवध में क्रमशः होता रहा है। 'आल्हखण्ड' में उत्तर-भारत के तीन समृद्धशाली राजाओं की कथा है, अतः यह गाथा अब मात्र बुन्देली की धरोहर न होकर समस्त उत्तर-भारत की हो गयी है। इसका प्रमाण विभिन्न क्षेत्रों में प्रचलित 'आल्हा' के पाठों को देखकर सहज ही प्राप्त किया जा सकता है।

आल्हा गायकों (अल्हैतों) को मोटे तौर पर दो भागों में विभाजित किया जा सकता है। प्रथम वैयक्तिक गायक, द्वितीय सार्वजनिक (मंच) गायक।

1. वैयक्तिक गायक : ये सम्पूर्ण उत्तर भारत में मिलते हैं। इसका गायन स्वान्तः सुखाय होता है। अतएव इनके गायन के लिए कोई निश्चित व्यवस्था, शैली तथा अवधि नहीं होती है। यह गायकी वर्षा ऋतु में अधिक दिखाई पड़ती है। आल्हा गायन के लिए यही समय सबसे उपयुक्त माना जाता है। वैयक्तिक गायक वाद्य के बिना, केवल स्वर और लय में आरोह-अवरोह से मध्य एवं द्रुत लयों के उठान-चढ़ाव बनाकर, स्मृति के सहारे आल्हा गायन करता है।

2. मंच गायक : इसका मूल उद्देश्य श्रोताओं के विशाल समूह को अपनी कला से परिचित कराना तथा जनसाधारण की भावनाओं को उद्दीप्त करना होता है। मेले-ठेलों में आयोजित फड़बाजी में और वर्तमान में आयोजित 'आल्हा' प्रतियोगिताओं में भाग लेने वाले गायकों को इसमें रखा जा सकता है। ये अल्हैत विभिन्न शैलियों में अपनी-अपनी व्यक्तिगत प्रतिभा प्रदर्शित करते हैं। वर्तमान

में बाँदा, कन्नौज, महोबा तथा उन्नाव की कई संस्थाएँ 'आल्हा' प्रतियोगिताओं के माध्यम से ऐसे गायकों को प्रश्रय देती हैं। ये मंचीय गायक गाँवों की चौपालों में तथा महफिलों में गायन करते हैं। स्व. ठाकुर शिवराम सिंह, स्व. लक्खूसिंह, स्व. सत्यनारायण 'मसवासी', लल्लू बाजपेयी, खेमराजसिंह, जोधा सिंह आदि को ऐसे अल्हैतों में रखा जा सकता है।

विभिन्न शैलियों और प्रवृत्तियों को ध्यान में रखते हुए मंचीय आल्हा गायकों को मोटे तौर पर दो भागों में विभाजित किया जा सकता है (1) एकल गायक (2) समूह गायक। यह प्रवृत्ति विभिन्न अंचलों में प्रचलित गायकी शैलियों पर आधारित है।

1. **एकल गायक :** यह स्वयं (अकेले) आल्हा का गायन करता है। अन्य साथी केवल वाद्यों पर संगत करते हैं। लल्लू बाजपेयी, राजकुमार पाण्डेय (बैसवारा) आदि को इसी श्रेणी में रखा जा सकता है।

2. **समूह गायक :** ये पूरी मंडली के साथ मंच पर गाते हैं। एक गायक अगुवाई करता है, अन्य साथी वाद्य-वादन के साथ-साथ उसका अनुकरण करके सम भरते हैं। कहीं-कहीं सभी साथी कोरस में गायन करते हैं। गोण्डा तथा हरदोई पट्टी के अल्हैतों में सम भरने की प्रवृत्ति अधिक दिखाई पड़ती है।

आल्हा गायकी में गायक को अक्सर दोहरी भागीदारी निभानी पड़ती है। उसके ये तीन रूप सामने आते हैं—1. गायन के साथ वादन 2. गायन और अभिनय 3. गायन और सृजन की दोहरी भागीदारी।

कहीं-कहीं सभी गायक एक साथ ढोलक झाँझ आदि बाजे बजाते हैं। कुछ गायकों का मानना है कि स्वयं वादन करने से गायन के लिए उचित अवकाश नहीं मिलता। इस प्रवृत्ति के गायकों का उद्‌देश्य होता है—गीत और अभिनय के सामंजस्य से आल्हा को अधिक प्रभावी बनाना। इसके अन्तर्गत गायक अपने गायन के साथ-साथ अभिनय को भी महत्त्व देता है। उन्नाव के गायक लल्लू बाजपेयी रंगीन (शाही) वेशभूषा में, तलवार लेकर, ओज का प्रदर्शन करते हुए उत्तम ढंग का आल्हा गाते हैं।

इस प्रस्तुति को आशुकविता पर आधारित कहा गया है। यूरोपीय मौखिक परम्परा से भारतीय मौखिक परम्परा की तुलना करते हुए, कैलिफोर्निया यूनिवर्सिटी की शिक्षक डॉ. कैरीन शोमर ने ठीक ही कहा है कि अनेक पुराने लिखित वीरकाव्य जैसे ग्रीस के मशहूर 'इलियड' तथा 'ओडसी' (जो कि होमर कवि की कृतियाँ समझी जाती हैं) किसी के द्वारा लिखे जाने से पहले कई पीढ़ियों से आशुकवियों की मौखिक परम्परा के अंश रहे हैं।

इसके अतिरिक्त अल्हैतों की कुछ अन्य प्रवृत्तियाँ भी विचारणीय हैं, जैसे—(1) सवाद्य गायक (अल्हैत) 2. अवाद्य गायक 3. व्यावसायिक गायक 4. अव्यावसायिक गायक 5. प्राचीन भाष्यपरक गायक 6. अर्वाचीन भाष्य गायक 7. एक छंदीय गायक 8. अनेक छंदीय गायक आदि। इनके प्रस्तुतीकरण में क्षेत्रीय प्रभाव देखा जा सकता है।

अवधी में 'आल्हा' के कई क्षेत्रीय पाठ इन अल्हैतों की वाणी में सुने जा सकते हैं। इनकी संख्या का अनुमान लगाना सम्भव नहीं है, क्योंकि ये मौखिक परम्परा से ही जुड़े हुए हैं। ये रचनाकार दिनों दिन विस्मृत होते चले जा रहे हैं। कालक्रम में केवल वे ही बच पायेंगे जो किसी निश्चित घराने की गायकी से जुड़े हुए होंगे। अवधी के ख्यातिलब्ध अल्हैतों का विवरण निम्नलिखित है—

1. स्व. पोहप सिंह, ग्राम-नरेन्द्रपुर, फतेहगढ़
2. स्व. देवी दयाल, ग्राम-फदुल्लापुर, हरदोई
3. श्री जोधा सिंह यादव, ग्राम-बहरइया, हरदोई
4. श्री राजेन्द्र सिंह, ग्राम-निवादा, हरदोई
5. श्री बलवन्त सिंह, ग्राम-कइरइया, हरदोई

6. श्री रामलाल यादव, ग्राम-रसूलापुर, हरदोई
7. श्री रामलाल पासी, ग्राम-खूटहैना, हरदोई
8. श्री शिवराज सिंह, ग्राम-लोहार खेड़ा, सीतापुर
9. स्व. शेर बहादुर सिंह, ग्राम-मरदनपुरवा, गोण्डा
10. ठाकुर खेमराज सिंह, ग्राम-मरदनपुरवा, गोण्डा
11. श्री मुक्तिनाथ त्रिपाठी, ग्राम-देवरिया, अलावल, गोण्डा
12. श्री जैशराज सिंह, ग्राम-मरदनपुरवा, गोण्डा
13. ठाकुर हनुमान सिंह, ग्राम-तिरैं मनोरामा, गोण्डा
14. श्री राम सबद चौधरी, ग्राम-विशुन पुरबैरिया, गोण्डा
15. श्री मुनीजर प्रसाद वर्मा, ग्राम-गोसाईं पुरवा, गोण्डा
16. श्री लल्लू बाजपेयी, ग्राम-नारायणदास खेड़ा, उन्नाव
17. स्व. मोहन लोध, ग्राम-जगतरवेरा, उन्नाव
18. स्व. सत्य नारायण शुक्ल, ग्राम-मसवासी, उन्नाव
19. श्री अम्बिका प्रसाद मिश्र, ग्राम-मालपुर, उन्नाव
20. श्री बाबू लाल पाण्डेय, ग्राम-चैनपुर, उन्नाव
21. श्री तेज बहादुर सिंह, ग्राम-बरहा, उन्नाव
22. श्री सुर्जू सिंह, ग्राम-जमीपुर, उन्नाव
23. श्री कमलेश कुमार, ग्राम-गौतमन खेड़ा, उन्नाव
24. श्री बुद्धि लाल, ग्राम-लालगंज टेढ़ा, उन्नाव
25. श्री करुणा शंकर बाजपेयी, ग्राम-धनकोली, उन्नाव
26. श्री गया प्रसाद, उन्नाव
27. श्री कलदार बहादुर सिंह, ग्राम-सरैनी, रायबरेली
28. श्री राजकुमार पाण्डेय, ग्राम-उसरू, रायबरेली
29. श्री कन्हैया लाल धीमान, ग्राम-गोसाई खेड़ा, रायबरेली
30. श्री रवीन्द्र नाथ तिवारी, ग्राम-विशवकपुर, रायबरेली
31. श्री रामानन्द सिंह, ग्राम-बरहा, रायबरेली
32. श्री राम अवध पाण्डेय, ग्राम-मान मिश्र का पुरवा, सुल्तानपुर
33. श्री काली प्रसाद, सुल्तानपुर
34. श्री शिव कुमार त्रिपाठी, ग्राम-खनियापूरब, सुल्तानपुर
35. श्री दया शंकर मिश्र, ग्राम-सारंगपुर, सुल्तानपुर
36. श्री बाबू लाल मौर्य, ग्राम-मझली, सुल्तानपुर
37. श्री वासुदेव मिश्र, ग्राम-सराय, सुल्तानपुर
38. श्री राम लाल शर्मा, दलित नगर, कानपुर
39. श्री जमुना शंकर शर्मा, धनकुट्टी, कानपुर
40. श्री गया प्रसाद मिश्र, ग्राम-करेहटी, प्रतापगढ़
41. श्री बाबूराम उपाध्याय, प्रतापगढ़
42. श्री गया प्रसाद पाण्डेय, ग्राम-मवैया, प्रतापगढ़

43. श्री चन्द्रपाल तिवारी, ग्राम-जमुआ, फैजाबाद

44. श्री राम शंकर यादव, ग्राम-तारामऊ, फैजाबाद

45. श्री राम छोटेलाल यादव, ग्राम-भट्टपुरा, लखनऊ

46. श्री राम कुँवर, बाराबंकी

47. श्री बच्चू लाल तिवारी, बाराबंकी आदि।

अवध में लोकप्रिय 'आल्ह खण्ड' के विभिन्न संस्करणों के रचयिता के रूप में प्रसिद्ध हैं—भोलानाथ, ललित प्रसाद, मटरू लाल आदि। इस प्रकार स्पष्ट है कि आल्हा अवध क्षेत्र की गायकी गाथा विशिष्ट है।

6. अन्य लोक गाथाएँ

1. **खुनखुनिया :** यह अवधी की एक लोकगाथा है, जो आभीरों के जातीय गौरव से परिपूर्ण है। खुनखुनिया गायक यादव वीर राजाओं की शौर्य गाथाओं को अपने यादव समाज में गाते रहते हैं। इस कला का इतिहास द्वापर से जुड़ा हुआ है। ऐसी जनश्रुति है कि एक बार श्रीकृष्ण ने यजमानों को अपना सर्वस्व दान कर दिया और अपनी वंशी को काटकर यादव बन्धुओं को देते हुआ कहा कि इसका वाद्य यन्त्र बनाकर अपनी गौरव गाथा का गान करो। इसे गायक लोग 'बंश' कहते हैं। वे इसे एक सूखी लौकी से जोड़ देते हैं। लौकी की दोनों छोरों पर डोरी बँधी रहती है। वे अपने दाहिने हाथ में घुँघरू बाँध लेते हैं और खुनखुन की आवाज के साथ चार-पाँच घण्टे में एक लोकगाथा प्रस्तुत करते हैं। खुनखुनिया गायक प्रायः घोड़ों पर बैठकर गाँव-गाँव में घूमते रहते हैं। लखनऊ महानगर में स्थित 'सती का चौरा' में प्रतिवर्ष दीवाली के अवसर पर ये गायक एकत्र होते हैं। वे स्वयं को प्रसिद्ध सर्राफ खुनखुनजी से जुड़ा हुआ मानते हैं। ये गायक रायबरेली, उन्नाव, बाराबंकी, लखनऊ, कानपुर आदि जनपदों में ज्यादा पाये जाते हैं।

2. **ढोला कुँवर :** यह गाथा ढोला मारू के आधार पर बनायी गयी है। इसे गद्य-पद्य दोनों में गाया जाता है।

3. **चनैनी :** यह लोरिकी पर आधारित गाथा है, जो मिर्जापुर की तरफ बहुत प्रचलित है।

4. **गोपी चन्द-भरथरी :** इसे गोरख पंथी जोगी चिकारे और सारंगी पर गाते हैं।

5. **सरवन :** श्रवण कुमार से जुड़ी हुई यह कथा बड़ी कारुणिक है।

6. **रसोलिया :** यह पूर्वी अवध में प्रचलित प्रेमाख्यान है, जो 'चन्दायन' की कथा से जुड़ा हुआ है। यहाँ की अन्य लोक गाथाओं में स्मरणीय हैं—बिहुला सोरठी, शोभा नयकवा-बंजारा, थोंदी परसू, जाहरवीर, कुसमा, चन्द्रवली, धबइया, ऊभनदेव आदि के पवाड़े।

(ङ) नाट्य-नृत्य गीत

यहाँ कुछ गीत अभिनयपूर्वक गाये जाते हैं, जैसे—

1. **स्वाँग :** यह नौटंकी का एक रूप है, जो गद्य-पद्य दोनों में चलता है।

2. **लावनी :** यह ख्याल से विकसित एक विशेष शैली है। कानपुर लावनी के लिए प्रसिद्ध रहा है।

3. **ख्याल :** लावनी अखाड़े की तरह यहाँ इसके भी दंगल चलते हैं। इसकी पहली-दूसरी कड़ी को टेक, चार मिसरों को चौक तथा पाँचवीं को उड़ान कहते हैं।

4. **पतुरिया नृत्य :** नृत्य से सम्बन्धित इन नर्तकियों की भी अपनी विशिष्ट देन रही है। यहाँ गौहर, जौहरा, जद्दन बाई आदि की बड़ी ख्याति रही है। लखनऊ की डोमनियों और मिरासिनों ने

नृत्य और गायन कला में कई महत्त्वपूर्ण प्रयोग किये हैं।

5. रहसधारी : यहाँ गवइयों में रहसधारियों का भी एक विशिष्ट स्थान रहा है। इन्हीं के सहारे अमानत का 'इन्दरसभा' लिखा गया था और वाजिद अली शाह का 'रहस' तैयार हुआ था।

6. झूमर : यह नृत्य नाट्य बड़ी चहल-पहल के साथ किया जाता है। पूर्वांचल में यह बहुत लोक प्रिय है।

(च) सूफी संगीत

इसका इतिहास आठवीं शती से प्राप्त होता है। इसके प्रमुख प्रकार हैं—

1. कव्वाली (कोरस) 2. नाह अर्थात् स्तुति 3. हम्द (गुणगान) 4. मरसिया (शोकगीत) 5. ग़ज़ल (शृंगार परक रचना) 6. तराना 7. खयाल।

सूफी संगीत से सम्बन्धित मुख्य कलाकार रहे हैं—अमीर खुसरो, बाबा फरीद, बुल्लेशाह, गरीब नेवाज, राबिया, निजामुद्दीन, साबिर निजामी, गुलाम निजामी आदि। इस संगीत के साथ प्रयुक्त होने वाले मुख्य वाद्य हैं—सितार, डफ, सन्तूर, रवाब, वायलिन, तबला, ड्रम, हारमोनियम आदि।

सूफी गायक मुख्यतः सफेद चोंगा धारण करते हैं और कफनी पहनते हैं। कव्वाल लोग पुश्त दर पुश्त हजरत निजामुद्दीन औलिया के दरबारी माने जाते हैं। ये देर रात तक पूरी सूफियाना मस्ती के साथ अपने फन का प्रदर्शन करते हैं। मंच पर जब ये झूम-झूम कर गाते हैं, तो दर्शक भी तालियों से इनका इस्तकबाल करते हैं। अवध की गंगा-जमुनी संस्कृति में ये तरह-तरह के सुरों से साथ लय में लय मिलाते हुए, सिर और हाथ हिलाते हुए ख्वाजा की शान में कसीदे पढ़ते हैं। अमीर खुसरो का प्रसिद्ध कलाम है—

'छाप तिलक सब छीनी रे मोसे नैना मिलाय के।'

- प्यार किये जा, प्यार ही इबारत है।
- मेरे बने की बात न पूछो, मेरा बना हरियाला है।
- खूबसूरत पखर ए आलम ताज शफात वाला है।
- मेरे ख्वाजा बादशाह।
- अल्लाह हू, अल्लाह हू।
- ये सिला मोहब्बत में आज हमने पाया है।
  जिसको दिल से चाहा था उसने ही दिल दुखाया है।
- सासों की माला पे सिमरूँ मैं पीव का नाम आदि।

कव्वाली में खुदा की इबादत पूरे मनोयोग के साथ की जाती है। लखनऊ की महफिलों में सूफी सन्तों की मजारों पर होने वाले उर्श में, विशेष रूप से सालार गाजी मियाँ की मजार (बहराइच) और देवा शरीफ में स्थित वारिस साहब की मजार पर प्रायः कव्वाली का आयोजन होता रहता है। कव्वालों के कुछ दल व्यावसायिक भी हो गये हैं। उर्दू मुशायरों और फिल्मों ने इधर इस कला को बहुत प्रश्रय दिया है।

कव्वाली : यह एक विशेष प्रकार का वृन्दगान है, जो ईरानी संगीत के साथ भारत में प्रविष्ट हुआ था। अवध में नवाबों ने इसे विशेष प्रश्रय दिया। इस गायन में एक व्यक्ति पहल करता है और दूसरे गायक गोलबद्ध होकर अभिनयपूर्वक उसे दोहराते हैं तथा लयपूर्वक ताली बजाते हैं। ये गायक विशेष प्रकार की वेशभूषा धारण करते हैं। अवध की कव्वाली में एक ओर पुरुष गायक होते

हैं और दूसरी और महिलायें। दोनों के बीच प्रश्नोत्तर शैली में छेड़छाड़ चलती है। इस गायकी में हाजिरजवाबी ओर आशुपूर्ति (आशुकविता) का पुट दिखाई देता है। नवाब सुजाउद्दौला के दरबार में शकूर खाँ और मक्कर खाँ नामक मशहूर कव्वाल दूर-दूर तक विख्यात रहे हैं। सूफियों ने कव्वाली को रहस्य, धर्म-दर्शन से जोड़कर इसे गरिमामण्डित कर दिया है।

अवध के प्रमुख गायक

अवध क्षेत्र में संगीत कला की बड़ी समृद्ध परम्परा रही है। पौराणिक पात्रों के अतिरिक्त इतिहास प्रसिद्ध वत्सराज कौशांबी नरेश उदयन वीणा वादन में प्रवीण थे। अवध के राजदरबारों में समय-समय पर ऐसे संगीतज्ञ जुड़े, जिन्होंने नयी-नयी संगीत शैलियों का आविष्कार किया। रामायण में दिये गये सन्दर्भों के अनुसार अयोध्या नगरी गणिकाओं और अभिनेताओं से घिरी रहती थी। अवध में कुशीलवों की जो परम्परा विकसित हुई थी, वह मुख्यतः गायन शैली से जुड़ी हुई थी। कालान्तर में लखनऊ, इलाहाबाद के रेडियो-केन्द्रों के माध्यम से गायकी शैली को विशेष प्रोत्साहन और समर्थन प्राप्त हुआ। शास्त्रीय संगीत में लखनऊ घराने ने दादरा शैली को जन्म दिया। इसका सर्वाधिक श्रेय है—नवाब वाजिद अली शाह को। वे एक कुशल गायक, वादक, नर्तक, निर्देशक और शायर थे। उनके संरक्षण में यहाँ एक कथक घराना विकसित हुआ। कालान्तर में लखनऊ में मैरिस म्यूजिक कालेज स्थापित हुआ, जिसे बाद में भातखण्डे संगीत विद्यालय और सम विश्वविद्यालय कहा गया। पं. विष्णुनारायण भातखण्डे के नेतृत्व में यहाँ शास्त्रीय संगीत, सुगम संगीत और लोक संगीत का अध्ययन अन्वेषण शुरू हुआ। इस क्रम में यहाँ अनेक गायक शिखर पर पहुँचे।

कथक परम्परा में शम्भू महाराज, बिन्दा दीन, लच्छू, बिरजू, कोदऊ आदि को विशेष ख्याति मिली और गजल गायकी में मुश्तरी बाई, बेगम अख्तर तथा भातखण्डे जी को। शास्त्रीय गायन के अन्तर्गत यहाँ राग पीलू, केदार, सारंग, भैरवी, दीपक राग, आसावरी, दिलावर, रामकली, यमन, मालकौस, दादरा, ध्रुपद, तीनताल, ख्याल, कथक, रहस आदि को विशेष बढ़ावा दिया गया है। यहाँ की वादन कला में मृदंग तथा पखावज प्रसिद्ध है और लोक संगीत में होरी, धमार, बारहमासा, कजरी, टप्पा, रसिया, कहरवा, बधाई, कान्हरा आदि का पर्याप्त प्रचलन हुआ।

अयोध्या की गायकी का अपना महत्त्व है। वहाँ के प्रमुख, गायक, वादक, नर्तक हैं—बाबा धनुषधारी, रामकुमार दास और पागल दास। स्वामी रामानन्द और उनके शिष्य सुरसुरानन्द ने अयोध्या में मानस गायकी और भजन-कीर्तन की कई गायन शैलियों का विकास किया, जो आज भी सुरक्षित हैं। वस्तुतः इस कला में अयोध्या को प्रमुख केन्द्र कहा जा सकता है। स्वामी रामानन्द के शिष्य सुरसुरानन्द ने लगभग 500 ध्रुपद प्रस्तुत करके इसे शिखर पर पहुँचा दिया था। अयोध्या के कई नट नर्तक इस कला से जुड़े रहे हैं। वीणा (विलम्बित) में उन्होंने कीर्तिमान स्थापित किया है। ऐसी मान्यता है कि वीणा पर ही यहाँ कभी लवकुश ने वाल्मीकि रामायण का गायन किया था। अयोध्या के कलाकारों में रामपदारथ, सन्तशरण और धनुषधारी जी ने बधाई गायन, नवाह और मानस गान में बड़ी ख्याति अर्जित की। यहाँ के प्रमुख वादकों में कौदऊ सिंह, मनमोहन और बाबा रामकुमार दास ने मृदंग तथा तबलावादन में बड़ी सफलता अर्जित की है। बाबा पागलदास जी को देश का सर्वश्रेष्ठ पखावज वादक माना जाता है। उन्हें और धनुषधारी जी को शास्त्रीय संगीत में भी सिद्धि प्राप्त थी।

प्रयाग की संगीत कला भी ऐतिहासिक महत्त्व की है। वहाँ की 'प्रयाग संगीत' समिति इस दृष्टि से विचारणीय है। कानपुर लावनी गायकी का बहुत बड़ा केन्द्र रहा है। नौटंकी कलाकार अधिकतर

कानपुर से जुड़े रहे हैं, जैसे—नरगिस, मोना, बबीता, हीरामुनि, रानी, पान कुँवर, तुलसी, हुस्नबानो, मुन्नीबाई, रीता, लक्ष्मी, सुरइया आदि। अवध की संगीत कला पर विचार करते हुए यहाँ प्रमुख गायकों का संक्षिप्त परिचय प्राप्य है—

अच्छन बाई : ये अवध क्षेत्र की बड़ी प्रसिद्ध गायिका रही हैं। इनका पैतृक नाम था अच्छन। कालान्तर में ये 'उमराव जान' नाम से विख्यात हुईं। 'उमराव जान' अपने युग की प्रसिद्ध नर्तकी और गायिका थीं। ये मूलतः फैजाबाद की निवासी थीं। समय-समय पर इन्हें कई हमसफ़र मिले, लेकिन नियति ने इन्हें कहीं ठहरने नहीं दिया, इसलिए सारा जीवन त्रासदी पूर्ण रहा। इनके जीवन वृत्त पर आधारित 'उमराव जान अदा' उपन्यास इस बात का साक्षी है। कमाल अमरोही ने 'उमराव जान' नामक जो फिल्म बनाई है, वह वस्तुतः एक प्रामाणिक अभिलेख है।

अल्ला रक्खा : ये लखनऊ की प्रसिद्ध नर्तकी, गायिका और अदाकारा थी। चौक (लखनऊ) में स्थित इनके कोठे पर संगीत प्रेमियों की काफी आवाजाही थी। इन्हें शास्त्रीय संगीत में काफी महारत प्राप्त थी।

अतुल प्रसाद सेन : ये प्रतिभाशाली संगीतज्ञ थे और गीतकार भी। लोक संगीत, शास्त्रीय संगीत, ठुमरी, ठप्पा, गज़ल सबमें इनकी गति थी। बंग संस्कृति और अवध संस्कृति का मिश्रित रूप इनके संगीत में सुनाई देता था। कैसरबाग लखनऊ स्थित इनके आवास पर संगीतकारों की भीड़ लगी रहती थी। गुरुदेव रवीन्द्रनाथ के ये प्रिय पात्र थे। वे जब लखनऊ आते थे, इनके साथ ठहरते थे। ये पहले बैरिस्टर थे। 1902 में लखनऊ आये और मृत्युपर्यन्त (1934) यहीं रहे।

अनूप जलोटा : भजन सम्राट अनूप जी का जन्म 29 जुलाई 1953 में फगवाड़ा में हुआ था, किन्तु उनकी शिक्षा-दीक्षा लखनऊ में हुई। विगत 30 वर्षों में इन्होंने लगभग 2000 भजन गाये हैं। देश-विदेश के साढ़े तीन सौ नगरों में नौ भाषाओं के पाँच हजार से अधिक प्रस्तुतियाँ देने का रिकार्ड इन्होंने बनाया है। इनके दो सौ से अधिक एलबम तैयार हुए हैं। रेडियो और दूरदर्शन से भी प्रसारित इनके कार्यक्रम महत्त्वपूर्ण सिद्ध हुए हैं। उत्तर प्रदेश संगीत नाटक अकादमी ने इस हुनर के लिए इन्हें मानद डी.लिट. की उपाधि दी है। भारत सरकार ने इन्हें पद्मश्री से अलंकृत किया है और ब्रिटिश पार्लियामेण्ट ने 'ग्लोब एवार्ड' से नवाजा है।

आसफउद्दौला (नवाब) : अवध के नवाब सुजाउद्दौला के उत्तराधिकारी आसफउद्दौला का स्थिति काल 1775 से 97 तक माना जाता है। इस नवाब ने ईस्ट इण्डिया कम्पनी से 74 लाख रुपये की वार्षिक शर्त पर सुरक्षा का समझौता किया था। कुछ समय बाद बकाया भुगतान के लिए बेगमों की दौलत वारेन हेस्टिंग्स की सहायता से प्राप्त की। इनका शासन लगभग 16 वर्षों तक चला। अवध में इनके द्वारा बनवाये अनेक भवन अभी द्रष्टव्य हैं। इन्होंने हिन्दुस्तानी संगीत को जौनपुर शर्की घराना तक पहुँचाया। इनके कारण प्यारे खाँ, जफ़र खाँ, जोहरा, कदरपिया आदि की ठुमरियाँ यहाँ काफी लोकप्रिय हुईं।

गुलाब बाई : नौटंकी की प्रसिद्ध गायिका और नर्तकी गुलाब बाई का जन्म 1920 ई. में कानपुर के बलपुरवा नामक ग्राम में हुआ था। निधन 11 जुलाई 1996 को हुआ था। ये सर्वप्रथम त्रिमोहन (प्रसिद्ध नगाड़ा वादक) के साथ नौटंकी में उतरी थीं। ये ताल ठुमरी की विशेषज्ञ थीं। इनका एक गीत बहुत प्रसिद्ध हुआ है—'नदी नारे न जायो श्याम पइयाँ परौं।'

इनके नाम पर 1955 में 'द ग्रेट गुलाब बाई थियेटर' की स्थापना हुई थी। संगीत नाटक अकादमी, नयी दिल्ली द्वारा 1985 में इन्हें सम्मानित किया गया। भारत सरकार ने 1990 में इन्हें 'पद्मश्री' से

अलंकृत किया। उत्तर प्रदेश शासन ने इन्हें 'यश भारती' सम्मान दिया। ये कई विश्व सम्मेलनों में समादृत हुईं। इन्हें 'नौटंकी की मल्लिका' कहा गया है। 'अमर सिंह राठौर' नामक नौटंकी में इनकी भूमिका अविस्मरणीय रही है।

तलत महमूद : ये लखनऊ के मूल निवासी रहे हैं। इन्होंने अरसे तक रेडियो पर कार्य किया। फिर ये एच.एम.वी. से जुड़े। इस सिलसिले में अरसे तक कलकत्ता और मुम्बई में रहे। एक अभिनेता के रूप में भी इन्हें अच्छी ख्याति मिली। गायिका सुरइया माला के साथ इनकी जुगलबन्दी बहुत दिनों तक विख्यात रही। बाद में आशा, लता मंगेशकर के साथ भी कई गान प्रस्तुत किये।

नौशाद अली : फिल्म क्षेत्र के चर्चित संगीतकारों में नौशाद का नाम अग्रगण्य है। इनका जन्म 25 दिसम्बर 1919 को लखनऊ में मुंशी वाहिद अली के सुपुत्र रूप में हुआ था। आरम्भ से ही वे संगीत के शौकीन थे। उन्होंने पहले एक थियेटर क्लब बनाया। उसमें आगा हश्र के कई नाटक खेले। 1948 में नौशाद मुम्बई पहुँच गये। उन्होंने पियानो का अच्छा अभ्यास कर लिया था। उन्हें 1944 में गाये हुए इस गाने—'अँखियाँ मिलाके जिया भरमा के चले नहीं जाना' से असाधारण ख्याति मिली। कालक्रम में नौशाद ने मेला, उड़न खटोला, मुग़ले आज़म, मदर इण्डिया आदि में लता मंगेशकर, सहगल, रफी आदि के साथ कभी एकल, कभी कोरस में अपनी प्रस्तुतियाँ दीं। उन्होंने भैरवी, यमन, पीलू, बहार, मल्हार आदि स्वरों में महत्त्वपूर्ण गायन किया। शास्त्रीय संगीत के साथ ललित संगीत में उन्होंने अपनी प्रवीणता सिद्ध की। नौशाद के गीत सितार, सरोद, बाँसुरी, जलतरंग, ढोलक, मटका आदि के साथ गाये गये हैं। आर्केस्ट्रा के बिना भी उनका यह गीत—'मोरे सजना जी उतरेंगे पार, नदिया धीरे बहो' बहुत प्रसिद्ध हुआ। नौशाद पहले संगीत निदेशक हैं, जिन्होंने भारतीय, शास्त्रीय संगीत पर आधारित राग, जैसे—ध्रुपद, ख्याल, तराना पर आधारित फिल्मी धुनें बनायी हैं। उन्होंने सामाजिक, सांस्कृतिक संस्थाओं में भी बड़ा योगदान किया है। उन्होंने सिने सोसाइटी एसोसियेशन, म्यूजिक डायरेक्टर्स एसोसियेशन आदि कई संस्थाओं के अध्यक्ष पद को सुशोभित किया। उनकी इन सेवाओं के लिए भारत सरकार ने उन्हें 'पद्मश्री' से अलंकृत किया और उत्तर प्रदेश ने उन्हें 'अवधरत्न' उपाधि से विभूषित किया।

बल्लभाचार्य : महाप्रभु बल्लभाचार्य पुष्टि मार्ग के प्रवर्तक महान सन्त थे। उन्होंने शांकर वेदान्त की रसमयी व्याख्या की और कृष्ण भक्ति में ऐश्वर्य, सौन्दर्य, माधुर्य, वात्सल्य आदि भावों का समावेश किया। वैष्णव मत को, वेद वेदान्त को दर्शन से परिपूर्ण करके उन्होंने लीला गान का आन्दोलन चलाया। आचार्य जी ने पन्द्रहवीं शती में ब्रज की यात्रा की और गोवर्द्धन पर्वत पर श्री नाथ जी को प्रतिष्ठित किया। दीर्घकाल तक उन्होंने प्रयाग में निवास किया। उन्होंने अष्टछाप की स्थापना की और पूरे देश में अपनी बैठकें करके भक्ति आन्दोलन को दिशा दी। इस अभियान में उनके सुपुत्र गोसाईं बिट्ठल नाथ का भी महत्त्वपूर्ण योगदान रहा है। भक्ति संगीत विशेषतः पद भजन गायकी में हरिदास और बल्लभाचार्य के शिष्यों—सूरदास, कुंभनदास आदि की बहुत बड़ी देन रही है।

बेगम अख्तर : फैजाबाद (उ.प्र.) में 07 अक्टूबर 1914 को जनमी बेगम अख्तर का मूल नाम अख्तरी बाई फैजाबादी था। इनकी माता का नाम मुश्तरी बेगम था, जो पारम्परिक गायकों के परिवार से थीं। बचपन से ही संगीत के प्रति इनका लगाव था। उनकी इस रुचि को देखते हुए इन्हें उस्ताद इनायत खाँ के पास संगीत की विधिवत शिक्षा लेने के लिए भेजा गया। इसके बाद इन्होंने शास्त्रीय संगीत का यह अभ्यास पटियाला घराना के उस्ताद अता मोहम्मद खाँ के साथ किया, जिन्होंने इनको मुकरी, खटका और जींद आदि से रू-ब-रू कराया। आगे चलकर किराना घराना के उस्ताद वाहिद

खाँ से भी इन्होंने संगीत की शिक्षा ली। मात्र 14 वर्ष की उम्र में इनका पहला कंसर्ट कलकत्ता में हुआ और उसके बाद इन्हें ठुमरी, दादरा और ग़ज़ल की महफ़िलों में निरन्तर बुलाया जाने लगा। बाद में इन्हें बेगम अख़्तर नाम मिला।

पटियाला घराने की गायिकी, किराना घराने की स्वर अदायगी और उसमें अपने दर्द का पुट देने का अंदाज़ इनकी गायिकी की विशिष्टता बन गयी। 'बोल बनाव' और 'बोल बात' की इनकी अपनी स्टाइल है। ग़ज़ल गायकी ने इन्हें 'क्वीन ऑफ ग़ज़ल' बना दिया। इनकी प्रसिद्ध ठुमरी के बोल हैं–

1. गोरी तेरे नैना कजर-बिन कारे।
2. पिया नहीं आये (ठुमरी-मिश्र गारा, ताल-छांछर)
3. पपीहा धीरे-धीरे बोल (दादरा-मिश्र तिलंग, ताल-कहरवा)
4. अब कैसे कटी मोरी सूनी सेजरिया (ठुमरी-मिश्र पीलू, काफी, ताल-छाछर)
5. जा जा रे कागा (ठुमरी-मिश्र पहाड़ी-ताल-छांछर)
6. बलमवा तुम क्या जानो प्रीत (दादरा-मधुकौंस-ताल-कहरवा)

इस प्रकार बेगम अख़्तर की विश्व प्रसिद्ध ग़ज़लों ने उन्हें अमर कर दिया। आकाशवाणी संगीत के अन्तर्गत महानिदेशालय ने उनकी रिकॉर्डिंग की सी.डी. भी जारी की है, जिसे दूरदर्शन/आकाशवाणी केन्द्रों से प्राप्त किया जा सकता है। यह कहा जा सकता है कि बेगम अख़्तर जैसे उस्ताद अब चिराग ए आखिर-ए-शब की तरह रह गये हैं।

इनका निकाह काकोरी लखनऊ के ताल्लुकेदार, प्रसिद्ध बैरिस्टर इश्तियाक अहमद के साथ हुआ था। लखनऊ में ही 30 अक्टूबर 1974 में बेगम का निधन हो गया था। इनकी मजार पसंदबाग लखनऊ में स्थित है। ठुमरी, दादरा, गज़ल, सावन, होरी अर्थात् विभिन्न शास्त्रीय और लोक धुनों के क्षेत्र में बेगम अख्तर ने जो अपनी छाप छोड़ी है, वह सर्वथा अतुलनीय है। ये लखनऊ, हैदराबाद, भोपाल और रामपुर दरबार से भी जुड़ी रहीं। इन्हें 1968 में पद्मश्री तथा 1975 में 'पद्मभूषण' का सम्मान प्राप्त हुआ था।

मालिनी अवस्थी : समकालीन लखनवी नृत्य संगीत कला में लखनऊ निवासी श्रीमती मालिनी अवस्थी जी का स्तर सर्वोपरि है। ये अवधी, भोजपुरी लोकगीतों की प्रस्तुति प्रभावी शैली में करती हैं। शास्त्रीय संगीत में भी इनकी गहरी पकड़ है। 'सैंया मिले लरिकैंया' इनकी बड़ी लोकप्रिय प्रस्तुति है। इन्होंने संगीत (नृत्य एवं गायन) के सर्वांगीण विकास, विशेषतः पारम्परिक संगीत की संरक्षा के ध्येय से 'सोनचिरैया' नामक एक संस्था स्थापित की है, जिसकी ख्याति देश-देशान्तर तक व्याप्त है। इस क्षेत्र में मालिनी जी को बहुशः पुरस्कारों से सम्मानित किया गया है। वे भोजपुरी-अवधी गायन की ऐंबेसडर हैं।

मालिनी जी का जन्म 11 फरवरी को कन्नौज में हुआ था। रामपुर घराने से इन्होंने संगीत शिक्षा प्राप्त की। गिरिजा देवी जी से इन्होंने ठुमरी, दादरा, चैती आदि सीखी। अवधी-भोजपुरी होरी, कजरी, भजन आदि लोकगीतों में इनकी बहुत अच्छी गति है। कई संस्थाओं द्वारा इन्हें सम्मानित किया गया है। मालिनी जी गीतों के बोल और नृत्य के भाव का बड़ा सुन्दर विवेचन करती हैं। इन दिनों वे लखनऊ में रह रही हैं। उनकी गायिकी देश-विदेश में सर्वत्र विख्यात है।

मुश्तरी बाई : ये बेगम अख़्तर की माँ थीं, जिन्हें मुश्तरी बेगम फैजाबादी कहा जाता था। इन्हें पारम्परिक गायन का प्रशिक्षण मिला था। मुश्तरी बेगम ने पटियाला घराना, लखनऊ घराना और जयपुरी घराना का मिला-जुला रियाज किया और पर्याप्त ख्याति अर्जित की। बेगम अख़्तर ने उनकी कला को कई गुना बढ़ा दिया।

रीता गांगुली : ये लखनऊ की विशिष्ट गायिका हैं। इन्होंने कथक और भरतनाट्यम् में शोध स्तरीय कार्य किया है। रवीन्द्र संगीत, कथकली, शास्त्रीय संगीत, हिन्दुस्तानी संगीत और मणिपुरी में भी ये प्रवीण हैं। इन्होंने विष्णुपुर घराने के गोपेश्वर वैद्य से तथा ठुमरी रानी सिद्धेश्वरी से गण्डाबन्द शागिर्द की तरह शिक्षा प्राप्त की। शम्भू महराज से इन्हें भावाभिनय की प्रेरणा मिली। किराना घराना के मणिप्रसाद से इन्होंने ख़्याल की दीक्षा ली। पटियाला घराना और गज़ल गायकी की मल्लिका बेग़म अख़्तर से रीता जी ने बहुत कुछ सीखा। ये ठुमरी, दादरा, होरी, चैती, गज़ल सबमें प्रवीण हैं। गालिब, मीर, फ़िराक़, क़ैफ़ी आजमी, महादेवी, अज्ञेय आदि की रचनाओं का मंच पर भावाभिनय भी इन्होंने सफलतापूर्वक किया। विदेशों में रीता जी ने कई कार्यक्रम रखे हैं। इनके लगभग 200 घंटों के सी.डी. और कैसेट्स प्रसारित हुए हैं। इन्होंने बुल्लेशाह, कबीर आदि के सूफी संगीत और मीरा के भजनों को सफलतापूर्वक प्रस्तुत किया है। रीता जी ने बिस्मिल्ला खाँ और बेग़म अख़्तर पर दो पुस्तकें लिखी हैं। संगीत नाटक अकादमी लखनऊ और राष्ट्रीय नाट्य विद्यालय, दिल्ली में उनकी सक्रियता बरकरार है। इन उपलब्धियों के कारण इन्हें 'पद्मश्री' से अलंकृत किया गया है।

शुभा मुद्गल : इनका जन्म इलाहाबाद में 1954 ई. में हुआ था। इन्होंने शास्त्रीय संगीत विशेषतः ठुमरी में और सूफी संगीत में काफी ख्याति अर्जित की है।

विष्णु नारायण भातखंडे (पंडित) : भारतीय संगीत भारतीय संस्कृति का परिचायक है। इसमें जड़ को भी चेतन करने की क्षमता है। संगीत की उत्पत्ति नाद से होती है, जो उस ब्रह्म का स्वरूप है जो घट-घट वासी, परमचैतन्य एवं मोक्ष प्रदायक है। संगीत गायन, वादन एवं नृत्य तीनों कलाओं को स्वयं में समाहित कर क्लान्त एवं मुरझाये मनों को प्रफुल्लित करता हुआ मन्द, मन्थर गति से एक झरने के समान सदैव अमृत पीयूष बाँटता रहता है।

संगीत का आधुनिक स्वरूप अनेक अवस्थाओं एवं महान संगीतज्ञों के अमूल्य अथक प्रयासों तथा सर्वस्व अर्पण करने की भावना के कारण ही हमारे सम्मुख आज विद्यमान है, अन्यथा यह बहुत पहले ही विकृत होकर अपने अस्तित्व को खो देता। इसके वास्तविक स्वरूप को बचाये रखने तथा इसकी प्राणप्रतिष्ठा करने वालों में पंडित विष्णु नारायण भातखंडे का अपूर्व योगदान है।

भारतीय संगीत के गौरव, माँ वीणापाणि के अमर सपूत पंडित विष्णु नारायण भातखंडे का जन्म बम्बई प्रान्त के बालकेश्वर नामक ग्राम के एक उच्च ब्राह्मण घराने में 10 अगस्त सन् 1860 ई. हुआ था। पिता के संगीत प्रेमी होने के कारण इनकी रुचि गायन में बाल्यकाल से ही थी। पंडित जी के ईश्वर प्रदत्त इस गुण का पता अभिभावकों को धीरे-धीरे लगा, अतः इनकी विद्यालयी शिक्षा के साथ-साथ संगीत शिक्षण का भी प्रबन्ध किया गया। विद्यालय स्तर से ही संगीत सम्मेलनों एवं अन्य सांस्कृतिक कार्यक्रमों में ये भाग लेने लगे थे।

पंडित जी ने सेठ बल्लभदास से सितार तथा गुरु रावजी, बुआ बेलबाथकर, जयपुर के मुहम्मद अली खाँ, ग्वालियर के पंडित एकनाथ, रामपुर के कलबे अली खाँ आदि संगीतज्ञों से गायन की शिक्षा ग्रहण की।

इन्होंने सन् 1890 में एल.एल.बी. की परीक्षा उत्तीर्ण की। तत्पश्चात् कराची जाकर वकालत आरम्भ की। कुछ समय पश्चात् बम्बई लौट आये और वहीं वकालत का कार्य आरम्भ किया। पंडित जी विलक्षण प्रतिभा के धनी थे। इन्होंने वकालत जैसे व्यवसाय में होने के बाद भी संगीत के उन्नयन हेतु अपना सम्पूर्ण जीवन अर्पित कर दिया।

अपनी प्रतिभा को विकसित करने का अवसर पंडित जी को संगीत कला के प्रसिद्ध कलाकारों

को सुनकर एवं 'गायक उत्तेजक मंडल' में कुछ समय संगीत की शिक्षा ग्रहण करते हुए मिला। इन्होंने संगीत विषयक बहुत सी पुस्तकों का अध्ययन किया।

1904 ई. में भातखंडे जी ने संगीत विषयक यात्राएँ आरम्भ कीं। दक्षिण के अनेक स्थलों का भ्रमण कर इन्होंने संगीत विषयक प्राचीन ग्रन्थों का अध्ययन करने के साथ ही संगीत के विद्वानों के साथ संगीत चर्चा में भाग लेकर संगीत विषयक प्रश्नों के उत्तर प्राप्त किये।

दक्षिण यात्रा के दौरान पंडित जी को पहली बार व्यंकटमुखी के 72 मेल (थाट) का पता चला। पंडित जी सदैव संगीत विषयक जानकारी का संग्रह किया करते थे। एक किंवदंती के अनुसार, उस समय संगीतज्ञों के संगीत कार्यक्रमों में स्टेज के पीछे से छिपकर कई बार पंडित जी ने अनेक स्वरलिपियों को संगृहीत किया, क्योंकि पुराने संगीतज्ञ अपने ज्ञान को स्वयं तक अथवा अपने शिष्यों तक ही सीमित रखना ठीक समझते थे।

1906 में पंडित जी ने उत्तरी तथा पूर्वी भारत की यात्रा की एवं प्राचीन तथा अप्रचलित रागों तथा तथ्यों के विषय में जानकारी हासिल की। सन् 1907 में इन्होंने विजयनगरम, हैदराबाद, जगन्नाथ पुरी, नागपुर और कलकत्ता का तथा सन् 1908 में मध्यप्रदेश और उत्तर प्रदेश के विभिन्न नगरों का दौरा किया।

भातखंडे जी के समय उत्तर भारत में प्राचीन राग-रागिनी पद्धति प्रचलित थी, जिसके कठोर नियमों का पालन संगीतज्ञ आवश्यक समझते थे, परन्तु कभी-कभी उन्हें रागों और उनमें लगाए जाने वाले स्वरों का ठीक-ठीक पता नहीं रहता था। अतः पंडित जी ने इस सन्दर्भ में विचार किया और दक्षिणी पद्धति के जन्य-जनक अर्थात् राग ठाठ प्रणाली का प्रचार उत्तर भारत में करने की योजना बनाई, जिससे संगीत को क्रमबद्ध किया जा सके। पंडित जी के प्रयासों के फलस्वरूप उत्तर भारत में राग-रागिनी पद्धति के स्थान पर ठाठ-पद्धति का आरम्भ हुआ।

इन्होंने संगीत के प्रचार-प्रसार हेतु अनेक सम्मेलनों का आयोजन करवाया। 1916 में बड़ौदा में एक विशाल संगीत सम्मेलन हुआ, जिसका उद्घाटन महाराज बड़ौदा द्वारा हुआ था। इसी सम्मेलन में 'आल-इण्डिया म्यूजिक अकादमी' की स्थापना का प्रस्ताव पास हुआ।

इसका दूसरा सम्मेलन दिल्ली में, तीसरा बनारस और चौथा लखनऊ में हुआ। संगीत, जो सामान्य लोगों की पहुँच से दूर था, उसे सर्वजन सुलभ बनाने हेतु विद्यालयों की स्थापना हुई। इनमें लखनऊ का मैरिस म्यूजिक कालेज (अब भातखंडे संगीत संस्थान) ग्वालियर का माधव संगीत विद्यालय तथा बड़ौदा का म्यूजिक कालेज विशेष रूप से उल्लेखनीय हैं।

भातखंडे जी ने क्रियात्मक संगीत को लिखित रूप प्रदान करने के लिए एक नवीन स्वरलिपि पद्धति की रचना की। इनके द्वारा स्थापित संगीत विद्यालयों में इसी पद्धति के अनुसार संगीत की शिक्षा दी जाती है।

संगीत विषयक अनेक पुस्तकों की रचना के साथ ही इन्होंने प्राचीन संस्कृत ग्रन्थों का अनुवाद भी किया। मराठी में 'हिन्दुस्तानी संगीत पद्धति' के चार भाग पंडित जी के द्वारा ही लिखित हैं। इनकी प्रमुख रचनाओं में 'लक्ष्य संगीत, शार्ट हिस्टोरिकल सर्वे', 'ए कम्पैरेटिव स्टडी.......' तथा 'क्रमिक पुस्तक मालिका' के छः भाग अत्यन्त महत्त्वपूर्ण हैं। क्रमिक पुस्तक मालिका नामक पुस्तक में सभी रागों के परिचय के साथ ही स्वरलिपि भी उपलब्ध है, जो संगीत के विद्यार्थियों के लिए अनिवार्य है। इसमें 181 राग और उनकी 1875 स्वरलिपियाँ हैं। सन् 1921 में अभिनव राग मंजरी तथा श्री मल्लक्ष्य संगीतम नामक ग्रन्थ इन्होंने 'विष्णु शर्मा' के नाम से लिखे।

पंडित जी ने संगीत के उन्नयन हेतु अत्यन्त महत्त्वपूर्ण कार्य किया। इन्होंने संगीत को सर्वजन सुलभ बनाने के साथ ही संगीत के वास्तविक स्वरूप की स्थापना की। राग-रागिनी पद्धति तथा अन्य कारणों से संगीत अपने शुद्ध स्वरूप को खो चुका था। स्वर भी बदल चुके थे। इन्होंने इस कला को शास्त्रों का आधार देकर उच्च स्तर पर पहुँचाया। इस कार्य हेतु इन्होंने प्राचीन संगीत ग्रन्थों का आश्रय लिया।

इन्होंने विभिन्न घरानेदार गुरुओं के गाने सुनकर, छिपकर उनकी स्वरलिपियाँ तैयार करके तथा उन्हें एकत्रित करके 'क्रमिक पुस्तक मालिका' में प्रकाशित किया।

पंडित जी का सर्वाधिक महत्त्वपूर्ण कार्य है एक सरल स्वरलिपि पद्धति का निर्माण। इसके समान कोई अन्य स्वरलिपि पद्धति प्रचलित नहीं हुई है। पंडित जी ने संगीत की विकृत पद्धति को हटाकर सरल ठाठ-पद्धति का प्रचार-प्रसार किया। इससे संगीतज्ञों के प्रदर्शन एवं संगीत स्वरूप में सुधार आया।

भारतीय संगीताकाश के जाज्वल्यमान नक्षत्र पंडित विष्णु नारायण भातखंडे महान संगीत उद्धारक होने के साथ ही उच्चकोटि के गायक एवं परिपूर्ण संगीतकार थे। संगीत के उद्धार, उन्नयन, प्रचार प्रसार तथा उस स्वरूप की रक्षा हेतु इन्होंने जो अथक प्रयास किया, उसके लिए इनका नाम सदैव संगीत के इतिहास में स्वर्णाक्षरों में अंकित रहेगा।

सन् 1931 से तीन वर्षों की लम्बी बीमारी के पश्चात् 19 सितम्बर 1936 ई. को गणेश चतुर्थी के दिन संगीताकाश का यह सूर्य सदैव के लिए अस्त हो गया।

शान्ति हीरानन्द : लखनऊ के एक व्यापारी घर में शान्ति हीरानन्द का जन्म हुआ था। संगीत कालेज, लखनऊ में इन्होंने संगीत की प्रारम्भिक शिक्षा ली। 1940 में इन्हें लाहौर जाना पड़ा, पिताजी के साथ। सन् 1947 में रेडियो लाहौर से इनका पहला प्रसारण हुआ। पुनः बँटवारे के बाद इनका परिवार लखनऊ आया। यहाँ आकर इन्होंने उस्ताद अय्याज हुसैन खान (रामपुर घराना) से संगीत सीखना शुरू किया। फिर आकाशवाणी, लखनऊ से इनका प्रसारण शुरू हुआ। वर्ष 1957 में इनकी गुरु और गाइड बेगम अख़्तर से मुलाकात हुई। बेगम अख़्तर की पहले से ही दो गण्डा बंध शिष्याएँ–रीता गांगुली और अंजली बनर्जी थीं। यहाँ इन्होंने ठुमरी, दादरा और ग़ज़ल में विशिष्टता अर्जित की। इनकी गाई कुछ विशिष्ट रचनाएँ हैं–

देखो सखी फिर सावन आया (भैरवी)
तुम जाओ जाओ मोसे (झिंझोटी)
मोरे पिया बसे कौन देस (पीलू)
तनिक तोहे बलमा जाने नाहीं (खमाज)
ऐरी बाजूबन्द टूट गयो (देस)
बैरन कोयलिया बोले (तिलक कामोद) आदि।

शान्ति हीरानन्द ने एक अंग्रेजी फ़िल्म 'सिद्धार्थ' में 1972 में शशिकपूर (हीरो) की माँ का रोल किया था।

अन्य गायक

अवध क्षेत्र से जुड़े हुए अन्य महत्त्वपूर्ण गायकों के नाम अकारादि क्रम में इस प्रकार हैं–कमला श्रीवास्तव (पूर्व प्रोफेसर भातखण्डे संगीत विवि. लखनऊ), कुशल उपाध्याय (अयोध्या, शास्त्रीय गायक), गौरीशंकर, डॉ. त्रिलोकीनाथ धर (लखनऊ, संगीत विशेषज्ञ), गिरिधर लाल मिश्र (जौनपुर),

पापा स्वामी (अयोध्या, भजन), प्रदीप सिंह (अवधी लोकगीत), सपना अवस्थी (लखनऊ), योगेश गौड़ हर्षिता सक्सेना (रियलिटी शो), (हिन्दुस्तानी एवं शास्त्रीय संगीत) रामाश्रय झा (अयोध्या, भजन), बाबा सरजूदास (अयोध्या, भजन), वेंकटेश आचार्य (भजन, लोकगीत), रेखा भारद्वाज (लखनऊ-सुगम संगीत) आदि।

इनके अतिरिक्त प्राचीन काल में सुविख्यात यहाँ बड़े-बड़े गायकों और उस्तादों के नाम यत्र-तत्र चर्चा में आते हैं, जैसे बड़े-छोटे मुन्ना खाँ, अहमद अली, खुर्शेद अली, एवज अली (सारंगिया), मोहम्मद अली, बाकर अली, छोटी बड़ी जद्दन, अच्छन, अल्लाह बांदी, हस्सोबाई, गुग्गन, बब्बन, नब्बन, हमीदा, तारा, जमीला, छुट्टन, शमीम, बेनज़ीर, जोहरा, हसीना, नसीम, शकीला आदि।

इनमें कुछ नर्तकी और गायिका दोनों रूपों में प्रसिद्ध रही हैं। हस्सो जान नवाब महमूदाबाद की रक्षिता रही हैं। दादरा में उन्हें विशेषज्ञता प्राप्त थी। यहाँ नर्तकी नन्हुआ बहुआ का पक्का गाना, मोहम्मदी बाई की भैरवी, मुनीर के ख़्याल, तारा के आलाप, असरफबाई की प्रस्तुति आज भी स्मरणीय हैं। इलाहाबाद की जानकी बाई और दूसरे रजवाड़ों या नगरों से जुड़ी डेरे वालियों की गायिकी का भी अपना महत्त्व रहा है।

इन संगीत घरानों का प्रचलन इस क्षेत्र में लगभग सात-आठ सौ वर्षों से माना जा सकता है। जायसी (पद्मावत) के अनुसार अलाउद्दीन का जब चित्तौड़ पर आक्रमण हुआ था तो उससे सन्धि करते हुए उसके स्वागत में छत्तीस राग (कल्याण, कान्हरा, बिहार, केदारा, प्रभावी, बंगाला, आसावरी, गुणमाला, धनाश्री, सूहा, विलायल, भारू, रामकली, नट, गौरी, खम्माच, मूजरी, साम, सारंग, विभास, पूर्वी, सिन्धी, देशी, बरारी, टोड़ी, गोंड़ आदि) गाये गये थे। जाहिर है कि ये धुनें तब अवध में अवश्य प्रचलित रही होंगी।

इन संगीत सुरों के सम्बन्ध में इस क्षेत्र में यह आस्था अभी बरकरार है कि भैरव राग गाने से अपने आप कोल्हू चलने लगता है, मालकौस से पत्थर हिल जाता है। श्री शब्द सुनते ही सूखा पेड़ हरा हो जाता है, मल्हार गाते ही पानी बरस जाता है और दीपकराग गाने से दीपक जल उठता है। यहाँ की एक कवि प्रौढ़ोक्ति रही है–

"भैरवै स्वर गाये कोल्हू आप सों चलत
माल कौंस कै अलाप होत पाहन दरार री।।
श्री शब्द सुने ते सु सूखे तरु हर होत,
जल के कनूकै झरैं मेघ की मल्हार री।"

स्पष्ट है कि अवध की संगीत कला युग-युग से विशिष्ट रही है।

प्राचीन लोक-शास्त्र समन्वित गायक

अवधी लोकगीतों गाथाओं के पुराने गायकों को इन वर्गों में विभक्त किया जा सकता है–

1. सूत : अर्थात् ब्राह्मण स्त्री तथा क्षत्रिय पुरुष से उत्पन्न सन्तान। सूत का कार्य है रथ हाँकना और वन्दना (प्रशस्ति) करना। महाभारत के संजय इसी वर्ग में आते हैं।

2. मागध : 'मागधाः सूतवंशजा।' ये लोग सूत वंश में उत्पन्न होते थे, परन्तु इनका कार्य कुछ भिन्न प्रकार का था। ये राजा के आगे उसके वंश की स्तुति करते थे। इन्हें 'मगुधः' भी कहा गया है, क्योंकि ये लोग बड़ी सुमधुर भाषा में सभा का यशोगान करते थे।

3. बन्दी : 'बन्दिनस्त्वमलप्रज्ञा प्रस्तावसहशोक्तयः।' निर्मल बुद्धि वाले, प्रकरण के अनुकूल अनेक

उक्तियाँ रचने वाले तथा राजाओं की स्तुति करने वाले बन्दी कहे जाते थे। बन्दी लोगों का वर्णन मध्ययुगीन साहित्य में काफी मिलता है। रामचरितमानस तथा रीतिकाल के ग्रन्थों में भी इनका उल्लेख उपलब्ध है।

4. कुशीलव : भगवान राम के दोनों पुत्र-लव व कुश से इनकी उत्पत्ति मानी जाती है। इनका अर्थ है—नाचने गाने वाले। वाल्मीकि ने राम से सम्बन्धित गाथाओं को एकत्र कर रामायण की रचना की थी। सौभाग्य से सीता वहीं उपस्थित थीं। लव-कुश ने यहीं वाल्मीकि की रामायण कण्ठस्थ की और उसका गायन किया। पिता के पास पहुँचने पर उन्होंने यह गान छोड़ दिया था, परन्तु वह परम्परा चल पड़ी थी। कालान्तर में अपनी जीविका को राम-कथा-गायन का आधार बनाने वाले कुशीलव कहलाये।

5. वैतालिक : 'वैतालिक बोधकरा।' राजाओं को स्तुति पाठ से प्रातःकाल जगाने वाले को वैतालिक कहा जाता था। ये लोग भैरव राग में राजा के ऐश्वर्य और उसके पूर्व पुरुषों का गुणगान करते थे। इनकी परम्परा मध्ययुग तक मिलती है।

6. चारण : 'चारणास्तु कुशीलवा।' ये एक कथक नाम के नट विशेष होते हैं, जो कुशीलवों की परम्परा में आते है। इनका कार्य नृत्य तथा राजा के ऐश्वर्य का गुणगान करना रहा है। इनके वशंज आज भी मिलते हैं। हिन्दी साहित्य का आदि युग चारणों की रचनाओं से भरा पड़ा है।

7. भाँट : प्राचीन संस्कृत ग्रन्थों में भाँटों का उल्लेख नहीं मिलता है, परन्तु मध्ययुगीन साहित्य में इनका यत्र तत्र विवरण अवश्य प्राप्य है। भाँटों का कार्य चारणों के समान ही रहा है। भाँट लोग हिन्दू तथा मुसलमान दोनों ही जातियों में होते हैं। आल्हा की गाथा प्रायः सभी भाँटों को याद रहती है।

8. जोगी : ये नाथ सम्प्रदाय की परम्परा के अनुगामी हैं। इन लोगों की अब एक विशिष्ट जाति बन गयी है। ये लोग सम्पूर्ण भारत में फैले हुए हैं। ये जोगिया वस्त्र धारण कर हाथ में सारंगी लेकर गोपीचन्द एवं भरथरी की गाथा गाकर भिक्षा माँगते रहे हैं।

वर्तमान में लोकगायकी के प्रमुख रूप हैं—आल्हा, खुनखुनिया आदि।

वाद्य संगीत

अवधांचल में वाद्यकला का महत्त्वपूर्ण स्थान है। इसका इतिहास बड़ा पुराना है। कौशाम्बी के वत्सराज उदयन को वीणा वादन में बहुत कुशल कहा गया है। आधुनिक युग में **ढोलक** बजाने वालों में मोहम्मद सलाम, मुन्ना, अजीब, नसीम, आलम, रामप्रसाद बाजपेयी, राजकुमार शर्मा, रमाकान्त, सोनाली, रामदुलारे आदि विख्यात रहे हैं। इसी प्रकार **हारमोनियम** में राजीव नागर, **खाव** में वासत खाँ, **सरोद** में नियामतउल्ला, **सितार** में गुलाम राजा, रहीम, हुसेन खाँ, बरकत अली, नवाब अली, हसमत, हमीद हुसेन, **वीणा** में सादिक अली, **सारंगी** में ऐवाज अली खाँ, **पखावज** में सरवाराम, अयोध्यादास, कोदऊ, **तबला** में अहमद जान थिरकवा, मोदू, वीरू मिश्र, जहाँगीर, हीरेन्द्र गांगुली, **नक्कारा** में अग्गन खाँ, **बीन** में हुसेन खाँ, कारनेट में सियाराम आदि का बड़ा नाम था।

यहाँ प्रचलित अन्य वाद्य यन्त्र हैं—नगाड़ा, धौंसा, डंका, दुंदुभी, तुरही, बिगुल, तूती, पिपिहरी, इकतारा, गिटार, चिकारा, सारंगी, संतूर, वायलिन, झींका, करताल, झाँझ, बंशी, मंजीरा, मादल, तासा, ड्रम, हुडुक, खँझड़ी, घंटघड़ियाल, तूरमादल, मृदंग, उपंग, निशान, शंख, जोगीड़ा, नौबत, महुवर, बीन, भेरी, शृंगी, डफ, किंगरी, पणव, डुग्गी, मुनादी, चर्चरी, तितिला, तंबूरा, दमामा, सितार, सरोद, चौरासी,

नंग, पिनकी, नागसुर, डमरू, नेफेरी, शहनाई, बेला, नरसिंहा, नौबत, ताशा, बिगुल, चंग, जोगीड़ा, डी.जे., आर्केस्टा आदि। यहाँ डफली बजाने वाले को डफलची, तबला बजाने वाले को तबलची, मृदंग बजाने वाले को मिर्दंगिया या ढोलकची और बाजदार को बजनिया कहते हैं। लोक वाद्यों में यहाँ लोकप्रिय है हुड़क। यह उल्टे गमले की तरह का होता है। इसे कमर के पास लटकाकर बजाया जाता है। इसे बजाने वाले को हुड़कहा कहा जाता है।

अवधी लोकगीतों में इन वाद्य यन्त्रों के सहारे कला का श्रेष्ठ स्वरूप व्यक्त होता है। ये परस्परपूरक भी होते हैं। जैसे–'ढोलक पर लगे मंजीरे', 'ढोलक भी बाजे, मंजीरे भी बाजे, बाज रही करताल।' होली और फाग गीतों में वाद्य संगीत का उत्कृष्ट रूप देखने को मिलता है। डफ, ढोलक, मंजीर, करताल, खँझड़ी, वंशी, शहनाई आदि के साथ संगीत के सप्त स्वरों का उल्लेख अवध के संस्कार गीतों में भी देखा जा सकता है। इसके प्रचलित बोल हैं 'बाजै लागी अनन्द बधइया गावहिं सखी सोहर', 'सात सबद सहनइया ससुर द्वारे नौबत हो।' यहाँ के लोकगीतों में सर्वाधिक प्रयुक्त वाद्य यन्त्र हैं–ढोलक, झाँझ-मंजीरा। इनमें इकतारा, डफ और खँझड़ी का प्रयोग भी मिलता है। इसके अतिरिक्त नगाड़े और शंख ध्वनि का भी प्रयोग यत्र-तत्र होता है। यथा–'नगाड़े इन्द्र के बाजै शंख ध्वनि होन लागी है।' अतएव यह कहा जा सकता है कि अवधी लोकगीतों में वाद्य यन्त्रों से समन्वित संगीत कला का सुन्दर निदर्शन हुआ है।

अवध संस्कृति समन्वय, सद्भाव, सहिष्णुता, शिष्टता और सहृदयता की संस्कृति है। समय-समय पर बाहर से आने वाले पर्यटकों ने लिखा है कि यहाँ शूरता, शालीनता दोनों अपने चरम पर थीं। लखनऊ निवासी हर समय औजारों (ढाल, तलवार, बन्दूक) से लैस रहते थे। स्त्रियाँ वीरांगनाएँ थीं। बाँके लोग काफी सम्मानित थे। वे धनुष विद्या में प्रवीण थे। शमशीर, खंजर, तेगा उनके प्रिय शस्त्र थे। तलवार की धार से वे आँखों में सुरमा लगाते थे। उन दिनों यहाँ औरतें अपने कपड़े पराये मर्द धोबी से नहीं धुलवाती थीं। लोग सुख-दुख में एक-दूसरे के साथ खड़े होते थे। हिन्दुओं की तेरहवीं और मुसलमानों की सत्रहवीं में सब भाग लेते थे। मोहर्रम में ताबूत एवं ताजिए के साथ हिन्दू भी सहभागिता करते थे। साथ-साथ ईद, होली, दीवाली मनाते थे। वाजिद अली शाह का प्रसिद्ध उद्घोष था–

"नाकूसे बिरहमन से सदा ए अजाँ सुनी।
मस्जिद में मैंने सजदा किया सोमनाथ का।"

आज भी यहाँ 10वीं मुहर्रम को शाहजरी का जुलूस कर्बला तक जाता है। उसमें हिन्दू जनता पानी पिलाती चलती है। 22वीं रजब को कुँडेरवाने के लिए परस्पर मिलन होता है। मरजिया मजलिस और आग से मातम में सब एकत्र होते हैं। महफिल, मुशायरा और शायरी के सभी शौकीन हैं। मुशायरे में जाने से पहले उस्ताद से कलाम सीखने का रिवाज है। जिसके आगे शमा रख दी जाती है, वही शेर पढ़ता है। दूसरे सब दाद देते हैं। लतीफेबाजी, अफसाना निगारी, पारसी थिएटर, कथक, नृत्य–सबमें यह सौहार्द दिखाई देता है। लखनऊ का लहजा है 'पहले आप'। आज की प्रचण्ड खुदगर्जी और आपाधापी के दौर में स्वार्थ को त्यागकर दूसरे को मौका देने की यह उदारता अवध की, विशेषतः लखनवी अदब की बहुत बड़ी विशेषता है।

प्रमुख वाद्ययन्त्र

संगीत में वाद्य कला का भी महत्त्वपूर्ण स्थान होता है। इस प्रदेश में छः प्रकार के वाद्य बहुत लोकप्रिय रहे हैं–

1. **ताशा :** यह जुलूसों के समय गले में लटकाकर बजाया जाता है।

2. **रोशन चौकी :** इसमें कम से कम दो शहनाई वादक और लय कायम रखने के लिए एक तबलची हुआ करता था। यह हिन्दुस्तान का खास दरबारी बाजा था। बड़े-बड़े अमीरों और बादशाहों के महलों के आस-पास, विशेषतः भोजन करते समय इसे बजाया जाता था। इसे प्रातः मन्दिरों में सुना जा सकता था और लखनऊ की बरातों में भी।

3. **नौबत :** यह बड़ा शानदार बैण्ड माना जाता था, जिसमें दो-तीन शहनाई वादक, एक नक्कारा वादक और एक झाँझ वाला होता था। यह प्रायः जुलूस के आगे-आगे हाथियों पर, मुख्यतः विजेता का उल्लास मनाने के लिए बजाया जाता था। अवध के कई रजवाड़ों में राजे-महराजे अपनी ड्योढ़ी और सवारी के बीच नौबत बजवाते थे और इसके लिए फाटकों के ऊपर नौबतखाना बनवाते थे। लखनऊ की नौबत से वक्त की पहचान होती थी। तब आठ घड़ी का एक पहर होता था। हर पहर बीतने पर एक घड़ी तक नौबत बजती थी। आठ घड़ी के बाद गजर बजाया जाता था।

4. **नरसिंहा :** यह हमारा प्राचीन राष्ट्रीय वाद्य था, जिसका प्रयोग फौजी दस्तों या पलटनों के साथ होता था। हिन्दुओं का नरसिंहा प्रायः धार्मिक जुलूसों के साथ बजाया जाता था।

5. **बिगुल और डंका :** यह नक्कारा का ही एक रूप है। प्राचीनकाल में यह डंका विजयी सेना के साथ घोड़ों पर रखा जाता था। नक्कारे की एक चोट से बड़े-बड़ों के कलेजे दहल जाते थे। अन्तर यह है कि डंका भारतीय वाद्य था और बिगुल अंग्रेजों का। डंका का एक लोक परक रूप डफ, डफला, डफली, ढोल, मृदंग, चंग, हुडुक, डहँकी आदि वाद्यों में भी द्रष्टव्य है।

6. **अंग्रेजी वाद्य :** इसमें मुख्य है बैण्ड, जिसे पहले अरगन बाजा कहा जाता था।

7. **शंख (करना) :** इसे सेना के प्रस्थान करते समय बजाया जाता था। ईरान में इसे 'करना' कहते थे।

8. **तुरही :** यह प्राचीन वाद्य है। इसका प्रयोग सार्वजनिक घोषणा तथा युद्ध के समय होता था।

9. **तूरमादल :** यह लोकगीतों के साथ बजाया जाने वाला एक लोकप्रिय बाजा है।

10. **दुंदुभी :** इसका उल्लेख प्राचीन ग्रन्थों में बहुत हुआ है। युद्ध क्षेत्र में यह बाजा विजय का प्रतीक माना जाता था।

11. **रणभेरी :** युद्ध क्षेत्र में यह वाद्य विशेष प्रकार के ओज का संचार करता था।

12. **झाँझ :** काँसे की दो तश्तरियों से बना हुआ यह ईरानी वाद्य यन्त्र ढोल/ढोलक के साथ बजाया जाता है।

13. **ढोल :** इसे नंगे बदन एक व्यक्ति गले में लटकाकर लकड़ी की छड़ी से पीटता है। कहीं-कहीं तीन बड़े-बड़े ढोल रखे होते हैं, जिसे एक व्यक्ति लकड़ी से बजाता है। कुछ स्थानों पर झाँझ, ताशा और ढोल एक साथ बजाये जाते हैं। मुहर्रम की सातवीं तारीख के जुलूस के आगे-आगे इन्हें बजाने का प्रचलन लखनऊ में बहुत है।

14. **रबाब :** यह सितार एवं सारंगी से मिलता-जुलता बाजा है। इसे बजाने वाला रबाबी कहलाता है।

15. **वंशी/बाँसुरी :** बाँस अथवा धातु से बना यह छेददार बाजा मुँह से फूँक कर बजाया जाता है।

16. सितार : यह तारों से बना हुआ बाजा होता है, जिसे तन्त्री भी कहा जाता है। सितार बजाने वाले को 'सितारबाज' कहते हैं।

17. हारमोनियम : यह सन्दूकनुमा एक अंग्रेजी बाजा है, जिसमें हवा भरने से कई प्रकार के स्वर निकलते हैं।

18. तबला : यह चमड़े से मढ़ा हुआ गमले के आकार का एक बाजा है, जो छोटे-बड़े दो आकार के होते हैं। इसे युग्म के साथ बजाया जाता है। इसे बजाने वाला 'तबलची' कहलाता है।

19. नक्कारा : इसे नगाड़ा भी कहते हैं। यहाँ यह बजाने के लिए रखा जाता है, उसे 'नक्कारखाना' कहा जाता है।

20. तूती पिपिहरी : इसे तुरही भी कहते हैं। यह मुँह से फूँक कर बजायी जाती है। यों, तूती मीठी हल्की आवाज वाली एक चिड़िया होती है। उसी पर "नक्कारखाने में तूती की आवाज" कहावत चल पड़ी है। दूसरी ओर "तूती बोलना' मुहावरे का अर्थ है—धाक जमाना।

21. करताल : यह वाद्य युग्म दोनों हाथों के पंजों में फँसाकर बजाया जाता है।

22. सारंगी : यह वीणा के परिवार का वाद्य यन्त्र है, जिसमें कई कसे हुए तार होते हैं।

23. सरोद : यह वाद्य यन्त्र शहनाई सारंगी से मिलता-जुलता है। इसके तारों से अलग-अलग स्वर निकलते हैं। इसे फारसी में सुरोद या सुरूद भी कहा जाता है।

24. शहनाई : इस वाद्य यन्त्र का नवाबी शासन काल में बहुत प्रचलन रहा है। यह फारस से आया बाजा है, जिसे 'नफीरी' कहा जाता है। यह मुँह से फूँक कर बजाया जाता है।

25. चंग : यह टेढ़े आकार का बाजा है। इसे बजाने वाले को चंगन बाज या चुंगी कहा जाता है। क्योंकि इसे चंगुल (पंजे) से पकड़ा जाता है। यह डफली के आकार का होता है।

26. पखावज : यह मृदंग का एक रूप है, जो आकार में कुछ लम्बा होता है और दो जाँघों के बीच रख कर बजाया जाता है।

27. मंजीर (मँजीरा) : काँसे की कटोरियों की यह जोड़ी ताल देने के लिए बजायी जाती है।

28. चिकारा : यह सारंगी का एक रूप है, जिससे चिकार (चीत्कार) का स्वर निकलता है।

29. झींका : यह दोनों हाथों से जब झटके के साथ हिलाया जाता है तो इसके भीतर लगी हुई कटोरियाँ परस्पर टकराकर बजती हैं।

30. वीणा : यह सितार जैसा एक बाजा है जिसके दोनों सिरों पर तूँबे लगे रहते हैं। बीच में एक लम्बा दंड होता है। सरस्वती जी और नारद जी का यह प्रिय वाद्य रहा है। वीणा वादन को मिजराब कहा जाता है।

31. जोगीड़ा : यह जोगियों द्वारा बजाया जाने वाला वाद्य है, जो प्रायः बसन्तोत्सव में सुनाई देता है।

32. किंगरी : यहाँ के लोकगीतों के साथ बजाया जाने वाला यह एक लोक वाद्य है। इसी पर कहावत चल पड़ी है—'आपन किंगरी आपन राग'। नाथ सम्प्रदाय के सन्त प्रायः लोहे की रिंग को अपनी छड़ से टकराकर इसे बजाते हैं।

33. निशान : इसे डंका और नगाड़ा भी कहते हैं। यह सेना के आगे-आगे बजाया जाता था।

34. गिटार : यह सितार जैसा एक अंग्रेजी वाद्य है।

इनके अतिरिक्त कार्नेट, बरवद, वायलिन, ड्रम, घंटघड़ियाल, उपंग, डी.जे., आर्केस्ट्रा जैसे कई वाद्य देखे जाते हैं। गाँवों में कुम्हार लोग मिट्टी के घड़े बजाकर गाते हैं। कुछ लोग थाली बजाकर

गाते हैं। तात्पर्य यह है कि यहाँ वाद्यों के अनेक रूप प्रचलित हैं।

(2) नाट्य कला

इस कला का लोक जीवन से बड़ा गहरा सम्बन्ध है। जन मानस को इस कला ने अत्यधिक प्रभावित किया है। धार्मिक अवसरों, लोकोत्सवों तथा मनोरंजन के उद्देश्य से यहाँ प्रायः लोक नाट्य मंचित होते रहते हैं। अवध में कई तरह की नाट्य मण्डलियों द्वारा लोकानुरंजन होता है। भिन्न-भिन्न प्रकार के वेश धारण करके बहुरूपिये यहाँ प्रायः जनरंजन करते दिखते हैं। इसका प्रतिबिम्बन अवधी लोकगीतों में भी मिलता है, यथा–'अरे रामा कृष्ण बने मनिहार ओढ़ लई सारी रे हारी।' नट-बेड़ियों का कला कौतुक भी लोक नाट्य कला का ही एक रूप है। इसकी विवृत्ति यहाँ के लोक साहित्य में द्रष्टव्य है–'भउजी धरौ बेड़िनी का भेशु भइया मिलि आवहु रे।'

पुत्र विवाह के अवसर पर खेला जाने वाला 'नकटौरा' अवधी लोकनाट्य का एक महत्त्वपूर्ण रूप है। इसके अन्तर्गत वैवाहिक रीतियों का अभिनय होता है। अवध में जो नाट्य कलाएँ आज सर्वाधिक लोकप्रिय हैं, वे हैं–रामलीला, नौटंकी, भँडैती आदि। यहाँ नट, नाटक एवं लोकनाट्य का बड़ा महत्त्व रहा है। हमारे आराध्य कृष्ण एवं शिव नटराज हैं। ये नट बाद में घुमन्तू नट हुए, अतः वे व्रात्य, डोम, वर्ण संकर तथा अस्पृश्य मान लिए गये। इन्हें शौचिकी स्त्री और रौडिक पुरुष से उत्पन्न अछूत कहा गया। स्मृतिकारों ने फिर इन्हीं से नाट्यशास्त्र बनाया। भरत ने इसे वैदिक रूप दिया। पाणिनि ने नट शब्द को धातु बना दिया। अन्ततः यह नाट्य वेद (पंचम वेद) रूप में स्थापित हो गया। सम्प्रति यह एक ललित कला है।

नाट्य कला और रंगमंच का आरम्भ करने और उसे विकसित करने में अवध की बहुत बड़ी भूमिका रही है। प्राप्त प्रमाणों के अनुसार सन् 1533 में भरगाँव में यहाँ 'विद्या विलाप' नामक हिन्दी नाटक खेला गया था। इसके पूर्व संस्कृत और प्राकृत भाषाओं के नाटक यत्र-तत्र होते रहे हैं। आचार्य भरत, धनंजय-धनिक आदि ने जिन दस रूपकों और उप रूपकों की चर्चा की है, वे यहाँ भी प्रचलित रहे हैं। इन आचार्यों ने अभिनेताओं (नटों) के अनेक भेद किये तथा वाचिक, आंगिक, सात्विक और आहार्य ये चार प्रकार के अभिनय बताये। छाया नाट्य, नुक्कड़ नाटक, कठपुतली नृत्य, काव्य नाटक, लोक नाट्य जैसे इसके कई प्रभेद कालान्तर में किये गये।

वस्तुतः अवधी लोक नाट्य सैकड़ों वर्ष पुराना है। 18वीं सदी में यहाँ पारसीक थियेटर आया। इसी बीच लखनऊ के नवाब वाजिद अली शाह ने अपने 'रहस-रास' और 'किस्सा राधा कन्हैया' जैसे प्रदर्शनों द्वारा हिन्दी रंगमंच को प्रश्रय दिया। यह उल्लेखनीय है कि वाजिद अली शाह स्वयं इन नाटकों में अभिनय करते थे। उन्हीं की प्रेरणा से 1853 में अमानत ने 'इन्दर सभा' की रचना की थी, जिसे लखनऊ में कई बार मंचित किया गया था। कैसरबाग के इस शाही थिएटर के कई साक्ष्य यहाँ अभी द्रष्टव्य हैं। इसी प्रकार की कई संस्थाएँ कानपुर, इलाहाबाद आदि महानगरों में सक्रिय रही हैं।

मध्यकाल में यहाँ रामलीला एवं रास लीला का बड़ा विस्तार हुआ। इसी प्रकार नौटंकी भी यहाँ बहुत लोकप्रिय हुई। इन तीनों का प्रदर्शन लोक नाट्य शैली के सहारे वर्षों तक होता रहा है। इसके कई केन्द्र यहाँ स्थापित हुए। यह ज्ञातव्य है कि पारसीक थियेटर का भारत में प्रवेश 1867 ई. में हुआ था। इसमें कुँवर जी नाजर ने एक क्रान्तिकारी प्रयोग किया था। वह था हिन्दू संस्कृति का प्रवेश। इसके पहले फारसी प्रेम कथाओं पर आधारित मंचन ज्यादा होते थे। कालान्तर में पुराणों और रामायण-महाभारत की घटनाओं पर नाटक खेले जाने लगे। पहले पारसी मंच में अति नाटकीयता,

व्यावसायिकता, अश्लीलता, अनावश्यक गीत योजना, अधिकाधिक चमत्कारी दृश्य, बचकाने नृत्य यानी सस्ता मनोरंजन अधिक होता था। इस बीच जिन नाटककारों ने अपना अभियान चलाया, उनमें आगा हश्र कश्मीरी, अमानत, राधेश्याम कथावाचक, बेताब आदि प्रमुख थे। इनमें अधिकतर रंगकर्मी अवध से ही सम्बद्ध रहे हैं।

कालान्तर में यहाँ कुछ अव्यावसायिक मंच शुरू हुए। प्रयाग में श्री माधव प्रसाद शुक्ल, बालकृष्ण भट्ट आदि के प्रयास से एक नाटक मण्डली की स्थापना हुई, जहाँ ऐतिहासिक महत्त्व के कई मंचन प्रस्तुत किये गये। इनमें कांग्रेस-अधिवेशन के समय मंचित नाटक 'भारत सौभाग्य' का ऐतिहासिक महत्त्व है। 'इप्टा' (भारतीय जन नाट्य संघ) के मंचन भी यहाँ बराबर होते रहे हैं। इस क्षेत्र में अली सरदार जाफरी और अन्य अनेक रंगकर्मियों का काफी योगदान रहा है। सन् 1955 में पृथ्वी राज कपूर ने 'पृथ्वी थियेटर' की स्थापना की, जिसका यहाँ की मंचन कला पर बड़ा गहरा प्रभाव पड़ा। भारतीय नाट्य संघ की अनेक शाखाएँ यहाँ सम्प्रति सक्रिय हैं। रवीन्द्र शती वर्ष में स्थापित नाट्य गृहों से रंगकर्म को विशेष बल मिला। केन्द्र सरकार के गीत नाट्य संभाग के सहयोग से संचालित ध्वनि प्रकाश के कार्यक्रम सम्प्रति समय-समय पर यहाँ सम्पन्न होते हैं। इस क्षेत्र में अनेक पंजीकृत नाट्य संस्थाएँ हैं। चालीस के ऊपर संस्थाएँ मात्र लखनऊ में ही खोजी गयी हैं।

अवध के अनेक रंगकर्मियों ने अपनी निजी पहचान बनायी है, जिनमें अमानत, माधव शुक्ल, अमृत लाल नागर, रघुवीर सहाय, भगवती चरण वर्मा, रजिया सज्जाद जहीर, राजबिसारिया, रामकुमार वर्मा, लक्ष्मी नारायण लाल, उपेन्द्रनाथ 'अश्क', शबाना आजमी, धर्मवीर भारती, विपिन अग्रवाल आदि महत्त्वपूर्ण हैं। इन रंगकर्मियों ने अतियथार्थवादी, प्रतीकवादी, विसंगत नाटक, बीज नाटक और लोक नाट्य के कई प्रयोग किये हैं। प्रदेश की नाट्य संस्थाओं में दर्पण, मेघदूत, संकेत, नीपा, भारतेन्दु नाट्य अकादमी, लंक्रीश, ड्रेमैटिक क्लब, यायावर, नक्षत्र, कला निकेतन, उत्तरमध्य क्षेत्र सांस्कृतिक केन्द्र प्रयाग आदि ने अपनी कला द्वारा अवध को गौरवान्वित किया है।

रामलीला

अवध लोक नाट्य रूप में रामलीला का इतिहास लगभग साढ़े चार सौ वर्ष पुराना है। प्राप्त प्रमाणों के अनुसार गोस्वामी तुलसीदास ने काशी में मेधा भगत के साथ मिलकर रामलीला का आविष्कार किया था। वहीं नाग नथैया लीला भी उन्होंने शुरू करवाई थी। इनमें रामलीला आज देश-विदेश में इतनी लोकप्रिय हो गयी है, जितनी शायद दूसरी कोई विधा नहीं हो पायी है। यह दक्षिण पूर्व एशिया के कई देशों में निरन्तर सम्पन्न होती दिखती है। शारदीय नवरात्र से बासन्ती रात्र तक अवध के विभिन्न अंचलों में रामलीला का आयोजन कहीं न कहीं, किसी न किसी रूप में होता ही रहता है।

रामलीला की कथा वस्तु लम्बी परम्परा द्वारा विकसित हुई है। यह समग्र लोक मानस द्वारा विरचित मौखिक और आंशिक रूप से लिखित एक वृहत् नाट्य है, जिसमें शास्त्रीयता तथा लोक नाट्य दोनों का सम्मिश्रण है। सम्प्रति इसकी अनेक पाठ-प्रतियाँ उपलब्ध हैं। इनमें पं. जानकीप्रसाद त्रिपाठी रचित रामलीला सर्वाधिक प्रचलित है। रामलीला के संवादों में कवि केशव के कई छन्दों की भी अनुगूँज है। इसके मंचन पर पारसी थिएटर का भी प्रभाव दिखाई देता है। इसके प्रचलन का इतिहास बड़ा पुराना है। ऐसी जनश्रुति है कि राम के वन गमन के उपरान्त उनके परिजनों-पुरजनों ने प्रवासजन्य विरह-व्यथा के उपशमन हेतु उनकी जीवन-लीलाओं का जो अनुकरण और स्मरण किया,

वही कालान्तर में रामलीला कहलाई। यह भी मत है कि आचार्य बल्लभ की रासलीला की स्पर्धा मे तुलसी ने यह रामलीला शुरू की थी। आज इसके कई प्रकारान्तर हैं। काशी और अयोध्या इसके प्राचीन कला केन्द्र हैं। सम्प्रति यह महानगरों में केन्द्रित है और काफी प्रचलित हो गयी है। महानगरों में यह लोकमंच शास्त्रीय मंच में काफी कुछ रूपान्तरित हो गया है, पर अवध में इसका अपेक्षाकृत अविकल रूप सुरक्षित है। प्रतिवर्ष यहाँ आश्विन में इसकी स्थापना होती है और विजयदशमी के दिन गाँव-गाँव में इसका आयोजन किया जाता है। काशी की रामलीला अनंत चतुर्दशी से शुरू होती है। इसकी एक यहाँ मौखिक परम्परा है अर्थात् पात्रों के संवाद लिखित रूप में पूर्वनिर्धारित नहीं होते हैं।

रामलीला में राम-लक्ष्मण और सीता प्रायः मौन रहते हैं, केवल वानर तथा राक्षस दल अपनी उछलकूद के साथ जय-जयकार या हाहाकार प्रकट करते रहते हैं और गायक मण्डली 'मानस' के सहारे राम कथा सुनाती रहती है। रामकथा से सम्बन्धित पात्रों और वृत्तान्तों की कहीं-कहीं शोभा-यात्रा भी निकाली जाती है, जिसमें विभिन्न छवियों, झाँकियों और क्षणस्थिर दृश्यों (टेब्ल्यू) द्वारा रामलीला का मूक अभिनय प्रस्तुत किया जाता है। रामलीला का सवाक् लोकमंच भी दो प्रकार का होता है–

1. तात्कालिक या आशु (इक्सटेम्पोर) संलाप युक्त नाट्य।
2. पूर्व स्मृत नाट्य।

अवध में उपर्युक्त दोनों रूप प्रचलित हैं। तात्कालिक अभिनय में पर्याप्त अनेकरूपता दृष्टिगत होती है, साथ ही अस्थिरता भी। इसमें केवल रावणवध का ही प्रकरण प्रदर्शित किया जाता है। दूसरे प्रकार के मंच स्थायी होते हैं। उनके समक्ष एक नाट्यकृति होती है, जिसके मूल रचयिता पं. ज्वाला प्रसाद मिश्र कहे गये हैं। यह रामलीला नाटक अनेक परिवर्द्धनों अथवा प्रक्षेपों के कारण अपने मूल से नितान्त भिन्न हो गयी है। इसमें विश्वामित्र द्वारा राम-लक्ष्मण की याचना, ताडका वध, अहल्योद्धार, सीता स्वयंवर, वनगमन, रावणवध आदि वृत्तान्त समाहित हैं। इसके संवाद अधिकांशतः 'मानस' से ही उद्धृत हैं। कहीं-कहीं कुछ अन्य कवियों के स्फुट छन्द भी ले लिए गये हैं और अपवाद रूप में राधेश्यामी तर्ज की पंक्तियाँ तथा कुछ शेर (बतर्ज नौटंकी) भी जोड़ दिये गये हैं। पद्यात्मक संवादों की प्रायः 'वार्तिक' (गद्य संलाप) द्वारा पुनरावृत्ति की जाती है। एक उदाहरण प्रस्तुत है। विश्वामित्र की याचना पर दशरथ निवेदन कर रहे हैं–

लो राज ताज दौलत लश्कर इसमें मुझको तकरार नहीं।
आज्ञा हो तो मैं चला चलूँ इसमें भी कुछ इंकार नहीं। (राधेश्यामी तर्ज)
चौथे पन पायो सुत चारी, विप्र न बोल्यो बचन बिचारी। (मानस)
ताते मुनि राय अब दीजै रजाय मोहूँ,
चलौं संग आपके सजाय संग भारी है।
हाथी, ऊँट, घोड़े पै सवार अस्त्रधारी वीर,
रथन पै महारथी पैदल करारी है।
डंका धुधुवाय अरु बाजा बजवाय औ
झण्डा फहराय जौनु वीरता को धारी है।
किन्तु ऋषिराय माँगों हाथ जोरि माथो नाय,
कहो घर रहै रामलाल महतारी है।।

(ज्वाला प्रसाद कृत रामलीला)

मेरे पुत्रों के माता पिता अब तुम्ही,
इनपे रखना हमेशा कृपा की नजर।
मैं हुआ बेफिकर आपको सौंपकर,
करना अब तुम फिकर, करना अब तुम फिकर...। (नौटंकी)
''सो मुनिराज रामलला कौं न लीजै, कछू और आज्ञा दीजै।
(वार्तिक) ज्वालाप्रसाद कृत रामलीला''

इस प्रसंग में पाँचों प्रकार के नमूने आ गये हैं। इनमें अवधी, ब्रज, खड़ी बोली और उर्दू के सम्मिश्रित शब्द हैं, साथ ही अनेक प्रकार के छंद, स्वर-लय आदि भी हैं।

रामलीला के कई प्रारूप हैं, जिन्हें खण्डशः कई दिनों में मंचित किया जाता है। इनमें प्रमुख हैं–

1. निशाचरी
2. धनुषयज्ञ
3. रावणवध।

उत्तररामचरित (सीता वनवास, लवकुश युद्ध) का समावेश इसमें नहीं है। प्रायः निशाचरी का आयोजन रात्रि में, धनुषयज्ञ का अपराह्न और रावणवध सायंकाल सम्पन्न होता है। यह रामलीला चल-अचल दोनों मंचों पर प्रस्तुत की जाती है। कहीं अभिनय रंगमंच विहीन होते हैं, कहीं सम धरातल पर और कहीं प्लेटफार्म-रंगमंच पर। निशाचरी में मुख्यतः ताडका, सुबाहु, मारीच आदि राक्षसों के वध-विग्रह की कथा है। धनुषयज्ञ में अहल्योद्धार, मिथिलादर्शन, जनकवाटिका और सीता-स्वयंवर के प्रसंग मंचित होते हैं। रावणवध एवं लंका विजय सर्वाधिक महत्त्वपूर्ण प्रकरण हैं। इनका अभिनय अपेक्षाकृत सहज साध्य होता है। निशाचरी के लिए एक ऊँचा मंच बनाया जाता है, जिसमें एकाध पर्दा लगा दिया जाता है। राक्षस पात्र मुखौटे धारण करते हैं और सन, जूट आदि से निर्मित भयंकर केश भी। इनके मुख काले रंग से रँगे जाते हैं। इनके पास काष्ठ निर्मित कृत्रिम शस्त्रास्त्र होते हैं। ये खल पात्र अपने भयानक आकार-प्रकार और चीत्कार से दर्शकों में रोमांच या आतंक पैदा करते हैं। इनके पद्यात्मक संलाप, विशेषतः कोरस गीत सवाद्य प्रस्तुत किये जाते हैं। ऋषियों-मुनियों का आहार्य परम्परित (अर्थात् भगुआ वस्त्र) कहा जा सकता है। इनकी श्वेत जटाएँ, दाढ़ी, अचला, उत्तरीय, कमण्डल, पादुकाएँ आदि शुद्धतापूर्वक सँजोकर रखी जाती हैं। राम-लक्ष्मण का प्रसाधन विशेष मनोयोगपूर्वक किया जाता है। उनके रंगलेपन में मुर्दासिंघी (संखी) भस्म, रंग, कज्जल, चन्दन, रोली, गेरू और चमकीली पन्नी का प्रयोग होता है। ये घुँघराले, लम्बे केश, स्वर्णमुकुट, धनुष-बाण, पीतवस्त्र (धोती, कोट, पीताम्बर) अलंकारादि धारण करते हैं। मुकुट की विशेष पूजा की जाती है। सीता का अभिनय भी पुरुष पात्र द्वारा कराया जाता है। रामलीला में नारी पात्रों का प्रायः अभाव रहता है। इसके अभिनेताओं के चयन में पर्याप्त सावधानी बरती जाती है। किशोर राम लक्ष्मण के अनुकर्ता 'सरूप' कहलाते हैं। भक्त दर्शक उनकी चरण वन्दना करते हैं, उनकी आरती उतारते हैं और धनधान्य चढ़ाते हैं। सवारी के समय इन पर पुष्प, खील, बताशे और पैसों की निछावर लुटाई जाती है।

इनकी भूमिका हेतु ब्रह्मचारी एवं सात्विक ब्राह्मण कुमारों का चयन किया जाता है। उन्हें प्रशिक्षण देते हुए वर्ष पर्यन्त आवेशावतार हेतु एक मनोविज्ञान में ढाला जाता है। राम-लक्ष्मण के अनुकर्ताओं का प्रियदर्शन होना और साथ ही उच्चस्वर युक्त सुरीला गायक होना अनिवार्य है। लक्ष्मण के अभिनेता

का ओजस्वी होना भी आवश्यक है, क्योंकि रामलीला में लक्ष्मण-परशुराम प्रसंग का सर्वाधिक महत्त्व है और इस अभिनय में ओज का ही प्राधान्य है। इसीलिए इन पात्रों का विधिवत् पूर्वाभ्यास कराया जाता है। गौण पात्रों के लिए कोई विशेष प्रतिबन्ध नहीं है। वे अपनी घरेलू पोशाक पर एक कोट धारण कर लेते हैं और यथासन्दर्भ अपना 'पार्ट' बोल देते हैं। कभी-कभी ये कलाकार दुहरी भूमिकाएँ अदा कर देते हैं। अभिनय करते हुए वे दर्शकों से भी सम्पर्क बनाये रखते हैं। पार्श्व वाचन के रूप में, साथ ही सूत्रधार रूप में कार्य करती हैं—रामायणी पण्डितों, कथावाचकों या व्यासों की मण्डली, जो 'मानस' की पंक्तियों के आधार पर समुचित रंग निर्देश देती है और परिवेश का चित्रण करती है, जैसे—परशुराम के आगमन के पूर्व वह हारमोनियम, ढोलक, तबले आदि वाद्यों द्वारा समवेत स्वर से घोषणा करती है—

''तेहिं अवसर सुनि शिव धनुभंगा,
आये भृगुकुल कमल पतंगा।''

इन्हीं पंक्तियों के साथ परशुराम पदार्पण करते हैं और आरम्भ होती है—'परशुरामी'। आयोजन के पूर्व आरती, वन्दना, बीच-बीच में गायन और अन्त में विसर्जन करके यही मंडली मुख्य संचालनकार्य सम्पन्न करती है। रामलीला के मंच पर ध्वनि विस्तारक यन्त्रों का प्रवेश प्रायः नहीं होता है।

रामलीला की दृश्य योजना बड़ी निराडम्बर होती है। मंच पर एक श्वेत चादर डाल कर गंगा नदी का दृश्य दिखा दिया जाता है। फूलों के कुछ पौधे लेकर बालक बैठ जाते हैं, जिसे 'जनक वाटिका' मान लिया जाता है। दश शीश रावण, मन्दोदरी, कुम्भकर्ण, मेघनाद आदि के पुतलों को स्थायी रूप से किसी विस्तृत क्षेत्र में प्रतिष्ठित कर दिया जाता है। दशहरे पर इनकी रंगाई-पुताई कर दी जाती है। रामलीला (रावणवध) के दिन राम इसी पुतले पर गोलों-पटाखों की ध्वनि के बीच प्रतीक रूप में शर-संधान कर देते हैं या कागज के बने पुतलों को जला देते हैं, जिसे घंट, घड़ियाल, शंख और जयध्वनि द्वारा लंका विजय कहा जाता है। यह अभिनय धरातलीय मंच पर होता है। कहीं-कहीं राम-लक्ष्मण को एक उच्चासन पर बैठाया जाता है। सीता स्वयंवर में राम-लक्ष्मण का मंच मुख्य मंच से पृथक्, दर्शक मण्डली के बीच बनाया जाता है। शिव धनुष को एक अन्य उच्च पीठिका पर रखा जाता है। यह प्रथा काशी की बहुस्थलीय रामलीला से प्रभावित है, जहाँ 21 किलोमीटर की दूरी में विभिन्न स्थलों पर अयोध्या, मिथिला, चित्रकूट, लंका आदि पृथक्-पृथक् चल मंच हैं। चित्रकूट और अस्सीघाट (वाराणसी) की रामलीला को 'झाँकी लीला' और रामनगर की रामलीला को 'घटित लीला' कहते हैं। इनमें वनगमन, धनुषयज्ञ, भरतमिलाप आदि प्रकरण बहुत प्रसिद्ध हैं।

रामलीला की हास्य योजना भी उल्लेखनीय है। यहाँ हास्य की स्वतन्त्र स्थिति होती है और मिश्रित भी। स्वतन्त्र हास्य (कामिक्स) के रूप में विदूषकों के संवाद रखे जाते हैं। निशिचरों के आलाप, पण्डों के प्रलाप, जनकपुरी के व्यापारियों के अपलाप, दुष्ट-साधु, सुमति विमति, लक्ष्मण-परशुराम आदि के वार्तालाप बड़े रोचक हैं। यह हास्य यद्यपि भौंडी आकृति, फूहड़ प्रकृति और कुरुचिपूर्ण उक्तियों द्वारा प्रस्तुत किया जाता है, फिर भी यह उल्लास-अट्टहास का हेतु बनता है।

रामलीला में संगीत का बड़ा महत्त्व है। इसमें कथिकों द्वारा कथक नृत्य की विशेष व्यवस्था की जाती है। ये नर्तक प्रायः मुसलमान होते हैं। जातीय भावैक्य का यह एक अनुपम उदाहरण है। कहीं-कहीं 'भाड़ों' और अन्य नर्तकों को भी प्रस्तुत कर दिया जाता है। गायन प्रायः कीर्तनियों द्वारा सम्पन्न होता है। इसमें 'मानस-पारायण' प्रायः होता रहता है। यों सारी रामलीला ही 'मानस' पर निर्भर है। 'मानस' वस्तुतः स्वयं एक नाटकीय महाकाव्य है। अस्तु, जैसा कि अनेक विद्वानों का मत

है कि मध्ययुग में रामभक्ति के प्रचार-प्रसार हेतु 'मानस' के सहारे रामलीला का प्रवर्तन किया गया था—यह तथ्य रामलीला को देखकर स्वतः सिद्ध हो जाता है।

रामलीला मंच कलात्मक मनोविनोद के साथ-साथ धार्मिक-सामाजिक (मानवीय) सुसंस्कार उत्पन्न करने में अत्यन्त प्रेरक एवं प्रभावोत्पादक है। अवध राम की मुख्य लीलाभूमि है, जिसका एक सीमान्त है—अयोध्या एवं मिथिला और दूसरा है—चित्रकूट। यह लोकांचल रामचरित का स्वयं साक्षी रहा है। स्पष्ट है कि यहाँ की रामलीला भाषा एवं भाव, दोनों दृष्टियों से सर्वाधिक पुरातन एवं प्रामाणिक है।

अवध की रामलीला शैलियाँ

इस रामलीला की अनेक शैलियाँ हैं। इलाहाबाद की रामलीला एक सप्ताह (षष्ठी से विजयादशमी) तक चलती है। उसमें अभिनय उच्चकोटि का होता है। रोशनी में सारा शहर जगरमगर हो उठता है। यहाँ चौकियों का विशेष शृंगार किया जाता है। राम-लक्ष्मण का भी नित्य नया शृंगार होता है। इसके मुख्य केन्द्र हैं—पजावा, राम जानकी मन्दिर और पथरचट्टी। दारागंज, सिविल लाइन्स तथा कटरा की रामलीला भी बहुत प्रसिद्ध हैं। यहाँ 4 बजे से 6 बजे तक रामलीला होती है और फिर रोशनी के साथ झाँकियाँ निकलती हैं। यह रामलीला लगभग 300 वर्ष पुरानी है। अब इसमें ध्वनि प्रकाश के नवीनतम उपकरण प्रयुक्त होते हैं। इधर स्त्री कलाकारों को भी भूमिका में उतारा गया है तथा इधर रामलीला को नृत्य नाटिका रूप में भी परिणत किया गया है। इसमें नेपथ्य संवाद के अनुसार पात्र हाव भाव पूर्वक मूक अभिनय करते हैं। इलेक्ट्रानिक मीडिया, विशेषतः रामानंद कृत रामायण धारावाहिक के प्रभाववश महानगरों में रामलीला का एक अद्यतन रूप नागर रूप में विकसित हो रहा है, किन्तु वह लोकनाट्य की परिधि में ग्राह्य नहीं है।

कानपुर की रामलीला : इस क्षेत्र में स्थित अकबरपुर नामक कस्बे में रामलीला बड़े ठाठ-बाट के साथ आयोजित की जाती है। यहाँ के एक पुराने ऐतिहासिक मैदान में तीन मंच हैं—अयोध्या, लंका और जनकपुर। लंका नामक मंच के निकट स्थानीय कलाकारों के द्वारा रावण का विराट मिट्टी का पुतला बनाया जाता है। इस अवसर पर मेला भी लगता है।

प्रयाग (इलाहाबाद) की रामलीला : यहाँ की रामलीला परम्परा बहुत पुरानी है। जिन दिनों स्वतन्त्रता का आन्दोलन चल रहा था, उस बीच रामलीला की लोकप्रियता से शंकित होकर 1922 में जिला अधिकारी ने इसे रोकने का प्रयास किया था, पर वह सफल नहीं हो पाया। यहाँ विजयादशमी के अवसर पर कई झाँकियाँ, चौकियाँ अर्थात् शोभा यात्राएँ निकाली जाती हैं। रात में बिजली की सजावट की जाती है तथा आतिशबाजी होती है। इस नगर में कई रामलीला कमेटियाँ हैं, जिनमें पथरचट्टी की रामलीला बहुत महत्त्वपूर्ण है।

फतेहपुर की रामलीला : यहाँ शाहजहाँ चौड़ागढ़ में होने वाली रामलीला काफी प्रसिद्ध है। यह स्थान कानपुर-इलाहाबाद के बीच है। यहाँ यूनानी शैली में निर्मित नायकों और प्रतिनायकों की विराट मूर्तियाँ हैं। यह रामलीला पौष (दिसम्बर) में एक विशाल मंच पर होती है।

कौशाम्बी दारानगर की रामलीला : यहाँ की रामलीला में कुप्पीमार युद्ध होता है। इसका प्रसारण बी.बी.सी. लन्दन तक से किया गया है।

लखनऊ की रामलीला : यहाँ कई मोहल्लों में रामलीला मैदान हैं, रावण, मेघनाद, कुम्भकर्ण की भारी भरकम मूर्तियाँ हैं, मुक्ताकाशी मंच हैं अथवा प्रेक्षागृह हैं। ये कमेटियाँ नगर निगम से प्राप्त अनुदान, किराये और चन्दे के सहारे कई-कई दिनों की रामलीलाएँ आयोजित करती हैं तथा झाकियाँ

निकालती हैं। इनमें हिन्दू-मुस्लिम सभी कलाकार सहयोग करते हैं।

इसी प्रकार अनेक अन्यान्य कस्बों-जनपदों में यहाँ रामलीला के आयोजन होते हैं, जो जनजीवन के लगाव के सूचक हैं।

अयोध्या की रामलीला : श्रीराम की जन्मभूमि होने के कारण यहाँ की रामलीला का बड़ा महत्त्व है। अयोध्या में धनुभंग लीला का बड़ा प्रचलन है। परशुराम के मृगचर्म की चपेट खाने के लिए यहाँ दर्शक लालायित रहते हैं। दशहरे पर यहाँ दो रामलीलाएँ होती हैं। एक है—राजद्वार की रामलीला, जो परम्परा से तुलसी-प्रवर्तित मानी जाती है और 'पुरानी लीला' कहलाती है। दूसरी है, तुलसी स्मारक-सदन में होने वाली नयी लीला। यह लीला रामलीला-मंडलियों द्वारा की जाती है और मंचीय शैली की है।

एक जनश्रुति यह है कि तुलसीदास जी चित्रकूट और काशी में दशहरे पर और अयोध्या में रामनवमी पर रामलीला करवाते थे। सम्भव है कि उन्होंने अयोध्या में यहाँ रामचरितमानस की रचना जब रामनवमी पर प्रारम्भ की थी, वहीं रामलीला भी करायी हो। यह उल्लेखनीय है कि 'रामकृष्ण लीलानुकरण सिद्धान्त' नामक कृति अयोध्या के लिए वैष्णव साधु सरयूदासजी द्वारा लिखी गयी प्राचीन कृति है, परन्तु उसमें अयोध्या की लीला का नाम नहीं है। स्कन्दपुराण में वैष्णव खण्ड के आठवें अध्याय में अयोध्या-माहात्म्य प्रसंग में अवश्य ही नवरात्र की नृत्यगीतात्मक लीला का उल्लेख किया गया है।

वाल्मीकि-रामायण के अयोध्या-माहात्म्य सर्ग में नाट्य-उत्सवों की चर्चा करते हुए कहा गया है कि अयोध्या नगरी वधू नाटक संघों से सुशोभित है। परम्परा से यह माना जाता है कि गोस्वामी जी ने तुलसी चौरा के पास रामलीला प्रारम्भ करवाई थी। कालान्तर में महाराज प्रतापनारायण सिंह ने उसको संरक्षण दिया। अयोध्या की यह लीला पद्धति तुलसी-प्रवर्त्तित रामलीला से इतनी मिलती-जुलती है कि यह सहज ही अनुमेय है कि यह भी तुलसी द्वारा प्रारम्भ की गयी होगी। इसे राजद्वार की लीला कहने का कारण यह है कि राजा मानसिंह ने राजप्रासाद की ड्योढ़ी पर एक विशाल रामामन्दिर बनवाया था। उसी से लगे हुए प्रांगण में यह लीला होती है। दूसरा कारण यह भी हो सकता है कि अस्सी की रामलीला की भाँति इसमें भी राज्याभिषेक की झाँकी का बहुत महत्त्व है। यह झाँकी राजद्वार पर होती है। यह अयोध्या की सबसे प्रमुख लीला है, इसीलिए इसको राजद्वार की रामलीला कहा जाने लगा।

अयोध्या के राजा 'ददुआ साहब' ने अपने समय में रामलीला का भव्य आयोजन किया और बहुत-सी यान्त्रिक विशेषताएँ प्रचलित कीं, यथा—जानकी-जन्म, सुलोचना सती और अहिरावण-वध आदि। उन्होंने इसमें चमत्कारी योजना वाले क्षेपक प्रसंग भी जुड़वाए। इस लीला को सदा चलाते रहने की दृष्टि से उन्होंने इसके लिए 'प्रताप धर्मसेतु' नाम के एक ट्रस्ट की स्थापना की। उसके सहारे यह लीला बड़ी धूमधाम से यह सम्पन्न की जाती रही। तालुकेदारी के समाप्त होने के कारण ट्रस्ट में यथेष्ट धन न रहा और अनेक वर्षों तक यह लीला बन्द रही। तभी अयोध्या में नयी शैली की लीला की जाने लगी, जिससे अयोध्या के पुराने लोगों में कुछ असन्तोष भर गया। अतः इधर दस वर्षों से ट्रस्ट को पुनरुज्जीवित किया गया और राजद्वार की लीला फिर होने लगी।

अयोध्या की रामलीला आश्विन कृष्ण त्रयोदशी से लेकर आश्विन शुक्ल द्वादशी तक होती है। पन्द्रह दिनों की इस लीला में पहले दिन राज्याभिषेक की तैयारी और कोप भवन, दूसरे दिन वनगमन (यात्रा), निषाद-मिलन तथा चित्रकूट, तीसरे दिन दशरथ-मरण, भरत का अयोध्या-आगमन, चौथे दिन भरत का चित्रकूट-आगमन, पाँचवें दिन पंचवटी, जयंत-प्रसंग, नककटैया, खरदूषण-वध, छठे दिन सीता

का पावक-प्रवेश, सातवें दिन सीताहरण, आठवें दिन सुग्रीव-मिताई, बालि-वध, नवें दिन लंकादहन, दसवें दिन सेतुबंध, विभीषण-शरणागति, ग्यारहवें दिन रावण-अंगद संवाद, लक्ष्मण-शक्ति, बारहवें दिन कुम्भकरण-वध, मेघनाद-वध, सुलोचना सती, तेरहवें दिन अहिरावण-वध, रावण-वध, चौदहवें दिन भरत-मिलाप, पन्द्रहवें दिन राज्याभिषेक और विदाई दिखाई जाती है।

इन लीलाओं में विशेष प्रसिद्ध लीलाएँ हैं : सीता का पावक-प्रवेश, लंकादहन, पहाड़ लीला, सुलोचना-सती और भरत-मिलाप। अन्य सभी स्थानों की पारम्परिक लीलाओं की भाँति अयोध्या की लीला में भी प्रमुख आकर्षण भव्य दृश्यों का रहता है।

यह लीला संवाद युक्त नहीं होती। राजद्वार के मैदान में एक गढ़ा तैयार किया जाता है। उसके चारों ओर बहुत-सी लकड़ियाँ, टहनियाँ रखकर आग लगा दी जाती है। सीता उसकी प्रदक्षिणा करके उसके भीतर प्रवेश करती और विलीन होती दिखाई देती हैं तथा दूसरी ओर से सुरंग के रास्ते से माया सीता के रूप में निकल आती हैं। इस दृश्य को बड़ी फुर्ती से किया जाता है। गढ़े के ऊपर जलती हुई लपटें इतनी ऊँची उठती हैं कि सीता का उसमें प्रवेश उनका अग्नि की लपटों में समा जाना लगता है। उधर दूसरी ओर से सीता का प्राकट्य चमत्कार जैसा प्रतीत होता है। लंकादहन का दृश्य भी बेहद प्रभावशाली होता है। मैदान में लंका का दृश्य उपस्थित करने के लिए बाँस के चौखटे खड़े किये जाते हैं। मन्दिर के ऊँचे शिखर से लीला स्थल तक हनुमान का एक मानवाकार कागज का पुतला (जिसकी पूँछ में आग लगी होती है) नीचे सरकता आता है। तभी किसी चौखटे से पूँछ का स्पर्श होता है और आग भभक उठती है। थोड़ी देर में सभी चौखटों में आग फैल जाती है। तभी चौखटों में बँधे हुए पटाखे छूटते हैं। इस चमत्कारी दृश्य को दर्शक ठगे-से देखते रह जाते हैं। 'पहाड़ लीला' में लक्ष्मण-शक्ति के प्रतिकारार्थ लाये हुए पहाड़ का दृश्य भी बड़ा आकर्षक होता है। हनुमान उछलते-कूदते हुए मन्दिर की दीवार पर चढ़कर अदृश्य हो जाते हैं और कुछ देर बाद हाथ पर 'पहाड़' उठाए हुए काफी ऊँचाई से आते दिखाई देते हैं। 'पहाड़' लकड़ी के चौखटे पर कागज चढ़ाकर बनाया जाता है और उसमें अनेक मोमबत्तियाँ जगमगाती हुई दिखती हैं।

सुलोचना-सती की लीला एक क्षेपक प्रसंग हैं। इसमें मात्र कौतुकपूर्ण दृश्य-विधान ही नहीं प्रस्तुत किया जाता, बल्कि इसमें संवादों की नाटकीय परियोजना भी होती है। मेघनाद की पत्नी सुलोचना सखियों के साथ अपने आँगन में बैठी हुई है। तभी एक कटा हुआ हाथ आकर वहाँ गिरता है। यह हाथ मन्दिर की चोटी से बँधी रस्सी के सहारे आतिशबाजी के साथ आता हुआ दूर से दिखाई देता है। सुलोचना उसको देखते ही व्याकुल हो जाती है और अपने सतीत्व के प्रभाव से उस हाथ से लिखवाकर मालूम कर लेती है कि यह मेघनाद का हाथ है। मेघनाद का सिर राम की सेना के बीच पड़ा हुआ दिखता है। लक्ष्मण ने उसका वध किया है, यह जानकर विलाप करती हुई सुलोचना रामादल के पास जाकर अपने पति का सिर माँगती है। राम मेघनाद को जीवन-दान देने को तैयार हो जाते हैं, परन्तु सुलोचना केवल सिर की याचना करती है। सुग्रीव कहते हैं कि यदि यह सिर हँसेगा तो सुलोचना का सतीत्व प्रमाणित होगा। कागज का बना बड़ा-सा सिर एक गढ़े के ऊपर रखा रहता है। सुलोचना की प्रार्थना पर गढ़े में सिर के नीचे खड़ा व्यक्ति इस प्रकार हँस पड़ता है कि लगता है, मानो वह सिर ही हँस रहा हो। इसके पश्चात् सुलोचना गड्ढे में प्रवेश कर जाती है। ऊपर घासफूस रखकर आग जला दी जाती है। ऐसा लगता है कि सुलोचना सती हो गयी, जबकि सुलोचना सुरंग के रास्ते दूसरी ओर निकल जाती है।

एक और क्षेपक प्रसंग है, अहिरावण-वध। अहिरावण राम-लक्ष्मण का हरण करके पाताल पुरी ले

जाता है। पाताल में राम उसका वध करते हैं। यह प्रसंग भी अपने कौतुकपूर्ण दृश्य के कारण दर्शकों को बहुत अच्छा लगता है। राम और लक्ष्मण अहिरावण को ढूँढ़ते हुए गढ़े में प्रवेश करते हैं। गढ़े के भीतर से एक सुरंग बारहदरी में निकलती है। बारहदरी के तीव्र प्रकाश में राम और अहिरावण का युद्ध होता है। अहिरावण का वध करके राम-लक्ष्मण फिर उसी सुरंग में अदृश्य हो जाते हैं। उनका सुरंग से प्रकट होना एक चमत्कार-सा प्रतीत होता है।

रावण-वध की लीला पारम्परिक रीति से कागज के पुतले जलाकर दिखाई जाती है। भरत-मिलाप का जुलूस तरह-तरह के विमानों (झाँकियों) के कारण बड़ा सुन्दर लगता है। सुनहले-रुपहले सिंहासनों पर राम, सीता और देवताओं की झाँकियों से युक्त शोभायात्रा के साथ-साथ दर्शक-समूह भी चलता रहता है। दूसरी ओर से भरत एक सिंहासन पर बैठकर आते हैं। यह जुलूस (जिसे 'बारात' कहते हैं) राजद्वार पर समाप्त होता है। यहाँ राम-भरत-मिलन होता है। राम तथा भरत के बैठ जाने पर गायन-वादन होता है। पहले मात्र शास्त्रीय संगीत गाया जाता था, परन्तु अब ग़ज़लें और कव्वालियाँ भी होती हैं। कल्लू कथक अयोध्या के सबसे पुराने कथक हैं। वे इस अवसर पर भजन गाते हैं और नृत्य करते हैं। रात दो-तीन बजे तक यह कार्यक्रम चलता रहता है। यह लीला अपनी सुन्दर सज्जा, संगीत तथा नृत्य के कारण बहुत ही सुन्दर लगती है। राज्याभिषेक की झाँकी राजद्वार पर होती है। राजगद्दी का दृश्य बहुत गरिमापूर्ण होता है। सिंहद्वार की भव्य पृष्ठभूमि, स्वरूपों के जगमगाते हुए वस्त्राभूषण, पुष्पों की सुगंधि, चारों ओर दीपों की सज्जा और गूँजता हुआ सुमधुर संगीत—उस वातावरण में अलौकिक प्रतीत होने लगता है। दर्शकों की जय-जयकार और भक्ति-विह्वलता इसको एक अनोखी भावमयता प्रदान करती है।

लीलानुकरण के बीच ही ढोल-मंजीरे के साथ मानस-पाठ चलता रहता है। पाठ की पद्धति अस्सी और काशी-चित्रकूट की लीलाओं के समान है। यहाँ भी चौपाइयों के पहले 'एहा' लगाकर एक विचित्र लय की सृष्टि की जाती है। प्रत्येक दिन की लीला का आरम्भ भजन से होता है। पाठ की पद्धति है—पहले कुछ चौपाइयों का गायन और उनके आधार पर संवाद। संवाद गद्य में ही होते हैं। कथा-गायन करने वाले 'रामायणी' कहलाते हैं और लीला-संचालक 'व्यास'। रामायणी जी मैदान में बने एक ऊँचे चबूतरे पर बैठते हैं। क्षेपक प्रसंग में लीला-संचालक ही पाठ करते हैं। रामायणियों के पास मानस की जो प्रति परम्परा से चली आ रही है, उसमें क्षेपक प्रसंग नहीं हैं। रामायणी आरती गाकर चुप हो जाते है, व्यास पात्रों के पास खड़े होकर पाठ करते हैं और लीला का संचालन करते हैं। इसका नाट्यालेख मानस तक ही सीमित है। संवाद अब खड़ीबोली में भी होने लगे हैं। पहले उनमें अवधी का बहुत पुट रहता था।

राम, लक्ष्मण, सीता, भरत और शत्रुघ्न 12 से 15 वर्ष तक के ब्राह्मण बालक बनते हैं। ट्रस्ट की ओर से इनके खाने-पीने का प्रबन्ध होता है। अयोध्या में मन्दिर की मूर्तियों को 'मन्दिर बिहारी' और लीला करने वाले 'स्वरूपों' को 'लीलाबिहारी' कहा जाता है। राजद्वार की लीला के पात्र राजमहल के कर्मचारी होते हैं। कुछ लोग बाहर से भी चुने जाते हैं। पहले लंकादहन की लीला में हनुमान बनने वाला पात्र मन्दिर के शिखर से रस्सी के सहारे उतरता हुआ नीचे अभिनय-स्थल तक आता था। कुछ वर्ष पहले रस्सी के टूट जाने से एक अभिनेता की मृत्यु हो गयी, तब से इस लीला के लिए हनुमान का, कागज की लुगदी से बना पुतला प्रयुक्त होता है।

राम-लक्ष्मण अयोध्या में राजसी पोशाक-मखमल का चोंगा, आभूषण, धनुष-बाण और बड़े-बड़े ज़रीदार मुकुट पहनते हैं। वनवास में राम की वेशभूषा संन्यासियों की-सी रहती है। मस्तक पर

जटाजूट, उसमें फूल और शरीर पर पीली अल्पी और बगलबन्दी। वनवास में शृंगार रामरज से होता है और अयोध्या के दृश्यों में पाउडर-सुर्खी से। सुनहले पाउडर की बुंदकियों से मुख का शृंगार किया जाता है। सीता का पहनावा वनवास में नहीं बदलता। राक्षसों की पोशाक में काले रंग की प्रधानता रहती है। बन्दर, भालू लाल-नीले वस्त्र पहनते हैं।

अयोध्या की लीला में अभिनय-स्थल बदलते रहते हैं, परन्तु अधिकतर लीलाओं के लिए मन्दिर के साथ लगा हुआ मैदान प्रयोग में लाया जाता है। वहाँ कुछ सिंहासन और चबूतरे बने हुए हैं। मैदान चौकोर है। उसके आगे एक ओर मन्दिर की सीढ़ियाँ हैं और तीनों ओर मुँडेर है। वहाँ से मन्दिर का शिखर बहुत ऊँचा दिखाई देता है। मैदान में सामने बीच में एक ऊँचा मंच है, जहाँ रामायणी बैठते हैं। एक किनारे पर छोटा मंच है, जहाँ अशोकवाटिका में बैठी सीता दिखाई जाती है। कुछ आगे एक पत्थर का सिंहासन बना है, जिस पर रावण बैठता है। मन्दिर की ओर एक गढ़ा है और गढ़े से कुछ दूर तक एक छोटी बारहदरी। गढ़े और बारहदरी के बीच एक सुरंग है। रामायणियों के मंच के ठीक सामने कुछ चौड़ा-सा स्थान छोड़ करके सीढ़ियाँ बनी हैं। इसका प्रयोग दरबार के दृश्यों के लिए होता है। भरत-मिलाप और राजगद्दी की लीला, महल के सिंहद्वार के सामने होती है। मंचसज्जा के लिए किन्हीं विशेष उपकरणों का प्रयोग नहीं किया जाता। प्रकाश गैस के हंडों से किया जाता है।

अयोध्या की लीला में नित्य आरती होती है। राजगद्दी की झाँकी के बाद चढ़ावा चढ़ता है। श्रद्धालु जनता के लिए समस्त रामलीला एक धार्मिक अनुष्ठान है। नयी लीला के प्रारम्भ हो जाने के बाद इधर इस लीला की लोकप्रियता कुछ घट गयी है। पुराने दर्शकों के लिए यह रामलीला मनोरंजन नहीं, भक्ति भावना की प्रतीक है।

अयोध्या में रामलीला का मुख्य प्रकरण है—राम-विवाह। इस उत्सव के लगभग तीन सौ वर्ष पूर्व से होते आने के प्रमाण मिलते हैं। सम्भव है कि तुलसी ने मिथिला के विवाह-उत्सव की मनोरमता और भक्ति-भावना से प्रभावित होकर अयोध्या में विवाह-उत्सव चलाया हो। अयोध्या के प्रसिद्ध सन्त श्री रमाप्रसाद जी ने सं. 1760 में 'बड़ी जगह' नामक एक गद्दी की स्थापना की थी। यह उत्सव अगहन सुदी पंचमी (राम-विवाह की तिथि) को मनाया जाता है। बड़ी जगह और बिहौति (विवाह) भवन की विवाह-लीला अपेक्षाकृत अधिक प्रसिद्ध है। विवाह के अवसर पर विश्वामित्र-आगमन से लेकर धनुष यज्ञ तक की तीन दिनों की रामलीला होती है। यह आयोजन रामलीला-मण्डलियों द्वारा होता है। राम-विवाह के दिन कई मन्दिरों से इन बरातों को काफी चमक-दमक और बाजे-गाजे के साथ राम-जन्मभूमि प्रांगण में ले जाते हैं। इन बरातों में राम, लक्ष्मण, भरत और शत्रुघ्न के स्वरूप घोड़ों पर निकलते हैं। बरातों में ये 'स्वरूप' होते हैं जबकि 'बड़ी जगह' में मूर्तियों का विवाह होता है और 'बिहौति भवन' में रामायणों का। बिहौति भवन में विवाह के समय लीला नहीं प्रस्तुत की जाती। यहाँ विवाह की शेष रस्में सम्पन्न की जाती हैं। तीन दिन पहले वरीक्षा होती है, फिर तुलसीदल और फूलों का तिलक चढ़ता है और राम-सीता को तेल लगाने की रस्म होती है। रामायणों का विवाह मन्त्र पढ़कर कराया जाता है। विवाह के दूसरे दिन मन्दिरों में राम-कलेवा होता है। राम-सीता बने 'स्वरूपों' के सामने भजन-कीर्तन होता है और उन पर चढ़ावा चढ़ाया जाता है। अयोध्या का यह राम-विवाह-उत्सव रसिकोपासना की देन है। यहाँ की रामलीला में उल्लेखनीय है मुमताज नगर (फैजाबाद) की रामलीला। यह कस्बा अयोध्या से 8 कि.मी. दूर है। यहाँ पर मुस्लिमों द्वारा रामलीला का आयोजन किया जाता है। महंत जयराम दास की अवध आदर्श रामलीला मण्डली पारसी शैली

में जो रामलीला करवाती है, उसका एक ऐतिहासिक महत्त्व है। निष्कर्ष यह है कि अयोध्या की रामलीला सर्वथा विशिष्ट है।

नौटंकी

यह अवध का सर्वप्रिय लोकनाट्य है। इसकी व्युत्पत्ति के सम्बन्ध में कई मत हैं। जैसे–

1. यह नाटक या नाटकी का अपभ्रंश है।
2. नौटंकी नामक कोई राजकुमारी थी, जिसकी प्रेमकथा पर आधारित नाट्य को नौटंकी नाम दे दिया।
3. जनश्रुति है कि इसकी फीस आरम्भ में नौ टका (रुपया) थी, इसलिए यह नौटंकी कहलायी।
4. संगीत तथा रूपक तत्त्व के बाहुल्यवश इसे 'संगीत' कहा गया।
5. भर्तृहरि की लोकप्रिय कथा के कारण कहीं-कहीं भरथरी को नौटंकी का पर्याय मान लिया गया।
6. इटावा, आगरा, हाथरस आदि में इसे 'भगत' नाम दिया गया है।

तात्पर्य यह कि विषयवस्तु के अनुसार इस लोकनाट्य के नाम रखे गये हैं। कुछ क्षेत्रों में इसके लिए नकल, ख्याल, स्वाँग, तमाशा, माच आदि शब्दों का भी व्यवहार किया जाता है। कवि बच्चू जाहिल ने 'स्वाँग' को इसका पर्याय माना है (जैसे सुल्ताना डाकू) जो नौटंकी से भिन्न कोई स्वतन्त्र नाट्य विधा नहीं है। नौटंकी गीति नाट्य, म्यूजिकल आपेरा, बैले आदि से मिलती-जुलती हुई कला है। इसका प्रवर्तन या प्रचलन फारसी थियेटर के पूर्व 12वीं शती के आसपास माना जाता है। सम्भव है कि अरबियन यायावरों के साथ यह कला भारत में प्रविष्ट हुई हो और यहाँ की तत्कालीन कलाओं के संसर्ग योग से इस रूप में परिणत हो गयी हो। नौटंकी में भारतीयता और अरब संस्कृति का अद्भुत समन्वय है। इसके कथानक, पात्र, शब्द, छन्द और शिल्प, सबमें यही परस्परता देखी जा सकती है। प्रदर्शन कला (शोमैनशिप) इसकी सर्वोपरि विशेषता है। दर्शक कान को आँख बनाकर हजारों-हजारों की भीड़ में रात-रात भर इसे देखते हैं।

हिन्दी का सांगीत साहित्य परिमाण में बहुल है। अवध के पुराने प्रकाशकों ने नौटंकी की शताधिक पुस्तकें प्रकाशित की थीं। इसमें सर्वोपरि थे–श्रीकृष्ण (खत्री) पहलवान (कानपुर) जिनके श्रीकृष्ण पुस्तकालय एवं श्रीकृष्ण संगीत कम्पनी अत्यन्त लोक प्रचलित रहे हैं। कवि निदेशक श्रीकृष्ण लगभग 300 सांगीत रूपकों के रचयिता कहे जाते हैं। इनमें लैला मजनूँ, अमरसिंह राठौड़, गुलबदन आदि कृतियाँ बहु प्रचलित रही हैं, जिनके रचयिता क्रमशः नत्थाराम-रामदीन लक्ष्मी नारायण और पन्नालाल माने जाते हैं। पुस्तकों के आवरण पृष्ठों पर कृतिकार का नामोल्लेख प्रायः नहीं किया जाता है। केवल कथाक्रम के बीच यथाप्रसंग रचयिता का संकेत दे दिया जाता था, जैसे–

> **''कहते पन्नालाल जुँबा पर सदा खुदा का नाम रहे।**
> **रामदीन लक्ष्मीनारायण का यह सही कलाम रहे।।''** (गुलबदन)
>
> **''सिरीकृष्ण कथि कहे निराली रामदीन की कविताई पहन ले जब।''** (सांगीत सियाहपोश)

ऐसा प्रतीत होता है कि पन्नालाल, रामदीन, लक्ष्मीनारायण आदि सहकारी लेखक थे। प्रकाशक श्रीकृष्ण नौटंकी की रचना प्रायः रामदीन द्वारा करवाते थे। श्रीकृष्ण में भी कारयित्री शक्ति थी। 'हीर रांझा', 'श्रीमती मंजरी', 'दिल की खता' आदि उनकी स्वरचित कृतियाँ हैं। अन्य प्रकाशकों में लाला रामदयाल देवी प्रसाद बुकसेलर (लखनऊ), लाला श्याम लाल हीरालाल (काशी प्रेस, मथुरा), मास्टर

निहालचन्द्र (अलीगढ़), मौजीराम (आगरा), उमादत्त बाजपेयी, सांगीत समिति (कानपुर), श्री वल्लभ शर्मा आदि प्रमुख हैं। इन कृतियों के कई-कई संस्करण हजारों की संख्या में निकले हैं। प्रकाशकीय सूचना के अनुसार 'हीर रांझा' का द्वितीय संस्करण 20000 (सन् 1638) और 'मुहब्बत की पुतली' का 16 वाँ संस्करण 10000 (1651) की संख्या में प्रकाशित हुआ था।

इन पुस्तकों के प्रायः जाली संस्करण भी निकलते रहते थे। अतएव रामदयाल देवी प्रसाद की पुस्तकों पर मुहर के साथ-साथ यह वाक्य भी पृष्ठांकित होता था—'लगता पता मुहर से है नामों निशान का'। इन तथ्यों द्वारा नौटंकी साहित्य के लोकप्रचलित होने और स्वातन्त्र्य पूर्व के अपेक्षाकृत अधिक निरक्षर लोक-जीवन में परिव्याप्त होने का प्रमाण मिलता है।

इस लोकनाट्य की कुछ और विशेषताएँ उल्लेखनीय हैं। इनके शीर्षक प्रायः दुहरे (वैकल्पिक) रहे हैं, जैसे—'सुल्ताना डाकू उर्फ हाय रे पैसा', 'संगीत सियाहपोश उर्फ पाक मुहब्बत', 'गाफिल मुसाफिर उर्फ वफादार गुलाम', 'दिल की खता उर्फ बेटे की कुर्बानी', 'पति भक्ति उर्फ दगाबाज यार', 'सुदामा चरित्र-दुखार (यारों का हशर)', 'महारानी पद्मिनी अर्थात् चित्तौड़गढ़ संग्राम' आदि। इन नौटंकी लेखकों, प्रकाशकों और संचालकों का पूर्ण विवरण प्राप्य न होने के कारण स्थिति पूर्ण स्पष्ट नहीं हैं, फिर भी कुछ प्रसिद्ध लेखकों और उनकी विख्यात कृतियों का विवरण अवश्य प्रस्तुत किया जा सकता है। जैसे—

1. नत्थाराम ज्योतिषी (हाथरस), कृतियाँ—लैला मजनूँ, अमरसिंह राठौड़ आदि।
2. इन्दरमन 'इन्द्र' (बुलन्दशहर), धुरू चरित्र, मोरध्वज आदि।
3. पन्नालाल-गुलबदन, पतिभक्ति, मुहब्बत की पुतली, गाफिल मुसाफिर आदि।
4. श्रीकृष्ण खत्री (कानपुर), दिल की खता, श्रीमती मंजरी, हीर राँझा आदि।
5. रामदीन लक्ष्मीनारायण, सियाहपोश एवं अन्य।
6. बाबू बच्चूलाल वर्मा 'बच्चू जाहिल' (सीतापुर), सुल्ताना डाकू, सुदामा चरित्र आदि।

इनके अतिरिक्त चिरंजीलाल, श्री वल्लभी शर्मा, उस्ताद राधेलाल, मौजीराम, तिरमोहन आदि के भी उल्लेख मिलते हैं। स्पष्ट है कि सांगीत संचालक और कलाकार प्रायः लेखक भी होते थे। ये कृतियाँ 40-50 पृष्ठों की पुस्तिका रूप में दिखाई देती हैं। आज ये दुष्प्राप्य और अल्पख्यात हो गयी हैं। प्रदेश के पुराने संगीत प्रेमी रईसों के पास ये जर्जरावस्था में अभी उपलब्ध हैं। इन कृतियों के अतिरिक्त यहाँ प्रचलित नौटंकी की एक मौखिक परम्परा भी विद्यमान है। सांगीतकार स्थूल रूप से किसी 'थीम' विशेष से सम्बद्ध होते हैं। वे संवाद रचना स्वतः कर लेते हैं या कई प्रक्षिप्त पाठों का सम्मिश्रण करके अपनी विभाषा में उसे रूपान्तरित कर देते हैं, जो पूर्ण सुनिर्धारित न होकर परिवर्त्यमान होता है और कृति के सहारे न चलकर श्रुति के सहारे चलता है।

विषयवस्तु और शिल्पप्रयोग की दृष्टि से इन नौटंकियों में बड़ा वैविध्य दृष्टिगत होता है। इन कृतियों में प्रायः फारस की कथाओं, भारतीय ऐतिहासिक चरित्रों या वृत्तान्तों, धार्मिक आख्यानों, मुस्लिम बादशाहों-शाहजादियों के रंग-रहस्य भरे अफसानों और लोककथाओं की भरमार है। इनमें ऐन्द्रजालिक चमत्कार से युक्त घटनाओं और कौतुकपूर्ण दृश्यों की अतिरंजना भी दिखाई देती है। उदाहरणार्थ—रूह का आना और अन्तर्धान हो जाना (गाफिल मुसाफिर), आतिशी दरवाजा (दिल की खता,) फरिश्तों द्वारा शहरयार का विष शमन, शापवश खैरू का स्त्री रूप (गुलबदन) आदि।

हास्य का परिपाक भी इस लोक नाट्य की विशेषता है। जैसे, यह कथन—

"जैसे उदई बैसे भान, न इनके आँख न उनके कान।
जैसे बाप बैसी दुख्तर, एक छतीसी दुसरा बन्दर।
आओ, आओ, हमारे ऐ बुड्ढे सनम।" (गुलबदन)

इन हास्योक्तियों में फूहड़पन और अनगढ़ व्यंग्य अपेक्षाकृत अधिक मिलता है। नौटंकी का एक पात्र जोकर, मसखरा, मुंशी या 'मखौलिया' मुख्यतः 'कामिक्स' के लिए ही होता है। इन प्रसंगों में भौंडापन, अश्लीलता या फूडड़पन अत्यधिक मात्रा में पाया जाता है। जैसे ये पंक्तियाँ देखिए—

"रेशम की अंगिया, हैं उभरे जोबनवा।
गले लिपटा के न छोड़ मोरे सैंय्या।"

दूसरी ओर कवित्व से ओत-प्रोत सौन्दर्यबोध भी उल्लेखनीय है—

"खंजन मोहन नैन नासिका हरनी मन कीरन को।
पाय पद्‌म शशि भाल रूप है, अति विशाल बीरन को।
तेरो श्याम शरीर कि वाको दिपै रंग हीरन को" (गोपीचन्द-भरथरी)

नौटंकी में आशिक माशूका की दर्देदिल भरी कथावस्तु के साथ-साथ कुछ वैचारिक सूत्र भी मिलते हैं। एक उक्ति द्रष्टव्य है—

"नभ पाताल भू चतुर्दश भुवन प्रकाशक राम।
जड़-चेतन पक्षी-पशु सबमें व्यापक राम।
अखिल अगोचर अमर अज अच्युत आनंदकंद।
शांतिरूप सुखभास दव सगुण सच्चिदानंद।" (ध्रुवचरित्र)

स्पष्ट है कि इनमें बड़ा विषयगत वैभिन्न्य है। सांगीतकारों ने कहीं तो विषयानुकूल ईशू की प्रार्थना की है, कहीं अल्लाह की और कहीं पर ब्रह्म की—

"ओ माई फादर गाड, विलेजेज आर इन हेल, इण्डिया इज इन ट्रबुल।" (सुल्ताना डाकू)
"आलीशान रब सुभान या रहमान या रहमान।" (मुहब्बत की पुतली)
"गिरिजावर चन्द्रशेखर शंकर त्रिपुरारी।
अविनाशी कैलाशी सारंग सुखकारी।" (पति-भक्ति)
"वंदे त्वां पद पंकजं सुललितम् श्रीमत्सुदामोदरम्।" (मोरध्वज)

उपर्युक्त स्तुतियों में क्रमशः अंग्रेजी, उर्दू, हिन्दी एवं संस्कृत के अतिरिक्त अनेक जनपदीय शब्द भी उपलब्ध हैं। कुछ विकृत प्रयोग भी द्रष्टव्य हैं। यथा—

"सत डिगावै पर पती से धिक ऐसी नार कौ" (सुल्ताना डाकू)
"क्यों प्रज्वल्लित करै मेरी क्रोधा अगिनि असपरस भी किया गर मेरी सीस का।" (पति-भक्ति)

इसकी भाषा में मुहावरेदानी पर्याप्त मात्रा में प्राप्त है। लोक सम्पर्क के कारण इस भाषा में तत्सम, मानक एवं परिनिष्ठ प्रयोगों का प्रायः अभाव रहा है।

नौटंकी के प्रिय छन्दों में गज़ल या ख्याल, बहर, शिकस्ता, मुस्तेजाद-रंगतबाग, हम्दसैर, तबील, कव्वाली, कड़ा, सोहमी, मसनबा, खमसा आदि फारसी छन्दों तथा शार्दूल विक्रीड़ित, भुजंग प्रयात, लावनी, हरिगीतिका, दोहा-चौपाई, कवित्त, दादरा, ठुमरी, कलिंगड़ा, वीरछन्द आदि हिन्दी छन्दों और आल्हा, कजली, थियेटरी, तर्जकानपुरी, डेढ़तुकी आदि लोक छन्दों की भरमार है। वाह-वाह, अजी हाँ-हाँ की टेक इन छन्दों को और प्रभावोत्पादक बना देती है।

नौटंकी की दो प्रमुख विशेषताएँ हैं—

1. कथात्मक विवरण
2. फड़कते हुए संवाद।

नौटंकी में कहानी की गति तीव्र होती है। उससे नाटकीयता पूरे परिमाण में उभरती है। सवाल-जवाब में मूड के हिसाब से तर्जे बदलती जाती हैं। संवाद प्रायः बड़े चुटीले दिखाई देते हैं। संवादों में विशिष्ट कोटि की जीवन्तता रहती है, कृत्रिमता लेश मात्र को नहीं। यथा—

"राँझे के इश्क में लो मैंने कदम रखा
अब तो न पास मेरे शर्मो हिजाब मादर.....।" (हीर राँझा)
"उफ गुलबदन तेरी हरकत पर थू.....।" (गुलबदन)

संवाद सम्बन्धी लेखकीय निर्देश भी बड़े सपाट हैं, जैसे—जवाब सुल्ताना का डाकुओं से। सवाल डाकुओं का सुल्ताना से। दीगर जवाब सुल्ताना का आदि। दर्शक इस संवाद कला पर मुग्ध हो जाते हैं। यही नौटंकी की लोकप्रियता का मूलाधार है।

नौटंकी का रंगशिल्प भी कम विलक्षण नहीं है। इसके पारिभाषिक शब्द स्वयं में नितान्त भिन्न हैं, जैसे—आवाज (नेपथ्य की ध्वनि), दाखिला (प्रवेश), अलाहिदा (अपवारित-कथन) (ड्रामा) (वार्तिक-गद्य संवाद), दिल में (स्वगत), रंगा (सूत्रधार) आदि।

नौटंकी का आदि अन्त विशेष कौतुकपूर्ण होता है। आरम्भ में मंगलाचरण के साथ ही वस्तुनिर्देशात्मक प्रस्तावना दृष्टिगत होती है, यथा—

"सुनौ रंगी बयान अब।
इश्क का इम्तहान अब।
है बन्दा कलम उठाता" (मुहब्बत की पुतली)
"बदी अंजाम बुरा है।
तमाशा दिल की खता है।
है होती शुरू कहानी।" (दिल की खता)
"लो सुनाता हूँ अब्बल से कुछ माजरा
शाह चोचक की दुख्तर अजी हीर थी।
गोश देकर सुनो हीर की वाल्दा
जो करी अपने शौहर से तकरीर थी।" (हीर राँझा)

इसी प्रकार नाट्यान्त में भरतवाक्य के अनुरूप खुशी का गाना गाया जाता है, जिसमें कथा का विसर्जन करते हुए सांगीतकार सविनय एवं क्षमापूर्वक विदा-याचना करता है—

"बस यहीं पै कवी की रुक गयी कलम,
ज्योतिशी जी नथाराम सुरपुर गये" (लैला-मजनूँ)
"किस्सा यहाँ पे खत्म हो गया मित्रवर,
दास्तां भी ये पुरअसर हो गयी" (सुल्ताना डाकू)
"बच्चू जाहिल कहैं रुक गयी लेखनी
माफ गलती को कीजै मेरे कुल बशर।" (सुदामा चरित्र)
"ओउम शानति शानति।" आदि।

नौटंकी का लोक मंच उसके लोक-नाट्य की अपेक्षा कहीं और विलक्षण है। इसका अभिनय प्रायः व्यावसायिक कम्पनियों द्वारा किया जाता है, जिसमें श्रीकृष्ण सांगीत कम्पनी, कानपुर (संस्थापित 1627), नत्थाराम की कम्पनी, लालमणि नम्बरदार की कम्पनी, मुन्नू नम्बरदार की कम्पनी, मौजीराम नौटंकी वाला (आगरा) की कम्पनी, उस्ताद राधेश्याम की कम्पनी आदि सुविख्यात हैं। इन कम्पनियों के पास लगभग 100-150 कलाकारों, फोल्डिंग स्टेज, तम्बू आदि की व्यवस्था होती थी। अब इनका साजो सामान कम हो गया है। मंच कुछ पर्दों की सहायता से बन जाता है। सीन प्रायः दोहे कहकर बदल लिए जाते हैं। मंचन रात्रि में होता है और रात भर चलता है। मंच के एक किनारे वाद्यकार बैठते हैं, विशेषतः हारमोनियम मास्टर, नगाड़ची, ढोलक, सारंगीवादक आदि। इसमें पार्श्ववाचन की आवश्यकता नहीं होती। सर्वप्रथम 'रंगा' या 'रंगचर' (जो संस्कृत नाट्य के रंगाचार्य का प्रतिरूप है) उपस्थित होता है। वह पात्र, परिवेश एवं प्रयोजन पर प्रकाश डालता है और फिर सम्बद्ध पात्र क्रमशः अपनी-अपनी भूमिकाएँ प्रस्तुत करते हैं। ये संवाद स्वरबद्ध और पद्यात्मक होते हैं। कथा में नाटकीयता और तीव्रता होती है। संवादों में कहीं-कहीं वाद्य भी प्रयुक्त हो जाता है। दृश्यान्तर में कॉमिक, गीत या नृत्य का आयोजन किया जाता है। इसके दर्शक प्रायः निरक्षर और निम्न-कोटि के होते हैं। अभिनय के बीच में वे गायकी को दुहराने की फरमाइशें करते हैं, इनाम देते हैं और औपचारिक सहृदयता प्रकट करते हैं। अभिनेताओं को जोर से बोलने का अभ्यास होता है। अतः नौटंकी में ध्वनियन्त्रों का प्रयोग नहीं किया जाता है। नगाड़े की बुलन्द आवाज बड़ी ही सम्मोहक होती है। तिरमोहन का नगाड़ा तो आज भी दर्शकों को याद है। नौटंकी में प्रायः पुरुष पात्र होते हैं। कुछ कम्पनियों में गायिका, नर्तकी और अभिनेत्री रूप में तवायफें भी रहती हैं। इनका प्रसाधन बड़ा चटकीला-भड़कीला होता है। धार्मिक नौटंकियों के अतिरिक्त सभी नौटंकियाँ प्रायः अश्लील होती हैं, अतः भद्र समाज के लिए वर्जित मानी जाती हैं, किन्तु लोक-जीवन के सर्व साधारण व्यक्ति इसके मंचन और दर्शन में विशेष रुचि लेते हैं। अवध में आज भी तिरमोहन का नगाड़ा, रोशन का नक्कारा, मास्टर बब्बन की हरमोनियम, अख्तर जमाल की विदूषकी, आशिकी हुसैन, शिव प्रसाद, मलका बेगम और गुलाबबाई का अभिनय विख्यात है। कभी-कभी ग्रामवासी स्वयं इन्हें खेलने का उपक्रम करते हैं। निश्चय ही यह अवध क्षेत्र की एक जीवन्त लोककला है। इसको सुरक्षित तथा संवर्द्धित रखना हमारा लोकधर्म है।

महरूल (नकटौरा)

यह अवध की सर्व-सामान्य लोककला है, जो मात्र स्त्रियों में ही प्रचलित है। महरूल का व्युत्पत्यर्थ और उसका मूल स्वरूप अविदित है। सम्भव है—यह महमूल शब्द का विकृत रूप हो, जिसका अर्थ है—कल्पित बात। नकटौरा में अवश्य नाटकत्व की ध्वनि है। यह लोकनाट्य पूर्णतः अलिखित है। इसका आयोजन विवाहोत्सव के अवसर पर किया जाता है। बेटे के ब्याह में परिजन-पुरजन जब वर यात्रा में चले जाते हैं तो कुल की स्त्रियाँ मनोविनोद एवं काल-यापन के उद्देश्य से यह आयोजन करती हैं। इसका न कोई मंच होता है, और न नाट्य विधान। गाँव की कुछ प्रगल्भ स्त्रियाँ स्वतः अभिनेत्री बन जाती हैं और स्वयं कोई प्लाट बना लेती हैं। महरूल में प्रायः विवाह का रूपक रचा जाता है। ये स्त्रियाँ रात को किसी गोपनीय स्थान (आँगन, अट्टालिका, वाटिका आदि) में एकत्र होती हैं। यहाँ पुरुषों का प्रवेश वर्जित होता है। प्रौढ़ाएँ इसमें विशेष सक्रिय रहती हैं। इनमें कोई वर बन जाती है, कोई वधू और कोई पुरोहित। फिर कृत्रिम विवाह का नाट्य प्रस्तुत किया जाता

है। कभी-कभी किसान, जमींदार, दरोगा बनती हैं। चौकीदार रूपी अभिनेत्री 'हण्टर' धारण करके प्रसाधन-आहार्य आदि की यत्किंचित् पूर्ति कर लेती है। इस नाट्य की भाषा शुद्ध जनपदीय है, पर पात्रानुसार उसमें वैविध्य भी दिखाई देता है। जैसे—दरोगा के संवादों में टूटी-फूटी खड़ी बोली और अंग्रेजी का भी समावेश रहता है। इन लोक कलाकारों की तात्कालिक बुद्धि सराहनीय कही जायेगी। परदे में बन्द ग्रामीण स्त्रियाँ अपनी मण्डली में कितनी मुखर, साहसिक (बोल्ड) हो सकती हैं, यह नाट्य इसका उदाहरण है। इसमें अश्लीलता तथा फूहड़पन का पुट अवश्य रहता है, किन्तु नाटकीयता की कमी नहीं रहती। नारी मनोविज्ञान की दृष्टि से इसकी उपयोगिता निर्विवाद है।

स्वाँग-सँपेड़ा

अवध की कई जातियाँ, विशेषतः चमार, कहार, धोबी आदि अपने विवाहोत्सव पर घर-घर जाकर स्वाँग का प्रदर्शन करते हैं। इस मौखिक नाट्य में आंगिक, वाचिक अभिनय प्रधान होता है। इसमें कुछ अश्लीलता का पुट भी होता है। अवध के नट या नटुवा इसके सहारे जीविकोपार्जन करते हैं।

स्वाँग-सँपेड़ा अपनी कोटि का एक विशिष्ट लोकनाट्य है। ऐसी प्रसिद्धि है कि यह 'इन्दरसभा' के अनुकरण द्वारा विकसित हुआ है। कालान्तर में यह 'नागरसभा' के नाम से ख्यात हो गया। सपेड़े में नौटंकी के छन्दों का प्रयोग होता है, किन्तु धुनों में काफी अन्तर रहता है। इसका प्रदर्शन रात-रात भर होता है। सम्प्रति इस मौखिक नाट्य परम्परा के लिखित आलेख दुर्लभ हैं। इसे जीवनसिंह, गोविन्द सिंह, नन्दकिशोर, रौनक अली, पीरबक्श, अशरफ अली आदि ने कुछ लिपिबद्ध किया था। लखनऊ में इसके अन्तिम उस्ताद थे- शिवचरण लाल 'प्रेम'। प्रेमजी के पिता नन्दकिशोर बेहटा (लखनऊ) के निवासी थे। इसके प्रथम प्रयोक्ता का विवरण प्राप्त नहीं है।

इस लोकनाट्य में काव्य, संगीत, नृत्य, नाट्य का प्रयोग होता है। इसकी प्रस्तुति मुक्ताकाश मंच पर होती है। इसकी कथा है—कामरूप देश का नागर नामक सपेरा मन्तरगढ़ की जादूगरनी मोती की रूप चर्चा सुनकर उसे प्राप्त करने के लिए अपनी पत्नी सुन्दर को त्यागकर घर से निकल पड़ता है। अनेक प्रकार के कष्ट झेलता हुआ वह मन्तरगढ़ पहुँचता है और मोती से प्रेम प्रस्ताव करता है। वह शर्त रखती है जादू युद्ध करने का। मोती अपने नाग छोड़ती है, जिन्हें नागर वश में कर लेता है। किन्तु अकस्मात् एक नाग के डसने से उसकी मृत्यु हो जाती है और उसके शव को बालू में गाड़ दिया जाता है। नागर की मृत्यु का स्वप्नाभास सुन्दर को हो जाता है। वह मन्तरगढ़ पहुँचकर मोती से जादू युद्ध करके उसे मार डालती है और अपने पति को जीवित कर लेती है। नागर के आग्रह पर वह मोती को भी जिला देती है। फिर तीनों कामरूप लौट आते हैं और सुखमय जीवन जीते हैं। इसके आरम्भ में वन्दना है, परमेश्वरी की—

"सिंह पर असवार गरजति आवै भवानी।
आगे-आगे सीता सुहागिनी पीछे लछिमन राम।
गरजति आवै भवानी।
एक हाथ में चौमुख दियना दूजै हाथ तिरसूल।
गरजति आवै भवानी।"

फिर चौबोला में सरस्वती, हींगलाज, अलोपी, काली आदि के मंगलाचरण हैं। पश्चात् 'छायानृत्य' होता है और जन समूह के बीच घुल-मिलकर अभिनय आरम्भ होता है। नागर मोती के साथ आकर कथा की प्रस्तावना रखता है—

''देश कामरू जो सुना है जादू का धाम।
मैं बाशिन्दा वहीं का कि नागर मेरा नाम।''

कुछ संवाद गद्य में भी होते हैं। नागर-सुन्दर, नागर-मोती और सुन्दर-मोती के संवाद बड़े रोचक हैं। यत्र-तत्र दर्शकों को भी सम्बोधित किया जाता है। बीच-बीच के विवरण ध्वनि रूप में रखे गये हैं, जैसे–'सुन्दर ने रुख़्सत किया तब हूवै के लाचार....।' अन्त में दादरा के साथ समापन किया जाता है, जैसे–

''चली मोती सुन्दर अब देश चली
दुख बीते खुशी की आई घरी।
ले चलै कामरू फुलवारी हरी।''

इस कथा में सूफी प्रेमाख्यानकों की जैसी कई कथानक रूढ़ियाँ प्राप्त होती हैं। लोकोत्तर चमत्कारों से युक्त यह लोकनाट्य जनजीवन में बहुत लोकप्रिय रहा है। इसमें श्रृंगार, वीर, अद्भुत और करुण रसों का सुन्दर सम्मिश्रण है। अभिनय द्वारा इसे और रोमांचक बना दिया जाता है।

यह लोकनाट्य सम्प्रति स्वल्प प्रचलित है।

बिदेसिया

यह भोजपुरी की एक विलक्षण नृत्य नाट्य शैली है। भोजपुर क्षेत्र के निम्न मध्य वर्ग के व्यक्ति प्रवास पीड़ा से प्रायः संत्रस्त रहे हैं। जीविकोपार्जन के लिए परदेश-प्रस्थान उनकी नियति रही है। प्रवास-पीड़ा से उद्भूत यह विरहकाव्य पूर्वांचल की एक निधि बन गयी है। अंग्रेजों द्वारा कोड़े मार-मारकर मारिशस, फीजी, सूरिनाम आदि देशों में बसाए गये गिरमिटिया मजदूरों की वियोग व्यथा इसमें मुखरित हुई है। धीरे-धीरे इस शैली में अन्यान्य विषयों-प्रसंगों का समावेश हो गया। कुल मिलाकर यह सामूहिक त्रासदी की अभिव्यक्ति है।

विदेशिया मूलतः भिखारी ठाकुर के काव्य-नाट्य-चिन्तन की उपज है। इस लोकनाट्य का दृश्य-विधान बड़ा सरल अथवा आडम्बर विहीन होता है। वाद्यों के प्रयोग द्वारा दृश्य बदल जाते हैं और नृत्य के साथ कथानक आगे बढ़ता रहता है। इसमें प्रायः सोरठी, झूमर, कजरी, पुरबिया और आल्हा छन्दों का प्रयोग होता है। संवादों के माध्यम से भोजपुरी संस्कृति तथा लोक परम्पराओं का परिचय प्राप्त होता है।

इधर विदेशिया में कई नये प्रयोग किये गये हैं, जैसे–इसी शैली में रेणु के 'मैला आँचल' का नाट्य रूपान्तर बड़ी सफलता के साथ प्रस्तुत किया गया है। इसमें निजंधरी कथाएँ–सारंगा सदाब्रज, नल-दमयन्ती आदि को भी उतारा गया है।

तात्पर्य यह है कि सम्प्रति 'विदेशिया' एक विशिष्ट लोकनाट्य शैली के रूप में प्रतिष्ठित है। इसे सुनियोजित करने की आवश्यकता है। 'बिदेसिया' के सम्प्रति दो रूप दिखाई दे रहे हैं–

1. सामाजिक कथानक
2. आध्यात्मिक कथानक।

सामाजिक कथावस्तु प्रवास विरह से सम्बन्धित है। अपना 'गौना' लाने के बाद नौजवान नायक जीविकोपार्जन की खोज में पूरबदेश (कलकत्ता और कामरूप-असम) चला जाता है। लोकजीवन की यह मान्यता है कि कामरूप की और 'बंगाले' की स्त्रियाँ 'मोहिनी' होती हैं और वे यहाँ से जाने वाले पुरुषों को भेंड़ा या सुग्गा बनाकर रख लेती हैं। इसीलिए नवोढ़ा नायिका अपने पति को 'पूरब' जाने से रोकती है–

"मोर पिया मत जा हो पुरबवा।
पूरब देश में टोना बेस बा, पानी बड़ा कमजोर।"

बिदेसिया नाटक का नायक अपनी पत्नी प्यारी की मान-मनुहार के बाद भी कलकता चला जाता है और चटकल में मजदूर हो जाता है। वहाँ वह अनायास ही दुलारी के मोह में फँस जाता है और प्यारी को भूल जाता है। वह 6 माह का वचन देकर गया था, पर 12 वर्ष तक नहीं लौटता। प्यारी को उसका पता-ठिकाना ज्ञात नहीं है। वह विरहाग्नि में जलती रहती है–

"अमवा मोजरी गइले लगले टिकोरवा,
दिन पर दिन पियरात हो विदेसिया।
एक दिन बहि जइहें जुलुमी बयरिया,
डार डार जइहै महराई हो विदेसिया।"

अकस्मात् उसकी भेंट एक बटोही से होती है, जो कलकत्ता जा रहा है। वह अपने परदेशी पति को संवाद भेजती है। वह बटोही को पति का नाम नहीं बताती, केवल पहचान बताती है–

"हमरे बलमु जी की बड़ी बड़ी अँखियाँ
चोखे चोखे छउवे नैना कोर रे बटोहिया।
ओठवा जे हउवे जइसे कतरला पनवां
नकवा सुगनवा के ठौरे रे कटोरिया।"

बटोही कलकत्ता जाकर उसे ढूँढ़ निकालता है, उसे समझाता है और फिर प्रवासी पति गाँव आकर प्यारी को कलकत्ता ले जाता है।

इस कथानक में विरह काव्य, दूत काव्य-सन्देश काव्य आदि की अनेक कथानक रूढ़ियाँ अन्तर्निहित हैं। इन्हीं का रूपान्तरण शास्त्रीय प्रबन्धकाव्यों में समय-समय पर हुआ है।

बिदेसिया का आध्यात्मिक पक्ष अत्यन्त गूढ़ (रहस्य गर्भित) है। विदेसी जीव का प्रतीक है, जो दुनियादारी में पड़कर जीवन का मूलोद्‌द्देश्य (ईश्वर प्राप्ति) से विमुख हो जाता है। दुलारी माया है, जो जीव को मोह के वशीभूत कर लेती है। बटोही सन्त प्रकृति है, जो पथभ्रष्ट जीव को सन्मार्ग की प्रेरणा देती है। प्यारी साक्षात परमात्मा है—ईश्वर की प्रतीक। यह रूपक सूफीकाव्य-दर्शन के बहुत निकट है। अन्तर प्यारी और दुलारी के प्रतीकार्थ में है।

बिदेसिया का मुख्य स्वर करुणा का है, किन्तु है यह सुखान्त नाटक। इसकी कथा परदेश-प्रवास की पीड़ा से सम्बन्धित है। इसमें पूर्वांचल की माटी की महक मिलती है। इस नाटक के पात्र दैनिक जीवन के व्यक्ति होते हैं। प्रत्येक पात्र बहुआयामी होता है। अपनी-अपनी भूमिकाओं के बाद वे ढोलक-खंजड़ी आदि वाद्य सम्हाल लेते हैं, अर्थात् मंच का हर कार्य करते देखे जाते हैं। इनमें सूत्रधार का कार्य बहुत जटिल होता है। भिखारी ठाकुर इस कार्य में पारंगत रहे हैं। पात्रों का नामकरण चरित्र के अनुरूप किया जाता है। प्यारी, दुलारी नामों में गुण कर्म का भेद है। बटोहिया, विदेसिया भी कर्म पर आधारित नाम हैं। ये नाम वर्गीय स्थिति के भी द्योतक होते हैं। विदेसिया में नारी पात्रों की भूमिकाएँ प्रायः पुरुष करते हैं। इधर सतीश आनन्द ने 'अमली' में स्त्री पात्र उतारे हैं, यों भिखारी ठाकुर की मण्डली ने स्त्री कलाकारों को प्रवेश नहीं दिया था।

बिदेसिया के संवाद पद्यात्मक (बतर्ज नौटंकी) होते हैं। आरम्भ में मंगलाचरण, बीच-बीच में गायन। ये कथासूत्रों को जोड़ने का काम करते हैं। अभिनेता तथा दर्शकों के मध्य यहाँ सीधा संवाद होता है। दर्शकगण स्वतः हामी भरते या प्रतिक्रिया व्यक्त करते रहते हैं।

इस लोकनाट्य का रंगमंच बड़ा निराडम्बर होता है। 20, 25 हजार की भीड़ घण्टों-घण्टों तक मुग्धभाव से यह नाटक देखती रहती है। इधर बिदेसिया की लोकप्रियता घटी है। वह फरमाइशी 'नाच' बन गया है। संजय सतीश जैसे रंगकर्मी इसे पुनर्गठित कर रहे हैं। इस पर फिल्म भी बनी है। विदेशों में इसका मंचन सराहा गया है, किन्तु आधुनिकीकरण के कारण पूर्वांचल का 'बिदेसिया' क्षत-विक्षत हुआ जा रहा है। भिखारी की मृत्यु के बाद इसका कोई प्रबल प्रयोक्ता नहीं रहा। आवश्यकता है—लोकनाट्य संस्थान के माध्यम से इसकी संरक्षा की, गुणात्मक वृद्धि की और मूल रूप की पुनः प्रतिष्ठा की।

बहुरुपिया

यह अवध का एक लोकप्रिय प्रहसन है, जो लखनऊ की 'नकल' जैसा है। इस लोकनाट्य में छद्म वेशधारी कलाकार अपने करतब दिखाते हैं और आशु सम्भाषणों, उनमें निहित व्यंग्योक्तियों तथा हाजिरजवाबी द्वारा दर्शकों को रिझाते हैं। अभिनय की बारीकी अश्लीलता के बावजूद इसमें देखने योग्य होती है। यह प्रायः एकल होता है। कथोपकथन दर्शक वृन्द से किये जाते हैं। इसके मंचन के लिए आहार्य के अतिरिक्त किसी प्रेक्षागार की आवश्यकता नहीं होती।

अवध के ग्रामीण क्षेत्रों में 'बहुरुपिए' का काफी प्रचलन है। बहुरुपिया में एक ही व्यक्ति विभिन्न रूप धारण करता है। कभी वह काली का रूप अपना लेता है, कभी विष्णु का रूप ले लेता है तो कभी थानेदार का रूप धारण कर लेता है। कभी काला कपड़ा पहनकर, मुकुट बाँधकर अपनी भूमिका निभाता है तो कभी हाथ में तलवार और खप्पर लेकर। इसी तरह वह चश्मा लगाकर मुनीम की भूमिका निभाने लगता है। वस्तुतः बहुरुपिया एक मायावी कला नृत्य कृत्य है। अवध में बहुरुपिया का अभिनय करने वालों की एक जाति ही बन गयी है। उन्होंने इसे जीविकोपार्जन का एक साधन मान लिया है। कहीं-कहीं पर बहुरुपियों के कुछ क्षेत्र भी बन गये हैं।

कठपुतली

अवध क्षेत्र में 'कठपुतली' की नाट्य परम्परा अति प्राचीन काल से प्रचलित है। इस क्षेत्र में रामायण महाभारत काल में कठपुतलियाँ नचाई जाती थीं। इसे पुतुलवाद्य एवं गुलाबों सिताबों भी कहा जाता है। जायसी ने इसे पखंडी नाच कहा है—''कतहुं पखंड़ी काठ नचावा।'' तुलसी ने इसे 'दारू योषिता' कहा है—'उमा दारू योषित की नाई'। स्पष्ट है कि यह अवध की प्राचीन नाट्य कला है। अवध क्षेत्र में कठपुतली का खेल आज भी प्रचलित है, लेकिन इसमें अवधी के स्थान पर खड़ीबोली प्रमुखता पाने लगी है। अवधी लोकगीतों में जो उद्धरण मिलते हैं, उससे इसके पहले से प्रचलित होने का संकेत मिलता है, जैसे एक गीत में कहा गया है कि—

'जेहिके द्वारे कठपुतली नाचै, उहैं जनक जी का द्वार।'

अर्थात् जिनके द्वार पर कठपुतली नाच रही है, वही राजा जनक का द्वार है। अवध में इसका प्रदर्शन प्रायः बाहरी मण्डलियाँ करती हैं।

चाँचर

यह एक सामूहिक नृत्य नाट्य है, जो प्रायः लोकोत्सव रूप में स्त्रियों द्वारा प्रस्तुत किया जाता है। इसमें कई प्रकार के कोरस गान होते हैं, जो ऊँची आवाज में प्रस्तुत किये जाते हैं, इसलिए चाँचर में कर्कशता अधिक भर गयी है। कभी-कभी फूहड़पन कुछ अधिक ही प्रगल्भ हो उठता है। इसके

अभिनय के लिए किसी मंच की आवश्यकता नहीं रहती। वेश विन्यास सर्वथा साधारण रहता है। घर आँगन या रईसों के दरवाजे पर इसे वृन्दगान तथा समूह नृत्य के साथ प्रस्तुत किया जाता है। इसमें भद्र समाज पर कटाक्ष के साथ-साथ शृंगारिक चेष्टाओं का प्रदर्शन किया जाता है। एक वर्ग विशेष के लोकमनोविज्ञान के विश्लेषण हेतु इस लोकनाट्य की बड़ी उपयोगिता है। सम्प्रति आवश्यकता इसके आद्य रूप को सँजोने की है।

भँडैती

यह एक प्रकार का लोक प्रहसन है, जो व्यावसायिक आधार पर भाँड़ जाति के लोक कलाकारों (नक्कालों) द्वारा प्रस्तुत किया जाता हैं। भाँड़ों के समूह में प्रायः 10-15 कलाकार होते हैं, जो किसी परिवार विशेष के भी हो सकते हैं और पृथक्-पृथक् परिवारों के भी। इनके कुछ विशिष्ट प्रदर्शन होते हैं, जो अलिखित होकर भी अभ्यासकृत होते हैं। इन खेलों को प्रायः समसामयिकता से जोड़ लिया जाता है। भँडाय आद्योपान्त हास्य-व्यंग्यपरक होता है और कुछ कुरुचिपूर्ण भी। भाँड़ों का युग्म परस्पर संलाप करता हुआ उपस्थित श्रोताओं/दर्शकों पर वाक् प्रहार करता है, जो प्रायः अशिष्ट और आक्षेपक होता है। भँडाय कोई पृथक् मंच नहीं होता है। यह महफिल के बीच में ही प्रस्तुत किया जाता है। ये कलाकार प्रायः भड़कीली पोशाकें धारण किये रहते हैं। गद्य-पद्यात्मक संवादों के बीच कुछ गायन भी प्रस्तुत किये जाते हैं, जिनमें लोकवाद्यों की पुरुष नर्तकों का एक विशिष्ट वर्ग भाँड़ों के नाम से इस प्रदेश में नवाबी काल में विकसित हुआ था। ये भाँड़ नृत्य मण्डली के ही अंग थे। मुख्य नर्तक या नर्तकी के विश्राम-काल में (अन्तराल वेला में) ये भाँड़ मंच पर आकर उस कलाकार की नकल उतारते थे और चुटकुले बाजी तथा नक्काली करके सबका मनोरंजन करते थे। संगत की जाती है। वस्तुतः ये भाँड़ लोक विदूषक कहे जा सकते हैं।

हास्य पूर्ण प्रहसन कला से सम्बद्ध भाँड़ अवध में छाए रहे हैं मोहम्मदशाह के शासनकाल में करेला भाँड़ बहुत ही मशहूर थे। बादशाह में किसी कारण उन्हें अपने राज्य से निष्कासित कर दिया था। उसके बाद कई भाँड़ लखनऊ आ गये। इनमें खिलौना वर्ग के भाँड़ बहुत प्रसिद्ध हुए। ये बड़ी-बड़ी महफिलों, दरबारों, रजवाड़ों, रईसों और पढ़े-लिखे लोगों के यहाँ अपनी नक्काली दिखाकर इनाम पाते थे। देहाती भाँड़ मेलों, सड़कों, बाजारों में अपनी कला का प्रदर्शन करते थे। भाँड़ों की विशिष्ट लोक कला भड़ैंती में गद्य-पद्य संवाद और संगीत—सबका यथा प्रसंग प्रयोग किया जाता रहा है। भाँड़ों के संवादों में हाजिर जवाबी विशेष पायी जाती है। कभी-कभी अश्लीलता और फूहड़पन भी दिख जाता है। यह कला दिनोंदिन लुप्त होती जा रही है। इसलिए इसके संरक्षण और प्रशिक्षण की बड़ी आवश्यकता है। यहाँ के प्रसिद्ध भाँड़ फजले हुसैन, बादशाह पसन्द के पूर्वजों की मण्डलियों के साथ आसफउद्दौला के समय में यहाँ कश्मीर से आयी थी। यहाँ की एक प्रसिद्ध कहावत है—'महफिल वीरान जहाँ भाँड़ नसावद।' इनका लच्छेदार हास्य बड़ा प्रभावी रहा है। भाँड़ कला का इतिहास बहुत प्राचीन है। भरत के नाट्यशास्त्र में और दश रूपकों में इनकी चर्चा हुई है। वाजिद अली शाह ने 'बनी' नामक कृति में दो सौ भाँड़ों का जिक्र किया है, जिनमें स्मरणीय हैं—नूरा, कायम, खिलौना, बाबू, जंगली, जहाज, चुरमुर, नेगी, ईदू, चमन, जौहर, बाबा जानी, कुब्बत, घोड़े पहलवान, जहाँगीर, छक्कन, सूरज आदि। ये कलाकार गायन, वादन, नृत्य, अभिनय तथा हाजिर जवाबी में पारंगत होते हैं तथा नकल करने में परम प्रवीण और बहुरुपिया के रूप में बहुत दक्ष माने जाते हैं। इनकी वेशभूषा होती है—पगड़ी, दुपट्टा, अँगरखा, अचकन, घुटन्ना, कमरबन्द आदि। स्त्री वेश में ये लहँगा,

चूनरी, अँगिया आदि भी धारण करते हैं। लखनऊ में अभी इनके कुछ परिवार हैं। यों यह कला अब समाप्तप्राय सी प्रतीत होती है।

तुर्रा-कलगी

यह उत्तर भारत की, मुख्यतः ख्याल बाजों की एक विशिष्ट विधा है जो भगत एवं स्वाँग से काफी कुछ मिलती-जुलती दिखाई देती है। कुछ रंगकर्मी इसे 'शाक्त मंच' कहते हैं। इसीलिए देवी जागरण की अखण्ड ज्योति से इसे जोड़े रहते हैं। तुर्रा कलगी एक प्रकार की अखाड़ेबाजी है अथवा यह कविता एवं संगीत का दंगल है। इसमें अनेक अखाड़े प्रतियोगी रूप में सम्मिलित होते हैं। एक में विराजते हैं—शिव रूप कलाकार, जो माथे पर तुर्रा धारण करता है। दूसरी ओर शक्ति स्वरूपा गायक, गायिका, जो कलंगी धारण करती है। दोनों अपने-अपने गुरुजनों के चरण छूकर उनकी अथवा अपनी रचनाएँ नियमानुसार सुनाते हैं। बाद में गुरुजनों को पगड़ी बाँधकर सम्मानित किया जाता है। यह सादा निर्णय 'पंच मत' से होता है। तुर्रा-कलगी का यह दंगल त्वरित रचना अथवा आशु कविता द्वारा ही प्रायः जीता जाता है। निःसन्देह यह एक बड़ी कला कौतुक पूर्ण नाट्य विधा है, इसलिए इसे सुरक्षित रखना अत्यावश्यक है।

जातीय नाट्य-नृत्य

जनजीवन में लोध, अहीर, काछी, कोरी, धोबी, पासी, चमार, डोम, दुसाध आदि ऐसी अनेक जातियाँ हैं, जो अपने पारिवारिक विवाहोत्सव के उपलक्ष्य में इन संगीतपूर्ण वाद्य नृत्यों का आयोजन करती हैं। जातीय आधार पर इन लोकनायकों में न्यूनाधिक अन्तर भी प्राप्य हैं, पर इनका लोकमंच प्रायः समनुरूप है। इन आयोजनों में दो-तीन कलाकारों की आवश्यकता होती है। एक कलाकार स्त्री वेश धारण करता है। दूसरा पुरुष वेश। दोनों की कटि में बड़े-बड़े घुँघरूओं वाला पट्टा बँधा रहता है। पैरों में भी घुँघरू बाँधे जाते हैं। स्त्री वेश हेतु चूड़ीदार पायजामा, लहँगा, साड़ी, चुन्नी, अलंकार, केश आदि धारण किये जाते हैं, जो अधिकांशतः कामोत्तेजक होते हैं। इन नाट्यों में गद्य-पद्य, दोनों प्रकार के संवाद होते हैं और गायन-वादक भी। लोकवाद्यों में सारंगी, चिकारा, डफली (डफ), हुडुक, झाँझ, नगाड़ा आदि यथाप्रसंग बहुशः प्रयुक्त होते हैं। उपर्युक्त लोकनृत्य गीत अपेक्षाकृत अधिक नाटकीय दिखाई देते हैं। ये नाट्य-प्रदर्शन प्रायः सायंकाल या रात्रि में सम्पन्न होते हैं। प्रकाश व्यवस्था हेतु एक बोतल में मिट्टी के तेल की लौ बनाई जाती है, जो प्रकाश वाहक द्वारा सदैव नर्तक-नर्तकी के पास (अभिमुख) ही रखी जाती है। दोनों अभिनेता प्रायः पति-पत्नी की भूमिका करते हैं। वे फूहड़ प्रश्नोत्तर करते हैं और परस्पर कलह करते हुए निम्नस्तरीय दर्शकों/श्रोताओं का सतही मनोरंजन करते हैं। स्त्री रूपी कलाकार के हाथ में चमड़े का एक पट्टा होता है, जिससे वह पुरुष की ताड़ना करती है। ये आयोजन गाँव के आश्रयदाता-जमींदारों, रईसों और अधिकारियों के दरवाजे पर कराये जाते हैं। पारिश्रमिक पुरस्कार रूप में इन्हें अन्न, धन, चल-अचल सम्पत्ति (खेत, बाग, वृक्ष, आदि 'चिन्ह'(चीन्ह) जैसे बरतन दिये जाते हैं। उक्त कलाकारों की व्यवस्था उत्सव का संयोजन (जाति-कुल-प्रमुख) करता है और उन्हें यथोचित शुल्क भी देता है। अन्य जातियों के नृत्य लोकमंचीय नहीं होते, अतः वे नाट्यकला के अन्तर्गत ग्राह्य नहीं हैं।

ये लोकनाट्य और लोकमंच जनपदीय संस्कृति की दृष्टि से विशेष महत्त्वपूर्ण हैं। ये विधाएँ कला-वैविध्य की प्रमाण हैं और दैनन्दिन जनजीवन की साक्षी भी। इनमें कहीं लौकिक कुप्रथाओं

का स्वर है, कहीं शोषण, अत्याचार और भेद-प्रभेद का भाव है और कहीं सुख-समृद्धि-सम्पन्नता का पूर्वाभास भी, जैसे–

"दो कंचन के कलश सुघड़ घर नरियल लीने।
दस हाथी सौ ऊँट पाँच सौ घोड़ा दीने।
मोहर हजारी तोड़ा लै अगवानी कीनी।
कंचन झारी हाथ लै ठाढ़ी भई अगार।" (गोपीचन्द)

यहाँ आर्थिक समृद्धि और सामाजिक प्रथाओं के सूक्ष्म संकेत प्राप्य हैं। रामलीला में प्रागैतिहासिक पौराणिक वृतान्तों के सूत्र हैं और अन्य नाट्यों में विभिन्न प्रकार के समाज मनोविज्ञान, नृतत्त्वशास्त्र, धर्म, अध्यात्म, कला आदि से सम्बन्धित तथ्य हैं। यह साहित्य वस्तुतः जीवित लोकवांग्मय है। इसमें उक्त लोक की समस्त आकांक्षाएँ, आस्थाएँ अर्थात् उनका जीवन सर्वस्व मुखरित होता रहा है। ये कलाएँ परिनिष्ठत साहित्य की मूल हैं। इनमें एकदेशीयता के तत्त्व हैं और सार्वभौमिकता के भी। इसे लिपिबद्ध, चित्रांकित और सुव्यवस्थित करना अत्यावश्यक है। तभी लोकजीवन की इस वाग्विभूति का सम्यक् संस्कार सम्भव होगा।

इक्कीसवीं शती के प्रवेश द्वार पर स्थित हमारा समाज एक ओर आधुनिकीकरण के लिए भावाकुल है और दूसरी ओर अपनी पारम्परिक सांस्कृतिक विरासत के लिए भी।

प्रमुख रंगकर्मी

अवध क्षेत्र के विभिन्न नगरों और ग्रामों में रंगकर्म से जुड़े हुए कलाकारों की भरमार है। इनमें कुछ रंगकर्मी-लेखक, अभिनेता और निदेशक रूप से सक्रिय हैं और कुछ रंग सज्जा, प्रसाधन, रंगदीपन, ध्वनि-व्यवस्था आदि से जुड़े हुए हैं। इन रंगकर्मियों की कई श्रेणियाँ हैं। जैसे–1. साहित्यिक नाटकों के मंचन से जुड़े रंगकर्मी 2. लोक नाटकों जैसे–रामलीला, नौटंकी, स्वाँग, भाँड़, बहुरुपिया, कठपुतली तथा जातीय नृत्य-नाट्य से जुड़े कलाकार 3. नुक्कड़ नाटक के कलाकार 4. ध्वनि नाटकों तथा काव्य नाटकों से सम्बद्ध रंगकर्मी। इस सन्दर्भ में साहित्यिक नाट्य कृतियों के लेखकों तथा रंगमंच विशेषज्ञों का संक्षिप्त परिचय आकारादि क्रम से प्रस्तुत किया जा रहा है–

अनिल रस्तोगी : अनिल जी यों तो केन्द्रीय औषधि अनुसन्धान संस्थान लखनऊ में वैज्ञानिक रहे हैं, किन्तु, नाटक और रंगमंच के क्षेत्र में भी ये बराबर सक्रिय रहे हैं। उन्होंने फिल्म क्षेत्र में भी काफी काम किया है।

अमृतलाल नागर (1916-1990) : नागर जी का योगदान उपन्यास, कहानी, संस्मरण, अनुवाद आदि अनेक विधाओं में तो रहा ही है। वे नाटक और रंगमंच के क्षेत्र भी बहुत सफल रहे हैं। उन्होंने कई फिल्मों और रेडियो नाटकों की पटकथायें लिखी हैं। अपने कई उपन्यासों के नाट्य रूपान्तरण उन्होंने किये हैं। लखनऊ की रंगमंचीय गतिविधियों से नागर जी आजीवन जुड़े रहे हैं।

उपेन्द्रनाथ 'अश्क' (1910) : कवि, कथाकार, नाटककार और अन्य अनेक विधाओं से जुड़े 'अश्क' जी की कर्म भूमि रही है इलाहाबाद। उन्होंने जय-पराजय, स्वर्ग की झलक, कैद, छठा बेटा, अंजो दीदी, उड़ान जैसे नाटक और लगभग तीन दर्जन एकांकी संकलन प्रकाशित किये थे, जिनमें–लक्ष्मी का स्वागत, जोंक, सूखी डाली, तौलिए, पक्का गाना, परदा उठाओ, परदा गिराओ, साहब को जुकाम है, आदि बहुचर्चित हुए हैं। उनके नाटकों में रंग शिल्प के कई प्रयोग दिखाई देते हैं।

ऊर्मिल थपलियाल : इनका जन्म 2 जून 1943 में गढ़वाल में हुआ था। इन्होंने गढ़वाल की

लोकनाट्य परम्परा पर शोध कार्य किया है। कई नाटक भी लिखे हैं। कथा लेखन तथा व्यंग्य में इन्होंने अपनी पहचान बनाई है। निदेशक तथा अभिनेता रूप में इनकी भूमिका उल्लेखनीय है। लोकनाट्य शैली में लिखा गया इनका नाटक 'हरिचन्नर की लड़ाई' काफी चर्चित हुआ है। 'दर्पण' नामक संस्था से इनका गहरा सम्बन्ध है। ऊर्मिल जी ने दुर्लभ छन्दों की स्वर लिपियों का संकलन किया है। इन्हें समय-समय पर अनेक पुरस्कार मिले हैं, जिनमें केन्द्रीय अकादमी सम्मान, संगीत नाटक अकादमी सम्मान और यशभारती सम्मान महत्त्वपूर्ण हैं।

कुमुद नागर (1935) : ये दीर्घकाल तक आकाशवाणी और दूरदर्शन से रंगकर्मी के रूप में जुड़े रहे। इन्होंने 63 रंगमंचीय नाटकों, लगभग एक हजार रेडियो नाटकों और एक सौ पैंसठ दूरदर्शनी प्रस्तुतियों द्वारा अपने निदेशन-कौशल का परिचय दिया है। कुमुद जी अर्से तक ड्रामा प्रोड्यूसर और सहायक निदेशक रहे हैं।

के.पी. सक्सेना : हास्य-व्यंग्य क्षेत्र में लोकप्रिय रहे सक्सेना जी मीडिया लेखन और फिल्मी पटकथा लेखन में भी सक्रिय रहे। उन्हें 'लगान' और 'जोधा-अकबर' के संवादों से, साथ ही 'बीबी नातियों वाली' नामक टी.वी. धारावाहिक से बड़ा यश मिला।

गिरिराज किशोर : इनका जन्म 6 जुलाई 1937 में हुआ था। ये आई.आई.टी. कानपुर में अर्से तक सेवारत रहे। सम्प्रति कानपुर के स्थायी निवासी हैं। कथा लेखन के साथ-साथ नाटकों के क्षेत्र में भी ये चर्चित हैं। इनके प्रसिद्ध नाटक हैं—'नरमेध', 'प्रजा ही रहने दो', 'घास और घोड़ा', 'जुर्म आयदा', 'चेहरे, चेहरे कितने चेहरे', 'केवल मेरा नाम लो' और 'काठ की तोप'। रंगमंच के क्षेत्र में भी गिरिराज जी ने महत्त्वपूर्ण भूमिका अदा की है।

गुलाब बाई (1920-1996) : नौटंकी की प्रथम महिला कलाकार रूप में इन्हें बड़ी ख्याति मिली। इनका जन्म बलपुरवा (कानपुर) में हुआ था। ये 12 वर्ष की अवस्था में त्रिमोहन की कम्पनी से जुड़ गयी थीं। इन्होंने ठुमरी की लय ताल की तालीम मुहम्मदशाह से ली और कई लोकप्रिय गीत फिल्मों को दिये। सन् 1955 में इन्होंने द ग्रेट गुलाब बाई थिएटर की स्थापना की। इन्हें समय-समय पर पद्मश्री संगीत नाटक अकादमी पुरस्कार, यशभारती आदि से सम्मानित किया गया। इनको क्वीन आफ नौटंकी कहा जाता है।

डॉ. चन्द्रप्रकाश सिंह (1910-1997) : ग्राम पयसिया, जिला सीतापुर में जनमे हिन्दी प्रोफेसर के रूप में विख्यात डॉ. सिंह ने अनेक काव्यों और नाटकों की रचना की थी। उनकी नाट्य कृतियों में 'कविकुलगुरु', 'जनकवि जगनिक', 'अग्नि परीक्षा', 'नरोत्तमदास', 'आचार्य चाणक्य', 'तुलसीदास', 'स्वराज्य की जननी', 'कवि धर्म' आदि महत्त्वपूर्ण हैं। नाटक और रंगमंच की शोध समीक्षा में डॉ. सिंह की भूमिका महत्त्वपूर्ण रही है।

चन्द्रभूषण त्रिवेदी 'रमई काका' (1915) : रावतपुर, उन्नाव के 'रमई काका' अनेक दशकों तक आकाशवाणी, लखनऊ केन्द्र के 'पंचायत घर' कार्यक्रम से जुड़े रहे हैं। उन्होंने कई प्रहसनों और रेडियो नाटकों की रचना की है, जिनमें 'बहरे बोधन बाबा', 'रतौंधी' आदि महत्त्वपूर्ण हैं।

चन्द्रमणि पाण्डेय (1908-1982) : बन्नावाँ, रायबरेली के निवासी, प्रसिद्ध कथावाचक पण्डित जी ने जहाँ कई कथा काव्य और कीर्तन लिखे, वहीं पारसी शैली के अनुकूल लगभग एक दर्जन पौराणिक नाटक प्रकाशित किये, जैसे—'अजामिल', 'राजपूतरमणी', 'देवासुरसंग्राम', 'राजर्षि परीक्षित', 'सती सुलोचना', 'कराल चक्र', 'सिरसा संग्राम', 'वन वासिनी', 'संसार चक्र' आदि। प्रहसन में इन्हें यथेष्ट सफलता मिली, साथ ही मंचीय निर्देशन में भी।

डॉ. झब्बूलाल सुलतानिया 'अज्ञात' : कानपुर निवासी 'अज्ञात' जी हिन्दी रंगमंच के व्यवस्थित अनुशीलन और पारसीक शैली के पुनर्गठन में आजीवन बहुत सक्रिय रहे।

डॉ. धर्मवीर भारती (1926) : इलाहाबाद विश्वविद्यालय, धर्मयुग तथा 'परिमल' नामक संस्था से सम्बद्ध भारती जी ने 'अन्धा युग' नामक गीतनाट्य द्वारा रंगमंच एवं नाटक के क्षेत्र में अपूर्व ख्याति अर्जित की। यह काव्य नाटक रेडियो पर अपूर्व सफलता के साथ प्रस्तुत किया गया था। उनका एक अन्य नाटक है 'नदी प्यासी थी'।

नरेन्द्र शर्मा (1913-1989) : प्रसिद्ध छायावादोत्तर कवि के साथ-साथ शर्मा जी ने फिल्मी लेखन (संवाद-लेखन, पटकथा लेखन) में बड़ा काम किया। सत्यम् शिवम् सुन्दरम, ज्योति कलश छलके, भाभी की चूड़ियाँ आदि के फिल्मी गीत आज तक लोकप्रिय हैं। विविध भारती के संचालन तथा रामानन्द सागर के 'रामायण' धारावाहिक में शर्मा जी की महती भूमिका रही है। इनका गहरा सम्बन्ध इलाहाबाद (अवध क्षेत्र) से रहा है।

नरेश मेहता (1922) : ये मूलतः साजापुर (मध्य प्रदेश) के थे, किन्तु इनकी कर्म भूमि थी इलाहाबाद। इन्होंने काव्य, कथा साहित्य और समीक्षा में विशेष स्थान बनाया, जिसके कारण इन्हें ज्ञानपीठ पुरस्कार प्राप्त हुआ। नाटक के क्षेत्र में इनकी महत्त्वपूर्ण कृतियाँ हैं—समय के घण्टे, खण्डित यात्रायें, सनोवर के फूल, पिछली रात की बरफ आदि। इन्हें भारत भारती, ज्ञानपीठ, साहित्य अकादमी, मध्यप्रदेश लोककला अकादमी, हिन्दी साहित्य सम्मेलन आदि कई संस्थाओं से पुरस्कार प्राप्त हुए।

नसीरुद्दीन शाह : इनका जन्म 16 अगस्त 1950 में बाराबंकी में हुआ था। इन्होंने बी.ए. आनर्स अलीगढ़ यूनिवर्सिटी से करके थिएटर आर्ट्स में एन.एस.डी. तथा फिल्म ऐण्ड टेलिविजन इंस्टीट्यूट से ऐक्टिंग डिप्लोमा प्राप्त किया। नसीरुद्दीन शाह जी को कई पुरस्कार मिले हैं। ये पद्मश्री, नेशनल अवार्ड, सर्वश्रेष्ठ अभिनेता, फिल्म फेयर अवार्ड, बेस्ट एक्टर, महाराष्ट्र सरकार आदि द्वारा सम्मानित हैं। रंगकर्मी एवं फिल्मी अभिनेता के रूप में ये लोकप्रिय हैं।

प्रताप नारायण मिश्र (1853-1895) : बैजेगाँव, उन्नाव में जनमे, कानपुर के निवासी और 'ब्राह्मण' नामक पत्र के सम्पादक मिश्र जी ने 'नाटक सभा' नामक एक संस्था बनाई थी और उसके माध्यम से पारसी थियेटर का विरोध करते हुए हिन्दी का स्वतन्त्र रंगमंच खड़ा किया था। मिश्र जी कुशल अभिनेता थे और सफल नाटककार भी। कलिकौतुक, भारत दुर्दशा, हठी हमीर, गोसंकट, जुआरी खुआरी, 'संगीत शाकुन्तल' आदि उनके प्रसिद्ध नाटक हैं। इनकी प्रस्तुति में उन्होंने लावनी शैली का बड़ा अच्छा प्रयोग किया था।

बालकृष्ण भट्ट (1844-1914) : इलाहाबाद के मूल निवासी भट्ट जी 'हिन्दी प्रदीप' के सम्पादक थे। उन्होंने निबन्ध तथा समीक्षा के क्षेत्र में बहुत काम किया। उनके द्वारा लिखे गये नाटकों की संख्या एक दर्जन से ऊपर है। भट्ट जी ने अधिकतर पौराणिक एवं सामाजिक विषयों पर नाटक लिखे। उनकी प्रसिद्ध नाट्य कृतियाँ हैं—सीता वनवास, पतित पंचम, दमयन्ती स्वयंवर, आचार बिडम्बन, नयी रोशनी का विश आदि।

भगवती चरण वर्मा (1903-1981) : कवि, कथाकार होने के साथ-साथ वर्मा जी ने नाट्य क्षेत्र में भी अविस्मरणीय कार्य किया। उनके कुछ एकांकी बहुत लोकप्रिय हुए हैं, जैसे—वसीयत, दो कलाकार, सबसे बड़ा आदमी आदि। 'रुपया तुम्हें खा गया' नामक उनका नाटक रंगमंच पर भी बहुत सफल रहा। वर्मा जी फिल्म और आकाशवाणी से भी सम्बद्ध रहे। वे एक ओर विचारक थे और दूसरी ओर

मस्तमौला व्यंग्य कर्ता भी। नियतिवाद इनका मुख्य जीवन दर्शन रहा है। उनकी कृतियों में अपेक्षित रंगमंच का विधान दिखाई देता है।

माधव शुक्ल (1838-1943) : प्रयाग निवासी शुक्ल जी ने लखनऊ में एक नाटक मण्डली स्थापित की थी। उन्होंने रामलीला मण्डली द्वारा पारसीक मंच के मुकाबले हिन्दी जन नाट्य को लोकप्रिय बनाने का स्तुत्य कार्य किया था। शुक्ल जी ने कई पौराणिक नाटक लिखे, जिनमें—सीय स्वयंवर, महाभारत, भामाशाह की राजभक्ति बहुत सफल सिद्ध हुए हैं।

मुद्राराक्षस (सुभाषचन्द्र) : 21 जून 1933 में जनमे लखनऊ के मुद्राजी ने काव्य, समीक्षा, कहानी के साथ-साथ कई नाटक लिखे हैं, जिनमें तेंदुआ, तिलचट्टा, योर्सफेथफुली, संतोला, मरजीवा, आला अफसर जैसे कई नाटक महत्त्वपूर्ण हैं। रेडियो ध्वनि नाटक और टी.वी. ड्रामा के क्षेत्र में उन्होंने कई प्रयोग किये हैं। विसंगत नाटकों के लिए वे ज्यादा चर्चित हैं।

युक्ति भद्र दीक्षित (मतई भइया) (1929) : अम्बरपुर, सिधौली, सीतापुर के निवासी, पढ़ीस जी के सुपुत्र युक्ति भद्र जी ने 'पुतान' नाम से इलाहाबाद के आकाशवाणी केन्द्र पर अनेक ध्वनि नाटक प्रस्तुत किये, जिनमें 'सुलहनामा', 'घर की बेटी' 'जब तबला बाजे धिनकधिन' आदि स्मरणीय हैं।

डॉ. योगेश 'प्रवीन' : इनका जन्म 28 अक्टूबर 1938 में हुआ था। ये विद्यान्त इंटर कॉलेज लखनऊ में हिन्दी प्रवक्ता रहे हैं। योगेश जी ने अवध संस्कृति और प्राचीन इतिहास पर लगभग डेढ़ दर्जन ग्रन्थ लिखे हैं। आकाशवाणी, दूरदर्शन, फिल्म और चलचित्र-पटकथा लेखन में वे बराबर सक्रिय हैं। उनकी कई नाट्य कृतियाँ प्रकाशित हो चुकी हैं। इन सेवाओं के कारण वे कई पुरस्कारों से समादृत किये गये हैं।

राजबिसारिया : 10 नवम्बर 1935 को लखीमपुर खीरी में जनमे बिसारिया जी लखनऊ विश्वविद्यालय में अंग्रेजी के प्रोफेसर रहे हैं। उन्होंने 1975 में भारतेन्दु नाट्य अकादमी की शुरुआत मिनी रवीन्द्रालय लखनऊ में की थी। ये थियेटर आर्ट्स वर्कशाप, एसोसियेट ड्रामा बोर्ड लन्दन, और ब्रिटिश थियेटर एसोसियेशन से जुड़े रहे हैं। टी.वी. और फिल्मों में भी अभिनय करने का अनुभव बिसारिया जी को प्राप्त है। ये फिल्म सेंसर बोर्ड, फिल्म पुरस्कार जूरी, संगीत नाटक अकादमी आदि से सम्बद्ध रहे हैं। इन्हें पद्मश्री के साथ-साथ कई पुरस्कार समय-समय पर मिले हैं। भारतेन्दु नाट्य अकादमी के निदेशक रूप में दी गयी इनकी सेवाएँ अविस्मरणीय हैं।

डॉ. रामकुमार वर्मा (1905) : हिन्दी एकांकी के जनक पद्म भूषण वर्मा जी प्रयाग विश्वविद्यालय के गौरव रहे हैं। इन्होंने इतिहास पुरुषों पर अनेक नाटक लिखे हैं, जिनमें अग्रगण्य हैं—'कौमुदी महोत्सव', 'औरंगजेब की आखिरी रात', 'पृथ्वीराज की आँखें', 'तैमूर की हार', 'बहादुर बेटा', 'रूपरंग', 'रेशमी टाई', 'शिवाजी', 'पृथ्वी का स्वर्ग' आदि। वर्मा जी ने रेडियो झलकी का विशिष्ट प्रयोग किया और व्यावहारिक रंगमंच का भी।

लक्ष्मीकान्त वर्मा (1922) : कथा, समीक्षा और सम्पादन के साथ-साथ वर्मा जी ने 'धुएँ की लकीरें', 'आदमी का जहर' जैसे श्रेष्ठ नाटक लिखे हैं। अपनी कृतियों द्वारा इन्होंने लघुमानववाद का आन्दोलन चलाया था जो काफी चर्चित रहा।

डॉ. लक्ष्मी नारायण लाल (1927-1987) : जलालपुर, बस्ती में जनमे डॉ. लाल ने हिन्दी नाटक को नये-नये प्रयोगों से समृद्ध किया। इनके चर्चित नाटक हैं—'मिस्टर अभिमन्यु', 'यक्ष प्रश्न', 'मादा कैक्टस', 'कर्फ्यू' 'चतुर्भुज राक्षस' आदि। एकांकीकार रूप में भी इनकी विशिष्ट पहचान रही है।

वाजिद अली शाह : लखनऊ के नवाब वाजिद अली शाह ने अपने 'रहस' और 'किस्सा राधा

कन्हैया' जैसे प्रदर्शनों द्वारा इस क्षेत्र में हिन्दी रंगमंच की नींव डाली। ये एक स्वयं श्रेष्ठ अभिनेता एवं निदेशक थे। अमानत ने 1855 में इन्हीं की प्रेरणा से 'इन्दर सभा' नाटक की रचना की थी, जिसे हिन्दी का पहला नाटक कहा जा सकता है।

सुशील कुमार : भारतेन्दु नाट्य अकादमी के दिशा दर्शक सुशील जी ने नाटक-रंगमंच के क्षेत्र में अनेक विशिष्ट प्रयोग किये हैं।

सूर्य मोहन कुलश्रेष्ठ : लखनऊ निवासी कुलश्रेष्ठ जी भारतेन्दु नाट्य अकादमी के निदेशक रहे हैं। ये स्वयं एक श्रेष्ठ नाटककार हैं। इनके सुयोग्य निर्देशन में कई नाटकों का मंचन हुआ है।

यहाँ से प्रत्यक्ष अथवा परोक्ष रूप से सम्बद्ध अन्य विशिष्ट रंगकर्मियों में दया प्रकाश सिन्हा, अनुपम खेर, नादिरा बब्बर, पुनीत अस्थाना, रघुवीर सहाय, चित्रा मोहन, भानु भारती आदि के नाम भी स्मरणीय हैं।

प्रमुख रंगमंचीय संस्थाएँ

अवध क्षेत्र में रंगमंच से जुड़ी अनेक सरकारी, गैर-सरकारी संस्थाएँ कार्यरत हैं/रही हैं। कुछ प्रमुख संस्थाओं का संक्षिप्त परिचय यहाँ अकारादिक्रम से द्रष्टव्य है–

अन्तरराष्ट्रीय नाट्य परिषद् : लखनऊ की इस नाट्य संस्था की पहले बड़ी ख्याति रही है।

अयोध्या शोध संस्थान : संस्कृति विभाग उत्तर प्रदेश द्वारा स्थापित तुलसी स्मारक भवन अयोध्या में सन् 1986 में इस संस्था की शुरुआत की गयी थी। इस भवन में 46×94 फीट के दो हाल हैं। इसके प्रथम तल में प्रेक्षागृह विकसित किया गया है। इसमें ध्वनि, प्रकाश और मंचन के सभी अपेक्षित उपकरण उपलब्ध हैं। इसके अन्तर्गत विगत बारह वर्षों से अनवरत रामलीला का मंचन किया जा रहा है। इसमें देश भर की रामलीला मण्डलियाँ अपनी-अपनी शैली वाली रामलीला का प्रदर्शन करती हैं। इसका उल्लेख गिनीज बुक में भी किया गया है।

आदर्शकला मन्दिर : यह 1940 के आसपास इलाहाबाद में स्थापित हुई थी। इसके द्वारा समय-समय पर कोणार्क (जगदीश चन्द्र माथुर), भूख (लक्ष्मीकान्त वर्मा), चन्द्रगुप्त (डी.एल. राय) आदि कई नाटक मंचित हुए हैं।

आर्य नाट्य सभा : यह प्रयाग की सबसे पुरानी संस्था है। इसके अन्तर्गत 1876 में शीतलाप्रसाद त्रिपाठी कृत 'जानकी मंगल नाटक' का मंचन किया गया था। इसके अतिरिक्त देवकी नन्दन त्रिपाठी कृत 'नाटक' पहली बार यहीं खेला गया था। इस संस्था द्वारा मंचित प्रथम नाटक था श्रीनिवास दास कृत 'रणधीर प्रेम मोहिनी', दिसम्बर 1871 ई.।

इन्दर सभा : पौराणिक कथा से जुड़ी अनेक इन्दर कथाएँ यहाँ प्रचलित रही हैं। 1852 में लखनऊ के तत्कालीन नाटककार मियाँ अमानत ने उर्दू, हिन्दी मिश्रित लखनवी भाषा में इसे 'इन्दर सभा' नाम देकर नाटक तथा रंगमंच से जोड़ दिया था। उसकी देखा-देखी यहाँ अनेक सभाएँ लिखी गयीं, जैसे–बन्दर सभा, नागर सभा, फारुख सभा, राहत सभा, आशिक सभा, मसनवी सभा, करजन सभा आदि। इनमें मदारी लाल की सभा सबसे लोकप्रिय हुई। इस नाट्य शैली में किसी रियासत का काल्पनिक ताना-बाना बुना जाता था। उसे किसी विशेष कालखण्ड से न जोड़कर तथा किसी भौगोलिक सीमा में न बाँधकर सार्वकालिक, सार्वभौमिक चिरन्तन समस्याओं का दिग्दर्शन कराया जाता था। इसमें संगीत संयोजन को विशेष महत्त्व दिया जाता था। लखनऊ की संस्था 'भारतीयम्' इस नाट्य शैली से काफी प्रेरित है। इस नगर में चूँकि बदरी नाथ भट्ट, अमृतलाल नागर, राज

बिसारिया, भगवती चरण वर्मा जैसे रंगकर्मी मंचन के क्षेत्र से जुड़े रहे हैं, इसलिए समय-समय पर यहाँ कई नये नाट्य प्रयोग देखने को मिले हैं। रेडियो, दूरदर्शन, रवीन्द्रालय और विश्वविद्यालय की भी इन मंचीय गतिविधियों में महत्त्वपूर्ण भूमिका रही है। इस नगर में मंचन का प्रथम श्रेय नवाब वाजिद अली शाह को दिया जा सकता है। लोक मंच के विकास में लखनऊ के भाँड़, रामलीला मंच, नकटौरा आदि के अनौपचारिक मंच भी स्मरणीय हैं।

इलाहाबाद आर्टिस्टिक एसोसिएशन : इसकी स्थापना 1955 में हुई थी। इसने कई नाटक प्रस्तुत किये, जैसे—अन्धा कुआँ (1956), कोणार्क (1958), अंजो दीदी (1962), शुतरमुर्ग (1969), बाकी इतिहास (1970) आदि। इसके संरक्षक थे सुमित्रानन्दन पन्त।

उत्तर प्रदेश संगीत नाटक अकादमी (लखनऊ) : इस अकादमी की स्थापना 13 नवम्बर 1963 में हुई थी। यह अकादमी संगीत, नृत्य-नाटक, लोक संगीत एवं लोक नाट्य की परम्पराओं के प्रचार-प्रसार, संवर्द्धन एवं परिरक्षण का महत्त्वपूर्ण कार्य कर रही है। इस अकादमी द्वारा कई महत्त्वपूर्ण कार्य किये जाते हैं, जैसे—अकादमी सम्मान समारोह, प्रदेश के नवोदित बाल, किशोर एवं युवा कलाकारों को प्रोत्साहन, नाट्य प्रकाशन, अभिलेखागार, नाटक सम्बन्धी कार्यशालाएँ, पुस्तकालय, कथक केन्द्र आदि। इसके पास वाल्मीकि रंगशाला है। यह 'छायानट' नामक पत्रिका का प्रकाशन भी करती है। इससे ठाकुर जयेदव सिंह, राधाकमल मुकर्जी, टी.एन. धर, बिरजू महराज आदि सम्बद्ध रहे हैं। ख्याल, ध्रुपद, ठुमरी, गजल, तबला, पखावज, कथक, लोकनृत्य-नाट्य आदि के विकास में यह संस्था तत्पर है। यह प्रतियोगिताओं, समारोहों तथा प्रशिक्षण कार्यक्रम के साथ ही छात्रवृत्ति, पुरस्कार आदि की व्यवस्था भी करती है।

कल्चरल सेण्टर (इलाहाबाद) : 1938 में स्थापित इस संस्था ने कई नाटकों का मंचन किया, जैसे शरद के उपन्यास 'विराजबहू' का नाट्य रूपान्तरण (1953), अनारकली नाटक (1954) आदि। उन दिनों इसके टिकट की दरें थीं, 2 रुपये से 7 रूपये तक।

कला संगम : लखनऊ में इसकी स्थापना प्रसिद्ध अभिनेत्री माया गोविन्द के प्रयास से 1969 में हुई थी। इसके द्वारा अनेक उच्च कोटि के प्रहसन और म्यूजिकल नाइट कार्यक्रम प्रस्तुत किये गये हैं।

कथक कला केन्द्र (लखनऊ) : इसकी शुरुआत 1967 ई. से हुई है। इसका व्यय भार संगीत नाटक अकादमी वहन करती है। कथक सम्राट बिरजू महाराज, शम्भू महाराज और प्रसिद्ध गायिका सिद्धेश्वरी जी के कारण इसे बड़ी ख्याति मिली है।

कलादर्पण : इलाहाबाद की इस संस्था ने आधुनिक मंच-खुले रंगमंच के कई प्रयोग किये। इससे डॉ. रामकुमार वर्मा, प्यारे लाल आवारा, विनोद रस्तोगी विशेष रूप से जुड़े रहे हैं।

कालीदास अकादमी : यह प्रयाग की प्राचीन संस्था है। इसके संस्थापक थे श्री कृष्णदास। इसकी ओर से कालिदास के कई नाटक मंचित किये गये हैं।

कानपुर अकादमी ऑफ ड्रामेटिक आर्ट्स (काड़ा) : यह 1960 में स्थापित हुई थी। इसके साथ जुड़े हुए थे ज्ञान अग्निहोत्री। उनका नाटक 'नेफा की एक शाम' यहाँ 1964 ई. में खेला गया था, जो चीनी आक्रमण से सम्बन्धित था। बाद में यह संस्था 'नाट्य भारती' में परिणत हो गयी।

किसलय (इलाहाबाद) : इसकी स्थापना देवीशंकर अवस्थी और देवीदत्त शास्त्री ने 1959 में बाल रंगमंच के रूप में की थी। इस संस्था द्वारा कई एकांकी नाटक मंचित किये गये हैं। इसमें वयस्क रंगमंच, रूपक साहित्य, रंगमंच, संगीत, वाद्य मंच 'सरगम', लोक नाट्य मंच 'लोकायन' जैसे पाँच प्रभाग रहे हैं। किसलय ने पृथ्वीराज कपूर को नाट्याचार्य की उपाधि के साथ अभिनन्दन ग्रन्थ भेंट किया था।

कैलाश नाट्य समिति (प्रयाग) : यह संस्था प्रतिवर्ष विजयादशमी पर एक नाटक खेलती थी। इसका रंगशिल्प पारसीक थियेटर से विशेष प्रभावित था। इसमें स्त्री पात्रों का अभिनय पुरुष कलाकार करते थे। इस संस्था ने कई बँगला नाटकों का मंचन किया है।

जननाट्य संघ : यह संस्था इंडियन पीपुल थियेटर एसोसिएशन (इप्टा) के नाम से 1943 में स्थापित हुई थी। इसके संस्थापकों में थे जगत नारायण शर्मा, उमेश माथुर आदि। सम्प्रति देश के कई प्रमुख नगरों में इसकी शाखाएँ हैं। नेमिचन्द्र जैन और ओंकार शरद के प्रयास से प्रयाग में यह काफी सक्रिय रही। इसमें समय-समय पर उपेन्द्रनाथ अश्क, जगदीशचन्द्र माथुर, डी.एल. राय, सुदर्शन, रामकुमार वर्मा, धर्मवीर भारती आदि की कई कृतियाँ मंचित हुईं। अनेक अनूदित नाटक भी इसमें खेले गये। कालान्तर में राजनीतिक हस्तक्षेप के कारण इसकी गतिविधि कुछ मन्द हो गयी। सम्प्रति अवध के कई नगरों में इसकी शाखाएँ कार्यरत हैं।

ड्रामेटिक आर्ट्स क्लब (इलाहाबाद) : इस शौकिया मंच की स्थापना 1960 में हुई थी। इसके त्तवावधान में चित्रलेखा, नये हाथ (विनोद रस्तोगी), सबेरा (विमला रैना) आदि कई मंचन हुए।

श्री आर्ट्स सेण्टर : इलाहाबाद की इस संस्था का पूर्व नाम था 'रंग शिल्पी'। 1958 में इसका नाम परिवर्तित हो गया। इसमें जे.पी.वर्मा, विनोद रस्तोगी, बनवारी लाल और अश्क के नेतृत्व में बीस से अधिक प्रस्तुतीकरण हुए।

द अम्बेसडर्स : कानपुर में इस संस्था का जन्म 1962 ई. में हुआ था। इसकी ओर से रामनारायण लाल कृत नौटंकी 'माधवानल काम कन्दला', 'नयी समस्या', 'दिया बुझ गया', 'जाड़े की एक रात', 'सरहद' आदि कई नाटक समय-समय पर खेले गये। यह संस्था पारम्परिक मंच की पोषक थी और इसके पास नयी मंच सज्जा, ध्वनि प्रकाश व्यवस्था, प्रसाधन आदि के विशेषज्ञ तथा उपकरण भी थे। 1965 में इसका नाम बदल कर 'दर्पण' कर दिया गया।

दर्पण : इसके केन्द्र हैं—लखनऊ, कानपुर, गोरखपुर, दिल्ली, सीतापुर, आदि। इसकी स्थापना सत्यमूर्ति (मास्साहब) ने लगभग 50 वर्ष पूर्व की थी। यह बड़े-बड़े निदेशकों, जैसे—ब.ब. कारन्त, बलराज पंडित, वंशी कौल, निवेदिता भार्गव, एम.के. रैना, उर्मिल, रंजित कपूर, माया गोविन्द, रवि वासवानी, अनिल रस्तोगी आदि से सम्बद्ध हैं। इसके तत्वावधान में लगभग 900 हिन्दी के तथा कई हिन्दीतर नाटकों के मंचन किये गये हैं। इसकी कानपुर शाखा की स्थापना में डॉ. झब्बूलाल सुलतानिया 'अज्ञात' का बड़ा महत्त्वपूर्ण योगदान है।

नक्षत्र अन्तरराष्ट्रीय : लखनऊ के इस रंगमंच का गठन 1966 ई. में हुआ था। इसके रंगकर्मियों में थे कुमुद नागर, शरद नागर, जयदेव शर्मा 'कमल', उर्मिल थपलियाल आदि। आरम्भ में भगवती चरण वर्मा इसके अध्यक्ष रहे हैं। अज्ञात जी के प्रयास से इस संस्था ने भारतेन्दु रंगमंच एवं अनुसन्धान केन्द्र शुरू किया था। इसने समय-समय पर कई अच्छे मंचन किये हैं।

नरसी थिएट्रिकल कम्पनी : कानपुर की यह रंगसंस्था जनवरी 1942 ई. में प्रेमशंकर नरसी उर्फ मास्टर हफदा हुसेन द्वारा स्थापित की गयी थी। इसने भक्त नरसी मेहता और लैला मजनू आदि कई कार्यक्रम प्रस्तुत किये।

नटराजम : यह सौमित्र मिश्र द्वारा फैजाबाद में स्थापित की गयी संस्था है।

नाट्य केन्द्र : प्रयाग की यह संस्था 1956 से 1967 तक सक्रिय रही। इसके संस्थापकों, संचालकों में थे—डॉ. धीरेन्द्र वर्मा, डॉ. रामकुमार वर्मा, डॉ. धर्मवीर भारती, डॉ. जगदीश गुप्त, डॉ. रघुवंश, डॉ. सत्यव्रत सिन्हा, डॉ. रामस्वरूप चतुर्वेदी, डॉ. लक्ष्मीनारायण लाल और वाचस्पति पाठक। इस संस्था

ने मृच्छकटिक, 'आषाढ़ का एक दिन', 'मादा कैक्ट्स', 'अन्धेर नगरी' आदि नाटक प्रस्तुत किये थे।

नाट्य भारती : कानपुर की यह संस्था 'काड़ा' का परिवर्तित रूप है। इसमें ज्ञानदेव अग्निहोत्री लिखित 'वतन की आबरू' नामक नाटक को मंचित करके पाकिस्तानी आक्रमण का सजीव दिग्दर्शन कराया गया था। प्रसिद्ध रंगकर्मी विश्वनाथ त्रिपाठी के अतिरिक्त इस संस्था को पृथ्वी थियेटर्स, इप्टा, रवीन्द्र मंच, उदयशंकर आदि से बड़ी प्रेरणा प्राप्त हुई।

नीटा : उत्तर भारतीय थियेटर संघ के तत्वावधान में प्रयाग में इस संस्था का गठन किया गया था। इसमें अश्क जी के नाटक 'अलग-अलग रास्ते' का मंचन (1953) और अन्य कई कृतियों का मंचन समय-समय पर किया गया, जैसे—भगवतीचरण वर्मा कृत 'दो कलाकार', 'सबसे बड़ा आदमी', 'आदि मार्ग', बनफूल कृत 'नया पुराना' आदि।

नूतन कला मन्दिर : यह संस्था कानपुर में 1945 से 1960 तक सक्रिय रही है। इसके संस्थापक थे आगरा के ड्रामा प्रोड्यूसर विनोद रस्तोगी। इसकी ओर से हिन्दी एकांकी महोत्सव का आयोजन किया गया था। स्वतन्त्र भारत के भ्रष्टाचार को लेकर इसने समय-समय पर कई नाटक प्रस्तुत किये।

प्रयाग नाट्य संघ : इसकी स्थापना 1964 ई. में की गयी थी। इसने देश की दर्जनों संस्थाओं को प्रतियोगिता के माध्यम से जोड़ लिया था। अखिल भारतीय नाट्य मेला आयोजित करने का श्रेय इसी को है। इसके द्वारा आयोजित गोष्ठियाँ बहुत महत्त्वपूर्ण सिद्ध हुईं।

प्रयाग रंगमंच : इसकी स्थापना सत्यव्रत सिन्हा ने रवीन्द्र शताब्दी के उपलक्ष्य में 1961 ई. में की थी। इसकी प्रथम प्रस्तुति थी 'गोरा'। इस संस्था ने कई गोष्ठियाँ और कई कार्यशालाएँ आयोजित की हैं।

बालकन जी बारी : प्रयाग में इस बाल रंगमंच की स्थापना विजय बोस द्वारा 1954 ई. में की गयी थी। इसमें वीर दुर्गादास के साथ-साथ कई बालोपयोगी नाटक समय-समय पर मंचित किये गये हैं।

भारत इण्टरटेनमेण्ट क्लब : कानपुर की यह संस्था 1885 से उर्दू, हिन्दी नाटक खेलती रही है। 1886 में यह एम.ए. क्लब, भारत रंजनी/मनोरंजनी दो संस्थाओं में विभाजित हो गयी। गो रक्षा विषयक नाटक खेल कर इसने बड़ी ख्याति कमाई। मनोरंजनी के प्रमुख थे प्रताप नारायण मिश्र। इस संस्था ने उनके दो नाटक (1) कलिप्रवेश (2) हठी हमीर मंचित किये। साथ ही अम्बिकादत्त व्यास का नाटक 'गो संकट' और देवकीनन्दन त्रिपाठी का नाटक 'जय नारसिंह की' मंचित किये। प्रताप नारायण मिश्र नाटककार के साथ-साथ श्रेष्ठ अभिनेता तथा निदेशक भी थे। इस संस्था के साथ राय देवी प्रसाद 'पूर्ण' भी सक्रिय थे। उन्होंने कानपुर में रसिक मण्डल की स्थापना की थी।

कानपुर में 18 वीं शताब्दी के उत्तरार्द्ध में भारतेन्दु के प्रभाव से रंगमंच का बड़ा विकास हुआ। इसकी पहल करने वाले थे रामनारायण त्रिपाठी, प्रभाकर और बाबू बिहारी लाल। प्रताप नारायण मिश्र के प्रभाव से यहाँ 'भारतेन्दु मण्डल' की शाखा स्थापित की गयी और उसमें भारतेन्दु के तीन नाटकों (1) नील देवी (2) अन्धेर नगरी (3) भारतदुर्दशा का मंचन किया गया। इनकी रंग समीक्षाएँ 'ब्राह्मण' नामक पत्र में प्रकाशित की गयीं। भारतेन्दु मण्डल के प्रभाव से यहाँ विक्रम नाट्य समिति और विजय नाट्य समिति स्थापित की गयीं, जिसमें नारायण प्रसाद अरोड़ा, गोवर्द्धन खन्ना, बाबूराम जैन आदि वर्षों तक सक्रिय रहे। प्रताप नारायण मिश्र ने अभिनय करते हुए यहाँ अपनी मूँछें तक मुड़वा दी थीं, जो उनके रंगमंचीय अनुराग का द्योतक है।

भारती कला मन्दिर : यह डॉ. अज्ञात के द्वारा कानपुर में शुरू की गयी थी। इसने पर्दों के बिना दृश्य बन्ध बनाकर नये ध्वनि संकेतों के साथ 'मादा कैक्टस' का मंचन किया था।

भारत नाट्य संस्थान : इसकी स्थापना 1958 में रामकुमार वर्मा ने की थी। इसमें नाट्य प्रशिक्षण के साथ नाट्य प्रवीण की उपाधि दी जाती थी। इससे अर्से तक जुड़े रहे सुमित्रानन्दन पन्त, ललिता शास्त्री, महादेवी वर्मा, पृथ्वी राज कपूर आदि। इसने 'पृथ्वी का स्वर्ग' (1966), 'गर्म राख' (1970) जैसे कई कार्यक्रम प्रस्तुत किये थे।

भारत नाट्य समिति : कानपुर की इस संस्था द्वारा रामप्रसाद मिश्र सम्पादित 'महाराणा राजसिंह' नाटक आठ बार खेला गया था। 1916 ई. में इसने 'सन्मित्र' का प्रदर्शन किया था।

भारतेन्दु नाट्य अकादमी (लखनऊ) : 1979 स्थापित इस अकादमी द्वारा द्विवर्षीय डिप्लोमा पाठ्यक्रम के अन्तर्गत छात्रों को नाट्य विधा के विभिन्न पक्षों में गहन प्रशिक्षण प्रदान किया जाता है। छात्रों को फिल्म एवं टी.वी. कार्यक्रम निर्माण प्रक्रिया का प्रशिक्षण भी दिया जा रहा है। इसमें समय-समय पर अनेक विशिष्ट रंगकर्मी निदेशक रूप में कार्यरत रहे हैं, जैसे अनुपम खेर, नादिरा बब्बर, दयाप्रकाश सिन्हा, वी.एम. शाह, सुशील सिंह आदि।

यायावर : वह लखनऊ के रंगकर्मियों की एक सुप्रसिद्ध संस्था है।

रंगवाणी (इलाहाबाद) : इसका सूत्रपात महादेवी वर्मा जी ने 1955 में किया था। इससे सुमित्रानन्दन पन्त, अमृतलाल नागर, रायकृष्णदास, शम्भू मित्र, आद्य रंगाचार्य, डॉ. लक्ष्मी नारायण लाल, बालकृष्ण राव आदि जुड़े हुए थे।

रंगशाला (इलाहाबाद) : इलाहाबाद के आकाशवाणी केन्द्र की नाट्य निदेशक विमला रैना ने 1956 ई. में इसकी स्थापना की थी। इसके द्वारा समय-समय पर कई नाटकों के मंचन किये गये।

राजमहल नाटक मण्डली (कानपुर) : यह संस्था बीसवीं सदी के प्रथम दशक से लेकर 1915 ई. तक सक्रिय रही है। इसकी स्थापना की थी ईश्वरी प्रसाद वाजपेयी ने। इसमें निदेशक थे निजाम तथा मोहम्मद हुसेन रामपुरी। बम्बई की संस्था दादा भाई नूतन जी, रतन जी नाटक मण्डली से जुड़े प्रसिद्ध रंग शिल्पी कन्हैया लाल दुबे ने पारसी तकनीक के अनुसार इसे विकसित किया था। इसके द्वारा नारायण प्रसाद 'बेताब' लिखित 'महाभारत', आगा हश्र कश्मीरी लिखित 'भक्त सूरदास' के साथ-साथ 'सत्य हरिश्चन्द्र', 'चन्द्रावली', 'शीरीफरहाद', 'वनदेवी', 'इन्दर सभा' आदि नाटक खेले गये। बाद में यह कम्पनी मैजिस्टिक टाकीज (नवरंग टाकीज) में बदल गयी।

हिन्दी नाट्य समिति (प्रयाग) : पं. बालकृष्ण भट्ट की प्रेरणा से 1900 के आस-पास इसकी स्थापना हुई थी। इसमें माधव शुक्ल बहुत सक्रिय थे। राजर्षि पुरुषोत्तमदास टण्डन, बद्रीनारायण चौधरी 'प्रेमघन' आदि भी इससे सम्बद्ध थे। इस समिति द्वारा कई महत्त्वपूर्ण नाटकों के मंचन हुए, जैसे–राधाकृष्ण दास लिखित 'महाराणा प्रताप', माधव शुक्ल लिखित 'महाभारत' आदि। इस संस्था का पूर्व नाम था श्रीरामलीला मण्डली। इस नाट्य समिति की स्थापना में माधव शुक्ल की बहुत बड़ी भूमिका रही है। शुक्ल जी ने पं. बालकृष्ण भट्ट द्वारा स्थापित 'नागरी प्रवर्धनी सभा' से प्रेरणा प्राप्त करके इस नाट्य संस्था को श्रेष्ठ मंचन का आदर्श बनाया था। इसमें समय-समय पर भारतेन्दु के सत्यवादी हरिश्चन्द्र नाटक कालीदास कृत शकुन्तला नाटक और माधव शुक्ल जी के 'सीता स्वयंवर', महाभारत आदि नाटकों के आयोजन किये गये। इन अयोजनों द्वारा राष्ट्रीय चेतना का व्यापक प्रचार-प्रसार हुआ था।

हिन्दू यूनियन क्लब (लखनऊ) : इसकी स्थापना 1909 ई. में माधव शुक्ल की प्रेरणा से हुई थी। इसमें कालिदास कपूर, राजाराम नागर, श्याम सुन्दर दास आदि सक्रिय थे। इसकी ओर से कई महत्त्वपूर्ण मंचन किये गये। इसके कारण अमृत लाल नागर को रंगमंच में उतरने की दिशा प्राप्त हुई थी।

रेडियो नाटक : इसे ध्वनि नाटक तथा श्रव्य नाटक भी कहते हैं। इसमें संकलन त्रय का कोई बन्धन नहीं रहता। इसकी कथा लगभग आध घण्टे में ध्वनि बिम्बों के सहारे अपने श्रोताओं तक पहुँचा दी जाती है। इसमें सर्वाधिक जोर संवाद पर होता है। इसके मुख्य भेद हैं—रेडियो रूपक, रूपान्तरण, फैंटेसी, मोनोलाग, संगीत रूपक और झलकी। अवध क्षेत्र में यह विधा काफी लोकप्रिय है। सुमित्रानन्दन पन्त, रामकुमार वर्मा, धर्मवीर भारती, उपेन्द्रनाथ अश्क, विपिनकुमार अग्रवाल, लक्ष्मी कान्त वर्मा, अमृत लाल नागर, भगवती चरण वर्मा आदि ने इस विधा में बहुत काम किया है।

(3) नृत्य कला

अवध की नृत्य कला का विशिष्ट सांस्कृतिक महत्त्व है। यहाँ प्रायः प्रत्येक अवसर पर, विशेषतः उल्लास के क्षणों में नृत्य कला का प्रदर्शन होता है। ये नृत्य एकल रूप में भी होते हैं और वृन्द रूप में भी।

यहाँ कथक, भरतनाट्यम्, ओडिसी, कुचपुड़ी, मणिपुरी, गरबा, डांडिया, रसिया, राजस्थानी, पहाड़ी आदि कई शैलियाँ प्रचलित हैं, साथ ही अनेक प्रकार के लोकनृत्य भी। यहाँ की कुछ विशिष्ट जातियों के नृत्य प्रसिद्ध हैं, यथा—पतुरियों का नाच, लिल्ली घोड़ी, कठपुतली का नाच, टकस बीरा का नाच, कहरवा, पसिया, बिरहा, हुड़क, डोमिया, धोबिया नाच आदि। टका बीरा का नाच 'चमार' जाति का नृत्य है। सामन्ती व्यवस्था में इसका काफी प्रचलन था। चमारों की टोली वाद्य यन्त्रों—ढोल, डफ, मंजीर आदि के साथ नाचती-गाती हुई अपने गाँव के ज़मींदार के यहाँ जाती थी और पुरस्कार (नेग) पाती थी। इस नृत्य में स्त्रियों और पुरुषों दोनों की सहभागिता होती है। कुछ नृत्यों में पुरुष भी स्त्री वेश धारण करते हैं। अवध की आनुष्ठानिक कथाओं में देवी-देवताओं के नाचने का उल्लेख हुआ है। कथिकों का नृत्य यहाँ काफी चर्चित है। फलस्वरूप यहाँ के सामाजिक-धार्मिक समारोह वाद्यों और नूपुरों की झंकार से गूँजते रहते हैं। नवाबी युग में कथक नृत्य को विशेष लोकप्रियता प्राप्त हुई। नवाबी प्रभाव के कारण लखनऊ की गायिकी में ग़ज़ल एवं शायरी की प्रधानता थी। वाजिद अली शाह ने स्वयं 'अख्तर पिया' और बिन्दादीन ने 'सनदपिया' उपनाम से अनेक बंदिशें तैयार की थीं। अवध दरबार में होलिकोत्सव को विराट संगीत समारोह के रूप में मनाया जाता था, जो दिन-रात चलता रहता था। बिन्दादीन के अतिरिक्त शम्भू महाराज, लच्छू महाराज और बिरजू महाराज ने लखनऊ कथक शैली को नयी दिशा दी। लखनऊ की इस परम्परा के जनक गुलाम रसूल के प्रपौत्र नत्थन पीर बख्श ग्वालियर चले गये। उन्होंने लखनऊ की शैली में अपने ढंग से परिवर्तन करके नयी शैली के साथ ग्वालियर घराने का सूत्रपात किया। उन्होंने हद्दूखाँ, हस्सू खाँ, जैसे संगीतज्ञों के कारण संगीत की घराना गायिकी में अपना प्रमुख स्थान बना लिया। नत्थन पीर बख्श के प्रपौत्र हस्सू खाँ के शिष्य पंडित वासुदेव राव जोशी जी तथा जोशी के शिष्य पंडित बाल कृष्ण बुवा आदि कालक्रम में यशस्वी सिद्ध हुए।

अवध की नृत्य कला में सर्वोपरि है—

कथक नृत्य : अवध की राजधानी लखनऊ एक कलाप्रिय सांस्कृतिक नगरी के रूप में विख्यात है। यहाँ हिन्दू तथा मुसलमान सभी कलाकार मिल-जुल कर गंगा-जमुनी संस्कृति का निर्वाह करते हैं। संगीत एक ऐसी कला है, जिसमें सभी कलाकार मजहबी राग-द्वेष, लिंग भेद इत्यादि से ऊपर उठकर कला में डूब जाते हैं और मानवता, एकता, भाईचारे तथा प्रेम का सन्देश देते हैं।

संगीत कला की विद्या है 'नृत्य'। शारीरिक गति तथा अंग-प्रत्यंग-उपांगों के प्रयोग द्वारा जब मनुष्य अपने भावों की अभिव्यक्ति लयबद्ध रूप में करता है तो वह आंगिक क्रिया 'नृत्य' कहलाती है। हमारे

आदिम लोक नृत्य ही विकसित तथा परिमार्जित होकर कालक्रम में शास्त्रीय नृत्य कहलाये। 'कथा कहे सो कथक कहावे' के अनुसार कथा से कथक नृत्य का प्रारम्भ माना जाता है। कथा कहने वालों ने धीरे-धीरे इसमें नृत्य का समावेश किया और वे इसे वर्तमान कथक नर्तन के रूप तक ले आये।

कथक एक प्राचीन नृत्य कला है। इसका सम्बन्ध प्राचीन काल के साहित्य से रहा है। रामायण में वाल्मीकि ऋषि को कुशीलव समुदाय से सम्बन्धित बताया गया है। नाट्यशास्त्र में कुशीलव का अर्थ सांगीतिक कौशल से परिपूर्ण कुशल वादक के रूप में दिया गया है। श्री राम के पुत्रों लव-कुश को ऋषि ने रामायण की गायन शैली सिखायी थी। इससे यह स्पष्ट होता है कि उस काल में कुशीलव को कुशल गायक तथा वादक के रूप में जाना जाता था। इस कला को कथा शैली का परिविस्तार माना जाता है। यह कथा वाचकों की देन रही है। ऐसे अनेक उदाहरण प्राप्त होते है, जो यह स्पश्ट करते हैं कि उस समय जब लक्ष्मणपुर बसा था, तब भी वर्तमान कथक नृत्य किसी न किसी रूप में उससे सम्बद्ध था। आज लखनऊ और कथक एक-दूसरे के पर्याय हैं। कथक और लखनऊ का सम्बन्ध उतना ही प्राचीन है, जितना वर्तमान लखनऊ का लक्ष्मणपुर से।

भारत में प्रचलित शास्त्रीय नृत्यों में विशिष्ट है यह 'कथक नृत्य'। 'कथक नृत्य' में समयानुसार अनेक नृत्य शैलियाँ एकाकार होती चली गयीं और सम्मिलित रूप से समकालीन कथक नृत्य शैली सामने आयी। यही कारण है कि अन्य नृत्य शैलियों की अपेक्षा कथक नृत्य में आन्तरिक प्रयोगों के अनेक रूप हैं।

कथक शब्द का प्रयोग प्राचीन महाकाव्यों में भी प्राप्त होता है। कथक एकल नृत्य है, परन्तु अभिनव प्रयोगों के इस दौर में अब नृत्य नाटिकाओं तथा समूहों में भी ये नृत्य होने लगे हैं। भारत में मुस्लिम आक्रमणकारियों के आने से कथक नृत्य पर उसकी गहरी छाप पड़ी। नृत्य शैली का पतन भी हुआ, परन्तु कथक नृत्य को लखनऊ के प्रसिद्ध नर्तकों एवं महान गुरुओं—पं. ठाकुर प्रसाद जी, कालका-बिन्दादीन जी, दुर्गा प्रसाद जी इत्यादि ने बहुत परिश्रम एवं अथक प्रयास द्वारा हमारे समाज में सम्माननीय स्थान दिलवाया।

कथक नृत्य में दो घराने विशेष रूप से प्रसिद्ध हैं—लखनऊ घराना तथा जयपुर घराना। लखनऊ घराने के प्रवर्तक श्री ईश्वरी प्रसाद जी इलाहाबाद के हण्डिया तहसील के चुलकुला ग्राम के निवासी थे। ऐसा कहा जाता है कि भगवान श्रीकृष्ण ने स्वप्न में इनको नृत्य ग्रन्थ बनाने की प्रेरणा दी थी। इन्होंने ग्रन्थ-रचना करके उसकी शिक्षा अपने तीनों पुत्रों—श्री अड़गू जी, खड़गू जी और तुलाराम जी को दी। श्री अड़गू जी ने नृत्य विद्या अपने तीनों पुत्रों श्री प्रकाश, दयाल और हरिलाल जी को दी। इन तीनों भाइयों को लखनऊ के कला प्रेमी नवाब आसफउद्दौला ने राज्याश्रय अर्थात् प्रोत्साहन दिया। प्रकाश जी के तीन पुत्र थे—श्री दुर्गा प्रसाद जी, ठाकुर प्रसाद जी और मान जी। वे अपने समय के विख्यात नर्तक थे। कथक नृत्य का वर्तमान स्वरूप श्री ठाकुर प्रसाद जी की देन है। वे वाजिद अली शाह के गुरु थे। दुर्गाप्रसाद जी के तीन पुत्र थे—श्री बिन्दादीन, कालका प्रसाद एवं भैरों प्रसाद जी। इन तीनों भाइयों ने मिलकर कथक नृत्य को और अधिक दर्शनीय, चामत्कारिक तथा सुदृढ़ बनाया। श्री बिन्दादीन महाराज ने लगभग 1500 ठुमरियों की रचना की तथा कथक में भाव-सौन्दर्य को बहुत ऊपर उठाया। श्री कालका प्रसाद जी के तीन पुत्र थे—श्री अच्छन महाराज, लच्छू महाराज और शम्भू महाराज। इन तीनों ने कथक को सिर्फ उत्तर भारत में ही नहीं, वरन् दूर-दूर तक प्रचारित किया। इन्होंने अनेक शिष्यों को कलाकार तथा शिक्षक बनाया।

वर्तमान में लखनऊ घराने के श्री बिरजू महाराज जी ने कथक नृत्य को अनेक नये आयाम दिये हैं।

कथक का लखनऊ घराना अपने नृत्य प्रदर्शन में नज़ाकत, अन्दाज एवं अदाकारी के लिए विशेष रूप से प्रसिद्ध है। यहाँ अंगों की निकासी (बनावट), चामत्कारिक टुकड़े, परने, आमद तथा लयपूर्ण प्रदर्शनों पर विशेष ध्यान दिया जाता है। थाट बरतना तथा ठुमरियों को गाकर नृत्य करना यहाँ बहु प्रचलित है। समय के अनुसार हुए परिवर्तनों से कथक नृत्य में आज तरह-तरह के प्रयोग हो रहे हैं, जिससे इस नृत्य में नवीनता एवं चमत्कार की वृद्धि हो रही है।

लखनऊ घराने की नींव को सुदृढ़ करने में अवध सूबे के नवाब वाजिद अली शाह का अकथनीय योगदान रहा है। ये 13 फरवरी 1847 में अवध के दरबार में गद्दीनशीन हुए थे। वाजिद अली शाह एक कुशल गायक, वादक, नर्तक, निर्देशक, तथा शायर होने के साथ-साथ बड़े कलाप्रिय थे और सभी कलाओं के संरक्षक थे।

पहले कथक एकल नृत्य के रूप में ही जाना जाता था। इसमें नाट्य तत्त्वों का समावेश करके उसे नृत्य-नाटिका की ओर लाने की प्रयोगात्मक पहल नवाब साहब ने की। इसी शैली में इन्होंने 'इंदरसभा' को मंचित किया। इन्होंने कथक में 'गत', 'ग़ज़ल', 'ठुमरी' एवं 'दादरा' को विशेष स्थान दिलवाया। वाजिद अली ने 'सौत-उल-मुबारक' और 'गुंचऐरंग' आदि पुस्तकें लिखीं, जिसमें कथक नृत्य में की जाने वाली 21 गतों का लेखा-जोखा है।

स्पष्ट है कि लखनऊ इस अति प्राचीन कला की जननी है। लखनऊ और कथक पूर्णतः एक-दूसरे से जुड़े हैं। वस्तुतः तहज़ीब और नज़ाकत से भरी लखनऊ नगरी का एक विशिष्ट अन्दाज है—'कथक'।

प्रमुख कथक : कथक के प्रमुख कलाकारों का परिचय अकारादि क्रम से प्राप्य है—

अच्छन (महाराज) : कालका प्रसाद जी के द्वितीय पुत्र अच्छन महाराज कथक के सिद्धहस्त कलाकार थे। इनको गायन में भी महारत हासिल था। तोड़े, परन, गत, भाव, ठुमरी पर महाराज निरत (नृत्य) प्रस्तुत करते थे। ये रचनात्मक प्रतिभा के भी धनी थे। टुकड़े, परन, तिहाइयाँ इत्यादि वे बड़ी शीघ्रता से बनाते थे। इन्होंने कृष्ण की लीलाओं पर भी रचनाएँ कीं, परन्तु वे आज उपलब्ध नहीं हैं। भावपक्ष में आमद, परन, टुकड़े पर जितने भाव प्रसंगों की बंदिशें अच्छन महाराज ने बनायीं, वे सभी उच्चकोटि की हैं। इन्होंने राधाकृष्ण की छेड़छाड़, मथुरा गमन, सीता का सुवर्ण मृग-प्रसंग, गंगावतरण, अर्जुन का मत्स्यबोध इत्यादि को भाव परनों के साथ मंच पर प्रस्तुत किया। अच्छन ने बहुत-सी काव्यबद्ध रचनाएँ भी कीं, जिनमें दक्ष यज्ञ, अर्धनारीश्वर इत्यादि महत्त्वपूर्ण है। अनेक नृत्य नाटकों की भी इन्होंने रचना की, जिनमें मालती माधव, भारतेन्दु की चन्द्रावली, गोकुल की गली, आम्रपाली, भारतीय किसान, गांधी की अमर कहानी इत्यादि प्रमुख हैं।

कुछ समय पश्चात् ये नृत्य निर्देशक के रूप में उभरे। बम्बई में नूतन-नृत्य निकेतन नाम से एक संगीत विद्यालय का संचालन महाराज जी ने किया। इनकी कुछ विशिष्ट नृत्य-रचनाएँ भी हैं। इनमें 'भारतीय किसान', 'गाँधी की अमर कहानी' तथा 'मद्य निषेध' बहुत ही लोकप्रिय हुईं।

इन्होंने महल, काले बादल, तमाशा, घर की लाज, शिकवा आदि फिल्मों में नृत्य निर्देशन भी किया।

कुमकुम धर (1956) : ये कथक गुरु लच्छू महाराज की शिष्या और वर्तमान में लखनऊ घराना की गौरव हैं। भातखण्डे संगीत विभाग में ये विभागाध्यक्ष रही हैं। कुमकुम जी प्रायः एकल नृत्यगान करती हुई इस कला की बारीक व्याख्या करती चलती हैं। इन्होंने 'गीत गोविन्द', 'चन्द्रावली', 'गौतमबुद्ध', 'इन्दर सभा' आदि काव्यों का सफल निदेशन किया है, कई वैलेड्स प्रस्तुत किये हैं और कई नाटकों में सफल भूमिकाएँ निभायी हैं। आकाशवाणी और दूरदर्शन से ये भी जुड़ी हैं। संस्थान में शोध निदेशक रूप में भी कुमकुम जी काफी सक्रिय हैं। इनके कार्यक्रम इंग्लैण्ड, अमेरिका, कनाडा

आदि कई देशों में हुए हैं। इन्हें विभिन्न संस्थाओं से बड़े-बड़े पुरस्कारों से सम्मानित किया गया है। ये दर्पण संस्था में नृत्य निदेशक भी रही हैं।

बिन्दादीन (महाराज) : लखनऊ कथक घराने के शिरोमणि बिन्दादीन महाराज का जन्म सन् 1838 में अवध के कला प्रेमी नवाब वाजिद अली शाह के समय हुआ था। इनके पिता का नाम था दुर्गाप्रसाद। इन्हीं के भाई ठाकुर प्रसाद जी थे, जो वाजिदअली शाह के कला गुरु थे।

लखनऊ कथक की नृत्य परम्परा को परिष्कृत करके सौन्दर्य बोध और अभिव्यंजनात्मकता से सम्पन्न कराने का श्रेय महाराज बिन्दादीन और उनके भ्राता कालका प्रसाद जी को दिया जाता है। बिन्दादीन महाराज ने न मात्र कथक नृत्य को समृद्ध किया, वरन् अनेक ठुमरियों, दादरों, होरी, ग़ज़लों और भजनों की रचना भी की, जिसे वे न मात्र आकर्षक ढंग से गाते थे, वरन् अभिनय, यानि चेहरे की भंगिमाओं और नृत्य द्वारा भावों की सशक्त अभिव्यक्ति भी करते थे। इन रचनाओं की संख्या तीन हजार बताई जाती है।

कथक के क्षेत्र में बिन्दादीन महाराज की सबसे बड़ी देन है नृत्य द्वारा भाव प्रदर्शन। इन्होंने अनेक चालों की रचना की, जिनमें 'गज चाल', 'मयूर चाल' इत्यादि प्रमुख हैं।

बिन्दादीन महाराज ने कथक के स्वरूप में महत्त्वपूर्ण परिवर्तन करते हुए अपनी प्रस्तुति को गणेश वन्दना के साथ आरम्भ करना शुरू किया। इसके अतिरिक्त नृत्य के कुछ टुकड़े, गत, निकास, अभिनय तथा नृत्य का समापन तत्कार के साथ करना आरम्भ किया।

इनके इस अभूतपूर्व योगदान के कारण महारानी विक्टोरिया द्वारा इन्हें 'महाराज' की उपाधि से विभूषित किया गया। सन् 1918 में इनका निधन हो गया।

महाराज बिन्दादीन की रचनाओं में गहरी भक्तिपूर्ण व्यंजना के साथ आकर्षक बोल एवं उच्चकोटि की साहित्यिकता विद्यमान है। संचारी भावों, सुन्दर अंग भंगिमाओं और विलासपूर्ण गतों की रचना महाराज जी ने अनेक रागों और तालों में की, जिसे उनकी नृत्य नाटिकाओं और रचनाओं में देखा जा सकता है। उदाहरण के लिए द्रष्टव्य है—राग भैरवी तथा तीनताल की निम्नलिखित रचना, जिसमें मुग्धा नायिका का वर्णन किया गया है—

छोड़ो-छोड़ो रे लंगर तुम अपनी बान।
नहीं माने श्याम जा रे जा रे अपनी गैल।
ठिठोली करत मोहे छेड़त आन।
बिन्दा कहत मोरी दधि की मटकी
तोरि गवा नहीं देत जान।

एक स्थान पर ऐसी प्रगल्भा नायिका का वर्णन किया गया है, जो कान्हा के साथ रूठने और छेड़-छाड़ करने का भाव प्रदर्शित करती है। इसमें शृंगार रस और शब्द चातुर्य का मणिकांचन योग है।

राग मालगुंजी और तीनताल में उनकी निम्नलिखित ठुमरी बड़ी ही विलक्षण है—

जा मैं तोसे नाहीं बोलूँगी,
बोलूँगी लँगरवा रे।
अपनी कहत बिन्दा काहू की न बूझे रे
अपनी गरज के हो ढीठ लँगरवा रे।।

एक कथाकार तथा भक्त द्वारा प्रस्तुत इस रचना को राग देश और रूपक ताल में अत्यन्त मनोहारी बनाया गया है—

झूलत राधे नवल किशोर।
जड़ित मणि दोऊ खम्भ राजित झौंके देत झकोर।
घेरि घन घहरात बादल घटा उठी घनघोर।
पवन मन्द सुगन्ध डोलत बरस रहे चहुँ ओर।
मुकुट इत उत चन्द्रिका इत श्याम उत तन गौर।
मनहुँ घन पर तड़ित चमकत देख नाचत मोर।
व्योम हरि शशि राधिका सब सखिन उड़ियन ठौर
जरी सारी अँग बिराजत लग्यो मोतिन कोर।
ब्रह्म शिव सनकादि नारद करत जय जय शोर।
बिन्दादीन पे कृपा करो प्रभु यहि माँग्यो कर जोर।।

बिरजू (महाराज) : लखनऊ कथक घराने के स्तम्भ, पद्मविभूषण पं. बिरजू महाराज और कथक एक-दूसरे के पर्याय और पूरक हैं। इनका जन्म 4 फरवरी 1938 को लखनऊ में हुआ था। इनके पिता थे अच्छन महाराज। बिरजू महाराज ने अपने पिता, दोनों चाचा (लच्छू महाराज और शम्भू महाराज) एवं अपने दादा बिन्दादीन तथा कालका प्रसाद की शिक्षा को नये ढाँचे में ढालकर कथक नृत्य को नयी दिशा प्रदान की। इन्होंने सुरत हस्त कला, भाव अभिनय तथा पद संचालन को एक साथ मिलाकर लय के अमूर्त रूप को जीवन्त स्वरूप प्रदान करने का सफल प्रयास किया। इन्हें नृत्य के साथ-साथ गायन और वादन में भी महारत हासिल है। पं. जी ने कथक नृत्य को जो सम्मान देश और विदेश में दिलाया है, उसके लिए इन्हें अनेक सम्मान और उपाधियाँ प्राप्त हुई हैं, जिनमें भारत सरकार का अलंकरण 'पद्मविभूषण', 'नृत्य चूड़ामणि', 'आन्ध्र रत्न', संगीत नाटक अकादमी का राष्ट्रीय पुरस्कार, मध्यप्रदेश सरकार का राष्ट्रीय पुरस्कार, कालिदास सम्मान, वाराणसी और खैरागढ़ विश्वविद्यालयों की मानद उपाधियाँ तथा सोवियत संघ द्वारा प्रदत्त नेहरू फेलोशिप प्रमुख हैं। इन्होंने कथक के क्षेत्र में अनेक नवीन प्रयोग किये हैं। अनेक नृत्य नाटिकाओं की रचना भी इन्होंने की है, जिनमें फाग लीला, गोवर्द्धन लीला, गीतोपदेश, कृष्णायन, मालविकाग्निमित्रम्, होरी धूम मचोरी, कथा रघुनाथ की, गीत गोविन्द, हब्बा खातून, लय, परिक्रमा, नायिका नृत्य केलि, मौन साक्षी, मालती माधव, कुमारसंभव तथा शाने अवध प्रमुख हैं। इन नृत्य नाटिकाओं के प्रदर्शन पूरे विश्व में हो चुके हैं। महाराज जी ने बैले नृत्यों में मुख्य भूमिका निभायी है। बिरजू महाराज का एक अन्य साहसिक प्रयोग उल्लेखनीय है। इन्होंने कथक के ताने-बाने में घुली-मिली हिन्दू-मुस्लिम संस्कृतियों की विशेषताओं को अलग-अलग प्रदर्शित करना आरम्भ किया। ये एक दिन कृष्ण के रूप में परिधान धारण करते हैं तथा वन्दना, परिमेल, गत भाव, भजन वगैरह प्रस्तुत करके नटवरी नृत्य प्रस्तुत करते हैं और दूसरे दिन मुगल परिधान धारण करके गत, आमद, टुकड़ा, तैयारी वगैरह की प्रस्तुति करते हैं। हस्त संचालन तथा मुद्राओं का प्रयोग भी महाराज जी ने अत्यन्त सफाई से किया है। भाव प्रदर्शन के लिए ये हारमोनियम बजाकर ठुमरी गाते हैं। तत्पश्चात् मुहावरों को नृत्य की भाषा में ढालकर भावात्मक रूप से उसका प्रदर्शन करते हैं। बिरजू महाराज किसी भी विषय के मूल भाव को प्रदर्शित करने में सिद्धहस्त हैं। संचारी भावों के सन्दर्भ में महाराज जी की संवेदनशीलता अत्यन्त महत्त्वपूर्ण है। किसी भी ठुमरी अथवा दादरा के साथ बिम्बों का ताना-बाना बुनकर उसे उदात्त स्तर तक ले जाना इनकी एक विशिष्टता है। इन्होंने गहरे रंग वाले भगवान श्याम के अभिप्राय को सुन्दर

बिम्बों के माध्यम से इस रचना में प्रस्तुत किया है–

जित-जित मैं निरखत हूँ श्याम श्याम है
वृक्षन की पतियन में, फूलन की कलियन में
पवन के झकोरन में श्याम है।
गुणीजन के तालन में
गायक के स्वरन में
कवियन के हृदय में श्याम है।
याही 'ब्रज श्याम' तोसों,
अरज करै कर जोर
अंत हूँ शरण पाऊँ श्याम तै।

एक अन्य स्थान पर संयोग श्रृंगार में सौन्दर्य की प्रतिमूर्ति राधा और कृष्ण को इस प्रकार प्रस्तुत किया गया है–

आज प्रिय श्यामा श्याम भई।
एक अजूबा देखि सखी मैं अति सौं चकित भई।
अंकहिं भरि-भरि कान्ह राधिके एकल रूप भई।
लै कान्ह की बाँसुरी अपने करहुँ लई।
बार-बार लै अधर लगावति बंसी तान भई।
निरखत छवि ब्रज श्याम-श्याम रस राधा श्याम भई।

इन्होंने 'झूलत राधे नवल किशोर' तथा 'कैसे जायें श्याम रोके डगरिया' की प्रस्तुति उत्तम ढंग से की है। इनके कारण कथक का लखनऊ घराना अपनी समृद्ध कलात्मकता के द्वारा सदैव विशिष्ट छाप छोड़ता रहा है।

लच्छू (महाराज) : इनको बिन्दादीन महाराज से कथक नृत्य की शिक्षा मिली। लच्छू महाराज को लुच्चू महाराज नाम से भी जाना जाता है। इन्हें 'लास्य सम्राट' की उपाधि से विभूषित किया गया है। इनकी शिक्षा में भाव पक्ष पर अधिक बल दिया गया है। उदाहरण के लिए 'डगर चलत देखो श्याम कर गहियाँ' नामक ठुमरी में 'डगर' को प्राणों की ऊर्ध्वगति के रूप में रखा गया है।

वाजिद अली शाह : ये लखनऊ के नवाब थे। 1857 में जब ईस्ट इण्डिया कम्पनी ने अवध पर अधिकार कर लिया, तब उन्हें बंगाल में ले जाकर कैद कर लिया गया। वहीं इनका निधन भी हुआ। लखनऊ की संगीत कला के विकास में इनका बहुत बड़ा योगदान रहा है। 1853 में इन्होंने 'रहस कला' की स्थापना की थी, जिसमें ये स्वयं कन्हइया बनते थे और उनकी बेगमें गोपियों की भूमिका में आती थीं। ये तबले में माहिर थे। ध्रुपद और ख्याल में इनकी विशिष्ट पैठ थी।

इन्होंने अमानत कृत 'इन्दर सभा' में इन्द्र का अभिनय करते हुए इन्द्र का एकल नृत्य प्रस्तुत किया था। इनकी एक विशिष्ट कृति 'बनी' नाम से प्रकाशित हुई है।

लखनऊ की पन्थनिरपेक्ष संस्कृति इन्हीं की देन कही जाती है। इन्होंने उर्दू-फारसी में सौ से अधिक पुस्तकें लिखीं हैं। उनका दावा था–

'नाकूसे बरहमन ने सदा दी अजान की।
मस्जिद से हमने सजदा किया सोमनाथ का।।'

इन्हें ईस्ट इण्डिया कम्पनी ने षड्यन्त्रपूर्वक 7 फरवरी 1856 को गद्दी से उतार कर मटिया बुर्ज कलकत्ता भेज दिया। वहाँ अपनी पेंशन से इन्होंने लखनऊ की तर्ज पर एक पूरा शहर बसा लिया। वाजिद अली की बहुत बड़ी देन है रहस शैली। वे लेखक भी थे, अभिनेता भी थे और निर्देशक भी। इनके कारण लखनऊ का कथक घराना बहुत विकसित हुआ। 13 फरवरी 1847 में गद्दी नसीन होने के बाद उन्होंने ग़ज़ल, ठुमरी, दादरा आदि को बढ़ावा दिया। 'अख्तर पिया' के नाम से इन्होंने कई रचनाएँ कीं, जो स्थायी महत्त्व की हैं।

शम्भू (महाराज) : लखनऊ घराने के सशक्त हस्ताक्षर, अभिनय सम्राट शम्भू महाराज का जन्म 1904 में हुआ था। इनकी शिक्षा-दीक्षा बनारस के उस्ताद रहीमुद्दीन खाँ के पास हुई।

इन्होंने ऑल इंडिया रेडियो पर ख्याल गायन प्रस्तुत किया। तत्पश्चात् ठुमरी गायन को अपनाया। शम्भू महाराज स्वयं ठुमरी के बोल लिखकर तथा धुन बनाकर मनमोहक अभिनय प्रस्तुत करते थे। इन्होंने उर्दू के शब्दों का भी अपनी ग़ज़लों में प्रयोग किया। महाराज जी एक ही शब्द पर कई प्रकार से अभिनय करने की क्षमता रखते थे। इनके द्वारा 1954-55 के आस-पास कुछ नाटिकाओं की रचना संगीत नाटक अकादमी के तत्वावधान में की गयी, जिनमें 'शानेअवध' एवं 'कथक थ्रू दि एजेज' महत्त्वपूर्ण हैं। इन्होंने महाराज बिन्दादीन और कालिका प्रसाद की नृत्य शिक्षा को समृद्ध करते हुए भावाभिव्यक्ति पर विशेष ध्यान दिया तथा खड़े होकर प्रदर्शन करने की परम्परा को त्यागकर बैठकर आकर्षक ढंग से भंगिमाओं और मुख मुद्राओं के द्वारा गायन के साथ भावों को व्यक्त करना आरम्भ किया। शम्भू महाराज की अभिनय शैली की कल्पनाशीलता तथा सहज कलात्मक ढंग से नृत्य प्रदर्शन की कला अभूतपूर्व है। इस प्रस्तुति में बिरही कंठ तथा उदासी का पूरा आभास होता था। महाराज जी ने कथक नृत्य के अतिरिक्त हिन्दुस्तानी शास्त्रीय संगीत का भी अध्ययन किया, जिसमें ठुमरी अंग प्रमुख था। शम्भू महाराज अपने घराने के विशुद्ध कलाकार थे। नृत्य गत भाव, ठुमरी, भजन इत्यादि के सम्बन्ध में शिक्षा देने के साथ ही इन्होंने नृत्य सम्बन्धी मौलिक खोज भी की, जिसे इनकी इस रचना में स्पष्टतः देखा जा सकता है–

'बता दो सखी कौन गली गयो श्याम।
गोकुल ढूँढ़ा, मथुरा ढूँढ़ा, ढूँढ़ा सारा ब्रज धाम।'

शम्भू महाराज ने कथक के स्वरूप को बिना परिवर्तित किये उसके उन्नयन का जो प्रयास किया, उसके लिए इन्हें अनेक उपाधियों और सम्मानों से विभूषित किया गया, जिनमें 'नृत्य सम्राट', अभिनय चक्रवर्ती, पद्मश्री, संगीत नाटक अकादमी का विशेष सम्मान एवं 'अभिनय सम्राट' उपाधियाँ प्रमुख हैं। इनका निधन 4 नवम्बर 1960 को दिल्ली में हुआ।

लोक नृत्य

अवध में लोकप्रिय नृत्य हैं–मोटा देवी, छपका-परका, लिल्ली घोड़ी, नट, झूमर आदि।

मोटा देवी नृत्य : यह नृत्य स्त्रियों में अधिक प्रचलित है। तीज-त्योहार के समय स्त्रियाँ प्रायः देवी नृत्य करती हैं। नृत्य काल में परजों को पैसा लुटाया जाता है। यह नृत्य सामाजिक अवसरों (उत्सवों) पर भी किया जाता है। जनहित में देवी की कृपा प्राप्त करना ही इसका उद्देश्य होता है। संक्रामक बीमारी के बीच जो कुछ भी कार्य किया जा रहा है, वह जनहित में सिद्ध हो और उसका स्थायी लाभ हो, इस भावना को देवी के समक्ष नृत्य के माध्यम से प्रस्तुत किया जाता है।

नाच छपका/परका : ढोलक, हारमोनियम, झींका और चिकारा लेकर कुछ व्यक्ति इसमें नाचते

और गाते हैं। जो व्यक्ति पहले नाचता है, वही मुख्यतः गाता भी है। उसके पश्चात् साथ के सभी लोग गाते हैं। नाचने वाला व्यक्ति स्त्रियों की पोषक पहनता है। वह पैर में घुँघरू, हाथ में चूड़ी, माथे पर टिकुली, बुलाक, नथुनी आदि आभूषण पहनकर नाचता है।

मोटा नाच डहकी : डहकी में भी छपका नाच की तरह कई कलाकार नाचते हैं। इसमें बड़ी हलकी चद्दर का मंजीरा तथा चिकारा और डहकी (बाजा) रहता है। छपका नाच की तरह की तान तोड़-तोड़कर ही इसमें सब नाचते हैं। चिकारा वाला और डहकी वाला दोनों नाचने वाले के पीछे-पीछे चलते रहते हैं। इनकी पोषाक साधारण रहती है। नाचने वाला लहँगा, आभूषण एवं घुँघरू आदि पहनता है।

लिल्ली घोड़ी नृत्य : प्रायः शरद ऋतु (दशहरे) के अवसर पर यह स्वाँग खेला जाता है। इसमें एक आदमी घोड़ी को रंगीन कागज को चोला पहनाकर नाचता है। कहीं-कहीं इससे पैसा भी माँगा जाता है। अवध क्षेत्र में यह स्वाँग भिखारी वर्ग में अधिक प्रचलित है। इस नाच की ताल, लय और गति कहारों के नृत्य से मिलती-जुलती सी है।

लुटई : यह कोरियों का नृत्य गीत है, जिसमें दो लड़के स्त्री वेश में नाचते हैं। बीच में एक विदूषक (करिंगा) रहता है। कुछ लोग मृदंग, सारंगी और मंजीरा बजाते हैं।

नट : हमारे देश में वैदिक काल में शैलूष नामक एक जाति विद्यमान थी, जो नाटक करती थी। शुक्ल यजुर्वेद की वाजसनेयी संहिता के तीसवें अध्याय में शैलूष का संकेत प्राप्त होता है। भरत मुनि के नाट्यशास्त्र में 'नट' और 'नटी' शब्द का प्रयोग हुआ है, जिसकी व्याख्या करने पर उनका उस स्थल पर अभिनेता और अभिनेत्री के रूप में ही अस्तित्व प्रतीत होता है। इसके अतिरिक्त नट एक प्रकार की जाति भी होती है, जो नाना प्रकार के आंगिक कला करतब और व्यायाम से सम्बन्धित खेल दिखाकर जीविकोपार्जन करती है। इनके जीविकोपार्जन का प्रधान पेशा है नृत्य। ये प्रायः घूम-घूमकर एक गाँव से दूसरे गाँव में जाकर मदारी, बाजीगर और पहलवानी के खेल दिखाते हैं।

झूमर : पूर्वी क्षेत्रों में गाया जाने वाला यह एक महत्त्वपूर्ण लोकगीत है। झूमर किसी संस्कार का नाम नहीं है, न ही इसकी कोई क्रिया विधि है। बस मन की मौज है, जो गीत का रूप ले लेती है। यह अवधी भाषी क्षेत्रों में भी गाया, नाचा जाता है। एक उदाहरण–

'जेहि दिन सइयाँ मोरे चले परदेस
तेहि दिन नइहर भया सपनवा।'

इस नृत्य नाट्य को काफी चहल-पहल के साथ प्रस्तुत किया जाता है।

जातीय नृत्य

यहाँ कई प्रकार के जातीय नृत्य प्रचलित हैं, जैसे–

बिरहा : यह अहीरों का प्रिय लोकगीत है। इसे गाते हुए कलाकार कान पर हाथ रखकर और घुँघरू पहनकर थिरकते हैं।

डोमिया : यह डोम जाति का नृत्य गीत है, जो डहकी और डफले के साथ प्रस्तुत किया जाता है। अवध की डोमिनियाँ नृत्य-गान में बहुत विख्यात रही हैं।

कहरवा : यह कहारों द्वारा किया जाने वाला नाच है, जिसमें स्त्री-पुरुष दोनों की वेशभूषा में कलाकार लोक नृत्य करते हैं।

धोबिया : यह धोबी जाति द्वारा प्रस्तुत किया गया नृत्य नाट्य गीत है। इसमें एक कलाकार

पुरुष वेश में तथा दूसरा स्त्री वेश में होता है। साथ में वादक मण्डली होती है। इसकी अपनी अलग धुन होती है। धोबिया गीत के कुछ बोल इस प्रकार हैं–

मोटी-मोटी रोटी पोहूयो बरेठिनि लायौ ककरहा घाट।
तीन चीज ना भूल्यो बरेठिनि हुक्का चिलम औ आग।
सोलह हाथ की लायन मेहरुवा वहिमा बत्तिस सझवार।
अपना काम निकारि कै बीचौ ते डारूयो फारि।

इस प्रकार के गीतों को बुझौनी कहा जाता है।

पसिया : यह पासी जाति द्वारा प्रस्तुत किया जाने वाला लोक नृत्य नाट्य है। इसमें स्त्री-पुरुष विभिन्न वाद्य यन्त्रों, जैसे डहकी, हुड़क के साथ अपना कार्यक्रम प्रस्तुत करते हैं।

चमरा : यह अवध का एक प्रसिद्ध लोक नाट्य गीत है। इसमें स्त्री-पुरुष वेश में दो नर्तक होते हैं। यह नृत्य रात में मशाल की रोशनी में किया जाता है। इसके साथ के मुख्य वाद्य यन्त्र हैं–चिकारा, मंजीरा, हुड़क, डफली आदि। इसके कुछ बोल इस प्रकार हैं–

'सिया भेजि दिहिनि परवाना है।'

इनके गीतों में हास्य विनोद का पुट भी होता है, जैसे–

सेर भरि लइ गैन सवा सेर होय।
राम करै भुरजिनी के भइया होय।।

(4) फिल्म कला

अवध क्षेत्र का हिन्दी, उर्दू फिल्मों से बड़ा पुराना सम्बन्ध है। इसे तीन वर्गों में विभाजित करना समीचीन होगा–

1. अवध के वे नगर, जहाँ समय-समय पर फिल्म निर्माण (सूटिंग, प्रोडक्शन) हुआ है एवं हो रहा है। लखनऊ में 'फिल्म बन्धु' तथा चलचित्र निगम ने स्थानीय भाषा अवधी, भोजपुरी में भी कुछ फिल्में बनवायी हैं। इसे फिल्म सिटी बनाने का प्रयास किया जा रहा है। यहाँ सूचना एवं जनसम्पर्क विभाग ने अनेक प्रकार के वृत्तचित्र बनाये हैं। इसी प्रकार दूरदर्शन तथा निजी स्तर पर कई संस्थाएँ इस दिशा में सक्रिय हैं।

2. अवध के वे स्थान जिन पर समय-समय पर फिल्में अथवा वृत्तचित्र बनाये गये हैं, जैसे–अयोध्या, कानपुर, प्रयाग, कौशाम्बी, श्रावस्ती, नैमिष, दुधवा इत्यादि।

3. अवध क्षेत्र में जनमें या यहाँ के निवासी वे कलाकार जो निदेशक, अभिनेता, गायक या सहायक कलाकार के रूप में फिल्मों में जुड़े हैं/रहे हैं।

इन सबके सन्दर्भ में ही यहाँ के फिल्म क्षेत्र की उपलब्धियों का परिचय प्राप्त किया जा सकता है। इस क्षेत्र में अनेक छविगृह हैं। यहाँ लखनऊ, प्रयाग, नैमिषारण्य आदि पर कई श्रेष्ठ वृत्तचित्रों का निर्माण किया गया है।

प्रमुख फिल्मी कलाकार

अवधांचल के अनेक कलाकार फिल्मी अभिनय, पटकथा लेखन, गीत सृजन, गायन, निदेशन आदि से जुड़े हैं या रहे हैं। इनका संक्षित परिचय अकारादिक्रम से प्राप्य है–

- **अभिषेक बच्चन :** अमिताभ जी के सुपुत्र अभिषेक जी मूलतः इलाहाबाद से सम्बद्ध हैं।

- **अमिताभ बच्चन :** शताब्दि नायक अमिताभ जी इलाहाबाद के निवासी कविवर बच्चन जी के यशस्वी सुपुत्र हैं। उन्होंने सैकड़ों फिल्मों में अभिनय किया है, जो चिरस्मरणीय है।
- **अनुपम खेर :** बालीवुड के महान अभिनेता पद्मश्री अनुपम खेर यद्यपि कश्मीर के विस्थापित हैं, किन्तु उनका गहरा सम्बन्ध लखनऊ से है। इन्होंने सैकड़ों फिल्मों में नायक-खलनायक के रूप में अभिनय किया है। ट्रेजेडी और कामेडी फिल्मों में इनकी एक विशिष्ट भूमिका रही है। अनुपम जी 'भारतेन्दु नाट्य अकादमी' (उत्तर प्रदेश) के अध्यक्ष भी रह चुके हैं।
- **आमिर खान :** प्रसिद्ध अभिनेता और निदेशक आमिर खान शाहाबाद जिला हरदोई के मूल निवासी हैं। फिल्मों के अतिरिक्त 'सत्यमेव जयते', 'अतुल्य भारत' से उन्हें अपूर्व यश मिला है।
- **अनुपम श्याम :** ये प्रतापगढ़ के मूल निवासी हैं और इन दिनों फिल्मों में काफी सक्रिय हैं।
- **अनुष्का शर्मा :** लोकप्रिय अभिनेत्री अनुष्का का जन्म अयोध्या, फैजाबाद में हुआ था।
- **अनूप जलोटा :** भजन और ग़ज़ल के श्रेष्ठ गायक अनूप जी की शिक्षा लखनऊ विश्वविद्यालय तथा भातखण्डे म्यूजिक कालेज से हुई है।
- **अदिति शर्मा :** ये मूल रूप से लखनऊ के निवासी रिया वाजपेयी के परिवार से सम्बद्ध हैं।
- **अभिषेक चौबे :** फैजाबाद निवासी अभिषेक जी इधर फिल्म क्षेत्र में काफी चर्चित हुए हैं। इन्हें फिल्म 'डेढ़ इश्किया' से काफी ख्याति मिली है।
- **अनिल रस्तोगी :** ये मूलतः एक वैज्ञानिक और रंगकर्मी रहे हैं। डॉ. रस्तोगी ने यशराज बैनर की फिल्म इश्कजादे में हीरो अर्जुन कपूर के दादा की भूमिका अदा की है। धारावाहिक 'न बोले तुम कुछ न मैंने कुछ कहा' में भी अनिल जी ने सराहनीय रोल किया है।
- **अमृत लाल नागर :** प्रख्यात कथाकार नागर जी ने कई फिल्मों की पटकथाएँ लिखी हैं। 'मीरा' नामक फिल्म की हिन्दी डबिंग का प्रथम श्रेय उन्हें प्राप्त हुआ है।
- **अचला नागर :** नागर जी की सुपुत्री अचलाजी ने अनेक पटकथायें लिखी हैं। इनके बेटे संदीपन और सिद्धार्थ सफल फिल्म निर्देशक हैं। इसका श्रेष्ठ उदाहरण है 'नाच्यो बहुत गोपाल' पर निर्मित उनकी फिल्म।
- **अमिताभ भट्टाचार्य :** ये अवध क्षेत्र के मूल निवासी हैं। इन्हें कई राष्ट्रीय पुरस्कार प्राप्त हो चुके हैं।
- **इला अरुण :** गायन कला द्वारा इलाजी ने इस अंचल की बड़ी गौरव वृद्धि की है।
- **अली सरदार जाफरी :** इन्होंने कई सिने गीतों की रचना की है।
- **उपेन्द्रनाथ अश्क :** इलाहाबाद के निवासी प्रसिद्ध कवि, कथाकार, नाटककार अश्क जी ने कई फिल्मी पटकथाएँ लिखी हैं।
- **ऐश्वर्या राय :** प्रसिद्ध कलाकार ऐश्वर्या जी की ससुराल इलाहाबाद में है। इसलिए वे अवध में गण्यमान हैं।
- **कृष्णा मिश्र :** पुरानी पीढ़ी की गृहिणी की भूमिका में इन्हें अपूर्व सफलता प्राप्त हुई है।
- **कुमुद नागर :** टेलीविजन के वृत्तचित्रों के पटकथा लेखन और निदेशन में इन्होंने काफी काम किया है।
- **के.पी. सक्सेना :** प्रसिद्ध व्यंग्यकार संक्सेना जी ने कई फिल्मों के संवाद लिखे हैं, जैसे—लगान, स्वदेश, जोधा अकबर आदि।

- **क़ैफ़ी आजमी :** उर्दू के श्रेष्ठ कवि क़ैफ़ी साहब ने अनेक फिल्मी गीत लिखे हैं।
- **खुमार बाराबंकवी :** सिनेगीतकार के रूप में इन्हें बड़ी ख्याति मिली है।
- **चन्द्रप्रकाश द्विवेदी :** एक निदेशक के रूप में इन्होंने बड़ी ख्याति अर्जित की है।
- **जया बच्चन :** अमिताभ जी की जीवन संगिनी जया जी मूलतः इलाहाबाद से सम्बद्ध हैं।
- **जया भट्टाचार्य :** ये लखनऊ की कलाकार हैं। 'सास भी कभी बहू थी' धारावाहिक में इनकी भूमिका बहुत सफल रही है।
- **जद्दन बाई :** ये इलाहाबाद की प्रसिद्ध तवायफ थीं। इन्हें अभिनेत्री नर्गिस की माँ होने और फिल्म निर्माता होने का गौरव प्राप्त है।
- **जावेद अख्तर :** फिल्मी गीतकार और पटकथाकार जावेद जी लखनऊ से जुड़े रहे हैं। शबाना आजमी के पति और क़ैफ़ी आजमी के जामाता के रूप में जावेद जी इस कला और इस धरती के गौरव हैं।
- **टुनटुन (उमादेवी) :** हास्य-अभिनय की बेजोड़ कलाकार टुनटुन जी इसी अंचल की देन हैं।
- **डेविड धवन :** मूलतः कानपुर के निवासी धवन जी कामेडी फिल्म के क्षेत्र में ख्याति प्राप्त हैं।
- **तलत महमूद (लखनऊ, 1924-1998) :** पद्म भूषण तलत जी ग़ज़ल गायकी में बेजोड़ रहे हैं। इन्होंने मैरिस म्यूजिक कालेज से शिक्षा प्राप्त की और कलकत्ता, बम्बई तथा देश-देशान्तर में लगभग 900 ऐसे गीत गाये, जो अविस्मरणीय हैं, जैसे 'जायें तो जायें कहाँ', 'जलते हैं जिसके लिए', 'ऐ मेरे दिल कहीं और चल', 'दिले नादान तुझे हुआ क्या है', 'फिर वही शाम' आदि।
- **तिग्मांश धूलिया :** इलाहाबाद के धूलिया जी ने फिल्म 'हासिल' में स्मरणीय भूमिका अदा की है।
- **दयाशंकर कौल नसीम :** इन्होंने गुलबकावली में सराहनीय कार्य किया था।
- **नरेन्द्र शर्मा :** इन्होंने अनेक फिल्मों के लिए गीत लिखे हैं। जिनमें सत्यम् शिवं सुदरम् काफी प्रसिद्ध हुआ है।
- **नवाजुदीन सिद्दीकी :** लखनऊ निवासी प्रसिद्ध अभिनेता सिद्दीकी जी ने राष्ट्रीय नाट्य विद्यालय से प्रशिक्षण प्राप्त किया और कई फिल्मों जैसे–पिप्पली लाइव, कहानी, तलाश, पतंग आदि में काम करके सिने, स्क्रीन एवार्ड, फिल्म फेयर एवार्ड जैसे लगभग तीन दर्जन पुरस्कार प्राप्त किये।
- **नसीरुद्दीन शाह :** ये मूलतः बारांबकी से जुड़े हैं। इन्होंने राष्ट्रीय नाट्य विद्यालय से प्रशिक्षण प्राप्त करके सैकड़ों फिल्मों में श्रेष्ठ अभिनेता होने का प्रमाण दिया है।
- **नादिरा बब्बर :** ये रंगमंच के क्षेत्र में अत्यधिक ख्याति प्राप्त कलाकार हैं। उत्तर प्रदेश संगीत नाटक अकादमी की ये अध्यक्ष भी रह चुकी हैं।
- **नौशाद :** सुर और साज के सितारे नौशाद जी लखनऊ के गौरव हैं। इन्होंने लगभग 70 फिल्मों में अपना संगीत (प्रायः शास्त्रीय बन्दिश) दी है, जो अपूर्व और अतुल्य है। इस गायकी में नौशाद को असाधारण यश प्राप्त हुआ है।
- **प्रदीप :** कविवर प्रदीप का जन्म तो उज्जैन में हुआ था, लेकिन उनकी कर्मभूमि रही है– इलाहाबाद, लखनऊ। लखनऊ विश्वविद्यालय से उन्होंने बी.ए. किया था। वे पहले निराला, आशुकवि मोहन, सनेही, हितैषी, नवीन जी आदि से जुड़े और फिर बम्बई जाकर फिल्मी

गीतों में सक्रिय हो गये। उनके द्वारा रचे गये सैकड़ों गीत आज लोककंठ में गूँज रहे हैं।

- **बिरजू महाराज :** इन्होंने फिल्मों में कथक को महत्त्वपूर्ण स्थान दिलाया है।
- **बीनाराय :** प्रसिद्ध अभिनेत्री बीना (मूल नाम कृष्णा सरीन) यहाँ लाहौर से आयी थीं। आई. टी. कालेज से उन्होंने शिक्षा प्राप्त की थी।
- **भगवती चरण वर्मा :** लखनऊ निवासी सुप्रसिद्ध कवि कथाकार-नाटककार वर्मा जी ने फिल्मी पटकथा लेखन में काफी काम किया। उनके प्रसिद्ध उपन्यास 'चित्रलेखा' को कई बार फिल्मांकित किया गया है।
- **भगवती प्रसाद बाजपेयी :** कानपुर निवासी प्रसिद्ध कथाकार बाजपेयी जी ने कई महत्त्वपूर्ण पटकथाएँ लिखी हैं।
- **भीमसेन :** लखनवी कलाकार भीमसेन को फिल्म घरौंदा से पर्याप्त प्रसिद्धि प्राप्त हुई है।
- **माया गोविन्द :** प्रसिद्ध कवयित्री माया जी के कई गीत बहुत लोकप्रिय हुए हैं।
- **मजरूह सुलतानपुरी :** प्रसिद्ध गायक मजरूह जी मूलतः इसी क्षेत्र से सम्बद्ध हैं।
- **मजहर कामरन :** छायांकन कला से जुड़े मजहर जी मूलतः लखनऊ के निवासी हैं।
- **मनोज मुंतजिर :** श्रेष्ठ गीतकार मनोज जी मूलतः अमेठी के निवासी हैं। फिल्म 'रंगरसिया' ने इन्हें बड़ा यश प्रदान किया है।
- **मुजफर अली :** ये मूल रूप से कोटवारा, हरदोई के निवासी थे। इन्होंने लखनऊ से एक बार सांसद का चुनाव भी लड़ा था। इनकी कई फिल्में सुविख्यात हुई हैं, जिनमें 'उमरावजान' सर्वोपरि है।
- **योगेश गौड़ :** गीतकार योगेश जी लखनऊ के निवासी हैं। इन्होंने एक हजार फिल्मों और दो सौ धारावाहिकों के गीत लिखे हैं। इनके लगभग डेढ़ सौ अलबम बन चुके हैं। इन गीतों पर दादा साहब फाल्के से लेकर लगभग सौ पुरस्कार इन्हें मिल चुके हैं। इनके कुछ अति प्रसिद्ध गीत हैं—'कहीं दूर जब दिन ढल जाये', 'जिन्दगी ऐसी है पहेली' आदि।
- **रवीन्द्र गौतम :** इन्हें '21 तोपों की सलामी' नामक फिल्म से काफी लोकप्रियता मिली है।
- **रेहाना सुलताना :** ये इलाहाबाद की निवासी रही हैं। अभिनय में इन्हें काफी सफलता मिली है। 'दस्तक' में इन्हें पुरस्कृत भी किया गया है।
- **राजेन्द्र कुमार :** प्रसिद्ध अभिनेता राजेन्द्र जी का वास्तविक नाम था जुबली कुमार। ये मूलतः लखनऊ के निवासी थे।
- **लच्छू महाराज :** इनके द्वारा प्रस्तुत कथक नृत्य फिल्मों में लोकप्रिय रहा है।
- **लीला मिश्र :** ग्रामीण महिला की भूमिका में प्रवीण लीला जी मूलतः लखनऊ की कलाकार रही हैं।
- **विश्वनाथ मिश्र :** ये लखनऊ के जाने पहचाने पुराने कलाकार रहे हैं।
- **सुसेन भटनागर (लखनऊ) :** इन्हें फिल्म 'मोनिका' में यथेष्ट सफलता प्राप्त हुई है।
- **सुनील नौटियाल :** प्रसिद्ध कलाकार सुनील जी ने काफी अर्से तक गणेश गंज लखनऊ में जीवन-यापन किया है।
- **सुधीर मिश्र :** लखनऊ निवासी सुधीर ने कला फिल्मों में अपनी अलग छाप छोड़ी है। वे लेखक और निदेशक के रूप में 'एक और देवदास' में काफी सफल रहे हैं।
- **शबाना आजमी :** क़ैफ़ी आजमी और जावेद परिवार से जुड़ी शबाना जी अवध की गौरव हैं।

- **श्वेता तिवारी :** प्रतापगढ़ की श्वेता ने एकता कपूर के धारावाहिक 'कसौटी जिन्दगी की' में सराहनीय कार्य किया है।
- **सपना अवस्थी :** इनके गाये हुए कई गीत बहुत लोकप्रिय हुए हैं।
- **हरिवंशराय बच्चन :** इनके कई फिल्मी गीत लोकप्रिय हुए हैं।
- **हर्षिता सक्सेना :** फिल्मी संगीत में इन्हें पर्याप्त सफलता प्राप्त हुई है।

इनके अतिरिक्त अतुल, निवेदिता भट्टाचार्य, योगेश प्रवीन, राजकृष्ण मिश्र, लता सब्बरवाल, रवि त्रिपाठी, शाहिदअली, नम्रता आदि भी इस क्षेत्र के गौरव हैं।

उपर्युक्त कलाकारों की ख्याति का बहुत बड़ा कारण रहा है लखनवी वातावरण। लखनऊ के इतिहास और चर्चित चरित्रों पर समय-समय पर अनेक निदेशकों ने विगत दशकों में ऐसी फिल्में बनायीं कि यह क्षेत्र फिल्म कला में स्वतः सक्रिय हो गया। सत्यजीत रे ने 'शतरंज के खिलाड़ी' पर श्रेष्ठ मूवी तैयार की। मुजफर अली ने 1981 में 'उमरावजान' बनायी। इसी क्रम में दर्जनों फिल्में लखनऊ पर बनीं या यहाँ फिल्माई गयीं। जैसे—गबन, गदर, जुनून, चौदहवीं का चाँद, दावते इश्क, शेक्सपीयर, वल्लाह, गंग स्नान, बड़ला, बुलेट राजा, लेडीज वर्सेज रिकीबहेल, तन्नू वेड्स मन्नू, मेरी पत्नी और वो, थोड़ा लुत्फ थोड़ा इश्क, पाकीजा, मेरे महबूब, सत्या, कौन, ऐलान ए जंग, हुकूमत आदि।

इधर लखनऊ को फिल्म सिटी बनाने का प्रयास किया जा रहा है। प्रदेश सरकार के फिल्मबंधु में वृत्तचित्र बनाने हेतु एक प्रभाग कार्यरत है। दूरदर्शन और अन्य टी.वी. चैनलों ने समय-समय पर कई महत्त्वपूर्ण प्रोडक्शन किये हैं। आई.आई.टी. कानपुर और लखनऊ, कानपुर, इलाहाबाद के कई विश्वविद्यालयों के जनसंचार विभाग इस दिशा में सक्रिय हैं।

निष्कर्ष यह है कि फिल्म क्षेत्र में इस अंचल की विशिष्ट देन रही है।

(5) चित्रकला

ललित कलाओं में चित्रकला का बड़ा महत्त्व है। यह भारत की एक अत्यन्त प्राचीन कला है। लेखनी, तूलिका, रंग और उँगलियों की सहायता से किसी सजीव वस्तु की अनुकृति ही चित्र है। इस कला का यहाँ के लोकजीवन में भी बड़ा प्रचलन है। गृहिणियों की तो यह अत्यन्त लोकप्रिय कला है। तीज-त्योहारों, संस्कारों, जन्म-विवाह-उत्सवों पर इस कला के मनोरम दृश्य दृष्टिगोचर होते हैं। अवध क्षेत्र की स्त्रियों का यह विश्वास है कि उनके द्वारा आलेखित चित्र मांगल्य के प्रतीक हैं। घर आँगन में आँकी गयी चौक, थाप, कलश-सज्जा, भित्ति चित्र आदि में इस लोक कला का सहज सौन्दर्य देखा जा सकता है। पुत्र जन्म का अवसर हो या विवाहादि का? चित्रकला का मोहक रूप सर्वत्र प्रकट होता है। अवधी के लोकगीतों में भी इसका उल्लेख प्राप्त होता है। अवध की चित्रकारी में प्रमुख हैं—

1. चौक : चावल के पिसे आटे (चौरीठे) में हल्दी डालकर 'ऐपन' तैयार कर लिया जाता है। इसी के घोल से आँगन में अथवा संस्कार स्थल जैसे प्रसूतिका गृह में चित्रों की रचना की जाती है। इस चौक की विवृत्ति लोकगीतों में बहुत हुई है। यथा—

'जब बेटी चौक पर आइये तब सोने कलश भराइये।'
'तुम्हरे बिरन घर परी चौक चउक चुनि आयेउ।'

यहाँ कलश की सज्जा में विशिष्ट चित्रकला दिखती है। कलश गोंठने के गीत इस सम्बन्ध में स्मरणीय हैं। चौक का विस्तृत रूप भैया दूज, करवा चौथ और 'डिढोन' में भी देखने को मिलता है।

2. भित्ति चित्र : ये रंगीन ऐपन तथा गेरू से बनाये जाते हैं। भित्ति चित्र के रूप में छठी और

कोहबर का वर्णन यहाँ के लोकगीतों में बहुत मिलता है। यथा—''ननदी आवै, छठिया धरावै, माँगै आपन नेग।'' छठी के चित्र में विविध प्रकार के 'अभिप्राय' चित्रित होते हैं। इसमें अधिकांशतः 'थापे' लगाए जाते हैं।

3. छाप : ऐपन भरे हाथ की जो छाप दीवाल पर अंकित की जाती है, यहाँ के गीतों में उनका एक दृश्य देखिए—'छाप दइ के दीप बारिन हम पर होउ प्रसन्न भवानी।'

4. चित्रसारी : भवन निर्माण कला में चित्रशालिका का विशिष्ट स्थान है। यहाँ दीवारों पर विविध प्रकार की चित्रकारी होती रही है। मध्यकालीन साहित्य (चन्दायन, पद्मावत आदि प्रेमाख्यानों) में चित्रशालिका का बहुशः उल्लेख हुआ है। चित्र शालिका की प्रतिध्वनि यहाँ के गीतों में भी सुनी जा सकती है, जैसे—

'ऊँची अटारी महल चितसारी जूड़ी आवै बयारी ना।'

चित्रकारी के विषय हैं प्रकृति के विविध दृश्य—पशु, पक्षी, वृक्ष, लता, फूल, पत्रादि। साथ ही धार्मिक-पौराणिक, ऐतिहासिक, सामाजिक विषय भी। अवधी गीतों में मूर्तिशिल्प का वर्णन अपेक्षाकृत दुर्लभ है।

अवध में विभिन्न अवसरों पर भित्ति चित्र बनाये जाते हैं। भैया दूज के अवसर पर गेरू से भाई-भावज के पुतले, आषाढ़ी पूर्णिमा पर गोबर के पुतले और नाग देवता की आकृति, हरछठ तथा बहुला चौथ पर अनेक रंगों के भित्ति चित्र यहाँ बड़ी कलात्मकता के साथ बनाये जाते हैं। करवा चौथ पर यहाँ स्त्रियाँ ऐपन द्वारा चौक पूजती हैं और उसमें चन्द्रमा का चित्र बनाती हैं। अहोई अष्टमी पर चौरीठा, हल्दी, गेरू के तरल रंगों द्वारा चाँद-सूरज, गौरा-महादेव, गणेश-हनुमान और सगुन चिरइया के चित्र बनाकर स्त्रियाँ काजल से मुगल सिपाहियों के चित्र बनाती हैं। दीवाली के अवसर पर जो घरौंदा तैयार किया जाता है, उसके बाहर-भीतर और दीवाल पर कई रंगों से गणेश, लक्ष्मी, मन्दिर, कमल, मछली, पक्षी, हाथी, घोड़ा, सिंह आदि के चित्र अंकित किये जाते हैं। गोवर्धन पूजा पर चाकी, काँड़ी तथा मथानी रंगी जाती है और गोबर से गाय, भैंस के पुतले तैयार किये जाते हैं। रंगोली करते हुए यहाँ आटे से चित्र बनाये जाते हैं।

सकट चौथ पर स्त्रियाँ चकले पर आलेखन करती हैं। मांगलिक अवसरों पर मण्डप के नीचे जो कलश रखा जाता है, उसे गोबर से कलात्मकता पूर्वक गोठा जाता है। विवाहोत्सव पर पाँसासारी और कोहबर में भी यही कला दिखाई देती है। यहाँ विभिन्न अवसरों पर गोबर से लीपी गयी दीवार पर मातृ देवी के चित्र बनाये जाते हैं और ऐपन (चौरीठा) तथा चूने से उसकी सज्जा की जाती है। नव ग्रह पूजन में आटा, हल्दी, रोली, तिल आदि की सहायता से ग्रहों के रूप अलग-अलग निर्मित किये जाते हैं। इस लोक चित्रकला का बेहतर प्रदर्शन होता है स्त्रियों की मेंहदी और गोदना में। यहाँ चतुर नाइन सुहागिनों के पैरों में महावर लगाती हुई नहखुर के साथ जो 'चिरइया' बनाती है, वह भी लोक कला का श्रेष्ठ नमूना है।

अवध क्षेत्र में चित्रकला के भिन्न-भिन्न रूप दिखाई देते हैं। प्राचीन ग्रन्थों में राजमहलों में चित्रशाला का बहुशः उल्लेख हुआ है। एक लोक कथा में सीता जी के द्वारा बनाये गये चित्र का सन्दर्भ आया है। यहाँ के भवनों, मुख्यतः प्रवेश द्वारों पर चित्रांकन कराने का बड़ा रिवाज था। यह चित्रकारिता यहाँ के पहनावे (वस्त्राभूषण) में भी दिखाई देती है। वस्तुतः यहाँ कलात्मकता और रंगीनी को पर्याप्त महत्त्व दिया गया है।

आधुनिक चित्रकला से प्रभावित होकर यहाँ के कलाकारों ने कई शैलियों को अपनाया, जैसे—

1. मीनिएचर 2. जलरंग 3. तैलरंग 4. वाश शैली 5. ग्राफिक्स 6. म्यूरल 7. डिजाइन 8. कोलाज 9. पेस्टलकला 10. लैंडस्केप 11. प्रोर्ट्रेट 12. छाया चित्र 13. कलमकारी 14. सुलिपि 15. लिथो ग्राफी 16. हैपनिंग 17. बेलबूटे 18. पोस्टर 19. व्यावसायिक कला 20. लोक कला 21. पेनइंक 22. ऐक्रेलिक 23. ऐचिंग 24. स्केच 25. पेन्सिल 26. ग्रेफाइट 27. कोलोग्राफी 28. मिश्रित माध्यम 29. सिरेमिक आर्ट आदि।

प्रमुख संस्थाएँ

यहाँ चित्रकला से सम्बन्धित अनेक संस्थाएँ सक्रिय हैं अथवा रही हैं। इनमें विशेष उल्लेखनीय हैं–

ललितकला अकादमी : इसकी स्थापना 8 फरवरी 1962 ई. को लाल बारादरी, लखनऊ में की गयी थी। यह संस्था कार्यशालाएँ, प्रदर्शनियाँ तथा गोष्ठियाँ आयोजित करती है। यह कलाकारों को पुरस्कार तथा शोध वृत्ति देती है और 'कला' त्रैमासिक का तथा उपयोगी साहित्य का प्रकाशन करती है। डॉ. राधा कमल मुकर्जी, आनन्द कृष्ण आदि कला मर्मज्ञ इसके अध्यक्ष रहे हैं।

राजकीय कला एवं शिल्प महाविद्यालय लखनऊ : इसकी स्थापना 1911 ई. में हुई थी। इसमें चित्रकला एवं मूर्तिकला से सम्बन्धित अनेक पाठ्यक्रम हैं।

इनके अतिरिक्त इलाहाबाद और कानपुर में कई संस्थाएँ हैं। कानपुर के कई महाविद्यालयों में चित्रकला का शिक्षण दिया जाता है। डी.ए.वी. कालेज के श्री छैलबिहारी और ए.पी. सेन गर्ल्स कालेज के श्री विश्वनाथ खन्ना काफी चर्चित रहे हैं। कला वीथिका में सिंहानिया परिवार की अभिरुचि सराहनीय है। वहाँ की अन्य संस्थाओं में शिल्पी, कला वीथिका, तूलिका, आकार आदि महत्त्वपूर्ण हैं। घाटमपुर और जहाँनाबाद की उपलाकला का भी अपना वैशिष्ट्य है। कानपुर विश्वविद्यालय के ललितकला विभाग में तैल चित्र, जलरंग, पोर्ट्रेट और पोस्टर कला का स्तरीय प्रशिक्षण दिया जाता है।

लखनऊ में 1984 में स्थापित केन्द्रीय ललित कला अकादमी की भी अग्रणी भूमिका रही है। चित्रकला की दृष्टि से यहाँ की अन्य संस्थाएँ हैं—सूचना एवं जनसम्पर्क निदेशालय लखनऊ, इलाहाबाद संग्रहालय, लखनऊ में स्थित राज्य अभिलेखागार, लखनऊ संग्रहालय, रामकथा संग्रहालय अयोध्या, सृष्टि आर्ट गैलरी लखनऊ, आई.आई.टी. कानपुर, ग्रुप ऑफ यंग पेण्टर्स लखनऊ, उत्तर प्रदेश कलाकार संघ, विजुअल आर्ट सोसाइटी लखनऊ, आदि। लखनऊ विश्वविद्यालय टैगोर पुस्तकालय में असित कुमार हालदार, चुगताई, ललित मोहन आदि की कई कलाकृतियाँ डॉ. राधा कमल मुकर्जी के सौजन्य से सजायी गयी हैं। यहाँ की नगरपालिका में एक स्तरीय कला वीथिका है। इस नगर के कई कला मर्मज्ञों के पास चित्रों का अनमोल संग्रह रहा है। जैसे—त्रिलोकी नाथ धर, आनन्द नारायण मुल्ला, राधा कमल मुकर्जी, अमृतलाल नागर, प्रभा पँवार, कुँवर नारायण, सरल साहनी, भगवती चरण वर्मा, कृष्ण दत्त बाजपेयी, यशपाल, कृष्ण नारायण कक्कड़, घनश्याम रंजन आदि।

अवध क्षेत्र में आये दिन प्रदर्शनियाँ और गोष्ठियाँ आयोजित होती रहती हैं। इन चित्रकारों में उल्लेखनीय हैं—भवानी चरण गोई, सुखवीर सिंह, विश्वनाथ मुखर्जी, द्वारका प्रसाद धूलिया, असद अली साथी, नलिनी कुमार, सुधा अरोड़ा, गोपाल मधुकर चतुर्वेदी, दिनकर कौशिक, के.एस. कुलकर्णी, सनत कुमार चटर्जी, नरेन्द्र नाथ राय, मोहम्मद सलीम, आर.के. सरोज, सुवीर राय, सतीश शरद पाण्डे, किरण राठौर, आदि। स्फुट रूप से इलाहाबाद के सत्य सेवक मुकर्जी, एस.वी. सेठ, ज्ञानेन्द्र मिश्र, मनोज सिंह, अजय जेटली और कानपुर के के. शंकर, नरेन्द्र सिंह, ब्रजेश कटियार, अजय द्विवेदी, गणेशंकर मिश्र, पूनम, योगेन्द्र देव, सत्यधीर सिंह, आनन्द प्रकाश आदि की कला सराहनीय

है। लखनऊ के कलाकारों में चर्चित हैं—दिनेश प्रताप सिंह, कामता प्रसाद, एस. वीसेठ, वनिता कपूर, सुरेन्द्र राजन, एस.के. डेविड, चन्द्रा बनर्जी, फूलचन्द्र शर्मा, गजेन्द्र नाथ चतुर्वेदी, रवीन्द्रनाथ मिश्र, मनोहर लाल, सुलेमान खाँ, गोपाल दत्त शर्मा, पवन कुमार, भीमसेन, धर्मेन्द्र कुमार, पारूल, शिवबालक, राजेन्द्र प्रसाद गौड़, राघवेन्द्र प्रताप आदि। इसी प्रकार सुल्तानपुर के प्रभाकर राय, हरदोई की सन्ध्या श्रीवास्तव, बाराबंकी के पंकज वर्मा, अनिल विश्वकर्मा आदि कलाकार पर्याप्त प्रतिष्ठित हैं। इस प्रकार स्पष्ट है कि यह क्षेत्र चित्रकला की विभिन्न शैलियों से, अनेकानेक कला मर्मज्ञों से, धार्मिक और लोक चित्रकारिता से तथा शताधिक प्रतिष्ठित उदीयमान चित्रकारों से ओतप्रोत है। विशिष्ट चित्रकारों का परिचय क्रमशः द्रष्टव्य है।

प्रमुख चित्रकार

असित कुमार 'हालदार' (1890-1964) : ये कला महाविद्यालय लखनऊ के प्राचार्य के रूप में 1925 में लखनऊ आये और 1945 तक इस पद पर रहे। इनकी चित्रकला पर मुगल शिल्प, बंगाल शिल्प और अजंता एलोरा की चित्रकला का काफी प्रभाव था। ये अवनीन्द्रनाथ जी के शिष्य और रवीन्द्रनाथ टैगोर के नाती थे। शान्ति निकेतन के कला भवन की प्रतिष्ठा में इनका विशेष योगदान था। इनके बनाये चित्रों में 'मृत्यु' नामक चित्र अविस्मरणीय है।

काली चरण वर्मा : ये कानपुर के प्रसिद्ध चित्रकार हैं। इनके अतिरिक्त वहाँ के सीताराम जी की भी चित्रकला सराहनीय रही हैं।

(डॉ.) जगदीश गुप्त : इलाहाबाद विश्वविद्यालय के पूर्व हिन्दी विभागाध्यक्ष तथा सुप्रसिद्ध हिन्दी कवि समीक्षक प्रो. गुप्त रेखांकन कला में निष्णात रहे हैं। वे मॉडल को देखकर कुछ ही क्षणों में उसका जीवन्त रेखांकन करने में सिद्ध हस्त थे। गुप्त जी टेराकोटा के संग्रह के भी शौकीन थे। दारागंज (इलाहाबाद) के अपने आवास में उन्होंने अपनी तथा अन्य विशिष्ट कृतियों का संग्रहालय बना रखा था। उनके कई चित्रों का प्रदर्शन इलाहाबाद म्यूजियम में किया गया है। डॉ. गुप्त ने भारतीय कला के पद चिह्नों की गहन मीमांसा की है।

जयकृष्ण अग्रवाल (1890) : कला एवं शिल्प महाविद्यालय के प्राचार्य अग्रवाल जी ने छापा कला के क्षेत्र में महत्त्वपूर्ण कार्य किया। इन्होंने इसकी कई प्रदर्शनियाँ लगवायीं और कई पुरस्कार प्राप्त किये। लिथोग्राफी, ग्राफिक्स, जलरंग, वाश पेण्टिंग आदि क्षेत्रों में इनको पर्याप्त ख्याति मिली।

नित्यानन्द महापात्र (1931-2004) : इन्होंने चित्रकला की शिक्षा लखनऊ के कला एवं शिल्प महाविद्यालय से प्राप्त की। इन पर ओडिसी शैली का गहरा प्रभाव था। इन्होंने चटकीले रंगों से कई सुन्दर धार्मिक चित्र बनाये हैं। तैल चित्र, पेस्टल, वाश शैली, टेम्परा और रेखांकन शैली में भी इन्हें अच्छी सफलता प्राप्त हुई। नित्यानंद जी 1958 से 1992 तक लखनऊ में कला-शिक्षक रहे।

ब्रज मोहन व्यास : इलाहाबाद संग्रहालय के पूर्व संग्रहाध्यक्ष व्यास जी के कई सुन्दर चित्र संग्रहालय में रखे गये हैं।

पी.सी. लिटिल : लखनऊ कला महाविद्यालय से सम्बद्ध लिटिल साहब ने फोटोग्राफी के क्षेत्र में अपनी विशिष्ट छाप छोड़ी है।

बद्रीनाथ आर्य (1936) : इनकी चित्रकला शैली पर बंगाली शैली का प्रभाव था। इन्होंने जगरंग वाश शैली में अनेक ग्रामीण दृश्यों की रचना की है। ऋतुओं का चित्रण आर्य जी ने वर्तुलाकार लय के साथ किया है। ये मूलतः पेशावर के थे, किन्तु कला एवं शिल्प महाविद्यालय लखनऊ में शिक्षक

तथा प्रधानाचार्य रूप में इन्होंने बहुत दिनों तक काम किया। इनके चित्रों की प्रदशर्नियाँ जगह-जगह पर हुईं। समय-समय पर अनेक पुरस्कार भी इन्हें मिले।

ब्रज मोहन नाथ जिज्जा (1909) : ये हालदार ललित मोहन जी के शिष्य थे। इन्होंने वाश शैली और तैल रंग में विशेष सफलता प्राप्त की।

मदन लाल नागर (1923-1984) : लखनऊ के कला एवं शिल्प महाविद्यालय में इनका प्रवेश 1940 ई. में हुआ। गाढ़े तैल रंग तथा वाश शैली की अपेक्षा टेम्परा शैली में इन्हें अधिक सफलता प्राप्त हुई। नागर जी ने लखनऊ की गलियों के जो चित्र बनाये हैं, वे अद्‌भुत हैं। कांचन रंग की कोणार्क वाली इनकी रचना विशिष्ट है। नागर जी ने लखनऊ नगर पालिका कला वीथिका में 1949 से 1953 तक कार्य किया। उनकी लिखी पुस्तक 'कला के सोपान' (2 भाग) का बहुत महत्त्व है। मदन जी लखनवी कला की विशिष्ट देन हैं।

महादेवी वर्मा : हिन्दी की प्रसिद्ध कवयित्री महादेवी जी श्रेष्ठ चित्रकर्त्री भी थीं। उनका कहना था कि जब कोई अनुभूति शब्दों में नहीं बँध पाती तो वे तूलिका उठा लेती हैं। उन्होंने 'यामा' और 'दीप शिखा' में गीतों की भाव भूमि पर आधारित अनेक चित्र बनाये हैं। कुछ रंगीन तथा कुछ स्केच। उनके चित्रों की गैलरी इलाहाबाद संग्रहालय में सजायी गयी है।

योगेन्द्र 'योगी (1934) : 'योगी' जी कला एवं शिल्प महाविद्यालय लखनऊ में शिक्षण कार्य करते हुए 1994 में प्राचार्य नियुक्त हुए। 1998 से 2004 तक ललित कला अकादमी, उत्तर प्रदेश के ये अध्यक्ष रहे। मुद्रण कला, कोलाज, हैपनिंग, सुलिपि तथा व्यावसायिक कला को विकसित करने में योगी जी की महत्त्वपूर्ण भूमिका रही है।

रणवीर सिंह विष्ट (1928-1998) : गढ़वाल के निवासी विष्ट जी बहुत दिनों तक लखनऊ कला महाविद्यालय में प्राचार्य रहे, साथ ही ललित कला अकादमी के उपाध्यक्ष भी। ये एक क्रान्तिकारी कलाकार थे। इन्होंने हिमालयी प्रकृति पर कई महत्त्वपूर्ण चित्र बनाये हैं। विष्ट जी तैल रंग और जल रंग में जो पहाड़ी दृश्य अंकित किये हैं, वे सर्वथा बेजोड़ हैं। इनकी 'हिमालयन ब्लू सीरीज' और 'ब्लैक पेजेज आफ इण्डियन रिपब्लिक' का ऐतिहासिक महत्त्व है। इन्हें चित्रकला के कई सम्मान समय-समय पर प्राप्त हुए।

रामचन्द्र शुक्ल : 1 मार्च 1935 को बस्ती जनपद में जनमे शुक्ल जी प्रसिद्ध चित्रकार रहे हैं। इन्होंने इलाहाबाद और काशी से शिक्षा प्राप्त की। इलाहाबाद उनका कर्मक्षेत्र रहा। आधुनिक चित्रकला में शुक्ल जी ने कई प्रयोग किये हैं। आधुनिक कला, समीक्षावाद, चित्रकला का रसास्वादन, कला और आधुनिक प्रवृत्तियाँ उनकी मुख्य कृतियाँ हैं।

ललित मोहन सेन (1898-1954) : इनका जन्म नदिया, जिला शान्तिपुर (बंगाल) में हुआ था। ये कला महाविद्यालय लखनऊ के प्राचार्य रूप में 1954 में नियुक्त हुए। इसी कालेज से इन्होंने शिक्षा ग्रहण की थी। इनके प्रयास से यहाँ व्यावसायिक कला (कामर्शियल आर्ट) की शुरुआत हुई। 1823 में ये लन्दन चले गये और वहाँ से काष्ठशिल्प में दक्षता प्राप्त की। प्रकृति के प्रांगण में बैठकर चित्र बनाना इनका व्यसन था। इण्डिया हाउस के भित्ति चित्रण (1928 ई.), तैल चित्र, पोस्टर, ग्राफिक्स, वाश शैली, जल रंग आदि शैलियों में इन्हें पर्याप्त सफलता मिली।

विश्वनाथ खन्ना (10 मार्च 1920) : इनकी कर्मस्थली रही है कानपुर। इनकी कला साधना के कारण इन्हें 1993 ई. में अकादमी की सदस्यता प्रदान की गयी।

वीरेश्वर सेन : लखनऊ स्थित कला महाविद्यालय में इन्होंने उप प्राचार्य के रूप में स्मरणीय कार्य

किया। कला के विकास और इतिहास पर इन्होंने गम्भीर लेखन किया। इनके लघु चित्र (मिनियेचर) सराहनीय सिद्ध हुए। 1956 में सेन जी डिजाइन सेंटर में निदेशक हुए। ये वाश शैली में बहुत प्रवीण थे। इनके लैंड स्केच भी सराहे गये हैं।

श्रीराम वैश्य : ये कला एवं शिल्प महाविद्यालय में शिक्षक रहे। इन्होंने चित्र और मूर्तिकला दोनों क्षेत्रों में कार्य किया। म्यूरल कला में इन्हें काफी सफलता मिली है। ये अवनीन्द्र नाथ जी के अनुयायी थे। इनकी कला के कारण रायल स्कूल आफ फाइन आर्ट्स लन्दन और ललित कला अकादमी की फेलोशिप इन्हें प्रदान की गयी थी।

सतीश : लखनऊ के चित्रकारों में इनकी भूमिका बड़ी महत्त्वपूर्ण मानी गयी है।

सुकुमार बोस : पद्मश्री बोस जी लखनऊ कला महाविद्यालय के छात्र रहे हैं। बहुत दिनों तक इन्होंने राष्ट्रपति भवन में क्यूरेटर का कार्य किया। इन्होंने ग्राम चित्रों में और भित्ति चित्रों में अच्छी सफलता प्राप्त की।

हरिहरनाथ मेढ़ (1906-1974) : इनका जन्म स्थान था वाराणसी। लखनऊ के कला एवं शिल्प महाविद्यालय में इनका प्रवेश 1926 ई. में हुआ था। 1936 से 1964 तक ये यहाँ शिक्षक रहे। 1954 में यहाँ के प्रधानाचार्य हुए। इन्होंने नन्दलाल बसु से चित्रकला की शिक्षा प्राप्त की थी। ये रेखांकन कला में बहुत सफल हुए। 'मेघदूत' नामक इनकी रचना को बड़ी ख्याति मिली है।

स्पष्ट है कि अवध की चित्रकला परम्परा सर्वथा विशिष्ट है।

चित्रकला की अयोध्या शैली

अयोध्या के मन्दिरों में कलांकन की कला बहुत पुरानी है। इन मन्दिरों में अष्टयाम, अष्टसखी, रागमाला, बारहमासा आदि के चित्र जगह-जगह अंकित दिखते हैं। रामायण, महाभारत और भागवत के आधार पर निर्मित तथा रामलीला और कृष्ण लीला से सम्बन्धित यहाँ बहुत सारे चित्र द्रष्टव्य हैं। इन पर मुगल शैली, राजपूत शैली और पहाड़ी शैली का काफी प्रभाव है। अयोध्या की अपनी भी एक शैली इन मूर्तियों या चित्रों में दिखाई देती है। अयोध्या के पत्थर निर्मित मन्दिरों में आकृतियों को इतनी बखूबी से उभारा गया है कि वस्त्र की एक-एक सिलवट उनमें दिखाई देती है। इन कलाकृतियों में कई कथाएँ अंकित हैं, जैसे—रामबरात, राजगद्दी, अगवानी, पावस झूला, धनुष भंग, विदाई, द्वार पूजा, जनवासा, घोड़चढ़ी, विदाई, सरयू विहार आदि। इनमें क्षीर सागर, पेड़, लता, पुष्प, पत्र, गोवर्धन धारण आदि के बड़े बारीक दृश्य प्रस्तुत किये गये हैं।

अयोध्या के जिन मन्दिरों में विशिष्ट चित्रकला दिखाई देती है, वे हैं—

1. जगदीशपुर मन्दिर (फैजाबाद) : यह 1812 ई. के कुछ पूर्व का है। इसकी दीवालों पर अयोध्या शैली में राम और कृष्ण की लीलाओं से सम्बन्धित अनेक सुन्दर चित्र हैं।

2. राज सदन अयोध्या का मन्दिर : यह ददुवा जी के द्वारा लगभग 100 वर्ष पहले बनवाया गया था। इसमें शीशे की पेण्टिंग का काम बहुत अच्छा हुआ है।

3. तिवारी मन्दिर (अयोध्या) : राजा मिनगा द्वारा लगभग डेढ़ सौ वर्ष पूर्व निर्मित इस मन्दिर में रंग-बिरंगे सुन्दर बेलबूटे बने हुए हैं।

4. शिवाला मन्दिर (अयोध्या) : नवाब सुजाउद्दौला के सेनापति राजा दर्शन सिंह के इस मन्दिर में जो पौराणिक चित्रावली अंकित है, उस पर ईरानी, फारसी, मुगल शैली और अवध शैली का समन्वय है। इन चित्रों में प्लास्टर, गेरू, काजल, कोयला, रामरज, हिरमिजी, नील, सिन्दूर, तिल्ली का

तेल, गोमूत्र और बकरी के दूध का प्रयोग हुआ है। इसके भित्ति चित्र विशिष्ट हैं।

5. गुप्त हरि मन्दिर (अयोध्या) : इसका निर्माण 1825 ई. में हुआ था। इसमें फूल-पत्ती तथा मछली की आकृतियाँ नयनाभिराम हैं। इसमें पंडित राघव नाथ ने समूची रामकथा अंकित कर दी है।

(6) मूर्तिकला

अवध क्षेत्र में केन्द्रीय ललित कला अकादमी (लखनऊ), राज्य ललित कला अकादमी, कला तथा शिल्प महाविद्यालय और इलाहाबाद में स्थित उत्तर मध्य संस्कृति केन्द्र का इस कला में विशेष स्थान है। मूर्तिकला में पत्थर, फाइवर, मिट्टी, कागज, कांक्रीट, मोम, प्लास्टिक, ताँबा, स्टील, पीतल, प्लास्टर, सीमेण्ट, लकड़ी, अल्युमुनियम आदि का विशेष उपयोग होता है। यहाँ के कलाकारों ने क्ले माडलिंग का काफी अभ्यास किया है। इन्होंने संगमरमर की अनेक धार्मिक मूर्तियाँ बनायी हैं और विशिष्ट व्यक्तियों की आवक्ष प्रतिमाएँ (बश्ट) भी। इन्होंने पारम्परिक और यथार्थवादी दोनों प्रकार की कला कृतियाँ प्रस्तुत की हैं। यहाँ का टेराकोटा सर्वथा विशिष्ट है। मिट्टी के खिलौने बनाने में इन्होंने दक्षता प्राप्त कर रखी है। अवध के विशिष्ट मूर्तिकारों में उल्लेखनीय हैं–

डॉ. अवतार सिंह पँवार : ये कला एवं शिल्प महाविद्यालय लखनऊ में दीर्घकाल तक शिक्षक तथा विभागाध्यक्ष रहे। इन्होंने कालिदास, शंकराचार्य, शिवपरिवार, सरस्वती, कण्वऋषि, शकुन्तला, रवीन्द्रनाथ ठाकुर, स्वामी रामतीर्थ, जवाहर लाल नेहरू, इन्दिरा गाँधी, नेता जी सुभाष चन्द्र बोस आदि अनेक विभूतियों की मूर्तियाँ निर्मित की हैं। ये पहले मॉडल बनाकर उसका आकार निर्मित करते थे, फिर उसे धातु या पत्थर पर उतारते थे। इन्होंने शान्ति निकेतन से फाइन आर्ट्स की शिक्षा प्राप्त की थी। आचार्य नन्दलाल बोस इनके आदर्श थे। डॉ. पँवार म्यूरल कला में भी प्रवीण थे। इस कला को उन्होंने जापान, हांगकांग, बैंकाक आदि देशों तक पहुँचाया था। इस कला के कारण इन्हें डी.लिट्. की मानद उपाधि तथा समय-समय पर अनेक पुरस्कार प्राप्त हुए। लखनऊ के सूरज कुण्ड, हाथी पार्क, परिर्वतन चौक एवं बुद्धा पार्क में उनके द्वारा निर्मित मूर्तियाँ देखते ही बनती हैं। ये मुखाकृति के विशेषज्ञ माने जाते थे।

श्रीधर महापात्र (1912-1990) : इन्होंने कला एवं शिल्प महाविद्यालय लखनऊ में शिक्षण कार्य करते हुए क्ले मॉडलिंग क्षेत्र में अनेक प्रतिमान स्थापित किये। श्रीधर जी विश्व भारती के अवनीन्द्रनाथ जी की कला शैली से प्रभावित थे। ये प्रसिद्ध कलाकार हालदार के शिष्य थे। इन्होंने पारम्परिक और यथार्थवादी, दोनों शैलियाँ अपनायीं। इनके द्वारा संगमरमर तथा साफ्ट स्टोन से बनायी गयी धार्मिक मूर्तियाँ अपेक्षाकृत ज्यादा हैं। यों, लकड़ी तथा प्लास्टर से भी इन्होंने कई मूर्तियाँ तैयार की हैं। मूर्ति कला के लिए इन्हें समय-समय पर बहुशः सम्मानित किया गया। इन्हें 1938 ई. में अकादमी की फेलोशिप प्रदान की गयी थी।

सदाशिव गंगाधर श्री खंडे (1934-2001) : श्रीखंडे जी की मूर्तिकला यहाँ 1957 ई. से प्रकाश में आयी। इन्होंने अधिकतर प्रस्तर मूर्तियाँ बनायी हैं। अपनी मूर्तिकला के कारण ये राष्ट्रीय ललित कला अकादमी, उत्तर प्रदेश की राज्य ललित कला अकादमी, कलकत्ता अकादमी ऑफ फाइन आर्ट्स आदि संस्थाओं से अनेक बार सम्मानित किये गये। इनकी प्रदर्शनियाँ स्थान-स्थान पर लगायी गयीं, जिससे इनके द्वारा किये गये विशिष्ट कलात्मक प्रयोग प्रकाश में आये। उन्होंने मार्बल तथा प्लास्टर से वात्सल्य एवं युग्म भाव को विशेष रूप से उभारा। अमूर्तन शैली में भी इन्हें काफी सफलता मिली। वैष्णव भक्ति भावना से युक्त शिव पार्वती गणेश आदि की मूर्तियाँ इन्होंने अच्छी बनायी हैं।

सुधीररंजन खास्तगीर (1907) : ये कई शिल्पों के विशेषज्ञ थे। बहुत दिनों तक ये कंवई तथा ग्वालियर में कार्यरत रहे। फिर अर्से तक ये लखनऊ कला महाविद्यालय के प्राचार्य रहे। ये मूर्तिकला और चित्रकला में पारंगत थे। इनकी मूर्तियाँ प्रायः प्लास्टर और कांक्रीट में होती थीं। इन पर शान्ति निकेतनी कला का गहरा प्रभाव था। इनकी अधिकतर कृतियाँ नृत्य भाव में प्रस्तुत की गयी हैं। इन्होंने अजंता पर काफी काम किया। सुधीर जी मूलतः चटगाँव के निवासी थे। इन पर नन्दलाल बोस का गहरा प्रभाव था। 1956 में ये लखनऊ आये। कुछ समय तक ये यूरोप तथा देहरादून में भी शिक्षक रहे। इन्होंने मोटिव्स के आधार पर संथाली नारी, अमलतास, पलाश आदि की अद्भुत कला कृतियाँ बनायीं। लखनऊ की 1960 की बाढ़ में इनके चित्रों को बड़ी क्षति पहुँची। इन्हें पद्मश्री और लन्दन की रायल सोसाइटी की फेलोशिप से नवाजा गया था।

हिरण्यमय रायचौधुरी : इनका जन्म जैसोर (बंगाल) में 1884 में हुआ था। ये अवनीन्द्रनाथ के शिष्य थे। मूर्ति शिल्प की शिक्षा इन्होंने इंग्लैण्ड के रॉयल कालेज से प्राप्त की थी। लखनऊ के स्कूल ऑफ आर्ट ऐण्ड क्राफ्ट में इन्होंने 14 वर्षों तक सुपरिंटेंडेंट का कार्य किया। 1955 में इन्होंने अवकाश प्राप्त किया।

स्पष्ट है कि अवध की मूर्तिकला काफी विकसित है।

(7) स्थापत्य कला

इस कला का सम्बन्ध भवनादि की निर्माण-कला से है। स्थपतिक (थवई) अपनी बुद्धि, कल्पना तथा कर्म निष्ठा द्वारा छेनी, हथौड़ी, कन्नी आदि औजारों के माध्यम से मृत्तिका, प्रस्तर, ईंट, लौह, काष्ठ आदि को जोड़कर भवन, कुवाँ, बावड़ी, देवस्थली, मन्दिर, घाट, आश्रम आदि का निर्माण करके उसे स्थायित्व प्रदान करता है। पुर, नगर, राजप्रासाद, सामान्य आवास, सरोवर, उद्यानादि स्थापत्य कला के मुख्य रूप हैं। अवध क्षेत्र के कलावशेषों, दुर्ग, भवन, घाट, मन्दिर आदि में स्थापत्य कला के उत्तम नमूने देखने को मिलते हैं। इसका युगानुरूप सौन्दर्यांकन यहाँ के लोक साहित्य में भी हुआ है। उदाहरणार्थ नगर निर्माण कला का सौन्दर्य निम्नांकित पंक्तियों में अवलोकनीय है—ऊँचा नगर अजोध्या, छाये हैं हरे हरे बाँस/ऊँचा नगर पुर पाटन/गड़िगे हैं झण्डा निसान, हुवैं राम उतरै।''

राजप्रासाद का वर्णन यहाँ के लोक गीतों में बहुत हुआ है। इनमें ऊँची अट्टालिका, ऊँची पौरी (उन्नत द्वार), झरोखा-कोठा, आँगन, गजओबरी, बरोठा आदि का सहज स्वाभाविक चित्र देखा जा सकता है। यथा—

''ऊँची अटारी महल चित्तसारी, जूड़ी आवैं बयारी जी।''
ऊँची ऊँची पौरी उठाओ ससुर जी, निहले राखौ मुहार'' आदि।

अवध की वास्तुकला का परिचय इस पंक्ति में भी द्रष्टव्य है—

'ऊँची पौरी बन्द दुआरा, हाथी बँधे दुआर।'

गृह निर्माण कला में चन्दन काष्ठ से निर्मित कपाटों का बहुशः उल्लेख मिलता है, जैसे—

'भउजी खोलि दियो चन्दन केवँरिया भीतर हम आउब।'

ये उल्लेख प्राचीन काल की समृद्धि के द्योतक हैं। गृह निर्माण कला में—गजओबरी, ओसरवा, कुआँ, बावड़ी, सगरा, घिनौची, खौं, बखारी, छज्जा आदि का वर्णन मिलता है। यथा—'पूत तुम्हरी धना लिहिन गजओबरि तो होरिल जनम भा है रे।'

गजओबरी कोठरी को कहते हैं, 'ओसरवा' भवन के भीतरी भाग को कहते हैं। एक जनेऊ गीत में कहा गया है—

'नये ओसरवा, नये घर, नये नये खम्भा जो लागे हैं रे।'

एक विवाह गीत में 'बखरी' का उल्लेख हुआ है—

'सात कुँअर मोरे बाबा की बखरिया आगै अंबिलिया कै छाँह।'

इसी प्रकार जन्मोत्सव के एक 'सोहर' में अट्टालिका का उल्लेख हुआ है—

'गगरी तौ धरिन घिनौची, एडुली, रनिया लपकि कै चढ़ि गयी अँटरिया, सासु समुझावै।'
'ऊँचे ऊँचे कुँअना औ ऊँची जगतिया गाँव की गोरी भरै पनिया।'

इसी प्रकार एक गीत में घाट निर्मित सरोवरों का वर्णन द्रष्टव्य है। अवधी लोकगीतों में कई विशिष्ट घाटों और मन्दिरों का भी उल्लेख मिलता है, यथा—

'को यहु घाट बँधावा को सगरा खोदावा।
कहिके भरैं कहार तो बरुवा नहाय।'

कुछ गीतों में दुर्ग का वर्णन हुआ है—

'गढ़ ऊँचा औ ध्वज फहराय'
'गढ़ कँगरे मा जनम लियो है, मोरा पूछै अवतार।'
'ऊँचा कोट देखाय।'

'आल्हा' में दुर्गों की छटा बहुशः वर्णित हुई है। उसकी अनेक लड़ाइयों में गढ़-स्थापत्य का उल्लेख है। कई गीतों में देवस्थल (मन्दिर) का भी वर्णन हुआ है, जैसे—

'ऊँचा भवन बना तेरा भइया नीचे बहैं गंगा जलनी
संकठा संकट की हरनी।'
'गेगासों के घाट की क्या बरनी
जहँ बास लिए संकट हरनी।'

इसी प्रकार कई अन्य स्थलों पर, जैसे दुर्ग कड़ा मानिकपुर, चंद्रिका, बक्सर आदि का वर्णन यत्र-तत्र हुआ है।

स्पष्ट है कि अवधी लोकगीतों में प्रयुक्त शब्दावली बखारी, ओसरवा, बरोठा, गजओबरी, महल, आँगन, घिनौची, द्वार, अटारी, चितसारी, 'घोरसारा' आदि का प्राचुर्य है। यह स्थापत्य की समृद्धि का प्रमाण है।

प्राचीन वास्तुशास्त्र के अनेक विधान यहाँ प्रचलित रहे हैं। नगर की योजना बनाते हुए यह ध्यान दिया जाता था कि वह भूमि कैसी है? पहले भू परीक्षा करके वास्तु शान्ति की जाती थी। यह विचार किया जाता था कि बस्ती वहाँ बसायी जाये जहाँ नदी हो, आसपास हरियाली हो, चारों ओर से सूर्य की किरणें आती हों और जहाँ सुरक्षा व्यवस्था सुनिश्चित हो। इन सबसे आश्वस्त होकर सूत्रग्राही अर्थात् नाप जोख की जाती थी और विश्वकर्मा की पूजा करायी जाती थी। प्राचीन ग्रन्थों जैसे— महाभारत, अग्नि पुराण, शुक्रनीति, अर्थशास्त्र, जातक ग्रन्थों आदि में वास्तु का विस्तृत विवरण है। इनके अनुसार सभी जातियों के अलग-अलग स्थान निर्धारित करना चाहिए और आवश्यकतानुसार दुर्ग, चैत्य, परिखा, प्राकार, गोपुर, कपाट, प्रवेश द्वारा आदि का निर्माण करना चाहिए। प्राचीन कृतियों में अयोध्या नगर का जो वर्णन किया गया है, उसके अनुसार यहाँ अनेक राजप्रासाद, राजगृह और राजभवन थे। इस नगर में पाँच प्रकार के मार्ग थे—राजमार्ग, रथमार्ग, हस्ति पथ, बाजिपथ और पशु

पथ। बीच-बीच में चैत्य (चौराहे), हट्ट (हाट-बाजार) तथा स्कन्धावार (हस्तिशाला, अश्वशाला, सैनिक गृह) राजवंश, राज्यकर्मी तथा नागरिकों के लिए आवास बनाये गये थे।

हिन्दी कवियों ने राजभवनों का वर्णन करते हुए अनेक प्रकार की विचित्र उद्भावनाएँ प्रस्तुत की हैं। जायसी के अनुसार सिंहलगढ़ का सतखंडा इन्द्रासन भवन हीरे की ईंटों और कपूर कस्तूरी के गारे से बनाया गया था। इसमें माणिक्य के खंभे लगे थे। पर्दे के रूप में बहुमूल्य रत्न लटकाये गये थे। वहाँ लगे हुए चमर (पंखे) और गजर (घंटे) असाधारण आकार के थे। इसी प्रकार रतनसेन ने पद्मावती को जो महल दिया था, वह सोने का था। नागमती का महल चाँदी का था। जायसी ने चित्तौड़गढ़ का वर्णन अपने वास्तु ज्ञान के आधार पर किया है। उनके अनुसार उसमें सात खंड, सात पँवरी और कई ड्योढ़ियाँ हैं। जगह-जगह चौकियाँ बनी हुई हैं। दीवालों पर भाँति-भाँति की आकृतियाँ बनी हुई हैं। वहाँ सोने के किवाड़, पलँग और चौकी हैं। गढ़ के भीतर राजसभा, सरोवर, कुआँ-बावड़ी, मण्डप और रत्न जटित मन्दिर हैं। चारों ओर फलदार वृक्ष लगे हुए हैं। जगह-जगह सिंहासन रखे हुए हैं, जिन पर बैठे राजकुमार चौपड़ खेल रहे हैं। वहीं एक धर्मशाला है, जहाँ सदावर्त बट रहा है। सरोवर में कमल खिले हुए हैं। सुमधुर नौबत (शहनाई) बज रही है। दस हजार सेविकाएँ और द्वारपाल सेवा में संलग्न हैं। बहुमूल्य रत्न वहाँ घूरों में पड़े हुए हैं। बीच-बीच में कुआँ, वापी, बावड़ी हैं, जिनकी जगत पर, चौपालों पर, और चारों कोनों पर अंकित किये गये बेलबूटे अत्यन्त विलक्षण हैं।

मुल्ला दाऊद ने 'चान्दायन' में गोबर नगर के दुर्ग का एवं राजप्रासाद का वर्णन करते हुए लिखा है कि वह दुर्ग इतना ऊँचा है कि उसे देखते हुए पगड़ी गिर जाती है—"ऊपर हेरत खिसि परि पागा।" दुर्ग के चारों ओर परिखा (खाई) तथा भीतर धवल गृह है। उसका सिंह द्वार बहुत विराट है। आसपास कई पोखर, कुंड एवं मन्दिर हैं, जिनमें देव मूर्तियाँ रखी हुई हैं तथा चारों ओर अस्त्र-शस्त्र सुसज्जित हैं।

स्पष्ट है कि प्राचीन ग्रन्थों में वास्तु शास्त्र का बड़ा विस्तृत तथा अतिरंजित वर्णन किया गया है, किन्तु साथ ही इनमें स्थापत्य के कई गूढ़ सूत्रों का परिचय भी दिया गया है, जैसे—प्रासाद निर्माण, राजपथ, मन्दिर, सरोवर, घाट, उद्यान, कुंज, कुण्ड, कुआँ, किला, धौराहर, पोखर, वार्ताशाला, भण्डार, चित्रशालिका, चौखंडी, झरोखा, पटसार (बैठका), कोठा, तोरण, कनक खंभ आदि। इनके आधार पर कहा जा सकता है कि प्राचीनकाल में इस प्रकार का स्थापत्य अवध क्षेत्र में न्यूनाधिक प्रचलित अवश्य था।

अवध के स्थापत्य को मुख्य रूप से इन श्रेणियों में विभाजित किया जा सकता है—मठ-मन्दिर, मस्जिद, इमामबाड़े, किला, प्रासाद (महल), आवासीय, भवन, सरकारी भवन, स्मारक, पार्क घाट।

(क) मन्दिर शिल्प

इस क्षेत्र में विष्णु (राम, कृष्ण), शिव, हनुमान और देवी के मन्दिरों की भरमार है। इनमें सर्वाधिक हैं शिवाले। उनके गुंबद, शिखर, गर्भगृह, पार्श्ववर्ती सरोवर, उपवन, अतिथिगृह, विद्यालय, यज्ञ मण्डप, गोशाला, धर्मशाला आदि का स्थापत्य सर्वथा आकर्षक है। यहाँ अधिकतर इस्टिका मन्दिर हैं और प्रस्तर निर्मित भी। इनका काष्ठशिल्प भी विशिष्ट हैं। आज भी अवधांचल में देवी-देवताओं से जुड़े हजारों मन्दिर हैं, जो अपने स्थापत्य के कारण बड़े महत्त्वपूर्ण हैं। इनके साथ-साथ कई मस्जिदें, इमामबाड़े, गुरुद्वारे, गिरजाघर आदि भी द्रष्टव्य हैं। यहाँ के कुछ मुख्य उपासना स्थलों का परिचय अकारादिक्रम से दिया जा रहा है—

अटाला मस्जिद : जौनपुर में स्थापित यह मस्जिद ऐतिहासिकता और स्थापत्य की दृष्टि से अत्यन्त प्रसिद्ध है। यहाँ की जामा मस्जिद, लाल दरवाजा और गोमती का पुल भी दर्शनीय है।

अशर्फी भवन (अयोध्या) : इसमें लक्ष्मीनारायण जी विराजमान हैं। यह रामानुजी वैष्णव मन्दिर है। श्रावण माह में यहाँ दोलनोत्सव मनाया जाता है।

आसफी इमामबाड़ा एवं भूल-भुलैया (लखनऊ) : इसे बड़ा इमामबाड़ा भी कहते हैं। इसे किफायत उल्ला ने डिजायन किया था। इसमें दो प्रवेश-द्वार हैं। दक्षिण द्वार के आगे बड़ा प्रांगण है, फिर मुख्य प्रांगण है, जिसके दाहिने आसफी मस्जिद है। मुख्य भवन का हाल 163 फीट लम्बा, 53 फीट चौड़ा और 50 फीट ऊँचा है, किन्तु न कोई खम्भा है, न इसमें लोहा, सीमेंट, क्रांकीट, लकड़ी का प्रयोग हुआ है। इसकी छत कमानीदार डाटों से बनी है। इस हाल में दो कब्रें हैं। हाल के ऊपर भूलभुलैया गैलरी है, जिसमें 489 द्वार हैं। पूरी भूलभुलैया मधुमक्खी के छत्ते जैसी है। इसका गुबन्द नासपाती के आकार का है। इस पर आठ पहलदार मीनारें हैं। मस्जिद की सादगी देखने योग्य है।

इसकी मस्जिद का निर्माण आसफउद्दौला ने 1784 ई. में कराया था। ऐसी जनश्रुति है कि दिल्ली के मोहम्मद शाह रंगीले से बंगाल के नवाब ने हाथी खरीदे थे। उनके बयालीस हाथियों के काफिले से यहाँ नवाब के आदमियों ने बारह हाथी लूट लिए थे, जिनकी कीमत थी दो हजार करोड़ रूपये। उसी से यह इमामबाड़ा बनवाया गया था। हिन्दी के प्रसिद्ध जासूसी कथाकार किशोरी लाल गोस्वामी के अनुसार इसके भीतर उन्हें कोई खजाना भी मिला था। इस परिसर के भीतर बावली और खुफिया रास्ते भी थे। इसमें पहले एक सुन्दर महल था, जिसमें वारेन हेस्टिंग्स को ठहराया गया था।

कनक भवन (अयोध्या) : इस भव्य भवन का निर्माण रानी ओरछा ने लगभग 200 वर्ष पूर्व कराया था। यह भी मान्यता है कि इस मन्दिर का निर्माण द्वापर में श्रीकृष्ण जी ने कराया था। एक पुरा कथा के अनुसार यह मन्दिर कैकेयी ने सीता जी को भेंट किया था। इसका पुनर्निर्माण समय-समय पर होता रहा है, जिसका श्रेय महाराज विक्रमादित्य और रानी टीकमगढ़ को भी दिया जा सकता है। इसमें राम, लक्ष्मण और सीता जी की बाल मूर्तियाँ स्थापित हैं। चैत्र शुक्ल नवमी को यहाँ राम जन्मोत्सव मनाया जाता है।

कैथड्रल चर्च : इलाहाबाद का यह चर्च अपने स्थापत्य के कारण दर्शनीय तथा महत्त्वपूर्ण है।

छोटा इमामबाड़ा : लखनऊ के इस खूबसूत भवन को अवध के तीसरे नवाब मोहम्मद अली शाह ने 1838 ई. में बनवाया था। इस इमामबाड़े की सजावट देखने योग्य है। त्योहारों पर इसकी शोभा देखते ही बनती है। इसमें लगे हुए झाड़-फानूस बेल्जियम से मँगवाये गये थे। इसे 'प्रकाश महल' भी कहा जाता है। इसकी पिक्चर गैलरी बहुत महत्त्वपूर्ण है।

कबीर पंथी मन्दिर : अयोध्या में इस मन्दिर की स्थापना रामसूरत जी ने की थी। इसकी अपनी विशिष्ट बनावट है।

गारपुर मन्दिर : सुलतानपुर की रानी दरियाव कुँवरि द्वारा अयोध्या में निर्मित इस मन्दिर के बेलबूटे बहुत सुन्दर हैं। इसका शिखर तो बहुत ही ऊँचा है।

नबी नगर मन्दिर : नबी नगर स्टेट सीतापुर के राजा प्रभाकर प्रताप द्वारा 100 वर्ष पूर्व अयोध्या में निर्मित इस मन्दिर में राम, सीता, लक्ष्मण, हनुमान की अष्टधातु निर्मित सुन्दर मूर्तियाँ हैं।

नागेश्वर नाथ मन्दिर : अयोध्या का यह मन्दिर पुरातत्व और स्थापत्य दोनों दृष्टियों से अत्यन्त महिमा मंडित है।

नेपाली मन्दिर : यह जंग बहादुर राणा की बहू द्वारा निर्मित पूर्व नारायण सालिकराम जी का मन्दिर है। अयोध्या के मन्दिरों में यह दर्शनीय माना जाता है।

पत्थर मन्दिर : अयोध्या के इस मन्दिर के निर्माता थे स्वामी राघव नाथ। लगभग 200 वर्ष पूर्व निर्मित इस मन्दिर में रामायण और शिवपुराण के अनेक सुन्दर-सुन्दर चित्र अंकित किये गये हैं।

पुलपुर मन्दिर : अयोध्या में इसकी स्थापना गोमती कुँवरि जी ने राम जन्म भूमि और सीता रसोईं के मध्य करायी थी।

बन्दी देवी मन्दिर : बन्धन से मुक्त कराने वाली जालपा देवी का यह मन्दिर गुरुकुल अयोध्या के निकट है। इसका शिल्प सराहनीय है।

वाल्मीकि रामायण भवन (अयोध्या) : इसका निर्माण वासुदेव घाट के निकट मणिदास छावनी में किया गया है। इसमें महर्षि वाल्मीकि तथा लव-कुश की प्रतिमाएँ हैं। दीवालों पर पूरी रामायण उत्कीर्ण कर दी गयी है और अनेक सुन्दर चित्र बनाये गये हैं। इसके पुस्तकालय में अनेक दुर्लभ ग्रन्थ सुरक्षित हैं।

भरत-हनुमान-मिलन मन्दिर : यह निर्गुण और सगुण दोनों धाराओं का संगम है। अयोध्या के इस मन्दिर में प्रति सप्ताह हनुमान जी का महाभिषेक होता है।

भरद्वाज आश्रम : प्रयाग संगम के निकट स्थित इस आश्रम का बहुत बड़ा धार्मिक महत्त्व है। इसका प्राचीन स्थापत्य भी विशिष्ट है।

भीतर गाँव का मन्दिर : यह कानपुर जिले का अत्यन्त प्राचीन मन्दिर है, जो पुरातात्विक महत्त्व का माना जाता है। इसमें गुप्तकालीन स्थापत्य के अनेक साक्ष्य विद्यमान हैं।

रतन सिंहासन मन्दिर : इसका दूसरा नाम है 'राजगद्दी।' कनक भवन (अयोध्या) के निकट स्थित इस मन्दिर में राम, सीता, लक्ष्मण, भरत आदि की सुन्दर मूर्तियाँ हैं।

राधा-कृष्ण मन्दिर : सेठ जुग्गी लाल कमलापति द्वारा निर्मित यह संगमरमर का मन्दिर कानपुर का गौरव माना जाता है।

रामायण भवन मन्दिर : इसका निर्माण काशीदास जी ने कराया था। इसकी दीवालों पर पूरी भागवत, रामचरितमानस, कवितावली तथा विनय पत्रिका अंकित हैं।

रानी पौड़ी मन्दिर : बढ़ानापुर जिला बहराइच की राजमाता बसंतकुवरि द्वारा अयोध्या में स्थापित इस मन्दिर का प्रवेश-द्वार बड़ा भव्य बना है।

रानोपाली मन्दिर : यह अयोध्या के निकट गुरु नानक देव के सुपुत्र श्रीचन्द द्वारा स्थापित कराया गया था। इसमें ऋषि सगरा नामक एक कुण्ड है, जिसमें कई तीर्थों का जल डाला गया है। यहाँ पितृ पक्ष पर बहुत बड़ा आयोजन होता है। यह उदासी सम्प्रदाय का प्रमुख साधना केन्द्र है।

रूसी मन्दिर : इसका निर्माण 1886 ई. में अयोध्या में भागवत कुँवरि द्वारा कराया गया था। इसमें एक संस्कृत विद्यालय और धर्मशाला भी है।

बेणी माधव मन्दिर : तीर्थराज प्रयाग में अनेक मन्दिर हैं, जिनमें इस मन्दिर का बड़ा महत्त्व है। इसका शिल्प भी विशिष्ट है।

शाह नजफ का इमामबाड़ा : लखनऊ में इसे गोमती के तटपर गाजिउद्दीन हैदर ने बनवाया था। इसे नजफ में स्थित हजरत अली की मजार की नकल कहा जाता है। इसका चबूतरा और गुम्बद बहुत बड़ा है। इसके मुख्य हाल की सज्जा दर्शनीय है।

सत्यार मन्दिर : यह दन्तधावन कुण्ड, अयोध्या के निकट स्थित है। इसके निर्माता थे—सत्य स्नेही

जी। इसमें भगवान सत्य, भगवान बुद्ध और ईसा मसीह के सुन्दर चित्र बने हुए हैं।

हजरतगंज का इमामबाड़ा : वाजिद अली शाह द्वारा सन् 1857 ई. में निर्मित यह इमामबाड़ा पुरातत्व विभाग के अन्तर्गत है। शेष सभी वक्फ के अधीन हैं। इनके अतिरिक्त लखनऊ में डेढ़ दर्जन इमामबाड़े हैं, जिनमें कुछ हिन्दुओं के और अधिकतर शिया सुन्नियों के हैं।

हनुमान गढ़ी : अयोध्या में स्थापित यह मन्दिर अपने धार्मिक महत्त्व के साथ-साथ स्थापत्य का भी एक विशिष्ट नमूना है।

इस प्रकार स्पष्ट है कि अवध का मन्दिर शिल्प विशिष्ट है।

(ख) दुर्ग शिल्प

अवध में जगह-जगह कई किले पाये जाते हैं। प्राचीनकाल में इनके चार रूप प्रचलित थे—गिरिदुर्ग, महीदुर्ग, धन्यदुर्ग, वन दुर्ग। एक दुर्ग में कई द्वार, राजप्रासाद, भांडागार, अन्नागार, स्कन्धावार, आयुधागार और सभा गृह होते थे। यहाँ के मुख्य दुर्ग/किले हैं—

अमेठी दुर्ग : यह बच्छगोत्री राजवंश का प्रसिद्ध किला और महल है। इसका स्थापत्य काफी सराहनीय है।

इलाहाबाद किला : इलाहाबाद में त्रिवेणी तट पर अकबर ने एक किले का निर्माण कराया था और 'इलावर्त' को इलाहाबाद नाम दिया था। इसके निकट अशोक स्तम्भ स्थापित है, साथ ही अक्षय वट, उल्टा किला, सरस्वती कूप आदि।

जौनपुर का किला : यह एक अत्यन्त शक्तिशाली राज्य के इतिहास से जुड़ा हुआ है। यहाँ अनेक वर्षों तक शर्की वंश का शासन रहा है।

डलमऊ किला : गंगा तट पर स्थित इस खँडहर नुमा किले का बड़ा ऐतिहासिक महत्त्व है।

डौंडियाखेरा किला : यह राव राम बक्स द्वारा निर्मित कराया गया है। इसके खजाने को लेकर कई जनश्रुतियाँ प्रचलित हैं।

नानाराव किला : बिठूर (कानपुर) में स्थित इस किले का बड़ा ऐतिहासिक महत्त्व है।

बिजली पासी किला : यह लखनऊ का खँडहर नुमा पुराना किला है, जो पासी जाति के नायक तथा शासक बिजली के नाम से जुड़ा हुआ है।

भरौली किला : यह बैसवारे में स्थित था। अब इसका ध्वंसावशेष ही द्रष्टव्य है।

मटिया बुर्ज : यह कलकत्ता के निकट हुगली के तट पर स्थित एक उपनगर है, जिसे नवाब वाजिद अली शाह ने बसाया था। वे लखनऊ के नवाब थे। ईस्ट इण्डिया कम्पनी ने उनकी लोकप्रियता से क्षुब्ध होकर उन्हें 7 फरवरी 1856 को गद्दी से उतार दिया था तथा 13 मार्च 1856 को कलकत्ता भेज दिया था। शुरू में वे यहाँ राजा वर्द्धमान की कोठी में रहे। जब उन्हें यहाँ हुगली के किनारे जमीन प्राप्त हुई तो अपनी पेंशन से उन्होंने कई मील तक एक शहर बसा लिया, जिसके चारों तरफ परकोटा था और पूरा नजारा लखनऊ जैसा था। अस्तु, वह भी अवध के स्थापत्य में गणनीय है।

रायबरेली किला : इसका अस्तित्व अब नाम मात्र को है। किला बाजार में कहीं-कहीं उसके अवशेष दिखाई देते हैं।

रोहिताश्व दुर्ग : यह मिर्जापुर का एक ऐतिहासिक किला है, जो आज भी काफी कुछ सुरक्षित है।

लक्ष्मण किला : यह अयोध्या में स्थित है। यहाँ बड़े-बड़े साधक और विचारक हुए हैं। अयोध्या में इस किले के अतिरिक्त कई छोटे-बड़े किले हैं, जैसे—सुग्रीव टीला, कुबेर टीला, मणिराम की छावनी

आदि। हनुमानगढ़ी भी किले के रूप में ही दिखाई देती है।

लक्ष्मण टीला : लखनऊ का यह ध्वंसावशेष ऐतिहासिक महत्त्व का है। लोक मतानुसार लखनऊ को राजधानी बनाने के बाद लक्ष्मण ने यह किला निर्मित कराया था। बाद में औरंगजेब ने इसे तुड़वाकर एक मस्जिद बनवायी थी, जिसे टीले वाली मस्जिद कहते हैं।

विजयगढ़/नैनागढ़ (चुनार) : जनपद मिर्जापुर में स्थित यह एक ऐतिहासिक किला है, जो दर्शनीय माना जाता है।

शंकरगढ़ के किले : राना बेनी माधव ने शंकरगढ़ (रायबरेली) में मिट्टी के चार किले बनवाये थे, जो गदर के बीच ध्वस्त हो गये थे।

(ग) स्मारक

इस अंचल के स्मारकों तथा मकबरों में उल्लेखनीय हैं–

अम्बेडकर स्मारक : गोमती नगर, लखनऊ में निर्मित इस भवन में अनेक गुम्बद, पार्क, संग्रहालय आदि हैं। मध्य भाग में प्रवाहित भीम गंगा और डॉ. अम्बेडकर की मूर्तियाँ सर्वथा दर्शनीय हैं। इसी के आस-पास सामाजिक परिवर्तन स्थल, रमाबाई स्मारक पार्क, गाँधी सेतु आदि अनेक भवन हैं। इस क्षेत्र की प्रकाश व्यवस्था बड़ी आकर्षक है।

तुलसी स्मारक भवन (अयोध्या) : इसे मानस की रचना स्थली कहा जाता है। इसका निर्माण 1969 में हुआ था। इसमें एक पुस्तकालय, रामकथा संग्रहालय, सभागार आदि की व्यवस्था है।

बहू बेगम का मकबरा : यह फैजाबाद में स्थित नवाबी स्थापत्य का एक विलक्षण उदाहरण है। यहाँ की गुलाबबाड़ी सर्वथा दर्शनीय है।

बौद्ध स्तूप : अवध क्षेत्र में यों तो बौद्धों के कई केन्द्र हैं, किन्तु उनमें श्रावस्ती का बौद्ध स्तूप ऐतिहासिक दृष्टि से महत्त्वपूर्ण है। इसी के निकट सहेट-महेट, गन्धकुटी, जेतवन और अँगुलिमाल के कई अवशेष हैं।

शहीद स्मारक (लखनऊ) : स्वातन्त्र्य संग्राम के शहीदों की स्मृति में 15 अगस्त 1856 को संगमरमर से निर्मित कोलोनियल शैली का यह स्तम्भ कमल कली जैसा दिखाई देता है। यह रेजीडेन्सी की पूर्व दिशा में गोमती तट पर स्थित है।

शाहमीना की मजार : यह लखनऊ में स्थित एक प्राचीन स्मारक है, जिसका बड़ा धार्मिक महत्त्व है।

सआदत अली का मकबरा (लखनऊ) : इस मकबरे के बड़े गुम्बद पर सुनहरी कलगी लगी है। यह भवन पत्थर के सहारे टिका है। फर्श पर काले सफेद संगमरमर और संगमूरना का प्रयोग हुआ है। मकबरा लखौरी ईंट का बना है। इसी के साथ बेगम का मकबरा भी है। इसके चारों ओर पाँच-पाँच दरवाजों वाले बरामदे हैं। भीतर आठ पहलू का कक्ष है। ऊपर मजार है और तहखाने में कब्रें हैं।

स्पष्ट है कि अवध का यह स्थापत्य बड़ा महत्त्वपूर्ण है।

(घ) सार्वजनिक भवन

यहाँ समय-समय पर राजकाज के लिए कई सरकारी इमारतें शासकों द्वारा बनवायी गयी हैं, जिनमें उल्लेखनीय हैं–

अन्तरराष्ट्रीय स्टेडियम : लखनऊ में निर्माणाधीन यह स्टेडियम नवीनतम सुविधाओं से ओतप्रोत है और स्थापत्य की दृष्टि से बहुत महत्त्वपूर्ण है।

इलाहाबाद विश्वविद्यालय : प्रयाग में स्थित इस विश्वविद्यालय का स्थापत्य उच्चकोटि का है। इसके सिनेटहाल का गुम्बद अपने में विशिष्ट है। 1876 ई. में स्थापित यह विश्वविद्यालय आज केन्द्रीय विश्वविद्यालय के रूप में प्रतिष्ठित है।

उच्च न्यायालय भवन (इलाहाबाद) : यह प्रस्तर निर्मित दुमंजिला भवन 1870 ई. में बना था। 1916 ई. में इसका नया भवन वायसराय लार्ड चेम्सफोर्ड द्वारा लोकार्पित किया गया था। इसमें पूर्वी पश्चिमी स्थापत्य का सम्मिश्रण है।

उच्च न्यायालय भवन (लखनऊ) : यहाँ का नव निर्मित भवन स्थापत्य का बेजोड़ नमूना कहा जा सकता है। यह नवीनतम परिकल्प पर आधारित है।

घंटाघर हुसैनाबाद (लखनऊ) : बीस फीट चौड़ा और 221 फीट ऊँचा कुल 230 फीट का यह घंटाघर ज्यामितिक पद्धति से बनवाया गया था। इसके उपकरण लन्दन से आयातित किये गये थे। इस घड़ी की सुई डेढ़ फीट मोटी और 2 फीट ऊँची है। यह अपने समय की सबसे बड़ी घड़ी थी। इस घंटाघर का निर्माण मोहम्मद अलीशाह ने 1882 में 11,7000 रूपये से कराया था। इसमें ऊपर तक पहुँचने की सीढ़ियाँ हैं। सबसे ऊपर कुतुबशाही शैली का गुम्बद है, जिस पर सुनहरा छत्र है। ऊपर पीतल का उड़ता हुआ पक्षी है, जो हवा के साथ रुख बदलता है। यह लाल ईंटों का बना हुआ है। इसके प्रवेश-द्वार पर खूबसूत बेलबूटे बने हुए हैं।

चारबाग स्टेशन (लखनऊ) : उत्तर रेलवे के इस स्टेशन का स्थापत्य विशिष्ट है। इसकी नींव पड़ी थी मार्च 1914 में। इसके निर्माण में 60 लाख रूपये खर्च हुए थे। इसका नक्शा जैकब ने बनाया था। इसमें कई छतरीदार गुम्बद हैं, जिससे प्लेटफार्म की आवाज बाहर नहीं आती।

छतर मंजिल (लखनऊ) : यूरोपीय शैली का यह भवन नवाब गाजिउद्दीन हैदर तथा नसीरुद्दीन हैदर द्वारा 1810 में बनवाया गया था। 1847 से 1856 तक यह वाजिद अली शाह का आरामगाह रहा। पहले यहाँ बेगमें रहा करती थीं। पहली मंजिल में दीवानखाना, तहखाना, कई कक्ष और सुरंगें हैं। इसकी सजावट गुम्बदों और मेहराबों से की गयी है। यहाँ 1950 से 2013 तक केन्द्रीय ओषधि अनुसन्धान संस्थान रहा। अब यह संस्कृति विभाग की सम्पत्ति है।

टैगोर लाइब्रेरी भवन : लखनऊ विश्वविद्यालय में स्थित यह आस्ट्रेलिया के शिल्पी ग्रिफिन द्वारा 1935 में बनाया गया था। यहाँ का यूनियन भवन 'नयी दिल्ली' के शिल्पी ल्यूटन द्वारा 1921 में बनाया गया था।

पब्लिक लाइब्रेरी (इलाहाबाद) : कम्पनी बाग (एल्फ्रेडपार्क) इलाहाबाद में थार्नहिल स्मारक के रूप में गाथिक शैली से निर्मित यह भवन 1879 से पुस्तकालय रूप में स्थित है। पुस्तकालय के बगल में संग्रहालय भवन है। इसके निकट मेयो मेमोरियल हाल है, जिस पर 180 फीट ऊँचा स्तम्भ है।

बलरामपुर राजभवन : यह बहुत बड़ा रजवाड़ा रहा है। महाराज/बलरामपुर ने अपनी राजधानी में अनेक महल, चिकित्सालय, महाविद्यालय आदि बनवाये थे। इनमें महारानी लक्ष्मी कुँवरि पी.जी. कालेज जिस भवन में चल रहा है, उसका स्थापत्य सर्वथा विशिष्ट है।

म्योर कालेज भवन (इलाहाबाद) : यह गाथिक तथा भारतीय शैली का मिलाजुला रूप है। इसका निर्माण 1874 में हुआ था। इसमें बहुत ऊँचा एवं अच्छा गुम्बद है।

रामकृष्णमठ : निरालानगर में स्थित यह मठ स्थापत्य कला का विशिष्ट नमूना है।

रूमी दरवाजा (लखनऊ) : इसे लखनऊ का 'हस्ताक्षर भवन' कहा जाता है। इसका निर्माण अवध के चौथे नवाब आसफउद्दौला ने इण्डो सरासेनिक शैली में कराया था। उनका शासनकाल

था 1775-1797 ई.। इसी बीच लखनऊ को अवध की राजधानी बनाया गया था। रूमी दरवाजा का एक नाम है 'रामद्वार' और दूसरा नाम है टर्किश गेट। इसका निर्माण 1784 से 1786 के बीच हुआ था। इसमें लोहे तथा लकड़ी का प्रयोग न करके इसे केवल ईंट तथा चूने से बनाया गया है। यह पंचमहल के आकार का त्रिपोलिया है। इसका परकोटा हवादार है और ऊपर आठ पहलू का बुर्ज है। इसके द्वार शंख जैसे और मेहराब धनुषाकार हैं। अन्दर नागर कला के बेलबूटे हैं। शिखर पर कमल पुष्प है। नीचे ईरानी ज्यामितीय चिह्न हैं। 60 फीट ऊँचा यह दरवाजा कुसतुनतुनिया फाटक की अनुकृति कहा जाता है।

रोशनउद्‌दौला की कचहरी/कोठी : यह लगभग 200 वर्ष पुरानी पाँच मंजिली इमारत लखनऊ के नवाबों, मुख्यतः नासुरतद्‌दीन की स्थापत्य प्रियता का नमूना है। वर्षों तक इसमें सरकारी कार्यालय और न्यायालय स्थित थे।

लखनऊ विश्वविद्यालय : यह 300 एकड़ क्षेत्र में व्याप्त परिसर है। 1864 में कैनिंग स्कूल के रूप में इसका निर्माण शुरू हुआ था और 1911 में बनकर तैयार हुआ था। पहले इसी का भाग था के.जी.एम.यू.। सर्वप्रथम किंग जार्ज मेडिकल कालेज (हास्पिटल) का शिलान्यास मच्छी भवन के बगल में 1906 में किया गया था। यह 1912 में जान हेवेट द्वारा लोकार्पित हुआ था। इसके गुम्बदों में इण्डो सरासेनिक शैली दिखती है। इसका परिसर मूलतः बेगमों के हरम (बादशाहबाग) के रूप में तैयार कराया गया था। इस बीच विश्वविद्यालय परिसर में अनेक भव्य भवन बनाये गये हैं।

लामार्टीनियर कालेज (लखनऊ) : यह किले के रूप में 18वीं शती के अन्तिम चरण में मेजर मार्टिन (फ्रांस) द्वारा बनवाया गया था। यह यूरोपियन गाथिक शैली का स्थापत्य है। 1800 ई. में मार्टिन को इसी में दफनाया गया था। 1840 से यहाँ एक स्कूल शुरू हुआ, जो क्रमशः प्रसिद्ध होता गया। यह भवन इटैलिक वास्तु से भी प्रभावित है।

लाल बारादरी : लखनऊ में नवाबों द्वारा निर्मित इस भवन में पहले ताजपोशी के जलसे हुआ करते थे। इसका स्थापत्य विशिष्ट है। इसके निर्माण का श्रेय सआदत खाँ को दिया जा सकता है। इसमें लोक कला अकादमी स्थित है।

विधानसभा भवन (लखनऊ) : इसका शिलान्यास हर्वर्ट बटलर द्वारा 1922 में किया गया था। यह मिर्जापुरी पत्थर से बना है। इसका गुम्बद बहुत शानदार है। यह भवन 6 वर्षों में बनकर तैयार हुआ था। इसमें गाथिक शैली का विशाल गुम्बद है।

सफेद बारादरी : यह नवाबों के संगीत समारोहों के लिए बनवायी गयी थी। इसका स्थापत्य आज भी आकर्षक लगता है। अब यह सार्वजनिक समारोहों के लिए किराये पर दी जाती है। केसरबाग की इस बारादरी में मुगल शैली और अवध शैली का सम्मिश्रण है। इसका निर्माण 1850 में वाजिद अली शाह ने कराया था। इसकी मेहराबों में राजपूती शैली है। काँच की सज्जा फ्रांसीसी शैली की है। इसके खम्भों पर जालीदार वेष्ठनी है। यह भवन महफिलों तथा बड़े समारोहों के लिए प्रयोजनीय है। पूरे भवन में चिकन जैसी कढ़ाई दिखाई देती है।

सिकन्दर बाग (लखनऊ) : नवाब वाजिद अली ने अपनी बेगम सिकन्दर महल के लिए इसे बनवाया था। इसके दोनों सिरों पर पगोड़ा शैली के चौकोर गुम्बद हैं। 1856 के संघर्ष में यहाँ की मस्जिद, बुर्ज, परकोटे आदि काफी क्षत-विक्षत हो गये थे। कुछ अवशेष अभी द्रष्टव्य हैं।

हैदर कैनाल : नवाब गाजिउद्‌दीन हैदर ने रानियों को गंगा जल सुलभ कराने हेतु कानपुर से लखनऊ तक यह नहर खुदवानी शुरू की थी। यह पूरे शहर में व्याप्त है।

(ङ) आवासीय भवन

अवध में निजी आवास के लिए समय-समय अनेक राजप्रासादों, महलों, कोठियों, हवेलियों और भवनों का निर्माण हुआ था, जिनका स्थापत्य कला की दृष्टि से बड़ा महत्त्व है। जमींदारी उन्मूलन के बाद अनेक महलों में सरकारी कार्यालय खुल गये अथवा वहाँ कालोनियाँ बना दी गयी हैं। उदाहरणार्थ लखनऊ में स्थित राजभवन और आकाशवाणी भवन पहले निजी महल ही थे। इधर कई पुरानी कोठियों को होटल, रिसोर्ट तथा क्लब बना दिया गया है, इसीलिए अब वे सार्वजनिक हो गये हैं। ये स्थापत्य के श्रेष्ठ नमूने हैं। यहाँ महल को पहले धौरहा (धवलगृह), 'हिमधौत को धाम' (चूने से पुते भवन) कहा जाता था। इनमें कई खण्ड, कई पँवरी और कई प्रांगण होते थे। तदनुसार इन्हें अठखण्डी, नौखण्डी, बहुखण्डी कहा जाता था। जायसी ने रतन सेन के महल को 'वारिगृह' कहा है, जिसमें दस हजार सीटों का शामियाना लगा रहता था। इसके भीतर स्कन्धावार हुआ करता था। स्वतन्त्रता पूर्व अवध क्षेत्र में सैकड़ों रजवाड़े थे। प्रायः सबने अपने-अपने लिए भव्य भवन बनवाये थे। इनमें आज कई राजभवन सांस्कृतिक धरोहर (हेरिटज बिल्डिंग) माने जाते हैं। यहाँ के प्रसिद्ध महलों तथा कोठियों में उल्लेखनीय हैं—

आनन्द भवन (इलाहाबाद) : पंडित मोती लाल नेहरू का यह भवन कभी आभिजात्य का प्रतीक रहा है। इसका 'स्वराज्य भवन' स्वतन्त्रता आन्दोलन का केन्द्र था।

खुर्शीद महल : लखनऊ की यह कोठी अपने स्थापत्य के कारण मशहूर रही है।

तारावाली कोठी : यह लखनऊ का एक पुराना भव्य भवन रहा है।

दिल कुशा पैलेस : यह लखनऊ का एक ऐतिहासिक भवन है। खँडहर बता रहे हैं कि इमारत कभी बड़ी बुलन्द थी।

फिरंगी महल : जहाँगीर ने फ्रांसीसियों के सहयोग से घोड़ों का व्यापार करने के लिए लखनऊ में इसका निर्माण कराया था।

फरहत बक्स की कोठी : लखनऊ की शाही इमारतों में पहले यह गण्यमान थी।

बटलर पैलेस : यह अंग्रेज अधिकारियों का प्रिय स्थल था। अब यहाँ कई सरकारी आवास हैं।

बिबियापुर कोठी : लखनऊ के शाही भवनों में कभी इसका बड़ा नाम था।

मच्छी बावन : अकबर के शासनकाल में उनके प्रतिनिधि रहीम ने लक्ष्मण टीले के पास एक टीला बनवाया था और इस भवन का निर्माण कराया था, जिसे आज 'मच्छी भवन' (मच्छी बावन) कहा जाता है। इसके मुख्य द्वार पर बनी हुई मछलियाँ अवध संस्कृति की प्रतीक बन गयी हैं।

मोती महल (लखनऊ) : इसका निर्माण नवाब सआदत अली खाँ एवं गाजिउद्दीन हैदर ने कराया था। इन दिनों इसके परिसर में अनेक कार्यालय, छात्रावास और पार्क हैं।

रेजीडेन्सी (लखनऊ) : यह 1856 के गदर का केन्द्र रहा है। पुरातत्त्व विभाग ने इसे संरक्षित कर रखा है। इसने 5 माह का संघर्ष झेला था। इस परिसर में कई भवन हैं। पहले घंटाघर, खजाना, गिरजाघर, गार्ड हाउस, फेनी, सागो, शेख ऐडरसन हाउस, मेस, न्यायालय आदि इसी में थे, जो गदर में ध्वस्त हो गये थे। इस बीच नये पार्क विकसित किये गये हैं। इसमें ध्वनि प्रकाश संगीत युक्त नाटकों का प्रायः प्रदर्शन होता है। रेजीडेन्सी का निर्माण 1780 में आसफउद्दौला ने कराया था। रेजीडेन्सी बेली ने यहाँ गार्ड रखी थी, अतः इसे बेलीगारद भी कहा जाता है।

जनसाधारण के लिए जो आवास यहाँ बनाये जाते हैं/रहे हैं, वे तीन श्रेणियों में स्थूल रूप से बाँटे जा सकते हैं—

1. पक्के मकान 2. कच्चे मकान 3. कुटीर। पक्के मकानों को भवन, सदन, मेंसन, बंगला, बिला, हवेली, कोर्ट आदि कहा जाता है। इसमें फाटक, बरामदे, कमरे, छज्जे, आँगन, तहखाना, प्रसाधन, रसोई-भण्डार, गैरेज, सीढ़ी, लान, बाउंड्री, पोर्टिको आदि की व्यवस्था रहती है।

यहाँ गाँवों में जो मिलेजुले कच्चे-पक्के मकान बनाये जाते हैं, उन्हें पहले 'बखरी' कहा जाता था। उसके भीतर कई दालाने होती थीं। दोहरी दालान को 'दुगही' और तीन दालानों को 'तिगही' कहा जाता था। अवध के स्थापत्य के अनुसार इन आवासीय मकानों में लम्बा-चौड़ा आँगन, लकड़ी के खम्भे लगी हुई चारों ओर दालानें, बीच-बीच में ताख, अहरा, पेटहरा, खिड़की, दरवाजा, नहा, नरदवा (नापदान), अटरिया पर जाने के लिए पौरी (सीढ़ी या जीना), रसोई में डेवढ़ी, अन्न भण्डारण के लिए डहरा-डहरी, बीच-बीच में अँतरी-अँतरा, कवहीं, कोठरी नीचे (बेसमेंट में) खौं (खजाना), ऊपर दुछत्ती, जलसंचय के लिए घनौची, गुसलखाना, तुलसी का थाला, बाहरी हिस्से में बैठक, सहन (लान) चबूतरा, घर के बाहर गौशाला, गोंड़ा, दरबा, भुसैला, कन्डौरा, अस्तबल, तबेला, घुड़शाल, प्रवेश-द्वार पर फरिका, टटवा या फाटक आदि की व्यवस्था अपनी-अपनी आवश्यकता और औकात के अनुसार की जाती रही है। यहाँ लोग इस बात का ध्यान रखते हैं कि प्रवेश-द्वार उत्तर पूर्व की ओर हो, आसपास मन्दिर हो, सफाई और हरियाली हो, पानी, बिजली और सुरक्षा की यथेष्ट व्यवस्था हो तथा अन्दर काफी पर्दा हो। यहाँ घरों की छतें प्रायः परस्पर जुड़ी होती हैं। पहले यह प्रयास किया जाता था कि गाँव की मुख्य बस्ती प्रमुख सड़क से काफी दूरी पर बसायी जाये, ताकि हमलावरों से भरसक बचा जा सके और मेहमानों की भीड़ से भी। एक प्रसिद्ध कहावत है—''एक तो बसे सड़क के गाँव दुसरे रहै द्रव्य ते हीन।'' यहाँ गाँव मे किनारे-किनारे छोटी पिछड़ी गरीब जातियों की बस्ती होती है और मध्य भाग में सम्भ्रान्त वर्ग की। पहले अलग-अलग जातियों के नाम पर टोले, मोहल्ले और थोक बँटे रहते थे। गाँव के किनारे घूरे रहते थे। कोशिश यह रहती थी कि बागान और खेत बहुत दूर न हों। आक्रमणकारियों से बचने के लिए गाँव की गलियाँ सँकरी रखी जाती थीं। प्राचीन ग्रामीण नियोजन में कहीं न कहीं एक सार्वजनिक स्थान जैसे—मन्दिर, चबूतरा या मैदान तै कर दिया जाता था, जहाँ नाटक, नौटंकी, कीर्तन-कथा आदि का आयोजन होता था। आर्थिक विकास और आधुनिकीकरण के कारण इधर आवास व्यवस्था, भवन स्थापत्य, सम्पर्क मार्ग, बिजली-पानी आदि की स्थिति काफी बदल गयी है। पहले सामुदायिक प्रणाली में देर रात तक मोहल्ले भर के लोग एक जगह अलाव के किनारे बैठकर अपने सुखदुख का आदान-प्रदान करते रहते थे। अब अतिरिक्त व्यस्तता और दूरी बढ़ गयी है। दिनोंदिन शहरीकरण तथा पलायन बढ़ता जा रहा है। अस्तु, ग्रामीण संस्कृति के पुनर्गठन की समस्या खड़ी हो गयी है।

यहाँ शहरों और गाँवों के निकट झुग्गी, झोपड़े नुमा कई मकान पाये जाते हैं। इनमें ज्यादातर प्रवासी या गरीब तथा अवैध कब्जेदार रहते हैं। वोट की राजनीति ने इन्हें बढ़ावा दिया है। इन मकानों में प्रायः आगजनी, चोरी तथा आपराधिक घटनायें होती रहती हैं। जमीन पर कब्जा करना, बस्ती और बाजार विकसित करना, टाउन प्लानिंग आ जाने पर उसे महँगी कीमत पर बेच देना, फिर कहीं अन्यत्र सरकारी भूमि पर कब्जा करना, यह भूमाफिया वर्ग का व्यवसाय हो गया है। अवध क्षेत्र में साधन हीन व्यक्तियों की आवास व्यवस्था को सुलझाने, शौचालय बनवाने, पानी की टंकी, सार्वजनिक नल, खडंजा, सोलर लाइट, सम्पर्क मार्ग आदि की अनेक योजनाएँ इधर चलायी गयी हैं। कुल मिलाकर इन घरों का स्थापत्य विकसनशील दिखाई देता है।

अवध के ग्रामीण घरों में जो शिल्प अभी प्रचलित है, उसमें बरोठा, कोठिला, सहंची, बखारी

आदि के नमूने कहीं-कहीं दिख जाते हैं। लोग बड़े हातों के शौकीन हैं। मिट्टी के बने हुए घरों पर खपरैल छाने का बड़ा रिवाज है। अब कंकरीट, छप्पर और टीन की छतें भी काफी दिखाई देती हैं। पहले रसोई में धुआँ-निकासी के लिए 'धुआँरा' बनवाया जाता था। कच्ची दीवालों पर चिकनी मिट्टी, गोबर और भूसे को मिलाकर बनायी गयी 'फेनिया' का लेप किया जाता था। भीतरी दीवालें पिण्डोर (तालाबी मिट्टी) से और गोबर से लीपी-पोती जाती थीं। प्रवेश-द्वार पर पशु-पक्षियों के रंग-बिरंगे चित्र बनाये जाते थे। घर की मुंडेर की विशेष मरम्मत वर्षा के पूर्व की जाती थी। बाहरी दीवालें लगभग तीन फीट चौड़ी होती थीं। उनमें बीच-बीच में बाँस के टट्टर लगा दिये जाते थे, ताकि सेंध आसानी से न काटी जा सके। ग्रीष्म ऋतु में ये कच्चे घर पर्याप्त ठंडक देते थे। इस प्रकार के आवासीय भवन दिनोंदिन कम होते जा रहे हैं।

(च) कुटीर शिल्प

यहाँ छप्पर और टट्टर की सहायता से घर, तरवाहा और 'बँगला' बनाने की विशिष्ट कला दिखाई देती है। ये कुटीर मूँज, सरकंडा, सरपत, सेंठा, पतावर, अरहर, झाँखर, ईख आदि की सहायता से बनाये जाते हैं। इनमें पहले चारों ओर लकड़ी के खम्भे, थूनी, टेक आदि स्थापित किये जाते हैं, फिर बाँस की सहायता से उनका ढाँचा तैयार करके टटिया बनायी जाती है। इन्हें जगह-जगह अरहर की पतली डालियों को पानी में भिगो कर, (उन्हें मुलायम करके) मोखनी (रस्सी) अथवा तार से बाँधा जाता है। जगह-जगह सेंठा, अरहर और बाँस की सहायता से निर्मित 'साँठ' या 'बाता' लगाया जाता है। ऊपर का बोझ सँभालने के लिए 'बडेर' लगायी जाती है। इसका एक रूपक जायसी ने प्रस्तुत किया है। नागमती के विरह प्रंसग में वे लिखते हैं कि रतन सेन की अनुपस्थिति में उसके घर में छप्पर छाने की व्यवस्था नहीं हो पा रही है–

'बंध नाहिं औ कन्ध न कोई।
'बाँक' न आव कहौ कोहि रोई।
'साँठ' नाहि लगि 'बात' को पूछा।
ररि दूबरि भयी टेक बिहूनी।
खंभ नाहिं उठि सकै न थूनी।।'

यहाँ बन्ध, कन्ध, बाँक, साँठ, बात, टेक, खंभ, थूनी आदि ठेठ अवधी के तकनीकी शब्द हैं। ये विभिन्न उपकरण हैं, जिनका छप्पर-छानी से गहरा सम्बन्ध है। इस प्रकार का रूपक कबीर के एक प्रसिद्ध पद 'सन्तौ आयी ज्ञान की आँधी' में भी दिखाई देता है।

इस बीच यह कुटीर शिल्प धार्मिक समारोहों और पर्यटन स्थलों से जुड़ गया है। कुम्भ मेला, इलाहाबाद में बनने वाले होम कुण्डों और यज्ञ मण्डपों में ये पर्ण कुटियाँ आज अपने श्रेष्ठ रूप में दिखाई देती हैं। बड़े-बड़े होटलों में ये 'काटेज' आज फैशन के रूप में काफी लोकप्रिय हो गये हैं। अवध क्षेत्र की इस शिल्प की इन दिनों बड़ी माँग है।

इस प्रकार यह स्वतः सिद्ध है कि अवध की स्थापत्य कला सर्वथा वरेण्य है।

हस्त शिल्प एवं स्फुट कलाएँ

अवध में छोटी-बड़ी कई हस्त कलाएँ प्रचलित हैं अथवा रही हैं, जैसे–लकड़ी से निर्मित मुखौटे। यहाँ अनेक देवी-देवताओं के मुखौटे मिलते हैं। तुलसी स्मारक भवन अयोध्या में स्थापित 'रामकथा

संग्रहालय' में हनुमान, सुग्रीव, जामवन्त आदि के अनेक मुखौटे रखे हुए हैं। कुछ मुखाकृतियाँ बाँस की जड़ों से बनायी गयी हैं। वहाँ ऐसी कई कलाकृतियाँ हैं, जिनमें कपड़े पर पट्टी शैली में पूरी रामकथा अंकित की गयी है। कुछ पेंटिंग्स कैनवास पर की गयी है। राम दरबार के कुछ दृश्य धातु शिल्प द्वारा निर्मित किये गये हैं। इस प्रकार की कलाकृतियों की पुनर्रचना हेतु प्रशिक्षण अपेक्षित है।

लखनऊ में चिकनकारी, जरदोजी, सिलाई, कढ़ाई, बुनाई की कला अत्यन्त विकसित है। यहाँ 'लखनऊ हाट' नामक संस्था का निर्माण किया गया है, जहाँ विशाल शिल्प मेला लगता है। पाँच मंजिली इस 'हाट' में 38 दूकानें हैं। इनमें लगभग 100 शिल्पी अपनी-अपनी कलाओं का प्रदर्शन करते हैं। लखनऊ की कारचोबी और चिकन कला यहाँ पूरे परिमाण में द्रष्टव्य है। मिट्टी के खिलौने, तम्बाकू और गुलाब रेवड़ी के नाम से लखनऊ बहुत प्रसिद्ध है। वर्तमान में यहाँ के नगर मिठाई, नमकीन और व्यंजन निर्माण के क्षेत्र में बहुत प्रसिद्ध है। लखनऊ की 'छप्पन व्यंजन' जैसी दूकानें छह हजार रुपये प्रतिकिलों वाली मिठाई बनाती हैं। ये खाद्य पदार्थ अलग-अलग शहरों और कस्बों के नाम से भी जुड़े हुए हैं, जैसे—संडीले का लड्डू, जौनपुर की इमरती, मौरावाँ के पेड़े, इलाहाबादी समोसा, कानपुरी पेठा, मैगलगंज के गुलाब जामुन आदि।

यहाँ का प्रायः प्रत्येक बड़ा कस्बा हस्त शिल्प के साथ विख्यात है। कहीं का चाकू, छुरी, सरौता, कैंची, हँसिया, खुरपा अर्थात् लोहारी की कला प्रसिद्ध है और कहीं का हैण्डलूम और पावर लूम। किसी समय तकिया (उन्नाव) का मेला फर्नीचर के लिए विख्यात रहा है। कहीं के मिट्टी या धातु के बने बर्तन ज्यादा चर्चित हैं। तात्पर्य यह है कि अवध के ये जनपद अनेक प्रकार की हस्तकलाओं के केन्द्र रहे हैं और आज भी न्यूनाधिक रूप में ये सुप्रसिद्ध हैं। यहाँ के गाँव-गाँव में घुमन्तू जातियों ने अनेक प्रकार की हस्त कलाओं का प्रवर्तन किया है। नथरकटा लोग यहाँ जो सिल बट्टे, जाँत, कूंडी, चाकी आदि बनाते हैं, वे सर्वथा सराहनीय हैं। लखनऊ में चिनहट क्राकरी का जो विस्तार हुआ है, वह अत्यन्त महत्त्वपूर्ण है। यहाँ गाँवों, कस्बों में झवई, झौवा, खँचुली, सिकहर, रस्सी आदि का निर्माण व्यापक स्तर पर किया जा रहा है। काष्ठशिल्प का प्रयोग यहाँ कई रूपों में दिखाई देता है, जैसे—दरवाजा, पलड़ा, खिड़की, अलमारी, रोशनदान, सन्दूक, बक्सा, पलँग, चौकी, तख्त, ढक्कन, कठौता, कठौती, चौखट, पालकी, कुर्सी, मेज, स्टूल, बेंच, कोल्हू, ऊखल, मूसल, पीढ़ा, बुक स्टैण्ड, रेहल, हल, माची, सरावन, बैलगाड़ी, इक्का, ताँगा, टमटम, डेस्क, रैक, जाँत का हत्था, खुरपी का हत्था, करघा, बेंट, बेंत, खड़ाऊ, ट्रे आदि। वस्तुतः जन जीवन से काष्ठ कला का पुराना सम्बन्ध रहा है। यहाँ बढ़ई को वर्धक कहा गया है। उसी प्रकार थवई का मूल है स्थपति, जो स्थापत्य कला से सम्बन्धित है। रांपी से सेंध काटने का कुकृत्य भी कला के रूप में उल्लेखनीय है।

ग्रामीण उद्योगों में पहले यहाँ अनेक प्रकार की हस्तकलाएँ प्रचलित थीं, जैसे—बाँस, पतावर, काँस आदि से टोकरी, सूप, डलवा बनाने की कला। इसी प्रकार ढाक के पत्तों से दोना पत्तल बनाने की कला, राँगा लगाने की कला, राल से चिपकाने की कला, कढ़ाई, बुनाई, रंगाई की कला, खिलौना बनाने की कला, हलवाईगिरी और भोजन निर्माण कला, दुग्ध उत्पादों की कला, मोची कला, भवन निर्माण कला, पटवागीरी, फर्नीचर निर्माण, रफूगरी, रँगाई, पुताई, पेंटिंग की कला, विभिन्न प्रकार के यन्त्रों की तकनीकी जुगाड़ एवं मरम्मत कला, लुहारी सुनारी का काम एवं बेल्डिंग कला, ग्रामीण चिकित्सा हेतु जड़ी-बूटी का निर्माण, वन्य पदार्थों—शहद, लाख, कत्था आदि का निर्माण, फल-फूल से सम्बन्धित पदार्थों का निर्माण, लघु उद्योग, जैसे मोमबत्ती, दियासलाई, तेल, मसाले, तम्बाकू, इत्र, पतंग, गेंद आदि का निर्माण, प्लास्टिक के बर्तन एवं पदार्थों का निर्माण, छपाई तथा मुद्रण कला

आदि। 'आर्थिक व्यवस्था' में इनका विवरण प्राप्य है।

इसी प्रकार के अन्य दर्जनों व्यवसाय हैं अथवा प्रचलित किये जा सकते हैं। इनसे निष्ठापूर्वक जुड़कर गरीबी से मुक्ति पायी जा सकती है। अवध का काफी बड़ा जनसमुदाय युग-युग से इन कलाओं के साथ जुड़ा हुआ है। इन कलाओं को मशीनीकरण के कारण बड़ी क्षति पहुँची है। अस्तु, इनके संरक्षण और संवर्धन की विशेष आवश्यकता है। अवधी में बैलगाड़ी के विभिन्न पुर्जों को लेकर लगभग 5 दर्जन शब्द हैं। अब उनके नामलेवा नहीं बचे हैं। इसकी निर्माण प्रक्रिया भी धीरे-धीरे विस्मृत होती जा रही है। प्राचीनकाल में अवधवासी जन लोहे की बनी वस्तुओं का ज्यादा प्रयोग नहीं करते थे, यह मानकर कि उसमें शनि का वास होता है। आज भी यहाँ शनिवार को लोहा खरीदना वर्जित है। चूँकि इधर पेड़ों की कटाई पर प्रतिबन्ध लगने के कारण लकड़ी महँगी हो गयी है, इसलिए लोहे से बने फर्नीचर का प्रयोग लोकप्रिय हो गया है।

अवध क्षेत्र की कुछ हस्त कलाएँ सुविख्यात हैं। उनमें एक है पतंग निर्माण और दूसरी आतिशबाजी। यहाँ कागज और प्लास्टिक की पतंगें भाँति-भाँति की डिजाइनों में बनायी जाती हैं। कागज की लुग्दी से बनायी जाने वाली कलाकृतियों की भी यहाँ भरमार है। कुछ जनपद दरी एवं निवाढ़ के लिए प्रसिद्ध हैं। अयोध्या में रामनामी, खड़ाऊँ और कंठी माला बनाने की कला काफी प्रचलित हैं।

निष्कर्ष यह है कि इन लघु कुटीर उद्योगों का आर्थिक महत्त्व तो है ही, कला की दृष्टि से भी इनका अपना वैशिष्ट्य है। मशीनीकरण, औद्योगीकरण के इस दौर में इन हस्तकलाओं की रक्षा करना आज अत्यावश्यक है।

धर्म-दर्शन

आराधना-पद्धतियाँ

कृष्णोपासना

अवध क्षेत्र में श्रीकृष्ण की भक्ति बहुप्रचलित है। प्रायः प्रत्येक मन्दिर में राम और कृष्ण की मूर्तियाँ हैं। यहाँ बहुत धूम-धाम से जन्माष्टमी मनायी जाती है। अधिकतर लोग उस दिन व्रत रखते हैं। घरों में, मुख्यतः मन्दिरों में कृष्णलीला की झाँकियाँ सजायी जाती हैं। इसे यहाँ 'फूल डोल' कहा जाता है। दिनभर भजन-कीर्तन करते हुए रात बारह बजे भगवान वासुदेव का जन्मोत्सव मनाया जाता है। प्रसाद के रूप में इस दिन धनिया की पँजीरी और पंचामृत बनाया जाता है। उसी में कान्हा का अभिषेक होता है, फिर उनका शृंगार होता है। कुछ मन्दिरों में कान्हा जी की छठी मनायी जाती है। कहीं-कहीं 'दधि काँधो' का आयोजन किया जाता है। गीता का पारायण लोग मनोयोग पूर्वक करते हैं। कृष्ण-कीर्तन करते हुए लोग राधा भाव का भी स्मरण करते हैं। इस क्षेत्र में श्रीमद्भागवत का काफी प्रभाव पड़ा है। अवधवासी लोग राम और कृष्ण में कोई भेद नहीं मानते। एक मर्यादा पुरुषोत्तम, दूसरे लीला पुरुषोत्तम। एक ओर बलराम, दूसरी ओर लखनलाल। रसिकोपासना में राधा और सीता, दोनों को किशोरी जी कहा जाता है। इस क्षेत्र में रामलीला की तरह रासलीला भी रुचिपूर्वक देखी जाती है। यहाँ की कृष्णोपासना वृन्दावन से प्रभावित है और जगन्नाथपुरी से भी। श्रीकृष्ण को यहाँ लोग भोग के देवता, नटनागर, बालगोपाल और रसराज के रूप में पूजते हैं। गीता में गोते लगाते हैं। धूमधाम से जन्माष्टमी, गोवर्धन पूजा आदि करते हैं। ज्येष्ठ के किसी एक सोमवार को जगन्नाथ पूजा अवश्य करते हैं। शुद्ध देशी घी के भोग अर्पित करते हैं। बलराम सुभद्रा को भी पूजते हैं। जगन्नाथ की यात्रा से लौटकर भागवत सुनते हैं तथा भोज भण्डारा करते हैं। उनका भात-प्रसाद रसोई में रखे रहते हैं, जिससे बरकत बनी रहे। प्रतिदिन बालगोविंद जी को भोग लगाकर प्रसाद प्राप्त करते हैं। तात्पर्य यह कि आम वैष्णव भक्त यहाँ कृष्णमय दिखायी देता है।

गणेशपूजा

इन्हें देवताओं में प्रथम पूज्य माना गया है। गण का अर्थ है—समूह। दूसरी ओर मरुत और रुद्र के अभिन्न जनों को भी गण कहा जाता है। इसके अतिरिक्त कुछ देवता गण रूप में विख्यात हैं, जैसे—दस विश्वदेव, आठ वसु, उनचास मरुत और ग्यारह रुद्र। इनके ईश या प्रधान हैं गणेश इसीलिए इन्हें गणाधिप, गणपति, गणनायक भी कहा जाता है। प्रसिद्ध वन्दना है—'गणानाम् त्वं गणपतिम्'। गणेश का प्रथम उल्लेख ऋग्वेद में हुआ है। पुराणों में देवगणों के स्वामी को 'विनायक' कहा गया है। डॉ. सम्पूर्णानन्द ने 'गणेश' नामक ग्रन्थ में इन्हें आर्येतर देवता माना है। शायद बाद में इनका

प्रवेश देव मण्डल में हो गया था। ऐसी मान्यता है कि इन्होंने विघ्नकारी तत्त्व रुद्र से लिए और सिद्धिकारी गुण शिव से लिए। ये कहीं शिव-पार्वती के पुत्र हैं, कहीं मात्र पार्वती के। इनका विग्रह बड़ा विचित्र है। लाल रंग, स्थूल शरीर, लम्बा उदर, हाथी का सिर, एक दाँत, चार हाथों में शंख, चक्र, गदा, अंकुश और कुमुदिनी धारण किये हुए, मूषक पर सवार। इन्हें गजानन वक्रतुण्ड, एकदन्त आदि कई नाम दिये गये हैं। इनके जन्म की अनेक कथाएँ हैं। एक कथा है कि शनि की दृष्टि पड़ने से इनका सिर जल गया था। ब्रह्माजी के निर्देशानुसार पार्वती ने हाथी का सिर लगा दिया। दूसरी कथा है—द्वार रक्षक रूप में इन्होंने शिव से युद्ध किया था और क्रुद्ध शिव ने इनका सिर काट दिया, जिससे यह हाथी का सिर लगाया गया था। यह भी कथा है कि परशुराम से हुए युद्ध में इनका एक दाँत टूट गया था। इनका पूजन महाराष्ट्र से लेकर पूरे दक्षिण भारत में काफी प्रचलित है। मोदक इनका प्रिय पदार्थ है। प्रत्येक मांगलिक कार्य में इनका सर्वप्रथम आह्वान (श्री गणेश) किया जाता है। इनके नाम से गाणपत्य सम्प्रदाय स्थापित हुआ। गणपति उपनिषद् में इसका विस्तृत वर्णन है। महाभारत में गजानन और षडानन दोनों को शिव पुत्र माना गया है। गणेश को लिपि का आविष्कर्ता माना जाता है। उन्होंने ही वेदव्यास के साथ मिलकर पुराणों और वेदों का लेखन किया था। महाराष्ट्र में भाद्रशुक्ल चतुर्थी (गणेश चतुर्थी) का व्रत विशेष धूम-धाम से सम्पन्न होता है।

गाणपत्य सम्प्रदाय 10वीं शताब्दी से प्रचलित है। इसी से गणेश पुराण गठित हुआ है। इसमें गणेश के हजारों नाम हैं और उनकी अनेक विभूतियों का वर्णन है। बाद में इसकी कई शाखाएँ विकसित हुईं। इस सम्प्रदाय में ललाट पर गोल लाल तिलक लगाया जाता है। अवध क्षेत्र में पृथक् सम्प्रदाय होने के बावजूद विघ्न विनाशक के रूप में सर्वत्र गणेश और गौरी की पूजा की जाती है। उन्हें गन्ध, सिन्दूर, नैवेद्य आदि अर्पित किये जाते हैं। यहाँ के अनेक तीज-त्योहार जैसे गणेश चतुर्थी, कर्क चतुर्थी मूलतः उन्हीं से सम्बन्धित हैं।

नवग्रह पूजन

भारतीय धर्म-दर्शन और ज्योतिष में सूर्य, चन्द्र, मंगल, बुध, गुरु, शुक्र, शनि, राहु और केतु ये नौ नक्षत्र माने गये हैं। इनका तुष्टीकरण और पूजन आवश्यक बताया गया है। जन सामान्य के लिए षट् नक्षत्र ही माननीय हैं, जबकि विशिष्ट जनों को नौ नक्षत्र मानने होते हैं। इन नक्षत्रों का सम्बन्ध जन्म से होता है। प्रत्येक महत्त्वपूर्ण कार्य करते हुए देखा जाता है कि कोई नक्षत्र पाप ग्रह से प्रभावित तो नहीं है। ऐसी मान्यता है कि कुछ विशेष प्रकार के धार्मिक अनुष्ठानों द्वारा ग्रह शान्ति की जा सकती है और नक्षत्रों के कुप्रभाव से बचा जा सकता है।

अवध क्षेत्र के हिन्दुओं में सूर्य की उपासना बहुप्रचलित है। मुस्लिमों में चन्द्रदर्शन का बड़ा महत्त्व है। हिन्दुओं में कुछ पर्व चन्द्रमा से सम्बन्धित भी हैं जैसे करवा चौथ। हिन्दू समाज सूर्यग्रहण, चन्द्रग्रहण पर विशेष अनुष्ठान करता है। इन ग्रहों में शनिदेव बहुत प्रबल माने जाते हैं, इसलिए इधर कई शनि मन्दिर स्थापित हो गये हैं। शनि पर सरसों का कड़ुवा तेल चढ़ाया जाता है। कहीं-कहीं नवग्रह मन्दिर भी बने हुए हैं। लोग प्रत्येक ग्रह की शान्ति के लिए ज्योतिषियों की सलाह पर अलग-अलग रंगों के जवाहरात पहनते हैं और अनुष्ठान करते हैं। परिवार में होने वाले व्रत पूजन में यहाँ नवग्रह पूजन का विधान है।

शनि का व्रत करते हुए यहाँ लोग शनिवार को तेल से स्नान करते हैं। भड्डरी ब्राह्मण को तेल का दान करते हैं। काले रंग के फूलों से लोहे की शनि मूर्ति पर लौहपात्र में तेल भरकर चढ़ाते हैं।

श्रावण मास में चावल, उड़द, खीर, पूड़ी आदि समर्पित करके लोग सूर्यास्त के बाद स्वयं प्रसाद ग्रहण करते हैं। शनि ग्रह मंदगामी हैं। जिन्हें साढ़ेसाती शान्त करनी होती है वे विशेष अनुष्ठान करते हैं।

पूज्य पेड़-पौधे तथा पशु-पक्षी

अवध क्षेत्र में विभिन्न वनस्पतियों (पेड़-पौधे), पशु-पक्षियों तथा जीव-जन्तुओं का वर्गीकरण धार्मिक दृष्टि से भी किया जा सकता है। हिन्दू, मुसलमान, बौद्ध, जैन, सिख आदि सम्प्रदायों में इससे सम्बन्धित अपने-अपने मत हैं, जो संक्षेप में यहाँ प्रस्तुत किये जा रहे हैं।

हिन्दू समाज में धार्मिक दृष्टि से पूज्य पेड़, पौधे, लताएँ वनस्पतियाँ इस प्रकार हैं–

अक्षयवट : यह प्रयाग में संगम के निकट किले के भीतर स्थित है। इसे सनातनी समाज विष्णु, शिव और मार्कण्डेय से जोड़कर सृष्टि तथा प्रलय के बीच अक्षुण्ण बना रहने वाला वृक्ष मानता है। जैन धर्मावलम्बी मानते हैं, कि इसके नीचे ऋषभ देव जी ने तप किया था। हिन्दू तथा जैन सभी इसकी पूजा और परिक्रमा करते हैं और ऐसा मानते हैं कि प्रलयोपरान्त भी यह वृक्ष सुरक्षित रहता है तथा यहीं से नयी सृष्टि की प्रक्रिया शुरू होती है।

अशोक : यह लाल गुच्छेदार कलात्मक वृक्ष शोभा का प्रतीक है। इसे कामदेव का प्रिय (कामोद्‌दीपक) वृक्ष माना गया है। इसके निकट बैठने से शोक भाव समाप्त हो जाता है। लंका में अशोक वाटिका में जहाँ सीता को रखा गया था, उसे सम्बोधित करती हुई सीता जी कहती हैं–

'सुनहु विनय मम विटप अशोका।
सत्य नाम करु हरु मम सोका।।'

प्राचीन काव्यों में उल्लेख है कि यह कामोष्मावर्धक होने के कारण पूज्य माना जाता था।

आम : रसीले मीठे फलों से युक्त रसाल वृक्ष अवध क्षेत्र में बहु व्याप्त है। शिवजी की समाधि को भंग करने के लिए कामदेव ने जिन पंचवाणों का उपयोग किया था, उनमें एक आम्रमंजरी भी थी। काम ने आम वृक्ष पर चढ़कर ही शिव पर शर संधान किया था। अयोध्या में राम विवाह में मंडप सज्जा के लिए आम्र पल्लव का प्रयोग किया गया था। यज्ञादिक सभी पूजन कार्यों में कलश पर रखने के लिए आम्र पल्लव का उपयोग बताया गया है। विवाहोपरान्त श्रीराम ने आम के पौधे रोपे थे। रामचरितमानस में कहा गया है–

'सफल रसाल पूंग फल केरा।'

अवध में आज भी हरा आम्र वृक्ष काटना वर्जित हैं, क्योंकि यह पूज्य माना जाता है।

आँवला : इसके नीचे मानस पूजा की जाती है। इसका वर्णन रामकथा में अनेकशः हुआ है। यह अचार मुरव्वा आदि के काम आता है। इसके ओषधीय गुण सुविदित हैं। अवध में इस वृक्ष की पूजा आँवला अष्टमी को की जाती है।

कदम्ब : इसका वर्णन कृष्ण कथा में बहुत हुआ है, पर रामकथा में भी इसका नितान्त अभाव नहीं है। जब श्रीराम की बरात अयोध्या लौटती है तो लोग कुछ खास तरह के पौधे लगाते हैं, जिनमें एक है कदम्ब। रामचरितमानस में कहा गया है–

'सफल पूग फल कदलि रसाला। रोपे बकुल कदम्ब तमाला।'

कदम्ब वृक्ष पम्पा सरोवर के किनारे ज्यादा दिखाया गया है। कवि के शब्दों में–चम्पक, बकुल, तमाल। वस्तुतः यह एक पूज्य वृक्ष है।

कदली : इसके स्तम्भ और पत्ते प्रत्येक धार्मिक आयोजन में सजाये जाते हैं। वृहस्पति ग्रह

पूजन में इसका उपयोग आवश्यक है। रामचरितमानस के अनुसार श्री राम के अभिषेक के उपलक्ष्य में अयोध्या में केले के कई पौधे लगाए गये थे।

कमल : गोस्वामी जी ने कमल के अनेक पर्यायवाची शब्दों का और उपमानों का प्रयोग किया है, जैसे—'करकंज, लोचन कंज, मुखकंज, पद कंजारुणम।' यह कमल पवित्रता, कोमलता और सुन्दरता का प्रतीक है। शिवार्चन में इसका प्रयोग अधिक होता है।

गूलर : इसे उमरि या उदम्बर भी कहते हैं। इस फल के भीतर कुछ जन्तु (भुनगे) होते हैं। इसीलिए अंगद ने लंका की उपमा गूलर से दी है—

गूलर फल समान तब लंका। बसहुँ मध्य तुम जन्तु असंका।

यह उल्लेखनीय है कि इस मीठे फल को खाने वाले उन बारीक भुनगों को भी खा जाते हैं। गोस्वामी जी इसीलिए इसको रहस्यमय मानते हैं। यहाँ वैष्णव भक्त इस फल को इसीलिए नहीं खाते हैं।

'ऊमर तरु विशाल तब माया। फल ब्रह्माण्ड अनेक निकाया।'

अवध में मातृ ऋण से मुक्त होने के लिए इस वृक्ष के रोपण का विधान है।

चन्दन : यह शीतलता और पवित्रता का प्रतीक है। श्रीखण्ड रूप में यह पूज्य है। सीता जी ने राम के प्रति अपना वियोग व्यक्त करते हुए कहा था—

'मो कहँ होउ श्रीखण्ड समाना।'

वैष्णव तथा शैव इसे घिसकर मूर्ति पर और अपने ललाट पर लगाते हैं।

तमाल : इसे कुछ लोग पान का और कुछ लोग तम्बाकू का पूर्व रूप मानते हैं। साहित्य में इसको गहरे हरे रंग और नव स्फूर्ति का प्रतीक माना गया है। उदाहरणार्थ तुलसी की यह उपमा देखिए—

'तरुन तमाल बरन तनु सोहा।'

तमाल पत्र का उपयोग पूजन में विशेष रूप से किया जाता है। प्राचीन काल में यह वैर प्रीति तथा शिष्टाचार का प्रतीक माना जाता था। यह देवपूजा में सदैव अर्पित किया जाता है।

तुलसी : अवधवासियों की ऐसी आस्था है कि जिस घर में तुलसी का पौधा होता है, वह तीर्थ हो जाता है। वहाँ संक्रमणकारी जीवाणु तुलसी के प्रभाव से नष्ट हो जाते हैं। यहाँ प्रायः प्रत्येक सनातनी के घर-आँगन में तुलसी का थाला सजाया जाता है और प्रति-दिन उनका पूजन अर्चन किया जाता है। विष्णु का पूजन तभी पूरा माना जाता है, जब उसमें तुलसीदल डाल दिया जाता है। एक पुराख्यान के अनुसार सागर मंथन के समय विष्णु के अंश से तुलसी का जन्म हुआ था। विष्णु ने उन्हें मस्तक पर धारण कर लिया था। उन्होंने रामावतार और कृष्णावतार में असुरों के वध का संकल्प लेकर गोमती के तट पर तुलसी का पौधा लगाया था। शिव को पति रूप में प्राप्त करने के लिए पार्वती ने और राम के वियोग में सीता ने तुलसी का ध्यान कर मनोकामना पूरी की थी। तुलसी का पूजन बैशाख कार्तिक और माघ माह में विशेष रूप से किया जाता है। तुलसी पत्र को स्वास्थ्यवर्धक माना गया है। वह त्रिदोष अर्थात् वात, पित्त, कफ का निवारक है।

अवधवासियों की यह मान्यता है कि कार्तिक देवोत्थानी एकादशी तथा द्वादशी को तुलसी देवी और सालिक राम का विवाह हुआ था। भक्त गण उस दिन धूम-धाम से इनका विवाह कराते हैं। कार्तिक मास में तुलसी पूजन का विशेष महत्त्व है। प्रति संध्या स्त्रियाँ तुलसी की आरती करती हैं। एक पुराख्यान के अनुसार तुलसी या वृन्दा जलंधर की पत्नी थीं। लक्ष्मी के शाप से वे तुलसी बनकर विष्णु की सेविका हो गयी थीं।

नीम : यह परम पवित्र वृक्ष है और इस क्षेत्र में बहुतायत से प्राप्त होता है। वैज्ञानिकों के

अनुसार इस वृक्ष में अनेक ओषधीय तत्त्व प्राप्य हैं। यही कारण है कि यह एक पूज्य वृक्ष माना जाता है। ऐसा लोक विश्वास है कि इस पर देवी महारानी का वास रहता है। यहाँ लोग प्रतिदिन नीम पर जल चढ़ाते हैं।

पारिजात : यह कुन्तीपुर बाराबंकी में स्थित एक अत्यन्त प्राचीन प्रसिद्ध वृक्ष है, जिसके सम्बन्ध में मान्यता है कि इसे अर्जुन ने नन्दन कानन से लाकर यहाँ लगाया था। इसके दर्शनार्थ दूर-दूर से लोग आते हैं और इसकी पूजा करते हैं।

पीपल : इसे प्रायः चल-दल अर्थात् चांचल्य का उपमान माना गया है। गोस्वामी जी ने इसी अर्थ में यह उपमा दी है, ''पीपर पात सरिस मन डोला।'' भारतीय जीवन में पीपल को सर्वाधिक पवित्र वृक्ष कहा गया है, इसीलिए सिद्ध साधक लोग पीपल के नीचे अपना आश्रम बना कर साधना करते थे। रामकथा के गायक काक भुशुण्डि का आश्रम पीपल के नीचे था। इस क्षेत्र में कोई हिन्दू पीपल का वृक्ष नहीं काटता। ऐसा लोक विश्वास है कि इस पर ब्रह्म राक्षस रहता है। वैज्ञानिकों के अनुसार यह सर्वाधिक आक्सीजन विमुक्त करता है। गीता में भगवान कहते हैं कि मैं वृक्षों में पीपल हूँ।

भोजपत्र : प्राचीनकाल में इसका प्रयोग लेखन सामग्री (कागज) के रूप में होता था। इसे संत्तव का प्रतीक भी माना गया है। काग भुशुण्डि कहते हैं–

'भोज तरू सम सन्त कृपाला'।

यह अवध क्षेत्र में तो नहीं पाया जाता, किन्तु पूज्य अवश्य माना जाता है।

मदार : इसे अर्क भी कहा जाता है। यह शिव जी का प्रिय पुष्प है। गोस्वामी जी ने प्रवर्षण पर्वत पर हो रही वर्षा के सन्दर्भ में इसका उल्लेख किया है–

'अर्क जवास पात बिनु भयऊ'।

वस्तुतः यह गरमी में फूलता है और वर्षा में सूख जाता है। शिवार्चन में इसका उपयोग बहुशः किया जाता है।

वट : यह परमपवित्र वृक्ष है, इसीलिए श्रीराम ने पंचवटी में कुटी बनायी थी। कैलाश पर्वत पर एक वट वृक्ष के नीचे शिव जी की साधना स्थली थी। मानसकार के शब्दों में–

'तेहि गिरि पर वट विटप विशाला।'

श्रीराम ने वनवास के दौरान चित्रकूट में जो कुटी बनायी थी, वह भी वट वृक्ष की छाया में थी–'वट छाया बेदिका बनायी'। मुनि लोमस का आश्रम भी वट वृक्ष के नीचे था–

'मेरु शिखर वट छाया मुनि लोमस आसीन'।

वट (बरगद) को न्यग्रोध कहा गया है, जिसका तात्पर्य है नीचे की ओर बढ़ने वाला वृक्ष। बरगद की डालियाँ (बरोहें) नीचे की ओर बढ़ती हैं और खम्भों की तरह खड़ी होकर वृक्ष का भार सम्भालती हैं। यज्ञ कार्य में यह बहुत उपयोगी माना जाता है। छायादार होने के कारण इसे अशरण शरण एवं पूज्य माना गया है।

पशु-पक्षी पूजन : अवधांचल में धार्मिक दृष्टि से सबसे महत्त्वपूर्ण पशु है गाय। उसे पृथ्वी का प्रतीक माना गया है। गो सेवा को सबसे बड़ा धर्म कहा गया है। चूँकि उसका दूध स्वयं में पूर्ण आहार होता है, इसलिए गाय को माँ के समान माना गया है। यहाँ हिन्दू जाति में गो मांस खाना बहुत वर्जित है। गाय की इस महत्ता का एक कारण है इसकी उपयोगिता। दूध देने के साथ-साथ गो माता हमें बछड़े देती हैं, जो खेती और परिवहन के काम आते हैं। गाय से हमें खाद मिलती है। उसके गोबर-गोमूत्र से कई ओषधीय तत्त्व प्राप्त होते हैं। ये पूजा पाठ के काम भी आते हैं। गोवंश

में गाय और बैल दोनों की गणना की जाती है। गोसेवा का यह प्रचलन अवध समाज में कृष्णोपासना के कारण कई गुना ज्यादा बढ़ गया। श्रीकृष्ण ने गोपालक रूप में गोमाता को पूज्य बना दिया।

यहाँ ऐसे और कई पशु हैं, जो पूज्य भाव से देखे जाते हैं, जैसे—हाथी। इसे गणपति जी का प्रतीक माना जाता है। गाँव में इसकी पूजा करके महावत को दक्षिणा दी जाती है। इसी प्रकार भालू या रीछ पर छोटे-छोटे बच्चों को बिठाकर टोटका किया जाता है। यहाँ वाराह (सूअर) को विष्णु का अवतार होने के बावजूद घृणा की दृष्टि से देखा जाता है। इसका स्पर्श और गृह प्रवेश अत्यन्त अनिष्टकारक माना जाता है। धार्मिक दृष्टि से खर (गधा) शीतला माता का वाहन और श्वान (कुत्ता) भैरव का वाहन होने के बावजूद उपेक्षणीय हैं। भैंस और भैंसा अपनी उपयोगिता के बावजूद यहाँ अशुभ कहे गये हैं। पशुओं में नीलगाय को मात्र गाय शब्द लगा होने के कारण लोग अबध्य मानते हैं। बन्दर इस क्षेत्र में हनुमान जी के प्रतीक हैं। उनकी शवयात्रा बड़ी धूम-धाम से निकाली जाती है। यहाँ नाग देवता की पूजा होती है। नागपंचमी में उनके दर्शन करने और उन्हें दूध पिलाने का बड़ा महत्त्व है। दशहरे पर नीलकंठ, क्षेमकरी का दिख जाना और नेवले को देखना शुभ कहा गया है। पितृ पक्ष में यहाँ कौआ को खीर तथा बड़ियाँ खिलाने का रिवाज है। लोग चींटियों के लिए आटा या चीनी डालते रहते हैं। पक्षियों के दाना पानी का प्रायः प्रबन्ध करते दिखते हैं। जैनी लोग मुँह पर पट्टी बाँधे हुए रास्ता बटोरते हुए चलते हैं, ताकि उनके आधात और उच्छ्वास से कोई जीव न मर जाये। शुक सारिकाओं को लोग घरों में पालते हैं, उन्हें विप्रवत् मानते हैं, इसलिए जूठा खिलाने से परहेज करते हैं। कपोत, मयूर, हंस आदि पक्षी भी यहाँ के साहित्य में बहुशः चित्रित हुए हैं। जलचर प्राणियों में मछली यहाँ शुभ मानी गयी है। विदा होते दही, मछली और सोने का टका की शुभकामना व्यक्त करते हैं। मछली खाना यहाँ वैष्णव समाज में वर्जित है। घोड़ा कभी अश्वमेध में पूज्य रहा है, किन्तु अब वह प्रथा दिखाई नहीं देती। भेड़ बकरी की यहाँ पहले कई जातियों में बलि दी जाती थी, किन्तु अब प्रतीक रूप में उनका कान छेद कर माली को दान रूप में दे दिया जाता है।

इस विधि-विधान के बावजूद जो इस धार्मिक भावना से नियंत्रित नहीं हैं, वे अनेक पशु-पक्षियों को मांसाहार करते हैं। हिन्दू झटके का खाते हैं और मुसलमान हलाल का। पहले हिन्दुओं में मुर्गे को विजातीय और त्याज्य समझा जाता था, किन्तु अब यह विभेद नहीं रह गया। मुख्य भेद यह है कि मुसलमान सूअर का मांस नहीं खाते और हिन्दू गोमांस। इस प्रकार स्पष्ट है कि अवध क्षेत्र की अनेक वनस्पतियाँ, पशु-पक्षी और जीव-जन्तु यहाँ की धार्मिक भावना से जुड़े हुए हैं। अवध क्षेत्र में अनेक ऐसे पेड़-पौधे, पत्र-पुष्प, फल आदि हैं, जिन्हें परम पवित्र माना गया है। अलग-अलग अवसरों पर उनका उपयोग विभिन्न प्रयोजनों में किया जाता है, जैसे यज्ञ की समिधा में शमी (पिलुवा), मातृ-पितृ, पूजन में पलाश वृक्ष, होम के लिए पाकड़ (पकरिया की लकड़ी), पूजा पाठ में चम्पक का पुष्प, मुस्लिम समाज में खजूर का फल, दान और सम्मान के प्रतीक रूप में श्रीफल, बलि और आवाहन के रूप में सुपारी (पुंगी फल), मंगल के प्रतीक रूप में दूब तथा हल्दी रोचना का प्रायः प्रयोग किया जाता है। मानस की प्रसिद्ध उक्ति है—

दधि दूर्बा रोचन फल फूला।

यहाँ तरह-तरह की वाटिकाएँ लगायी जाती हैं, जिनमें विभिन्न रंगों के फूल खिलते हैं। प्रत्येक देवी-देवता के अपनी-अपनी पसन्द के अलग-अलग पुष्प हैं, जैसे, शिवार्चन में कमल, बेलपत्र, मदार, धतूरा, बेर, भाँग, गन्ना आदि का अधिक महत्त्व है। श्री विष्णु की उपासना में तुलसी, गेंदा, हरसिंगार, विष्णुकान्ता, पुंगीफल, तमाल पत्र आदि का विशेष विधान किया गया है। देवी की उपासना में लाल

रंग के पुष्प जैसे गुड़हल, रक्तकमल आदि का अधिक महत्त्व है।

भूत-प्रेत-जिन्न-पूजा : लोक विश्वास के अनुसार मनुष्य मरणोपरान्त तब तक प्रेत योनि में रहता है जब तक उसका उद्धार नहीं हो जाता। इनकी कई कोटियाँ मानी गयी हैं, जैसे—भूत-प्रेत, पिशाच, ब्रह्म राक्षस, अगिया बैताल, चुड़ैल, डाइन, डाकिनी, संखिनी, मसान आदि। गरुड़ पुराण में प्रेत पूजा का बड़ा विस्तृत वर्णन है। जनजीवन में यह भी माना जाता है कि भूत-प्रेत देखने में भयावने होते हैं। वे जब जहाँ चाहते हैं, प्रकट हो जाते हैं, या लुप्त हो जाते हैं। उनके पैर उलटे होते हैं। वे नाक से बोलते हैं। वे श्मशान के आसपास या पीपल के पेड़ पर रहते हैं। प्रायः अँधेरी आधी रात या जेठ की दोपहरी में प्रकट होते हैं। वे आम आदमी से ज्यादा ताकतवर होते हैं। वे जिस पर कृपालु होते हैं, उसका कल्याण कर देते हैं और जिनसे रुष्ट हो जाते हैं, उनको नष्ट कर देते हैं। हिन्दुओं के अनुसार वे 'ओउम्', हनुमान चालीसा तथा आग से डरते हैं। कभी-कभी ओझा लोग झाड़-फूँक द्वारा इनको पकड़ लेते हैं। प्रायः बलि, भोज और प्रेत पूजा द्वारा इनकी मनौती की जाती है। ईसाइयों के अनुसार इन्हें क्रास द्वारा नियन्त्रित किया जा सकता है। मुसलमानों में विभिन्न दरगाहों में रहने वाले पीर फकीर इन्हें काबू में रख सकते हैं। अघोर पंथियों एवं तांत्रिकों का दावा है कि वे भूत बाधा का निवारण कर सकते हैं।

अवध क्षेत्र में ऐसे अनेक मन्दिर हैं, जहाँ झाड़-फूँक बलि, भोज, पूजन, मानमनौती और तान्त्रिक साधना द्वारा इस भूत-प्रेत बाधा से मुक्ति दिलाने का विधान किया जाता है अथवा जहाँ भूतों का आह्वान किया जाता है।

इन प्रेतों में एक कोटि है मसान की, जिसे श्मशानवासी प्रेत कहा जाता है। ऐसा लोक विश्वास है कि जब कोई बालक या अविवाहित व्यक्ति मरता है तो वह श्मशान का मसान बन जाता है। वह कुछ ही दिन प्रेत योनि में रहता है, किसी को हानि नहीं पहुँचाता है, बस श्मशान में भटकता रहता है। भूत समाज से निष्कासित होने के कारण वह एकान्त जंगलों में भालू या अन्य जंगली पशु के रूप में घूमता रहता है। जिन्न बड़ा कार्य साधक होता है। इसकी करामात के किस्से यहाँ भरे पड़े हैं।

रामोपासना

अवध क्षेत्र में दो प्रकार की रामभक्ति प्रचलित है—एक श्रीराम की दास्य भक्ति और दूसरी रसिकोपासना। अयोध्या की मधुरोपासना का अपना विशिष्ट महत्त्व है। भक्त जन यहाँ अपना स्त्रीलिंग नाम धारण कर लेते हैं, वैसी ही आकृति बना लेते हैं और सख्य तथा दांपत्य भाव से श्रीराम जानकी की उपासना करते हैं। इसे गोपांगना भाव भी कहा गया है। श्रीराम रसिक बिहारी तथा सीता जी रसिक विहारिणी हैं। विस्तृत विवरण हेतु दे. रसिकोपासना।

श्रीराम की उपासना नवधा भक्ति पद्धति से की जाती है। दशहरा, रामनवमी, रामसीता विवाह, सीताष्टमी आदि पर्वों पर रामोपासना के कई रूप दिखाई देते है। यहाँ साँस-साँस में राम रमे हुए हैं।

राम सम्प्रदाय देश-देशान्तर में व्याप्त है। इनकी उपासना ईसा पूर्व से यहाँ प्रचलित है। अवध क्षेत्र में 11वीं शताब्दी में राम मन्दिरों में रामोपासना के सूत्र संकेत प्राप्त होते हैं। ऐसा माना जाता है कि मध्वाचार्य जी बदरिका आश्रम से राम की मूर्ति लेकर आये थे। स्वामी रामानन्द ने 14वीं शताब्दी में यहाँ रामावत सम्प्रदाय स्थापित किया था। भक्तों ने उसे थोड़ा बदलकर खाँकी सम्प्रदाय प्रचलित किया था। यहाँ राम के मर्यादा पुरुषोत्तम रूप तथा रामराज्य की अवधारणा को विशेष महत्त्व दिया गया। राम पंचायतन में उनके चारों भाइयों की सीता जी की और हनुमान जी की पूजा

की जाती है। विशेष रूप से रामलखन जानकी की त्रयी सर्व पूज्य है। मन्दिरों में इस किशोर छवि को रामलला, लखनलाल और सीता जी को किशोरी जी, यहाँ तक कि हनुमान जी को भी महावीर न कहकर 'हनुमानलला' कहा जाता है। सभी भाइयों की इस पूजा को भायप भगति (भ्रातृ भक्ति) कहा जाता है जो एक विशिष्ट अवध कल्ट है। यहाँ हनुमान जी के मन्दिर गाँव-गाँव में हैं। उनका चौरा (स्थान) बनाना, उनकी मूर्ति बनाना और उसकी पूजा करना अपेक्षाकृत बहुत सरल और सस्ता है, इसलिए वे यहाँ जन-जन के देवता हो गये हैं। सीता जी आदि शक्ति हैं। लक्ष्मण शेषनाग के अवतार हैं। इन सबसे जुड़ा बीज मन्त्र 'राम' नाम एक तारक मन्त्र है। रामावत सम्प्रदाय की पूजा में सीताराम की युगल मूर्ति पूजी जाती है। श्रीराम श्यामल वर्ण के हैं। उनकी चतुर्भुजी मूर्ति दर्पयुक्त मुद्रा में पीताम्बर, जटाजूट, कर्ण कुण्डल, धनुष वाण, वन माला आदि धारण किये दिखती है। अयोध्या के कुछ मन्दिरों में उन्हें काली गोल टोपी (कुलही) पहनाई गयी है। सीता जी की मूर्ति कंचनवर्णी है और द्विभुजी है। यहाँ रामनवमी को साथ ही फाल्गुन की अष्टमी को सीता जी का व्रत पूजन विधि-विधानपूर्वक किया जाता है।

अवध की रामोपासना नवधा भक्ति और षोडशोपचार के अनुसार होती है। यहाँ राम शब्द उठते जागते प्रत्येक क्रियाकलाप में प्रयुक्त होता है। लोग अभिवादन में, विदाई देते समय, मंगलारम्भ करते हुए, सुख-दुख में, सदैव राम-राम या सीताराम का उच्चारण करते रहते हैं। स्वामी रामानन्द के प्रयास से चूँकि इस सम्प्रदाय से सवर्ण अवर्ण, स्त्री-पुरुष, विधर्मी और धर्मान्तरित सभी लोग जुड़ गये थे, इसलिए अवध में विष्णु के रूप में रामोपासना, सीता के रूप में शक्ति की उपासना, लक्ष्मण के रूप में शेषनाग की उपासना और शंकर सुवन रूप में एकादश रुद्र हनुमान की उपासना दीर्घकाल से प्रचलित है। दशहरा, दीवाली के बीच होने वाली राम लीलाएँ और राम नवमी की व्रत पूजा इस रामोपासना की लोकप्रियता की साक्षी हैं।

शक्ति पूजा

अवध क्षेत्र में शक्ति के तीन रूप दिखाई देते हैं। प्रथम शास्त्रीय स्वरूप, जिसका विवरण दुर्गा सप्तशती, देवी भागवत् जैसे ग्रन्थों में हुआ है। इनके आधार पर यहाँ नौ दुर्गा की प्रतिष्ठा की जाती है। शारदीय नवरात्र, बासन्ती नवरात्र में विशेष रूप से उनकी पूजा अर्चना की जाती है। कुछ लोग पूरे आठ दिन व्रत रहकर नित्य दुर्गा सप्तशती का पाठ करके तथा अन्तिम दिन यज्ञ करके यह अनुष्ठान पूरा करते हैं और कुछ लोग पहले तथा अन्तिम दिन व्रत रखते हैं। पहले दिन कलश स्थापित होता है, इसलिए इसको स्थापना दिवस कहा जाता है। नवरात्र व्रत रखते हुए दृढ़ संकल्प वाले लोग न क्षौर कर्म करते हैं न पदत्राण धारण करते हैं और न धोबी के धुले कपड़े पहनते हैं। वे देवी के सम्मुख अखण्ड ज्योति जलाकर साधना करते रहते हैं। पूरे नवरात्र में बंगीय समाज द्वारा स्थापित मण्डपों में महिषासुरमर्दिनी, दुर्गा, काली, चामुण्डा आदि की भव्य मूर्तियाँ दिखाई देती हैं। अन्तिम दिन उनका विसर्जन बड़ी धूमधाम से होता है। इस अवसर पर अनेक सांस्कृतिक कार्यक्रम आयोजित किये जाते हैं। इनमें एक विशिष्ट रूप है महाकाली का। शाक्त मत के अनुसार जो दस महादेवियाँ हैं, उनमें सर्वप्रथम हैं महाकाली। इनके स्वामी हैं महाकाल। रुद्र कालिकापुराण में इनका विस्तृत वर्णन किया गया है। इन्हें श्यामा भी कहा जाता है। ये शिव की शक्ति हैं। देवी भागवत् और शिवपुराण में इनका विस्तृत वृत्तान्त है। यह कथा आयी है कि राक्षसों, विशेषतः महिषासुर का वध करने के बाद देवी इतनी क्रुद्ध हो गयीं कि उनकी संहार शक्ति बहुत देर तक रुकी ही नहीं,

जिससे त्रिभुवन भयभीत हो उठा। अन्त में शिव ने उनके पैरों तले अपना शरीर डाल दिया। तब उन्हें प्रबोध हुआ और वे शान्त हुईं। हमारे शास्त्रों में दस दिशाएँ हैं। सबके अलग-अलग देवता हैं। इनमें तीन देवी रूप हैं—लिंग, योनि, नाम। महालक्ष्मी, महासरस्वती और महादुर्गा इन्हीं के रूप हैं। वे मुण्डमाल धारण करती हैं, मद तथा रक्त पान करके शत्रु नाश करती हैं। उनका चिन्तन करना स्वयं में महाभाव है। इस पूजन में विशेष प्रकार का नैवेद्य अर्पित किया जाता है। उसे महाप्रसाद कहते हैं। प्रतीक रूप में लोग नारियल फोड़ते हैं। नवरात्र में देवी पूजा की बड़ी धूम रहती है।

दूसरी कोटि है अर्द्धशास्त्रीय देवियों की। यहाँ के जनमन में यह आस्था विद्यमान है कि दीवाली पर लक्ष्मी जी घर-घर जाती हैं। सकट माता पधारती हैं। बसन्तपंचमी पर सरस्वती जी आती हैं। कजरीतीज पर पार्वती जी दर्शन देती हैं और महादेव के साथ वे हर गरीब की गुहार सुनकर उसका उद्धार करती हैं। अवधी लोकगीतों में कहा गया है कि प्रत्येक मांगलिक अवसर पर संझा गोसांइनि एक सप्ताह पूर्व आ जाती हैं। आयोजनोपरान्त लोग गंगा मइया की पूजा करने जाते हैं। लोग हर आयोजन में भुइयाँ माता की पूजा करते हैं और समय-समय पर अवसान देवी, संकटादेवी, वैष्णवमाता, संतोषीमाता, तुरन्तादेवी आदि के नाम व्रत रखते हैं। पेड़ा, लाई (दुरदुरइया) बाँटते और उनकी कथा सुनते हैं। अर्थात् शीतला, शारदा आदि अनेक देवियों की आराधना करते रहते हैं। यह शक्ति पूजा लोकशास्त्र का मिलाजुला रूप है।

तीसरी कोटि है लोक देवियों की। अवध की पिछड़ी जातियों में जब तब किसी के ऊपर भवानी जी उतर आती हैं। उन्हें सन्तुष्ट करने के लिए फिर मद्य और बलि की व्यवस्था की जाती है। इनकी चौरियाँ और उपासना पद्धतियाँ भी कुछ अलग तरह की होती हैं। यहाँ कभी-कभी मसान देवी, डाकिनी, शंखिनी आदि की पूजा की जाती है, किन्तु अब इन लोक देवियों की उपासना क्रमशः कम होती प्रतीत हो रही है।

अवध में देवी के अनेक प्रसिद्ध मन्दिर हैं। वहाँ चूनरी, नारियल, पुष्प, नैवेद्य, द्रव्य आदि अर्पित करने के लिए भक्तों की भारी भीड़ समय-समय पर समवेत होती है। विगत दशकों में अन्य उपासना पद्धतियों की तुलना में शक्ति पूजा का ग्राफ निरन्तर बढ़ता प्रतीत होता है।

शिवोपासना

अवध के विभिन्न सम्प्रदायों में शैव मत अपेक्षाकृत काफी लोक प्रचलित है। शैवमत के अनुसार शिव ही परमात्मा हैं। वे त्रिमूर्ति में तीसरे हैं, जिनका कार्य है संहार करना। यह संहार बोध ही जीवन और जगत को नियंत्रित करता है। इसलिए शिव, शम्भु और शंकर का अर्थ हो गया है मंगलकारक। शिव का एक रूप है रुद्र, जिसका उल्लेख ऋग्वेद में झंझावात के रूप में हुआ है। वही रुद्र सृष्टि को जल देता है और फिर सौम्य रूप धारण कर लेता है। हमारे प्राचीन ग्रन्थों में शिव के कई रूप चित्रित हुए हैं, जैसे—पशुपति, माहेश्वर, नटराज, भोले भण्डारी आदि। इनके कई उपसम्प्रदाय भी विकसित हुए हैं, जैसे—वीर शैव, लिंगायत सम्प्रदाय, नाथ सम्प्रदाय, पाशुपत सम्प्रदाय, दक्षिणी शैवागम, कश्मीरी शैव दर्शन आदि। आगमिक शैवों के अनुसार जीव पशु है, जो कई पाशों (जन्म-मृत्यु के बन्धनों) से बँधा हुआ है। वह पशुपति के शक्तिपात से ही मुक्त हो सकता है। कश्मीरी शैव मत अद्वैत वेदान्त से काफी मिलता-जुलता दिखता है। अन्तर केवल इतना है कि अद्वैतवाद में ज्ञान की प्रधानता है और कश्मीरी शैव मत में ज्ञान तथा भक्ति दोनों की। शिव विभिन्न कलाओं तथा विद्याओं के प्रवर्तक हैं—संगीत, नृत्य, योग, व्याकरण, व्याख्यान, चिकित्सा आदि। वे सभी जीवों के स्वामी अर्थात् भूतनाथ हैं। वे सभी देवों में श्रेष्ठ महादेव हैं। ऋग्वेद से लेकर अनेक पुराणों में उनकी महिमा वर्णित हुई है।

वे कैलाश वासी हैं। वे पशुचर्म धारण करते हैं। वे जटाजूटधारी कपर्दी हैं। उत्तर वैदिक साहित्य में उन्हें रुद्र कहा गया है। यह उनका घोर रूप है और सौम्य रूप भी। उनकी उपासना का स्वरूप सिन्धु घाटी सभ्यता से लेकर क्रमशः विकसित होता रहा है। वे त्रिशूलधारी हैं। उनके ललाट पर चन्द्रमा है, जटाओं में गंगा है। उनका तीसरा मन्त्र ज्ञान का प्रतीक है। विषपान के कारण वे नीलकंठ हो गये हैं। वे अपने कंठ में तथा भुजाओं में सर्प लपेटे रहते हैं। वे सम्पूर्ण शरीर में भस्म रमाये और त्रिशूल धारण किये हुए रहते हैं। उनके वाम भाग में पार्वती जी विराजती हैं, इसलिए वे अर्द्धनारीश्वर हैं। उनके सामने उनका वाहन नन्दी और चारों ओर उनके गण घिरे रहते हैं। भारत में उनके बारह रूप पूजे जाते हैं, जिन्हें द्वादश ज्योतिर्लिंग कहा जाता है। उनके एकादश अवतार हुए हैं, किन्तु वे मूर्त-अमूर्त, दोनों रूपों में विद्यमान हैं। उनके प्रतीक को लिंग कहा जाता है। शिव का एक भयंकर रूप है। वे श्मशान में निवास करते हैं, मुण्ड माला धारण करते हैं और भूत-प्रेत से घिरे रहते हैं। प्रलयंकर होने के कारण उन्हें महाकाल कहा जाता है।

अवध क्षेत्र में शिव और विष्णु को एकीकृत करके हरिहर उपासना का विधान किया गया है। यहाँ वे लोक देवता है। गाँव-गाँव में ऐसे मन्दिर या चबूतरे स्थापित हैं, जहाँ हर कंकर में शंकर की कल्पना कर ली गयी है। उग्र रूप में नहीं, बल्कि आशुतोष भोले बाबा और औढरदानी के रूप में यहाँ शिवजी सर्वसामान्य द्वारा पूजे जाते हैं। पार्वती जी अन्नपूर्णा हैं। ऐसी आस्था है कि गौरामहादेव निरन्तर अपने भक्तों के कष्ट निवारण हेतु धरती पर विचरण करते रहते हैं। यहाँ सावन के हर सोमवार को शिव मन्दिरों में विशेष पूजा अर्चना की जाती है। शिव चतुर्दशी, शिवरात्रि, आषाढ़ी पूर्णिमा और कार्तिक मास में उनकी पूजा का विशेष महत्त्व है। लोग गंगा जल, अक्षत, कमल, चन्दन आदि नैवेद्य अर्पित करके शिव पुराण, रुद्र संहिता, रुद्राष्टक आदि का पारायण करके अनेक प्रकार से भक्ति भाव अर्पित करते हैं। यहाँ रुद्राभिषेक का बड़ा प्रचलन है।

शिव-अर्चना की यह परम्परा बहुत पुरानी है। मुल्ला दाऊद के 'चन्दायन' महाकाव्य (तेरहवीं शती) में सावन में सोमनाथ जी की पूजा, होम, जप अगियार आदि अर्पित करने का उल्लेख मिलता है। इस क्षेत्र में शिव से सम्बन्धित अनेक कथाएँ प्रचलित हैं। जैसे, एक राजा की कथा, जो व्यापारी था। एक मछुवारे की पत्नी की कथा, जिसने अनजाने व्रत करके अभीष्ट फल प्राप्त कर लिया था। एक निषाद की कथा, जो अपने पैर धो रहा था और अनजाने में कुछ बूँदे शिवलिंग पर पड़ गयी थीं, जिससे उसका उद्धार हो गया था अथवा एक चोर की कथा जो मन्दिर का घण्टा चुराने (निकालने) के लिए अरधा पर खड़ा हो गया था। भोले भण्डारी ने यह सोचकर उसका उद्धार कर दिया कि इसने तो अपना सर्वस्व ही अर्पित कर दिया है।

अवध क्षेत्र में शिवरात्रि का आयोजन कहीं शिव-पार्वती के विवाह के रूप में होता है, कहीं यह ज्योतिर्लिंग का प्राकट्य दिवस माना जाता है और कहीं यह माना जाता है कि इस दिन शिव जी ने विषपान किया था। उनके विष शमन हेतु देवताओं ने रात्रि जागरण किया था। भक्त जन इसलिए शिवलिंग का गंगा जल, दुग्ध, घी, दही, शर्करा, गन्ध आदि से अभिषेक करते हैं तथा बेलपत्र, धतूरा, भाँग, आम्र बौर, मदार, बेर, गन्ने की गड़री, फल, मिष्ठान्न आदि अर्पित करते हैं। गरुड़ पुराण और अग्नि पुराण में इसका बड़ा माहात्म्य बताया गया है। भक्त जन 'बम भोले' की जय-जयकार करते हैं। शंख और शृंगी बजाते हैं। मुँह से बकरे की आवाज निकालते हैं, बम भोले की रसोई रचाते हैं, मस्तक पर भस्म और गले में रुद्राक्ष माला धारण करते हैं। शिव जी आर्यों-अनार्यों दोनों के पूज्य रहे हैं। अवध क्षेत्र की विशिष्ट देन यह है कि यहाँ स्वामी रामानन्द और गोस्वामी तुलसीदास के प्रयास

से शैव वैष्णवों का भेद समाप्त हो गया है, इसलिए शिवोपासना वैष्णवी नवधा पद्धति के अनुरूप की जाती है। श्मशान का देवता मानकर कहीं-कहीं शिवलिंग को घर के भीतर नहीं प्रतिष्ठित किया जाता, किन्तु अवध में उन्हें घर बाहर सर्वत्र पूजते हैं। कुछ शिव मन्दिरों में प्रसाद रूप में केवल भस्म का चलन है, जबकि अवध में सभी तरह के भोग (नैवेद्य) का विधान है। आम आदमी एक लोटा जल अर्पित करके पूजन का मनः तोष प्राप्त कर लेता है।

अवध में शैवमत का व्यापक प्रचार है। प्राचीन अयोध्या में रामकोट के चारों ओर 4 शिव मन्दिरों में शिवलिंग की स्थापना की गयी थी। उत्तर में नागेश्वरनाथ, दक्षिण में विश्वंभरनाथ, पश्चिम में दुर्गेश्वरनाथ और पूर्व में भद्रेश्वरनाथ। शिवलिंग अमूर्त सत्ता का प्रतीक है। इसे ज्योतिर्लिंग माना जाता है। लिंगायत सम्प्रदाय में इसे सर्वाधिक महत्त्व दिया गया है। यह वीर शैवों का बहुत प्राचीन सम्प्रदाय है। इस सम्प्रदाय के कई मठ स्थान-स्थान पर स्थापित हुए हैं। इसमें शिव को ही सर्वेश्वर माना जाता है। दक्षिण में इसका बड़ा प्रचार है। लिंग पुराण में शिवलिंग की सूक्ष्म विवेचना की गयी है। पुराविदों का मत है कि लिंग पूजा ईसा के पूर्व पूरे विश्व में प्रचलित थी। मिस्र, यूनान, मक्का (अरब) आदि देशों में उसके अवशेष अभी विद्यमान हैं। अवध में शिव मन्दिरों में शिवलिंग की पूजा सर्वाधिक लोक प्रिय है।

सूर्योपासना

सूर्य देव को देवताओं का मुख कहा जाता है। ये प्रकाश के देवता हैं, साथ ही स्वास्थ्य और सुख के भी। प्राचीन साहित्य में इन्हें सजीव रूप में चित्रित किया गया है। सूर्य देवता सात घोड़ों के रथ पर आसीन होकर नित्य अन्तरिक्ष में भ्रमण करते हैं। वे अग्नितत्व हैं। वही तमस एवं राक्षस वृत्ति का विनाश करते हैं। वे विश्वकर्मा हैं। ऋग्वेद में उन्हें स्थावर और जंगम दोनों की आत्मा घोषित किया गया है। पुराणों में इनको लेकर अनेक कथाएँ आयी हैं। इनकी चार पत्नियाँ हैं—संज्ञा, राज्ञी, प्रभा और छाया। इन्हीं से मुनि, यम, यमुना, प्रभात, शनि आदि का जन्म हुआ है। सूर्योपासना इस देश में प्राचीनकाल से प्रचलित है। भारत में कई जगह सूर्य मन्दिर मिलते हैं, जिनमें कोणार्क, मथुरा, दशपुर, ग्वालियर, आदि के मन्दिर बहुत प्रसिद्ध हैं। अवध क्षेत्र में पंचदेवों में सूर्य देव की भी आराधना की जाती है। मुख्यतः गायत्री मन्त्र द्वारा इन्हें सर्वत्र भक्ति भाव अर्पित किया जाता है। इन दिनों छठ यहाँ सूर्य पूजा का प्रमुख पर्व है।

हनुमदुपासना

अवध में स्थान-स्थान पर हनुमान जी के मन्दिर स्थापित हैं। यहाँ हनुमान जी को बल विक्रम का देवता माना गया है, साथ ही रुद्रावतार और श्रीराम का पार्षद भी। शिव और विष्णु परस्पर उपास्य और उपासक हैं। रामावतार के समय शिव जी ने उनकी सहायता के लिए यह वानर रूप धारण किया था। हनुमान ने सुग्रीव से मैत्री करायी, समुद्र को लाँघकर सीता की खोज की, लंका दहन किया, संजीवनी लाकर लक्ष्मण के प्राण बचाये और कई राक्षसों का वध किया। ऐसी आस्था है कि आज भी वे सशरीर पृथ्वी पर विद्यमान हैं। हनुमान का जन्म त्रेता युग में अंजना और केशरी के पुत्र रूप में हुआ था। हनुमान जी अपने भक्तों की रक्षा के लिए समुद्यत रहते हैं। अवध क्षेत्र में उनकी पूजा मंगलवार और शनिवार को विशेष रूप से होती है। उनकी प्रतिमा को गेरू से रँगा जाता है। नैवेद्य रूप में गुड़, चना या लड्डू का भोग लगाया जाता है। उनकी स्तुति करते हुए हनुमान चालीसा,

बजरंग बाण, हनुमान बाहुक, रामचरितमानस के सुन्दर काण्ड आदि का पाठ-पारायण किया जाता है। कहीं-कहीं इनकी उपासना तांत्रिक पद्धति से होती है। कहीं-कहीं वे पंचमुखी हैं। अयोध्या की रसिकोपासना में इनकी उपासना चारुशीला सखी के रूप में की जाती है। हनुमानगढ़ी (अयोध्या) इनकी उपासना का प्रमुख केन्द्र है। इलाहाबाद में संगम के निकट लेटे हुए हनुमान जी का बड़ा माहात्म्य है। लखनऊ में हनुमान जी के कई मन्दिर हैं। इनमें अलीगंज का मन्दिर सबसे पुराना है। यहाँ जेठ के प्रत्येक मंगलवार को मेले लगते हैं और भोज-भण्डारों का आयोजन किया जाता है। पनकी, कानपुर का हनुमान मन्दिर बड़ा प्रसिद्ध है। चित्रकूट में हनुमत् धारा के दर्शनार्थ दूर-दूर से भक्त जन पहुँचते हैं। हनुमानजी रामदरबार और श्रीरामपंचायतन के अभिन्न अंग हैं, इसलिए प्रायः प्रत्येक मन्दिर में उनकी मूर्ति स्थापित है। वे यहाँ जन-जन के देवता हैं। हनुमदुपासना का मुख्य केन्द्र है—हनुमानगढ़ी (अयोध्या)। इसका निर्माण दादू पन्थी वैरागी अखाड़े के सन्त अभयराम दास जी के नेतृत्व मे हुआ था। नवाब शुजाउददौला ने इसके लिए 52 बीघा जमीन दी थी। राजा टिकैतराय ने इसका नक्शा बनाया था। इसमें बहुत ऊँचा भव्य द्वार है। उसके आगे गद्दी, दालान, कथा मण्डप और घण्टाघर है। बीच में गर्भगृह है, जिसके चारों ओर प्रदक्षिणा पथ है। इस मन्दिर में हनुमान जी की पाँच आरती दिन भर में होती हैं—1. मंगला आरती 2. शृंगार आरती 3. भोग आरती 4. सन्ध्या आरती 5. शयन आरती। हनुमान जी का स्नान नित्य सरयू के जल से तथा दूध और इत्र से कराया जाता है, साथ ही रोज उन्हें नये-नये रंग के कपड़ों से सजाया जाता है। इस मन्दिर का संचालन पंचायती व्यवस्था द्वारा होता है।

उपर्युक्त विवरण के आधार पर यह कहा जा सकता है कि यह अवधांचल सर्वथा, धर्मप्राण क्षेत्र है। यहाँ का आम नागरिक आस्तिक है, बहुदेवतावादी है और पंचदेवोपासना अर्थात् (विष्णु, शिव, शक्ति, सूर्य और गणेश की पूजा) से जुड़ा है। उसके समक्ष एक मिलाजुला षोडशोपचार है। वह दैन्य भाव से प्रभु के प्रति दास्य भक्ति रखता है। सभी देवी-देवताओं के लिए यहाँ अलग-अलग तिथियाँ निर्धारित कर दी गयी हैं। कहीं किसी से टकराव नहीं है। सर्व सामान्य अवधवासी जन दार्शनिक जटिलताओं में न उलझकर विभिन्न शास्त्रों और पुराणों के प्रति आस्था रखते हुए, साथ ही परम्परागत लोकाचार का निर्वाह करते हुए चलते हैं। वे देवी की पूजा करते हैं पर शाक्त नहीं हैं। शिवजी को पूजते हैं, पर कट्टर शैव नहीं कहे जा सकते। उन्होंने सबका वैष्णवीकरण कर लिया है। सुविधानुसार अपने कुछ प्रतीक बना लिए हैं, जैसे बलि देने के बजाय कान छूकर उसको दान दे देना। आराध्य के प्रति ये आत्मीय सम्बन्ध महसूस करते हैं। भवानी को ये बाग में झूला झूलते हुए और घर आँगन में पधारते हुए देखते हैं। गौरा महादेव इनके हर दुख-सुख में शामिल होते हैं। विष्णु के अवतार रामलला और कुँवर कन्हैया इनकी साँसों में बसे हैं। अवध में तैंतीस करोड़ देवताओं का निवास है। ये सबको पूजा भेंट अर्पित करते हैं। गौतम बुद्ध, गुरुनानक, सन्त कबीर, नागा, पीर-फकीर, सूफी, अघोरी सबके प्रति ये श्रद्धालु दिखाई देते हैं। गंगा, यमुना, सरयू का जल, प्रयाग, अयोध्या, नैमिष, बिठूर जैसे तीर्थ इनके लिए सदैव स्तुत्य रहे हैं। यहाँ पंडा, पुरोहित, गुरु, ब्राह्मण, कन्या और सुहगिनों का यथोचित सम्मान किया जाता है। धर्म ग्रन्थों को लेकर ये तर्क नहीं करते। अवध में तो 'अल्लोपनिषद्' और 'ईसायण' जैसे ग्रन्थ लिखे गये हैं, जो यहाँ के धार्मिक सद्भाव के सूचक हैं। शायद यहीं कारण है कि सूफियों ने हिन्दू तुर्क समन्वय के लिए अवध को ही अपना कर्म क्षेत्र बनाया था। देवा, बहराइच आदि के उर्स उसी परम्परा के पोषक हैं।

इसी अतिधार्मिकता के कारण अवध क्षेत्र में अनेक प्रकार के अन्धविश्वास प्रचलित हो गये

हैं। यहाँ लोग किसी की भी लँगोटी, दाढ़ी, कमण्डल को देखकर उसे पूजने लगते हैं, इसलिए हमारे तीर्थ छद्मवेशी अपराधियों से भर गये हैं। निरक्षर जनता उनसे जब-तब छली जाती है। भीख के नाम पर वे अपनी गाढ़ी कमाई लुटाते हैं और तीर्थों में जा-जाकर दक्षिणा बाँटते रहते हैं। निरक्षर साधुओं-गुरुओं के अँगूठे धो-धोकर पीते रहते हैं। अफवाहों पर बिना तर्क के विश्वास कर लेते हैं। आये दिन नयी-नयी देवियाँ प्रकट हो जाती हैं। हर समय भोली जनता उनकी पूजा में उलझी दिखायी देती है। यदि किसी कद्दू की टेढ़ी-मेढ़ी आकृति को लेकर किसी पाखण्डी ने यह छेड़ दिया कि यहाँ गणेश जी अवतरित हुए हैं, तो सब काम छोड़कर लोग गणपति के भजन और भोज में जुट जाते हैं। रास्ते चलते हर नदी और नहर को गंगा समझकर उसमें सिक्के फेंकते रहते हैं। इसी धर्मान्धता के कारण यहाँ अपशकुन, स्वप्न विचार, दिग्शूल, ज्योतिष आदि के प्रति इनके मन में अति विश्वास भरा हुआ है। ये भूत-प्रेत, स्वर्ग-नरक, प्रारब्ध, परलोक आदि के जंजाल में ज्यादा फँसे हुए हैं। टोन्हा, टोटका भी यहाँ बहुत हैं। अत्यधिक व्रत, उपवास, शाकाहार आदि के कारण शारीरिक शक्ति और आयु में ये अभी कमतर हैं। अवधी जन स्वभावतः पितृ पूजक हैं। ये हर आयोजन में पितरों का आवाहन करते हैं, प्रति वर्ष श्राद्ध पक्ष मनाते हैं। इन प्रवृत्तियों के विरुद्ध आर्य समाज ने आवाज उठायी, किन्तु अवध पर उसका स्थायी प्रभाव नहीं पड़ा। धीरे-धीरे साक्षरता के प्रसार के साथ-साथ जो वैज्ञानिक बोध जाग्रत हुआ है, संचार साधनों का जो प्रभाव पड़ा है, उनके कारण धर्मान्धता में काफी कमी आयी है। फिर भी आत्ममुग्धता पूरी तरह समाप्त नहीं हुई है। इसे योजनाबद्ध रूप से सत्साहित्य, जनसंचार और सुधारयोजना के माध्यम से सुनियंत्रित किया सकता है।

उपासना स्थल

अवध क्षेत्र में विभिन्न धर्मों-सम्प्रदायों के अनेक उपासना स्थल विद्यमान हैं। हिन्दू इन्हें 'मन्दिर' कहते हैं। कहीं-कहीं वैष्णव मन्दिर को 'ठाकुर द्वारा', शिव मन्दिर को 'शिवाला' तथा देवी जी के मन्दिर को मढ़ी, मठिया, चौरा आदि भी कहा जाता है। सनातन धर्मावलम्बी जनों के यहाँ एक से एक भव्य उपासना स्थल हैं और उनके नाम भी भिन्न-भिन्न प्रकर के हैं, जैसे—अयोध्या के हनुमान मन्दिर को हनुमान गढ़ी नाम दिया गया है। इसी प्रकार अयोध्या के राम मन्दिर को कनक भवन, लखनऊ में लक्ष्मण किला, देवी के मन्दिरों को 'शक्ति पीठ' और 'सिद्धधाम' आदि नाम दिये गये हैं। इनमें कुछ स्थानवाची शब्द हैं, जैसे—मणिपर्वत। कुछ अन्य शब्द हैं—अखाड़ा, विहार, महल, आश्रम, गद्दी, कोट, स्मारक, छावनी आदि। जैनी लोग प्रायः 'मन्दिर जी' शब्द का प्रयोग करते हैं। बौद्ध सम्प्रदाय में चैत्य तथा विहार शब्द काफी प्रचलित हैं। सिक्खों के बीच 'गुरुद्वारा' शब्द चलता है। मुसलमानों के बीच मस्जिद, दरगाह, इमामबाड़ा, ईदगाह और सूफी भक्तों के मध्य 'मजार' शब्द प्रचलित है। ईसाइयों का धर्मस्थल है चर्च। कबीर पन्थी अपने मन्दिर को 'कबीर मन्दिर' कहते हैं। इस अंचल में दक्षिण भारतीय शिल्प के आधार पर बने हुए अनेक मन्दिर हैं। इसी प्रकार कई सम्प्रदायों अथवा उपासना पद्धतियों के मन्दिर यहाँ द्रष्टव्य हैं, जैसे—

1. सन्तोषी माता मन्दिर 2. साँई बाबा का मन्दिर 3. आर्य समाज मन्दिर 4. झूलेलाल के मन्दिर 5. शनिदेव के मन्दिर 6. सूर्य मन्दिर 7. भैरव मन्दिर 8. नाग देवता के मन्दिर 9. लोक देवों के मन्दिर जैसे—महावीरन, मढ़वावीर, लहुराबीर, नटबीर आदि के चौरे। सनातनी परिवारों में घर के किसी कोने में कुल देवता का थान (स्थान) बना हुआ होता है। लोग घरों में कोई एक ताखा बना लेते हैं, जहाँ सालिकराम का सिंहासन रखा रहता है। मध्याह्न भोज में उन्हें रसोई में रखकर भोग

लगाया जाता है। देव मन्दिर में प्रायः दो बार (दोपहर और सन्ध्याकाल) आरती की जाती है। भजन, कीर्तन, कथा वाचन, सत्संग आदि धार्मिक कृत्य बराबर चलते रहते हैं। त्योहारों पर इनकी विशिष्ट साज-सज्जा होती है। इनकी देख-रेख प्रायः किसी धार्मिक ट्रस्ट के द्वारा की जाती है।

यहाँ अवधांचल के विभिन्न सम्प्रदायों से सम्बन्धित पूजा स्थलों का परिचय अकारादिक्रम से प्रस्तुत है–

अलोपी मन्दिर, इलाहाबाद : यह एक प्रसिद्ध शक्तिपीठ है।

अवसानेश्वर महादेव : यह बारांबकी का प्रसिद्ध शिव मन्दिर है।

असर्फी भवन : यह रामानुज सम्प्रदाय का लक्ष्मी नारायण मन्दिर है। यहाँ का सावन झूलनोत्सव प्रसिद्ध है।

अहोरबा भवानी : अमेठी, सिंहपुर ब्लाक के सेमरौता ग्राम में स्थित भवानी जी का यह मन्दिर अत्यन्त प्राचीन है। ऐसी जनश्रुति है कि इन देवी की स्थापना अपने वनवास के दिनों में पाण्डवों ने की थी। इस मन्दिर का माहात्म्य आस-पास के जिलों में बहु व्याप्त है। यहाँ समय-समय पर मेले लगते हैं। लोग यहाँ बच्चों का चूडाकरण कराते हैं और जन्मोत्सव, विवाहोत्सव पर विशेष पूजा अर्चना करते हैं।

आश्रम एवं अखाड़े : अयोध्या में अनेक सम्प्रदायों के आश्रम एवं अखाड़े हैं, जैसे–1. सुतीक्ष्ण आश्रम 2. महाविरक्त आश्रम 3. नारायण आश्रम 4. खण्डेश्वरी आश्रम 5. रामानन्द आश्रम 6. बनादास आश्रम 7. भक्ति आश्रम 8. पंचायती अखाड़ा–महानिर्वाणी 9. पंच अटल अखाड़ा 10. निरंजनी, तपोनिधि अखाड़ा 11. पंच दशनामी जूना अखाड़ा 12. आवाहन अखाड़ा 13. पंचाग्नि अखाड़ा 14. वैरागी दिगम्बर अनी अखाड़ा 15. निर्वाणी 16. निर्मोही अखाड़ा 17. उदासीन अखाड़ा 18. निर्मल अखाड़ा 19. पलटू दास का अखाड़ा 20. जगजीवनदास का अखाड़ा आदि।

आदिनाथ का मन्दिर : यह मुराई टोला फ़ैज़ाबाद में है। इसीप्रकार अजितनाथ मन्दिर सप्तसागर में, अभिनन्दन नाथ का मन्दिर सराय के पास, सुमन्त मन्दिर रामकोट में और अनन्तनाथ मन्दिर गोला घाट में है।

आदीश्वरनाथ मन्दिर : प्रतापगढ़ का यह शिव मन्दिर काफी प्रसिद्ध है।

कंचन भवन (अयोध्या) : यह विजावर की रानी कंचन कुँवरि द्वारा निर्मित है। इसमें सीता-राम की प्रतिष्ठा की गयी है।

कनक भवन : यह अयोध्या का सबसे प्रसिद्ध राम मन्दिर है। यहाँ श्री राघवेन्द्र सरकार विराजमान हैं। इसे कई बार निर्मित किया गया है। वर्तमान रूप के निर्माण का श्रेय ओरछा की रानी वृषभानु कुँवरि को है। कहा जाता है कि यह भवन कैकेयी ने सीता जी को मुँह दिखाई में दिया था। बाद में इसका निर्माण कृष्ण जी ने किया। एक बार इसका निर्माण विक्रमादित्य ने किया। इसके भीतर सीता कूप है। ऊपर शयन कक्ष हैं। यहाँ चारों भाइयों के पदचिह्न अंकित हैं। वर्तमान मन्दिर 200 वर्ष पुराना है।

कबीर पन्थी मन्दिर, अयोध्या : इसकी स्थापना 1988 ई. में रामसूरत जी ने करायी थी।

कबुल आलम की दरगाह : यह शेरशाह सूरी द्वारा डलमऊ (रायबरेली) में स्थापित है। यहाँ लोग भारी संख्या में दर्शनार्थ आते हैं और मनौती करते हुए चादर चढ़ाते हैं।

क्षीरेश्वरनाथ मन्दिर अयोध्या : कहा जाता है कि इसका निर्माण दशरथ जी ने कराया था।

कुन्तेश्वर महादेव (बाराबंकी) : यह मन्दिर रामनगर में स्थित है। ऐसी जनश्रुति है कि अज्ञातवास

के बीच अर्जुन ने कुन्ती के आग्रह पर यहाँ शिवलिंग की प्रतिष्ठा की थी। यह मन्दिर अपने क्षेत्र में काफी प्रसिद्ध है।

कोणेश्वर महादेव मन्दिर, लखनऊ : यह लखनऊ के चौक मुहल्ले में स्थापित प्रसिद्ध प्राचीन शिव मन्दिर है। यहाँ शिवरात्रि पर लोग भोले नाथ की विशेष पूजा-अर्चना करते हैं। बिजली और फूलों की लड़ियों से इसकी भव्य साज सज्जा की जाती है।

गोकर्ण नाथ मन्दिर : गोला (लखीमपुर खीरी) जिले में स्थित यह शिव मन्दिर बहुत प्रसिद्ध है। ऐसी जनश्रुति है कि शिव जी के निर्देशानुसार रावण शिवलिंग को लंका में स्थापित करने हेतु लिए जा रहा था, किन्तु, रास्ते में भाराक्रान्त होकर यहीं उसने यह शिवलिंग रख दिया था, जब कि उसे कहीं भी रखना वर्जित था। तबसे वह शिवलिंग यहीं जमा हुआ है। यहाँ समय-समय पर मेले, सत्संग, सांस्कृतिक आयोजन आदि होते रहते हैं। गोला को छोटी काशी कहा जाता है। यहाँ का चैती मेला अति प्रसिद्ध है। शिवरात्रि पर यहाँ शिव भक्तों की भारी भीड़ देखी जाती है।

गारपुर मन्दिर (अयोध्या) : सुलतानपुर के एक स्टेट गारपुर की रानी दरियाव कुवँरि ने इसका निर्माण कराया था।

गुरुद्वारे : अवध क्षेत्र में गुरुद्वारों की भरमार है। हर कस्बे में, प्रत्येक नगर में और बड़े-बड़े मोहल्लों में गुरुद्वारे स्थापित हैं, जहाँ भजन, संगत, प्रसाद वितरण और समाज सेवा के कार्यक्रम चलते रहते हैं। सिक्ख समाज के अतिरिक्त बहुत सारे लोग वैशाखी, लोहड़ी, प्रकाशोत्सव आदि में सहभागिता करते हैं। कुछ गुरुद्वारों का तो ऐतिहासिक महत्त्व है, जैसे—

लखनऊ (यहियागंज) का गुरुतेग बहादुर साहब का गुरुद्वारा। इसके अतिरिक्त आलमबाग, नाका हिण्डोला, चन्दन नगर, सिंगारनगर के गुरुद्वारे भी बहुत प्रसिद्ध हैं।

अयोध्या में नानक शाही सम्प्रदाय द्वारा निर्मित दो ऐतिहासिक गुरुद्वारे हैं—1. नजरबाग में 2. ब्रह्म कुण्ड (जिसे ब्रह्म तीर्थ कहते हैं) गुरुनानक जी बहुत पहले यहाँ आये थे। उनकी स्मृति में अयोध्या में यह गुरुद्वारा स्थापित किया गया है। यहाँ गुरु तेग बहादुर जी ने तप किया था। गुरु गोविन्द सिंह भी यहाँ पधारे थे। 'गुरु ग्रन्थ साहब' की हस्तलिपि यहाँ संग्रहालय में सुरक्षित है।

गिरजाघर : लखनऊ नगर के प्रमुख चर्च हैं—मेथोडिस्ट, कैथोलिक चर्च लालबाग, डालीगंज, सेन्ट जोन्स-इन्दिरा नगर, प्रोटेस्टेंट चर्च, क्राइस्ट चर्च। इलाहाबाद का प्रसिद्ध चर्च है कैथेड्रल चर्च। कानपुर में प्रसिद्ध है—मेथोडिस्ट चर्च। इसी प्रकार यहाँ हर जनपद में चर्च बने हुए हैं।

गुप्त हरि मन्दिर, अयोध्या : इसका निर्माण ददुआ जी ने 1825 ई. में कराया था। ऐसी मान्यता है कि यहाँ विष्णु जी ने गुप्त रूप से तपस्या की थी। गुप्तार घाट के निकट स्थित इस मन्दिर को चक्रहरि भी कहते हैं।

चन्द्रिका देवी, प्रतापगढ़ : यह एक प्रसिद्ध शक्ति पीठ है।

चन्द्रिका देवी मन्दिर, लखनऊ : यह लक्ष्मण के पुत्र चन्द्रकेतु द्वारा निर्मित कहा जाता है। वे अश्वमेध के घोड़े के साथ नैमिष की ओर जा रहे थे। मार्ग में माण्डव्य ऋषि के आश्रम के पास रुके। अमावस्या की उस रात उन्होंने देवी मन्त्र पढ़ा तो चन्द्राकार देवी प्रकट हो गयीं। यह मन्दिर क्षेत्र गुप्तकालीन अवशेषों से परिपूर्ण है। यहाँ प्रति अमावस्या भक्तों की बड़ी भीड़ होती है। मन्दिर के निकट एक सरोवर है। यहाँ पूजा-अर्चना का बड़ा माहात्म्य बताया गया है।

चन्द्रिका देवी मन्दिर (उन्नाव) : इस जनपद के बक्सर ग्राम में माँ चन्द्रिका देवी का प्रसिद्ध शक्ति पीठ है। यहाँ दूर-दूर के दर्शनार्थी आते हैं, मनौती करते हैं और विभिन्न प्रकार से पूजा, अर्चना

करते हैं। इनके मेले की बड़ी ख्याति है। इनके सम्बन्ध में काफी साहित्य भी प्रकाशित किया गया है। यह कहा जाता है कि यह मूलतः मेधा ऋषि का साधना क्षेत्र था।

जगदीशपुर मन्दिर, फ़ैज़ाबाद : अयोध्या शैली में निर्मित यह मन्दिर 1812 ई. के पूर्व का है। इसकी दीवालों पर रामकृष्ण की लीलाओं से सम्बन्धित सुन्दर चित्र हैं।

झारखण्डेश्वर मन्दिर : यह रायबेरली का अतिप्राचीन शिव मन्दिर है।

जे.के. टेम्पल, कानपुर : यह भव्य मन्दिर संगमरमर से बनवाया गया है। इसके निर्माता हैं–सेठ जुग्गीलाल कमलापत। इसमें उड़ीसा के मन्दिर शिल्प का प्रयोग किया गया है। इसके शिखर 175 फीट ऊँचे हैं। इसमें लक्ष्मीनारायण, राधाकृष्ण, हनुमान, नर्मदेश्वर के अतिरिक्त बारह अवतारों के श्रीविग्रह हैं, कुल अस्सी मूर्तियाँ तथा भक्तों की कई आकृतियाँ हैं। लाजपतनगर और पाण्डुनगर के मध्य स्थित इस मन्दिर में दर्शनार्थियों की भीड़ लगी रहती है। इसमें समय-समय पर महत्त्वपूर्ण आयोजन होते हैं।

जैन मन्दिर : लखनऊ में यहियागंज, डालीगंज, सआदतगंज और चौक के जैन मन्दिर प्रसिद्ध है। रायगंज, अयोध्या में स्थित जैन मन्दिर से आदिनाथ ऋषभ देव जैसे पाँच तीर्थंकरों का सम्बन्ध है।

तिवारी मन्दिर, अयोध्या : यह डेढ़ सौ वर्ष पूर्व राजा भिनगा द्वारा बनवाया गया था।

त्रिलोचन मन्दिर, जौनपुर : यह प्रसिद्ध शिव मन्दिर भरों द्वारा बनवाया गया था। बारहवीं शती में इसका पुनर्निर्माण कराया गया। इसके पास एक सरोवर है, जिसमें स्नान करने से कुष्ठ रोग समाप्त हो जाता है, ऐसी मान्यता है।

तुलसी चौरा, अयोध्या : यहाँ तुलसीदास जी ने रामचरितमानस की रचना की थी। इसके निकट तुलसी स्मारक भवन है।

दिगम्बर जैन मन्दिर : अयोध्या में कैकेयीभवन के पश्चिम में पाँचवें तीर्थंकर सुमन्तनाथ का यह मन्दिर प्रसिद्ध है, इसलिए कि यहाँ उनका जन्म हुआ था और इस मन्दिर में उनके चरण चिह्न हैं।

देवी मन्दिर : यहाँ 9 दुर्गा और कई स्थानीय देवियों के कई मन्दिर हैं, जिनमें उन्नाव का जानकी मन्दिर (परियर), दुर्गा जी (नवाबगंज), कुसेहरी मन्दिर (कुसुम्भी), पथवारी देवी (असोथर), विल्वेसुरी, जालपा देवी आदि के मन्दिर प्रसिद्ध हैं।

धर्म हरि मन्दिर, अयोध्या : यहाँ विष्णु जी ने धर्मराज को दर्शन दिये थे। उनके दर्शन से नारद द्वारा शापित गन्धर्व का उद्धार हो गया था।

धूसरनाथ मन्दिर : यह प्रतापगढ़ का प्रसिद्ध शिव मन्दिर है।

नवीनगर मन्दिर : इसे नवीनगर सीतापुर के राजा प्रभाकर प्रताप ने 100 वर्ष पूर्व बनवाया था।

नागवासुकि मन्दिर, दारागंज, इलाहाबाद : यह अत्यन्त प्राचीन और मान्यता प्राप्त पूजा स्थल है।

नागेश्वरनाथ मन्दिर, अयोध्या : यह यहाँ का अत्यन्त प्राचीन और प्रसिद्ध मन्दिर है।

नेपाली मन्दिर : पूर्व नारायण सालिगराम (अयोध्या), इसका निर्माण जंगबहादुर राणा की बहू ने कराया था।

प्रकटेश्वर : यह अमेठी का प्रसिद्ध मन्दिर है।

पृश्वीनाथ : यह गोंडा का मन्दिर है।

पंचायती मन्दिर (अयोध्या) : इस वर्ग में इन बिरादरियों के मन्दिर गणनीय हैं–1. अग्रहरि वैश्य 2. ठठेर 3. कलवार 4. कायस्थ 5. कसौंधन वैश्य 6. धरकार 7. कुर्मी 8. कुम्हार 9. कुरील 10. केवट 11. कहार 12. खटीक 13. गड़रिया 14. तेली 15. धोबी 16. नाऊ 17. निषाद 18. पासी 19. तमौली 20. बढ़ई 21. बारी 22. बेलदार 23. राजघर 24. भुजवा 25. भंगी 26. माली 27. मुरायी

28. यादव 29. रैदास 30. लोनिया 31. लोहार 32. हलवाई 36. पटवा।

पत्थर मन्दिर, अयोध्या : स्वामी राघवनाथ द्वारा 200 वर्ष पूर्व निर्मित इस मन्दिर में रामकथा चित्रित है। यह रामलीला का मुख्य केन्द्र है।

पथवारी देवी का मन्दिर : यह रायबरेली (डलमऊ) में स्थित है और काफी मान्यता प्राप्त है।

प्रसन्ननाथ महादेव मन्दिर : इसे भगौलीक तीर्थ कहते हैं। इसकी स्थापना महाभारत युद्ध की समाप्ति पर की गयी थी। ऐसी जनश्रुति है कि उदर पीड़ा से मुक्ति पाने हेतु श्रीकृष्ण के निर्देशानुसार पाण्डवों ने इस शिवलिंग की स्थापना की थी। यहाँ प्रतिवर्ष कजली तीज से 15 दिनों तक बड़ा मेला लगता है।

पुलपुर मन्दिर अयोध्या : यह सीता रसोई के निकट है। इसकी स्थापना 1875 ई. में पुलपुर के तालुकेदार गोमती कुँवरि ने करायी थी।

पूर्ण हरि मन्दिर, अयोध्या : यहाँ से 6 मील दूर इस मन्दिर के सरोवर में स्नान करने से पाण्डु रोग दूर हो जाता है, ऐसी आस्था है।

बन्दीदेवी मन्दिर अयोध्या : इन्हें जालपा देवी कहते हैं। ऐसी मान्यता है कि इनके भक्तों को सभी बन्धनों से मुक्ति मिल जाती है।

ब्रह्म कुण्ड, अयोध्या : ऐसी प्रसिद्धि है कि ब्रह्मा जी ने यहाँ 500 वर्षों तक तपस्या की थी। इस कुण्ड की सीढ़ियाँ सरयू के भीतर तक गयी हैं।

बालार्क मन्दिर, बहराइच : सूर्योपासना से जुड़ा हुआ यह बड़ा प्राचीन स्थान है।

बुद्धेश्वर महादेव : यह लखनऊ का प्रसिद्ध शिवमन्दिर है। इसमें शिवरात्रि पर विशेष शृंगार तथा शिवार्चन होता है।

बेणी माधव मन्दिर, दारागंज, इलाहाबाद : यह बड़ा और प्राचीन विष्णु मन्दिर है।

बौद्ध मन्दिर : रिसालदार पार्क, लाटूश रोड, लखनऊ का यह मन्दिर चर्चित है। श्रावस्ती में कई मन्दिर हैं। मणिपर्वत अयोध्या का बौद्ध मन्दिर भी स्मरणीय है।

भयहरननाथ मन्दिर : यह शिव मन्दिर प्रतापगढ़ जिले में है।

भरत हनुमान मिलन मन्दिर, अयोध्या : यहाँ त्रयोदशी को हनुमान जी का महाभिषेक होता है।

भँवरेश्वर (शिव) मन्दिर : लखनऊ रायबरेली के सीमान्त में स्थित कुर्री सुदौली के निकट सई नदी के तट पर भँवरेश्वर मन्दिर श्रद्धाभक्ति का केन्द्र है। इसका इतिहास बहुत पुराना है। ऐसी जनश्रुति है कि औरंगज़ेबी फौज जब इस शिवलिंग को तोड़ने आयी तो उससे इतने भौंरे प्रकट हो गये कि सबको प्राण बचाकर भागना पड़ा। यहाँ प्रति सोमवार मेला लगता है। शिवरात्रि पर तो भारी भीड़ होती है।

भरद्वाज आश्रम : यह प्रयाग में संगम के निकट स्थित है। गोस्वामी जी ने रामकथा के जो चार वक्ता तथा श्रोता बताये हैं, उनमें एक युग्म है, भरद्वाज-याज्ञवल्क्य का। इन दोनों के बीच राम कथा का अनुगायन इसी आश्रम में हुआ था। वनवास के लिए जाते हुए श्रीराम सबसे पहले इस आश्रम में गये थे।

मन्त्रेश्वर मन्दिर : अयोध्या का शिव मन्दिर।

मंशा देवी मन्दिर, रायबरेली : यह मान्यता प्राप्त प्रसिद्ध देवी धाम है।

मत्स्येन्द्रनाथ मन्दिर : देवीपाटन का यह एक प्रसिद्ध देवीपीठ है। इसमें कई प्राचीन मन्दिर हैं, जिनमें मत्स्येन्द्रनाथ या मीननाथ का एक बौद्ध मन्दिर है, जो शिवालय शैली का है। यहाँ कुछ

स्तूपाकार मन्दिर हैं, जिन पर मुस्लिम स्थापत्य का प्रभाव दिखाई देता है।

मनकामेश्वर मन्दिर, लखनऊ : इस शिव मन्दिर का इतिहास बहुत प्राचीन है। कहा जाता है कि यह मन्दिर सैकड़ों वर्ष पुराना है। इस मन्दिर का विकास महंत राम गिरि बाबा के कार्यकाल में हुआ था। मन्दिर परिसर में उनका सोंटा, डंडा आज भी सुरक्षित है। महंत राम गिरि बाबा ने एक बार इसी सोंटे से शिव लिंग पर प्रहार किया था, जिससे दूध की धारा निकली थी। महंत राम गिरि के बाद कई भक्त मनकामेश्वर मन्दिर के महंत बने। मन्दिर की वर्तमान महंत देव्या गिरि के अनुसार कई भक्त 40 दिन तक मन्दिर में आकर भोलेनाथ की पूजा-अर्चना करते हैं। यहाँ विवाह की मनोकामना को लेकर काफी संख्या में भक्त आते हैं। मन्नतें पूरी होने पर भक्त यहाँ घंटा टाँगते हैं। शिवरात्रि पर यहाँ भारी भीड़ होती है।

मोहब्बतशाह की मजार : सूफी सन्त बाबा मोहब्बतशाह की यह प्रसिद्ध मजार उन्नाव जनपद के तकिया नामक ग्राम में स्थित है। यह हिन्दू, मुसलमान, दोनों सम्प्रदायों की आस्था का केन्द्र है। यहाँ लोग तरह-तरह की मनौती करने आते हैं। सफीपुर के सूफी खलीलशाह भी काफी प्रसिद्ध हैं।

रंगनाथ जी का मन्दिर : यह मन्दिर कानपुर के प्रयाग नारायण शिवाला परिसर में स्थापित है। इसे उत्तर-दक्षिण का सेतु बन्ध कहा जाता है। नागर शैली के इस मन्दिर में बहुत ऊँचा गोपुर है। उसके ऊपर सुन्दर कलश है। शिवाला मन्दिर विजयनगर शैली का है। इसके प्रांगण में बाजार है। गर्भ गृह में श्री लक्ष्मी नारायण जी का श्री विग्रह है, अतः इसे बैकुण्ठ मन्दिर भी कहा जाता है। इस मन्दिर का निर्माण 1857 ई. में रेवती राम तिवारी जी ने शुरू किया था, जिसे प्रयाग नारायण जी ने 1861 ई. में पूरा कराया। इसमें श्री विष्णु, रंगनाथ जी, श्रीदेवी, भू देवी, नीला देवी, गोदाम देवी, गरुड़ तथा वेंकटेश जी के विग्रह हैं। वर्ष में कई बार इनकी सवारियाँ निकलती हैं। मन्दिर में दक्षिण के 12 आचार्यों की प्रतिमाएँ लगी हैं। द्वार पर दो विशाल नगाड़े रखे हैं, जिन्हें पूजा के समय बजाया जाता है। 1857 की क्रान्ति में नानाराव पेशवा यहीं नगाड़े बजवाकर जनता को सूचना देते थे। डेढ़ सौ वर्षों से यहाँ यज्ञ वेदी में अखण्ड अग्नि ज्योति प्रज्वलित है। मन्दिर परिसर में समय-समय पर समारोह होते रहते हैं।

रामजन्मभूमि/बाबरी मस्जिद : ऐतिहासिक साक्ष्यों के अनुसार बाबर 27 अप्रैल 1526 ई. को गद्‌दी पर बैठा था। उसने मीर बाकी को अवध का सूबेदार बनाया था। बाबर की बेटी गुलबदन ने 'हुमायूँ नामा' लिखा था। उसके पूर्व जो 'बाबर नामा' लिखा गया, उसमें पानीपत की लड़ाई के बाद (2 अप्रैल 1528 से 15 नवम्बर 1528 ई.) तक अयोध्या का विवरण गायब कर दिया गया है, जिसमें फकीर फजल के हुक्म से जन्मभूमि मन्दिर को तोड़ने का विवरण था। इसके आधार पर कुछ लोगों का तर्क है कि बाबर अयोध्या आया ही नहीं था। एक संकेत यह भी मिलता है कि यह राम मन्दिर इब्राहिम लोदी की हिन्दू दादी के लिए 10 सितम्बर 1524 ई. को बनवाया गया था। इसके साक्ष्य मिलते हैं कि बाबर को भारत बुलाने वाले थे राणा साँगा। उसके अतिरिक्त मानसिंह, जयसिंह, जसवन्त सिंह आदि भी इसमें शामिल थे। बाद में बल्लभाचार्य जी की प्रेरणा से पानीपत की लड़ाई में राणा साँगा ने बाबर से युद्ध किया था। पहला युद्ध 16 दिन चला। इस पर कुल 86 हमले हुए। निर्मोही अखाड़ा बराबर जूझता रहा। बाबरी मस्जिद में जो माल लगा है, वह मन्दिर का ही था, यह सिद्ध हो गया है। फिर भी मामला वाद ग्रस्त है। इस राम मन्दिर की रक्षा के लिए कई युद्ध हुए हैं। इसमें कई हिन्दू राजाओं ने और नागाओं ने सक्रिय भूमिका निभायी है। यह भी कहा जाता है कि अब तब इसके पीछे एक लाख चौहत्तर हजार हिन्दू मारे जा चुके हैं। कुछ इतिहासकारों का तर्क है

कि मन्दिर गिराने का स्पष्ट उल्लेख किसी तत्कालीन कवि-लेखक ने नहीं किया है। इसके उत्तर में कहा गया है कि ''माँगि कै खाइबौ मसीत को सोइबो'' वाला तुलसी का कथन इसका सूचक है कि वे यहाँ सत्याग्रह कर रहे थे। सन्तों ने वहाँ कालेराम की प्रतिष्ठा की, जो आज भी पूजे जा रहे हैं। इस सन्दर्भ में कनिंघम के गजेटियर, कितने पाकिस्तान (कमलेश्वर) आदि ग्रन्थ इस पक्षापक्ष विचार के स्रोत हैं। प्राचीन ग्रन्थों में स्कन्दपुराण रामजन्मभूमि के इतिहास की दृष्टि से अत्यन्त महत्त्वपूर्ण है। उसके वैष्णव खण्ड के अयोध्या माहात्म्य के दसवें अध्याय में लिखा गया है कि सरयू के जल में स्नान करके पापियों को मोहित करने वाले तथा सत्पुरुषों को सुमति प्रदान करने वाले 'पिण्डारक' का पूजन करना चाहिए। नवरात्र में पिण्डारक की यात्रा करनी चाहिए तथा पिण्डारक के पश्चिम भाग में अवस्थित विघ्नेश का पूजन करना चाहिए। इनके दर्शन से कष्ट का लेशमात्र भी नहीं रहता। अतः अभीप्सित फलों को प्रदान करने वाले विघ्नेश्वर सदा पूजनीय हैं। इसी क्रम में यह लिखा गया है कि विघ्नेश के स्थान से ईशानकोण में राम का जन्म स्थान है। यह स्थान मोक्षादि फलदायक है–

तस्मात् स्थानतः ऐशाने रामजन्म प्रवर्तते।
जन्मस्थानामिदं प्रोक्तं मोक्षादिफलसाधनम्।।

रामजन्मभूमि के सम्बन्ध में स्कन्दपुराण में बहुत ही स्पष्ट शब्दों में भौगोलिक स्थिति बताई गयी है। उसमें कहा गया है कि विघ्नेश के पूर्व भाग में, वशिष्ठ आश्रम के उत्तर भाग में तथा लोमश ऋषि के पश्चिम भाग में राम का जन्म-स्थान है। वशिष्ठ आश्रम का अभिज्ञान वशिष्ठ कुण्ड के आसपास से किया जा सकता है–

विघ्नेश्वरात् पूर्वभागे वासिष्ठमुत्तरे तथा।
लोमशात्पश्चिमे भागे जन्मस्थानं ततः स्मृतम्।।

इस तथ्य की पुष्टि भारतीय पुरातत्व सर्वेक्षण, नयी दिल्ली द्वारा किये गये उत्खनन से उपलब्ध पुरावशेषों से हुई है। वर्तमान रामजन्मभूमि की भौगोलिक स्थिति इस प्रकार है। वहाँ एक तरफ नल-नील, सुग्रीव किला, कुबेर पर्वत, आरम्भ में हनुमानगढ़ी, रत्नमंडप, कनक भवन, रंग महल, कैकेई भवन, कौसल्या भवन, लश्करी मन्दिर, गोकुल भवन आदि हैं। स्कन्दपुराण के वैष्णव खण्ड में यह भी वर्णित है कि इसके दर्शन से मनुष्य दान-तप-तीर्थ तथा यज्ञ के बिना भी गर्भवास से विजयी हो जाता है अर्थात् जन्म-मृत्यु के चक्र से छूटकर मुक्ति प्राप्त कर लेता है–

यद् दृष्ट्वा च मनुष्यस्य गर्भवासजयो भवेत्।
बिना दानेन तपसा बिना तीर्थैर्बिना मखैः।।

स्कन्दपुराण में कहा गया है कि व्रतधारी मानव नवमी के आते ही जन्म के बन्धन से, स्नान दान के प्रभाव से मुक्त हो जाता है–

नवमीदिवसे प्राप्ते व्रतधारी हि मानवः।
कपिलागोसहस्राणि यो ददाति दिने-दिने।
तत्फलं मसवाप्नोति जन्मभूमेः प्रदर्शनात्।।

गृहस्थाश्रम में रहने वाले पुरुष तथा तपस्वी जन को जो फल प्राप्त होता है, हजारों राजसूय यज्ञों से, प्रतिवर्ष अग्निहोत्र से, विशेषतः जन्मस्थान में नियमपूर्वक रहने वाले मनुष्य को देखने से, माता-पिता तथा गुरु की भक्ति करने वाले सज्जनों को जो फल प्राप्त होता है, वह जन्मभूमि के दर्शनमात्र से प्राप्त होता है–

आश्रमे व सतां पुंसां तापसानांच यत्फलम्।
राजसूयसहस्राणि प्रतिवर्षाग्निहोमतः।।
नियमस्थं नरं दृष्ट्वा जन्मस्थाने विशेषतः।।
मातापित्रोर्गुरूणाम भक्तिमृद्महतां सताम्।।
तत्फलं समवाप्नोति जन्मभूमेः प्रदर्शनात्।।

यह उल्लेखनीय है कि दशरथ के शासन-काल में अयोध्या के रामकोट वार्ड की जो भौगोलिक स्थिति थी उसी के अनुरूप विक्रमादित्य ने इस भू-भाग का पुनर्निर्माण किया था। गुप्तकाल में चन्द्रगुप्त द्वितीय विक्रमादित्य ने इसका पुनरुद्धार किया था और इसी भू-भाग का चन्द्रावती ताम्रपत्र के आधार पर गाहडवाल राजा चन्द्रदेव ने पुनरुद्धार किया था। रुद्रयामल में लिखा है कि राज-सभा के पश्चिम भाग में रामदुर्ग अवस्थित है—

अभायाः पश्चिमे भागे रामदुर्गस्तु विद्यते।

इस राजद्वार पर वायुपुत्र हनुमान् प्रतिष्ठित हैं। इसके दक्षिण में नल-नील का किला था जिसे तोड़कर मार्ग बना दिया गया है। सुग्रीव के समीप अंगद का दुर्ग है। भारतीय पुरातत्व सर्वेक्षण, नयी दिल्ली के हरी मांझी एवं बी.आर.मणि के नेतृत्व में माननीय उच्चन्यायालय के निर्देशन में जो उत्खनन किया गया, उसकी रिपोर्ट में 235 फोटोग्राफ हैं। उनसे स्पष्ट हो गया कि वर्तमान रामजन्मभूमि मन्दिर का निर्माण दसवीं, ग्यारहवीं शताब्दी ई. में हुआ था। इसमें प्राप्त काले प्रस्तर-स्तम्भों और पूर्णधर का अंकन करके तथा पूर्व में उपलब्ध 14 स्तम्भों पर विचार करके रामजन्मभूमि मन्दिर की ऐतिहासिक पुष्टि हुई है। खण्डित द्वार स्तम्भ, खण्डित लोटस, ग्लेज्ड टाइल फ्रेगमेन्ट, फ्लावर मोटिफ्स का अवशेष, मृत्तिका की अलंकृत देवी का वक्ष, मानव-शीर्ष, स्थानक मुद्रा में नारी की मृण्मूर्ति, हस्तमुद्रा में पुरुष की मूर्ति, गजाकृति, पशु आकृतियाँ, वृषभ का मस्तक, खण्डित गज प्रतिमा, मिट्टी की नन्दी मूर्ति, नागरी लिपि का अभिलेख, वृत्ताकार अशोक की ब्राह्मी लिपि की मुद्रा, फोटोग्राफ 144 से 172 तक की मुद्राओं से भी रामजन्मभूमि की ऐतिहासिकता प्रमाणित होती है। वस्तुतः प्रो. ए.के. नारायन, प्रो. बी.बी. लाल, प्रो. वी.एस. पाठक, प्रो. एस.एन. चतुर्वेदी आदि ने जो खोज की थी, उसकी पुष्टि भारतीय पुरातत्व सर्वेक्षण ने कर दी है। सन् 1526 से 1734 तक का इतिहास इस वाद का मूलाधार है।

यह भी सिद्ध हो गया है कि विक्रमादित्य के इस्टिका मन्दिर की मरम्मत जयचन्द ने करायी थी।

रत्नसिंहासन मन्दिर, अयोध्या : यह कनक भवन के निकट है। इसका दूसरा नाम है राजगद्दी।

रानोपाली (रत्नहरि) मन्दिर : उदासी सम्प्रदाय के इस मन्दिर के संस्थापक थे नानक जी के पुत्र श्रीचन्द्र। यहाँ का विष्णु महायज्ञ प्रसिद्ध है। यहाँ पितृ पक्ष की नवमी को बहुत बड़ा भण्डारा होता है। इसके निकट ऋषि सगरा नामक कुण्ड है, जिसमें सभी तीर्थों का जल डाला गया है।

रानी पौढ़ी मन्दिर : बढ़ानापुर, बहराइच की राजमाता बसन्त कुँवरि द्वारा निर्मित इस मन्दिर का प्रवेशद्वार बड़ा भव्य है।

राजसदन मन्दिर अयोध्या : यह सौ वर्ष पूर्व ददुआ साहब द्वारा बनवाया गया था।

रामायण भवन मन्दिर, अयोध्या : इसके निर्माता थे काशीदास जी।

लखनऊ के हनुमान मन्दिर : जैसे—छाँछी कुआँ, चारबाग (त्रिलोचन) हजरतगंज, रकाबगंज चौराहा, पुलिस लाइन, अमीनाबाद, साहनी रोड, कुर्सी रोड आदि।

लखनऊ के इमामबाड़े : इसमें आसफी इमामबाड़ा, शाह नजफ का इमामबाड़ा, छोटा इमामबाड़ा, हुसैनाबाद आदि विख्यात हैं।

लक्ष्मण किला (अयोध्या) : लक्ष्मण जी अयोध्यापुरी के प्रशासक थे, अतः उनका निवास स्थान लक्ष्मणकिला भी पश्चिम तथा उत्तर, दोनों ओर से श्री सरयू की धारा से आलिंगत, ऊँचे तथा विस्तृत भू-भाग में स्थित है। यहाँ के मुख्य मन्दिरों में श्रीसीताराम जी के साथ श्री लक्ष्मण कुमार की मनोहारिणी मूर्ति भक्तों के चित्त को आकृष्ट करती है। लक्ष्मण किला के घाट पर सदा सरयू की धारा विद्यमान रहती है। इतना लम्बा-चौड़ा घाट कम देखने को मिलता है। फ़ैज़ाबाद से अयोध्या तक सरयू की सबसे अधिक गहराई यहीं है। अंग्रेजी शासन काल में इस घाट पर सरयू जल में खड़े होकर शपथ लेने से अपराधी को दोष मुक्त मान लिया जाता था, किन्तु मिथ्या शपथ लेने से (यह धारणा थी कि) अपराधी किसी एक अंग से वंचित हो जायेगा। आज भी अयोध्यावासी विवादग्रस्त होने पर अपराधी को वहाँ शपथ लेने के लिए बाध्य करते हैं, किन्तु देह-दण्ड के भय से कोई भी अभियुक्त शपथ लेने के लिए उद्यत नहीं होता।

1857 ई. के बाद जब अंग्रेजों का अवध पर शासन हुआ, तब स्वामी श्रीयुगलानन्यशरण जी की साधुता से प्रभावित होकर ब्रिटिश सम्राज्ञी महारानी विक्टोरिया ने स्वामी जी को यह विशाल स्थान भेंट कर दिया। यहीं स्वामी जी ने 'आचार्यपीठ' स्थापित किया। लक्ष्मण किला से सम्बन्धित शाखाएँ सम्प्रति अयोध्या, चित्रकूट, मिथिला, जनकपुर आदि स्थानों में भी हैं। स्वामी जी के मुख्य शिष्य श्रीजानकीवरशरणजी के दर्शनों के लिए स्वामी विवेकानन्द लक्ष्मण किला में पधारे थे। देश-विदेश के बड़े-बड़े विद्वान् एवं सन्त लक्ष्मण किले से सम्बद्ध हैं। किला के नित्यनिकुंज प्रविष्ट आचार्य स्वामी श्रीसीतारामशरण जी महाराज (लक्ष्मण किलाधीश जी) ने सन् 1957 में यहाँ के अध्यक्ष पद को अलंकृत किया। तभी यहाँ के मन्दिरों का जीर्णोद्धार, अतिथि भवन तथा घाटों का निर्माण हुआ। लक्ष्मण किला में स्वामी श्रीयुगलानन्यशरण जी महाराज द्वारा संस्थापित 'श्रीसरस्वती पुस्तक भण्डार' नामक एक विशाल पुस्तकालय है, जिसमें संस्कृत, हिन्दी, फारसी एवं उर्दू के अनेक ग्रन्थ है। यहाँ देश-विदेश से रिसर्च स्कालर्स अध्ययन के लिए आते रहते हैं।

लोधेश्वर महादेव : यह महाभारत कालीन मन्दिर रामनगर बाराबंकी के निकट महादेवा गाँव में स्थित है। ऐसी मान्यता है कि अज्ञातवास काल में युधिष्ठिर द्वारा इनकी प्रतिष्ठा की गयी थी। महर्षि व्यास के सुझाव पर इस वन में महा यज्ञ हुआ था। यह शिवलिंग बदरी-केदारनाथ से बहँगी (काँवर) पर लादकर भीम लाये थे। इसीलिए यहाँ काँवर ले जाने का बड़ा महत्त्व है। एक बार घाघरा की बाढ़ में यह शिवलिंग धँस गया था, जिसे लोधवारा गाँव के एक किसान ने स्वप्नादेश पाकर निकाला और एक मठिया बनवाकर पूजा शुरू कर दी। इसीलिए इनका नाम लोधेश्वर हो गया। वर्तमान मन्दिर बाबा बेनी सागर का बनवाया हुआ है। साज सज्जा राजा रामनगर द्वारा करायी गयी है। इस मन्दिर में स्त्रियों का प्रवेश नहीं होता। यहाँ बहुत दूर-दूर के काँवरिये शिवरात्रि में भोलेनाथ का जलाभिषेक करते हैं।

वाल्मीकि आश्रम : यहाँ तमसा (टोंस) के तट पर तारडीह नामक स्थान पर वाल्मीकि आश्रम बताया गया है। कुछ लोगों का मत है कि वारन नामक स्थान का शुद्ध रूप है वारण्य। यह नाम इसलिए पड़ा कि यहाँ दशरथ के हाथी रहते थे।

वाल्मीकि रामायण भवन : यह वासुदेव घाट के निकट है। यहाँ अनेक पाण्डुलिपियाँ हैं, सीताराम बैंक है और दीवालों पर रामकथा अंकित है। नृत्य गोपालदास जी इसके संरक्षक हैं।

वाल्मीकेश्वर महादेव मन्दिर : यह बिठूर, कानपुर का प्रसिद्ध मन्दिर है। यहाँ कार्तिक पूर्णिमा पर बड़ा मेला लगता है।

विन्ध्याचल मन्दिर : यह विन्ध्याचल मिर्जापुर का अत्यन्त प्राचीन शक्ति पीठ है। नवरात्र में यहाँ बड़ी चहल पहल दिखती है।

विघ्नेश्वर : यह शिव मन्दिर अयोध्या में है।

विष्णु हरि मन्दिर, अयोध्या : यहाँ विष्णु शर्मा को प्रभु के दर्शन हुए थे, ऐसी कथा है।

शान्ता मन्दिर, रामचौरा : यह शृंगबेरपुर, कौशाम्बी में स्थित है। ऐसी मान्यता है कि वन को जाते हुए श्रीराम अपनी बहन शान्ता तथा शृंगी ऋषि के आश्रम के निकट रामचौरे पर एक रात रुके थे।

श्वेताम्बर जैन मन्दिर, कटरा : अयोध्या में स्थित इस मन्दिर का महत्त्व अजितनाथ के ज्ञान कल्याणक के लिए है।

शिवाला मन्दिर, अयोध्या : शुजाउद्दौला के सेनापति ने इसका निर्माण कराया था।

शेषनाग मन्दिर : लक्ष्मण टीला लखनऊ का यह मन्दिर नाग पूजा के लिए प्रसिद्ध है।

संकटादेवी का मन्दिर : रायबरेली, गेगाँसौ ग्राम में माँ संकटादेवी का प्रसिद्ध मन्दिर है। इसकी प्राचीनता और गरिमा के सम्बन्ध में अनेक प्रकार की अनुश्रुतियाँ इस क्षेत्र में विद्यमान हैं। यहाँ दर्शनार्थियों की भारी भीड़ रहती है। नवरात्र में विशेष रूप से भक्त जन अपनी-अपनी आस्था व्यक्त करने के लिए यहाँ आते हैं। कहा जाता है कि यह उन गर्ग ऋषि का क्षेत्र रहा है, जो श्रीकृष्ण के यदुवंश के कुलगुरु रहे हैं। इन्होंने ही बालक श्रीकृष्ण का नामकरण संस्कार सम्पन्न कराया था। यहाँ स्थापित गर्गाश्रम इस कथन का साक्षी है।

संभवनाथ मन्दिर, बलरामपुर : ये जैन धर्म के तीसरे तीर्थंकर थे। यहाँ दूर-दूर से जैन दर्शनार्थी पहुँचते हैं।

सतरिख दरगाह : बाराबंकी में स्थित यह प्रसिद्ध सूफी साधना केन्द्र है।

सत्यार मन्दिर, अयोध्या : यह दन्तधावन कुण्ड के निकट है। इसके निर्माता थे सत्य स्नेही जी।

सप्तहरि मन्दिर, अयोध्या : यह राम की पौड़ी पर स्थित है। इसे चन्द्र हरि मन्दिर भी कहते हैं। ऐसी मान्यता है कि स्वयं चन्द्र देव यहाँ दर्शनार्थ उतरे थे।

सालार जंग की मजार : सयैद सालार की यह मजार बहराइच में है और सूफी साधकों की स्थली है।

सिद्धनाथ मन्दिर : लखनऊ के नेहरू क्रास के निकट स्थापित यह शिव मन्दिर शिव भक्तों की श्रद्धा का केन्द्र है। भक्तगण दूर-दूर से इनके दर्शनार्थ आते रहते हैं। यह मन्दिर अयोध्या में भी है।

सिद्धनाथ मन्दिर बिठूर (कानपुर) : यह अपने क्षेत्र का बड़ा प्रसिद्ध मन्दिर है।

हनुमानगढ़ी : इसका निर्माण रामानन्दी निर्वाणी अखाड़ा द्वारा कराया गया था। इसमें नवाब मंसूर अली, राजा विक्रमादित्य, टिकैतराय आदि की ओर से भी सहायता दी गयी थी। इसका आकार-प्रकार गढ़ (किला) जैसा दिखाई देता है। काफी सीढ़ियाँ चढ़ने पर प्रवेश-द्वार आता है। भीतर सुन्दर गर्भ गृह है जिसमें सोने की मूर्ति, साथ ही यज्ञशाला, भाण्डार गृह, कोठार, गोशाला, हाथी दालान आदि हैं। इसके संचालन के लिए ये चार महन्त पट्टियाँ अधिकृत हैं। 1. सागरिया पट्टी 2. उज्जैनिया पट्टी 3. बसन्तियाँ पट्टी 4. हरिद्वारी पट्टी। हनुमान जी की पूजा-अर्चना का यह प्रमुख केन्द्र है। पहले यह राम कोट का प्रवेश-द्वार था और कनक भवन की रक्षा का मुख्य उपक्रम भी। सम्प्रति मंगलवार और शनिवार को यहाँ भारी भीड़ होती है। बीच-बीच में प्रवचनों और उत्सवों के आयोजन भी होते हैं।

हनुमान मन्दिर अलीगंज : लखनऊ में अनेक हनुमान मन्दिर हैं। यहाँ जेठ के प्रत्येक मंगलवार को मेले लगते हैं। अलीगंज का मन्दिर नवाबों के सहयोग से बना था। मन्दिर के प्रवेश-द्वार पर

चाँद सितारे लगे हुए हैं, जो हिन्दू-मुस्लिम एकता के प्रतीक हैं। ऐसी जनश्रुति है कि वनवास के बीच हनुमान जी श्रीराम जानकी को लेकर यहाँ आये थे। यहाँ लोग मन्नतें माँगते हैं और भोज भण्डारे करते हैं। यहाँ बड़ा मंगल का विशेष महत्त्व है।

हनुमान मन्दिर, कानपुर : यह पनकी में स्थापित है और बहुत लोकप्रिय है।

हनुमान मन्दिर, संगम इलाहाबाद : यह लेटे हुए हनुमान जी का प्रसिद्ध मन्दिर है।

हनुमान सेतु मन्दिर : इसका निर्माण नीमकरौरी बाबा ने लखनऊ में गोमती तट पर कराया था।

हाजी वारिस अली शाह की मजार : यह बाराबंकी के देवा शरीफ नामक कस्बे में स्थित है। वारिस साहब एक सिद्ध सूफी सन्त थे। यहाँ साधना करते हुए उन्होंने सूफी सम्प्रदाय के अनुरूप हिन्दू-मुस्लिम समाज के बीच ऐसा स्नेह, सद्भाव और सौहार्द स्थापित किया और इतने विलक्षण चमत्कार दिखाये कि वे जन-जन के पूज्य हो गये। वे अपने जन्म वर्ष (1809) से मृत्युपर्यन्त (1903 ई. तक) इसी भूमि से जुड़े रहे। बाद में उनके भक्तों ने स्मारक रूप में एक अत्यन्त खूबसूरत मजार बनवायी। भारतीय ईरानी शैली में निर्मित यह मजार स्थापत्य का सुन्दर नमूना है। मजार के ऊपर चाँदी का छत्र है। इसे रामनगर के राजा ने बनवाया था। चाँदी के पटरों से मढ़े हुए दरवाजे कश्मीर के हिन्दू राजाओं के बनवाये हुए हैं। नीचे संगमरमर की लम्बी-चौड़ी फर्श है, जो मैनपुरी के ठाकुर पंचम सिंह की बनवायी है। इस मजार की व्यवस्था एक व्यास के द्वारा की जाती है। यहाँ देश-विदेश के हजारों लोग 'जियारत' के लिए आते हैं। प्रतिवर्ष यहाँ उर्स होता है। लोग चद्दरें चढ़ाते हैं, मन्नतें माँगते हैं तथा भजन-गायन करते हैं। फकीर वारिस शाह बौद्ध-भिक्षुओं जैसा 'एहराग' धारण करते थे। उन्होंने जीवन भर राम और रब की अभिन्नता का उपदेश दिया, इसलिए आज भी दोनों समुदायों में वे लोकप्रिय हैं। देवा में प्रतिवर्ष बड़ा विराट मेला लगता है, जिसमें देश भर के सन्त, कव्वाल, कवि शायर, गायक, नर्तक आदि एकत्र होते हैं। देवा के आसपास आज भी कई सूफी साधक देखे जाते हैं।

हिंग्लाज मन्दिर : दादरा, अमेठी का यह प्रसिद्ध देवी मन्दिर है।

वस्तुतः अवध क्षेत्र के आराध्य देवों से जुड़े मन्दिरों को स्थान तथा पूजा पद्धति के अनुसार कई वर्गों में बाँटा जा सकता है। जैसे–

1. **कुल देवता :** इन्हें घर के किसी भीतरी कक्ष में भित्ति चित्र (प्रतीक) के रूप में अंकित कर लिया जाता है। वर्ष की दोनों फसलों पर नवान्न पूजन के समय और विवाह, जन्मोत्सव आदि के समय परिवार की कोई ज्येष्ठ सुहागिन स्त्री (देवनारी) विधि-विधानपूर्वक उनकी पूजा करती है, विशेषतः नैवेद्य अर्पित करती हैं। यह यक्ष पूजा का अवशेष प्रतीत होता है।

2. **शालिग्राम एवं बाल गोपाल :** इनका निवास भी घर में ही होता है। रसोई तैयार होने पर पहले इनका सिंहासन चौके में रखकर भोग लगाया जाता है, फिर लोग प्रसाद रूप में अन्न ग्रहण करते हैं। ये भोग के देवता हैं। अन्न के प्रतीक हैं। शालि का अर्थ है चावल, ग्राम का अर्थ है ढेर अर्थात् अन्न देवता। सूतक के बीच उनका पूजन स्थगित रहता है।

3. **दरगाह, मजार :** यहाँ सूफी सन्तों से दुआएँ ली जाती हैं।

4. **ग्राम देवता :** पूरे गाँव के एक सामूहिक देवता (प्रायः शिव, हनुमान या देवी माता) का चबूतरा अथवा चौरी सार्वजनिक उपासना स्थल रूप में माना जाता है। उसके अतिरिक्त गाँव के सीमान्त पर भुइँहार बाबा या भुइँया देवी का मन्दिर होता है। ये बाह्य विपत्ति से रक्षा करते हैं।

5. **कबीर मन्दिर, रैदास मन्दिर, सिरडी वाले बाबा का मन्दिर :** जहाँ साकार निराकार दोनों की मिलीजुली पद्धति दिखती है।

6. लोक देवता : पिछड़ी जातियों के कुछ अपने नायकों के चौरे इस अंचल में पाये जाते हैं। जैसे–महावीर, मंझलावीर, लहुरावीर, नटवीर, हरदेवलला आदि के पूजा स्थल, जहाँ मूर्तियों की जगह मिट्‌टी के कलसे रखे रहते हैं। लोग वहाँ कथा-वार्ता सुनते हैं, बलि चढ़ाते हैं तथा अपने-अपने ढंग से पूजा करते हैं। कहीं-कहीं भैरव, शनि, भूत-प्रेत आदि की भी पूजा होती है।

7. वैदिक देवता : जैसे सूर्य, अग्नि, इन्द्र आदि। लोग सूर्य देव की ओर उन्मुख होकर जल (अर्घ्य) चढ़ाते हैं, आग में 'बसन्दर' देते हैं और गायत्री का मन्त्रोच्चारण करते हैं।

8. पौराणिक देवता : प्रायः विष्णु, राम, कृष्ण, शिव, हनुमान, देवी भवानी आदि की मूर्तियाँ मन्दिर में प्रतिष्ठित की जाती हैं। शिव शक्ति और हनुमान की मूतियाँ स्थूल पिण्ड-प्रतीक के रूप में चबूतरों या मठियों में रख दी जाती हैं। इनकी पूजा बड़ी सहज है। जल, पुष्प और दीपक के साथ प्रार्थना पर्याप्त मानी जाती है। श्री विष्णु, रामकृष्ण आदि के देव मन्दिरों में यहाँ नवधा या षोड्शोपचारों के साथ पंच दीवोपासना का प्रचलन है।

अवध में रामोपासना का केन्द्र है अयोध्या। प्रमुख शिव मन्दिर हैं औसानेश्वर, डौंडियाखेरा के शिव क्षीरेश्वर, कुंतेश्वर, कोणेश्वर, गोकर्णनाथ, त्रिलोचन महादेव, नागेश्वरनाथ, प्रसन्ननाथ, बुद्धेश्वर, भँवरेश्वर, मनकामेश्वर, लोधेश्वर, सिद्धनाथ आदि। शिव मन्दिरों को यहाँ शिवाला कहा जाता है। हनुमदुपासना के मुख्य केन्द्र हैं–हनुमान गढ़ी, पनकी के हनुमान, लखनऊ में अलीगंज, हनुमान सेतु, अमीनाबाद, हजरतगंज के हनुमान मन्दिर जिनमें ज्येष्ठ के मंगलवारों पर विशेष पूजा-अर्चना की जाती है। इन देवों के मन्दिर अनेक जनपदों में सैकड़ों की संख्या में विद्यमान हैं।

9. शक्तिपीठ : इस क्षेत्र में देवी भवानी के मन्दिरों की अपेक्षाकृत बहुतायत है। यहाँ सातों बहनों, नौ दुर्गा के साथ-साथ कई स्थानीय नाम रूप प्राप्त होते हैं।

वस्तुतः अवध की शक्ति साधना में शैव, वैष्णव, बौद्ध, योग, नाथ, सिद्ध और सन्त साधना का सामंजस्य दिखाई देता है। शंकराचार्य जी ने इसे 'स्मार्त' की संज्ञा प्रदान की थी। यहाँ शक्ति साधना की तीन पद्धतियाँ प्रचलित हैं–(1) स्मार्त में अहिंसात्मक पद्धति (2) शैवों, कापालिकों का बलि मार्ग (3) अद्वैतवादी उपासना, जिसके दो सम्प्रदाय विकसित हुए हैं–(अ) कौलाचार या वामाचार (ब) समयाचार। वामाचार में पंचमकार और तत्वत्रयी को महत्त्व दिया जाता है। इसमें शिव तत्व, विद्यातत्व, आत्मतत्व की गणना की जाती है। ये प्रतीक बड़े गूढ़ार्थ व्यंजक हैं। समयाचार में शिवशक्ति के सामरस्य का विधान है। ये साधक मूलाधार में सोई हुई कुण्डलिनी को जगाकर सहस्रार चक्र तक की यात्रा करते हैं।

अवध के जनजीवन में महाशक्ति के तीन रूप हैं–महालक्ष्मी, महासरस्वती, महिषासुर मर्दिनी या महाकाली दुर्गा। इनमें कोई चार भुजा, कोई अष्ट भुजा और कोई दसभुजा हैं। कोई अभिचार की देवी हैं और कोई घर आँगन की। इनके पूजोपचारों और श्रीविग्रह में अन्तर दिखाई देता है। किन्तु कुल मिलाकर अवध के जन-जन में वे जगदम्बिका के रूप में प्रतिष्ठित हैं।

अवध क्षेत्र में जो देवी जी के प्रसिद्ध मन्दिर हैं, उनकी जिलेवार नामावली इस प्रकार है–

1. **अम्बेडकर नगर :** अकबरपुर में शीतला माता का मन्दिर।
2. **अमेठी :** संग्रामपुर में कालिकनधाम, राधापुर गौरीगंज में दुर्गमधाम, गौरीगंज में बुढ़न माता धाम, शाहगढ़ में समतेरियन धाम, मुसाफिरखाना में हिंगलाधाम, जामों में दुर्गावातीन धाम, सिंहपुर में अहोरवा भवानी धाम।

3. **इलाहाबाद :** अलोपीबाग में अलोपी देवी, चौक में कल्याणी देवी और ललिता देवी।
4. **उन्नाव :** नवाबगंज में दुर्गादेवी, उन्नाव शहर में कल्याणी देवी, बाँगरमऊ में राजराजेश्वरी देवी, बक्सर में चन्द्रिका देवी, कुशुम्भी में कुशहरी देवी।
5. **कानपुर :** बिरहाना रोड में तपेश्वरी देवी, किदवई नगर में जंगली देवी, जूही में बाराही देवी, घाटमपुर में कुष्मांडा देवी, विरहर में भद्रकाली, मुगल रोड मूसानगर में मुक्तादेवी।
6. **कौशाम्बी :** कड़ा में शीतला देवी, मंझनपुर में दुर्गा देवी।
7. **गोंडा :** परसपुर बेलसर में बाराही देवी, गोंडा स्टेशन के पास खैराभवानी।
8. **जौनपुर :** चौकिया में शीतला देवी, वाजिदपुर में मैहर देवी, सिंगरामऊ में महाकाली।
9. **प्रतापगढ़ :** शहर में बेल्हादेवी, मानिकपुर में शीतला माता, सड़वा में चन्द्रिकन देवी, शिवगढ़ में बाराही देवी।
10. **फतेहपुर :** चौक में माँ शीतला, सैदाबाद में माँ दुर्गा, मसवानी में माँ कालिका, हरिहरगंज में माँ दुर्गा, नउवाबाग में राधा मन्दिर। देवीगंज में सन्तोषी माता, बिन्दकी में ज्वाला देवी, काली देवी। खजुहरा में पथेश्वरी देवी।
11. **फ़ैज़ाबाद :** कम्पनीबाग में शीतला माता।
12. **बलरामपुर :** झारखण्डी स्टेशन के पास झारखण्डी देवी, तुलसीपुर में पाटेश्वरी (पाटन देवी), बिजुलीपुर में बिजलीश्वरी माता।
13. **बस्ती :** भानपुर में समय माता।
14. **बहराइच :** डिगिहा चौराहा में संहारण माता, गोलवाघाट में मरी माता, चित्तौरा में समय माता।
15. **बाराबंकी :** घंटाघर के पास छोटी देवी, बंकी में शैलानी माता, सिद्धौर में माँ दुर्गा।
16. **मिर्ज़ापुर :** विन्ध्याचल में माँ विन्ध्यवासिनी देवी, काली खोह में काली देवी, अष्टभुजा पहाड़ पर अष्टभुजा देवी, गंगा, श्मशानघाट में तारादेवी, चुनार में दुर्गा देवी, सीखड़ में शीतला माता।
17. **रायबरेली :** स्टेशन रोड पर मनसादेवी, सताँव में पार्वती देवी, भीतरगाँव में आनन्दी देवी, गेगांसों की देवी, संकटा जी।
18. **लखीमपुर खीरी :** भानपुर, ताजपुर में दुर्गा जी, लिलौरीनाथ में वैष्णवदेवी।
19. **लखनऊ :** निरालानगर में रामकृष्णमठ, चौपटिया में संदोहन देवी, चौक में माँ काली पीठ, कैसरबाग में कालीबाड़ी, टिकैतराय तालाब में माँ शीतलादेवी, कठवारा में माँ चन्द्रिका देवी, नन्दनवन (बख्शी का तालाब) में 51 शक्तिपीठ तीर्थ।
20. **श्रावस्ती :** इकौना में सीताद्वार मन्दिर, भिनगा में काली मन्दिर भंगहा, सिरसिया में दुर्गा देवी, जमुनहा में दुर्गा देवी, काली देवी, रामजानकी मन्दिर।
21. **सीतापुर :** नैमिष में माँ ललिता देवी।
22. **सुलतानपुर :** लोहरामऊ में माँ शारदा देवी।
23. **हरदोई :** आवास विकास मार्ग पर श्री जी, सांडी रोड में श्रवण देवी, बावन में जल देवी, बिलग्राम में मनसा देवी।

उपर्युक्त नामावली से स्पष्ट है कि देवी के कई रूप अवध में पूजे जाते हैं। इनमें कुछ स्थानीय

नाम हैं और कुछ पारम्परिक हैं, जैसे—शीतला, चन्द्रिका, तपेश्वरी, मनसा, दुर्गा, काली, सन्तोषी, ज्वाला, बाराही, ललिता, वैष्णवी, तारा, शारदा आदि। यहाँ भक्त जन भाँति-भाँति की मनौती मानते हैं, जैसे—सन्तान प्राप्ति, रोग मुक्ति, कन्या विवाह, धन-धान्य की प्राप्ति आदि। यहाँ कभी-कभी भक्तों पर देवी का आवेशावतार होता है। भक्त को 'घोड़वा' मानकर वे उस पर आरूढ़ होती हैं और यथोचित निर्देश देती हैं। इन मन्दिरों में शाक्त उपासना की जगह वैष्णवी नवधा भक्ति अब अधिक देखी जा रही है। अवधवासी जन मांगलिक आयोजनों के एक सप्ताह पूर्व साँझ मनाते हुए 'संझा गोसाइनि' का आह्वान करते हैं। बीच-बीच में कई लोग देवियों जैसे—अवसान देवी, चटपट देवी के नाम सोहागिल स्त्रियों को बुलाकर 'दुरदरइया' का आयोजन करते हैं। यहाँ देवी की चौकी और देवी जागरण का भी पर्याप्त प्रचलन है। व्यावसायिक कलाकार देवी की लीलाओं का मंचन भी बड़े कलात्मक ढंग से करते हैं। स्पष्ट है कि यहाँ उपासना स्थलों की भरमार है।

दार्शनिक मतवाद

अवध क्षेत्र में अनेक प्रकार के दार्शनिक मतवाद समय-समय पर प्रचलित हुए हैं। उनका संक्षिप्त परिचय अकारादि क्रम से यहाँ प्रस्तुत है—

अरबिन्द दर्शन : महर्षि अरबिन्द के अन्तःचेतनावाद और श्रीमाँ के जीवन दर्शन की अनुयायी अरबिन्द सोसाइटी की कई शाखाएँ इस क्षेत्र में सक्रिय हैं, जो सत्संग, चिन्तन एवं स्वाध्याय के कार्यक्रम चलाती हैं।

ओशो : प्रसिद्ध दार्शनिक 'रजनीश' जी के साहित्य और उनके प्रवचनों के कैसेट्स का उपयोग करने के लिए कई नगरों में पुस्तकालय स्थापित किये गये हैं, जिन पर लोग विचार-विमर्श करते हैं।

अवतारवाद : इसका अर्थ है—सर्व व्यापी परमात्मा का योग माया के सहारे पृथ्वी पर उतरना। हिन्दू समाज में विष्णु के 10 अवतार माने गये हैं। इनमें कुछ पूर्ण हैं, कुछ आंशिक। अलग-अलग ग्रन्थों में इनकी संख्या 8,10,16,24 बतायी गयी है। इनमें लोक प्रचलित हैं दस अवतार, जिनमें कल्कि भविष्य का अवतार है। अवतारी ब्रह्म की सोलह कलाएँ कही जाती हैं। उसकी शक्ति को ऐश्वर्य कहा जाता है। अवध क्षेत्र में विष्णु के इन अवतारों के साथ-साथ शिव के भी एकादश अवतारों की मान्यता है। यहाँ शक्ति के अनेकानेक रूप प्रचलित हैं। ये सब मत अवतारवाद के पोषक हैं।

एकेश्वरवाद तथा बहुदेवतावाद : अवध में आराध्य को अद्वैत भी माना गया और द्वैताद्वैत भी। यहाँ एकेश्वर-अनेकेश्वर विवाद को अधिक महत्त्व न देकर अपनी-अपनी आस्था के अनुरूप तैंतीस कोटि देवों के प्रति भी अनुरक्ति प्रकट की गयी है।

चातुर्युगः कलियुग-सतयुग : यह अन्तिम युग है। इसमें देवताओं के बारह सौ वर्ष होते हैं। मनुष्यों का एक वर्ष देवताओं का एक दिन होता है। इस हिसाब से कलियुग के मनुष्यों के 432000 वर्ष होते हैं। कलियुग के प्रारम्भ होने का समय ईसा से पूर्व 13वीं या 14 वीं शताब्दी बतायी जाती है। कलियुग में सब अच्छे पदार्थों का ह्रास होगा। लोगों की वेदों पर से श्रद्धा हट जायेगी। लोग धनोपार्जन में लगे रहेंगे। स्त्रियाँ स्वतन्त्रचेता होंगी और शारीरिक सुख की चाह करेंगी। सब वर्ण के लोग स्वयं को ब्राह्मण कहने लगेंगे। गाय की सेवा केवल दूध के लिए होगी। कलियुग में भगवत् नाम कीर्तन से ही मनुष्य उस सद्गति के अधिकारी हो जाते हैं, जिसके अधिकारी अन्य युगों में लोग बड़ी कठिन तपस्या से होते थे। कलियुग के बाद सतयुग आयेगा जो सर्वगुण-धर्म सम्पन्न आदर्श युग होगा।

नास्तिक-आस्तिक : जो यह मानता है कि न अस्ति अर्थात् कोई स्थायी सत्ता नहीं है, यानि

जिनका यह मत है कि ईश्वर नाम का कोई तत्त्व नहीं है। दूसरे शब्दों में, जो आस्तिक नहीं होता है, उसे नास्तिक कहा जाता है। इस परिभाषा के अन्तर्गत अनेक वैज्ञानिक और दार्शनिक समाविष्ट किये जा सकते हैं। आज नास्तिक का यह भी अर्थ हो गया है जो वेद-वेदांग की निन्दा करता है, अर्थात् वेद को अन्तिम प्रमाण नहीं मानता है, वह नास्तिक है। प्रसिद्ध उक्ति है–''नास्तिको वेद निन्दकः।''

हमारी परम्परा में बौद्धों, जैनियों और चार्वाक सम्प्रदाय को नास्तिक माना गया है। अवध में मुसलमान, ईसाई आदि कई सम्प्रदाय है, जो वेद को नहीं मानते, पर ईश्वर की सत्ता पर विश्वास करते हैं। दूसरी ओर मीमांसा और सांख्य दर्शन वाले आस्तिक कहलाते हैं, जबकि ईश्वर की आवश्यकता नहीं महसूस करते। अवध क्षेत्र में नास्तिकों को निन्दनीय माना जाता रहा है।

निर्वाण : यह बौद्ध दर्शन का एक विशिष्ट शब्द है। इसका अर्थ है आत्मा की वह स्थिति, जिसमें वेदना और चिन्ता का भान नहीं होता। केवल आत्म चेतन सच्चिदानन्द का स्वरूप भाषित होता रहता है। तात्पर्य यह है कि जब साधक की संकीर्ण दुखद स्थिति का लोप हो जाता है तो उसे निर्वाण माना जाता है। उपनिषदों में ब्रह्म निर्वाण का गम्भीर विवेचन हुआ है। अवध क्षेत्र में इन दिनों यह शब्द किसी साधु के निधन के पर्याय रूप में प्रचलित है। लोग इसे समाधि या ब्रह्मलीनता भी कहते हैं। शिवोपासक इसे कैलासवास, रामोपासक साकेत वास, कृष्णोपासक गोलोकवास और वैष्णव जन वैकुंठवास कहते हैं।

प्रतीक विद्या : धर्म क्षेत्र के कुछ अपने विशिष्ट प्रतीक हैं, जैसे ओउम, स्वस्तिक आदि। इनका अनुपालन सर्वथा अपरिहार्य है। इनके गूढ़ार्थ को समझना भी आवश्यक होता है। अवध क्षेत्र में अनेक प्रकार के प्रतीक देखे जाते हैं। यहाँ के प्राचीन राजचिह्न में धनुर्धारी राम और सीता जी अंकित हैं। उनके पीछे गन्ने के पेड़ लगे हुए हैं। चूँकि श्रीराम इक्ष्वाकुवंशी थे और चूँकि इक्षु अर्थात् ईख (गन्ना) उस वंश का राज चिह्न था, इसलिए मुगल काल से ही सूबाये औध का यह राज चिह्न प्रचलित है। जब संयुक्त प्रान्त आगरा व अवध तथा उत्तर प्रदेश का पुनर्गठन हुआ तो यहाँ का राज चिह्न बदल गया। वर्तमान राज चिह्न में धनुषबाण है, जो अवध के श्रीराम का प्रतीक है। उसके बगल में दो मछलियाँ हैं, जो मुस्लिम शासन की और मांगलिकता की प्रतीक हैं। इनके बीच में दो वर्तुलाकार लाइनें हैं, जो गंगा और यमुना की प्रतीक हैं।

यहाँ धार्मिक क्षेत्र में कई प्रतीक देखे जाते हैं। जैसे–शिवलिंग जिस अरधे पर प्रतिष्ठित किया जाता है, वह योनि उर्वरता की प्रतीक है। पूजा में अर्पित किये जाने वाले पदार्थ भिन्न-भिन्न कर्मों के प्रतीक माने जाते हैं। अरधा में नीचे नाग कुण्डली होती है, जो यौगिक प्रक्रिया का संकेत करती है। शिव का डमरू काल का प्रतीक है। उसी प्रकार चन्द्रमा ज्योति का प्रतीक और गंगा पवित्रता की प्रतीक हैं। वृषभ बल का प्रतीक है। पार्वती अर्द्धनारी शक्ति की प्रतीक हैं। गणेश मंगल के प्रतीक हैं। नाग काल का प्रतीक है। त्रिशूल त्रिगुण का प्रतीक है अर्थात् शिव का समस्त परिवार भारतीय प्रतीक विद्या के विभिन्न रूपों का अर्थ वहन करता है। अन्य प्रतीक स्वस्तिक, ओउम आदि भी विचारणीय हैं। अयोध्या के विभिन्न सम्प्रदायों के जो अपने तिलक, छाप और परिधान हैं, वे भी प्रतीकविद्या की दृष्टि से महत्त्वपूर्ण हैं।

पाप-पुण्य : हिन्दू समाज में विधि विहित कार्य को पुण्य और निषिद्ध कार्य को पाप माना गया है। इसका निर्णय शास्त्रों के अनुसार किया जा सकता है, यद्यपि शास्त्रों में भी परस्पर मतभेद है। अस्तु, शास्त्र के स्थान पर लोकमत का आश्रय लेना पड़ता है। आज धर्म, सत्य, पुण्य, सदाचार सत्कर्म, मानव मूल्य, जीवनादर्श आदि शब्दों की कोई निश्चित परिभाषा नहीं दी जा सकती। संक्षेप

में यही कहा जा सकता है कि जिससे अपेक्षाकृत बेहतर कल्याणकारी परिणाम निकलें, वही सत्य धर्म है, किन्तु यह भी तर्क का विषय है, इसलिए स्थूल रूप से यह मान लिया जाता है कि गर्मी में पानी का प्याऊ खोल देना पुण्य है, भले ही वह सेठ कितने ही गरीबों का खून पी रहा हो। हमारे सामने पुण्यात्मा का केवल बाहरी रूप रहता है। सबके अन्तर्मन तक हम नहीं पहुँच पाते, फिर भी व्यावहारिक दृष्टि से विचार करने पर रागद्वेष से परे होने पर हम पुण्यात्मा और पापात्मा का निर्णय कर सकते हैं। इसमें लोकमत बहुत सहायक होता है।

परलोक-पुनर्जन्म : हिन्दुओं का यह मत है कि अच्छे-बुरे कर्मों के फल भोग के लिए सबको पुनर्जन्म लेना होगा। कर्मों के अनुसार ही योनि निर्धारण होगा और वर्ण, जाति-कुल का विधान होगा। यह कर्म सिद्धान्त तब तक चलता है, जब तक आत्मा की मुक्ति अर्थात् जन्म मरण के चक्र से मोक्ष नहीं मिल जाता। सत्कर्म से परलोक में सद्‌गति तथा ब्रह्मनन्द प्राप्त होता है, इसलिए लोक के साथ परलोक भी साध्य है।

पुरुषार्थ-प्रारब्ध : इसे दूसरे शब्दों में जीवन मूल्य कह सकते हैं। हिन्दू धर्म में चार पुरुषार्थ माने गये हैं—1.धर्म अर्थात् जीवन का नियामक तत्त्व 2. अर्थ अर्थात् भौतिक साधन 3. काम अर्थात् धर्म सम्मत कामनायें 4. मोक्ष अर्थात् सभी बन्धनों से मुक्ति और अपवर्ग। इन चारों का क्रमशः इन चार आश्रमों से सम्बन्ध है, 1. ब्रह्मचर्य 2. गार्हस्थ्य 3. वानप्रस्थ 4. संन्यास। इनके अनुसार जीवन को सुसंयत किया जा सकता है। चार्वाक दर्शन में केवल अर्थ और काम की मान्यता रही है। आज अवध के जन जीवन में भी ये ही दो पुरुषार्थ प्रभावी हैं। यदि पुरुषार्थ के बावजूद सुफल न मिले तो उसे नियति चक्र (प्रारब्ध) मान लेने से व्यक्ति कुंठित नहीं होता, बल्कि कुंठा विहीन बैकुंठ की मनोदशा प्राप्त कर लेता है।

मोक्ष : हिन्दू धर्म में इसे साधना की चरम अवस्था माना जाता है। जब व्यक्ति सभी उपाधियों से मुक्त हो जाता है, जब सत्व, रज, तम सभी गुण, सभी पुरुषार्थ और समस्त विकार समाप्त हो जाते हैं, तो उसे मोक्ष प्राप्त हो जाता है। इसे श्रवण संस्कृति में निर्वाण कहते हैं। राम और कृष्ण की मधुरोपासना में मोक्ष को मान्यता नहीं मिली है। भक्ति में मुक्ति के जो चार रूप बताये गये हैं उनमें सारूप्य, सालोक्य और सायुज्य ये सब आलम्बन से तद्‌रूप होने की अवस्थाएँ हैं। इसीलिए भक्त मोक्ष न माँगकर केवल रति की कामना करता है। अयोध्या की रामोपासना में इसी मुक्ति का विधान किया गया। इसको कैवल्य पद भी कहा गया है।

ब्रह्मकुमारी : माउंट आबू के शिवजी की शिष्याओं ने यहाँ अनेक ईश्वरीय विश्वविद्यालय स्थापित कर रखे हैं जहाँ लोगों को प्रबोध दिया जाता है।

शांकरमत : आचार्य शंकर ने वेदान्त दर्शन के अद्वैतवाद का प्रवर्तन किया और ब्रह्मसूत्र का विशिष्ट भाष्य किया, जिसे शांकर दर्शन कहते हैं। आचार्य शंकर प्रकाण्ड पांडित्य के धनी थे। वे आज भी कर्म, चिन्तन, भक्ति, त्याग और यौगिक शक्ति के शिखर माने जाते हैं। मात्र 32 वर्षों के जीवन में उन्होंने अनेक ग्रन्थों की रचना की। पूरे देश में शास्त्रार्थ करते हुए दिग्विजय प्राप्त की और भारत की चार दिशाओं में चार मठ स्थापित करके सनातन धर्म की रक्षा की। भगवान शंकर का जन्म केरल के कालड़ी ग्राम में वैशाख शुक्ल पंचमी 788 ई. में हुआ था। अल्पकाल में उन्होंने वेद-वेदांग को कंठस्थ कर लिया, फिर उन्होंने संन्यास ले लिया। उन्होंने नर्मदा तट, काशी, प्रयाग, कुरुक्षेत्र, कामरूप, श्रीनगर, बदरीनाथ आदि कई तीर्थों की यात्राएँ कीं। 16 वर्ष से 32 वर्ष तक वे बराबर शैवों, कापालिकों से शास्त्रार्थ करते रहे। उन्होंने दक्षिण में शृंगेरी मठ स्थापित किया। बदरिका

आश्रम में ज्योतिर्मठ स्थापित किया। द्वारकापुरी में शारदा मठ स्थापित किया। जगन्नाथपुरी में गोवर्धन मठ की स्थापना की और अन्त में केदार क्षेत्र में जाकर निर्वाण प्राप्त किया।

आचार्य शंकर ने वैदिक धर्म का पुनरुद्धार किया। उन्होंने आत्म और अनात्म, ज्ञान-अज्ञान तथा ब्रह्मतत्व की गहन मीमांसा की। उनका मत है कि जो व्यक्ति विवेक, वैराग्य, शमन, मुमुक्षा, निष्काम कर्म, भक्ति, संन्यास (त्याग) आदि से सम्पन्न है, वही सार्थक जीवन यापन कर सकता है। आचार्य शंकर ने सगुण-निर्गुण का समन्वय किया और बौद्ध दर्शन तथा स्मार्त मत में काफी सामंजस्य स्थापित किया। वर्णाश्रम धर्म का नवीकरण करते हुए उन्होंने जप-तप, व्रत-उपवास, यज्ञ-दान, प्रायश्चित्त आदि का विधान किया। पंचदेवोपासना (विष्णु, शिव, सूर्य, गणेश, शक्ति) का विधान बनाया और दसनामी सम्प्रदाय चलाया। उनके अनेक शिष्य पूरे देश में फैल गये, जिन्हें आगे शंकराचार्य कहा जाने लगा।

अवध क्षेत्र से भगवान शंकर का घनिष्ठ सम्बन्ध रहा है। यहाँ प्रयाग में मण्डन मिश्र और उनकी पत्नी भारती से उनका शास्त्रार्थ हुआ था। बाद में उन्होंने शृंगेरी मठ में सुरेश्वर (मण्डन) को अध्यक्ष बना दिया था। यहाँ जन जीवन में स्मार्त मत बहुत लोकप्रिय है। इस क्षेत्र में कई शंकराचार्य हैं और हुए हैं।

षट्कर्म : इसके अन्तर्गत निम्नलिखित कर्तव्य कर्म निर्धारित हैं—1. यजन-यज्ञ करना 2. याजन (यज्ञ कराना) 3. अध्ययन 4. अध्यापन 5. दान 6. प्रतिग्रह।

षट्दर्शन : भारतीय दर्शन में 6 सम्प्रदाय विशेष रूप से विकसित हुए हैं—न्याय, वैशेषिक, सांख्य, योग, मीमांसा, वेदान्त। ये सभी वेद पर आधारित आस्तिक दर्शन हैं। इनके अतिरिक्त वेद को न मनाने वाले 6 नास्तिक दर्शन हैं—चार्वाक, जैन, सौत्रातिंक योगाचार या विज्ञानवाद, माध्यमिक या शून्यवाद। ये अन्तिम चारों बौद्ध दर्शन से जुड़े हुए हैं। स्थूल रूप से चार्वाक, जैन, बौद्ध नास्तिक हैं और ये तीन आस्तिक दर्शन हैं—1. न्याय-वैशेषिक 2. सांख्य-योग 3. वेदान्त-मीमांसा। इन सबमें घनिष्ठ सम्बन्ध भी है। न्याय में प्रमाणों पर जोर है तथा वैशेषिक में 'विशेष' पर। सांख्य में चेतन, अचेतन का, योग में साधना का, मीमांसा में कर्म का और वेदान्त में आत्मा का विवेचन हुआ है। इनमें वेदान्त सर्वोपरि है।

स्वर्ग-नरक : अवध के जन-जीवन में ऐसी मान्यता व्याप्त है कि इस लोक से परे भी कोई दूसरा लोक है, जहाँ पारमार्थिक जीवन जिया जाता है। परमार्थ का तात्पर्य है वैयक्तिक हानि-लाभ का प्रयास छोड़कर समष्टिगत कल्याण के लिए साधना करना। लोक में रहते हुए यह साधना सर्वथा सम्भव नहीं होती, इसलिए यहाँ स्वर्ग की परिकल्पना की गयी है। प्रायः प्रत्येक सम्प्रदाय में यह माना गया है कि स्वर्ग लोक में सब प्रकार के साधन सुलभ रहते हैं जबकि यह जगत तो त्रिताप का केन्द्र है। संस्कार भ्रष्ट हो जाने के कारण मनुष्य अपने कर्मों के अनुसार विभिन्न प्रकार के सुख-दुख, भय भोग करता है और फिर अन्त में स्वर्ग या नरक की ओर प्रस्थान करता है। लोक जीवन में यह मान्यता है कि मृतात्मा को पहले वैतरणी पार करनी पड़ती है, फिर यमराज चित्रगुप्त की सहायता से उसके लिए दण्ड-विधान निश्चित करते हैं। यमपुरी में पापी व्यक्ति को अनेक प्रकार की यातनाएँ दी जाती हैं। अर्से तक वह प्रेत योनि में रहता है और पुनर्जन्म धारण करके प्रायश्चित्त करता है। स्वर्गगामी व्यक्ति जन्म-मरण के बन्धन से मुक्त हो जाता है और चिदानन्द प्राप्त करता है। नारकीय यातनाओं से बचने के लिए यहाँ यह निर्देश दिया गया है कि मार्गशीर्ष की नरक पूर्णिमा को विष्णु की नाम पूजा, व्रत, उपवास तथा भरसक दान करना चाहिए। इससे मृत्यु के क्षणों में स्वयं श्री विष्णु सहायक होंगे और स्वर्ग प्राप्त हो जायेगा। इस्लाम में कयामत का दिन, दोजख और बहिश्त की धारणा है।

ईसाई धर्म में पोप के द्वारा स्वर्ग यात्रा के लिए प्रमाणपत्र की व्यवस्था की जाती है। अवध क्षेत्र के विभिन्न धर्मावलम्बी नर और नारी अपनी-अपनी गति मति के अनुसार नरक से मुक्ति और स्वर्ग की प्राप्ति की भरसक चेष्टा करते रहते हैं। स्पष्ट है कि दर्शन-दिग्दर्शन की दृष्टि से यह क्षेत्र द्रष्टव्य है।

धर्मचर्या

अवधांचल में विभिन्न सम्प्रदायों से सम्बन्धित अनेक प्रकार के धर्माचरण दिखायी देते हैं। इनमें कुछ नित्य धर्म है और कुछ विशिष्ट आयोजन। इस क्षेत्र का आम आदमी अपनी समूची दिनचर्या को धर्मसम्मत बनाने का प्रयास करता है। लोग तीर्थों में अन्न क्षेत्र खोलते हैं, प्याऊ चलाते हैं। सिक्खों में लंगर चलाने की बड़ी प्रथा है। वैष्णव लोग भण्डारे करते रहते हैं। वे चींटियों को आटा, शकर और पशु-पक्षियों को दाना पानी देते रहते हैं। जैनी और बौद्ध जीव दया तथा अहिंसा पर काफी जोर देते हैं। मुसलमान और ईसाई भाईचारा तथा सेवा भावना को पर्याप्त महत्त्व देते हैं। इन सबकी अपनी-अपनी स्वतन्त्र धर्मचर्याएँ हैं, जिनका संक्षिप्त विवरण यहाँ अकारादिक्रम से दिया जा रहा है—

अनुष्ठान : अवध में धार्मिक अनुष्ठानों का बड़ा महत्त्व है। यहाँ प्रायः संकटा माता, अहोई माता, सन्तोषी माता आदि की पूजा स्त्रियों के द्वारा की जाती है। इसी प्रकार कीर्तन, भजन, होम, ब्रह्मभोज आदि के आयोजन मनौती के अनुसार अथवा अनिष्ट के निवारण हेतु प्रायः होते रहते हैं। आराध्य देवी-देवता के मन्दिरों में घंटा टाँगना, गाँठ लगाना और मनौती पूरी होने पर प्रसाद-वितरण करना आनुष्ठानिक कृत्य है। यहाँ लोग तरह-तरह के कष्ट साध्य, व्यय साध्य संकल्प लेकर अनुष्ठान पूर्ण करते देखे जाते हैं।

अश्वमेध (यज्ञ) : यह पाप मोचन के लिए किया जाने वाला वैदिक यज्ञ है। इसे वही राजा करता था, जिसका आधिपत्य दूसरे राजा स्वीकार करते थे, अर्थात् जो सार्वभौम होता था। यह यज्ञ उसकी विजय लालसा और साम्राज्य विस्तार के संकल्प से प्रेरित होता था। इसका आयोजन वसंत या ग्रीष्म ऋतु में होता था। इसके लिए एक कीमती सुलक्षण घोड़े को नहलाकर एक वर्ष के लिए बेलगाम छोड़ दिया जाता था। उसके पीछे कई राजकुमार तथा सशस्त्र योद्धा चलते थे। यदि कोई राजा उस घोड़े को पकड़ लेता था तो उसे युद्ध करना होता था। एक वर्ष के बाद अश्व की वापसी पर राजा की दीक्षा के साथ तीन दिनों का यज्ञ किया जाता था। इस अश्व को सोने के गहनों से सजाकर तीन अन्य घोड़ों के साथ रथ में जोता जाता था। रानी उसका अभिषेक करती थी। फिर प्रतीकात्मक रूप से उसे काट दिया जाता था। तीसरे दिन दान-दक्षिणा दी जाती थी। यह क्रम भारत में गुप्त-शुंग साम्राज्य तक चलता रहा है, फिर यह प्रथा बन्द हो गयी। रामकाव्यों में रावण (ब्राह्मण) की हत्या के पाप-क्षय हेतु श्रीराम द्वारा किये गये दो अश्वमेधों का विस्तृत वर्णन हुआ है, जिनमें 'रामश्वमेध' (मधुसूदन दास) काव्य विशिष्ट है। कुछ काव्यों के अनुसार श्रीराम ने इस युद्ध का आयोजन किया था, नैमिषारण्य में गोमती के तट पर। इसमें विभिन्न महात्मा और राजे-महाराजे एकत्र हुए थे। श्रीराम के अयोध्या लौटने पर जो अश्वमेध हुआ था, उसके अवशेष दक्षिणी नारायणाचार्य द्वारा 25 वर्ष पूर्व मन्दिर के निकट भी बताए जाते हैं। त्रिलोद (सरयूधारा) के तट पर बनी कुण्डबेदियाँ इसकी साक्षी हैं।

वैदिक यज्ञों में अश्वमेध का महत्त्वपूर्ण स्थान रहा है। ब्राह्मण ग्रन्थों और सूत्रों में इसका विस्तृत विधान बताया गया है। यह एक प्रकार का राजनैतिक यज्ञ था अर्थात् यह राज्य विस्तार के लिए किया जाता था। इस यज्ञ में एक घोड़ा छोड़ा जाता था। वह जिधर से गुजरता था और यदि उसका प्रतिरोध नहीं किया जाता था तो वह क्षेत्र राजा के अधीन हो जाता था। आपस्तम्ब में संकेत

है—'राजा सार्वभौमः अश्वमेधेन यजेत'। इस यज्ञ में अश्व की बलि दी जाती थी। जो अश्व छोड़ा जाता था, उसके साथ सेना चलती थी। जब कोई राजा किसी क्षेत्र को जीतता था तो राज्यारोहण के समय अश्वमेध करता था। इस अवसर पर यज्ञ के घोड़े को पहले स्नान कराया जाता था। उसे बन्धन मुक्त करके रखा जाता था, फिर अश्व के विभिन्न भागों की आहुति दी जाती थी। यज्ञ कर्ता पुरोहितों को दान देता था। दासियाँ और रानियाँ भी उपहार में दी जाती थीं। इस प्रकार के अश्वमेध से ब्रह्महत्या का पाप क्षय होता था और स्वर्ग या मोक्ष की प्राप्ति होती थी। रावण वध (ब्रह्महत्या) के पाप मोचन हेतु श्री राम ने अश्वमेध किया था। महाभारत में युधिष्ठिर ने कौरवों पर विजय प्राप्त कर अश्वमेध आयोजित किया था। पुष्यमित्र शुंग के बाद इसकी परम्परा समाप्त हो गयी।

अयोध्या के समारोह

यहाँ वर्ष पर्यन्त कोई न कोई पर्वोत्सव सम्पन्न होता दिखता है। उदाहरणार्थ—अगहन के महीने में श्रीराम जानकी विवाह, पौष माह में उनका गौना, चैत्र में राम नवमी (राम जन्म), बैसाख में जानकी नवमी, जेठ माह में फूल बँगला, आषाढ़ माह में गुरु पूर्णिमा और रथ यात्रा, सावन में झूलनोत्सव, भादों के महीने में जल विहार, आश्विन माह में रामलीला, कार्तिक में हनुमान जयन्ती और अयोध्या की चौदह कोसी परिक्रमा, माघ में वसन्तोत्सव, फाल्गुन में होलिकोत्सव आदि।

कथा-वाचन-श्रवण : यहाँ जनजीवन में धार्मिक-पौराणिक कथाएँ प्रायः होती रहती हैं। इनसे जुड़े लोग व्यास या कथावाचक कहलाते हैं। व्यास लोग दूर-दूर से बुलाये जाते हैं। वे संस्कृत में लिखे पुराख्यानों का पूर्वाह्न में पाठ करते हैं और अपराह्न में कलात्मक ढंग से उन पर प्रवचन करते हैं। उनके साथ कई गायक वादक होते हैं। ये कथाएँ प्रायः लम्बे-चौड़े पंडाल अथवा बड़े हाल में होती हैं। बड़ी भारी संख्या में श्रोता समाज एकत्र होता है। सन्त मुरारी बापू, आशाराम, रामकिंकर जी, कृपालु जी, रामभद्राचार्य जी आदि के ये प्रवचन कार्यक्रम जहाँ होते हैं, वहाँ एक टाउनशिप निर्मित हो जाती है। अपने प्रवचनों में ये लोग भाँति-भाँति के रोचक प्रसंगों, सामयिक घटनाओं और उद्धरणों का प्रयोग करते हैं, जिससे कथा रस उत्पन्न हो जाता है।

सनातनधर्मावलंबियों के बीच प्रायः इस प्रकार की कथा सुनी/सुनाई जाती हैं—

1. भागवत कथा : श्रीमद्‌भागवत महापुराण का पारायण सात दिनों में पूरा किया जाता है। इस कथा स्थल पर मण्डप बनाकर, मंगल कलश, मंगलदीप आदि की प्रतिष्ठा की जाती है। मुख्य श्रोता दम्पति शुचितापूर्वक व्रत धारण करके कुशासन पर बैठता है। प्रतिदिन कथा समाप्ति के बाद प्रसाद वितरण होता है। सातवें दिन यज्ञ, ब्रह्मभोज आदि का आयोजन किया जाता है। इस कथा का निमन्त्रण तुलसी दल के द्वारा भेजा जाता है।

2. मानस पारायण : यहाँ इसके 24 घंटे वाले पारायण से लेकर मास पारायण तक होते दिखते हैं। लोग विभिन्न राग-रागनियों में मानस गान करते हैं। इसकी कई व्यावसायिक मण्डलियाँ बन गयी हैं। इधर सुन्दरकाण्ड का पारायण ज्यादा प्रचलित हो गया है। प्रत्येक पारायण का कोई एक सम्पुट बना लिया जाता है, जिसकी आवृत्ति प्रत्येक दोहे के पूर्व और पश्चात् की जाती है। गायकी की धुनें बार-बार बदली जाती हैं। इन धुनों पर फिल्मी तर्जें हावी होती जा रही हैं। रामकथा के कुछ विशिष्ट प्रसंगों पर ये रामायणी लोग प्रवचन भी देते हैं। पिछले वर्षों में भागवत, गीता, दुर्गा सप्तशती, गरुड़ पुराण, शिव पुराण, देवी भागवत, गजेन्द्र मोक्ष आदि संस्कृत ग्रन्थों की अपेक्षा मानस-प्रवचन अधिक लोकप्रिय हुआ है। अन्य ग्रन्थों का पारायण अब सामूहिक रूप से नहीं किया जाता। उन्हें स्वयं

अथवा पुरोहित के द्वारा घर में या मन्दिर में करवा लिया जाता है।

इस क्षेत्र में इन दिनों हनुमान चालीसा का पारायण बहुत लोकप्रिय है। इनके अतिरिक्त समाज की कुछ पिछड़ी जातियों में भी अनेक प्रकार की धर्म कथाएँ समारोहपूर्वक सुनी/सुनाई जाती हैं।

अवध की सर्वाधिक प्रिय लोककथा है—सत्यनारायण व्रत कथा। इसका मूल सन्देश यह है कि ईश्वर परम सत्य है। वही नारायण विष्णु हैं। इनका व्रत करने से सारे ताप-शाप दूर हो जाते हैं। सत्यनारायण कथा स्कन्दपुराण के रेवा खण्ड से ली गयी है। इसमें विभिन्न घटनाओं के माध्यम से कथा श्रवण का महत्त्व वर्णित किया गया है। अवध में सत्य नारायण व्रत कथा का आयोजन सबसे सहज है, अतः यह जन-जन में प्रचलित है। इस अवसर पर पंचामृत, पंजीरी आदि का प्रसाद वितरित किया जाता है, रात्रि जागरण, ब्रह्मभोज, कथा कीर्तन, हवन आदि का विधान किया जाता है। इसका मूल संस्कृत में है, जिसको हिन्दी टीका के सहारे कथावाचकों द्वारा प्रस्तुत किया जाता है। अब इसके अनेक संगीतपूर्ण कैसेट्स भी निर्मित हो गये हैं।

प्रमुख व्यास/कथावाचक

इस श्रेणी में गण्यमान हैं, महन्त अभिलाष दास (प्रयाग), उमाशंकर शर्मा (अयोध्या), महन्त कमलनयन दास (अयोध्या), जगद्गुरु स्व. कृपालुजी (प्रतापगढ़), गिरिजा दास रामायणी (बहराइच), गुरु चरण दास (अयोध्या), महन्त जगदेव दास-रामायणी (अयोध्या), ज्ञान शंकर पाण्डेय (मिर्जापुर), त्रिभुवन दास (अयोध्या), दिव्यानंद (चित्रकूट), जगद्गुरु पुरुषोत्तमाचार्य (अयोध्या), ब्रह्मानन्द पाठक (अयोध्या), मैथिलीशरण जी (अयोध्या), महादेव शास्त्री (अयोध्या), मानस मंदाकिनी (अयोध्या), जगद्गुरु रामनरेशाचार्य, रामविलास रामायणी (अयोध्या), रामविलास दास वेदांती (अयोध्या), रघुनाथ दास शास्त्री (अयोध्या), राम मंगल दास (अयोध्या), राम अनुग्रह दास (झाँसी, इलाहाबाद), राधेश्याम शास्त्री (अयोध्या), जगद्गुरु रामभद्राचार्य (चित्रकूट), जगद्गुरु वासुदेवानंद (प्रयाग), श्याम दास रामायणी जी (अयोध्या), महन्त विश्वनाथ (अयोध्या), सन्त कुमारी (लखीमपुर), सुनीता शास्त्री (अयोध्या) आदि।

अवध के मुस्लिम समाज में भी कई प्रकार की कथाएँ कही सुनी जाती हैं। जैसे नौह मरसिया आदि।

कुछ कथाओं में मलीदा (चूर्ण) मेवा, मिष्ठान्न का प्रसाद वितरण किया जाता है, जबकि नौह, मरसिया आदि शोक कथाओं में गम मनाया जाता है। इनका संक्षिप्त विवरण प्रस्तुत है—

नौह ख्वानी : कर्बला के शहीदों के प्रति शोक प्रकट करते हुए यह नज्म विलाप के रूप में पढ़ी जाती है। यह मजलिस शोक सभा के रूप में होती है।

सोज मुहर्रम में पढ़ी जाने वाली नज्म के बोल हैं—

"ऐ हुसने अला के दीवाने तू राजे नसीहत क्या जाने
वे सोज तमन्नाओं से दुआ महरूमे असर हो जाती है।"

हज़्रत इमाम हुसैन के रोजे की नकल मुहर्रम में ताजियादारी के साथ होती है।

मरसियाख़्वानी : यह एक विशेष प्रकार की शोक गाथा है। इसकी मजलिसें मोहर्रम के मौके पर लगती हैं। इमाम हुसैन की शहादत से सम्बन्धित मरसिए कई कवियों द्वारा लिखे गये हैं, जिनमें लखनऊ के अनीस और दबीर का नाम सर्वोपरि है। इसकी गायकी की अपनी अलग अदा है। जहाँ मरसिया की मजलिस लगती है, वहाँ लोग सफेद फर्श पर प्रायः काले कपड़े पहन कर और गमगीन होकर बैठते हैं। चारों ओर लेहबान, अगरबत्ती की धुवाँर (गन्ध) की जाती है। मरसिया पूरी भाव

विभोरता के साथ प्रस्तुत होता है। यह प्रथा लगभग 1400 वर्ष पुरानी है। इसमें गायक देशकाल का पूरा विवरण प्रस्तुत करता है। जब वह कर्बला की घटना सुनाता है तो श्रोता हाहाकार कर बैठते हैं।

यह सुविदित है कि हजरत मोहम्मद साहब ने अरब निवासियों के बीच एक नये समुदाय की स्थापना की थी, जिसके मूल सिद्धान्त थे एकेश्वरवाद और भाईचारा। उनके इस दर्शन से प्रभावित होकर लोगों ने उन्हें पैगम्बर अर्थात् देवदूत माना। मोहम्मद साहब ने मदीना को धर्म प्रचार का केन्द्र बना लिया। उन्होंने लगभग 10 वर्षों तक अरब का धार्मिक नेतृत्व सम्भाला और इस्लाम को कई देशों में फैलाया। उनके देहान्त के बाद उत्तराधिकर का संघर्ष चल पड़ा जिसमें हुसैन को अपनी शहादत देनी पड़ी। उन्हें सपरिवार पलायन करना पड़ा। हुसैन के बेटे आबदीन को इस यात्रा में मदीना तक अनेक प्रकार की यातनाएँ दी गयीं। इस बीच हुसैन की बेटी सकीना की मृत्यु हो जाती है। हुसैन के हिमायती अपने सात-सात बेटों की कुर्बानी देते हैं। इन सबका किस्सा कई-कई घण्टे तक चलता है। इसकी भाषा प्रायः बोलचाल वाली होती है, जैसे—

गिरकर कभी उठे कभी रखा जमीं पे सर।
उबला कभी लहू तो सँभाला कभी जिगर।
उठ बैठे जब तो जख्मों से बरछी के फल गिरे।
तीर तन में गड़ गये जब मुँह के बल गिरे।

उर्दू में अधिकांश मरसिए मोहम्मद साहब के नावी इमाम हुसैन और उनके परिवार के करुण विनाश को लेकर लिखे गये हैं। काबा कर्बला में मजीद के सैनिकों ने बड़ी क्रूरता से इमाम के मित्रों, बेटों, बेटी और रिश्तेदारों को तीन दिनों तक भूखा-प्यासा रखकर कत्ल कर दिया था और स्त्रियों को लूट कर बन्दी बना लिया था। अधिकतर मरसियों में इसी घटना का उल्लेख है। लखनऊ के नवाब और अमीर अधिकांशतः शिया सम्प्रदाय से सम्बन्धित हैं। वे हजरत नवी, उनकी बेटी, दामाद हजरत अली एवं इमाम हुसैन के जीवन से सम्बन्धित घटनाओं की चर्चा इस काव्य के माध्यम से करते रहते हैं। मोहर्रम के अवसर पर वे मरसिया और नौहा का सर्वाधिक प्रयोग करते हैं। यहाँ मरसियों की रचना मोहर्रम के बीच शोक सभा के मध्य की जाती है। मरसियों का आरम्भ यों दक्षिण से हुआ था, किन्तु उनमें साहित्यिक सौन्दर्य न के बराबर है। दिल्ली स्कूल में भी मरसियों की रचना हुई। लखनऊ से जुड़े पुराने मुख्य शायर हैं—मीर और सौदा। सौदा के पहले ये मरसिए चौपदे के रूप में लिखे जाते थे। सौदा ने उन्हें षट्पदी बना दिया। कालान्तर में मरसिया की यही शैली लोकप्रिय हो गयी। मीर और सौदा के मरसियों में कलात्मकता तो है, किन्तु भावोद्रेक की मात्रा कम है। यह गुण लखनऊ के अनीस और दबीर में सर्वाधिक पाया जाता है। अन्य रचनाकारों में दिलगीर फसीह, खलीफ और जमीर के नाम उल्लेखनीय हैं। जमीर ने पहली-पहली बार इनकी रचना कलात्मक ढंग से की। मीर बबर अली अनीस और सलामत अली दबीर ने उन्हीं को अपना उस्ताद माना और मरसिया में कई प्रकार के प्रयोग किये। जमीर के पहले मरसिया में केवल करुण कथा रहती थी। जमीर ने उसमें वीर काव्य का पुट-डाला। उन्होंने युद्ध कला, अस्त्र-शस्त्र आदि का विस्तृत वर्णन किया। बीच-बीच में नखशिख वर्णन भी डाला। इनके प्रयास से मरसिया एक धार्मिक कविता रूप में स्थापित हो गया। उसमें मिलन, विरह, शृंगार, शराब आदि का वर्णन वर्जित हो गया। यह कविता शृंगार के बजाय वीर रस की कविता हो गयी। इसके माध्यम से उर्दू कविता में मसनवी शैली को बढ़ावा मिला। इन कवियों ने कथा क्रम में विभिन्न प्राकृतिक दृश्यों का और मनोभावों का बढ़ चढ़कर वर्णन किया।

कर्मकाण्ड : वेदों के तीन विषय माने गये हैं—1. ज्ञानकाण्ड 2. कर्म काण्ड 3. उपासना काण्ड।

कर्म काण्ड हमारा प्राथमिक धर्म है। इसे पूर्व मीमांसा भी कहते हैं। युजर्वेद में इनका विस्तृत विधान बताया गया है। आज कर्मकाण्ड का अर्थ हो गया है पाखण्ड या ढकोसला। अवध क्षेत्र में सच्चे कर्मकाण्डियों का अब अभाव हो गया है।

काँवड़ : काँवड़ का तात्पर्य है कन्धों में लटकी हुई बहँगी, जिसमें पवित्र गंगा जल रखा रहता है। यह काँवर कहीं भूमि में नहीं रखी जाती। भक्तजन प्रायः शिवरात्रि के अवसर पर और सावन के महीने में गंगाजी से जल भरते हैं और कई-कई मील की यात्रा करके उसे लोधेश्वर महादेव अथवा किसी अन्य महत्त्वपूर्ण शिव मन्दिर में चढ़ाते हैं। इनकी टोलियाँ एक सप्ताह पूर्व से शुरू हो जाती हैं। इनमें हजारों काँवड़िये होते हैं। ज्यादातर पैदल नंगे पैर चलते हैं। कुछ रेल, मोटर या निजी वाहनों से जाते हैं। ये प्रायः गेरुये वस्त्र पहने रहते हैं। सब रह रहकर जयकारा लगाते जाते हैं। स्थानीय प्रशासन को उनकी यातायात व्यवस्था सँभालनी होती है। धार्मिक जनता जगह-जगह इनके विश्राम के लिए पण्डाल बनाती है तथा व्रताहार की व्यवस्था करती है। अवध क्षेत्र में काँवड़ियों की संख्या दिन-प्रतिदिन बढ़ती दिखाई देती है।

गंगाजल : इस क्षेत्र में गंगा, सरयू, यमुना, गोमती आदि नदियों में स्नान करना, उनके पवित्र जल का प्रायः आचमन करते रहना, उनकी आरती में सम्मिलित होना और भरसक गंगा जल का सेवन करना परम धर्म माना जाता है। काँवड़ लेकर गंगाजल चढ़ाना तथा कार्तिक पूर्णिमा पर गंगा स्नान करना यहाँ पुण्य कर्म रूप में मान्य है। इसके लिए पण्डों की व्यवस्था की गयी है जो समय-समय पर गंगाजल पहुँचाकर शीशी पुजवाते रहते हैं।

गो सेवा : गाय को यहाँ लोग माता मानते हैं। समर्थ व्यक्ति वृद्ध रुग्ण गायों के लिए गोशाला चलाते हैं। यहाँ रसोई में पहले गो-ग्रास निकाला जाता है। उसे गाय को खिलाया जाता है। लोग गोबर, गोमूत्र तथा गोदुग्ध के प्रति श्रद्धा भाव रखते हैं और गोवध को जघन्य कार्य मानते हैं। यहाँ कई तिथियों त्योहारों पर गोपूजन करने का विधान प्रचलित है।

छठ पूजा : यह सूर्योपासना का व्रत है, जो पूर्वांचल और बिहार के प्रभाव से अब अवध में भी प्रचलित हो गया है। इस पूजा पर स्त्रियाँ नैवेद्य सजाकर सरिता या सरोवर में खड़ी होकर उगते तथा अस्त होते सूर्यदेव की मनौती करती हैं।

झूलनोत्सव : श्रावण शुक्ल 3 से पूर्णिमा तक अयोध्या में सायं से मध्य रात्रि तक झूलन-लीला होती है। इसमें मणिमय हिंडोले पर विराजमान सीताराम का यशोगान होता है जो संगीत और कवित्व की दृष्टि से अति महत्त्वपूर्ण है। सुरंगी वस्त्र तथा सोलहों शृंगार धारण कर भक्त जन इस अवसर पर नृत्य गान करते हैं। झूलनोत्सव को लेकर तुलसीदास, करुणा सिन्धु, अली जी, युगलानन्यशरण आदि ने अनेक पदों की रचना की है।

जकात : मुसलमान धर्म में इसका बड़ा महत्त्व है। हिन्दुओं में इसे 'धर्मादा' कहते हैं। ईसाइयों में भी 'चैरटेबुल' संस्थाएँ चलाने का बड़ा रिवाज है। जैन धर्मावलम्बी सेठ धार्मिक आयोजनों के लिए प्रायः अपना खजाना खोल देते हैं। सिक्ख समुदाय भी इस दिशा में उदार है। तात्पर्य यह है कि यहाँ दान, अपरिग्रह, त्याग, सेवा, परोपकार आदि को काफी महत्त्व दिया गया है।

तपस्या : इसका तात्पर्य है भोग-वस्तुओं का त्याग, मन और शरीर का सन्तुलन और ब्रह्मतेज तथा शास्त्र तेज की प्राप्ति। इसके तीन प्रकार हैं—शारीरिक, मानसिक और वाचिक। इनके कई भेद प्रभेद भी हैं। तप द्वारा एकाग्रता मिलती है, रागद्वेष से मुक्ति मिलती है और अन्त में कैवल्य मिलता है। तपश्चरण के मुख्य देवता है सूर्य। तप करते हुए जो ताप मिलता है, वह प्रतापवर्द्धक होता है।

तन्त्र मत के अनुसार वास्तविक तप है ब्रह्मचर्य। सनातन धर्म में चान्द्रायण जैसे व्रतों को तप माना गया है। लोक जीवन में तप का अर्थ है संयम अर्थात् उपवास आदि द्वारा शरीर को सन्तप्त करना, जिससे इन्द्रियाँ भौतिक साधनों की ओर विचलित न होने पायें। यहाँ तपस्वियों को श्रद्धा भक्ति पूर्ण दृष्टि से देखा जाता है।

ताजियादारी : ताजिया की शुरुआत तैमूर बादशाह द्वारा मानी जाती है। वह हर मोहर्रम में इमाम हुसैन की मजार पर हाजिर होकर शोकनजीन होता था। हिन्दुस्तान की जंग में फँस कर एक बार वह इराक नहीं पहुँच पाया। उसने रौजाए हुसैन की शबीह तैयार करवाकर उसके आगे मातम करते हुए अपनी अकीदमंदी का इजहार किया। इस तरह यहाँ की ताजियादारी का अलग अन्दाज है। इन ताजियों का ऊपरी हिस्सा मन्दिर के गुम्बद जैसा होता है। नीचे की मंजिल में तुरबत की शक्ल का एक नमूना रखा जाता है। लोग ऐसा सोचते हैं कि हनोद भाई ने इसी तरह के पहले ताजिए बनाये होंगे। पिछली सदी के हिन्दू मुसलमानों के ताजिए एक जैसे होते थे। शाही अजाखानों में इमाम हुसैन के मजारे मुबरक की शबीह (तस्वीर) रखी जाती थी, जिसको जरीह कहते थे। इसे इमामबाड़ों में रखा जाता था। यह लकड़ी की बनती थी। इसके ऊपर चाँदी का पत्तर चढ़ा रहता था। गाजीउद्दीन हैदर ने बिलायती बिल्लौर से जरीह बनवायी थी। वे वाजिद अली शाह के लिए कर्बला से खाकेपाक की बनी जरीह लेकर आये थे, जिसे बादशाह के ख्वाब गार में रखा गया था। इसका वर्णन ग़ालिब ने एक नज्म में किया है–

मगर दरख्वाब दाछन्द अगही सुल्तान आलम रा,
कि सुए शाह अज़् पीश शहनाशा रा मुगा बीनी।
जिराएँ जाँ जियाख गाह बर रुए जमीन बारद
कि खाके लखनऊ रा नरदुम चश्म जहाँ बीनी।

अब ये अवशेष नष्ट हो गये हैं। बस, ताजिया दफ़न करने का रिवाज अभी तक चल रहा है। ताजिए के साथ ढोलों, दमामों और ताशों का रिवाज कायम है। अवध के हाकिम ईरानी नस्ल के जो शिया थे, उन्होंने कुछ दिनों आसफउद्दौला के शासनकाल में 90 दिनों का शोक मनाते हुए रौशन चौकी शहनाई और जुलूस पर रोक लगा दी थी। यहाँ का हर वर्ग अपनी हैसियत के अनुसार ताजिए बनाता है। हलवाई शकर और बताशे से बनाते हैं, सब्जी वाले जौ और मटर से, दर्जी कतरनों से, दस्तकार चिकन से, मनिहार चूड़ियों से, कुम्हार मिट्टी से, कुछ खजूर और रूई से, बढ़ई लकड़ी से, ठठेरे पीतल रागे और मीनाकारी से बनाते हैं। लाल, हरे, सफेद कागजों से बने ताजिए बड़े लुभावने होते हैं। चौथी से छठी मुहर्रम तक ये अलग-अलग तारीखों पर निकलते हैं।

तीर्थाटन : अवध क्षेत्र में अधिक से अधिक तीर्थों की यात्रा को जीवन की विशिष्ट उपलब्धि माना जाता है। मुस्लिम समाज में जैसे हज करने वाले व्यक्ति को 'हाजी' कह कर सम्मानित किया जाता है, उसी तरह यहाँ चारों धाम (बदरीनाथ, द्वारकाधीश, जगन्नाथपुरी, रामेश्वरम्) की यात्रा करने वाले को विशेष आदर दिया जाता है। यहाँ के प्रत्येक सनातनी व्यक्ति की यह कामना रहती है कि वह हर बड़े तीर्थ की यात्रा कर ले, जैसे बदरीनाथ, केदारनाथ, कामाख्यादेवी, गंगोत्री, यमुनोत्री, अमरनाथ, कैलाश-मानसरोवर, ऋषिकेश, हरिद्वार, महालक्ष्मी (बम्बई), मथुरा, वृन्दावन, गंगासागर, महाकालेश्वर (उज्जैन), पुष्कर, ओंकारेश्वर, वैष्णवदेवी, काशी, चित्रकूट, तिरुपति, चन्द्रिका देवी, प्रयागराज, बिठूर, जगन्नाथपुरी, वैद्यनाथ धाम, गया, नवचन्दी, पूर्णागिरि, नैमिष, गोलागोकर्णनाथ, लोधेश्वर, विन्ध्याचल, पशुपतिनाथ, विश्वनाथ, शारदादेवी (मैहर), सोमनाथ आदि। पिछले दशकों

में कई नये तीर्थ स्थान लोकप्रिय हुए हैं, जैसे साँई बाबा, सिद्ध विनायक और कई शक्तिधाम तथा ज्योतिर्लिंग। वस्तुतः आकर्षण के केन्द्र बदलते रहते हैं। तीर्थों का यह चयन परिवहन और स्थानीय आवास, भोजन आदि की सुविधा के अनुसार भी किया जाता है। अब तो ये तीर्थ यात्राएँ प्रायोजित होने लगी हैं। उनकी बुकिंग और देवदर्शन की व्यवस्था आनलाइन हो जाती है। कई तीर्थों के लिए हवाई सेवा भी उपलब्ध है।

यहाँ के तीर्थ यात्री पहले समूह में निकलते थे। जब बदरीनाथ की यात्रा पर जाते थे तो अपना अग्रिम पिण्डदान तक कर जाते थे, क्योंकि लौटकर आने की सम्भावना कम होती थी। गया जाते हुए वे पूरे गाँव के पितरों के उद्धार का संकल्प लेकर चलते थे। लोग बाजे-गाजे के साथ स्टेशन तक उन्हें छोड़ने जाते थे। बड़े तीर्थों में जिलेवार इनके खाते और पंडे निश्चित होते हैं। यात्रा से लौटकर लोग ब्रह्म भोज का आयोजन करते थे। इधर तीर्थ यात्राएँ काफी बढ़ गयी हैं। सरकार की ओर से हज और कैलाश धाम के लिए आर्थिक सहायता मिलने लगी है। यहाँ बौद्ध परिपथ बनाने हेतु विदेशों से काफी सहायता मिली है। कुछ तीर्थों के लिए स्पेशल गाड़ियाँ चलायी गयी हैं। अयोध्या, मथुरा आदि कई तीर्थों में होने वाली परिक्रमाओं के लिए जनता भी भरसक सहायता जुटाती है। इन तीर्थ यात्राओं द्वारा जहाँ आत्मतुष्टि प्राप्त होती है, वहीं राष्ट्रीय एकीकरण को भी बढ़ावा मिलता है। अवध के तीर्थ यात्री टूरिस्ट की तरह भी जाते हैं और ब्रह्मचर्य का निर्वाह करते हुए, केसरिया वस्त्र धारण किये हुए विशुद्ध तीर्थ यात्री की तरह भी दिखाई देते हैं।

दया : प्राणिमात्र की कल्याण कामनावश यहाँ लोग पक्षियों के दाना-पानी की व्यवस्था करते हैं, चींटियों के लिए आटा बिखेरते हैं, धन देकर बहेलियों से बन्दी पक्षियों को मुक्त कराते हैं, दिव्यांगों, बीमार व्यक्तियों, बालकों, विधवाओं और जरूरतमंद आदिमियों की सहायता करते हैं। यहाँ परोपकार को परम कर्त्तव्य माना गया है। शरणागत-रक्षा, आतंक मुक्ति तथा निर्बलों की निःवार्थ सेवा को दया-धर्म कहा गया है।

दान : ऐसी मान्यता है कि अपनी कमाई का एक अंश जरूरतमंद व्यक्तियों में बाँट देना चाहिए। लोग तीर्थाटन करते हुए साधुओं, ब्राह्मणों और गरीबों को दान स्वरूप द्रव्य वस्त्रादि देते हैं। धनी लोग अन्नक्षेत्र या भण्डारा चलाते हैं। वे अनाथालयों को सहायता देते हैं। गुरुकुल के ब्रह्मचारियों, विवाहयोग्य कन्याओं और दिव्यांगों को दान देते हैं। कुछ लोग आयकर में छूट लेकर सार्वजनिक संस्थाओं को सहायता देते हैं। वे दातव्य चिकित्सालय चलाते हैं। कुछ लोग गुप्तदान करते हैं और कुछ आत्म विज्ञापन के लिए करते हैं। यहाँ संक्रान्ति, सतुवाही अमावस्या तथा ज्येष्ठ पूर्णिमा को दान देने और वर्ष भर भिक्षा देने का बड़ा महत्त्व है। मुसलमानों में जकात का बड़ा महत्त्व है।

देवता : अवध क्षेत्र में प्रचलित मान्यता के अनुसार बारह आदित्य, आठ वसु, 11 रुद्र तथा द्यावा और पृथ्वी कुल 33 देवता माने गये हैं। इनमें कुछ स्वर्ग निवासी हैं, कुछ अन्तरिक्षवासी और कुछ पृथ्वीवासी हैं। हिन्दू शास्त्रों में जिन प्रमुख देवताओं की स्तुति की गयी है, वे हैं अग्नि, वायु, इन्द्र, वरुण, मित्र, अश्विनी कुमार, विश्वदेव, सरस्वती, मरुत, सोम, पृथ्वी, पूषा आदि। इनमें कुछ परमात्मा के वाचक हैं और कुछ देवजाति से जुड़े हुए हैं। कालान्तर में इनकी त्रिमूर्ति स्थापित हुई, ब्रह्मा, विष्णु और शिव के रूप में। आज वैदिक देवता गौण हो गये हैं। उनके स्थान पर पौराणिक देवताओं का वर्चस्व ज्यादा दिखायी देता है। अवध के जनजीवन में यह माना जाता है कि देवता दो प्रकार के होते हैं। एक नित्य और दूसरे नैमित्तिक। कभी-कभी मनुष्य को देव पद प्राप्त हो जाता है, किन्तु तब उसके अहंकारी होने की आशंका बढ़ जाती है, जैसा नहुष के साथ हुआ था। नैमित्तिक

देवों में ग्राम देवता, कुल देवता आदि की गणना की जाती है। जन-जातियों में इनकी महत्ता अधिक है। इनमें कुछ यक्ष, बैताल, नाग, पिशाच आदि भी होते हैं। अवध क्षेत्र के साहित्य में कुछ देवताओं को स्वार्थी, कामुक, ईर्ष्यालु, लम्पट आदि भी बताया गया है। यों, श्रेष्ठ मनुष्य के आचरण से प्रभावित होकर यह प्रायः कह दिया जाता है कि यह मनुष्य नहीं देवता है। प्राचीन ग्रन्थों में देव-दानव, देवासुर संग्राम आदि के प्रतीकार्थ भरे पड़े हैं।

धर्म ग्रन्थ पारायण : यहाँ हिन्दुओं के चारों वेदों, उपनिषदों, पुराणों, स्मृतिग्रन्थों, ब्राह्मण, आरण्यक ग्रन्थों, संहिताओं, रामायण, गीता, श्रीमद्भागवत, रामचरितमानस, मुख्यतः सुन्दरकाण्ड, गजेन्द्र मोक्ष, दुर्गा सप्तशती आदि का विधि-विधानपूर्वक पारायण एवं श्रवण पुण्यकारी माना जाता है। 'सत्यनारायण व्रत कथा' घर-घर में प्रचलित है। कबीर पन्थी बीजक का, सिक्ख गुरुवाणी का, बौद्ध 'धम्मपद' का, मुसलमान कुरान का, ईसाई बाइबिल का तथा स्फुट सम्प्रदायों से जुड़े भक्त अपने आराध्य के संचित वचनों का नित्य पाठ तथा कभी-कभी धूमधाम पूर्वक वाचन-प्रवचन समारोह आयोजित करते हैं। अब इनके कैसेट्स प्रचलित हो गये हैं।

नीति एवम् प्रबोध : यह भी धर्म साधना का एक महत्त्वपूर्ण पक्ष है। अवध में सहज वार्तालाप के दौरान लोग सुभाषितों, सूक्तियों का प्रयोग करते रहते हैं। वे जगह-जगह 'मानस' की सूक्तियाँ उद्धृत करते रहते हैं। संस्कृत के नीति ग्रन्थों, जैसे बिदुर नीति, चाणक्य नीति, हितोपदेश आदि का और हिन्दी कवियों में रहीम, कबीर, तुलसी, जायसी, बिहारी, वृन्द, दीनदयाल गिरि, गिरिधर कविराय, घाघ भड्डरी आदि का यहाँ बहुत प्रचलन है। इन दृष्टान्तों के सहारे हृदय परिवर्तन होते देखा गया है। अवधी कहावतों में यह प्रबोधक तत्त्व पर्याप्त मात्रा में प्राप्य है।

प्रायश्चित्त : यह पाप मोचन का एक धार्मिक कृत्य है। इसका मूल अर्थ है शुभ संकल्प। इसके द्वारा व्यक्ति पश्चात्ताप करके अपनी मानस पीड़ा से मुक्त हो जाता है। ऐसा मत है कि कुछ पाप जान बूझकर होते हैं और कुछ अनैच्छिक। ऐसे बहुत से अपराध हैं, जिनके दण्ड की व्यवस्था कानून में है, किन्तु धर्म क्षेत्र में ऐसे अनेक कर्म इंगित किये गये हैं, जो कानून की पकड़ से परे हैं। उनका प्रायश्चित्त किये बिना कल्याण सम्भव नहीं है। हिन्दू धर्मशास्त्र में प्रायश्चित्त के अनेक उपाय बताये गये हैं, जैसे हत्याहरण स्नान, व्रत, उपवास, पंचगव्य, तीर्थाटन, ब्रह्मभोज, दान, धर्म ग्रन्थ पारायण, यज्ञ इत्यादि। इनका निर्णय स्थान, अवस्था, वर्ण और परिस्थिति के अनुसार धर्म सभा, पुरोहित अथवा समाज द्वारा किया जाता है।

पंचगव्य सेवन : यह शुद्धीकरण और प्रायश्चित्त के लिए प्रयोग में आता है। इसमें गाय का दूध, दही, घी, गोबर, गोमूत्र मिलाकर पेय पदार्थ तैयार किया जाता है।

पंचामृत : देव पूजन में दूध, दही, घी, शकर और शहद से तैयार किया गया पंचामृत बहुत पवित्र माना गया है। इसमें पहले शालिग्राम का अभिषेक होता है और फिर प्रसाद रूप में उसका वितरण किया जाता है। इसे स्वादिष्ट बनाने के लिए कई प्रकार के मेवे अब डाले जाने लगे हैं।

परोपकार : स्वार्थ के बजाय परमार्थ को यहाँ के जन जीवन में काफी महत्त्व दिया गया है। लोग असमर्थ व्यक्तियों के कार्यक्रमों में इसीलिए भरसक सहायता करते रहते हैं। इधर समाज में आत्मकेन्द्रिकता बढ़ गयी है और सहकारिता काफी घट गयी है, फिर भी अवध के लोक मानस में इसकी महिमा अक्षुण्ण है।

बलि : यह सम्पूर्ण विसर्जन का प्रतीक है। इस्लाम में इसे कुरबानी कहते हैं। बकरीद पर आत्मबलि के प्रतीक रूप में लोग दुंबे (बकरे) कुरबान करते हैं। अहिंसा प्रेरित सनातनी समाज देवी

के मन्दिर में बकरे (खसी) का कान खुरच कर किसी को दान दे देता है। लोग प्रतीक रूप में केश मुड़वा देते हैं। चूंकि बाल भी शरीर के जीवित हिस्से होते हैं, अतः केश मुण्डन को बलि का प्रतीक मान लिया जाता है। बौद्ध तथा जैनी बलि प्रथा के समर्थक नहीं हैं। अवध की पिछड़ी जातियों में कई लोक देवी-देवताओं के नाम सूअर, बकरा, मुर्गा, कबूतर आदि की बलि आज भी चढ़ाते हैं, किन्तु अपवाद रूप में ही। कभी कहीं शिशुबलि की घटना सुनाई दे जाती है।

भक्ति और प्रपत्ति : अवध क्षेत्र मुख्यतः बल्कि समग्रतः आस्तिक भक्तों का क्षेत्र है। यहाँ सगुणोपासना का गहरा प्रभाव पड़ा है। प्राचीन काल में बौद्धों और जैन भक्तों ने सिद्धान्त रूप में भले ही नास्तिक दर्शन की चर्चा की हो, पर वे भी यहाँ मूर्ति पूजक हैं और परम भक्त प्रतीत होते हैं। यहाँ के सन्त साधकों में सगुण-निर्गुण तत्त्व का मिलाजुला विवेचन किया है। भक्त कवियों ने यों तो अनेक देवी-देवताओं की पूजा की है, पर अपेक्षाकृत राम-कृष्ण से वे ज्यादा जुड़े हुए हैं। उन्होंने दाम्पत्य, वात्सल्य, सख्य से कहीं ज्यादा दास्य भक्ति का सहारा लिया है। राम कवियों ने 'भायप भगति' की विशेष स्थापना की है। उन्होंने नवधा भक्ति के सहारे शरणागति और प्रपत्ति पर सबसे अधिक जोर दिया है। यहाँ प्रचलित भजनों और कथाओं में गीध, अजामिल, गनिका, गज, विदुर, सुदामा, कुब्जा, शबरी, केवट आदि पात्रों को इसी भाव से चित्रित किया गया है। यह समर्पण भाव रसिकोपासना में सर्वाधिक है। कुल मिलाकर यह कहा जा सकता है कि अवधवासियों का भक्ति मार्ग एक सहज मार्ग है। गोस्वामी जी ने ठीक ही कहा था–

'गुरु कह्यो राम भजन नीको मोहि लगत राज डगरो सो।'

भजन-कीर्तन : इसका व्युत्पत्ति परक अर्थ है 'भज सेवायाम्।' इसी से भक्ति शब्द निकला है, जिसका तात्पर्य है ईश्वर की उपासना। कीर्तन शब्द गुणगान या स्तुति का पर्याय है। इसमें विशेष प्रकार की लय और राग-रागिनी का निर्वाह किया जाता है। इसी का एक रूप है कौवाली, जो सूफी संगीत का महत्त्वपूर्ण रूप है। हिन्दू कीर्तनकारों में महाप्रभु चैतन्य, मीराबाई आदि हमारे आदर्श रहे हैं। वे भजन, कीर्तन करते हुए जिस प्रकार उन्मत्त हो जाते थे, उस दशा को देखकर 'बाउल' अर्थात् बावले की संज्ञा उन्हें दी गयी थी। बंगाली एवं असमी के इन गीतों को 'बाउल' कहा गया है। अवध के मन्दिरों में जितने धार्मिक अनुष्ठान होते हैं, उनमें भजन, कीर्तन की बड़ी व्यवस्था की जाती है। दूर-दूर से भजनीक और कीर्तनिए एकत्र होते हैं। अब इनकी कई व्यावसायिक मण्डलियाँ विकसित हो गयी हैं। यहाँ जवाबी कीर्तन की एक शैली विकसित हो गयी है। इन कीर्तनों पर फिल्मी धुनों का बहुत गहरा प्रभाव देखा जाता है। इनमें भाव गौण हो गया है और संगीत प्रधान। फिर भी कला की दृष्टि से तो ये महत्त्वपूर्ण हैं ही। अब इनके कैसेट और संकलन बहुत लोकप्रिय हो गये हैं। अवध क्षेत्र से ही उभरे देश के प्रसिद्ध भजन गायक अनूप जलोटा ने इस शैली को शिखर पर पहुँचा दिया है। हरिओम शरण, भजनानंद, लता, अनुराधा आदि द्वारा गाये भजन भी यहाँ बहुव्याप्त हैं।

मन्त्र जाप : अयोध्या के विभिन्न सम्प्रदायों में गुरु मन्त्र देने की लम्बी परम्परा विद्यमान है। अवध की यह प्रचलित लोक प्रथा रही है कि जिसने किसी गुरु से राम-नाम (मन्त्र) न सुना हो और विधिवत कण्ठी धारण करके दीक्षा न ली हो, उस 'निगुरा' के हाथ का छुआ जल नहीं पीना चाहिए। ये सन्त महात्मा पहले गाँव-गाँव में जाकर शिष्य बनाते और उन्हें तिलक छाप तथा परिधान देते थे। बड़ी और छोटी छावनी के सन्त हाथी पर बैठकर जब आते थे तो पूरा गाँव समाज भाव विभोर हो उठता था। अब भी मठों में जाकर लोग दीक्षा लेते हैं।

साम्प्रदायिक गुरु मन्त्र के अतिरिक्त अवध क्षेत्र में कई अन्य प्रकार के मन्त्रों का प्रचलन था।

जैसे सर्प दंश और विष शमन करने वाला मन्त्र, आग बुझाने/लगाने का मन्त्र, जल वृष्टि, वात्याचक्र का मन्त्र, भूत-प्रेत का मन्त्र, सम्मोहन, वशीकरण, उच्चाटन, मारण और मूठ मारने का मन्त्र। इस प्रकार के मन्त्र अभिचार के रूप में दीवाली (अमावस्या) की रात में सिद्ध किये जाते हैं। अब यन्त्र, तन्त्र, मन्त्र के प्रति वैसी आस्था नहीं रही। यहाँ के कुछ मन्त्र लोक जीवन में भी पाये जाते हैं, जैसे भोजन पचाने के लिए लोग पेट पर हाथ फेरते हुए यह लोक मन्त्र पढ़ते हैं–

'अताती-वतापी समुन्दर सुखाती।'

वस्तुतः अगस्त्य के आश्रम में आतापी और वातापी नाम के दो नर-भक्षी राक्षस उत्पात मचाते रहते थे, अतः ऋषि अगस्त्य ने उन्हें अपने पेट में भर लिया था। उस घटना का स्मरण करने से बदहजमी खत्म हो जाती है। इनके अतिरिक्त जादू, टोना, ओझौती, सोखैती, निकासी, हाका, जिन्न, जमाग, शेरी (शेलि), झाड़-फूँक, नजर, बलि, षट्कर्म आदि के अनेक पुरश्चरण बीच-बीच में यहाँ दिखाई दे जाते हैं।

शाबर मन्त्र : जो किसी पुरश्चरण के बिना केवल गुरु मुख से निकल कर शीघ्र सिद्ध हो जाते हैं, उन्हें शाबर मन्त्र कहते हैं। इनका कोई निश्चित अर्थ नहीं होता। ये कई भाषाओं के मिश्रण से बनते हैं। इनकी रचना सिद्ध साधकों ने की है, इसीलिए सबसे पहले उनकी दुहाई दी जाती है। ये अपनी रक्षा करने हेतु, हिचकी बन्द करने हेतु, किसी के द्वारा किये गये मन्त्र को निष्फल करने हेतु और आधि-व्याधि मिटाने हेतु किये जाते हैं। ये मन्त्र ग्रहण काल में 1008 बार सिद्ध किये जाते हैं। ऐसी आस्था है कि मन्त्र का उच्चारण करते हुए तीन बार अपनी छाती पर फूँक मार कर काम पर निकलना चाहिए। कुछ मन्त्रों के द्वारा नारियल, मिष्ठान्न, लौंग, कपूर, अगरबत्ती आदि के साथ देव पूजा की जाती है। मन्त्र के शब्द हैं–

शब्द साँचा, पिण्ड काँचा फुरे मन्त्र ईश्वरो वाचा।
ओम् कालिका खडग लिए ठाढ़ी। जोत तेरी है निराली।
पीती रक्त भर-भर प्याली। कर भक्तों की रखवाली।
महाबली भैरों की दुहाई।
ओम् श्री स्थापन तामे करंहु जामे राम भलाई।
गुनिया के गुन काटो यामे नहीं मनाहीं।
दुहाई कामरू कामाख्या नैना योगिनी की।
ओम् सुमेरू पर्वत पर लोना चमारिन।
सोने की राँपी सोने की सुतारी।
धरणी नालि काटि समुद्र खाली।
दुहाई लोना चमारिन की।।

लोना चमारिन के सम्बन्ध में यह दन्तकथा है कि मन्त्र सिद्ध ऋषि लोना को जब तक्षक ने डस लिया था, तो उसके मृत पिण्ड को इसने ग्रहण करके सर्प दंश शमन की शक्ति प्राप्त कर ली थी। इसीलिए संकट काल में लोग लोना चमारिन का आवाहन करते हैं।

पुत्रेष्टि यज्ञ : इसका उल्लेख कई रामकाव्यों में हुआ है, जिससे सिद्ध होता है कि यह अवध की एक विशिष्ट प्रथा रही है। कथा यह है कि प्रौढ़ावस्था तक जब दशरथ को पुत्रलाभ नहीं हुआ तो उन्होंने गुरु वशिष्ठ की सहमति से पुत्रेष्टि यज्ञ का आयोजन किया। उन्हें सुमन्त्र ने बताया था कि ऋषि कश्यप के पौत्र शृंगी ऋषि पुत्रेष्टि विधान में सर्वसमर्थ हैं। एक बार अंग देश में बहुत

बड़ा अकाल पड़ा था। तब शृंगी ऋषि की कृषा से वहाँ वर्षा हुई थी। यदि उनसे पुत्री शांता का विवाह करा दिया जाये तो वे यह यज्ञ सम्पन्न करा देंगे। राजा दशरथ वशिष्ठ के साथ अंग देश के नरेश रोमपाद के यहाँ गये। वहाँ शृंगी ऋषि से भेंट हुई। दशरथ उन्हें लेकर अयोध्या आये। ऋषि ने कश्यप, जाबाली, वामदेव, सुपाली, सुयज्ञ आदि को बुलवाया। सरयू के उत्तरी तट पर यज्ञ स्थल बनाया गया। शुभ नक्षत्र में यज्ञ आरम्भ हुआ और तीन दिनों तक वह यज्ञ चला। एक मन्त्र के सहारे चारु बनाया गया। वह खीर रानियों के मध्य वितरित की जा रही थी कि एक गिद्धिनी उस पर टूट पड़ी और थोड़ी खीर लेकर उड़ गयी। उसे अंजनि (अंजना) ने गिरि पर्वत पर बैठकर खाया, जिससे वह सुवर्चला नाम की अप्सरा हो गयी। उसी से हनुमान जी का जन्म हुआ। उस चारु का वितरण कौसल्या, सुमित्रा और कैकेयी के बीच किया गया। फलतः कौसल्या से राम, कैकेयी से भरत और सुमित्रा से लक्ष्मण तथा शत्रुघ्न का जन्म हुआ।

यज्ञ कर्म : इसका प्रचलन सृष्टि के आदि काल से बताया जाता है। अवध से यज्ञ कर्म का प्राचीन सम्बन्ध रहा है। ब्रह्मा जी ने सृष्टि करते हुए यहाँ संगम (प्रयाग) के तट पर विशेष यज्ञ किये थे, इसलिए उसे तीर्थ राज प्रयाग कहा गया है। प्रयाग शब्द का अर्थ ही है, जहाँ यजन किया गया हो। पुराणों के अनुसार यहाँ तीन अग्नि कुण्ड हैं, इसीलिए त्रिवेणी शब्द विकसित हुआ है। इन्हीं के बीच गंगा जी प्रवाहित हैं। इससे यज्ञ, कर्म और अवध क्षेत्र के चिरन्तन सम्बन्ध की पुष्टि होती है। यज्ञ का अर्थ है पूजन, बलि, आहुति अर्थात् आत्म विसर्जन। इसके अनेक रूप शास्त्रों में वर्णित हैं। इनमें प्रमुख है होमात्मक यज्ञ जिसमें यज्ञ पदार्थ अग्निकुण्ड में अर्पित किये जाते हैं, इसलिए कि अग्नि देवताओं का मुख है। यज्ञ सामग्री को समिधा और साकल्य कहा जाता है। इसके लिए पुरोहित और याज्ञिक का पूरा विधान किया जाता है। सब शक्तियों का आवाहन करके मन्त्रोच्चारण के साथ समिधा में बलि के रूप में नारियल तोड़ा जाता है। फिर आरती, भजन, कीर्तन, भोज, प्रसाद आदि का प्रबन्ध किया जाता है। अवध क्षेत्र में दैनिक यज्ञ भी होते हैं और विशिष्ट भी। कुछ महायज्ञ सहस्त्र कुण्डी कहलाते हैं। आर्य समाज, गायत्री परिवार आदि यज्ञ पर बहुत जोर देते हैं।

रतजगा : अवध में देवी जागरण का बड़ा प्रचलन है। शिवरात्रि, कजरीतीज और जन्माष्टमी पर इनका आयोजन बहुशः होता है। मांगलिक आयोजनों के पूर्व स्त्रियाँ प्रायः रतजगा करती हैं। इन दिनों व्यावसायिक मण्डलियाँ नाट्य संगीत पूर्वक रात्रि जागरण का यह कार्य करती देखी जाती हैं। तथाकथित निम्नजातियों में यह आयोजन 'भगत' के रूप में होता है।

रुद्राभिषेक : यह शिवोपासना से सम्बन्धित है। अवध क्षेत्र में श्रावण मास में रुद्राभिषेक कराने का बड़ा रिवाज है। इसमें शिव जी का पार्थिव बनाया जाता है और मन्त्रोच्चारण के साथ गंगाजल, दूध, घी, मधु, शर्करा, इत्र आदि से स्नान कराया जाता है। साथ ही उनका शृंगार भी होता है। महाभिषेक में कई कुन्तल दूध, बेलपत्र, फूल, फल आदि चढ़ाये जाते हैं।

रुद्राक्ष एवं जप माला : यह एक वृक्ष की गुठली है, जिसमें कई मुख होते हैं। इनमें एक मुखी रुद्राक्ष ऋद्धि सिद्धि दाता है। पंचमुखी रुद्राक्ष माला में पहना जाता है और एकादश मुखी रुद्राक्ष शंकर जी का स्वरूप माना जाता है। अवध वासी लोगों का विश्वास है कि यह रुद्राक्ष पापों से कवच की तरह हमारी रक्षा करता है, इसलिए रुद्राक्ष धारण करने का बड़ा रिवाज है। यह जप-माला का काम करता है। सनातनी भक्त तुलसी माला, स्फटिक माला आदि का भी उपयोग करते हैं।

व्रतोपवास : अवधवासी सनातनी समाज प्रायः पर्वों पर व्रतोपवास धारण करता है। कुछ लोग निरन्न, निर्जल और कुछ फलाहार का व्रत लेते हैं। शरदीय तथा वासंती नवरात्र पर अधिकतर लोग

व्रत रखते हैं। मुसलमान रमजान के महीने में रोजा रखते हैं। जैनी भक्त कट्टरतापूर्वक खान-पान का व्रत निभाते हैं।

रत्नधारण : ज्योतिष विज्ञान में तो रत्न विज्ञान का महत्त्व है ही, लोक जीवन में भी विभिन्न रत्नों को महत्त्व दिया गया है। यहाँ ग्रहों के अनुसार नौ रत्न प्रचलित हैं। ऐसी मान्यता है कि पृथ्वी के रत्न अन्तरिक्ष के ग्रहों को प्रभावित कर लेते हैं। इसी भाव से विभिन्न ग्रहों के रंगों के अनुसार यहाँ कई रंगों के रत्न धारण किये जाते हैं, जैसे–

माणिक्य (लाल) देवता सूर्य। इसे धारण करने से सुयश और वैभव की वृद्धि होती है।

नीलम (नीला) ग्रह शनि। इसे धारण करने से कार्य कलाप नियंत्रित रहता है। शनि अनुकूल होने पर गति प्रगति प्रदान करता है। साढ़े साती शनि साढ़े सात वर्षों तक रहता है।

पुखराज (पीला) देवता गुरु। यह विद्या तथा पारिवारिक सुख-शान्ति प्रदान करता है।

मोती (श्वेत) ग्रह चन्द्रमा। इससे मनः शान्ति प्राप्त होती है।

पन्ना (हरा) ग्रह बुध। यह अपने परिवेश को अनुकूल रखता है और व्यापार में वृद्धि करता है।

हीरा (श्वेत) ग्रह शुक्र। यह वीर्य वृद्धि और सुख समृद्धि का हेतु है।

मूँगा (लाल) ग्रह मंगल। यह शारीरिक शक्ति प्रदाता है।

गोमेद (भूरा) ग्रह राहु। यह रत्न दुष्ट ग्रह का प्रकोप शान्त करता है।

लहसुनिया (मटमैला) ग्रह केतु। यह रत्न भी प्रतिकूल प्रभाव से धारक की रक्षा करता है।

इन रत्नों को धारण करते हुए कुछ पूजा-पाठ, व्रत अनुष्ठान आदि का विधान किया गया है। इनके प्रभाव की वैज्ञानिक पुष्टि भले न हुई हो, लेकिन अवध क्षेत्र में इनके प्रति बड़ी आस्था है। इसीलिए यहाँ ज्योतिषियों और जौहरियों का मिला-जुला उद्योग काफी विकसित है। दूसरी ओर रत्न धारण करना वैभव-सूचक भी है। जो लोग ये जवाहरात नहीं खरीद पाते, वे लोहे का छल्ला, सूती, सीपी आदि धारण कर लेते हैं।

षोडशोपचार : वैष्णव मत के अनुसार प्रतिमा पूजन के 16 विधान हैं–

1. आसन 2. स्वागत 3. अर्घ्य 4. आचमन 5. मधुपर्क 6. स्नान 7. वस्त्राभरण 8. यज्ञोपवीत 9. चन्दन 10. पुष्प 11. धूप 12. दीप 13 नैवेद्य 14. ताम्बूल 15. परिक्रमा 16. वन्दना।

सत्संग : अवध में सत्संग को ज्ञान प्राप्ति, सत्प्रेरणा और सन्त सेवा का हेतु माना जाता है। यहाँ प्रायः महात्मा गण, रामायणी, कथावाचक, गायक तथा उपदेशक लोग सत्संग कराते रहते हैं। आश्रमों का यह नित्यकर्म है। वहाँ धार्मिक जनता प्रायः एकत्र होती है। कुछ सन्तों के आयोजन तो विराट स्तर पर होते हैं।

स्तोत्र-वाचन : यहाँ की धर्मसाधना में समय-समय पर स्तोत्रों का पाठ किया जाता है। प्रत्येक पूजा में मंगलाचरण होता है। लोग संस्कृत के इन श्लोकों को कंठस्थ किये रहते हैं। इनकी पाठ परम्परा के अनेक रूप हैं। वेदों की ऋचाओं की पाठ विधियाँ सामवेद में दी गयी हैं। अन्य श्लोकों का पाठ छन्दशास्त्र (पिंगल) के अनुसार निर्धारित किया जाता है। मुस्लिम समाज में कुरान की आयतों की अपनी अलग पाठ पद्धति है। इसी प्रकार अन्य सम्प्रदायों की पाठ विधियों का अभ्यास करना होता है। यह उच्चारण विज्ञान, वाचिक अभिनय और पाठ पारायण कला का विषय है।

सरयू स्नान : अयोध्या में विद्यमान सरयू का स्नान पुण्य प्रद माना गया है। गोस्वामी जी के शब्दों में 'जा मज्जन ते बिनहि प्रयासा। मम समीप नर पावहिं वासा।'

रुद्रयामल में एक स्थल पर शिवजी पार्वती से कहते हैं कि कोटि कल्पों तक काशी वास का

जो फल मिलता है वह यहाँ केवल सरयू दर्शन से प्राप्त हो जाता है–

कल्पकोटि सहस्रैस्तु काशी वासेन यत्फलम्।
तत्फलं समवाप्नोति सरयू दर्शने कृते।।

इस प्रकार स्पष्ट है कि यहाँ अनेक प्रकार की धर्मचर्याएँ चलती रहती हैं।

प्रमुख सम्प्रदाय

अवध क्षेत्र में विभिन्न प्रकार के सम्प्रदाय, पन्थ, मतवाद और अखाड़े हैं। इनके अपने-अपने दार्शनिक सिद्धान्त हैं, जिनका विवरण अकारादि क्रम से प्राप्य है–

अघोर पन्थ : यह कापालिक तान्त्रिक साधुओं का सम्प्रदाय है, जो मनुष्य की खोपड़ी लिए, मद्य, मांसादि का सेवन करते हैं और मेष की बलि चढ़ाते हैं। ये वाममार्गी शैव भीषण श्मशान साधना करते हैं। इन्हें अवधूत, औघड़ और सर्वभंग भी कहते हैं। ये निर्गुण पन्थी, अद्वैतवादी और हठयोगी माने जाते हैं। इनके दो वर्ग हैं–1. निर्वाणी 2. गृहस्थ। अवध क्षेत्र में कई अघोरी साधु यत्र-तत्र दिखाई देते हैं, जो किसी वर्जना पर विश्वास नहीं करते। इन्हें पंचमकार का सेवन करने वाला, जाति-पाँति निरपेक्ष, शाक्त, वाममार्गी शैव या कापालिकों के सदृश माना जाता है। शक्ति की उपासना करने वाले योगाभ्यास तथा अभिचार अर्थात् जादू टोने के सहारे विशेष प्रकार की साधना करते हैं, जिसे सिद्ध साधना भी कहा जाता है। अवध के जनजीवन में इनका यत्किंचित् प्रभाव देखा जा सकता है।

अद्वैतवाद : यह एक दार्शनिक सिद्धान्त है। इसमें परमतत्व की खोज की गयी है। वह परमत्तव भाव है या अभाव? वह एक है या अनेक? वह द्वैत है या अद्वैत? बौद्ध इसे शून्यवाद मानते हैं। शक्तिवादी इसे शक्ति मानते हैं और शैव इसे 'शिव' मानते हैं। उपनिषदों में विश्व को प्रपंच कहा गया है, ब्रह्म को नेति-नेति कहा गया है। कुछ दार्शनिक आत्मा पर विश्वास करते हैं, कुछ माया को मानते हैं। इसी से वेदान्त का विकास हुआ है। शंकराचार्य ने इसका विस्तृत विवेचन किया है। ज्ञानमार्गी सन्तों ने इसकी विस्तृत व्याख्या की है। अधिकांश भक्त कवि भी अद्वैतवाद के समर्थक हैं। इसके अन्तर्गत अवतारवाद की चर्चा भी हुई है। द्वैतवाद और अद्वैतवाद के चिन्तन क्रम में द्वैताद्वैतवाद का सिद्धान्त विकसित हुआ। इसके प्रवर्तक हैं निंबार्क। उन्होंने कहा कि जगत और ब्रह्म भिन्न और अभिन्न दोनों हैं। आचार्य रामानुज ने विशिष्टाद्वैतवाद का प्रवर्तन करते हुए दोनों को अभिन्न माना। शंकराचार्य ने भी दोनों को अभिन्न घोषित किया। इसी क्रम में शुद्धाद्वैतवाद की स्थापना की गयी। बल्लभाचार्य ने माना कि माया रहित ब्रह्म ही अद्वैततत्व है। इस प्रकार द्वैत और अद्वैत को लेकर अनेक मत विकसित हुए हैं, जिन पर अवध क्षेत्र के दार्शनिकों ने भी गम्भीर चिन्तन-मनन किया है।

आर्य समाज : इस सम्प्रदाय के प्रवर्तक हैं स्वामी दयानंद सरस्वती। इन्होंने वैदिक सिद्धान्तों के आधार पर इस मत की स्थापना की। दयानंद जी ने आत्मा और ब्रह्म की एकता का समर्थन किया। इन्होंने मथुरा के प्रज्ञा चक्षु स्वामी बिरजानंद से वैदिक ज्ञान प्राप्त किया और फिर शैव मत तथा वेदान्त का परित्याग करके मात्र सांख्य योग के सहारे वेद की व्याख्या की। दयानन्द जी ने पूरे उत्तर भारत में घूम-घूम कर शास्त्रार्थ किया। 10 अप्रैल 1875 में इन्होंने आर्य समाज की नींब बम्बई में डाली। 30 अक्टूबर 1883 को इनका निधन हो गया।

आर्य समाजियों का मत है कि ईश्वर सर्वस्व है। वही समस्त ज्ञान का कारण है। वेद ही सच्चे ज्ञान ग्रन्थ हैं। सत्य को ग्रहण करना सर्वोपरि धर्म है। मनुष्य की शारीरिक, सामाजिक और आत्मिक

प्रगति करना आर्य समाज का धर्म है। हमें प्रत्येक व्यक्ति के साथ न्याय, प्रेम और पात्रता के अनुसार व्यवहार करना चाहिए। दूसरों का विकास करना, ज्ञान ज्योति फैलाना, अन्ध विश्वासों को दूर करना आर्य समाज का मुख्य लक्ष्य है। उनका मत था कि वेद ईश्वरीय वाणी है। वे विज्ञान के मूल स्रोत हैं। आर्य का अर्थ है भद्र। यह समाज एक सुधारवादी समाज है।

आर्य समाज ने शिक्षा के क्षेत्र में क्रान्तिकारी कदम उठाए, पूरे देश में दयानंद ऐंग्लो वैदिक कालेजों की स्थापना करके। हरिद्वार में गुरुकुल की जो रूप रचना की गयी, वह सर्वथा विशिष्ट है। संगठन की दृष्टि से आर्य समाज में कई प्रकार के सदस्य बनाये जाते हैं। इनकी संस्थाओं में रविवार को साप्ताहिक सत्संग आयोजित होता है। उसमें हवन, वैदिक मन्त्रों का पाठ, प्रवचन, प्रार्थना और समाज ज्ञान विधि-विधानपूर्वक दिया जाता है। उत्तर भारत की यह बहुत बड़ी संस्था है। इसने स्त्री शिक्षा, हरिजनसेवा और छुआछूत के निवारण में काफी कार्य किया है। यह संस्था भारत के गत गौरव की पुनर्योजना में कॉफी सक्षम है। आर्य समाज के प्रवर्तक स्वामी दयानंद सरस्वती का मूल नाम था मूलशंकर। उन्होंने वर्षों तक हिमालय में योगाभ्यास किया और संन्यास आश्रम ग्रहण करके दयानंद सरस्वती नाम धारण किया। उन्होंने पूरे देश का भ्रमण करके विभिन्न सम्प्रदायों से शास्त्रार्थ करते हुए मूर्ति पूजा तथा पाखण्ड का खण्डन किया। उनके सिद्धान्तों का संवाहक है, उनका ग्रन्थ 'सत्यार्थ प्रकाश'।

इस्लाम धर्म : यह विश्व का एक बहुव्याप्त धर्म है, जिसको मुस्लिम धर्म भी कहा जाता है। इसके प्रवर्तक हैं—हजरत मुहम्मद साहब और इसका आधारभूत धर्म ग्रन्थ है—कुरान शरीफ।

इसमें पैगम्बर हजरत मुहम्मद के उपदेश हैं। इस पर इस्लामी मजहब और शरीयत टिकी हुई है। इसे खुदा का कलाम माना जाता है, जो पैगम्बर के माध्यम से सुलभ हुआ है। इनका जन्म छठी शताब्दी के अन्त में मक्का में हुआ था। इन्होंने अरब में एकेश्वरवाद और भाईचारे का प्रचार करते हुए इस्लाम का प्रवर्तन किया। आरम्भ में मक्का वालों ने इनका इतना विरोध किया कि इन्हें मदीना में शरण लेनी पड़ी, किन्तु कालान्तर में मुहम्मद साहब ने युक्तिपूर्वक सबको मनाकर काबा को तीर्थ स्थान बना दिया, फिर इस नये धर्म को कई देशों तक फैला दिया। इस्लाम के नाम से प्रसिद्ध यह धर्म आज विश्व का दूसरा बड़ा धर्म माना जाता है।

अवध के जन जीवन में प्रचलित कथाओं के अनुसार हजरत शीष पैगम्बर आदम हौवा के बेटे थे। वे 1300 वर्ष तक जीवित रहे। उनका 70 गज का कद था। उनके 145 बच्चे थे। कई इतिहासकारों ने यह भी संकेत किया है कि उनका निवास स्थान मूलतः अयोध्या में था। यहाँ उनकी पाँच बीवियों की और पाँच पुत्रों की कब्रें हैं। हजरत शीष की दरगाह के अतिरिक्त यहाँ कई मजारें और मस्जिदें भी हैं। नौरोजी बड़ी बुआ की कब्र भी यहाँ है। इस कारण इस्लाम के अनुयायी अयोध्या को मक्का खुर्द कहते हैं। यहाँ अर्से तक नवाबों का शासन रहा, इसलिए अयोध्या में बहू बीबी की कब्रें, शबेरात, मोहर्रम, ताजिया आदि की बड़ी चर्चा है। नवाबों ने जब फ़ैज़ाबाद की जगह लखनऊ को राजधानी बनाया तो लखनऊ में कई इमामबाड़ों, ईदगाह, जामा मस्जिद, कर्बला, कई कब्रों, मजारों आदि का व्यापक स्तर पर निर्माण हुआ। लखनऊ के अतिरिक्त जौनपुर नगर मुस्लिम धर्म का बहुत बड़ा केन्द्र है। वहाँ की अटाला मस्जिद अति प्रसिद्ध है। देवा शरीफ और बहराइच में सूफी धर्म का बड़ा प्रचार है। बलरामपुर, बस्ती, लखनऊ आदि मुस्लिम बहुल जनपद हैं। धीरे-धीरे अवध क्षेत्र में हिन्दू-मुस्लिम सौहार्द की वृद्धि होती दिखाई दे रही है।

मुसलमानों का सबसे प्रसिद्ध पर्व है मोहर्रम। हिजरी 60 में माविया की मृत्यु के बाद मदीस

साम दमिश्क का राजा बना, जिसने हजरत मुहम्मद के उत्तराधिकारी इमाम हुसैन पर इतने अत्याचार किये कि वे राज्य को छोड़कर लाव लश्कर के साथ मक्का के लिए रवाना हो गये। दुश्मनों ने ऐसा षड्यन्त्र रचा कि उनके साथियों को पीने का पानी तक नहीं मिला। प्यास से तड़प-तड़पकर बहुत सारे लोग मर गये। यद्यपि इमाम हुसैन ने खलीफा पद छोड़ दिया था, फिर भी यहूदी सेना ने कर्बला में उन पर भीषण आक्रमण कर दिया। यहूदियों के पास एक लाख सैनिक थे और इमाम के साथ केवल 72 प्राणी। निदान दस मोहर्रम को जिहाद शुरू हो गया। भीषण युद्ध करते हुए इमाम 63 वर्ष की आयु में शहीद हो गये। मोहर्रम की मजलिषों में यह कथा जोर शोर से सुनाई जाती है। जगह-जगह फातिहा पढ़े जाते हैं। आग का मातम किया जाता है। रमजान के महीने में रोजा रखा जाता है। जनाजा निकाला जाता है। इस ताजिये के आगे हिन्दू लोग घड़ों में पानी भरकर रखते हैं, क्योंकि इमाम के लोग प्यासे मरे थे। सुन्नी लोग 9 मोहर्रम को ताजिया रखते हैं। जब ये ताजिये चलते हैं तो लोग घण्टियाँ बजाते हुए, हाथ से मुर्छल झलते हुए यह नारा लगाते हैं—'हुसैन कुश्ते शुद' अर्थात् हुसैन कत्ल कर दिये गये। सुन्नियों की ताजियादारी में काफी दस्तारबन्दी होती है। साथ-साथ नगाड़े बजते हैं। इमामबाड़े में रोशनी की जाती है। उसे दफन करके नौ की रात में सात तरह के अनाज मिलाकर उनका खिचड़ा बनाकर बाँटा जाता है। चौदहवीं को मीठी रोटी और पानी के वितरण के साथ यहाँ फातिहा पढ़ने का बड़ा चलन है। इस बीच तीन प्रकार के हलवे बनते हैं—चने के, रवे के और मैदे के, जो बुजुर्गों और फकीरों को फातिहा के साथ दिये जाते हैं। लखनऊ का मोहर्रम आज भी काफी विशिष्ट माना जाता है। पहली मोहर्रम को यहाँ हुसैनाबाद से बड़ा भारी जुलूस निकलता है। आशफी इमामबाड़े में हजारों की भीड़ जुटती है। छठवीं को आग का मातम होता है। आठवीं को गोमती के किनारे फातिहा होता है। नौ-दस को सभी ताजिये तालकटोरा पहुँचते हैं। इस रमजान के अन्तिम दिन ईद मनायी जाती है। लोग कुरान पढ़कर महफिल में हलवा बाँटते हैं और रोशनी करते हैं। यह मिलन पर्व बड़ी हँसी-खुशी के साथ मनाया जाता है। इस दिन सेवईं बाँटी जाती है।

रमजान को पवित्र माह माना गया है। दिन भर लोग व्रत रखते हैं। रोजा रखने वाले अजादार सूर्योदय के पहले सहरी (अल्पाहार) करते हैं और शाम को रोजा खोलते हैं, जिसको 'इफतार' कहा जाता है। गंगा-जमुनी तहजीब वाले इस शहर में कई हिन्दू परिवार भी सबीलें लगवाते हैं, अजादारी करते हैं और मोहर्रम का मातम मनाते हैं। इफतार में यहाँ हर वर्ग के लोग शामिल होते हैं। यहाँ कर्बला के जुलूस में कई मौलाना यह खिताब करते हैं कि अल्लाह ने रसूल के जरिये अपना पैगाम बन्दों तक पहुँचाया है। फातिहा पढ़ने वाले कलाकारों को सुनकर सब गमगीन हो जाते हैं। इसमें शिया-सुन्नी दोनों अपने-अपने ढंग से शिरकत करते हैं। इसे 'मरसियाख़्वानी' कहा जाता है। अजादारों की यही कोशिश रहती है कि पूरे महीने भर एहतराम और अजमतों के इस महीने में अपने गुनाहों के लिए माफी माँगें, सबके साथ नेकी करें, ताकि उनकी बरकत हो और शरीयत का निष्ठापूर्वक निर्वाह हो।

इस्लाम के अनुयायियों के अन्य त्योहार हैं चेहल्लुम, ईदुल जुहा (बकरीद) या ईदुल अजहर। इस दिन पैगम्बर इब्राहिम ने अपने बेटे इस्माइल की कुर्बानी देनी चाही थी, पर उसकी जगह एक दुम्बा (बकरा) आ गया था। इसलिए इसको बकरा ईद भी कहते हैं। ईद से पहले ईदुल फितर मनाया जाता है। सावन की चौदहवीं को यहाँ शबेरात मनाया जाता है। यह बारहवें इमाम का जन्मदिन है। इस दिन महफिलें होती हैं और बड़ी रोशनी की जाती है। इसके अतिरिक्त बारावफात, आखिरी जुम्मा आदि अन्य अनेक त्योहार समय-समय पर मुसलमानों द्वारा आयोजित किये जाते हैं। स्पष्ट है कि अवध क्षेत्र में इस्लाम धर्म का काफी प्रचलन है।

लखनऊ में विशेष रूप में रमजान पर बड़ी रौनक रहती है। रमजान की 19वीं पर लोग 'सीनाजानी' करते हुए मातम मनाते हैं। तीन दिनों तक मजलिसें करके अन्तिम दिन यह अमाल करते हैं–

'उठो मोमिनों, ये कयामत का वक्त है।
मौलाये कायनात की रुख्सत का वक्त है।
सिर पीटती हैं जैनबो कुलसूम हाय-हाय।
जहरा की बेटियों पे मुसीबत का वक्त है।'

यहाँ नकली कूफा मस्जिद बनायी जाती है। लोग हाथ में कम्बल लेकर निकलते हैं एवं खिताब करते हैं। इबादत के साथ गुनाहों की माफी माँगते हैं। इस अवसर पर इमामबाड़े से शाही खियाती अन्दाज में इमाम हसन के बेटे और इमाम हुसैन के भतीजे कासिम की मेंहदी का जुलूस निकाला जाता है। शहनाई तथा बैण्ड की धुन पर नोहे की यह धुन गूँज उठती है–"रोके बेबा हसन की पुकारी, आज मेंहदी है कासिम तुम्हारी। जाऊँ सौ बार मैं तुम पर बारी।" मेंहदी के थालों की सजावट देखकर अजादारों की आँखें भर जाती हैं। इस मौके पर मौलाना मजलिस में खिताब करते हैं। ईद के दिन सज धजकर ईदगाह में लोग विशेष नमाज अदा करते हैं, फिर गले मिलते हैं, एक-दूसरे के घर जाते हैं और आनन्द उल्लास के साथ रमजान के अन्तिम दिन ईद मनाते हैं।

ईसाई धर्म : इसके प्रवर्तक थे ईसा मसीह। उनका आरम्भिक सम्बन्ध भारत से रहा है। 13वीं शताब्दी में यह धर्म यूरोप में काफी विकसित हो गया था। 17वीं शताब्दी में ये ईसाई मिशनरी भारत आये। पहले पुर्तगालियों के साथ दक्षिण में और फिर जहाँगीर के शासनकाल में आगरा तक। ईसाई मिशनरियों ने बाइबिल के कई अनुवाद भारतीय भाषाओं में कराये। आदिवासी बहुल पिछड़े क्षेत्रों में इन्होंने कई सुधार कार्य किये, जैसे–अनाथालय, चिकित्सालय, शिक्षा संस्थाएँ, समाचार-पत्र, प्रेस आदि। इन्होंने बलात् धर्मान्तरण भी काफी कराया। आरम्भ में ईस्ट इण्डिया कम्पनी ने इन्हें अपनी राज्य सीमा से अलग रखा, इसलिए इन्होंने कलकत्ता से दूर श्रीरामपुर में अपना केन्द्र स्थापित किया। मिशनरियों ने एक ओर अपने धर्म की विशेषताएँ प्रचारित कीं, दूसरी ओर हिन्दू धर्म पर भीषण आक्रमण किये। अँग्रेजी सत्ता स्थापित हो जाने के बाद अवध क्षेत्र में हर शहर में मिशनरी सोसाइटी खुल गयी। कई कैथोलिक मेथोडिस्ट तथा प्रोटेस्टेण्ट चर्च खुल गये। न्यू और ओल्ड टेस्टामेण्ट पर आधारित लुभावनी पुस्तकें बाँटी जाने लगीं। सार्वजनिक रूप से बपतिस्मा पढ़ाया जाने लगा और मध्य युग से आधुनिक युग में आने का नारा दिया जाने लगा। इनके विरोध में ब्रह्म समाज, आर्य समाज आदि कई संस्थाएँ सक्रिय हुईं, किन्तु देखते-देखते इन्होंने लाखों भारतीयों को ईसाई धर्म से जोड़ लिया। आज यह विश्व का सबसे बड़ा धर्म-सम्प्रदाय है। इसमें सेवा, करुणा को सर्वाधिक महत्त्व दिया गया है, जो सराहनीय है।

वस्तुतः यह विश्व का एक बहु प्रचलित सम्प्रदाय है। ऐसी मान्यता है कि सन् तैंतीस में हुई यीशु की सलीवी मृत्यु के बाद कैलेशिया की स्थापना की गयी। इनमें समय-समय पर विभाजन होते रहे। जैसे–1. आर्थोडाक्स, 2. काथलिक 3. प्रोटेस्टेंट 4. मेथोडिस्ट चर्च जो काफी पुराने हैं। इनमें एक कैलेशिया है बैथल और दूसरी विशिष्ट कैलेशिया एडवेंस्टि। इन्हें कहीं ऐसेम्बली आफ गाड कहा जाता है, कहीं दुआ का घर। इनमें से कई चर्चों के साथ विद्यालय और चिकित्सालय भी संलग्न हैं। यहाँ कई वरिष्ठ विशप, फादर, ब्रदर एवं नन हैं।

अवधांचल के कई नगरों में भव्य चर्च-भवन बने हुए हैं, जैसे–

1. इलाहाबाद के होली ट्रिनिटी चर्च (1869 ई.), सेण्ट्रल कैथेड्रल (1860), सेंट पीटर चर्च (1864),

जमुना चर्च इलाहाबाद (1846 ई.), सेण्ट जोसेफ रोमन कैथोलिक कैथेड्रल (1869)।

2. लखनऊ के क्राइस्ट चर्च (1860 ई.) हजरतगंज, अलीगंज, इन्दिरानगर, आलमबाग, मोहनलालगंज, अमौसी कैण्ट आदि में निर्मित कैथड्रल।

3. कानपुर का आल सोल्स कैथड्रल (1865 ई.) आदि।

इन सबके सन्दर्भ में कहा जा सकता है कि अवध क्षेत्र में ईसाई धर्म का काफी प्रचार-प्रसार है।

उदासीन सम्प्रदाय : इस सम्प्रदाय के साधु वेशधारी सन्त निर्गुण ब्रह्म के उपासक होते हैं और गुरु नानक के साथ ही उनके पुत्र श्रीचन्द्र की पूजा करते हैं। ये लोग शिव की भी पूजा करते हैं। इस सम्प्रदाय में छुआछूत वर्जित है। उदासीन नागा, निर्वाणी संत, काला कपड़ा पहनते हैं, भभूत रमाते हैं और जटा रखते हैं। कुछ अन्य जटाधारी साधु गुलाबी कपड़ा पहनते हैं। सब गुरुमुखी में लिखे ग्रन्थों का पाठ करते हैं।

कनफटा सम्प्रदाय : इसके प्रवर्तक हैं गोरखनाथ के गुरु आदि नाथ। इसका सम्बन्ध शंकराचार्य से भी रहा है और बौद्धों से भी। इसमें शैव पन्थ के वैरागियों का बाहुल्य है। इस पन्थ के साधक नाभि चक्र, षट् चक्र, कुण्डलिनी, निर्गुण, एकेश्वर आदि में आस्था रखते हैं। ये जाति-पाँति नहीं मानते। प्रायः भिक्षोपजीवी होते हैं और मांस-मदिरा का भी सेवन करते हैं। ये अधिकांशतः मन्त्र-तन्त्र का भी प्रयोग करते हैं। ये साधु काष्ठा, झोली, फिरंगी, मेखला, कोपीन, बाघाम्बर, खड़ाऊँ, रुद्राक्ष माला, भस्म लेपन आदि का उपयोग करते हैं और इकतारा बजाते हैं। गोपीचन्द के नाम पर ये 'अलख निरंजन' गीत गाते हैं। ये भैरव और महासुन्दरी की उपासना करते हैं।

कबीर पन्थ : सन्त कबीर अपने युग के श्रेष्ठ सुधारक, कवि और साधक थे। इनका जन्म काशी में हुआ था किन्तु इन्होंने अपना अन्तकाल मगहर (बस्ती) में बिताया था। इस सम्बन्ध में ये उक्तियाँ लोक प्रचलित हैं–

'सकल जनम सिवपुरी बितावा
अन्तकाल मगहर चलि आवा।'

क्योंकि लोक विश्वास यह है कि 'मगहर मरै तो गदहा होय।' क्रान्तिकारी कबीर ने तै किया कि मगहर में मरने पर भी राम उद्धार करें तो मैं उन्हें मानूँगा–

'जो कबिरा कासी मरै तो रामहिं कौन निहोरा।'

कबीर के भक्तों, विशेषतः धर्मदास ने जिस कबीर पन्थ की स्थापना अवध में की, उसमें नाथ, सूफी और वैष्णवमत का गहरा पुट है। इन सन्तों की अपनी उपासना पद्धति, कुछ निजी दार्शनिक विचारधारा और कुछ भिन्न कथनी करनी है, जिनसे क्षुब्ध होकर अवध के जन जीवन ने कबीर-बानी को 'कबीरें' (एक अश्लील लोकगीत) नाम देकर भद्र समाज के लिए वर्जनीय घोषित कर दिया और कबीर-तुलसी को प्रतिद्वन्द्वी रूप में प्रस्तुत किया।

कबीर पन्थ के प्रवर्तक सन्त कबीर दास का जन्म 1500 को लगभग जुलाहा जाति में हुआ था, जो पहले हिन्दू थी और बाद में मुसलमान हो गयी थी। इनका कर्म क्षेत्र था लहरतारा, कबीर चौरा वाराणसी। इनके मूल सिद्धान्त साखी, पद, रमैनी, बानी, ज्ञान सागर, बसंत, होली, रेखता, झूलना, बारहमासा, बीजक आदि में प्राप्त होते हैं। उनके शिष्यों ने इन उपदेशों को लिपि बद्ध किया है। कबीर पन्थी कर्मकाण्ड, अवतार, मूर्ति पूजा, मन्दिर, मस्जिद, व्रत पूजा, रोजा, काशी, काबा आदि को नहीं मानते। वे निर्गुण ब्रह्म में विश्वास करते हैं, अहिंसा के समर्थक हैं, अवतार को न मान कर उसकी महिमा को स्वीकारते हैं। वे न हिन्दू मत को मानते हैं, न इस्लाम को। इनका काफी वैचारिक

साम्य नानक पन्थ, दादूपन्थ, गरीबदासी, मलूकदासी, रामसनेही आदि सम्प्रदायों से है। कबीर पन्थी विरक्त साधु होते हैं। वे ललाट पर विष्णु का चिह्न लगाते हैं और काठ की माला पहनते हैं। वे कबीर की मूर्ति पूजा भी खूब करते हैं। इस सम्प्रदाय में ज्यादातर हिन्दू हैं। उनकी संख्या 10 लाख के आस-पास बतायी जाती है। यह देश-देशान्तर में व्याप्त सम्प्रदाय है। अवध में इनकी काफी प्रतिष्ठा है। बाराबंकी के कबीर पन्थी विशालदेव और बहराइच के नारायणदास काफी चर्चित हैं।

गरीब पन्थ : इस सम्प्रदाय का मूल है रोहतक (हरियाणा)। इसकी शुरुआत 1774 विक्रमी के आस-पास हुई थी। गरीब जी को चरनदास जी का शिष्य माना जाता है।

गायत्री सम्प्रदाय : गायत्री ऋग्वेद (3/62/10) का मन्त्र है, जो सूर्य पूजन से सम्बन्धित है। यह ऋग्वेद के एक छन्द का नाम भी है। इसे सवित्र मन्त्र कहते हैं। गायत्री का अर्थ है गाय का रक्षक। इस मन्त्र का पूरा अर्थ है—हम सूर्य के प्रकाश को धारण करते हैं। वह हमारी बुद्धि को प्रेरित करे। अवध में यज्ञोपवीत के साथ गुरुमुख से बटुक को यह मन्त्र दिया जाता है। पुराणों के अनुसार गायत्री ब्रह्माजी की पत्नी है और सविता से सम्बन्धित है। गायत्री मन्त्र का जाप सौ से दस हजार तक कर लेने से रोगों का नाश हो जाता है। जो लोग संक्षेप में उपासना करते हैं, वे इस मन्त्र का सहारा लेते हैं। हरिद्वार में स्थित शान्तिकुंज संस्थान ने गायत्री से सम्बन्धित साहित्य प्रकाशन तथा उपासना का नया अनुष्ठान चला रखा है। उसका अवध क्षेत्र में काफी प्रचार-प्रसार है। यहाँ श्रीराम शर्मा के अनेक अनुयायी हैं।

चरनदासी सम्प्रदाय : चरनदास जी अलवर के निवासी थे। इनके कुछ अनुयायी अवध क्षेत्र में भी फैले हुए हैं। ये साधक पीले वस्त्र पहनते हैं, गोपी चन्दन लगाते हैं और माला धारण करते हैं।

जैन धर्म : इस सम्प्रदाय में वेद को प्रमाण न मानकर सत्य, अहिंसा, त्याग, तपस्या को विशेष महत्त्व दिया गया है। जैन शब्द की व्युत्पत्ति 'जिन' से हुई है, जिसका तात्पर्य है, वह पुरुष जिसने वासनाओं पर विजय प्राप्त कर ली हो। इसके आदर्श थे अर्हन और तीर्थंकर। जैनी यह मानते हैं कि उनका धर्म अनादि और सनातन है। उनके अनुसार काल के कई चक्र होते हैं और प्रत्येक चक्र में चौबीस तीर्थंकर होते हैं। आदि तीर्थंकर थे ऋषभदेव, जिन्हें हिन्दू विष्णु का अवतार मानते हैं। चौबीसवें तीर्थंकर महावीर ने जैन धर्म का व्यापक प्रचार-प्रसार किया।

जैन धर्म की दो शाखाएँ हैं—

1. दिगम्बर
2. श्वेताम्बर

दिगम्बर अर्थात् नग्न। इनको अपरिग्रह एवं त्याग का विरल उदाहरण माना जाता है। इनके अनुसार स्त्रियों को मोक्ष नहीं मिल सकता, क्योंकि वे दिगम्बर नहीं हो सकतीं। इनकी मूर्तियाँ भी नग्न होती हैं।

श्वेताम्बर वर्ग में देव मूर्तियाँ कच्छ धारण करती हैं।

इनका तीसरा उपसम्प्रदाय स्थानकवासी कहलाता है। वे सादगी पर अधिक जोर देते हैं। इन्हीं की एक शाखा हैं—'तेरहपन्थी' जो मुख्यतः सुधारक होते हैं। जैन धर्म में पाँच महाव्रत हैं—अहिंसा, सत्य, अस्तेय, अपरिग्रह, और ब्रह्मचर्य। स्रावक और गृहस्थ इसे अणु व्रत कहते हैं। जैनी आत्मा को मानते हैं, पर प्रकृति को नहीं। वे स्यातवाद और अनेकांतवाद के समर्थक हैं। जैन दर्शन का उद्देश्य है आत्मा को प्रकृति से मुक्त करके कैवल्य (मोक्ष) प्राप्त करना। यह धर्म आचार शास्त्र पर बल देता है।

जैन सम्प्रदाय का अवध संस्कृति से गहरा नाता-रिश्ता है। अयोध्या में जैन साधक पार्श्वनाथ

से लेकर अन्तिम तीर्थंकर स्वामी महावीर तक कई सिद्ध साधकों ने समय-समय पर पदार्पण किया है। प्रथम तीर्थंकर ऋषभ देव को अयोध्या का चक्रवर्ती नरेश कहा गया है। जैन मत से प्रेरित होकर उन्होंने सारा ऐश्वर्य त्याग करके अपरिग्रह वश प्रव्रज्या धारण कर ली थी। वे फिर निरन्तर उपदेश देते हुए परिभ्रमण करते रहे। जैन धर्म के परवर्ती तीर्थंकरों में अजितनाथ, अभिनन्दननाथ, सुमतिनाथ और अनन्तनाथ का भी अयोध्या से घनिष्ठ सम्बन्ध रहा है।

अयोध्या के रायगंज मोहल्ले में ऋषभ देव जी का प्राचीन मन्दिर है। ये अयोध्या के राजा थे, जो बाद में जैन हो गये थे। जैन धर्म का प्रामाणिक ग्रन्थ है आदि पुराण, जिसमें अयोध्या को विश्व की कर्म स्थली कहा गया है। इसके सूत्रधार थे, इन्द्रदेव। कहीं-कहीं ऋषभ देव को ही प्रथम तीर्थंकर या आदि देव माना गया है। जैन मतानुसार सब तीर्थंकर यहीं जन्म लेते और राज्य करते हैं। इनमें उपर्युक्त पाँच तीर्थंकरों के यहाँ विशिष्ट मन्दिर है। ऋषभ देव की मूर्ति 21 फीट लम्बी है। सभी मूर्तियों में यह सर्वश्रेष्ठ है।

अवध में जनमे तीर्थंकर थे–

1. आदिनाथ (अयोध्या)
2. अजितनाथ (अयोध्या)
3. संभवनाथ (श्रावस्ती)
4. अभिनंदननाथ (अयोध्या)
5. सुमितनाथ (अयोध्या)
6. पद्मप्रभु (कौशाम्बी)
7. विमलनाथ (कम्पिला, फ़ैज़ाबाद)
8. अनन्तनाथ (अयोध्या)
9. धर्मनाथ (रत्नपुरी, फ़ैज़ाबाद)

कुल 24 तीर्थंकरों में 9 और आरम्भिक 6 तीर्थंकरों से सम्बन्धित यह क्षेत्र इस कथन का स्वतः प्रमाण है कि यहाँ जैन सम्प्रदाय का गहरा प्रभाव था। विद्वानों का मत है कि 22 तीर्थंकर सूर्यवंशी थे। इनसे सम्बन्धित कई संस्थान अयोध्या में अभी द्रष्टव्य हैं।

यह भी उल्लेखनीय है कि ब्राह्मण रामकथाओं और जैन रामकथाओं में काफी कुछ अन्तर दिखाई देता है, जैसे-जैनी रामकथा के अनुसार–

1. रावण का वध लक्ष्मण ने किया था।
2. राम गौरांग थे और लक्ष्मण श्यामवर्ण के।
3. राम-लक्ष्मण के अनेक विवाह हुए थे।
4. राम की माँ थी अपराजिता या सुबाला।
5. जैनी कवि गुणभद्र के अनुसार सीता मन्दोदरी की पुत्री थीं।
6. सीता का भाई भामण्डल सीता से विवाह करने को इच्छुक था।
7. राम स्वेच्छापूर्वक 16 वर्ष के लिए वन गये थे।
8. दशरथ ने जैन धर्म की दीक्षा लेकर संन्यास ग्रहण कर लिया था।
9. इन कथाओं में शूर्पणखा की जगह खरदूषण की पत्नी चन्द्रनखा का नाम आया है।
10. इसमें स्वर्ण मृग की घटना नहीं है। राम किसी सिंह का गर्जन सुनकर उसे मारने जाते हैं। इस बीच सीता हरण हो जाता है।

11. सीता के वियोग में भटकते हुए राम ने दधिमुख की तीन पुत्रियों से विवाह कर लिया था।

12. हनुमान सुग्रीव के दामाद थे। उन्होंने उनकी पुत्री सुन्दरी से विवाह किया था।

13. इसमें लंका दहन की घटना नहीं है।

अयोध्या के तीर्थंकरों के अलग-अलग प्रतीक हैं, जैसे—ऋषभ देव का प्रतीक है वृषभ, अजित नाथ का प्रतीक है हाथी, अभिनन्दननाथ का प्रतीक है वानर और विमलनाथ का प्रतीक है वाराह।

अवध क्षेत्र, विशेषतः अयोध्या में कई जैन मन्दिर तथा धर्मशालाएँ हैं। इनमें अयोध्या का दिगम्बर जैन मन्दिर महत्त्वपूर्ण है। यहाँ पाँचवें तीर्थंकर सुमतिनाथ या सुमन्तनाथ का जन्म हुआ था। श्वेताम्बर जैन मन्दिर मोहल्ला कटरा में है। यहाँ अजितनाथ का ज्ञान कल्याणक स्थापित है। गोलाघाट में अनन्तनाथ जी का मन्दिर है। स्पष्ट है कि अवध का जैन सम्प्रदाय से घनिष्ठ सम्बन्ध है। आचार्य तुलसी ने साधुओं के लिए महाव्रत और गृहस्थों के लिए अणुव्रत (अहिंसा, अस्तेय, ब्रह्मचर्य, अपरिग्रह) का जो नव सन्देश दिया, उसको काफी समर्थन मिला है।

तान्त्रिक मत : इसके प्रणेता शिव माने जाते हैं। इसमें सृष्टि, प्रलय, देवपूजा, सत्कर्म, पुरश्चरण और षट्कर्म का विधान है। इस शास्त्र के अनुसार कलियुग में मन्त्र, जप, यज्ञ से कोई लाभ नहीं होता। तन्त्रशास्त्र साधकों को गुप्त दीक्षा देता है और मारण, उच्चाटन, वशीकरण आदि का प्रयोग करता है। ये पंचमकार का सेवन करते हैं और देवी की उपासना करते हैं। बौद्धों में यह तन्त्र बहुत प्रचलित रहा है। इस आगम का आरम्भ 8वीं शती से माना जाता है। इनके पाँच प्रकार हैं—वेदाचार, वैष्णवाचार, शैवाचार्य, दक्षिणाचार, वामाचार, सिद्धान्ताचार और कौलाचार।

दरिया पन्थ : सन्त दरिया दो स्थानों से जुड़े हुए हैं, एक बिहार से और दूसरे मारवाड़ से। इन्हें कहीं मुस्लिम माना गया है और कहीं दादू का अवतार। इनका सम्बन्ध अवध से भी रहा है।

दादू पन्थ : इसको परमब्रह्म सम्प्रदाय भी कहा जाता है। सन्त दादू की स्थिति सांभर क्षेत्र में 16वीं शती में बतायी जाती है। इनके 52 शिष्य चर्चित हैं। जैसे—रज्जब, सुन्दरदास, गरीबदास, जगजीवनदास आदि। इस पन्थ के कई उप सम्प्रदाय भी हैं। दादू पन्थ की पाँच श्रेणियाँ हैं—1. भस्म लपेटे हुए साधु 2. वैरागी 3. निर्मोही 4. निर्वाणी 5. पंचायती। वैरागी अखाड़े के सन्त अभय रामदास ने हनुमानगढ़ी बनवायी थी।

नागा-अखाड़े : अवधूत मुनि कपिल, दत्तात्रेय, ऋषभ देव आदि के सिद्धान्तों पर चलने वाले इन साधुओं को त्याग, बलिदान की पराकाष्ठा माना जाता है। यवन आक्रमणकारियों के मूर्ति भंजन से प्रतिक्रिया प्रेरित होकर नागाओं ने अपनी एक जमात बनायी। मठ मन्दिर की रक्षा हेतु इन्होंने शस्त्र धारण किये। वस्त्र तक त्याग दिये और विधर्मियों से संघर्ष किया। इन्होंने मराठों, राजपूतों और अवध के नवाबों के पक्ष में कई युद्ध किये। इनके तेरह महत्त्वपूर्ण अखाड़े हैं—जूना अखाड़ा, दिगम्बरी अखाड़ा, गोसाई, बैरागी, दादूपन्थी आदि। देश के कुम्भ मेलों में ये पेशवाई अखाड़े सजधज कर शाही स्नान के लिए जाते हैं और अपने हाथी, घोड़े, क्षत्र, चमर, ध्वजा आदि के सहित शाही शोभायात्रा का प्रदर्शन करते हैं। ये धर्मतन्त्र के अधिपति माने जाते हैं। कुम्भ मेले के सर्वोच्च अधिकारी इनका स्वागत करके सम्मानपूर्वक मेला क्षेत्र में टिकाते हैं और इनकी पद प्रतिष्ठा के अनुरूप इनके सभी शाही स्नानों की व्यवस्था करते हैं।

अयोध्या में नागा साधुओं के कई अखाड़े दीर्घ काल से विद्यमान हैं। इनमें प्रमुख हैं—

1. निर्मोही अखाड़ा—मुख्य गोविन्दराम दास (1800) ई.।

2. खाकी अखाड़ा–इसके प्रमुख हैं दयारामदास (1754) ई.।

3. दिगम्बरी अखाड़ा–मुख्य–बलरामदास (1800) ई.।

4. निर्वाणी अखाड़ा–इसके संस्थापक थे अभयरामदास (1739) ई.।

5. महानिर्वाणी–मुख्य–पुरुषोत्तमदास (शुजाउद्दौला का शासन काल)

6. सन्तोषी अखाड़ा–मुख्य–रतीरामदास (सफदरजंग का शासन काल)

7. निरालम्बी अखाड़ा–प्रमुख–वीरमल दास (शुजाउद्दौला का शासन काल)

8. वैरागी गोसाइयों का अखाड़ा–मुख्य–अभयरामदास जी।

नागा साधुओं के अतिरिक्त अयोध्या में भक्तों ने भी अपने कई अखाड़े बना रखे हैं, जिनमें चर्चित है पल्टूदास का अखाड़ा। यह पल्टू साहब की साधना भूमि है, जो मत्त गयन्द के पूर्व में स्थित है।

इन नागाओं की चयन (दीक्षा) तथा आत्म तर्पण पद्धति विशिष्ट है। इनके बीच छह पद होते हैं–1. छोटा 2. बदग्गीदार 3. हुरदंगा 4. मुरेठिया 5. नागा प्रति श्रेणी नागा। इनके प्रशिक्षण की अपनी अलग पद्धति है। नागाओं में कुछ गोसाँई होते हैं। ये शैव सम्प्रदाय से जुड़े होते हैं और शस्त्र धारण करते हैं। अवध क्षेत्र में नागा लोग गाँव-गाँव जाकर 'अलख निरंजन' का नारा देते हैं और बलात वसूली भी करते हैं। प्रायः नग्न रहते हैं। शरीर पर राख रमाये, हाथ में त्रिशूल और कमंडल लिए ये हिन्दू समाज के रक्षक हैं। कुम्भ मेले में इनका पूरा वैभव दिखाई देता है।

प्रयाग में भी कई पंचायती अखाड़े हैं। यथा–

1. **महानिर्वाणी पंचायती अखाड़ा**–कहा जाता है कि भवानीपुरीजी, ऊर्ध्वबाहु, शंकरपुरीजी, मौनी, ओंकार भारती, तपेश्वरी, रूपगिरि जी आदि कपिल मुनि को सिद्धियों का भण्डार जानकर गंगासागर गये थे। उनकी आराधना से मुनिजी प्रसन्न हुए। फिर वे लोग संवत् 805 विक्रमी में प्रयागराज लौटे और वहाँ मार्गशीर्ष (अगहन) शुक्लपक्ष की दशमी तिथि को अखाड़े की स्थापना की। इस अखाड़े का प्रधान कार्यालय प्रयाग के दारागंज मुहल्ले में है। इस अखाड़े के इष्टदेव श्री कपिलमुनि जी हैं। इसका प्रबन्ध पंचायती आधार पर होता है। अखाड़े की प्रधान कार्यकारिणी में आठ महन्त तथा आठ कारोबारी रहते हैं। इनका निर्वाचन हर छठे वर्ष कुम्भ या अर्द्धकुम्भ के अवसर पर होता है। अखाड़े की सम्पूर्ण सम्पत्ति का प्रबन्ध करने के लिए उसके केन्द्र तथा शाखाओं में सचिव तथा थानापति होते हैं। महानिर्वाणी अखाड़े की शाखाएँ उज्जैन, ओंकारेश्वर, नासिक, उदयपुर, काशी, ज्वालादेवी, अकोला आदि में हैं।

2. **निरंजनी पंचायती अखाड़ा**–सर्वप्रथम अत्रिगिरि मौनी, सरजू नाथ गिरि, पुरुषोत्तम गिरि, हरिशंकर गिरि, श्रीपदगिरि पवहारी, बटुक गिरि नागा, जगन्नाथ गिरि, दिगम्बर, रणछोड़ भारती, जगजीवन भारती, जगन्नाथ पुरी, फलाहारी, कैलासपुरी, टुकडुकिया, खेमवन अग्निहोत्री, भीमवन कोतवाल आदि ने माण्डवी (कच्छ) में इस अखाड़े का निर्माण कराया। बाद में दशनामी नागा संन्यासियों ने प्रयाग स्थित मोरी, दारागंज में तपोनिधि श्री निरंजनी पंचायती अखाड़े की स्थापना की।

इस अखाड़े की स्थापना विक्रमी संवत् 960 के कार्तिक शुक्लपक्ष की षष्ठी तिथि सोमवार को हुई थी। इसके इष्टदेव श्री स्वामी कार्तिकेय जी हैं। इस अखाड़े का प्रधान कार्यालय हरिद्वार में और शाखा कार्यालय इलाहाबाद में है। इसका गुरुस्थान काशी है।

निरंजनी अखाड़े का प्रबन्ध पंचायती आधार पर होता है। कार्यकारिणी में आठ महन्त और आठ कारोबारी रहते हैं। इनका चुनाव कुम्भ तथा अर्द्धकुम्भ के अवसर पर प्रयाग में होता है। अखाड़े का प्रबन्ध करने के लिए सचिव तथा थानापति होते हैं। इसकी शाखाएँ काशी, उज्जैन, बड़ौदा,

अहमदाबाद, करनाल, ओंकारेश्वर, कोल्हापुर, नासिक, त्र्यम्बकेश्वर, जहाँगीराबाद, माँडा, जम्मू-कश्मीर, ज्वालामुखी, उदयपुर, सिकड़ानेगी (मिर्जापुर) आदि में हैं।

3. बाघम्बरी गद्दी मठ–इस मठ की स्थापना संवत् 1755 विक्रमी में हुई थी। इसके संस्थापक महन्त बालगिरि थे। यह मठ बाघम्बरी मार्ग पर प्रयाग में स्थित है। यहाँ सन्तों, विद्वानों, छात्रों तथा अतिथियों की सेवा होती है। इसी मठ द्वारा किले के पास स्थित ''लेटे हनुमान जी'' के मन्दिर की सेवा-पूजा की जाती है।

4. नया उदासीन अखाड़ा–इस अखाड़े के इष्टदेव श्री चन्द्र भगवान जी हैं, जो गुरु नानकदेव के सुपुत्र थे। यह अखाड़ा प्रयाग के मुट्ठीगंज मुहल्ले में है, जिसके महन्त श्री सुरेजमुनि हैं।

5. निर्मल पंचायती अखाड़ा–यह अखाड़ा प्रयाग के कीडगंज मुहल्ले में है। सिक्खों के गुरु नानकदेव जी के विचारों से यह अधिक प्रभावित है। अवध क्षेत्र में इन नागाओं के अखाड़े आज भी काफी सक्रिय हैं।

नाथ सम्प्रदाय : इसका अर्थ है रक्षक, स्वामी या शरणदाता। सम्प्रदाय के रूप में यह मत मत्स्येन्द्रनाथ और गोरखनाथ द्वारा शुरू किया गया था। इन्हें 'कनफटा' और योगी भी कहा जाता है। इस सम्प्रदाय में 12 योगी पन्थ हुए हैं। अवध में इन नाथों से सम्बन्धित अनेक कथाएँ प्रचलित हैं। सूफी और सन्त कवियों पर इस मत का बड़ा गहरा प्रभाव पड़ा है। नाथों का मुख्य केन्द्र है गोरखपुर, जो पहले अवध क्षेत्र से सम्बन्धित था। इस सम्प्रदाय ने समाज सुधार का बड़ा कार्य किया है। नाथ कवियों में गोरखनाथ, गोपीचन्द, भरथरी आदि की सबदी तथा पद अवध में लोकप्रिय हैं।

निर्गुण सम्प्रदाय : यह सन्तों का दर्शन है, जो यह मानते हैं कि परमात्मा गुणातीत है। इन्हें 'निरगुनिया' भी कहा जाता है। ये सूफी कवियों से भी काफी प्रभावित रहे हैं। स्वामी रामानन्द ने निर्गुण तत्त्व का गहन विवेचन किया है। उन्हीं की प्रेरणा से कबीर, दादू, पलटू आदि ने इस मत का विकास किया। अवध क्षेत्र में निर्गुण गीतों का भी काफी प्रचलन है।

निरंजनी सम्प्रदाय : इसके प्रवर्तक स्वामी निरंजन उड़ीसा से सम्बन्धित हैं। उनके 12 प्रचारकों में से कुछ का सम्बन्ध अवध क्षेत्र से भी रहा है। विशेष रूप से तुलसीदास निरंजनी का, जिन्होंने घट रामायण की रचना की है। ये यहाँ लोकप्रिय रहे हैं। ये नाथ सम्प्रदाय से भी प्रभावित रहे हैं।

प्राणनाथ सम्प्रदाय : इसे धामी सम्प्रदाय भी कहा जाता है। प्राणनाथ जी ने लगभग 14 ग्रन्थों की रचना की थी। इनका पन्थ भारत में काफी बहु व्याप्त है।

बहावी सम्प्रदाय : इसकी स्थापना वहा उल्हा ने 1892 ई. में ईरान में की थी। इनका मुख्य सिद्धान्त यह है कि ईश्वर पूर्ण अज्ञात है। केवल पैगम्बर द्वारा उस तत्त्व को प्रकट किया जा सकता है। प्रति हजार वर्ष बाद इस पैगम्बर का जन्म होता है। वह पूरे विश्व में एक धर्म चलाता है। यह सम्प्रदाय लगभग चालीस देशों में व्याप्त है। अवध क्षेत्र में भी इसकी इधर कुछ व्याप्ति दिखी है।

बावरी सम्प्रदाय : बावरी साहिबा का प्रभाव पूर्वी उत्तर प्रदेश में पाया जाता है। यारी, पलटू आदि कवि इनके पन्थ से जुड़े रहे हैं।

बौद्धधर्म : इस सम्प्रदाय की स्थापना गौतम बुद्ध ने छठी शताब्दी के उत्तरार्द्ध में की थी। यह धर्म पुनर्जन्म और कर्म के आधार पर निर्धारित किया गया है। बौद्धमत के अनुसार पूर्व जन्मों के कर्मों के अनुसार ही मानव जन्म मिलता है। निर्वाण प्राप्त होने तक मुनष्य नये-नये जन्म लेता रहता है। उसके एक जन्म का कर्म दूसरे जन्मों को व्यवस्थित करता है। बौद्धधर्म के चार आर्य सत्य हैं—

1. संसार दुखमय है। 2. दुखों का कारण है। 3. दुःख का नाश होता है। 4. दुःखों के नाश के उपाय भी होते हैं।

बौद्धधर्म की मान्यता है कि तृष्णा ही दुःखों का मुख्य कारण है। तृष्णा के नाश के लिए अष्टांगमार्ग का उपदेश दिया गया है। ये अष्टांग है सम्यक् दृष्टि, सम्यक् संकल्प, सम्यक् वाक्, सम्यक् कर्म, सम्यक् आजीविका, सम्यक् व्यायाम, सम्यक् स्मृति और सम्यक् समाज। इसी को 'मध्यमार्ग' कहा गया है। इससे निर्वाण की प्राप्ति होती है, जो जीवन का चरम लक्ष्य है। बौद्धधर्म न वेद को मानता है, न कर्मकाण्ड, बलि, दान, स्तोत्रपाठ आदि को। उसे ईश्वर पर भी विश्वास नहीं है। वह वर्ण जाति को नहीं मानता। इसकी मान्यता है कि भिक्षु जीवन धारण कर लेने से पूवर्जन्म से मुक्ति मिल जाती है। इसमें पुरोहित कर्म का निषेध है। इनकी साधना मुख्यतः बौद्ध विहारों में होती है। बौद्धों के अनुसार गौतम ऐसे महापुरुष थे, जिन्होंने सत्य का साक्षात्कार किया था।

बौद्धधर्म का प्रसार सर्वप्रथम गंगा-यमुना के मैदान में हुआ। बाद में सम्राट अशोक ने इसको विश्व धर्म बना दिया। किन्तु कालान्तर में ब्राह्मण बौद्ध संघर्ष के कारण भारत से इसका लोप हो गया। इसका एक कारण था, तन्त्रवाद जिसके बहाने व्यभिचार भर गया। राज्याश्रय के कारण ये साधक विलासी हो गये। आज विश्व की तिहाई जनसंख्या बौद्ध धर्मानुयायी है। विशेष रूप से दक्षिण पूर्व एशिया के चीन, जापान, कोरिया, थाईलैण्ड आदि देश।

महात्मा बुद्ध ने जिस श्रमण संस्कृति का विकास किया, उसके तीन मुख्य सूत्र हैं–

1. स्वावलम्बन 2. समता 3. शमन। श्रमण का अर्थ है, श्रम के सहारे जीवन-यापन।

उन्होंने कहा था, 'अप्पदीपोभव' अर्थात् तुम स्वयं अपने उद्धारक हो। हमें किसी प्रकार का भेदभाव नहीं बरतना चाहिए और मन का दमन न करके शमन करना चाहिए। उन्होंने पंचशील का उपदेश दिया, जिसके अनुसार जीव हत्या, चोरी, व्यभिचार और नशा सेवन वर्जित है।

बौद्धधर्म का अयोध्या से दीर्घकालिक सम्बन्ध दिखायी देता है। फाह्यान के यात्रा वृत्तान्त से यह ज्ञात होता है कि यहाँ बौद्ध धर्म की शिक्षा दी जाती थी। यह भी संकेत मिलता है कि महात्मा गौतमबुद्ध ने बौद्धधर्म का प्रचार करते हुए यहाँ 16 ग्रीष्म बिताए थे। कुछ इतिहासकारों का मत है कि अवध पर बौद्धों का लगभग 500 वर्षों तक राज्य रहा है। यह भी उल्लेखनीय है कि संस्कृत के प्रसिद्ध कवि, नाटककार और बौद्ध मतानुयायी अश्वघोष का जन्म अवध में हुआ था।

महात्मा गौतम बुद्ध बस्ती जिले के पास, सम्प्रति कपिलवस्तु (नेपाल) के क्षत्रिय कुल में जनमे थे। उनके बचपन का नाम था सिद्धार्थ गोत्र था गौतम। शाक्य जाति होने के कारण वे शाक्यमुनि कहलाये। सांसारिक निस्सारता का अनुभव करते हुए उन्होंने पत्नी और पुत्र का परित्याग करके मात्र 29 वर्ष की अवस्था में परिव्राजक भिक्षु का जीवन अपना लिया। फिर घनघोर अध्ययन मनन और कठोर तप किया। बोध गया में उन्हें बुद्धत्व प्राप्त हुआ। सारनाथ से उन्होंने अपना धर्मोपदेश शुरू किया और 45 वर्ष तक उत्तर प्रदेश में निरन्तर पद यात्रा करते हुए भिक्षु संघ को संगठित किया। 80 वर्ष की आयु में उन्होंने निर्वाण प्राप्त किया। उनका धर्म-दर्शन बुद्धवाद पर निर्भर है। उसमें मुख्यतः करुणा का सन्देश दिया गया है।

अवध का बौद्ध मत से घनिष्ठ सम्बन्ध रहा है। महात्मा गौतम बुद्ध ने श्रावस्ती और कौशाम्बी में दीर्घकाल तक प्रवास किया था। उनके अहिंसावाद, करुणावाद और जनसेवा की भावना से अयोध्यावासी बहुत प्रभावित थे। उन्होंने जिस प्रकार पतितों का हृदय परिवर्तन किया था और वैदिक कर्म काण्ड से आतंकित जनसाधारण को जो अभय दान दिया था, उसके कारण कई लोगों ने यहाँ बौद्ध धर्म

को अंगीकार कर लिया था। इसके परिणामस्वरूप यहाँ जगह-जगह बौद्ध विहार बने। अयोध्या में कई मन्दिरों की स्थापना हुई। डलमऊ में स्थित वसुबन्धु का संघाराम, उन्नाव का 'बिहार' कट्बा, सुल्तानपुर का अशोकस्तूप आदि कनिंघम के अनुसार इसी इतिहास के साक्षी हैं।

आधुनिक युग में कई बौद्ध मन्दिरों का पुनर्गठन किया गया है।

लखनऊ में 1907 में एक बुद्ध मन्दिर की स्थापना की गयी। रिसालदार पार्क में 1916 से बौद्ध विहार संचालित हो रहा है। इसमें एक पुस्तकालय तथा शोध केन्द्र है, जिससे बौद्ध धर्मावलम्बी लाभान्वित होते हैं।

अयोध्या में कभी कई बौद्ध विहार थे। इस कथन का आधार है मणि पर्वत और दन्त धावन के कुछ अवशेष। यहाँ बुद्ध जी 16 वर्ष रहे। ऐसी मान्यता है कि इस स्थान पर उन्होंने एक दातून गाड़ दी थी, जिसने पेड़ का रूप धारण कर लिया था। श्रावस्ती में बौद्धों का बहुत दिनों तक प्रभाव रहा। ह्वेन साँग के अनुसार यहाँ लगभग 100 बौद्ध विहार और कई बड़े मठ थे। ऐसी मान्यता है कि 7 वीं शती में अशोक द्वारा निर्मित स्तूप में बुद्ध की अस्थियाँ सुरक्षित हैं।

अवध क्षेत्र में कई बौद्ध विहार, शान्ति उपवन और तथागत की मूर्तियाँ स्थापित हैं। लखनऊ से श्रावस्ती तक यहाँ बौद्ध परिपथ बनाया गया है। इधर नव बौद्ध दर्शन का काफी विस्तार हुआ है। अयोध्या में समय-समय पर कई बौद्ध साधक हुए हैं, जिनमें अश्वघोष का नाम अति प्रसिद्ध है। इन दिनों लोग बौद्ध साधकों से विपश्यना सीखने का प्रयास करते हैं। बुद्ध को यहाँ वैष्णव अवतार माना गया है, इसलिए बुद्ध पूर्णिमा में लोग सोत्साह भाग लेते हैं।

मलूक पन्थ : कड़ा, प्रयाग निवासी मलूक दास 1631 विक्रमी के आस-पास रहे हैं। इन्होंने निर्गुण उपासना और समाज सुधार की दिशा में उल्लेखनीय कार्य किया। इनके उत्तराधिकारी भतीजे राम स्नेही ने उसके पन्थ को और विस्तारित किया।

योगमत : यह भारतीय षट् दर्शन का एक महत्त्वपूर्ण प्रकार है। इसके प्रणेता थे महर्षि पतंजलि (200 ईसा पूर्व)। इस प्रकार योग को समस्त सम्प्रदायों में प्राचीनतम माना जाता है। इसमें सांख्य दर्शन, बौद्ध मत आदि के सूत्र समय-समय पर जुड़ते रहे हैं। योग का अर्थ है चित्तवृत्ति निरोध। इसके चार साधन हैं—1. सदाचार 2. तपश्चरण 3. व्यायाम 4. ध्यान। इसके आठ अंग हैं—1. यम 2. नियम 3. आसन 4. प्राणायाम 5. प्रत्याहार 6. धारणा 7. ध्यान 8. समाधि। इसे राजयोग, अष्टांग योग भी कहते हैं। इससे आत्मज्ञान और कैवल्य प्राप्त होता है। विगत दशकों में कर्म योग, ध्यान योग, भाव योग आदि रूपों में योग विद्या का विकास हुआ है। इधर भारत के इस योग को संयुक्त राष्ट्र संघ ने मान्यता दे दी है, जिससे 21 जून को योग दिवस मनाया जाने लगा है। अवध क्षेत्र में समय-समय पर अनेक महा योगी हुए हैं, जिनमें प्रयाग राज (संगम) में योगाभ्यास करने वाले योगीराज देवरहा बाबा तथा रामदेव जी प्रथमतः स्मरणीय हैं। इन दिनों यहाँ स्थान-स्थान पर योग-प्रशिक्षण केन्द्र चल रहे हैं।

रसिकोपासना : इस उपासना में शृंगार रस को अंगीरस अथवा रसराज कहा गया है। 'रसो वै सः' का अर्थ ही है कि परम प्रभु रस रूप हैं। समस्त उपासनाएँ तभी रससिक्त होती हैं, जब शृंगार रस युक्त प्रभु को रसिकजन अपना उपास्य मान लेते हैं। उपासना का अर्थ है निकट पहुँचना। निकटता दास्य, वात्सत्य और सख्य से भी प्राप्त की जा सकती है, किन्तु पूर्ण अधिकार और नैकट्य तो केवल दाम्पत्य से ही प्राप्त हो सकता है, जिसमें जीवात्मा का कोई अंश परमात्मा से अलग नहीं रहता। निर्गुण पन्थी भी सप्तम सोपान पर पहुँच कर पिया की सेज की कल्पना करते हैं। इसमें रामोपासक भक्त सीता भाव से अपने आराध्य से जुड़ता है। यह उपासक प्रमोदवन में राघवेन्द्र सरकार

से एकाकार हो जाते हैं। यह साधना पद्धति शैवों, शाक्तों और बज्रयानी बौद्धों से प्रभावित होकर भी वैष्णवों की अपनी प्राचीन उपासना पद्धति है। संहिताओं में इनसे सम्बन्धित कई कथाएँ हैं। वाल्मीकि रामायण, भुशुंडि रामायण, हनुमत संहिता, शिव संहिता, लोमस संहिता, बृहद ब्रह्म संहिता और वशिष्ठ संहिता में रसिकोपासना के कई सूत्र द्रष्टव्य हैं। अयोध्या का लक्ष्मण किलाधीश आश्रम इस साधना का प्रमुख केन्द्र है। प्रतापगढ़ का प्रेममन्दिर भी इस क्षेत्र में प्रसिद्ध है।

रामानन्दी सम्प्रदाय : इसका ध्येय रहा है–

हरि का भजै सो हरि का होय
जाति पाँति पूछै न कोय।

फलतः इस सम्प्रदाय में सवर्ण, अवर्ण, हिन्दू, मुसलमान, स्त्री-पुरुष, सभी को स्थान मिला। स्वामी रामानन्द जी ने हर वर्ग से दस शिष्य बनाये। धर्मान्तरित लोगों का शुद्धीकरण किया। राम मन्दिर श्रीराम विग्रह, संस्कृत हिन्दी प्रार्थना और राम नाम के तारक मन्त्र का प्रचार कर के उन्होंने उत्तर भारतीय समाज का अपूर्व हित किया। अयोध्या, काशी आदि तीर्थों में स्थापित इनके केन्द्र देश-देशान्तर में मान्य हैं।

रामसनेही सम्प्रदाय : इसकी स्थिति जयपुर में 1700 विक्रमी के आस-पास निर्धारित की गयी है। इस पन्थ के मुख्य सन्त थे कृपाराम जी। अवध क्षेत्र में इसका काफी प्रचार-प्रसार रहा है।

राधास्वामी सम्प्रदाय : इसके प्रवर्तक शिवदयाल सिंह (हुजूर राधा स्वामी) थे। उनका जन्म 1818 ई. में आगरा में हुआ था। उन्होंने किशोर काल में ही सुरति शब्द योग का अभ्यास करके सत्संग करना शुरू कर दिया, जिसमें हिन्दू, मुसलमान, ईसाई, जैन सब सम्मिलित हुए। क्रमशः पूरे देश में इनकी गद्दियाँ स्थापित हो गयीं। इस सम्प्रदाय का मुख्य केन्द्र दयाल बाग आगरा में है। अवध में स्थान-स्थान पर इनके शाखा आश्रम हैं। यह एक जाति निरपेक्ष सुधारवादी सम्प्रदाय है, जो निर्गुण योग मार्ग का प्रशिक्षण देता है।

रामकृष्ण मिशन : इसकी स्थापना स्वामी विवेकानन्द ने 1 मई 1897 ई. में बेलूड मठ कलकत्ता में की थी। भगवान रामकृष्ण परमहंस माँ काली के परमभक्त थे और लोकोत्तर शक्ति सम्पन्न साधक थे। उन्होंने नरेन्द्र (कालान्तर में विवेकानन्द) को अपनी साधना (शक्तिपात) द्वारा ऐसी क्षमता प्रदान की कि उन्होंने पूरे विश्व में भारतीय वेदान्त दर्शन, हिन्दू धर्म और प्राच्य संस्कृति की यश पताका फहरा दी। देश-विदेश में उनके हजारों अनुयायी हो गये। स्वामी जी ने नये युग के अनुकूल वेदान्त की बड़ी मौलिक व्याख्या की। उसे अभिनव वेदान्त कहा। दरिद्र नारायण को सर्वोच्च स्थान दिया। उनके प्रयास से जगह-जगह विद्यालय, चिकित्सालय, पुस्तकालय आदि संस्थाएँ खोली गयीं। कई पत्रिकाएँ और पुस्तकें प्रकाशित हुईं। अनेक मठों का निर्माण हुआ और सेवा तथा ध्यान योग की प्रक्रिया शुरू हुई। अवध क्षेत्र में इस मिशन द्वारा संचालित कई केन्द्र कार्यरत हैं। इनमें लखनऊ का रामकृष्ण मठ और विवेकानन्द पाली क्लीनिक महत्त्वपूर्ण हैं।

रैदास पन्थ : इस क्षेत्र में कई रैदास मन्दिर हैं। सन्त रैदास से प्रेरित लोगों ने रैदास उपनाम धारण कर लिया है और उन्हें अपना आदर्श (आराध्य) मान लिया है।

लालपन्थ : इस मत का प्रवर्तन 1597 ई. के आस-पास अलवर राज्य में हुआ था। इसके कुछ अनुयायी अवध क्षेत्र में यत्र-तत्र देखे जाते हैं।

वैष्णवमत : इसके आराध्य हैं विष्णु, जो आदित्य वर्ग के एक वैदिक देवता हैं। त्रिमूर्ति में इनका प्रमुख स्थान है। वे सृष्टि के पालक हैं। पुराणों में इनकी पूजा-पद्धति का विस्तृत वर्णन हुआ है।

विष्णु का अर्थ है व्यापक। वे सबके स्वामी हैं और विध्वंसक शक्ति के नाशक हैं। विष्णु सहस्र नाम में उनके 1000 नामों की गुणावली बतायी गयी है। पद्मपुराण में उनकी 24 मूर्तियों का वर्णन है। उनके दशावतार हिन्दू समाज में लोकप्रिय हैं। वे चतुर्भुज हैं, पीताम्बर धारण करते हैं, चक्र, शंख, पद्म और गदा से सुसज्जित हैं। गरुड़ उनके वाहन हैं। विष्णु पुराण में उनका बड़ा माहात्म्य बताया गया है। विष्णु के भक्तों को वैष्णव कहा जाता है। अवध क्षेत्र में उनके अवतारों—राम, कृष्ण और बुद्ध की उपासना बहुप्रचलित है।

इसे भागवत सम्प्रदाय और पाँचरात्र मत भी कहते हैं। इस मत के अनुसार प्रभु का भजन ही सर्वश्रेष्ठ भक्ति है। इसमें नाम स्मरण, कीर्तन, वन्दन, पादसेवन, अर्चन, आत्मनिवेदन, कथा श्रवण और दास्य, सख्य भाव को मिलाकर नवधा भक्ति का विधान किया गया है। इस उपासना पद्धति का इतिहास बहुत पुराना है। शंकराचार्य जी ने इसे व्यवस्थित किया था। फलतः इससे चार सम्प्रदाय विकसित हुए—श्री वैष्णव सम्प्रदाय, माध्व सम्प्रदाय, रुद्र सम्प्रदाय और सनक सम्प्रदाय। इन सबका मूलाधार है वेद वेदान्त। इस मत के प्रामाणिक ग्रन्थ हैं—विष्णु पुराण, ब्रह्म वैवर्त पुराण, हरिवंश पुराण, श्रीमद्भागवत महापुराण, नारद भक्ति सूत्र, शांडिल्य भक्ति सूत्र आदि। इन ग्रन्थों में इस मत की अच्छी व्याख्या की गयी है—श्रीमद्भागवत, गीता, रामायण, रामचरितमानस। स्वामी रामानन्द कृत, 'वैष्णवमताब्ज भास्कर' में इस मत का प्रामाणिक परिचय दिया गया है। इनमें वैष्णवाचार पर विशेष जोर दिया गया है अर्थात् मद्य, मांस, मैथुन, हिंसा-निन्दा, कुटिलता आदि का परित्याग इस मत का वैशिष्ट्य है। भारत के अनेक सम्प्रदाय इससे प्रभावित हैं, जैसे—चैतन्य सम्प्रदाय, रामानन्द सम्प्रदाय, बल्लभ सम्प्रदाय। यह मत शांकर वेदान्त के द्वैताद्वैत, शुद्धाद्वैत, विशिष्टाद्वैत के रूप में निरन्तर विकसित होता रहा है।

इस सम्प्रदाय के उपास्य हैं महाविष्णु। वे त्रिशक्ति में प्रथम हैं। उनके तीन चरण तीन लोकों में व्याप्त हैं। उनका विष्णुलोक या गोलोक ही वैष्णव भक्त का परम गन्तव्य है। विष्णु सबके संरक्षक तथा पालनहार हैं। वे सर्वत्र व्याप्त हैं। विध्वंसक शक्ति का दमन करने के लिए वे माया-शक्ति के सहारे भाँति-भाँति के अवतार धारण करते हैं। विष्णु सहस्र नाम में अंकित एक हजार नामों में उनकी महिमा अन्तर्निहित है। जैसे, हरि शब्द का अर्थ है—सबके पाप और दुख को दूर करने वाला। नारायण का अर्थ है—जल और नर लोक में शेषशायी या अनन्तशायी रूप में निवास करने वाला। भारत में विष्णु की चौबीस प्रकार की मूर्तियाँ पायी जाती हैं। पद्मपुराण में इनका विवरण दस रूपों में दिया गया है। इनमें केशव हैं, मायापति माधव हैं, पृथ्वीपति गोविन्द हैं, सर्वव्यापक विष्णु हैं, भक्त वत्सल जनार्दन हैं, अन्तर्यामी वासुदेव हैं और सबको आकृष्ट करने वाले कृष्ण हैं। आचार्य रामानुज, मध्वाचार्य, आचार्य निम्बार्क आदि ने इस दर्शन का विशद दिग्दर्शन कराया है।

अवध क्षेत्र में श्री विष्णु के दशावतारों में कई रूपों की पूजा होती है। यहाँ प्रतिहारों के शासित प्रदेश में वाराह-वाराही की काफी उपासना प्रचलित रही है। इस क्षेत्र को शूकर क्षेत्र (सूकर खेत) कहा गया है। गोंडा सूकर खेत में वाराह-वाराही देवी का मन्दिर इस कथन का प्रमाण है। पुरा कथा के अनुसार चूँकि नृसिंह अवतार हरदोई जनपद से जुड़ा हुआ है, इसलिए यहाँ नृसिंह भगवान के भी कई देव विग्रह पाये जाते हैं। रामकृष्ण, बुद्ध के अवतार यहाँ सर्वाधिक लोकप्रिय हैं। कुछ ग्रन्थों में विष्णु के अवतारों की संख्या 24 बतायी गयी है। यह अवतारवाद ही सगुण भक्ति का मूलाधार है। इसमें प्रभु की 16 कलाओं और उनकी माया शक्ति का विधान किया गया है। अवध में विष्णु के मन्दिरों में चतुर्भुजी विष्णु की प्रतिमाएँ हैं, साथ ही श्रीराम, श्रीकृष्ण और महात्मा बुद्ध की भी।

शक्ति सम्प्रदाय : प्रत्येक सम्प्रदाय के उपास्य देव के साथ कोई न कोई शक्ति संलग्न है। जैसे–विष्णु की लक्ष्मी, शिव की पार्वती, सूर्य की सावित्री, गणेश की ऋद्धि, सिद्धि, अम्बिका। इसी प्रकार सीता-राम, राधा-कृष्ण युग्म इस कथन के समर्थक हैं कि आर्य मूलतः शाक्त थे। अवध में शक्ति के सभी पाँच महापीठों और इक्यावन मठों की प्रतिष्ठा है। यहाँ प्रचलित शाक्त मत में कुछ दक्षिणपन्थी हैं, कुछ वामाचारी हैं। कहीं-कहीं इस सिद्धान्त को शक्ति विशिष्टाद्वैत कहा जाता है। यही शाक्तों का वेदान्त मत है। इनका अपना शक्ति तन्त्र बहुत महत्त्वपूर्ण माना गया है।

अयोध्या में शक्ति पूजा का बहुत प्रचलन है। नवरात्र के अवसर पर यहाँ नौ दुर्गाओं की पूजा होती है। लोक जीवन में यहाँ कई देवियों की आराधना की जाती है, विशेष रूप से चैत्र कृष्ण अष्टमी (शीतलाष्टमी) के अवसर पर। इस दिन आठ दिये देवी मन्दिर में जलाये जाते हैं और गोदुग्ध तथा उशीर मिश्रित जल छिड़का जाता है। शीतला देवी का वाहन गधा है। उनको नग्नावस्था में एक हाथ में झाड़ू एवं कलश और दूसरे में सूप लिए हुए चित्रित किया जाता है। देवी के अनेक लोकगीत, पद, भजन, देवी जागरण के अवसर पर व्रत अनुष्ठान सहित गाए जाते हैं।

ऐसी मान्यता है कि कार्तिक शुक्ल नवमी (जिसे अक्षय नवमी कहते हैं) देवी की विशेष उपासना करनी चाहिए। अवध क्षेत्र में अनेक ग्राम देवियाँ अर्थात् 'महारानियाँ' पूजी जाती हैं। ऐसी आस्था है कि नीम के वृक्ष में पार्वती, उमा, गौरी, कालिका, शीतला आदि का वास रहता है। नवरात्र में स्त्रियाँ गाय के गोबर से चबूतरा लीपती हैं अथवा अपने केशों से देवी का मन्दिर बुहारती हैं और भाँति-भाँति के भोग लगाकर, विशेषतः आटे की छोटी-छोटी 'कोचइया' और गुड़धनियाँ बनाकर पूजा-अर्चना करती हैं। लोग प्रातःकाल कन्याओं को भोज देते हैं। स्त्रियाँ देवी गीत गाती हुई रात्रि जागरण करती हैं। कहीं-कहीं देवी मन्दिरों में बलि भी दी जाती है।

अवध क्षेत्र में शक्ति के अनेक पीठ हैं। लखनऊ के कठवारा ग्राम में चन्द्रिका देवी का बड़ा प्राचीन मन्दिर है। वहाँ मौनी अमावस्या पर बहुत बड़ा मेला लगता है। इसी प्रकार नैमिष में ललिता देवी का मन्दिर, अमेठी में अहोरवा देवी का मन्दिर, उन्नाव में बक्सर की देवी का मन्दिर और फ़ैज़ाबाद में पीताम्बरा पीठ (दतिया का शाखा मन्दिर) अतिप्रसिद्ध है।

शिवनारायणी सम्प्रदाय : इनकी स्थिति 1967 विक्रमी मानी जाती है। इनके गुरु थे दुःख हरनदास। इन्होंने लगभग 1 दर्जन ग्रन्थों की रचना की थी और चार मठों की स्थापना भी। इनका आदि स्थान है जिला गोण्डा का एक गाँव। सम्प्रति यह सम्प्रदाय गुजरात, महाराष्ट्र आदि राज्यों के साथ-साथ भारत के महानगरों में अपने भव्य मन्दिरों (अक्षरधाम) के कारण बहु विख्यात है।

शैवमत : शिव के भक्तों ने अनेक सम्प्रदाय चलाए हैं, जैसे–दक्षिणी शैवागम, कश्मीरी प्रत्यभिज्ञा दर्शन, लिंगायत, वीरशैव, कापालिक, पाशुपत, रुद्र आदि। अवध में इनका सौम्य रूप प्रचलित है। शिव, शंकर, शंभु का अर्थ है कल्याणकारी। वे नटराज हैं, त्र्यंबक (तीन नेत्रों वाले) हैं, नीलकंठ हैं, शशिधर, गंगाधर, नागेश्वर हैं। कामारि-त्रिपुरारि हैं। अर्धनारीश्वर हैं, महादेव हैं, त्रिदेव हैं। वे वैदिक पौराणिक देवता हैं, साथ ही लोक देवता हैं। यहाँ स्थान-स्थान पर उनके शिवालय या चौरे बने हैं, जहाँ लोग शिवलिंग की पूजा करते हैं। शिवरात्रि उनके प्राकट्य, शिवलिंग की प्रतिष्ठा, शिव के विषपान तथा शिव विवाह की तिथि रूप में मान्य है। शैव, वैष्णव, शाक्त सभी इस दिन शिवलिंग अथवा उनके पार्थिव की पूजा दुग्ध, गंगा जल, बेलपत्र, मदार, बौर, धतूरा, भाँग, फल, गन्ने की गडरी, अक्षत, रक्तचन्दन, दीप धूप आदि द्वारा करते हैं। शिवरात्रि का अर्थ है विश्रामदायिनी वेला, जिसमें निर्विकार शिव के साथ सारा संसार शयन करता है।

अवध संस्कृति की यह विशेषता है कि गोस्वामी तुलसीदास के प्रयास से यहाँ वैष्णव शैवमत एकाकार हो गये हैं और शिव जी मात्र श्मशान के देव न होकर घर आँगन की भी शोभा बन गये हैं।

सखी सम्प्रदाय : इसमें सीता जी या राधा जी को अपनी सखी मान करके राम तथा कृष्ण की उपासना की जाती है। ये भक्त स्त्रियों की वेशभूषा धारण करते हैं अर्थात् रंग-बिरंगी साड़ियाँ पहनते हैं। सौभाग्य सूचक गहने धारण करते हैं। पाँव में महावर लगाते हैं और स्त्री वाचक नाम रख लेते हैं। अयोध्या में इन भक्तों के कई आश्रम हैं। आज यह एक प्रेममार्गी भक्तों का उपसम्प्रदाय बन गया है।

सनातन सम्प्रदाय : यह एक विशिष्ट हिन्दू मत है, जो स्वयं को सनातन अर्थात् शाश्वत या चिरन्तन मानता है। इसके अनुयायी, एक ऐसे ब्रह्म में विश्वास करते हैं जो सारे लोक में विद्यमान है। इनमें कुछ ईश्वर को निराकार मानते हैं और पुनर्जन्म में तथा मोक्ष में भी वे आस्था रखते हैं। यह धर्म भारत के साथ-साथ मलय, जावा, सुमात्रा, चम्पा, कम्बोडिया आदि देशों तक व्याप्त रहा है। हिन्दू धर्म में शैव, शाक्त, वैष्णव जैसी कई शाखाएँ हैं। ये सब वेदों को प्रमाण मानते हैं। उपनिषद हिन्दू दर्शन के आधार ग्रन्थ हैं और भगवद्गीता उसका सार है। रामायण तथा महाभारत इनके पूज्य ग्रन्थ हैं। हिन्दुओं का संघर्ष समय-समय पर इस्लाम, ईसाईमत, बौद्ध, जैन आदि धर्मों से होता रहा है, फिर भी अपनी उदारता और विविधता के कारण यह धर्म निरन्तर विकासशील दिखाई देता है।

सतनामी सम्प्रदाय : यह निर्गुणवादी सम्प्रदाय रहा है। इसका उदय 1600 ई. के आस-पास बताया जाता है। इसके प्रवर्तक का निश्चय नहीं हो पाया है। इसमें ईश्वर के सत्य नाम अर्थात् वात्सल्य रूप की नामोपासना की जाती है। इसका पहला उल्लेख 1672 ई. में मिलता है, जब ये सतनामी सन्त औरंगज़ेब के शासनकाल में सत्ता से विद्रोह करते हैं। सन्त जगजीवन दास ने (जो कोटवा बाराबंकी के निवासी थे) लगभग 1750 ई. में इस सम्प्रदाय का पुनर्गठन किया था। छत्तीसगढ़ के सन्त माजीदास ने 1820 से 1830 ई. के बीच इस सम्प्रदाय का पुनरुत्थान किया। इसमें अधिकतर अवर्ण साधक सम्मिलित थे। इस सम्प्रदाय में अवतारवाद और मूर्ति पूजा का निषेध है। बाद में इसके कई भेद हो गये। कुछ लोग मूर्ति पूजा भी करने लगे। पहले इस सम्प्रदाय में शाकाहार पर बड़ा बल दिया जाता था। बाद में कुछ शिथिलता आ गयी। स्त्रियों का आचार बिगड़ गया। आज भी इस सम्प्रदाय का प्रचलन छत्तीसगढ़ क्षेत्र में अधिक है। इसकी एक शाखा नारनोल में भी है। कुछ लोग दूलनदास को यहाँ की शिष्य परम्परा से जोड़ते हैं। अयोध्या में जगजीवन दास का एक अखाड़ा है, जिसे सतनामी कहते हैं। इस क्षेत्र में उनकी बड़ी मान्यता है।

अवध क्षेत्र में सतनामी सन्त दल बल के साथ गाँव-गाँव में अपना डेरा डालते हैं और पद भजन गाते हैं। पहले इन्हें सम्मानपूर्वक पालकी में बिठाकर लाया जाता था। अब वे अपने वाहनों से आते हैं। इधर इस सम्प्रदाय में कुछ विकृतियाँ भी भर गयी हैं। कहीं-कहीं मूर्ति पूजा भी शुरू हो गयी है फिर भी अनुसूचित वर्ग में इनका काफी प्रभाव देखा जाता है।

सिक्ख सम्प्रदाय : इस मत के प्रवर्तक थे गुरुनानक देव। पंजाब उनका कर्म क्षेत्र था। उन्होंने अनेक हिन्दुओं को इस मत का संदेश दिया। वे सभी धर्मों में सन्निहित आधारभूत तथ्यों पर विश्वास करते थे तथा जाति-पाँति का कोई भेद नहीं मानते थे। 1538 में सन्त गुरुनानक की मृत्यु के बाद इस सम्प्रदाय में क्रमशः नौ गुरु हुए–

1. अंगद (1538 से 1552 ई. तक) जिन्होंने गुरुमुखी लिपि चलायी थी।
2. अमरदास (1552 से 1574)
3. रामदास (1574 से 1581)

4. अर्जुनदेव (1581 से 1606)
5. हरगोविन्द (1606 से 1645)
6. हरराय (1645 से 1661)
7. हरिकिशन (1661 से 1664)
8. तेगबहादुर (1664 से 1675)
9. गुरुगोविन्द सिंह (1675 से 1708 से)

गुरु रामदास ने अमृतसर में एक जलाशय की नीव डाली, जिस पर आगे चल कर स्वर्ण मन्दिर का निर्माण हुआ। गुरु अर्जुन देव ने आदि ग्रन्थ का संकलन किया और खालसा पन्थ को मजबूत किया। उनके पुत्र हर गोविन्द जी ने सिक्खों की सेना संगठित की। गुरु तेगबहादुर ने आत्मबलिदान करके सिक्ख सम्प्रदाय का गौरव बढ़ाया। गुरु गोविन्द सिंह ने खालसा पन्थ को संगठित करके मुस्लिम अत्याचारों का सामना किया। उन्होंने केश, कच्छ, कृपाण, कड़ा और कंघा, ये पाँच ककार (प्रतीक) बनाये। उन्होंने कई मुगल हाकिमों से युद्ध किये। अपने दो पुत्रों का बलिदान किया। 1718 में वे शहीद हो गये। उनके पश्चात् बन्दाबैरागी ने इसका नेतृत्व सँभाला। गुरुगोविन्द सिंह की रचनाओं को गुरु ग्रन्थ साहब के रूप में संकलित किया गया। सिक्ख सम्प्रदाय ने अनेक युद्ध किये। पानीपत की तीसरी लड़ाई में उन्होंने पंजाब में मुगल शासन समाप्त कर दिया। कालान्तर में रणजीत सिंह ने शासन भार सँभाला। उन्होंने सतलुज से पेशावर और कश्मीर से मुल्तान तक अपने राज्य का विस्तार किया और अमृतसर के मन्दिर को सोने से मढ़ा दिया। उन्होंने कई जत्थेदार बनाये।

सम्प्रति सिक्खों के दो भेद हैं (1) सहजधारी (2) सिंह

सहजधारी कोई बाना नहीं धारण करते। इनकी छह शाखाएँ हैं—

नानक पन्थी, उदासी, हदाली, मीन, रामरण और सेवा पन्थी।

सिंहों के तीन पन्थ हैं—1. गुरु गोविन्द सिंह द्वारा चलाया गया खालसा पन्थ (1699)

2. वीर सिंह द्वारा चलाया गया निर्मल पन्थ

3. मान सिंह द्वारा चलाया गया अकाली पन्थ

अकाली मूलतः अकाल पुरुष (सतश्रीअकाल) की आराधना करते हैं। यही उनका अभिवादन स्वर है। ये सब सैनिक साधु होते हैं। इस पन्थ की स्थापना 1690 में हुई थी। इनका धर्म ग्रन्थ है, पंज ग्रन्थी जिसमें जप जी रास, सोहिला, सुखमनी तथा आसादीबार का संग्रह है। अकाली की पोशाक है लोहे का कड़ा, नीली पगड़ी, लौह चक्र, कटार, छुरी, लोहे की जंजीर और धारीदार नीले वस्त्र, इन्हें निहंग भी कहा जाता है। राजा रणजीत सिंह के युद्धों में अकालियों की बड़ी भूमिका रही है। अमृतसर का अकाल तख्त इनका केन्द्र है। अकाली मांस मदिरा का सेवन नहीं करते और ब्रह्मचर्य का पालन करते हैं।

गुरु गोविन्द सिंह ने 1708 में सिक्ख सम्प्रदाय के अन्तिम गुरु के रूप में गुरुग्रन्थ साहब को गद्दी पर प्रतिष्ठित किया था। तबसे यह गुरु मूर्ति के रूप में पूजा जाता है। इसी ग्रन्थ से अखण्ड पाठ की रीति प्रचलित हुई है। इसमें सिक्खों के गुरुओं की वाणी (पद) के साथ-साथ कबीर, नामदेव, रैदास, तुलसी, मीरा आदि 30 सन्तों की चुनी हुई भक्ति परक रचनाएँ भी संकलित हैं। इसका लेखन गुरुमुखी लिपि में किया गया है। गुरु ग्रन्थ के निकट केसरियारंग की ध्वजा सुखासन, सबद कीर्तन और लंगर की व्यवस्था रहती है। कार सेवा का यहाँ बड़ा महत्त्व है। यहाँ प्रायः प्रकाशोत्सव होते रहते हैं। इसकी व्यवस्था शिरोमणि गुरुद्वारा कमेटी सँभालती है।

सिक्ख गुरुओं का अयोध्या से घनिष्ठ सम्बन्ध रहा है। प्राप्त प्रमाणों के अनुसार 1557 विक्रमी में गुरुनानक देव ने यहाँ ब्रह्म कुण्ड में निवास करते हुए कई दिनों तक उपदेश किया था। अयोध्या में आज भी कई गुरुद्वारे प्रतिष्ठित हैं। ऐसी जनश्रुति है कि जगन्नाथ पुरी जाते हुए सन् 1500 ई. में गुरुनानक जी अयोध्या आये थे। इनकी स्मृति में यहाँ एक गुरुद्वारा स्थापित है। एक अन्य गुरुद्वारा ब्रह्म कुण्ड में स्थित है। यहाँ गुरु ग्रन्थ साहब की पूजा होती है। लखनऊ में अनेक गुरुद्वारे हैं। सबसे पुराना है गुरु तेग बहादुर का अहियागंज का गुरुद्वारा। यहाँ सभी दस गुरुओं के प्रकाश दिवस मनाये जाते हैं। ऐसी आस्था है कि यहाँ गुरु तेग बहादुर कभी रहे थे। इसके अतिरिक्त नाका हिंडोला का गुरुद्वारा, आलमबाग का गुरुद्वारा, लाल कुआँ का रामगढ़िया गुरुद्वारा, चन्द्रनगर गुरुद्वारा, सिंगारनगर गुरुद्वारा, मानसरोवर गुरुद्वारा आदि विशेष महत्त्वपूर्ण हैं। विभाजन के बाद चूँकि लखनऊ में सिक्ख समुदाय के बहुत लोग आये, इसलिए सिख मतावलम्बी यहाँ बहुतायत में हैं। कानपुर, इलाहाबाद आदि नगरों में भी एक से एक शानदार गुरुद्वारे दिखाई देते हैं।

इस सम्प्रदाय का एक महत्त्वपूर्ण रूप है—निहंग। यह सिख सम्प्रदाय का सैनिक संगठन है। इसके संस्थापक थे गुरु गोविन्द सिंह (1690)। इनका इतिहास शौर्य और साहस पूर्ण घटनाओं से भरा हुआ है। हिन्दुत्व की रक्षा में इनका बहुत बड़ा योगदान रहा है।

सूफी सम्प्रदाय : इस्लाम के रहस्यवादी रूप को तसव्वुफ या सूफी कहा जाता है। ये साधक संसार से विरक्त और परमात्मा में अनुरक्त अर्थात् उसके प्रेम में मस्त, प्रायः आत्म विस्मृत से रहते हैं। उन्हें न लोक का कोई प्रलोभन होता है, न स्वर्ग की इच्छा रहती है। इनकी साधना का मूलाधार है मानुष प्रेम। सूफी का अर्थ है सफेद ऊन का टोपा पहने हुए संन्यासी। सूफी एक लम्बा चोंगा धारण करता है और प्रायः अपने को प्रेमी और ईश्वर को प्रेमालम्बन मानकर चलता है। ईरानी, अरबी, फारसी, हिन्दी आदि भाषाओं में इन्होंने कई कथा काव्य लिखे हैं, जिनमें कुछ निश्चित कथानक रूढ़ियाँ हैं और आध्यात्मिक रूपक हैं। इन काव्यों में आत्मा, परमात्मा और जगत के सम्बन्ध में गूढ़ चिन्तन किया गया है। ये एकेश्वरवाद पर विश्वास करते हैं। इनके मुख्य दो वर्ग हैं—वुजूदिया और शुहूदिया। इनके अनुसार परमात्मा नूर है और परम सत्ता है। मनुष्य के भीतर वह ईश्वरीय अंश आ सकता है। इस साधना में कई मंजिलें और कई अवस्थाएँ आती हैं, जैसे—पहली, नासूत अर्थात् विधि-निषेध का पालन करना। दूसरी, मलकूत अर्थात् भौतिकता को तुच्छ समझना। तीसरी, मारीफत अर्थात् शक्ति सम्पन्न हो जाना। चौथी, जबरूत अर्थात् सभी बाधाओं से मुक्त हो जाना। पाँचवीं, हकीकत अर्थात् परम सत्य की प्राप्ति। इस स्तर पर पहुँचकर ही लाहूत (विशुद्ध ज्ञान) प्राप्त होता है।

सूफी सम्प्रदाय का आरम्भ 7वीं-8वीं शताब्दी में अरब देशों में हुआ था। फिर इनके कई उपसम्प्रदाय विकसित हुए। इनके चार पीर माने गये हैं—(1) मुर्तजा अली (2) ख्वाजा हसन (3) हबीब आजमी (4) अब्दुल वाहिद। अधिकतर सूफी अपने मत को हजरत मुहम्मद से जुड़ा हुआ मानते हैं। भारत में इनके मुख्य चार सम्प्रदाय हैं—(1) चिश्तिया (2) कादिरिया (3) सुहरावर्दिया (4) नक्शबन्दिया। इनमें चिश्ती सम्प्रदाय सबसे महत्त्वपूर्ण है। इनका केन्द्र है अजमेर का चिश्ती दरगाह। इसमें संगीत का बड़ा महत्त्व है। गाते-गाते ये साधक हाल (मूर्च्छा) की स्थिति में पहुँच जाते हैं। कादरी सम्प्रदाय के लोग हरी पगड़ी पहनते हैं। सुहरावर्दी साधक रोज़ा नमाज़ को महत्त्व देते हैं और अपने को कपड़ों से ढके रहते हैं।

सूफी सन्तों ने खुदा को सुन्दरी स्त्री के रूप में चित्रित किया है। बन्दा उसे पाने के लिए कठोर साधना करता है। रास्ते में शैतान और माया-मोह के कई व्यवधान उसे पार करने पड़ते हैं। कई

परीक्षाएँ देने के बाद उसे परम तत्त्व की प्राप्ति होती है। सूफी साहित्य अधिकतर विरह वियोग पूर्ण है। इन्होंने भारत की जनपदीय बोलियों में विद्यमान प्रेम कथाएँ लीं। उनमें वेदान्त और इस्लाम का पुट डाला। उन्हें इतिहास तथा लोक संस्कृति से जोड़ दिया। इस प्रकार इन्होंने हिन्दुत्व और इस्लाम का समन्वय किया। कुछ विद्वानों का मत है कि मुसलमानों के आक्रमण से आहत हिन्दू जनता के दिलो दिमाग पर मुहब्बत का मरहम लगाकर इन्होंने साम्प्रदायिक सौहार्द का आदर्श प्रस्तुत किया है। कुछ लोगों का विचार है कि यह इस्लाम के छद्म प्रचारक का कूटनीतिक उपक्रम था।

अवध क्षेत्र में तथा अवधी भाषा में सूफी कवियों के द्वारा कई महाकाव्य रचे गये हैं, जिनमें मुल्ला दाऊद का 'चन्दायन', जायसी का 'पद्‌मावत', कान्हावत, शेख निसार का यूसुफ जुलेखा आदि महत्त्वपूर्ण हैं। इस सूफी काव्य परम्परा की शुरुआत यहाँ 1380 ई. से मानी जाती है। अवध में बाराबंकी का देवा शरीफ कस्बा सूफी मत का प्रमुख केन्द्र है। वहाँ प्रतिवर्ष वारिस साहब की मजार पर कई दिनों तक उर्श चलता है। बहराइच में गाजीमियाँ की मजार पर भी हजारों हिन्दू-मुसलमान चादरें चढ़ाकर मन्नतें माँनते हैं। स्पष्ट है कि मानुष प्रेम के प्रचारक सूफी साधकों का अवध से बड़ा गहरा नाता है।

मुल्लादाऊद ने अपने महाकाव्य 'चन्दायन' द्वारा अवध की तेरहवीं शताब्दी का इतिहास लिखा है। उनके अनुसार तब इस क्षेत्र में हिन्दू और मुसलमान दोनों का सहअस्तित्व था। कवि के शब्दों में—'हिन्दू तुरुक दुहू सम राखी'।

उस युग में यहाँ अवतारवाद, बहुदेवतावाद, परलोकवाद, पुनर्जन्मवाद तथा प्रारम्भिक सिद्धान्त काफी प्रचलित थे। यहाँ वर्णाश्रम व्यवस्था लागू थी। लोग पुरोहितों को पर्याप्त दान-दक्षिणा देते थे। वे यज्ञ कराते थे। वेद पुराण का वाचन करते थे। तैंतीस कोटि देवता, नाग, गन्धर्व, यक्ष, कामदेव, हनुमान, राम, कृष्ण आदि जन-जन के पूज्य थे। मूर्ति पूजा का बड़ा प्रचलन था। इनके अतिरिक्त सिद्ध, नाथ, योगी और मसवासी भी सक्रिय थे।

जायसी के पद्‌मावत में भी अनेक सम्प्रदायों का उल्लेख हुआ है। जैसे—मसवासी, ब्रह्मचारी, दिगंबर, सेवरा (श्वेताम्बर), खेवरा (क्षपणक), जैन, महेसर (शैव), लिंगायत (जंगम), सारस्वत, वानप्रस्थी (संन्यासी), अवधूत (नाथपन्थी योगी) आदि। जायसी ने वैष्णवों की नवधा भक्ति, मधुरा भक्ति, दोनों का उल्लेख किया है। उन्होंने यहाँ प्रचलित पोथी पुराणों में रामायण का विशेष उल्लेख किया है। तिलक, छापा और जनेऊ की चर्चा की है। बलि प्रथा, तीर्थाटन, गंगा स्नान आदि की ओर संकेत किया है तथा कई लोक देवताओं, अपदेवताओं जैसे—अगिया बैताल, दानव, जिन्न, भूत-प्रेत आदि की साधना का भी नाम लिया है।

अवध में अनेक सूफी सन्त साधक हुए हैं, जिनमें काफी चर्चित हैं—(बाराबंकी) के उपली शाह, रामनगर के बाबा मामूशाह, बाराबंकी के ही सूफी साहब, दरियाबाद के कासिमशाह, बहराइच के हामिद साहब और बिसवां, जौनपुर आदि के सूफी संत, जहाँ बड़े-बड़े मेले लगते हैं।

हिन्दुत्व : यह भारत का एक अत्यन्त प्राचीन समष्टिवादी धर्म दर्शन है। इसका नामकरण मुस्लिम आक्रमणों के समय हुआ था। कुछ ग्रन्थों में इसकी अलग-अलग व्युत्पत्तियाँ बतायी गयी हैं। मेरुतन्त्र में कहा गया है—हीनम् दूषयति सः हिन्दू अर्थात् जो हीन भावना और नीचता को त्याग देता है।

वस्तुतः फारस अथवा ईरान से जो आक्रमणकारी सिन्ध क्षेत्र में आये, उन्होंने वहाँ के निवासियों को सिन्धी कहा, जो उच्चारण दोष से 'हिन्दी' हो गया। उसी तरह जैसे सप्ताह से हफ्ता बन गया। फिर इसी से हिन्दू, हिन्दवी, हिन्द, हिन्दुस्तान आदि शब्द बने, जो भारत के अर्थ में प्रचलित हो गये।

एक मत यह है कि फारस से पूर्व दिशा में स्थित यह देश हिन्द नाम से प्रसिद्ध हुआ। यूरोप में इसे इण्डस कहा गया, जिससे इण्डिया शब्द बना। फारसी में हिन्दू शब्द का घृणासूचक अर्थ भी है। कुल मिलाकर बहुमत यह है कि हिन्दू शब्द अपनी भौगोलिक स्थिति के अनुसार प्रचलित हुआ है।

विगत दस, बारह शताब्दियों में यहाँ कई विदेशी जातियाँ आयीं, पर वे सब हिन्दुत्व में ढल गयीं, जैसे—शक, हूण, कुषाण आदि। फिर यहाँ बौद्धों, जैनियों का आन्दोलन चला। कुछ वर्षों बाद वे भी हिन्दू धर्म में खप गये। यहाँ का मूल धर्म था वैदिक धर्म। वह पुराणों के प्रभाव वश काफी कुछ सनातन धर्म के साथ जुड़ गया। आठवीं शती में इस्लाम का प्रवेश हुआ। दोनों ने एक दूसरे को प्रभावित किया। इस्लाम के धर्मान्तरण के प्रतिरोध हेतु सिक्ख समाज सक्रिय हुआ। ईसाइयों के विरोध में ब्रह्म समाज, आर्य समाज आदि सम्प्रदाय उठ खड़े हुए। हिन्दुत्व में इन सभी सम्प्रदायों के कुछ न कुछ अवशेष पाये जाते हैं, इसलिए हिन्दुत्व को अब एक विकसनशील, उदार पन्थी, विवेक सम्पन्न, समन्वयवादी धर्म माना जाता है। प्राचीन प्राप्त प्रमाणों के अनुसार यह भी सिद्ध किया जा चुका है कि मुसलमान और ईसाई दोनों धर्मों के प्रवर्तकों की पितृ भूमि भारत ही थी।

हिन्दुत्व के कुछ अनिवार्य गुण धर्म बताये जाते हैं। यथा—1. आगम निगम पर विश्वास 2. आस्तिकता 3. पुनर्जन्म 4. परलोक 5. पुण्य-पाप 6. सदाचार एवं सद्धर्म अर्थात् सत्य अहिंसा जैसे 10 नियमों का पालन 7. मोक्ष की अवधारणा 8. वर्णाश्रम व्यवस्था 9. यज्ञ विधान 10. लोक संग्रह का भाव इत्यादि। अपने मूलरूप में यह हिन्दुत्व कृषि संस्कृति तथा ग्रामीण व्यवस्था से सम्बन्धित रहा है। यह सहिष्णुता और समन्वय धर्मिता के लिए प्रसिद्ध है। इसमें सबको वैचारिक स्वतन्त्रता प्राप्त है, इसलिए मत-मतान्तर पूर्ण उच्च स्तरीय दर्शन तथा अध्यात्म विद्या का उत्तरोत्तर विकास हुआ है।

इस प्रकार स्पष्ट है कि यहाँ के सम्प्रदायों में बड़ी सक्रियता है।

श्रीराम तत्त्व

हमारे वांग्मय में तीन राम हैं—परशुराम, दाशरथि राम और बलराम। परशुराम सतयुग से द्वापर तक विद्यमान रहे हैं। त्रेता में उन्होंने दाशरथि राम को अपना धनुष (प्रभार) सौंपा था। बलराम द्वापर के हैं। मध्य में हैं त्रेता के राम।

रामकथा को भारत के सांस्कृतिक इतिहास में आखेट युग और कृषि युग के बीच रखा गया है। राम ने ताडकबन से दण्डक बन तक को सभ्य बनाया था। अहल्या (पथरीली जमीन) को शाप मुक्त करके उर्वर बना दिया था। यही नहीं, सीता (हल की जुताई), सीरध्वज (फसल का चिह्न जिनकी ध्वजा में हो), जनक आदि भी कृषि संस्कृति के प्रतीक हैं। यानी अवध से मिथिला तक सब राम मय।

श्री राम के चरित्र में आज जो विवादास्पद बिन्दु दिख रहे हैं, उसका कारण है बदले हुए युग मूल्य। जब स्त्री सर्वाधिक बहुमूल्य सम्पदा थी, तब लोक मर्यादा हेतु भारतीय नारी की पवित्रता एवं आर्यरक्त की शुचिता के नाम पर राम द्वारा किये गये सीता के परित्याग की कथा परिकल्पित की गयी थी, शायद यह सिद्ध करने के लिए कि न्याय के नाम पर राम ने अपनी प्राणवल्लभा तक का त्याग कर दिया था। यही नहीं, वचन रक्षा के लिए उन्होंने लक्ष्मण तक को दण्डित किया था और फिर स्वयं जल समाधि ले ली थी। यही है मर्यादा की पराकाष्ठा! किन्तु इधर स्त्री और दलित विमर्श के कारण सीता और शंबूक के प्रकरण अनावश्यक रूप से उछाल दिये गये तथा इनके साथ कई विवादी प्रसंग जोड़ दिये गये। कुछ तथ्य छूट भी गये। अब उन पर पुनः सुसंयत दृष्टि से विचार

करने की आवश्यकता है। तभी श्रीरामतत्त्व का सम्यक् बोध प्राप्त हो सकेगा और तभी उनके पुण्य चरित्र का सही अनुगमन किया जा सकेगा।

हिन्दी साहित्य में सगुण-निर्गुण पन्थी, प्रबन्धकार-मुक्तककार, सभी धाराओं से जुड़े हुए भक्त एवं रसिक कवियों ने 'राम' को भरसक आत्मसात किया है। हिन्दी साहित्य का अधिकांश 'रामायण' से अनुस्यूत है। इन प्रकरणों पर शताधिक नाटक, उपन्यास तथा चरित ग्रन्थ लिखे गये हैं। सागर प्रोडक्शन के टी.वी. धारावाहिक से और मुकेश आदि के द्वारा गाये गये मानस कैसेट्स से उसे असाधारण लोकप्रियता प्राप्त हुई है। कथाकृतियों में नरेन्द्र कोहली ने सर्वाधिक लोकमान्यता प्राप्त की है।

तात्पर्य यह है कि गत एक हजार वर्षों का हिन्दी साहित्य और परम पुरातन-सनातन लोक वांग्मय राममय है। गुप्त जी ने ठीक ही लिखा था—

"राम तुम्हारा वृत्त स्वयं ही काव्य है,
कोई कवि बन जाये, सहज सम्भाव्य है।"

धर्म निरपेक्षता का पाखण्ड सँजोए हुए हमारे प्रशासन ने यदि राम तत्त्व को नजरअन्दाज न किया होता तो भारतीयता का इतना क्षरण न हुआ होता। सम्प्रति यह पुनर्विचारणीय है कि शील शक्ति, सौन्दर्य के संवर्धन-संरक्षण हेतु रामत्व को किस प्रकार आत्मसात किया जाये।

बहरहाल, हिन्दी रचनाकारों ने रामत्व की उपादेयता को अंगीकार करते हुए निरन्तर साहित्य सृजन किया है। राम ने राजपाट त्यागा, वनवासी जीवन अपनाया और वनचरों को संगठित करके आततायी रावण को मारकर सोने की लंका विभीषण को लौटा दी। यह आज के उपभोक्तावादी समाज के लिए एक विरल दृष्टान्त है।

रामकथा मानव के सत्साहस एवं सत्संकल्प शक्ति की कथा है। आर्य संस्कृति की रक्षा के लिए, विशेषतः एक आर्य ललना की मान-रक्षा के लिए और आतंकविहीन समाज की स्थापना के लिए एक निस्साधन एकाकी व्यक्ति अपनी शुद्ध नीयत और लगन के द्वारा युक्तिपूर्वक, वन्यजातियों को संगठित करके कैसे प्रबल प्रतापी राक्षसों का संहार करता है, कैसे दलितों में आत्मविश्वास जाग्रत करता है और कैसे शाश्वत मानवीय लोक मर्यादा की स्थापना करता है—यह है एक चिरन्तन सत्य, राम के विश्ववंद्य चरित्र का।

आतंकवाद से ग्रस्त आज की विश्वव्याप्त विभीषिका के मध्य मानव का मुक्ति द्वार है रामकथा। चारित्रिक शुचिता का अनन्य आदर्श है राम का चरित्र और भारतीय सांस्कृतिक उत्कर्ष का अपूर्व-अनुपम उदाहरण है मर्यादा पुरुषोत्तम श्रीराम का व्यक्तित्व!

श्रीराम के व्यक्तित्व की एक प्रतीकात्मक व्याख्या भी की जा सकती है। यह अकारण तथा आकस्मिक नहीं है कि रामकथा का देशकाल उत्तर से दक्षिण की ओर व्याप्त है और कृष्णकथा का पूर्व से पश्चिम की ओर। दोनों लोकप्रिय अवतार हैं। दोनों पुरुषोत्तम हैं। एक मर्यादा पुरुषोत्तम हैं, दूसरे लीला पुरुषोत्तम। दोनों चन्द्र हैं—एक में आठ कलाएँ, दूसरे में 16 कलाएँ। एक लोकरक्षक, दूसरा लोकरंजक। एक धनुर्धर, दूसरा बंशीधर। दोनों परस्पर पूरक। दोनों के योग से एक सम्पूर्ण पुरुष की परिकल्पना चरितार्थ हो जाती है। इसीलिए विभिन्न विभूतियों, 24 अवतारों, 10 विशिष्ट अवतारों और शताधिक भगवानों में से हमारे दार्शनिकों और साहित्यकारों ने इन दो लीलानायकों को अपना आलम्बन बनाया।

राम को चरितनायक बनाते हुए प्रयास यह किया गया कि हर देशकाल में उच्चतम आदर्शों

का समुच्चय तथा सन्निवेश उनके चरित्र में कर दिया जाये। फलतः देशकाल के विकास के अनुरूप उनकी चारित्रिक विशेषताओं की वृद्धि होती रही। पूरे एशिया में राम के लगभग 350 रूप विकसित हुए। अस्तु, रामकथा का मूल प्रामाणिक रूप आज बहुत दुर्लभ है। तुलसी के युग तक पहुँचते-पहुँचते दाशरथि राम के महामानवत्व का पूर्ण ईश्वरीकरण हो गया। गोस्वामी जी ने उन्हें विष्णु का लीलावतार भी कहा और 'हरिहर शंभु नचावन हारे' अर्थात् परब्रह्म भी कहा। उन्होंने तर्क-वितर्क में न पड़कर इस परमतत्त्व के प्रति पूर्ण प्रपत्ति प्रकट करने का निर्देश दिया।

वस्तुतः राम तत्त्व अनादि-अनंत है। त्रेता में अवतार लेने के पूर्व भी श्रीराम थे और त्रेता के बाद भी। वे कभी प्रकट हुए परशुराम बनकर, कभी बलराम बनकर। अवध में राम-रावण-युद्ध कथा का अधिक प्रचलन है। बासंती नवरात्र के बाद रामनवमी और शारदीय नवरात्र के बाद विजयादशमी के अवसर पर सम्पूर्ण भारत रामलीला के माध्यम से राम की जय-जयकार से प्रतिध्वनित हो उठता है।

रामकथा की इस लोक मान्यता का मूल कारण है—राम के चरित्र की उदात्तता तथा उसकी युगयुगीन प्रासंगिकता। रामकथा राष्ट्रीय भावैक्य की कथा है। वह उत्तर और दक्षिण को मिलाने वाली एवं आर्य संस्कृति तथा द्रविड़ संस्कृति में समन्वय स्थापित करने वाली कथा है। श्रीराम से सम्बन्धित घटनाएँ—अवध, मिथिला, चित्रकूट, नासिक, रामटेक, दण्डकवन, किष्किन्धा, लंका अर्थात् बिहार, मध्यप्रदेश, महाराष्ट्र से लेकर आन्ध्र प्रदेश, कर्नाटक, छत्तीसगढ़, झारखण्ड तथा तमिलनाडु के विभिन्न स्थानों और पात्रों से जुड़ी हुई हैं। रामवनागमन का भूगोल इसका प्रमाण है। आसेतु आर्यावर्त की पूरी परिक्रमा का प्रथम श्रेय श्रीराम को दिया जा सकता है। श्रीराम का सम्बन्ध कोल, किरात, भिल्ल, शबर, गुह, निषाद, ऋक्ष, वानर आदि अनेक वर्गों और आदिवासी जनजातियों से रहा है। श्रीराम ने कई अमानुष जातियों का संस्कार किया। बनवास के बीच राम ने केवट, गुह, (निषादराज) आदि के प्रति अगाध आत्मीयता प्रकट की। उन्होंने भाव विभोर होकर शबरी के बेर खाए, पक्षिराज जटायु के प्रति करुणा व्यक्त की, हनुमान को जीवन पर्यन्त अंतरंग बनाये रखा, अंगद एवं भल्लपति जांबवान को स्नेह-संरक्षण दिया, वानरराज सुग्रीव को सखा बनाया, शरणागत राक्षसराज विभीषण को शरणागति देकर उसे लंकाधिपति बना दिया और सबको अपनाकर आर्य संस्कृति के मानवीय मूल्यों से मण्डित कर दिया।

रामकथा का सर्वोपरि सन्देश है—साम्प्रदायिक सौहार्द। इस कथा में वैष्णवमत के साथ-साथ शैव-शाक्त मत का सन्निवेश है। यह प्रायः सभी मतों—वेद, वेदान्त, पुराण, योग अर्थात् निगमागम का समाहार है।

पारिवारिक विघटन के इस दौर में रामकथा जन-जन को आदर्श पुत्र, आदर्श माता-पिता, आदर्श पति-पत्नी और आदर्श भाई बनने का प्रबोध देती है।

आदर्श राज्य की परिकल्पना रामराज्य के रूप में ही प्रतिफलित हो सकती है। यह एक ऐसी परिपूर्ण व्यवस्था है, जिसके द्वारा सर्व जन हिताय, सामाजिक न्याय, पूर्ण मानवाधिकार और दैहिक, दैविक, भौतिक सभी प्रकार के पाप-ताप-शाप के निवारण का सत्संकल्प मुखरित हुआ है। इसीलिए गांधी जी ने रामराज्य को प्रजातन्त्र के रूप में अपनाया था और इसीलिए डॉ. लोहिया ने 'रामायण मेला' को जन जागरण का हेतु बनाया था।

श्रीराम का चरित्र शाश्वत सुख-शान्ति का प्रेरक तथा पूरक है। वह सर्वस्व त्याग एवं लोक संग्रह का चरित्र है। अस्तु वे पूर्ण मर्यादा पुरुषोत्तम हैं। अवध संस्कृति के लिए तो यह राम तत्त्व प्रकाश स्तम्भ जैसा है।

लक्ष्मण : श्री राघवेन्द्र सरकार के लघुभ्राता लक्ष्मणकुमार जी वस्तुतः अयोध्यापुरी के प्रशासक थे। वाल्मीकि रामायण में अयोध्याधिपति श्रीराम के साथ इनके पारस्परिक अलौकिक प्रेम का सविस्तार दिग्दर्शन कराया गया है। सुमित्रानन्दन लक्ष्मण जी श्री राम के दक्षिण बाहु एवं बाहरी प्राण हैं, इसीलिए श्रीराम लक्ष्मण के बिना न भोजन करते हैं, न शयन करते हैं। महर्षि वाल्मीकि ने लक्ष्मणकुमार का स्मरण साक्षात् शेष के अवतार तथा अनन्य सेवक के रूप में किया है।

तुलसीदास जी ने भी लक्ष्मण को एक ओर शेषावतार तथा दूसरी ओर शेष का भी 'कारण' कहा है। इनकी वन्दना करते हुए गोस्वामी जी ने इन्हें सहस्रफण वाले शेषनाग का तथा जगत् का कारण एवं 'रघुपति कीरति बिमल पताका' का सुदृढ़ दण्ड घोषित किया है। जनकपुर में धनुष यज्ञ के समय महाराज जनक ने अपनी प्रतिज्ञा भंग होते देख अत्यन्त दुखी होकर जब पृथ्वी को 'वीर विहीन' कह दिया तो लक्ष्मण रुष्ट हो गये। उन्होंने ब्रह्माण्ड को गेंद के समान उठा लेने, कच्चे घड़े के समान फोड़ डालने और मूली की तरह मरोड़ डालने का संकल्प घोषित किया, किन्तु प्रभु के संकेत पर वे शान्त हो गये। जब श्रीराम धनुष तोड़ने चले, तब लक्ष्मण ने पृथ्वी को पाँव तले दबाकर दसों दिग्गजों तथा कच्छप, शेष, वाराह आदि को स्थिर रहने का आदेश दिया। इससे स्पष्ट है कि लक्ष्मण जी शेष को भी आज्ञा देने वाले अर्थात् शेष के कारण हैं। परशुरामजी ने जब श्रीराम को ललकारा तो लक्ष्मण ने उन्हें हतप्रभ कर दिया। श्रीराम के वनगमन के समय श्री लक्ष्मणकुमार अपने परिजनों तथा राज्य के सुखों का परित्याग कर प्रभु के साथ वन चले गये। उन्होंने चौदह वर्षों तक प्रहरी के रूप में शयन किये बिना, नित्य निरन्तर श्री सीताराम की हर तरह से सेवा की।

लक्ष्मण जी ने लंका-युद्ध में इन्द्रजीत मेघनाद का वध कर सुयश प्राप्त किया। लोक-परलोक के समस्त वैभव को तृण के समान त्याग कर श्री सीताराम की सेवा करने वाला, उच्च उदात्त आदर्श प्रस्तुत करने वाला दूसरा कोई पात्र रामकथा में नहीं है। उन्होंने कभी भी स्वामी बनने की कल्पना नहीं की। मात्र अनन्य सेवक बने रहने की ही प्रतिज्ञा का निर्वाह किया। इसीलिए श्री सीताराम की प्राप्ति में श्री सुमित्रानन्दन को प्रमुख सहायक स्वीकार किया गया है और इसीलिए सीताराम के प्राचीन मन्दिरों में प्रायः लक्ष्मण जी की प्रतिमा प्रतिष्ठित है।

एक प्राचीन ग्रन्थ 'रुद्रयामल' के सत्रहवें अध्याय में शंकर जी पार्वती से कहते हैं कि पापमोचन तीर्थ (वर्तमान गोलाघाट) के पूर्व भाग में सरयू के जल से सौ धनुष की दूरी पर उत्तम तीर्थ सहस्रधारा है। इसके समीप ही लक्ष्मण जी का निवास था। वाल्मीकि रामायण में भी इसका संकेत है। इसे वर्तमान समय में श्रीलक्ष्मण किला, श्रीलक्ष्मणघाट तथा सहस्रधारा तीर्थ के नाम से जाना जाता है। सहस्रधारा तीर्थ की उत्पत्ति का वर्णन करते हुए शिवजी कहते हैं—

"श्रीराम जब राक्षसों का वध कर अयोध्यापुरी में राजसिंहासन पर अभिषिक्त होकर राज्य का संचालन कर रहे थे, उसी समय ब्रह्मा जी का संदेश लेकर स्वयं कालदेवता प्रभु के पास पधारे। श्रीराम काल देवता के साथ एकान्त में बैठकर मन्त्रणा करने लगे। वार्तारम्भ के पूर्व प्रभु ने काल के आग्रह पर यह प्रतिज्ञा कर ली थी कि हमारी इस गुप्त मन्त्रणा के मध्य में जो भी आयेगा, उसका परित्याग कर दिया जायेगा। उन्होंने श्री लक्ष्मण को द्वार-रक्षक बना दिया। उसी बीच दुर्वासा जी वहाँ आ पहुँचे। वे भूख से व्याकुल थे, अतः उन्होंने लक्ष्मण से कहा कि मैं अत्यन्त आवश्यक कार्यवश श्रीराम से मिलने आया हूँ। आप शीघ्र मेरे आगमन की सूचना प्रभु को दें।" लक्ष्मण ने प्रणाम निवेदन कर उनसे कहा कि "आपका जो कार्य हो, आप मुझसे कहें। मैं आपकी क्या सेवा करूँ? इस समय श्री

रघुनाथ जी आवश्यक कार्य में संलग्न हैं। आप दो घड़ी तक प्रतीक्षा कर लें।" यह सुनकर दुर्वासा जी रुष्ट हो गये और बोले "इसी क्षण श्रीराम को मेरे आगमन की सूचना दो, अन्यथा मैं समस्त राज्य को, इस नगर को तथा तुम सभी भाइयों को शाप दे दूँगा।" शाप द्वारा सबका विनाश न हो, यह निश्चय करके लक्ष्मण अपने ही विनाश का संकल्प लेकर मन्त्रणा करते हुए श्रीराम के समीप पहुँच गये। उन्होंने महर्षि दुर्वासा के आगमन का समाचार दिया। महर्षि वाल्मीकि के अनुसार, श्रीराम ने दुर्वासा जी का स्वागत कर उनके आगमन का प्रयोजन जानना चाहा। दुर्वासा जी बोले "मैंने एक हजार वर्षों तक उपवास किया है। आज व्रत-समाप्ति का दिन है, अतः जो भोजन आपके यहाँ तैयार हो, उसे मैं ग्रहण करना चाहता हूँ।" रघुनन्दन ने प्रसन्न होकर उन्हें भोजन कराया। अमृत तुल्य भोजन ग्रहण कर दुर्वासा मुनि तृप्त हुए और अपने आश्रम को चले गये। दुर्वासा मुनि के चले जाने पर श्रीराम काल के वचनों का और अपनी प्रतिज्ञा का स्मरण करके, भावी भ्रातृवियोग से दुखी हो गये। तब स्वयं लक्ष्मण ने प्रभु को प्रतिज्ञा पालन करने की सलाह दी। ब्रह्मर्षि वशिष्ठजी की आज्ञा से श्रीराम ने लक्ष्मण कुमार का परित्याग कर दिया। श्रीराम के इतना कहते ही कि 'मैंने तुम्हारा परित्याग कर दिया' लक्ष्मण के नेत्रों में आँसू भर आये। वे तुरन्त वहाँ से चल दिये। अपने महल में नहीं गये। सीधे सरयूतट पहुँचे। सरयू के जल का उन्होंने आचमन किया तथा बद्धांजलि होकर सम्पूर्ण इन्द्रियों को वश में करके, योगयुक्त हो, अपनी प्राणवायु को रोक लिया। यह देखकर इन्द्रादि देवता, ऋषिगण तथा अप्सराएँ पुष्प वर्षा करने लगीं–

"रामेण भाषिते वाक्ये बाष्पव्याकुलितेन्द्रियः।
लक्ष्मणस्त्वरितं प्रायात् स्वगृहं न विवेशह।।
स गत्वा सरयू तीरमुपस्पृश्य कृतांजलिः।
निगृह्य सर्वस्त्रोतांसि निःश्वासं न मुमोच हे।।"

यहाँ 'स्वगृह' से स्पष्ट है कि सरयू तट पर ही उनका स्थान था। वही वर्तमान लक्ष्मण किला है, जहाँ से सीधे वे सरयूतीर अर्थात् वर्तमान लक्ष्मणघाट पर पधारे थे। वहीं सरयू धारा में उन्होंने प्रवेश किया था, जो सहस्त्रधारा के नाम से प्रसिद्ध है। रुद्रयामल के अनुसार लक्ष्मण ने इन्द्रियों को एकाग्र कर शान्त कर लिया। तत्पश्चात् हजारों फणों से सुशोभित सर्पराज पृथ्वी में हजार छिद्र करके, शेषनाग रूप में प्रकट हो गये। तभी देवताओं सहित इन्द्रदेव ने लक्ष्मण जी से कहा–आप देवताओं का कार्य कर चुके, अतः अब अपने सनातन वैष्णव स्थान को प्राप्त करें। शेषनाग भी हजार फणों से सुशोभित होकर आ गये हैं। वे यहाँ हजार फणों से युक्त भूमि के हजार स्थानों का भेदन कर प्रत्यक्ष हुए, इसलिए सरयू तट का यह स्थान सहस्त्रधारा महातीर्थ नाम से प्रसिद्ध हुआ। इस पवित्र सहस्त्रधारा में श्रावण शुक्ल नागपंचमी के दिन स्नान करने से मनुष्यों को विष्णुलोक की प्राप्ति होती है। सर्पजाति उस पर प्रसन्न होकर कभी उसे पीड़ा नहीं पहुँचाती।

सीता चरित : रामकथा में सीता जी को बहुत महत्त्व दिया गया है। कुछ लोगों की मान्यता है कि रामायण की रचना वाल्मीकि ने मूलतः 'सीतायन' के रूप में की थी। अवध क्षेत्र में सीता जी पर अनेक ग्रन्थों का प्रणयन किया गया है। प्रायः सबका मत रहा है कि 'सीतायाः चरितं महत्'। वे युग-युग से सतीत्व की आदर्श बनी हुई हैं। यहाँ की उपासना में पहले सीता का नाम आता है, इसीलिए 'सीताराम' या 'सियाराम' कहा जाता है। वे परब्रह्म की माया शक्ति हैं। गोस्वामी जी ने इन्हें उद्भव स्थिति, संहारकारिणी, आद्याशक्ति के रूप में प्रस्तुत किया है। अयोध्या की रसिकोपासना में सीता जी को किशोरी जी के रूप में पूजा जाता है और सीता नवमी मनायी जाती है। इनका जन्म

फाल्गुन की अष्टमी को माना गया है। पद्मपुराण, भविष्यपुराण आदि ग्रन्थों में सीता नवमी व्रत माहात्म्य पर विस्तार से विचार किया गया है।

अयोध्या की रामोपासना में श्रीराम, लक्ष्मण और सीता की किशोरावस्था वाली प्रतिमाएँ एक साथ प्रतिष्ठित की गयी हैं। उनकी पूजा-अर्चना संयुक्त रूप से की जाती है। समवेत रूप में यही श्रीराम तत्त्व है। इसके साथ-साथ यहाँ रामपंचायतन का भी विधान किया गया है, जिसमें चारों भाइयों के साथ हनुमान जी भी प्रतिष्ठित हैं।

साधक वर्ग

अवध के धार्मिक जीवन में विभिन्न सम्प्रदायों से सम्बन्धित अनेक साधक दृष्टिगत होते हैं। इनका परिचय सम्बन्धित सम्प्रदाय के अन्तर्गत भी दिया गया है। शेष वर्गों का संक्षिप्त परिचय यहाँ प्राप्य है। जायसी ने पदमावत में समकालीन साधकों का उल्लेख करते हुए लिखा है–

''कोइ रिसीस्वर कोई सन्यासी। कोई रामजनी समवांसी।
कोई ब्रह्मचार पथ लागे। कोइ दिगंबर बिचरहिं नाँगे।
कोई महेस्वर जंगम जती। कोइ एक परखै देवी सती।
कोइ सुरसती कोई जोगी।
सेवरा खेवरा बानपर सिध साधक अवधूत।
आसन मारे बैठ सब जारि आतमा भूत।''

इस सूची में प्राचीन कालीन कई हिन्दू वैष्णव सनातनी, बौद्ध, जैन, शैव, शाक्त, नाथ, सिद्ध योग तन्त्र आदि सम्प्रदायों के नाम गिनाये गये हैं, जिनसे यह सिद्ध होता है कि ये सम्प्रदाय यहाँ अर्से से चल रहे हैं और यह भी कि अवध कई मत-मतान्तरों का संगम रहा है।

अवधूत : इसका तात्पर्य है शुद्ध परिष्कृत आत्मा। यह विशेषण शैव, वैष्णव मत के तपस्वी संन्यासियों को दिया जाता है। वे प्रायः लँगोटी पहनते हैं, भस्म रमाते हैं, जटाजूट धारण करते हैं और मौन व्रत रखते हैं। रामानन्दी सम्प्रदाय में दसनामी संन्यासियों को कठोर अनुशासन में रहते हुए पवित्र जीवन यापन के उद्देश्य से अवधूत बनाया गया था। इनका इस क्षेत्र में बड़ा माहात्म्य है।

धर्माचार्य : अवध क्षेत्र में विभिन्न सम्प्रदायों के सैकड़ों धर्म गुरु, महन्त, पुरोहित, व्यास, विप्र, यजुर्वेदी, साधु, जपी, पाठक, पौराणिक, ज्योतिषी आदि व्याप्त हैं या रहे हैं। अयोध्या के प्रायः प्रत्येक मन्दिर में कोई न कोई महन्त विराजमान है, जैसे हनुमान गढ़ी में महात्मा ज्ञान दास, धर्मदास आदि। इस मन्दिर का संचालन इन चार पट्टियों द्वारा होता है–1. हरिद्वार पट्टी 2. बसन्तिया पट्टी 3. उज्जैनिया पट्टी 4. सागर पट्टी। मन्दिर की व्यवस्था इन चारों की सहमति से की जाती है। अयोध्या में स्थित लक्ष्मण किला बड़ा प्रसिद्ध धाम है। वहाँ के महन्त मैथिली रमण शरण और सीता राम शरण जी के प्रति भक्तों की बड़ी आस्था है। बड़ा भक्तमाल के महन्त कौशल किशोरदास, तपस्वी छावनी के सर्वेश्वरदास, बड़ी छावनी के रघुनाथ दास, महन्त जगदीशदास, छोटी छावनी (मणिराम छावनी) के नृत्य गोपालदास, रामायण भवन के ब्रजबिहारी दास, रानोपाली मन्दिर के दामोदरदास, पीताम्बरा पीठ के आमिल जी, जन्मभूमि मन्दिर आन्दोलन के पुरोधा परमहंस रामचन्द्रदास, बड़ा स्थान के महन्त देवेन्द्र प्रसाद आचार्य, जानकीघाट के जनमेजयशरण, वशिष्ठ भवन के महन्त रामविलास वेदान्ती, रामानुजाचार्य मठ के जगत् गुरु विद्या भाष्कर पुरुषोत्तमाचार्य वासुदेवाचार्य, त्रिदण्डी, दिगम्बर सम्प्रदाय के नारायणाचार्य, अशर्फी भवन के महन्त माधवाचार्य, दर्शन भवन के

विश्वनाथ दास शास्त्री आदि। अन्य सन्तों में महन्त कौशल किशोर फलाहारी, महन्त सुरेशदास, दामोदरदास आदि महत्त्वपूर्ण हैं। विश्व हिन्दू परिषद् में सक्रिय अशोक सिंहल, सन्त स्वामी हर्याचार्य, जगदेवदास रामायणी, राममिलन जी, रामदास कृपाशंकर, राधेश्याम, अयोध्यादास, भगवानदास, रामलखन दास, बलरामदास, किशोरदास, रामशरणदास, उमाशंकरदास, रामचरणदास, सरयूदास, रामदास, प्रेमशंकर दास, माधवदास, मंगलदास, श्रीधर शास्त्री, रामजस शास्त्री, मन्दाकिनी देवी, सुनीता शास्त्री, डॉ. ओम श्री भारतीय आदि अयोध्या के श्रेष्ठ सन्त, महन्त और प्रसिद्ध व्यास हैं। इनके साधना केन्द्र हैं—सुग्रीव किला, रामघाट, हनुमानकुण्ड, शीशमहल, नयाघाट आदि। अयोध्या के बाहर भी अनेक साधना स्थल और सन्त महन्त हैं।

नागा : द्रष्टव्य सम्प्रदाय।

पण्डे-पुरोहित : ये धर्मतन्त्र के महत्त्वपूर्ण अंग हैं। तीर्थयात्रियों को पण्डा लोग अपना यजमान मानते हैं और उनके तीर्थाटन की व्यवस्था सँभालते हैं। इनके पास जिलेवार बही-खाते होते हैं। इनके क्षेत्र भी बँटे हुए होते हैं। यात्रियों के आने पर इनकी यात्रा व्यवस्था, भोजन, प्रसाद, दर्शन आदि की व्यवस्था और उनके पूजा-पाठ की पूरी व्यवस्था ये सँभालते हैं। इसके लिए दक्षिणा प्राप्त करते हैं। अवध क्षेत्र में चार ऐसे महत्त्वपूर्ण तीर्थ हैं, जहाँ पण्डों का बाहुल्य है 1. प्रयाग 2. अयोध्या 3. नैमिष, 4. बिठूर। प्रयाग के पण्डों को 'प्रयागवाल' कहा जाता है। इनका अपना संगठन है। इनके अपने प्रतीक चिह्न होते हैं और प्रत्येक घाट पर इनका अपना एक निश्चित स्थान होता है। वहाँ अलग-अलग कई निशानों वाले झण्डे लगे होते हैं। किसी में दो लोटे, किसी में तीन हँड़िया, किसी में बक्से का चिह्न, किसी में बोरे का चिह्न, कहीं कुर्सी, कहीं बाल्टी। कुछ झण्डों में राम, लक्ष्मी, हनुमान आदि के चित्र बने रहते हैं। अयोध्या में इस प्रकार के लगभग 20 पण्डे हैं। कुछ के निशान भी नहीं हैं। इलाहाबाद के पण्डों की संख्या अपेक्षाकृत बहुत अधिक है। ये लोग गोदान के लिए गऊ और पूजा के लिए नारियल, दूध, फूल, दिया, बत्ती आदि सामग्री स्वयं लिए रहते हैं। दक्षिणा के लिए इनसे काफी जूझना पड़ता है। इस वर्ग में कई अपराधी तत्त्व भी भर गये हैं। धर्म भीरु जनता ऋतुज पण्डों के 'सुफल' बोले बिना तीर्थ यात्रा को सफल नहीं मानती, अतः ये काफी शोषण भी करते हैं।

पुरोहित का तात्पर्य है, वह व्यक्ति जिसका उद्देश्य ही है, परहित। धर्म तन्त्र में इसकी स्थिति राजा के ऊपर होती थी। आज यह परान्नजीवी वर्ग हो गया है। इन्हें कर्म काण्ड की कामचलाऊ शिक्षा दी जाती है। ये सभी प्रकार के धार्मिक कृत्य अपने निर्देशन में कराते हैं। यहाँ अन्त्येष्टि कर्म कराने वाले पुरोहित भिन्न होते हैं। अवध क्षेत्र में दाह कर्म कराने वाले को महाब्राह्मण कहा जाता है। वे दसवें के दिन शुद्धि कर्म कराते हैं और शय्या दान प्राप्त करते हैं। शेष पुरोहित, कथावाचक, ज्योतिषी तथा कर्मकाण्डी का दायित्व निभाते हैं। यजमान उनके समक्ष शिष्यवत होते हैं। उन्हें अन्न, वस्त्र, दक्षिणा आदि सादर समर्पित करके साष्टांग प्रणाम करने का विधान है। अब यह पौरोहित्य कर्म यहाँ सम्माननीय नहीं रहा। कुछ वर्गों ने तो अपने अलग ब्राह्मणेतर पुरोहित बना लिए हैं। वे प्रायः पुरोहित वर्ग की निन्दा करते रहते हैं। अब अधिकतर अर्द्धशिक्षित लोग शास्त्र ज्ञान के बजाय लोकाचार के बहाने पुरोहिती का धन्धा करते हुए देखे जाते हैं। इधर पौरोहित्य प्रशिक्षण के कुछ पाठ्यक्रम शुरू किये गये हैं, ताकि शास्त्रज्ञ पुरोहित हमें मिल सकें, उन्हें उचित मानदेय मिले और यह कार्य फिर से सम्माननीय बन जाये।

अवध में एक और वर्ग है, जिसे गंगापुत्र कहते हैं। गंगाघाट पर जाने वाले इनके यजमान गाँव-गाँव में फैले हुए होते हैं। कार्तिक पूर्णिमा पर ये उनके स्नान की व्यवस्था करते हैं। वर्ष में दो

बार खलिहान में जाकर अपनी दक्षिणा लेते हैं। बदरीनाथ, केदारनाथ के पण्डे शीत ऋतु में यहाँ आते हैं और गाँवों में दो-तीन माह तक रुक कर शीशी पुजवाते रहते हैं। शीशी में भरा गंगोत्री का गंगा जल वे यजमान के नाम से रामेश्वरम् पर चढ़ाते हैं।

परमहंस : जीवन के अन्तिम आश्रम (संन्यास आश्रम) में संन्यासियों की चार कोटियाँ निर्धारित की गयी हैं—1. कुटिचक 2. बहुदक 3. हंस 4. परमंहस। जो वैराग्य और ज्ञान के उच्चतम स्तर पर पहुँच जाता है, जिसका सद्सद विवेक जाग्रत हो जाता है और जिसमें आत्म का पूर्ण विकास हो जाता है, वह परमहंस कहलाता है। अयोध्या के रामचन्द्रदास जी को यह पद प्राप्त था।

पादरी : ईसाई सम्प्रदाय से सम्बन्धित धर्म गुरुओं को पादरी कहा जाता है। स्त्री साधकों को नन कहा जाता है। ईसाई मिशनरी इस क्षेत्र में रोमन कैथोलिक चर्च द्वारा शुरू किये गये अभियान में 18वीं शती में आये थे। 19 वीं शती में प्रोटेस्टेंट चर्च के द्वारा उनका प्रचार कार्य योजनाबद्ध रूप से हुआ। तब से आज तक उनका अभियान जारी है। अवध में कई चर्च हैं, जिनका संचालन इनके एसोसिएशन करते हैं। इन्होंने शिक्षा तथा चिकित्सा क्षेत्र में कई लोकोपकारी काम किये हैं। इन्हें विदेशों से भी काफी सहायता मिलती है। विस्तृत विवरण हेतु देखिए ईसाई सम्प्रदाय।

पीर-औलिया : ये फकीरों की श्रेणी में आते हैं। हिन्दू मुसलमान इन्हें चमत्कारी तथा सिद्ध साधु मानते हैं। कबीर ने पीर की परिभाषा देते हुए कहा था—'कबिरा सोई पीर है जो जाने पर पीर'। इनका वैचारिक साम्य मूलतः सूफी मत से है। ये अपने को फाके मस्त शाहंशाह कहते हैं। प्रसिद्ध कहावत है—'चाह मिटी तृष्णा मिटी मनुवा बेपरवाह। जिनको कछू न चाहिए ते साहन के साह।।'

ये साधक रमता जोगी बहता पानी की तरह निरन्तर विचरण करते रहते हैं। अवध के गाँवों में पहले ''बाल बच्चों की खैर माँगे अमुक फकीर'' की अलख जगाते हुए ये फकीर झाड़-फूँक करते रहते थे। प्रायः दुआ देते थे और चमत्कार दिखाते रहते थे। दाढ़ी-मूँछ रखाए बड़ा लबादा, एक झोली और काला कमण्डल लिए हुए फकीरी ठाठ-बाट सहित ये साधक भिक्षाटन द्वारा जीवन यापन करते रहते थे। कभी-कभी झोंपड़ी बना लेते थे, किन्तु जब उससे माया मोह उत्पन्न होने लगता था तो अपने हाथों ही उसे फूँक देते थे। प्रसिद्ध कहावत है—'आयी मौज फकीर की दिया झोपड़ा फूँक'।

इसी भाव से अपने जीवन के उत्तरार्द्ध में कबीर ने कहा था—'जो घर फूँकै आपना चलै हमारे साथ'। अवध के ये सूफी सन्त, दरबेश, पीर, फकीर, औलिया आदि लोक धर्म तथा साम्प्रदायिक सद्भाव के संवाहक रहे हैं। आज भी इनके मजारों पर सभी वर्गों के भक्त दर्शनार्थ एकत्र होते हैं। अयोध्या में इनकी परम्परा आदम के समय से बतायी जाती है।

बौद्ध भिक्षु : भारत में यह धर्म छठी शताब्दी से चल रहा है। इसके प्रवर्तक गौतम बुद्ध श्रावस्ती, कौशाम्बी और अयोध्या से जुड़े हुए थे। इसीलिए यहाँ यह धर्म वैदिक मत एवं वैष्णव धर्म की प्रतिस्पर्धा में विकसित हुआ। इस सम्प्रदाय में ऐसी मान्यता है कि जो व्यक्ति भिक्षु बन जाता है, उसे निर्वाण प्राप्त हो जाता है। अवध क्षेत्र में कई विहारों और संघों से जुड़े हुए अनेक श्रावकों और बौद्ध भिक्षुओं का विवरण मिलता है। बौद्ध महासभा से जुड़े हुए कई वर्ग यहाँ सक्रिय हैं, जिनमें स्थविर, थेर महत्त्वपूर्ण माने जाते हैं। *(विस्तृत विवरण हेतु देखिए बौद्ध सम्प्रदाय।)*

मुल्ला-मौलवी-मोमिन, सूफी : मुसलमान धर्म के प्रतिनिधि रूप में इनका महत्त्वपूर्ण स्थान है। इनके धर्म गुरु शिया और सुन्नी मतानुसार अलग-अलग होते हैं और विभिन्न अवसरों पर वे फतवा देते हैं अथवा विवादास्पद मुद्दों पर निर्णय करते रहते हैं। अवध क्षेत्र में उनकी पर्याप्त संख्या है। विस्तृत विवरण हेतु देखिए, इस्लाम धर्म।

श्रावक : अयोध्या से जैन धर्म के प्रवर्तक स्वामी महावीर का सम्बन्ध छठी शती से सिद्ध किया गया है। इस सम्प्रदाय से जुड़े साधकों को श्रमण कहा जाता है। इन्द्रियों को जीत लेने वाला जिन कहलाता है और ग्रन्थियों से मुक्त साधक निगंठ (निर्ग्रन्थ) माना जाता है। श्रमण का अर्थ है, भिक्षा के बजाय श्रम पूर्वक जीवन-यापन करने वाला साधक। इनमें कुछ श्वेताम्बर होते हैं और कुछ दिगम्बर। ये 24 तीर्थंकरों की पूजा करते हैं और विभिन्न अधिकारियों के माध्यम से जैन धर्म का संचालन करते रहते हैं।

ऋषि-मुनि : दिव्य दृष्टि वाले प्रत्यक्ष-परोक्ष दर्शी वेदज्ञ को ऋषि कहा जाता है। इनके सात प्रकार हैं–1. महर्षि (जैसे–वेद व्यास) 2. देवर्षि (जैसे–नारद) 3. ब्रह्मर्षि (जैसे–वशिष्ठ) 4. राजर्षि (जैसे विश्वामित्र) 5. परमर्षि 6. सुतर्षि 7. कान्डर्षि। हिन्दू धर्म में सप्तर्षियों का अलग-अलग सूचीकरण किया गया है। ये सभी मन्त्र द्रष्टा स्रष्टा थे। इनमें गौतम, भरद्वाज, विश्वामित्र, जमदग्नि, वशिष्ठ, कश्यप, अत्रि, अगस्त्य, अंगिरा, कण्व आदि के नाम अलग-अलग सूचियों में रखे गये हैं। इनको त्रिकालज्ञ माना गया है। कलियुग में ऋषियों का अभाव कहा गया है।

मुनि का तात्पर्य है लम्बे केशों, अलौकिक शक्ति सम्पन्न सन्त संन्यासी, जो अपने अध्ययन, यज्ञ, तप, व्रत द्वारा सिद्धि प्राप्त करता है, जो प्रायः भाषण नहीं करता अर्थात् मौन साधना करता रहता है। कहीं-कहीं गृहस्थ साधक को ऋषि और विरक्त को मुनि की संज्ञा दी गयी है। यों, यह उपाधि प्रायः मिलीजुली दिखाई देती है। जैसे वशिष्ठ ऋषि भी थे और मुनि भी।

संन्यासी : चार आश्रमों में प्रथम तीन (ब्रह्मचर्य, गार्हस्थ्य, वानप्रस्थ) के बाद संन्यास आश्रम का पालन करने वाला संन्यासी होता है। इसके लिए आवश्यक है–दण्ड, कमण्डल, लालवस्त्र, भिक्षा, निरन्तर पर्यटन, मौनव्रत और पूर्ण अनासक्ति। प्राचीन ग्रन्थों में संन्यासी का विस्तृत वर्णन प्राप्त होता है। अवध क्षेत्र में इनकी लम्बी परम्परा रही है। किन्तु आज संन्यासी वर्ग भी माया मोह में लिप्त दिखाई देता है। जैन बौद्ध संन्यासियों को अवध क्षेत्र में 'क्षपणक' नाम दिया गया है।

साम्प्रदायिक सौहार्द : अवध क्षेत्र में इसके कई प्रमाण प्राप्य हैं, जैसे–अलीगंज लखनऊ का हनुमान मन्दिर, जिसका मुख्य मण्डप लाला जाटमल ने 1483 में बनवाया था। इसके शिखर पर बना अर्द्धचन्द्र इस्लाम का सूचक है। कहते हैं, औलाद की मुराद पूरी होने पर बेगम ने इसे बनवाया था। लखनऊ शहर में कई मन्दिर हैं, जिनके निर्माता मुसलमान थे अैर कई मस्जिदें हैं, जिन्हें हिन्दुओं ने बनवाया था। पँड़ाइन की मस्जिद इसका प्रमाण है। यहाँ होली, ईद आदि त्योहार मिल-जुलकर मनाये जाते हैं। अवध की गंगा-जमुनी संस्कृति का यही वैशिष्ट्य है। महाराजा झाऊलाल का इमामबाड़ा इसका पुष्ट प्रमाण है।

वस्तुतः अवध शुरू से ही धर्म निरपेक्ष रहा है। लखनऊ में आज तक हिन्दू-मुस्लिम दंगा नहीं हुआ है। शिया परिवारों से हिन्दुओं का बड़ा तालमेल रहता है। अन्य सम्प्रदायों में भी यहाँ सौमनस्य रहा है। यहाँ कालीमठ और बौद्धमठ दोनों स्थापित हुए। गुरु तेग बहादुर जी यहाँ यहियागंज के गुरुद्वारे में काफी दिनों रहे हैं। जैन सम्प्रदाय के श्वेताम्बर दिगम्बर दोनों प्रकार के मन्दिर यहाँ विद्यमान हैं। कहा जाता है कि नवाब गाजीउद्दीन ने अपनी हिन्दू जनता को गंगाजल सुलभ कराने के लिए उन्नाव से लखनऊ तक की हैदर कैनाल की योजना बनायी थी। इसके भी साक्ष्य मिले हैं कि शाहमीना की मजार में जन्माष्टमी मनायी जाती थी। मोहर्रम में यहाँ आज भी सब लोग सहभागिता करते हैं। इस प्रकार स्पष्ट है कि धर्म, अध्यात्म, दर्शन की दृष्टि से यह क्षेत्र महिमामंडित रहा है।

समापन

हमारी सांस्कृतिक विरासत

संस्कृति का तात्पर्य है—जीवन सर्वस्व। यह सृष्टि विधाता की एक कृति (रचना) है। सृष्टि के श्रेष्ठ दर्शनीय और उपादेय स्वरूप को प्रकृति कहा जाता है। भारतीय दर्शन के अनुसार प्रकृति और पुरुष ही मूल सृष्टि कर्ता हैं। यह प्रकृति गुण-अवगुण अर्थात् सम-विषम सभी प्रवृत्तियों और मानवेतर पशु-पक्षी, जीव-जन्तु, वनस्पति यानी कोटि-कोटि प्राणियों से परिपूर्ण है। मनुष्य इस प्रकृति का सर्वोच्च-सर्वश्रेष्ठ जीव है। उसने अपनी विकास यात्रा के लाखों वर्षों के इस लम्बे दौर में देश-देशान्तर में एक ऐसी जीवन चर्या स्थापित कर ली है, जिसे मानव संस्कृति एवं मानव सभ्यता का नाम दिया गया है। संस्कृति का तात्पर्य है संस्कार की गयी, संशोधित, परिष्कृत अर्थात् उदात्तीकृत जीवन पद्वति। वस्तुतः प्रकृति के दो रूप दिखते हैं। स्वतः प्रेरित प्रकृति अधोगामिनी होती है। हर वस्तु ढलान होने पर स्वभावतः नीचे लुढ़कती चली जाती है। उसे ऊपर उठाने के लिए प्रयास करना पड़ता है। मनुष्य के अतिरिक्त पशु-पक्षी तथा जीव-जन्तु चित्तवृत्ति के इस उच्चीकरण से अवगत और अभ्यस्त नहीं हो पाये। वे प्राकृत जीवन जीने के आदी हैं, इसलिए पाशववृत्ति अधोगामिनी हो गयी। वह उदर और शिश्न तक सीमित है। प्रकृति ने इसे चौपाया बनाया है, जिससे पशु का मस्तिष्क, उदर और शिश्न एक ही लेबल पर आ गये हैं। मनुष्य की शरीर रचना दुपाया होने के कारण भिन्न हो गयी। उसके कलेवर में सबसे नीचे है शिश्न, फिर उदर। इन दोनों को नियन्त्रित करता हुआ सबसे ऊपर है उसका मस्तिष्क। इसी कारण मनुष्य अन्यान्य जीवों की अपेक्षा कहीं ज्यादा ही ज्ञानी-विज्ञानी बन गया है। आत्मचिन्तन करती हुई मानव जाति ने जैविक स्तर से ऊपर उठने, आध्यात्मिक स्तर पर पहुँचने और जीव मात्र की स्वाभाविक विकृति को संस्कृति के रूप में स्थापित करने का प्रयत्न किया। इसे कहीं धर्म कहा गया, कहीं आचार संहिता और कहीं कानून। किन्तु इसको सर्वत्र ही मानवतावादी प्रत्यय माना गया। मानव सभ्यता के इतिहास की लम्बी अवधि में, विभिन्न भौगोलिक परिस्थितियों में इन आचार संहिताओं में समय-समय पर परिवर्तन होता रहा है, जिसे हम देशकाल में विभाजित कर लेते हैं, जैसे—भारतीय संस्कृति, यूरोपीय संस्कृति, मध्ययुगीन संस्कृति, आधुनिक संस्कृति इत्यादि। वस्तुस्थिति यह है कि भारतीय संस्कृति का स्वरूप शाश्वत और सनातन है। देश काल गत जो परिवर्तन हमें परिलक्षित होते हैं, उनसे संस्कृति का मात्र बहिरंग प्रभावित होता है। भारतीय संस्कृति का अंतरंग है मानवता, जिसके मूलभूत उपकरण हैं सत्य, दया, करुणा, अहिंसा, सेवा, ममता, क्षमा आदि। इन्हें धर्म का लक्षण माना गया है और कहीं मानवीय मनोवृत्ति। मानव जीवन के ये स्थायी भाव प्रत्येक वर्ण, जाति, वर्ग और क्षेत्र में विद्यमान हैं। ये अनंत काल तक अक्षुण्ण रहेंगे भी। वर्तमान विमानवीकरण से एवं इस यान्त्रिक सभ्यता से इधर कुछ आशंकाएँ अवश्य पैदा हुई हैं, फिर भी यह मानव संस्कृति अमिट है।

संस्कृति का दूसरा पक्ष है, जिसे सभ्यता कहा गया जाता है। व्युत्पत्ति के अनुसार सभा में बैठने वाले को सभ्य (सभासद) और उस व्यक्ति के आचरण को सभ्यता कहा जा सकता है। इसे एक प्रकार की औपचारिक रीति, नीति मानना उपयुक्त होगा। ऐसी रीति नीति जो समाज के द्वारा रचे गये नैतिक मानदण्डों पर आधारित होती है। वस्तुतः सभ्यता हमारी मूल मानवीय संस्कृति का बाह्य पक्ष है, जो आचार संहिता पर आधारित होती है। 'सिवलीजेशन' शब्द सिविल यानी नागरिक के शोभनीय कर्तव्यों की ओर संकेत करता है, इसलिए सभ्यता को जिन्दगी जीने की तमीज और समाज में सम्मानित जीवन यापन की कला कहा जा सकता है। दोनों में अन्तर यह है कि संस्कृति जहाँ निर्मित होती है, वहीं सभ्यता अर्जित भी की जा सकती है। मनुष्य के संस्कार बनते हैं आनुवंशिकी से और पर्यावरण के साथ ही आत्म चिन्तन और आत्म साधना से। व्यक्ति अपनी पितृ परम्परा तथा परिस्थिति से प्राप्त संस्कारों का अनुकूलन करता हुआ उन्हें भरसक सम्बन्धित करता है या प्रतिकूलन करता हुआ उन्हें संशोधित कर लेता है। सभ्यता अनुकरण तथा अभ्यास के सहारे चलती है। हम जिससे पराभूत होते हैं उसकी जीवन-शैली, खान-पान, पहनावा, लोकप्रथा, परम्परा अर्थात् सम्पूर्ण रहन-सहन को न्यूनाधिक परिवर्तनों के साथ आत्मसात कर लेते हैं, जैसे मुगलों और अंग्रेजों के सान्निध्य में रहते हुए हम भारतीयों ने उनसे बहुत कुछ आदान-प्रदान किया, किन्तु इतिहास के इन काल खण्डों में भी हमारी मूल भारतीय संस्कृति यत्किंचित् प्रभाव के बावजूद अपनी जगह अप्रतिहत बनी रही। भारतीय संस्कृति के मूल घटक हैं–

1. भौतिकता की अपेक्षा अध्यात्म को वरीयता।
2. लोक के साथ-साथ लोकोत्तर शक्ति और पारलौकिक चेतना की ओर झुकाव।
3. जीवन को संघर्ष न मानकर सत् चित्त आनन्द रूप में स्वीकारने का प्रयास।
4. कर्म के साथ-साथ प्रारब्ध को मान्यता।
5. व्यष्टि से अधिक समष्टि की चिन्ता।
6. पारिवारिक भावना और बाल, वृद्ध, अशक्त, विपन्न आदि के प्रति विशिष्ट श्रद्धा, ममता एवं करुणा।
7. मानव जीवन को सतत गतिशील प्रक्रिया मानकर पुनर्जन्मवाद को अपनाकर अकुंठ जीवन जीने की लालसा।
8. मूलतः आस्थावादी आस्तिक्य बुद्धि प्रेरित विधेयात्मक दृष्टि।

इनसे तरह-तरह की कोटियाँ निर्धारित और निरूपित की जा सकती हैं। विद्वानों ने अपनी-अपनी गति, मति के अनुसार भारतीय संस्कृति का तरह-तरह से विश्लेषण किया है, किन्तु मूल मन्तव्य लगभग एक जैसा ही है।

सभ्यता, संस्कृति और उसके समानान्तर शब्दों का प्रयोग कभी-कभी एक ही अर्थ में कर दिया जाता है। कारण, इनमें बहुत भारी भेद नहीं है। सुसंस्कृत व्यक्ति की पहली पहचान संस्कृति द्वारा ही होती है। हम उसकी आकृति, प्रकृति, भाव, भाषा द्वारा उसके सुसंस्कृत होने का पूर्वाभास प्राप्त करते हैं। कभी-कभी अनुभव इनके विपरीत भी होता है। सम्भव है भद्र वेशभूषा, भाषा धारण किये हुए व्यक्ति भीतर से नितान्त अमानवीय (असंस्कृत) हो। दूसरी ओर फटे-मैले परिधान से लिपटा, बोली-बानी से अटपटा व्यक्ति भीतर से बहुत सुसंस्कार सम्पन्न हो। उसमें स्वार्थ से अधिक परमार्थ हो। वह बुद्धिजन्य धूर्तता से मुक्त हो। उसके भीतर पीड़ित के प्रति ममता हो। जीवन की गहरी आस्था हो और सर्व सामान्य के प्रति सदाशयता हो। यह भी सम्भव है कि अशिक्षा, निर्धनता एवं परिस्थिति

गत विषमता उसे अमाननीय बना दे। यह भी हो सकता है कि अनुकूल परिस्थितियों और सब तरह की भौतिक सुविधाओं में रहने वाले व्यक्ति के व्यक्तित्व का सर्वांगीण विकास हो जाये इसलिए जाति, वर्ण, वर्ग, क्षेत्र, भाषा आदि का पूर्वानुमान करके, किसी की संस्कृति को लेकर पूर्वग्रह ग्रस्त हो जाना न्यायोचित न होगा। सभ्यता और संस्कृति को अलगाकर समझने के लिए एक उदाहरण दिया जा सकता है। किसी भीड़ भरे हुए सार्वजनिक वाहन में खड़े-खड़े यात्रा कर रहे दो व्यक्तियों में दो तरह के भाव देखे जाते हैं। एक सोचता है कि अमुक वयोवृद्ध है, अस्वस्थ है या आदरणीय है, इसलिए पहले उन्हें ही बैठाना चाहिए। दूसरा सोचता है कि यह सुविधा का प्रश्न है। यह एक दुर्लभ चान्स है और यह तो रोज की बात है, अतः वह उस सीट को झपट लेता है। इन दोनों व्यक्तियों में प्रथम सुसंस्कृत कहलाएगा, दूसरा सभ्य। इसी प्रकार भोजन करते हुए काँटा चम्मच छुरी का कैसे प्रयोग किया जाये? मेज को कैसे सजाया जाये? कैसे खाया जाये? इस स्टाइल का निर्वाह करना सभ्यता है और भोजन को अन्नगत प्राणों की मजबूरी मानना, उसे पशु कर्म समझना और इसलिए दूसरों को खिलाकर खाना, कम खाना, छिपाकर खाना तथा भरसक कम उत्तेजक सात्विक पदार्थों का सेवन करना संस्कृति है। अपने प्रिय आलम्बन के प्रेम का हाव भाव पूर्ण प्रदर्शन करना, भोग वृत्ति को खुलकर बढ़ावा देना और ऐन्द्रिय स्तर पर जीना आधुनिक सभ्यता है, जब कि इसे मर्यादित और गुह्य कर्म के रूप में संचालित कर जैव धर्म का निर्वाह करना संस्कृति है। हमें अपनी इस मूल भारतीय संस्कृति पर गर्व है।

अवध का सांस्कृतिक परिदृश्य

मध्य देश होने के कारण यहाँ चारों दिशाओं से आने वाली संस्कृतियों का सुन्दर समाहार हुआ है। वेद वाणी कहती है, 'आनो भद्रा।' अर्थात् विश्वभर के सुन्दर-सुन्दर विचार हमारे भीतर प्रवेश करें। यही युगवाणी और जनवाणी है। भारत का शायद ही कोई ऐसा प्रान्त हो, जहाँ के मूल निवासी यहाँ आकर रच-बस न गये हों, इसलिए उन सबकी अलग-अलग इकाइयाँ इस क्षेत्र में विद्यमान हैं। नवरात्र में पूजा के दिनों में यह क्षेत्र बंगाल जैसा दिखने लगता है। बैशाखी और लोहड़ी पर्व पर यह पंजाब बन जाता है। गणेश चतुर्थी के दिन यहाँ गणपति बप्पा मोरिया की महाराष्ट्री ध्वनि गूँजने लगती है। ओणम, पोंगल, गणगौर, छठ, विशू, गरबा आदि पर्वों पर इस क्षेत्र में सुदूर दक्षिण और उत्तर पूर्व की घटाएँ छा जाती हैं। तथ्य यह है कि यहाँ का अपना कोई प्रान्तीय या क्षेत्रीय स्वरूप ही नहीं है, इसीलिए बंगाली, पंजाबी, गुजराती, मराठी, मारवाड़ी, सिन्धी जैसे शब्दों की तर्ज पर कोई शब्द यहाँ नहीं बन पाया। यहाँ के दैनिक खान पान में भाँति-भाँति के व्यंजन प्रचलित हैं—पंजाबी, बंगाली, दक्षिण भारतीय पदार्थ, यहाँ तक कि विदेशी व्यंजन। पहनावे की भी यही स्थिति है। यह क्षेत्र किसी एक परिधान तक सीमित नहीं हैं। यहाँ किसी भी विचारधारा या जीवन-शैली के प्रति कभी कहीं कोई कट्टरता, जड़ मोह या उग्र बौद्धिक प्रतिक्रिया नहीं दिखाई पड़ी। इस क्षेत्र की जीवन पद्धति निरन्तर विकसनशील तथा परिवर्तन पूर्ण रही है। कारण यह है कि अवध में बराबर विदेशी संक्रमण होता रहा है। पश्चिमोत्तर देशों से आने वाले समुदाय इस समतल और उर्वर भूमि पर युग-युग से आते और स्थिर होते गये हैं। उन सबके सम्मिश्रण ने एक उदार एवं प्रशस्त दृष्टि प्रदान की। हमारी सांस्कृतिक नीति की सर्वाधिक उल्लेखनीय विशेषता यह है कि हम अन्ध प्रान्तीयता से मुक्त हैं।

यह क्षेत्र सदैव से ही अपने को आर्यावर्त, ब्रह्मावर्त और भारतवर्ष का हृदय प्रदेश मानता रहा है। स्वतन्त्रता के इन पाँच दशकों में कुल बारह में से आठ प्रधानमन्त्री यू.पी. ने दिये हैं। आज भी यह

प्रदेश अपने सांसदों के कारण लोक सभा में अपनी विशिष्ट भूमिका रखता है। चूँकि यह भारत का सर्वाधिक जनसंख्या वाला प्रदेश है, अतः इसके कुछ हानिकारक परिणाम हैं तो कुछ लाभकारक भी। इस प्रदेश में धर्म, अध्यात्म की अनेक महान परम्पराएँ प्रचलित हैं। यहीं स्थित है मर्यादा पुरुषोत्तम की लीला भूमि अयोध्या, जिसे उदात्त जीवन मूल्यों का केन्द्र कहा जा सकता है। तात्पर्य यह है कि विभिन्न देवी-देवता, अनेकानेक सम्प्रदाय, मठ, अखाड़े, बड़े से बड़े तीर्थ स्थान, महान दीक्षा गुरु, धर्म ग्रन्थ अर्थात् उच्च कोटि की आध्यात्मिक परम्पराएँ यहाँ विद्यमान हैं। हिन्दुओं के साथ यहाँ अनेक जैन, बौद्ध तीर्थ हैं, जैसे कौशाम्बी, श्रावस्ती आदि। मुस्लिम और सिख, ईसाई आदि सम्प्रदायों के भी अनेक पूजा स्थल इस प्रदेश में पाये जाते हैं। इन सम्प्रदायों के बीच युग-युग से सौहार्द विद्यमान रहा है। दलीय राजनीतिक स्वार्थ इस भावैक्य को पूर्णतः समाप्त नहीं कर पाये।

अवध का आम आदमी लोक-परलोक, प्रारब्ध और पुरुषार्थ, संघर्ष और आनन्द, पूर्वजन्म, पुनर्जन्म, तर्क, श्रद्धा, समष्टि-व्यष्टि के प्रति मिलाजुला भाव रखता है। प्रकृति भी यहाँ प्रायः अनुकूल रहती है, इसलिए आम आदमी आपाधापी में पड़ने के बजाय काफी आत्म तृप्त है। समतल भूमि होने के कारण यहाँ बड़ी उर्वरता है। तपोवन पद्धति, गुरुकुल प्रणाली, आरण्यक संस्कृति और विचार मन्थन प्रक्रिया यहाँ बहुत चली है। मात्र नैमिषारण्य में 88 हजार सूतों ने दीर्घ काल तक विचार सत्र चलाकर वेदों-पुराणों के माध्यम से जीवन के तत्त्व की जो खोज की, उसे कदापि भुलाया नहीं जा सकेगा।

यह क्षेत्र संयुक्त परिवार प्रथा, ग्रामीण व्यवस्था तथा कृषि संस्कृति का प्रदेश रहा है। पुरोहित प्रथा और पंचायत-प्रणाली का यह अनुयायी रहा है। आक्रमण और अपहरण से बचने के लिए मध्यकाल में यहाँ के निवासियों को बरबस पर्दा प्रथा अपनानी पड़ी, स्त्रियों को घर आँगन में बन्द करके रखना पड़ा, विधवाओं पर बन्दिशें लगानी पड़ीं, ताकि विदेशियों और विधर्मियों के भय और प्रलोभन से हम बचे रहें और आर्यरक्त की शुद्धता सुरक्षित रहे। इस क्षेत्र में धर्म कर्म की रक्षा का दायित्व राजतन्त्र से ज्यादा धर्म तन्त्र पर डाला गया था, इसलिए धर्म ने विपथगामियों को दण्डित करने के लिए कई कड़े विधान बनाये, जैसे सामाजिक बहिष्कार, अस्पृश्यता, समाज में पदावनति, दण्ड आदि। काल क्रम में ये प्रथाएँ अन्ध रूढ़ियों में बदल गयीं। सम्प्रति सामाजिक प्रदूषणों से मुक्ति पाने के लिए अनेक प्रयास किये जा रहे हैं।

यहाँ का आम नागरिक पारिवारिक मयार्दा बोध, मातृत्व, वात्सल्य, वृद्ध पूजा, भाईचारा, सत्य निष्ठा आदि का कायल है, इसलिए कि वह रामकथा से प्रेरित-प्रभावित है। अनेक चारित्रिक विसंगतियों के बावजूद उसकी रुझान आदर्शों की ओर है। आभिजात्य उसके संस्कारों में बसा हुआ है। मान मर्यादा के पीछे मर मिटना उसका सर्वोपरि धर्म है। यही कारण है कि जब मुगलों का अत्याचार बढ़ा और भारतीय संस्कृति के सामने संकट गहराया तो अयोध्या में केन्द्रित स्वामी रामानन्द ने रामाश्रय का तथा वल्लभ ने कृष्णाश्रय का प्रबोध देकर शिवशक्ति के सहारे भक्ति आन्दोलन का नेतृत्व किया, जिससे टकराती हुई मुगल सत्ता ध्वस्त हो गयी। दूसरी बार 1857 का गदर छेड़ते हुए इस प्रदेश के जन नायकों और शासकों (जैसे बेगम हजरत महल, अशफाक उल्ला, राणा बेनी माधव, नाना साहब आदि) ने राष्ट्रीयता का प्रथम शंखनाद किया, जिसका सुफल हमें 15 अगस्त 1947 को मिला। आजादी की लड़ाई में इस क्षेत्र के जनप्रतिनिधि प्रथम पंक्ति में रहे हैं, जैसे मोतीलाल, जवाहर लाल नेहरू, मदनमोहन मालवीय, लाल बहादुर शास्त्री, चन्द्रशेखर आजाद, बिस्मिल, तात्याटोपे, आचार्य नरेन्द्र देव, डॉ. राम मनोहर लोहिया, राजर्षि पुरुषोत्तम दास टण्डन, रफी अहमद किदवई, आदि। 1857 का गदर मुख्यतः अवध क्षेत्र में लड़ा गया था। आजादी की अलख जगाते हुए यहाँ काकोरी

काण्ड, मुंशीगंज काण्ड के साथ-साथ किसान आन्दोलन और 1942 का आन्दोलन बड़ी सक्रियता के साथ चलाया गया था। यह क्षेत्र अन्याय के प्रतिरोध में निरन्तर सक्रिय दिखाई देता है, क्योंकि अन्याय का सर्वनाश करना हमारा एक विशिष्ट सांस्कृतिक मूल्य है।

यहाँ की जीवन-शैली में यहाँ की भाषा, साहित्य, पारम्परिक संगीत और वास्तु कला की विशिष्ट भूमिका है। यहाँ इस्लाम और हिन्दुत्व में भावैक्य स्थापित करने वाले सूफी कवियों की लम्बी परम्परा चली है, जिनमें मुल्ला दाऊद, जायसी, कुतुबन, मंझन, वारिस शाह आदि अग्रगण्य हैं। उनकी परम्परा में आज भी लखनऊ, देवा, बहराइच, जौनपुर, इलाहाबाद आदि विभिन्न स्थानों के दरगाहों में हिन्दू-मुस्लिम लोग प्रार्थना करते हैं और होली, ईद, दीवाली मिलजुल कर मनाते हैं। इस समन्वय का प्रभाव हमारी वास्तु कला पर दिखता है।

यह साम्प्रदायिक समन्वय संगीत के क्षेत्र में भी विद्यमान है। यहाँ के कलाकारों ने वीणा, पखावज, सितार, तबला, ठुमरी और गजल का विकास किया। हिन्दुस्तानी संगीत में ख्याल के अलावा अनेक नयी प्रवृत्तियाँ उभरीं। कथक नृत्य को मन्दिरों की उपासना से जोड़ा गया। दूसरी ओर लखनऊ घराने के कथक में भावाभिनव के रंग भरे गये। दोनों को मिलाकर हिन्दुस्तानी संगीत को अपनी अभिव्यक्ति का माध्यम बनाया।

यहाँ बड़े से बड़े रचनाकार हुए हैं, जैसे—कबीर, जायसी, तुलसी, निराला, पन्त, महादेवी, रामचन्द्र शुक्ल आदि। उर्दू कविता में यहाँ मीर, जोश, नासिर, चकबस्त, इंशाअल्ला खाँ, अकबर इलाहाबादी आदि के नाम स्मरणीय हैं। पत्रकारों में पराडकर, गणेशशंकर विद्यार्थी, बालकृष्ण शर्मा नवीन, प्रताप नारायण मिश्र, बालकृष्ण भट्ट आदि को सर्वोपरि रखा जा सकता है। आधुनिक युग के संगीतज्ञों में भातखंडे, बेगम अख्तर, रसूलन बाई, मोती बाई, अनूप जलोटा, किशनजी, पागल बाबा, कुमकुम घर आदि ने इस क्षेत्र की गौरव वृद्धि की है। कथक गुरुओं में विन्दादीन, अच्छन, लच्छू, शम्भू और बिरजू महाराज की बहुत बड़ी देन है। यहाँ हिन्दुस्तानी के अनेक घराने प्रचलित हुए हैं। इनसे जुड़े हुए प्रमुख कलावन्त हैं—करीम खाँ, फैयाज, मुश्ताक, हुसैन, बजीर खाँ, राम दास, कण्डे महाराज, विलायत खाँ आदि। इस प्रकार स्पष्ट है कि सामाजिक संरचना, आर्थिक व्यवस्था, प्रशासन प्रणाली, दार्शनिक चिन्तन तथा राजनीतिक जागरूकता के कारण यह क्षेत्र युग-युग से अग्रपंक्ति में है।

विशिष्ट सांस्कृतिक केन्द्र

अवध का सांस्कृतिक इतिहास बहुत पुराना है। यहाँ वैष्णव, बौद्ध, जैन, मुस्लिम, सूफी, सिक्ख आदि सम्प्रदायों से सम्बन्धित अनेक महत्त्वपूर्ण स्थल हैं, जिनमें कुछ सर्वाधिक प्रसिद्ध हैं। जैसे—

1. अयोध्या : यह श्री राम की जन्म स्थली है। इसे कुछ जैन तीर्थंकरों की जन्म स्थली भी माना जाता है। कई बौद्ध साधना स्थल भी यहाँ द्रष्टव्य हैं। सरयू के किनारे निर्मित घाट, मुख्यतः गुप्तार घाट, भरत कुण्ड, साथ ही रामकथा से जुड़े स्थल जैसे जन्मभूमि मन्दिर, कनक भवन, नन्दी ग्राम, हनुमान गढ़ी आदि दीर्घ काल से उत्तरोत्तर सुर्खियों में हैं। अयोध्या इक्ष्वाकु वंशी राजाओं की राजधानी रही है और श्रीराम की जन्म स्थली भी। सरयू तट पर बसी हुई यह प्राचीन नगरी आधुनिक नगर और जिला मुख्यालय फैजाबाद के निकट है। इतिहासकारों ने अयोध्या को कोसल अर्थात् अवध का केन्द्र सिद्ध किया है। वाल्मीकि रामायण के अनुसार यह नगर राजा दशरथ की राजधानी थी। प्राचीन ग्रन्थों में अयोध्या का उल्लेख भारत की सात पवित्र पुरियों में सर्वप्रथम किया गया है—

"अयोध्या, मथुरा, माया, काशी, कांची, अवन्तिका।

पुरी, द्वारावती, चैव, सप्तैका मोक्ष दायिका।" (ब्रह्मपुराण, अग्निपुराण)

अयोध्या एक वैष्णव तीर्थ है। तुलसी ने यहीं अवधी भाषा में 'रामचरितमानस' की रचना की थी। वे इसी क्षेत्र के निवासी रहे हैं। तुलसी चौरा और तुलसी स्मारक इसके प्रमाण हैं।

स्कन्द पुराण (1054065) के अनुसार अयोध्या का आकार मत्स्य के समान है। इसका विस्तार कई योजन सरयू के दक्षिण और एक योजन तमसा के उत्तर तक है। तीर्थ कल्प के अनुसार यह 12 योजन लम्बी और 9 योजन चौड़ी नगरी रही है। योगिनी तन्त्र में इसे तीन योजन चौड़ी कहा गया है। अनेक धर्म ग्रन्थों में अयोध्या महाराज मनु द्वारा स्थापित बतायी गयी है।

जैन धर्मावलम्बियों की आस्था है कि प्रथम तीर्थंकर आदिनाथ का जन्म यहीं हुआ था। बौद्ध साहित्य में इसे साकेत कहा गया है। सम्प्रति जैनियों, बौद्धों के अनेक प्राचीन अवशेष इस क्षेत्र में विद्यमान हैं।

इतिहास साक्षी है कि यहाँ स्थित रामजन्मभूमि मन्दिर को बाबर के आदेशानुसार मीर बाकी ने ध्वस्त करके, बाबरी मस्जिद का निर्माण कराया था।

अयोध्या नगर फैजाबाद (अवध) के नवाबों का वर्षों तक केन्द्र रहा है। नवाबों की अनेक हवेलियाँ, मस्जिदें, बाग-बगीचे यहाँ के दर्शनीय स्थानों में गण्यमान हैं।

इस नगरी का प्रथम उल्लेख ह्वेनसांग ने 'अधुते' नाम से किया था। तब से यह नगर निरन्तर चर्चा में रहा है और यह सम्प्रति अन्तरराष्ट्रीय स्तर पर विख्यात है।

नैमिषारण्य-मिश्रित (मिसरिख) : सीतापुर में गोमतीतट पर स्थित ये दोनों तीर्थ युग-युग से चर्चित हैं। मिश्रित में महर्षि दधीचि ने वृत्तासुर के वध हेतु बज्र बनाने हेतु अपने अस्थिपंजर का दान कर दिया था। यहाँ नैमिष में 88 हजार ऋषियों ने एकत्र होकर पुराणों और वेदों का मन्थन किया था। आज भी यहाँ स्थित चक्र तीर्थ, श्री ललिता मन्दिर, व्यास गद्दी आदि का बड़ा माहात्म्य है। मनु सतरूप, शौनक एवं व्यास यहाँ के गौरव प्रतीक हैं।

प्रयाग : गंगा, युमना और अदृश्य सरस्वती (त्रिवेणी) के तट पर स्थित प्रयाग (इलाहाबाद) को तीर्थ राज माना जाता है। यहाँ आयोजित महाकुम्भ के कारण यह नगर विश्व प्रसिद्ध हो गया है। इलाहाबाद के दर्शनीय स्थलों में है कल्प वृक्ष, शंकर विमान मण्डप, वेणी माधव मन्दिर, आनन्द भवन, विश्वविद्यालय, आजाद पार्क आदि।

इस नगर का सामरिक दृष्टि से बड़ा महत्त्व रहा है। ईसा की चौथी, पाँचवीं शती में यह गुप्त वंश की राजधानी रहा है। सातवीं शताब्दी में सम्राट हर्षवर्धन यहाँ हर पाँच वर्ष बाद धार्मिक सत्र का आयोजन करते थे। किसी एक सत्र में चीनी यात्री ह्वेनसांग ने भी भाग लिया था। इलाहाबाद में सुरक्षित अशोक स्तम्भ पर समुद्र गुप्त के राज कवि हरिषेण द्वारा रचित प्रशस्ति और दिग्विजय का वर्णन पठनीय है। अकबर ने 1883 में यहाँ संगम पर एक किला बनवाया था और प्रयाग की जगह इसका नाम इलाहाबाद रख दिया था। अंग्रेजों ने इसे संयुक्त प्रान्त की राजधानी बनाया था।

श्रावस्ती : पूर्वी उत्तर प्रदेश में सहेट नाम से प्रसिद्ध इस स्थान में अनेक बौद्ध मन्दिर और कई तीर्थंकरों के साधना केन्द्र रहे हैं। यहाँ अंगुलिमाल से सम्बन्धित कुछ अवशेष भी द्रष्टव्य हैं।

कौशाम्बी : इलाहाबाद के निकट उदयन वासव दत्ता की राजधानी कौशाम्बी जैन तीर्थंकर ऋषभ देव और पारस नाथ के कारण प्रसिद्ध है। यहाँ अनेक दर्शनीय स्तूप हैं। स्पष्ट है कि वैष्णव, शैव, शाक्त, बौद्ध, जैन, इस्लाम, सिख अर्थात् प्रायः सभी सम्प्रदायों के केन्द्र इस क्षेत्र में हैं।

मेले ठेले : यहाँ कई बड़ी और अत्यन्त पवित्र नदियाँ हैं जैसे—गंगा, यमुना, घाघरा, राप्ती, सरयू, गोमती आदि। इन नदियों के किनारे अनेक तीर्थ स्थान स्थित हैं, अतः यहाँ वर्ष भर मेलों की धूम रहती है। राष्ट्रीय स्तर पर प्रसिद्ध कुछ मेले उल्लेखनीय हैं—

1. **प्रयाग का महाकुम्भ :** यह प्रति बारह वर्षों के बाद सम्पन्न होता है। इसी प्रकार अर्द्ध कुम्भ हर छठे वर्ष होता है।
2. **अयोध्या :** यहाँ रामनवमी और पंच क्रोसी परिक्रमा (यात्राओं) पर विराट मेलों का आयोजन होता है। इस क्षेत्र के कुछ अन्य मुख्य मेले हैं—

1. विन्ध्याचल (मिर्जापुर) का नवरात्र मेला
2. लोधेश्वर, बाराबंकी का शिवरात्रि मेला
3. देवी पाटन (गोण्डा) का कार्तिक मेला
4. बिठूर, कानपुर का कार्तिक पूर्णिमा मेला
5. देवा शरीफ (बाराबंकी) का सूफी मेला
6. तकिया (उन्नाव) का मेला
7. डलमऊ (जिला रायबरेली) का कार्तिक गंगा स्नान मेला
8. मिश्रित (मिसरिख) सीतापुर का मेला
9. ललितादेवी (नैमिष) का मेला आदि।

यहाँ के कार्तिक मेले सबसे अधिक लोकप्रिय हैं। इनके अतिरिक्त अन्नकूट, रंग एकादशी, माघी संक्रान्ति, दशहरा, रामनवमी, जन्माष्टमी, शिवरात्रि आदि पर्वों पर प्रायः मेले आयोजित होते हैं। शारदीय और वासन्ती नवरात्र में प्रायः प्रत्येक शक्ति पीठ में बड़ा मेला लगता है। शीतलाष्टमी, नागपंचमी, हरतालिका, छठ, सकट चौथ, मकर संक्रान्ति, होली, दीवाली, अनंतचतुर्दशी, देवोत्थानी, गणेश चतुर्दशी, बट सावित्री आदि त्योहारों पर, साथ ही सूर्य और चन्द्रग्रहण के अवसर पर बड़े-बड़े मेले आयोजित होते हैं। मुस्लिम त्योहारों रमजान, ईद, बारावफात, बकरीद, चहल्लुम मुहर्रम आदि पर भी यहाँ भारी भीड़ होती है। बहराइच में सैयद सालार का मेला, हसनपुर का उर्स, लखनऊ का शाहमीना, बसन्त मेला आदि भी महत्त्वपूर्ण हैं।

पिछले दशकों में पर्यटन विभाग द्वारा कुछ प्रमुख उत्सवों पर विशिष्ट मेलों का शुभारम्भ किया गया है। जैसे—लखनऊ महोत्सव, इलाहाबाद का प्रयाग महोत्सव, मगहर का कबीर मेला, चित्रकूट का रामायण मेला आदि। इन मेलों में कुछ बड़े प्रसिद्ध पशु मेले हैं, जैसे रानी का पशुमेला आदि।

पर्यटन स्थल : पिछले दशकों में पर्यटन को उद्योग के रूप में गठित किया गया है। संस्कृति विभाग की पुरातत्व संरक्षण योजना के अन्तर्गत प्रायः सभी पर्यटन स्थलों का सुनियोजित विकास किया गया है। इनमें कई प्राचीन पौराणिक स्थल हैं, जैसे—नैमिषारण्य, कौशाम्बी, अयोध्या, जौनपुर, लखनऊ, प्रयाग, बिठूर (कानपुर) आदि। यहाँ कई जैन, बौद्ध तीर्थ स्थल हैं, जैसे—श्रावस्ती आदि। पर्यटन को बढ़ावा देने के लिए यहाँ कई 'सेंचुरी' स्थापित की गयी हैं। लगभग 490 वर्ग किलोमीटर क्षेत्र में फैला हुआ दुधवा राष्ट्रीय पार्क हमारे लिए गौरव-प्रतीक है। इसके अतिरिक्त पक्षी विहार, जल विहार, बौद्ध परिपथ, अवध परिपथ आदि निर्मित किये जा रहे हैं। पर्यटन निदेशालय के अन्तर्गत इसके प्रशिक्षण के जो कार्यक्रम चलाये जा रहे हैं, वे सर्वथा सराहनीय हैं।

ऐतिहासिक स्थल

ऐतिहासिक दृष्टि से अवध के अति प्रसिद्ध एवं महत्त्वपूर्ण नगर हैं–

जौनपुर : इस नगर का गुणगान महाकवि विद्यापति ने अपनी कृति 'कीर्ति लता' में 13वीं शताब्दी में किया था। यहाँ शर्की सल्तनत ने वास्तुकला के कई नमूने प्रस्तुत किये थे, जिन्हें बाद में फीरोजशाह तुगलक ने भी विकसित किया था। जौनपुर के दर्शनीय स्थल हैं, तुगलक का किला, अटाला मस्जिद, शाहीपुल आदि। हिन्दी सूफी कवियों–मंझन, नूर मोहम्मद, यूसुफ आदि ने इस नगर को गौरवान्वित किया है।

लखनऊ : रामानुज लक्ष्मण के नाम से जुड़ा यह नगर फैजाबाद के बाद नवाबों की राजधानी बना। फिर यह 1857 में होने वाली अवध की क्रान्ति का केन्द्र बना। कुछ वर्षों बाद यह उत्तर प्रदेश की राजधानी बना। गोमती तट पर स्थित नफासत और नजाकत के प्रतीक इस नगर के दर्शनीय स्थान हैं : इमामबाड़ा, भूलभुलैया, रूमीदरवाजा, रेजीडेन्सी, सिकन्दर बाग, घण्टाघर, लामार्टिनियर कालेज और अम्बेडकर स्मारक। साथ ही लखनऊ के अन्य कई इमामबाड़े, मकबरे, वैज्ञानिक संस्थान, विश्वविद्यालय आदि भी दर्शनीय स्थल हैं।

कानपुर : गंगा के तट पर स्थित, औद्योगिक नगर कानपुर एक ओर अपने पार्श्ववर्ती तीर्थ बिठूर के कारण महिमामण्डित है, दूसरी ओर व्यापारिक केन्द्र होने के कारण भी। जनसंख्या की दृष्टि से यह प्रदेश का सबसे बड़ा शहर है। स्वतन्त्रता आन्दोलन में इस नगर की विशेष भूमिका रही है। इसमें अनेक दर्शनीय स्थान हैं, जैसे–जी.के. मन्दिर, मोतीझील, गणेश उद्यान आदि। स्पष्ट है कि ये स्थान ऐतिहासिक और सांस्कृतिक गरिमा से अभिमण्डित हैं। यहाँ रामायण, महाभारत और श्रीमद्‌भागवत से सम्बद्ध घटनाओं और पात्रों के स्मृति चिह्न जगह-जगह पर बिखरे हुए हैं, इसलिए कि यह क्षेत्र श्रीराम, श्रीकृष्ण के अवतारों से सम्बन्धित है, साथ ही जैन तीर्थंकरों, बौद्धों, इस्लाम धर्मावलम्बियों और सिख सन्तों से भी जुड़ा हुआ है। यह वैविध्य इस क्षेत्र की धर्म निपरेक्षता का मूल कारण रहा है और यही इसके सांस्कृतिक उत्कर्ष का मूलाधार भी रहा है।

बिठूर : गंगा के उत्तरी तट पर यह कानपुर के निकट स्थित है। इस तीर्थ का पुराना नाम था ब्रह्मावर्त। यह जनश्रुति है कि महर्षि वाल्मीकि यहीं निवास करते थे। सीता जी को उन्होंने यहीं संरक्षण दिया था और लवकुश को प्रशिक्षण भी। बिठूर को स्वायंभुव मनु की राजधानी भी माना गया है। यह भी मान्यता है कि ध्रुव का जन्म भी यहीं हुआ था। बिठूर में ब्रह्मा घाट जैसे कई घाट हैं और कई मन्दिर हैं, जिनमें वाल्मीकेश्वर महादेव का मन्दिर अति प्रसिद्ध है। यहाँ प्रतिवर्ष कार्तिक पूर्णिमा को मेला लगता है। अंग्रेजों द्वारा देश निकाला दिये जाने पर नाना जी ने बिठूर को ही अपनी कर्मस्थली बनाया था, इसलिए 1857 के गदर में बिठूर की बड़ी भूमिका रही है।

चित्रकूट : बांदा, कर्वी के निकट पयस्विनी नदी के तट पर स्थित इस तीर्थ का माहात्म्य श्रीराम के वनवास प्रवास के कारण जनमन में व्याप्त है। यह विशिष्ट तपोभूमि है। महर्षि अत्रि-अनसूया का यही साधना केन्द्र रहा है। यहाँ के दर्शनीय स्थलों में कामदगिरि, हनुमद्‌धारा, मन्दाकिनी आदि प्रसिद्ध है। यह तीर्थ भक्तों और विरक्त पुरुषों का विश्वप्रसिद्ध स्थान बना हुआ है।

श्रावस्ती : गोण्डा, बहराइच की सीमा पर स्थित यह एक प्रसिद्ध बौद्ध तीर्थ है। पहले यह कोसल की राजधानी थी। इसे लव ने अपना केन्द्र बनाया था। यहाँ दीर्घकाल तक तथागत ने निवास किया था। श्रेष्ठि अनाथ पिंडिक ने यहाँ बुद्ध के लिए जेतवन विहार बनवाया था। यहाँ बौद्धों, जैनों के कई तीर्थ हैं।

लोक वाङ्मय : इस क्षेत्र में ब्रज, अवधी, बुन्देली, भोजपुरी और खड़ी बोली, ये पाँच महत्त्वपूर्ण विभाषाएँ हैं। इन सबमें लोक साहित्य की भरमार दिखाई देती है। इसके स्थूलतः पाँच प्रभेद किये जा सकते हैं—1. लोक गीत 2. लोक गाथा 3. लोक कथा 4. लोक नाट्य 5. लोक कहावतें।

लोक गीत : यहाँ के लोक गीतों को विषयवस्तु के अनुसार इस प्रकार वर्गीकृत किया जा सकता है—

1. **संस्कार गीत :** जैसे, जन्म संस्कार ये सम्बन्धित सोहर-सरिया। चूड़ाकर्म-कर्ण बेध से सम्बद्ध कठुला, झलरिया तथा विवाह से सम्बद्ध बनरा, गारी, सेहरा आदि।
2. **ऋतु गीत :** जैसे फागुन, होरी, फाग, चैती, बिरहा आदि।
3. **जातीय गीत :** जैसे कहरवा, धोबिया आदि के गीत।
4. **धार्मिक गीत :** जैसे पद, भजन, कीर्तन, निर्गुन, भगत, लहचारी आदि।
5. **श्रम गीत :** जैसे सोहनी, रोपनी, जँतसार आदि।

लोक गाथाएँ : पद्य बद्ध सांगीतिक कथा को लोकगाथा कहा जाता है। इस क्षेत्र में आल्हा, बिदेसिया, लोरिक चन्दा, चनैनी, भरथरी आदि गाथाओं को कभी एकल गाया जाता है, और कभी सामूहिक रूप में। इनका लिखित, सवाद्य प्रस्तुत रूप भी है और लोक कण्ठ में विद्यमान मौखिक रूप भी। इनकी गायकी के अनेक रूप अलग-अलग पट्टियों में प्रचलित हैं। कई स्थानों पर इनके प्रशिक्षण और संरक्षण के केन्द्र भी खोले गये हैं। वरिष्ठ कलाकारों को वृत्ति, पुरस्कार, प्रकाशन, अनुदान, पुस्तकों की थोक बिक्री की सुविधा और अनुदान स्वीकृत करके इन लोक कलाओं को सम्वर्धित करने का प्रयास चल रहा है। संगीत नाटक एकादमी, भारतेन्दु नाटक एकादमी, लोककला अकादमी, उत्तर मध्य क्षेत्र सांस्कृतिक केन्द्र आदि संस्थाएँ इस क्षेत्र में सक्रिय हैं।

लोक कथाएँ : इस क्षेत्र में शौर्य, प्रणय, सौन्दर्य और रोमांचक लोक कथाओं की बहुत बड़ी सम्पदा है। ये कथाएँ स्थूलतः 5 वर्गों में बाँटी जा सकती हैं—

1. **अनुरंजक कथाएँ :** जैसे किस्सा राँड का साँड़, तोता मैना, हातिमताई, अलिफ लैला, अलीबाबा चालीस चोर आदि।
2. **नीति कथाएँ :** जैसे शुक बहत्तरी, बैताल पचीसी, अकबर बीरबल की कहानियाँ आदि।
3. **प्रेम कथाएँ :** जैसे ढोला कुँवर, चनैनी आदि।
4. **नाग कथाएँ :** परी कथाएँ, प्रेत कथाएँ जैसे नाग देवता की कथा।
5. **व्रत कथाएँ :** जैसे हलछठ, भैयादूज, तिलवा कथा।
6. **निजन्धरी कथाएँ :** जैसे, राजा रानी की कहानी।
7. **बाल कथाएँ :** जैसे बोध कथाएँ, पहेलियाँ।
8. परी कथाएँ, भूतप्रेत कथाएँ आदि।

अवध की इन लोक कथाओं में जीवन के अनुभव सिद्ध दृष्टान्तों की भरमार है।

लोक नाट्य : इस विधा में रामलीला, रासलीला, नौटंकी और बिदेसिया का महत्त्व सर्वोपरि है। ये विधाएँ देश-विदेश तक लोकप्रिय हुई हैं। इनकी नित्य नयी-नयी शैलियाँ विकसित होती चली जा रही हैं। इनके अतिरिक्त कुछ प्रमुख लोक नाट्य रूप हैं—1. स्वाँग सपेड़ा, 2. तुर्रा कलगी, 3. भाँड़, 4. बहुरुपिया, 5. चाचर, 6. कठपुतली, 7. नकटौरा, 8. पसिया नृत्य नाट्य आदि।

ये लोक नाट्य मंचों पर भी प्रस्तुत किये जाते हैं और नुक्कड़ नाटक की तरह घर बाहर किसी भी जंन संकुल स्थल पर भी। ये नाट्य परम्पराएँ आशु सम्भाषण के सहारे चलती हैं, किसी रटे-रटाये

संवाद के बिना तथा किसी पारम्परिक आहार्य या गणवेश और प्रसाधन के बिना। विशिष्ट अवसरों पर कुछ समर्पित कलाकार अपने संसाधनों से आवश्यक व्यवस्थाएँ जुटाकर एकल या सामुदायिक स्तर पर इनका मंचन करते रहते हैं। इधर आधुनिकता की चकाचौंध, फिल्म और टीवी के धारावाहिकों के सम्मोहनवश प्राचीन लोक नाट्य विधाएँ बहुत आहत हुई हैं। इनसे सम्बन्धित कलाकार आजीविका के दबाववश इनसे कुछ विमुख हो गये हैं। गाँव से विस्थापित होकर वे शहरों में, दूरवर्ती प्रदेशों में जा रहे हैं, इसलिए इन्हें सुनियोजित ढंग से पुनर्वासित किया जा रहा है। इस बीच दूसरे राज्यों के कई लोक नाट्य तथा नृत्य नाट्य गीतों ने अवध में अपनी पहचान बनायी है, जैसे पंजाबी भाँगड़ा, गुजराती डाँडिया, गर्वा आदि। विदेशी नाट्य रूपों, नृत्यों और रचनात्मक कलाओं की लोकप्रियता भी यहाँ तेजी से बढ़ती हुई दिखाई देती है।

लोक कहावतें : लोक कहावतों के क्षेत्र में मसला यहाँ की एक प्रसिद्ध विधा है। घाघ भड्डरी की कहावतें यहाँ जन-जन को प्रबोध देती रहती हैं। स्पष्ट है कि यहाँ का लोक वाङ्मय बहुत समृद्ध हैं।

कला शिल्प : अवध में अनेक प्रकार के शिल्प विद्यमान हैं। कानपुर का वस्त्र उद्योग, चमड़ा उद्योग और प्लास्टिक उद्योग सुविख्यात हैं। यहाँ चित्रकला के दोनों रूप प्राप्त होते हैं, शास्त्रीय और लोक कलापरक/ललित कला महाविद्यालय लखनऊ के असित हालदार, मदन नागर आदि ने विभिन्न शैलियों में यहाँ चित्र रचना की है। इनके अतिरिक्त महादेवी वर्मा, डॉ. जगदीश गुप्त आदि को स्केच, वाश शैली, माडर्न आर्ट में विशेष सफलता प्राप्त हुई है। लोक जीवन पर आधारित चित्र कला कई अंचलों में व्याप्त है। यहाँ विभिन्न धार्मिक आयोजनों पर चित्रकारी करने की परम्परा आज भी विद्यमान है। उदाहरणार्थ कोहबर के चित्र, करवा चौथ की अल्पना, दीपावली के भित्ति चित्र, हरछठ के भित्ति चित्र और अहोई अष्टमी के चित्र विचारणीय हैं। इनमें प्रायः कुम्भ, त्रिशूल, शंख, चक्र, स्वस्तिक, नाग, मछली, हाथी, कमल, लता, वृक्ष, ग्वालिन, गाय, बैल, सूर्य, चन्द्र, नदी, पर्वत, फलफूल, नर, नारी और मंगल कलश अंकित दिखाई देते हैं। ये सब मांगलिक प्रतीक हैं। ऐसे ही दृश्य गोदना और रंगोली में भी दिखते हैं। फिल्म कला में अवध की ऐतिहासिक भूमिका रही है। लीला मिश्र, नौशाद, मुजफ्फर अली, प्रदीप, खुमार बाराबंकवी, तलत महमूद, मजरूह सुल्तानपुरी, नरगिस, कैफी आजमी जैसे पुराने से पुराने अभिनेता, निर्देशक और गीतकार यहाँ से जुड़े रहे हैं। एक समय था, जब हिन्दी-उर्दू के ये कवि, कथाकार और नाटककार फिल्मों से जुड़े हुए थे, जैसे, भगवती चरण वर्मा, उपेन्द्रनाथ अश्क, नागर, प्रदीप आदि। आज भी अमिताभ बच्चन जैसा मेगा स्टार, नसीरुद्दीन, शबाना आजमी जैसे लोकप्रिय कलाकार, जावेद अख्तर, माया गोविंद जैसे गीतकार और कई पटकथाकार यहाँ से सम्बन्धित हैं। निष्कर्ष यह है कि फिल्म कला एवं फिल्म उद्योग के क्षेत्र में अवध की अग्रणी भूमिका रही है।

तकनीक : विज्ञान और तकनीक की नयी चुनौतियों को ध्यान में रखते हुए यहाँ महत्त्वपूर्ण कार्यक्रम आरम्भ किये गये हैं। लखनऊ में स्थित टेक्निकल यूनिवर्सिटी के अतिरिक्त राज्यस्तरीय इंजी. विश्वविद्यालय की स्थापना की गयी है। इससे समस्त इंजी. कालेजों को जोड़ दिया गया है। इनकी प्रवेश प्रक्रिया, इनका पाठ्यक्रम और इनकी संचालन प्रणाली में यथेष्ट एकरूपता है। इससे युवा पीढ़ी की तकनीकी शिक्षा का बेहतर विकल्प सर्वसुलभ हो गया है। यही स्थिति इलाहाबाद में स्थित प्रौद्योगिकी प्रशिक्षण संस्थान की है। वहाँ सैद्धांतिक तथा व्यावहारिक प्रशिक्षण के साथ ही 'ज्ञान दर्शन' नाम से दूरस्थ शिक्षा का रेडियो प्रसारण भी किया जाता है। जैब प्रौद्योगिकी प्रशिक्षण में अधुनातन प्रणालियों के प्रशिक्षण की व्यवस्था करने हेतु एक ओर संजय गाँधी स्नातकोत्तर चिकित्सा अनुसंधान संस्थान है, वहीं दूसरी ओर लखनऊ के किंग जार्ज मेडिकल कालेज को विश्वविद्यालय

का दर्जा देकर मेडिकल कालेजों को उससे सम्बद्ध कर दिया गया है, ताकि इन तकनीकी विषयों का विधिवत विस्तार हो सके।

इधर लखनऊ तथा इलाहाबाद को स्मार्ट सिटी बनाया जा रहा है। लखनऊ में जैव प्रौद्योगिकी पार्क विकसित किया जा रहा है। नक्षत्रशालाएँ कई नगरों में खोली गयी हैं। कानपुर को साफ्टवेयर इंडस्ट्री का केन्द्र बनाया गया है। लखनऊ में एग्रोपार्क विकसित हो रहे हैं। यहाँ औद्योगिक गलियारा (कोरिडोर) और औद्योगिक पार्क स्थापित किये गये हैं, ताकि हाईटेक, आई.टी. को बढ़ावा दिया जा सके। कानपुर आई.टी., लखनऊ का आई.आई.एम. और सुल्तानपुर का के.एन.आई. विश्व प्रसिद्ध हैं।

भाषा साहित्य : इस क्षेत्र की तीन जीवन्त साहित्यिक भाषाएँ हैं, 1. हिन्दी 2. उर्दू 3. संस्कृत।

यहाँ के हिन्दी साहित्य के इतिहास को चार कालों में विभाजित किया जा सकता है–

1. आदिकाल (आरम्भ आठवीं शती से)
2. पूर्व मध्य काल (संवत् 1375 से 1700)
3. उत्तर मध्यकाल (संवत् 1700 से 1900)
4. आधुनिक काल (संवत् 1900 से आज तक)

आदिकाल : इस काल में नाथों, सिद्धों, जैनियों और चारणों की भक्तिपरक एवं वीर गाथात्मक रचनाओं की प्रचुरता रही है। आल्हा-ऊदल की शौर्य गाथा पर आधारित परमाल रासो की रचना जगनिक कवि ने की थी, जो यहाँ आल्ह खण्ड के नाम से प्रसिद्ध है। इनके अतिरिक्त दामोदर पंडित का 'उक्ति व्यक्ति प्रकरण' महत्त्वपूर्ण है।

पूर्व मध्यकाल : इसका आविर्भाव पतनशील सामाजिक व्यवस्था से हताश, तुर्क आक्रमणकारियों के अत्याचारों से भयभीत समाज के सामने अपनी सांस्कृतिक अस्मिता के लिए प्रसिद्ध भक्त कवि सुधारकों के प्रभाव वश हुआ। भक्ति साहित्य में दो धाराएँ थीं। सगुण धारा के कवि अवतारवाद में विश्वास रखते थे। इनमें दो शाखायें थीं, राम भक्तिशाखा और कृष्ण भक्तिशाखा। राम भक्ति शाखा में प्रमुख कवि तुलसीदास हुए और कृष्णकाव्य में नरोत्तम दास।

निर्गुण साहित्य भी दो शाखाओं में विभक्त हुआ, जो ज्ञानाश्रयी तथा प्रेमाश्रयी शाखाएँ कहलायीं। संत कवियों ने धार्मिक आडम्बरों तथा सामाजिक विसंगतियों पर तीखा प्रहार किया। संत कबीर इनमें प्रमुख हैं। प्रेमाश्रयी शाखा के कवि सूफी दर्शन से प्रभावित थे। इसमें मुल्ला दाऊद, पद्मावत महाकाव्य के रचयिता मलिक मोहम्मद जायसी, कुतुबन, मंझन, नूर मोहम्मद, शेख निसार, जगजीवनदास, आपा साहब बनादास आदि अवध से सम्बद्ध हैं।

उत्तर मध्यकाल : इस काल को रीतिकाल के नाम से जाना गया है। इस काल में काव्य प्रायः शृंगारपूर्ण हो गया। शिल्प की दृष्टि से भी भारी परिवर्तन हुआ। कविता में अंलकारों का बोलबाला हो गया। अवध के कवियों में भूषण, चिन्तामणि, कालिदास, दूलह, कविंद, औध, चन्द्रशेखर बाजपेयी, सुखदेव मिश्र, मतिराम, भिखारीदास, बेनी भट्ट, बेनी प्रवीन, द्विजदेव, ठाकुर आदि कवियों ने इस युग में उत्कृष्ट रचनाएँ दीं। शृंगार के साथ भक्ति, नीति, वीरकाव्य, लोककाव्य, प्रशस्तिकाव्य, गद्य (नाटक, आख्यायिका, कोश, व्याकरण, पत्रकारिता आदि) की कई शैलियाँ यहाँ जनमीं।

आधुनिक काल : उन्नीसवीं शताब्दी के उत्तरार्ध में राजनीतिक, सामाजिक और सांस्कृतिक परिस्थितियों के कारण साहित्य में बदलाव आया। न केवल काव्य के अन्तर्गत यथार्थवादी भौतिक दृष्टिकोण विकसित हुआ, बल्कि यथार्थ जीवन के वास्तविक प्रतिबिम्ब के रूप में गद्य साहित्य का भी आविर्भाव हुआ। द्विवेदी युगीन कवियों में रामनरेश त्रिपाठी, श्रीधर पाठक आदि ने इस धारा को

आगे बढ़ाया। कालान्तर में छायावादी कवि सूर्यकान्त त्रिपाठी 'निराला', सुमित्रानन्दन पन्त, महादेवी वर्मा, रामकुमार वर्मा आदि ने इसे ऊँचाई पर पहुँचाया। बालकृष्ण शर्मा 'नवीन', गया प्रसाद शुक्ल 'सनेही', रामेश्वर शुक्ल अचंल, सोहनलाल द्विवेदी, हरिवंशराय 'बच्चन' आदि ने हिन्दी कविता को राष्ट्रीय चेतना और प्रगति चेतना से समृद्ध करने में महत्त्वपूर्ण भूमिका का निर्वाह किया। विगत शती में अनेक कवयित्रियाँ सक्रिय हुईं, जिसमें सुभद्रा कुमारी चौहान, कोकिल, लली, सुमित्रा कुमारी सिन्हा, चकोरी, चन्द्रमुखी ओझा 'सुधा' आदि प्रमुख हैं। अवध में प्रयोगवाद तथा नयी कविता से जुड़े कई गीतकार हुए हैं। ये कवि हैं—त्रिलोचन, रघुवीर सहाय, धर्मवीर भारती, जगदीश गुप्त, विजय देव नारायण साही, सर्वेश्वर दयाल सक्सेना, कैलाश बाजपेयी, शिवमंगल सिंह 'सुमन', कुँवर नारायण आदि। आधुनिक काल को गद्यकाल के नाम से जाना जाता है। इस अवधि में हिन्दी गद्य की विभिन्न शैलियाँ इतनी तीव्र गति से विकसित हुईं कि हिन्दी साहित्य विश्व की समृद्ध भाषाओं के साहित्य से तुलनीय हो गया। उपन्यास, नाटक, निबन्ध, आलोचना आदि कई विधाओं में श्रेष्ठ कृतियाँ लिखी गयीं। हिन्दी गद्य को सँवारने में भारतेन्दु के समकालीन लेखकों में बालकृष्ण भट्ट, प्रताप नारायण मिश्र, बदरीनारायण चौधरी 'प्रेमघन' आदि प्रमुख रहे हैं। इसके बाद गद्य में कई लेखक सक्रिय हुए, जैसे महावीर प्रसाद द्विवेदी, आचार्य रामचन्द्र शुक्ल, मिश्रबन्धु आदि। हिन्दी साहित्य का प्रामाणिक इतिहास देने तथा हिन्दी आलोचना को नया स्वरूप प्रदान करने का श्रेय शिवसिंह सेंगर, मिश्रबन्धु एवं रामचन्द्र शुक्ल को है। आलोचना के क्षेत्र में शुक्ल जी के अतिरिक्त डॉ. रामविलास शर्मा, आचार्य नन्ददुलारे वाजपेयी आदि ने महत्त्वपूर्ण कार्य किये।

कथा साहित्य (उपन्यास और कहानी) में उपेन्द्रनाथ अश्क, यशपाल, इलाचन्द्र जोशी, भगवती चरण वर्मा, अमृत लाल नागर, भगवती प्रसाद वाजपेयी आदि ने साहित्य को समृद्धतर किया। परिवर्ती पीढ़ी के जिन लेखकों ने कथा साहित्य में अपना स्थान बनाया, उनमें श्रीलाल, मुद्राराक्षस, लक्ष्मीकांत, कामतानाथ, मार्कण्डेय, देवराज, 'निर्गुण', अमृतराय, धर्मवीर भारती, भैरव प्रसाद गुप्त, अमरकान्त, शिवानी, गिरिराज किशोर आदि स्मरणीय हैं।

नाटककारों में बदरीनाथ चौधरी, प्रताप नारायण मिश्र आदि भारतेन्दु के समकालीन नाटककार थे। बाद में डॉ. रामकुमार वर्मा ने एकांकी नाटकों का श्रीगणेश किया। एकांकी नाटकों के क्षेत्र में धर्मवीर भारती, लक्ष्मीनारायण मिश्र, सर्वेश्वर, लक्ष्मीनारायण लाल, लक्ष्मीकांत वर्मा, विपिनकुमार अग्रवाल, मुद्राराक्षस आदि ने आधुनिक भाव बोध के ऐसे नाटकों की रचना की, जो शिल्प तथा कथ्य, दोनों दृष्टियों से अच्छे हैं।

पत्रकारिता : अवध की पत्र-पत्रिकाओं में सरस्वती, चाँद, माधुरी, सुधा, सम्मेलन पत्रिका, माध्यम, त्रिपथगा, अतएव, कथा, सुकवि, ब्राह्मण, हिन्दी प्रदीप, चकल्लस, विप्लव, संघर्ष, जागरण, तद्भव, प्रभा, प्रताप, रूपाभ, नवजीवन, स्वतन्त्र भारत, अमृत प्रभात, वर्तमान, दैनिक हिन्दोस्थान आदि अविस्मरणीय हैं। पत्रकारिता के क्षेत्र में यहाँ के गणेशंकर विद्यार्थी, अम्बिकाप्रसाद बाजपेयी, अशोक जी, बालकृष्ण राव, चिन्तामणि, श्रीनारायण चतुर्वेदी, शीतलाप्रसाद, नवीन, महामना मालवीय आदि विशिष्ट हैं। यह उल्लेखनीय है कि प्रथम हिन्दी पत्र 'उदंत मार्तण्ड' के सम्पादक युगल किशोर सुकुल कानपुर वासी थे।

संस्थाएँ : राष्ट्रभाषा हिन्दी के प्रचार-प्रसार एवं विकास की दिशा में अनेक हिन्दी सेवी संस्थाओं द्वारा ऐतिहासिक महत्त्व के कार्य किये गये हैं। अवध की प्रमुख संस्थाओं में हिन्दी साहित्य सम्मेलन, इलाहाबाद, हिन्दुस्तानी अकादमी, उ.प्र. हिन्दी संस्थान, भाषा संस्थान आदि प्रमुख हैं।

उर्दू साहित्य : यहाँ के उर्दू रचनाकारों में मीर लखनवी, रामप्रसाद 'बिस्मिल', अली सरदार जाफरी,

नासिर, सौदा, नूर, बेकल, फिराक गोरखपुरी, अकबर इलाहाबादी, जोश मलिहाबादी, चकबस्त, इंशा अल्ला खाँ आदि को इस क्षेत्र का गौरव कहना होगा। हिन्दी जगत में लखनऊ का उर्दू स्कूल अत्यन्त महत्त्वपूर्ण है और लखनवी हिन्दी-उर्दू का नफीस लहजा भी। लखनऊ शैली के दो प्रमुख शायर थे नासिख और आतिश। ग़ज़ल के अतिरिक्त उर्दू शायरी के अन्य रूपों जैसे मरसिया, मसनवी और रेखती का भी लखनऊ में काफी विकास हुआ। अनीस और दबीर ने मरसिया का और मीर हसन, दयाशंकर 'नसीम', नवाब मिर्जा 'शौक' तथा अहमद अली शौक किदवई ने मसनवी का सुन्दर उदाहरण प्रस्तुत किया। उर्दू नाटककारों में अवध नरेश वाजिद अली शाह 'अख्तर पिया' ने राधा कन्हैया का रहस लिख कर, आगा हसन ने अमानत में 'इन्दरसभा' लिखकर तथा रतननाथ शरशार ने 'फसानए आजाद' लिखकर उर्दू साहित्य के इतिहास में नाम पैदा किया। वर्तमान सदी के प्रारम्भ में सफी, अजीज, साकिब और जलाल ने अपनी ग़ज़लों और नज़्मों में नये विषयों का समावेश किया तथा लखनऊ शायरी को नयी दिशा प्रदान की। ब्रजनारायण चकबस्त इस सन्दर्भ में विशेष रूप में उल्लेखनीय हैं, क्योंकि उन्होंने उर्दू शायरी में राष्ट्रीय प्रेम की भावना का सूत्रपात किया। अन्य उर्दू शोहरा में सुरूर जहानाबादी, विशननारायण दर, नौबतराय, नजर, द्वारका प्रसाद उफुक, हसरत मोहानी, असगर गोंडवी आदि का उल्लेख किया जा सकता है। इन सब शायरों ने उर्दू ग़ज़ल और शायरी को नया रंग तथा जीवन प्रदान किया। उर्दू शायरी में उपालम्भों की शुरुआत और उक्त शैली का विकास भी अवध में हुआ है। उन्नीसवीं सदी के उत्तरार्द्ध में 'अवध पंच' में उपहासात्मक कविताएँ तथा लेखादि छपा करते थे। इस कोटि के सबसे सफल कवि अकबर इलाहाबादी तथा जरीफ लखनवी थे। उर्दू गद्य साहित्य को भी अवध की महत्त्वपूर्ण देन रही है। गद्य लिखने वाले लेखकों में लखनऊ के मिर्जा अली बेग 'सुरूर', 'शरर', सरशार, मिर्जा मुहम्मद हादी 'रुसबा' आदि ने जो कुछ लिखा, वह अविस्मरणीय है। उर्दू-हिन्दी पुस्तकों का सबसे महत्त्वपूर्ण प्रकाशन केन्द्र मुंशी नवल किशोर ने लखनऊ में स्थापित किया था। इन्होंने ही 'अवध अखबार'' जारी किया था। सैयद जालिब का सुविख्यात अखबार 'हमदम' लखनऊ से प्रकाशित होता था। यहाँ से बहुत सारे अदबी रिसाले भी प्रकाशित होते थे।

युग प्रवर्तन : छायावाद, प्रगतिशील साहित्य और नयी कविता को बढ़ावा देने में भी अवध आगे रहा है। प्रगतिशील लेखक संघ का प्रथम कॉन्फ्रेंस 1936 में लखनऊ में आयोजित हुआ था। प्रगतिशील लेखक संघ के संस्थापकों में अली सरदार जाफरी एवं सज्जाद जहीर का नाम विशेष रूप से उल्लेखनीय है। इनके अतिरिक्त प्रो. सैयद एहतिशाम हुसैन, प्रो. मसूद हसन रिज़वी, प्रो. एजाज हुसैन, प्रो. आले अहमद सुरूर, कुर्रतुल ऐन हैदर, इस्मत, हयातुल्लाह अन्सारी, मजरूह सुल्तानपुरी, क़ैफ़ी आज़मी, बेकल उत्साही, शहरयार आदि भी विशेष रूप से उल्लेखनीय हैं। छायावाद में निराला, पंत, महादेवी का और नयी कविता में 'परिमल' का योगदान सुपरिचित है।

विशिष्ट देन : हमारी सबसे बड़ी उपलब्धि है, अपनी विशिष्ट अवध संस्कृति। यह बहुभाषी और बहु संस्कृति परक क्षेत्र है। यहाँ हिन्दी, उर्दू, संस्कृत, अंग्रेजी के साथ-साथ कई भाषाएँ बोलने वालों की संख्या अच्छी-खासी है। यहाँ पंजाबी, सिन्धी, बंगाली, दक्षिण भारतीय भाषाओं तथा ब्रज, अवधी, भोजपुरी, बुन्देली आदि विभाषाओं से सम्बन्धित कई अकादमी तथा विकास योजनाएँ भाषा संस्थान के अन्तर्गत चल रही हैं। इससे भाषिक संस्कृति का साक्ष्य प्राप्त किया जा सकता है। अवध की सांस्कृतिक परम्पराएँ वैविध्यपूर्ण हैं। न जाने कितने प्रकार के पहनावे, कितने प्रकार के खान-पान, कितने प्रकार के रहन-सहन और कितने प्रकार के लोक विश्वास हैं यहाँ। वस्तुतः इस क्षेत्र का कोई

एक क्षेत्रीय चरित्र नहीं है। यह विविधताओं का संगम है और स्वयं में एक समूचा राष्ट्र जैसा है। अवध क्षेत्र संस्कृति सम्पन्न क्षेत्र है। इसका इतिहास बहुत पुराना है। मर्यादा पुरुषोत्तम की लीला भूमि होने के कारण अवध के केन्द्र अयोध्या को मूल वैष्णव धाम (साकेत धाम) माना गया है। इसकी गणना सप्त पुरियों में की गयी है। अवध प्रदेश को प्राचीन इतिहास में महाकोसल कहा गया है। ईसा की छठी शताब्दी पूर्व इस प्रदेश में 16 महा जनपद थे, जिनमें काशी तथा कोसल अवध से सम्बन्धित थे। यह जनपद एक महत्त्वपूर्ण राज्य था। कालान्तर में इसमें मध्य देश और कान्य कुब्ज प्रदेश सम्मिलित किये गये। ब्रज, रुहेलखण्ड के कुछ क्षेत्रों को मिला देने से यह संयुक्त प्रान्त आगरा व अवध बन गया। सम्प्रति इस अवध क्षेत्र में निम्नलिखित जिलों की गणना की जा सकती है– फैजाबाद, सुलतानपुर, अम्बेडकर नगर, जौनपुर, इलाहाबाद, प्रतापगढ़, कौशाम्बी, फतेहपुर, रायबरेली, उन्नाव, लखनऊ, बाराबंकी, सीतापुर, लखीमपुर, बहराइच, श्रावस्ती, गोण्डा, बलरामपुर, कानपुर, मिर्जापुर, बस्ती तथा अमेठी।

इनका बड़ा गहरा सम्बन्ध अवधी भाषा, बघेली और छत्तीसगढ़ी से है। अवधी का विकास अर्द्ध मागधी प्राकृत से बताया गया है। साथ ही यह भाषा अपभ्रंश भाषाओं के योग से निर्मित हुई है। इस क्षेत्र को पूर्वी हिन्दी में सम्मिलित किया गया है। अवधी भाषियों की संख्या लगभग सात करोड़ है, जो विभिन्न भारतीय भाषाओं में सर्वाधिक है। अवधी का प्राचीन साहित्य नौवीं शताब्दी से निरन्तर विकसित होता दिखता है। अवधी गद्य में दामोदर पंडित ने 'उक्ति व्यक्ति प्रकरण' नामक जो ग्रन्थ लिखा था, वह वर्षों तक जनसाधारण को संस्कृत का ज्ञान कराने वाला मानक ग्रन्थ रहा है। इससे सिद्ध होता है कि अवधी उस समय इस क्षेत्र की जन भाषा थी। इसी में विद्यापति ने 'कीर्ति पताका' जैसी रचना लिखी थी। अवधी का दूसरा रूप फारसी के साथ जुड़कर सूफी कवियों में लोक प्रिय हुआ, जिसमें 'चांदायन' (मुल्ला दाऊद), पद्मावत (जायसी) जैसे महाकाव्य रचे गये। अवधी का तीसरा रूप संस्कृत और ब्रज से जुड़कर ब्रजावधी रूप में सम्पूर्ण मध्य देश में शताब्दियों तक प्रचलित रहा। 'रामचरितमानस' जैसी कालजयी कृति की भाषा होने के कारण अवधी का महत्त्व आज सर्वोपरि है। इस भाषा में समय-समय पर उत्कृष्ट कोटि की काव्य कृतियाँ रची गयी हैं। आज भी रची जा रही हैं। अवधी की शब्द सम्पदा बहुत विशाल है। मुहावरों और कहावतों से यह भाषा समृद्ध है। इधर अवधी में कई नयी गद्य विधाओं का भी प्रचलन हुआ है। मानक अवधी की खोज करके पिछले दशकों में कई अवधी पत्र-पत्रिकाएँ प्रकाशित की गयी हैं। कई संस्थाएँ इस दिशा में सक्रिय हैं। विशेष उल्लेखनीय यह है कि अवधी जहाँ एक ओर अपनी सीमावर्ती बोलियों भोजपुरी, ब्रज, छत्तीसगढ़ी, बुन्देली और कन्नौजी के साथ अन्तःसम्बन्ध स्थापित करती जा रही है, वहीं विदेशों में भी अपना विस्तार दिनोंदिन तेजी से कर रही है। उदाहरणार्थ सूरीनाम, फिजी तथा करेबियन देशों (गयाना आदि) में प्रचलित सरनामी हिन्दुस्तानी और मारीशस की क्रिओल भाषा को लिया जा सकता है, जिन पर अवधी का गहरा पुट है। अवधी की इस लोकप्रियता का बहुत बड़ा कारण है उसका काव्य। जायसी, तुलसी के अतिरिक्त आधुनिक युग में प्रताप नारायण मिश्र, महावीर प्रसाद द्विवेदी, पढ़ीस, वंशीधर शुक्ल, रमई काका, द्वारका प्रसाद मिश्र, मृगेश, विश्वनाथ पाठक, त्रिलोचन शास्त्री, केदारनाथ अग्रवाल, पारस भ्रमर आदि ने अवधी काव्य को और प्रकारान्तर से अवध क्षेत्र को गौरवान्वित किया है।

इस प्रकार स्पष्ट है कि अवध क्षेत्र की सांस्कृतिक सम्पदा बहुमूल्य है।

❑❑